Baedeker
Allianz ⦿ Reiseführer

Italien
Süden

VERLAG KARL BAEDEKER

Die wichtigsten Reiseziele

◀ Pulcinella, der neapolitanische Bruder des Arlecchino,
Inbegriff des Überlebenskünstlers

* **Herausragende Reiseziele – möglichst besuchen!**

![Warten auf die Sommergäste am Strand von Roseto degli Abruzzi ▶ S. 75]

Warten auf die Sommergäste am Strand von Roseto degli Abruzzi ▶ S. 75

Weltmuseum in Neapel
▶ S. 226

3

Inhalt

Fast 2500 Jahre alt: Erbe der
Griechen in Paestum ▶ S. 232

Die schöne Küste
des Cilento, ▶ S. 307

Praktische Informationen von A bis Z

Seite 382 – 443

Von den Staufern gegründet: Kathedrale in Altamura, Apulien ▶ S. 105

Süditalien –

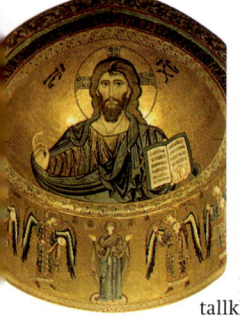

Die Sehnsucht der Deutschen nach Italien ist sprichwört-lich, und jedes Jahr reisen Millionen in "das Land, wo die Zitronen blüh'n". Dabei blieb jedoch der Süden des Landes, das "Mittagsland" – der Mezzogiorno, wie die Region keines-wegs wertfrei benannt wurde – mit wenigen Ausnahmen jen-seits des Horizonts, den die Ewige Stadt Rom markiert. Zu Un-recht, denn die Schönheit und Vielfalt der Landschaft, atmo-sphäre- und kunstreiche Städte, eine vorzügliche Gastronomie und nicht zuletzt – natürlich – herrliche Badestrände am kris-tallklaren, türkisblauen Meer sind Zu-taten für einen "runden", erlebnisrei-chen Urlaub. Die Abruzzen, Kampa-nien, die Basilikata, Apulien und Ka-labrien, dazu die Inseln Sardinien und Sizilien bieten ein einzigartiges Mosaik aus Sonne, ursprünglicher, manchmal sogar gewalttätiger Natur, einer 3000-jährigen Geschichte und ei-nem südlichen Lebensrhythmus.

Den Auftakt macht Latium mit Rom, dem politischen und kulturellen Zen-trum (Süd-)Italiens. Hoch hinauf geht es in die alpine Szenerie des Gran Sas-so in den Abruzzen, auf der anderen Seite locken L'Aquila, die Strände der Adria und das kaum bekannte Molise.

Dolce far niente

in Cefalù an der Nordküste
Siziliens

Mittagsland

Kampanien, das sind das herrlich chaotisch-lebendige Neapel, die berühmten Ferieninseln Capri und Ischia, die Tempel in Paestum, die beim Ausbruch des Vesuvs verschütteten Städte Pompeji und Herkulaneum, und nicht genug damit, die Halbinsel von Sorrent und Amalfi rühmen sich der schönsten Küste der Welt. Vom Gargano mit seinen Traumstränden und dem wunderbaren Wald Foresta Umbra bis zum Capo di Léuca erstreckt sich Apulien, das Land Friedrichs II. Das Castel del Monte, romanische Kathedralen, barocke Städte, Trulli und Masserien sind

Friedrich II.
Castel del Monte,
Balkon Apuliens

hier nur die Highlights. Die kleine Basilikata – bekannt für die Höhlenwohnungen von Matera – leitet über zur überraschend "nordischen" Berglandschaft Kalabriens im südlichsten Teil des Festlands, einem Paradies für alle, die Einsamkeit suchen, das aber auch über viele Kilometer Küste und berühmte Kunstschätze verfügt. Fast eigene Kontinente sind schließlich Sardinien, die Insel der Nuraghen, exklusiven Feriendomizile und einsamen Strände, und Sizilien mit dem mächtigen Ätna und großen Zeugnissen einer Geschichte der Fremdherrschaft, von den Griechen und Römern über Byzantiner und Staufer bis zu den Spaniern und den Franzosen.

Bäuerliche Architektur
Trulli in Alberobello

Natur, Kultur, Geschichte

Zahlen und Fakten

Allgemeines

Lage und Ausdehnung

Italien, die mittlere der drei südeuropäischen Landmassen, ragt mit seiner berühmten Stiefelform etwa 1150 km weit ins Mittelmeer hinein. Das im vorliegenden Band "Italien · Süden" beschriebene Gebiet reicht von Latium und den Abruzzen im Norden bis zur Stiefelspitze bei Reggio di Calabria, dazu kommen die beiden Inseln Sardinien und Sizilien. Es umfasst neun der insgesamt zwanzig Regionen Italiens: Latium, Abruzzen, Molise, Kampanien, Apulien, Basilikata, Kalabrien, Sardinien und Sizilien. Molise ist die kleinste, Sizilien die größte der süditalienischen Regionen, die zusammen eine Fläche von 140 280 km^2 bedecken (das sind 47 % der Gesamtfläche des Landes). Italien ist 301 333 km^2 groß; der Festlandsanteil mit seinen rund 250 000 km^2 entspricht der Fläche der alten Bundesrepublik. Besonders zu erwähnen ist der selbstständige Zwergstaat Vatikan (0,44 km^2), der von italienischem Gebiet umschlossen und durch Freundschaftsverträge und wirtschaftliche Beziehungen eng mit Italien verbunden ist.

Regionen in Süditalien

Region	Hauptstadt	Fläche	Einwohner	Einw./km^2
Abruzzen	L'Aquila	10 794 km^2	1 281 000	119
Apulien	Bari	19 357 km^2	4 086 600	211
Basilikata	Potenza	9 992 km^2	604 800	61
Kalabrien	Catanzaro	15 080 km^2	2 043 300	136
Kampanien	Neapel	13 595 km^2	5 782 200	425
Latium	Rom	17 227 km^2	5 302 300	308
Molise	Campobasso	4 438 km^2	327 200	74
Sardinien	Cagliari	24 090 km^2	1 648 000	69
Sizilien	Palermo	25 707 km^2	5 076 700	197

Staats- und Regierungsform

Seit dem Volksentscheid vom 2. Juni 1946 ist Italien eine Republik (Repubblica Italiana). Regierungssitz ist Rom. Das Parlament (Parlamento) besteht aus zwei Kammern, dem Abgeordnetenhaus (Camera dei Deputati) und dem Senat (Senato della Repubblica). Alle fünf Jahre werden drei Viertel der insgesamt 630 Abgeordneten nach dem Mehrheitswahlrecht, ein Viertel nach dem Verhältniswahlrecht bestimmt. Die 325 Mitglieder des Senats (davon zehn auf Lebenszeit) werden ebenfalls alle fünf Jahre mit einer anderen Wahlkreiseinteilung gewählt (die Wähler sind mindestens 25 Jahre alt). Der Regierung gehören der Ministerpräsident (Presidente del Consiglio) und die Minister an, die zusammen das Kabinett (Consiglio

◀ **In Positano, dem westlichen Ausgangspunkt der Amalfitana, "klettern" die Häuser die steile Felsküste hinauf.**

dei Ministri) bilden. Der Staatspräsident, von einem Wahlmänner-kollegium auf sieben Jahre gewählt, übt in erster Linie repräsentative Funktionen aus, besitzt jedoch bei der Auflösung des Parlaments und bei der Regierungsbildung besondere Rechte. Er ernennt den Ministerpräsidenten und auf dessen Vorschlag die übrigen Mitglieder der Regierung.

Staats- und Regierungsform (Fortsetzung)

Das italienische Wappen, ein rot gefasster weißer Stern, der auf einem Zahnrad liegt und von Eichen- und Lorbeerlaub umrankt wird, symbolisiert die Republik, die Arbeit, die nördlichen und die südlichen Landesteile. Die Nationalflagge in den Farben Grün, Weiß und Rot wurde im Jahre 1946, nach der Proklamation der Republik, eingeführt. In der Form – drei senkrechte Streifen – geht sie auf die französische Trikolore zurück.

Die Republik Italien gliedert sich in 20 Regionen (Regioni) und 95 Provinzen (Province). Fünf Regionen (Trentino-Südtirol, Aostatal,

Verwaltungs-gliederung

Italien

Lage: zwischen 47° nördlicher und 36° südlicher Breite

Hauptstadt: Rom
Fläche: 301 323 km²
Einwohnerzahl: 57,7 Millionen
Amtssprachen: Italienisch, Deutsch (regional), Französisch (regional)

Allgemeines

13

Allgemeines (Fortsetzung)	Friaul-Julisch-Venetien, Sardinien und Sizilien) genießen einen besonderen Autonomiestatus (Statuto speciale). Es sind dies überwiegend Gebiete, in denen außer Italienern Angehörige anderer Volksgruppen leben. Die Hauptverwaltungsgremien der Regionen sind der alle fünf Jahre aus allgemeinen Wahlen hervorgehende Regionalrat und die von diesem gewählte Regionalregierung (Giunta regionale). Allerdings ist die Stellung der Regionen – mit Ausnahme derjenigen mit einem Sonderstatus – nicht mit den deutschen Bundesländern vergleichbar, da ihre legislative Macht, vor allem ihre Finanzhoheit, eingeschränkt ist.

Naturraum

Ein Blick in die Erdgeschichte	Das Rückgrat der italienischen Halbinsel bildet der Apennin, der etwa zwei Drittel ihrer Oberfläche einnimmt. Er wurde zusammen mit den Alpen im Tertiär aufgefaltet, der Periode, die vor 65 Mio. Jahren begann und vor knapp 2 Mio. Jahren endete. Die Gebirgsbildung hängt mit Bewegungen in der Erdkruste zusammen, d. h. mit der Kontinentaldrift. Für Italien ist bis heute die Kollision der nach Norden driftenden Afrikanischen Platte mit der Eurasischen Landmasse ausschlaggebend; Afrika schiebt sich unter Europa. Dementsprechend sind die Alpen und der Apennin geologisch gesehen sehr junge Gebirge. Ihre Auffaltung erfolgte in mehreren Schüben, wobei auch tiefe Brüche in der Erdkruste entstanden, begleitet von Erdbeben und vulkanischer Tätigkeit.
Eiszeit	Während der Kaltzeiten der letzten 2 Mio. Jahre – die letzte Eiszeit endete vor etwa 10 000 Jahren – waren nicht nur die Alpen, sondern auch die höchsten Lagen des Apennins (u. a. Abruzzen) mit dicken Eispanzern bzw. Firnfeldern bedeckt. Sehr schön ist das Erbe der Eiszeit im italienischen Teil der Alpen zu sehen, wo heute noch mehr als 110 km² Gletscherfelder vorhanden sind. In den Hochlagen des Apennins sind Kare und Schliffflächen zu sehen, die von den eiszeitlichen Gletschern herrühren.
Erdbeben, Vulkanismus	Die Erdkruste ist in Italien bis heute nicht zur Ruhe gekommen. Immer wieder wird Italien von heftigen Erdbeben erschüttert. Das letzte schwere Erdbeben ereignete sich 1997 in Umbrien. Auch der anhaltende Vulkanismus in einigen Landstrichen Italiens bzw. postvulkanische Erscheinungen wie Thermal- und Mineralquellen, Solfataren (Schwefeldampf-Aushauchungen) und Soffionen (Borquellen) sind Folgen der Erdkrustenbewegungen. Im südlichen Italien sind hier v. a. die Inseln im Golf von Neapel (besonders Ischia), der Vesuv und die Phlegräischen Felder zu nennen, außerdem die Vulkane Vulcano und Stromboli der Liparischen Inseln und natürlich Europas größter Vulkan, der Ätna auf der Insel Sizilien.
Apennin	Südlich des Po beginnt der Apennin, der zur selben Zeit wie der Alpenbogen herausgehoben wurde und heute das Rückgrat des italienischen Stiefels bildet. Am Ende der Tertiärzeit wurde der Nördliche und Mittlere Apennin noch einmal vom Meer überflutet. Danach begann sich das Gebirge wieder zu heben, wobei die Hebungsphasen sowohl regional als auch zeitlich ganz unterschiedlich waren. Diese Krustenbewegungen halten bis heute an. Den Unterbau des Gebirges bilden in erster Linie Kalksteine und metamorphe Gesteine wie Dolomit. Erst in geologisch junger Zeit

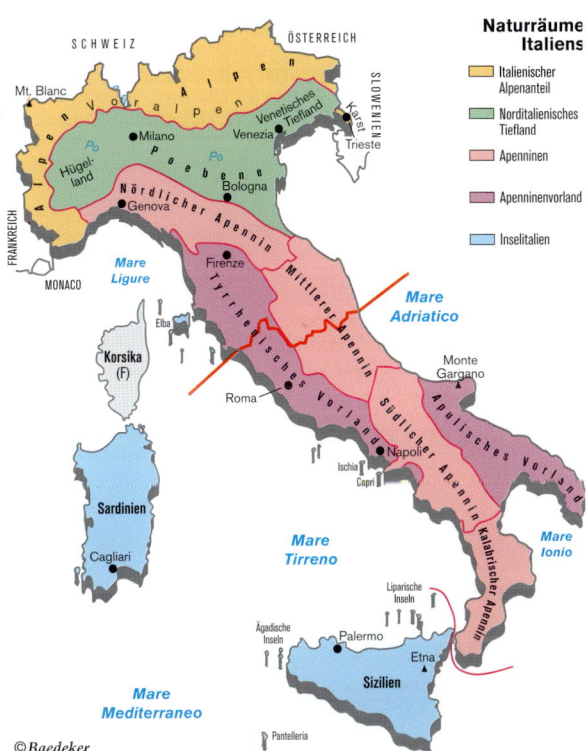

Naturräume Italiens

- ☐ Italienischer Alpenanteil
- ☐ Norditalienisches Tiefland
- ☐ Apenninen
- ☐ Apenninenvorland
- ☐ Inselitalien

SCHWEIZ ÖSTERREICH

Mt. Blanc

Alpenvoralpen

Milano Venetisches Tiefland Venezia Karst Trieste SLOWENIEN

Hügel-land Po Po ebene Bologna

FRANKREICH Nördlicher Apennin Genova

Mare Ligure Firenze Tyrrhenisches Vorland Mittlerer Apennin

Elba Mare Adriatico

Korsika (F) Monte Gargano

MONACO Roma Südlicher Apennin Apulisches Vorland

Ischia Napoli Capri

Sardinien Kalabrischer Apennin

Cagliari Mare Tirreno Mare Ionio

Liparische Inseln

Ägadische Inseln Palermo

Mare Mediterraneo Etna Sizilien

Pantelleria

© Baedeker

entstandener Flysch, Sandstein sowie weiche Mergel- und Tonabla-gerungen werden seit dem Ende der Tertiärzeit in die Gebirgsbil-dung einbezogen. Verschiedentlich bilden viel Wasser aufnehmen-de Mergel- und Tonschichten Gleithorizonte, auf denen es immer wieder zu katastrophalen Bergrutschen kommt.

Apennin (Fortsetzung)

Der Apennin lässt sich in den Nördlichen und den Zentralen Apen-nin teilen, dem westlich und östlich mehr oder weniger ausge-prägte Küstenlandschaften vorgelagert sind. Der Nördliche Apen-nin, der sich sich in den Ligurischen, Toskanischen und Etruski-schen Apennin gliedert, schwingt sich vom Ligurischen Meer nach Osten, ohne die Adria zu erreichen. Der Mittlere bzw. Zentrale Apennin erreicht seine höchsten Höhen in der wilden Hochgebirgs-welt der Abruzzen, die im östlichen Mittelitalien aufragen. Das höchste Bergmassiv ist hier der bis 2914 m hoch aufragende Gran Sasso d'Italia, zugleich die höchste Erhebung der italienischen Halbinsel.

Südöstlich der Maiella-Gruppe beginnt der stark zergliederte Südli-che Apennin. Zunächst zieht der Kampanische Apennin (Appenino Campano) vom Sangro-Tal hinunter zum Golf von Salerno. Ganz charakteristisch sind seine schroffen Kalk- und Dolomitklippen, bei-spielsweise die bis 2050 m aufragenden Monti del Matese. Vulkanis-

Kampanischer Apennin

Naturraum

15

Kampanischer Apennin (Fortsetzung)	mus und Bruchtektonik haben zur Herausbildung der Halbinsel Sorrent und zur Entstehung der Insel Capri beigetragen, die den Golf von Neapel im Süden begrenzen und einen der landschaftlich reizvollsten Abschnitte der gesamten Mittelmeerküste bilden.
Lukanischer Apennin	Südlich des 1326 hohen Monte Vulture beginnt der Lukanische Apennin (Appenino Lucano). Er schiebt sich mit seinen aus Kalkstein aufgebauten Bergstöcken im Golf von Policastro unmittelbar an das Tyrrhenische Meer heran. Die markanteste Erhebung des Lukanischen Apennins und zugleich die höchste Erhebung des süditalienischen Festlands ist der 2248 m hohe Monte Pollino.
Kalabrischer Apennin	Ganz anders präsentiert sich der Kalabrische Apennin (Appenino Calabrese), der durch die Crati-Niederung vom Lukanischen Apennin getrennt ist. Er ist das letzte Überbleibsel der Tyrrhenischen Landmasse, die im Erdaltertum existierte und deren Kerne aus Granit und Gneis bestehen. Unmittelbar am Tyrrhenischen Meer verläuft die bis zu 1541 m hohe Küstenkette (Catena Costiera). Östlich der bereits erwähnten Crati-Senke nimmt das dreiteilige, landschaftlich sehr reizvolle Silagebirge das Zentrum der kalabrischen Stiefelspitze ein. Südlich des Isthmus von Catanzaro leitet das wilde Bergland der Serre zur eigentlichen Stiefelspitze über, die im Aspromonte nochmals auf fast 2000 m ansteigt.
Tyrrhenisches Vorland	Als Tyrrhenisches Vorland bezeichnet man die stark gegliederte Landschaft, die vom Westabfall des Apennins bis zum Tyrrhenischen Meer hinunterreicht. Hier ist die Erdkruste in zahlreiche, oftmals gegeneinander verschobene Schollen, Horste und Gräben zerbrochen. Besonders charakteristisch sind die abrupt abknickenden Täler und die fast flächendeckend auftretenden vulkanischen bzw. postvulkanischen Erscheinungen. Dazu zählen insbesondere die Vulkankegel, Kraterseen und Tuffdecken, die sich vom Monte Amiata nordwestlich von Orvieto südwärts bis zum Vesuv aneinanderreihen. Vereinzelt treten aber auch Hügel in Erscheinung, die entweder Reste des längst abgetragenen Tyrrhenischen Massivs oder Zeugenberge der Apenninfaltung sind. Kernräume der kulturlandschaftlichen Entwicklung waren die z. T. weit ins Landesinnere reichenden Küstenebenen. Sehr schön ist dies am Arno-Tal, den Maremmen, den Ebenen Latiums sowie an der Kampanischen Ebene um Neapel und Salerno zu sehen.
Apulisches Vorland	An die Ostseite des südlichen Apenninbogens ist das Apulische Vorland angelagert, dessen flache, verkarstete und deshalb trockene Kalktafeln das Landschaftsbild zwischen dem Sporn (Monte Gargano) und dem Absatz (Salentinische Halbinsel) des italienischen Stiefels bestimmen. Das bis zu 1056 m hoch herausgehobene Kalkmassiv des Promontorio del Gargano, das vorwiegend als Weideland genutzt wird und noch einige wertvolle Hochwaldbestände trägt, bricht im Südosten in einer wildromantischen Kliffküste mit Brandungstoren und -höhlen ab. Südlich an das Gargano-Massiv schließt der Tavoliere an, eine fruchtbare und landwirtschaftlich intensiv genutzte Küstenebene. Sie wird im Westen vom tief zertalten Hügelland der Capitanata begrenzt, die ihrerseits zum Südlichen Apennin überleitet.
	Südlich des Tavoliere breitet sich die stark verkarstete, nur schütter bewachsene und großenteils recht eintönig wirkende Hochfläche der Murge (gesprochen "murdsche") aus. Die mächtigen Kalk- und

Dolomitbänke sind im Durchschnitt 400 bis 600 m dick. Tief eingeschnittene, schmale Täler (Gravine) kennzeichnen einen der trockensten Naturräume Europas. In südöstlicher Richtung dachen sich die Murge zur Adria ab und laufen schließlich in der vergleichsweise niedrigen Salentinischen Halbinsel aus.

Der Tavoliere, Apuliens fruchtbarste Ebene: Weizenfelder, so weit das Auge reicht, aufgelockert von Wein, Obst und Gemüse

Sizilien

Die Nähe der italienischen Stiefelspitze und der geologische Unterbau legen nahe, dass die größte Insel im Mittelmeer als Fortsetzung des Apenninbogens anzusehen ist. Die sagenumwobene Straße von Messina ist ein in geologisch sehr junger Zeit entstandener Grabenbruch, der den kalabrischen Teil des Tyrrhenischen Massivs von den nordostsizilianischen Monti Peloritani trennt. Westlich der geologischen Störungszone von Taormina treten die noch jungen Sedimentgesteine der Monti Peloritani in Erscheinung. Der im 1847 m hohen Monte Soro gipfelnde Gebirgszug hat starke Ähnlichkeit mit dem norditalienischen Apennin.

Ganz anders stellt sich Sizilien im Massiv der Madonie dar, das westlich anschließt. Weitgehend kahle, da stark verkarstete Kalkstöcke und -riegel, die im Erdmittelalter (Trias, Jura) entstanden, prägen die Landschaft. Im Westen Siziliens zerbricht das Gebirge schließlich in unterschiedlich hohe Berg- und Hügelzüge.

Südlich der geologischen Störungszone von Taormina steigt der Ätna empor, der mächtigste Vulkan Europas. Der Vulkankegel, der auf einer riesigen Magmakammer aufsitzt, hat seit den letzten Ausbrüchen eine Gipfelhöhe von 3323 m. Der gigantische Stratovulkan mit einem Volumen von ca. 800 km³ nimmt 1570 km² (6 %) der Inselfläche ein.

Sizilien
(Fortsetzung)

Im Südosten Siziliens ist – analog zum Apulischen Vorland – ein Tafelland ausgebildet, das aus flach lagernden Kalksandsteinschichten besteht. Entlang einer weiteren markanten geologischen Störungslinie, die von Ragusa im Süden nordostwärts bis zur Straße von Messina zu verfolgen ist, drang vor langer Zeit Magma an die Erdoberfläche. Dabei wurde großflächig vulkanisches Material abgelagert. In den Monti Iblei in Südostsizilien kann man dementsprechend Basalte und Lavadecken bestaunen.

Der Kernraum Siziliens ist geprägt von welligen Hügelländern, die vornehmlich im Tertiär angelegt wurden. Einzelne Schichttafeln, etwa im Raum Enna und im Bereich der Monti Erei, wurden erst in jüngster geologischer Vergangenheit herausgehoben.

Sardinien

Die zweitgrößte italienische Insel zeigt gegenüber dem geologisch sehr unruhigen italienischen Festland einen völlig anderen Charakter. Sie ist Teil der sehr alten Korsisch-Sardischen Masse, deren oberste Partien heute aus dem westlichen Mittelmeer herausragen. Die einzige stärkere Beanspruchung in geologisch jüngerer Vergangenheit war die Drehung, die diese Landmasse aus dem Golfe du Lion (Rhone-Graben) ins Tyrrhenische Meer vollzogen hat.

Sardinien baut sich aus zwei unterschiedlich großen Blöcken auf, die vom Campidano-Graben, der von Oristano bis Cagliari verläuft, getrennt werden. Den Unterbau des kleineren südwestlichen Inselteils bilden Gesteine aus dem Erdaltertum mit reichen Zink- und Bleivorkommen. Die Bergrücken aus alten Kalken, Sandsteinen und Schiefern erreichen im Iglesiente Höhen zwischen 500 und 1236 m. Der wesentlich größere nördliche Inselteil präsentiert sich dagegen als vielgestaltiges Bergland, das aus kristallinen Gesteinen (v. a. Granit und Gneis) und uralten vulkanischen Ablagerungen aufgebaut ist. Das Zentrum und der Norden Sardiniens zeigen sich entweder als flache vulkanische Tafeln (Altopiani) oder als Schichtkämme (Catene). Ein hochinteressantes Landschaftsbild zeigen das bis zu 1834 m hohe Massiv der Monti del Gennargentu im Zentrum der Insel und die sog. Gallura im Norden Sardiniens. Zu runden Formen verwitterter Granit, Inselberge und alte Rumpfflächen künden hier vom hohen Alter der Insel.

Großräume

Norditalien

Mittelitalien

Süditalien

Das italienische Staatsgebiet lässt sich in fünf Großräume gliedern. Norditalien reicht von den Alpen über die Po-Ebene bis zum Apennin und zur Riviera. Mittelitalien ist durch das Adriatische Meer einerseits und das Tyrrhenische Meer andererseits begrenzt. Den Kern bzw. das "grüne Herz" bildet hier der Apennin. "Italia Centrale" wird demnach von den Regionen Toskana, Umbrien und Latium mit der Hauptstadt Rom gebildet. Vierter Großraum ist Süditalien (Unteritalien), das den unteren Schaft, die Spitze und den Absatz des italienischen Stiefels umfasst. Östlich des Apenninenscheitels gehören dazu die Regionen Abruzzen, Molise und Apulien, westlich von ihm die Regionen Kampanien mit der Großstadt Neapel, die Basilikata und die abgeschiedene Region Kalabrien. Letztere nimmt die Spitze des italienischen Stiefels ein, der sich zwischen dem Tyrrhenischen Meer im Norden und dem Ionischen Meer im Süden in südwestlicher Richtung gen Sizilien schiebt.

Unter Inselitalien (Italia insulare) versteht man nicht nur die beiden großen, sehr unterschiedlichen Inseln Sizilien und Sardinien, sondern auch etliche kleinere Inselgruppen wie die Liparischen (Äolischen) Inseln, die Ägadischen Inseln, Ischia, Capri und die Pontinischen Inseln (sowie den Toskanischen Archipel mit Elba).

Inselitalien

Der Begriff "Mezzogiorno" bezeichnet die beiden zuletzt genannten Großräume, Süditalien und das südliche Inselitalien. Gemeint ist damit der angesichts schwieriger klimatischer, verkehrsgeografischer und historischer Voraussetzungen in seiner wirtschaftlichen Entwicklung gehemmte Süden des Landes, der im Vergleich zu den Aktivräumen Nord- und Mittelitaliens stark abfällt (▶ Baedeker Specials S. 116 und 164).

Mezzogiorno

Einzelne Regionen

Zwischen dem Tyrrhenischen Meer und dem Mittleren Apennin breitet sich die Landschaft Latium (ital. Lazio) aus, die von Historikern oft als Kernraum der römischen Kultur bezeichnet wird. Das Land steigt aus einer unterschiedlich breiten und früher wegen ihrer Sümpfe berüchtigten Küstenebene nach Osten an. Die Küste selbst stellt sich als sandige Ausgleichsküste dar. Einziger Hafen ist Civitavecchia. Der antike, an der Tiber-Mündung gelegene Hafen Ostia ist inzwischen durch Flusssedimente verlandet. Landeinwärts wechseln fruchtbares Vulkanhügelland und spärlich bewachsene Kalkhöhen ab. Die breiten Flusstäler werden für den Gartenbau

Latium

Hochebene im Gran-Sasso-Naturpark, im Sommer beliebter Rastplatz und Weide für Schaf-, Rinder- und Pferdeherden

Latium
(Fortsetzung)

intensiv genützt. Im Zentrum dieser Landschaft breitet sich die ursprünglich auf sieben Hügeln gegründete italienische Hauptstadt Rom aus. Von Seen ausgefüllte Krater erloschener Vulkane, Obstgärten und Weinberge umrahmen die römische Campagna. Größere Feuchtgebiete wie die Pontinischen Sümpfe wurden in den letzten Jahrzehnten trockengelegt und bieten heute Platz für Siedlungen, Industrieanlagen und Autobahnen.

Abruzzen
Abb. S. 19

Als raue, karge und dünn besiedelte Gebirgslandschaft im Mittleren Apennin stellt sich die Region Abruzzen (ital. Abruzzo) dar. In den beiden Massiven Gran Sasso und Maiella zeigt sich der Apennin hier sogar als wildes Hochgebirge. Diese beiden Bergmassive sind heute als Nationalparks ausgewiesen. Die tiefen, vor Wind und Wetter geschützten Täler der Abruzzen sind überraschenderweise ausgesprochen fruchtbar. Hier gedeihen Weinreben, Oliven, Mandeln und vielerlei Obstsorten. Industrielle Zentren sind die Eisen- und Stahlmetropole L'Aquila sowie die an der Adriaküste gelegene Stadt Pescara, die zusammen mit der weiter landeinwärts gelegenen Stadt Chieti einen wirtschaftsstarken Korridor bildet.

Molise

Südlich an die Region Abruzzen schließt die Landschaft Molise an. Die höchst reizvolle Bergwelt mit ihren wildromantischen Tälern und tiefen Wäldern, in denen angeblich noch Wölfe leben, reicht vom stark verkarsteten Kalkgebirge des Appenino Neapolitano bis zur Adriaküste hinunter. Wichtigster Wirtschaftszweig ist hier die Landwirtschaft, die in erster Linie Getreide, Obst und Wein kultiviert. Hauptort der Region ist Campobasso, das etwa auf halbem

Der Wachturm bei Conca dei Marini wurde im 16. Jh. zum Schutz der amalfitanischen Küste vor Piraten gebaut.

Weg zwischen der Adria und dem Tyrrhenischen Meer im Neapolitanischen Apennin liegt.

Wirtschaftliches Zentrum Süditaliens ist die alte Kulturlandschaft Kampanien (ital. Campania), die sich von der golfreichen Küste am Tyrrhenischen Meer bis an den Neapolitanischen Apennin erstreckt. Kerngebiet ist die weithin ebene, jedoch von vulkanischer Aktivität geprägte antike Campania, die den Golf von Neapel umschließt. In den Küstenebenen und Flusstälern wird eine außerordentlich ertragreiche Landwirtschaft betrieben. Geerntet werden vor allem Getreide, Weintrauben, Oliven, Gemüse und Tabak.

Kampanien

Landschaftlich sehr reizvoll präsentiert sich der Golf von Neapel, der sich zu Füßen des Vesuvs öffnet. Er wird im Süden von der malerischen Felshalbinsel Sorrent und der ins Meer hinausgeschobenen Ferieninsel Capri begrenzt. Westliche Vorposten sind die Vulkaninseln Procida und Ischia. Die alte Hafenstadt Neapel ist heute das pulsierende Herz des Mezzogiornos (▶ Baedeker Special S. 164) und einer der größten Industriestandorte Italiens mit Raffinerien, Stahlwerken, Werften sowie Betrieben der Autozuliefer-, Textil- und Lebensmittelindustrie.

Die Region Apulien (ital. Puglia) nimmt den Absatz und den Sporn des italienischen Stiefels ein. Sie zieht sich vom Ostabfall des Apennins bis zur Adriaküste bzw. zum Golf von Tarent und umfasst das Gargano-Massiv, die fruchtbare Küstenebene des Tavoliere sowie die kargen Murge mit ihren wilden Schluchten und die Salentinische Halbinsel. Auf großen, künstlich bewässerten Flächen werden Oliven, Mandeln, Weintrauben, Getreide und Tabak angebaut. Wirtschaftliche Zentren sind die Hafenstädte Bari, Brindisi und Tarent.

Apulien

Den "Mittelfuß" des italienischen Stiefels zwischen Tyrrhenischem und Ionischem Meer bildet die alte, vom Gebirgsstrang des Lukanischen Apennins durchzogene Landschaft Basilikata (ital. Basilicata, früher Lucania). Mitten im Gebirge liegt ihre Hauptstadt Potenza. Die landschaftlich außerordentlich abwechslungsreiche Region ist, abgesehen von der Höhlenstadt Matera und Maratea an der tyrrhenischen Küste, noch kaum vom Tourismus berührt. Wenig erschlossene Bergzüge mit wildromantischen Tälern, zauberhafte Wein- und Olivenhaine und fruchtbare Niederungen, in denen "Milch und Honig fließen", bieten alles, was Reisende suchen.

Basilikata
(Lukanien)

Die Spitze des italienischen Stiefels zwischen dem Ionischen und dem Tyrrhenischen Meer wird von der gebirgigen Region Kalabrien (ital. Calabria) eingenommen. Ihre schönsten Partien sind der Küstensaum am Golf von Policastro, das einsame Sila-Gebirge und vor allem der waldreiche Aspromonte, der die äußerste Stiefelspitze bildet. Ausgedehnte Weingärten, Olivenhaine und Zitruskulturen in begünstigten Lagen sowie Viehweiden in den Bergen prägen das Landschaftsbild. Trotz seiner landschaftlichen Reize gehört Kalabrien zu den Problemregionen Italiens, denn nirgendwo sonst in dem südeuropäischen Staat war die Bevölkerungsabwanderung so groß.

Kalabrien

Nur die 3 km breite und erst in geologisch jüngster Zeit eingebrochene Straße von Messina trennt die nahezu dreieckige Insel – ital.

Sizilien

Sizilien
(Fortsetzung)

Sicilia – vom Festland, die größte Insel des Mittelmeers ist der "Fußball" vor der Spitze des italienischen Stiefels. Der afrikanische Kontinent ist nur noch etwas mehr als 100 km entfernt. Der bis 1980 m hoch aufragende Gebirgsstrang im Norden, der häufig von Erdbeben erschüttert wird, geht nach Süden und Südwesten in ein teils anmutiges, teils abweisendes Berg- und Hügelland über. Der Osten der Insel wird vom aktiven, 3323 m hoch aufragenden Vulkan Ätna beherrscht.

Die landschaftlich sehr abwechslungsreiche Ostküste ist seit vielen Jahrzehnten Ziel von Touristen aus aller Herren Länder. Ansonsten sind die fruchtbaren Küstenabschnitte vom Weinbau und von Zitruskulturen geprägt. Praktisch überall, wo es möglich ist, wird Getreide angebaut. Der Abbau von Schwefel, Kali und Salz (u. a. Raum Gela, Ragusa) spielt heute keine große Rolle mehr. Dagegen hat die Förderung von Erdöl und Erdgas im Osten und Südosten der Insel neuerdings stark an Bedeutung gewonnen. An der Ostküste sind daher Raffinerien und andere Betriebe der petrochemischen Industrie entstanden.

Sardinien

Sardinien liegt im Tyrrhenischen Meer. Höchste Erhebung der zwar gebirgigen, aber waldarmen Insel ist das 1834 m hohe Gennargentu-Massiv. Durch den Südwesten Sardiniens zieht sich die ca. 20 km breite Ebene des Campidano, durch die man in das erzreiche Bergland von Iglesiente gelangt. Hinter der stark gegliederten Küste breiten sich an etlichen Stellen lagunenreiche und feuchte Ebenen aus; große Weideflächen, aber auch Korkeichenwälder, Getreidefelder, Weingärten sowie Bewässerungskulturen (Obst und Gemüse) prägen über weite Strecken das Landschaftsbild. Die zumeist abgeholzten Bergzüge tragen schüttere Sekundärvegetation und werden als Sommerweiden genutzt. Den Nordwesten Sardiniens nimmt das Logudoro ein, in dem noch Spuren eines längst erloschenen Vulkanismus zu finden sind.

Der größte Teil der Bevölkerung lebt in wenigen Städten, in denen auch die Industrie (Holzverarbeitung, Schiffbau, Metall, Textilien, Nahrungsmittel) konzentriert ist. Von einiger Bedeutung ist bis heute der Bergbau. Begehrte Rohstoffe sind besonders Blei, Zink, Kupfer, Antimon und Bauxit. Das mit Abstand bedeutendste Fremdenverkehrsgebiet Sardiniens ist die landschaftlich überaus reizvolle Costa Smeralda im Norden der Insel.

Pflanzen und Tiere

Flora
Apennin

Sehr eindrucksvoll ist der Vegetationswechsel mit zunehmender Höhe. Während unten Hartlaubgehölze das Bild bestimmen, bieten sich die höheren Lagen als Grasfluren und Heiden dar. Vereinzelt sieht man noch Eichen, Buchen und Kastanien als Reste einstmals ausgedehnter, seit dem Altertum jedoch rücksichtslos abgeholzter Laubwälder. Durch Bodenerosion und Verkarstung sind in den Höhenlagen schroffe Felsen, abweisende Felsplateaus und weite Schotterflächen entstanden. Im Gegensatz zu den Alpen, wo Zirbelkiefern die Waldgrenze markieren, stehen in den Hochlagen des Apennins zumeist Buchen auf überwiegend kalkhaltigem Untergrund. Südlich der Abruzzen ist es allerdings so trocken, dass Buchen erst ab einer Höhe von 800 m anzutreffen sind. Darunter gedeihen lediglich einige robuste Eichenarten sowie allerhand Gestrüpp. Nur auf zwei Gebirgs-"Inseln", im kalabrischen Sila-Gebirge und im Pollino-Massiv, findet man oberhalb der Buchen noch größere Bestände von Schwarz- und Panzerkiefern, die hier wohl schon in der Eiszeit existierten.

Auch auf den italienischen Inseln gibt es noch etwas Wald. Natürlich trifft dies besonders auf die beiden großen Inseln Sizilien und Sardinien zu. Eine Charakterpflanze ist hier die Korkeiche, die vor allem auf Sardinien und auch im Norden Siziliens kultiviert wird.

In feuchten Niederungen fallen die Eukalyptuspflanzungen auf, die in den 1930er und 1940er Jahren angelegt wurden, um große Landstriche zu entwässern und damit auch die seinerzeit in Italien noch weit verbreitete Malaria einzudämmen.

An flachen Küstenabschnitten gibt es heute noch ausgedehnte Pinienbestände, die mittlerweile vehement gegen andere Bodennutzungen verteidigt werden. Sowohl als Schattenspender als auch als Rohstofflieferanten für die Möbelindustrie werden die weit ausladenden Schirmkiefern und natürlich auch die Strandkiefern geschätzt. Landeinwärts hat man entlang der Überlandstraßen in der Vergangenheit Kiefern als Schattenspender gepflanzt.

In weiten Gebieten Italiens breitet sich heute eine Sekundärvegetation aus, die als Macchia bezeichnet wird. Hierbei handelt es sich um verbuschte ehemalige Wald- und Heideflächen und vor allem um Kultursteppe. Man findet dort eine ausgesprochen robuste Vegetation aus meist kleinwüchsigen, dickblättrigen bzw. dornigen und tief wurzelnden Wildgehölzen und -kräutern vor, deren bekannteste Vertreter Mastix- und Lorbeerbüsche, Thymian, Pfefferminze, Ginster usw. sind. Je karger die Lebensbedingungen sind, desto kleinwüchsiger wird die Macchia, die stellenweise nur noch kniehoch oder gar zur Felsheide degradiert ist.

Wer an die Pflanzenwelt Süditaliens denkt, dem fallen sofort Mandelbäume, Haselnuss-, Zitronen- und Orangenpflanzungen, Olivenhaine, Feigenbäume und Pistazien ein. Auch Weinberge gehören dazu, wogende Getreide- und Maisfelder sowie Gemüse- und Blumenkulturen, die überall dort anzutreffen sind, wo Topografie, Bodenqualität und Lokalklima stimmen. Selbst Dattelpalmen werden seit einiger Zeit kultiviert. Wichtige Holzlieferanten sind Zeder, Pinie, Weißpappel und Eukalyptus.

Die einheimischen Wildtiere sind beinahe vollständig ausgerottet. Wenn überhaupt, dann bekommt man Rehe, Hirsche, Füchse, Gämsen und Murmeltiere vielleicht in den Naturschutzgebieten zu sehen. In den Bergwäldern der Sila leben noch einzelne Wölfe. In den tieferen Lagen gehören zum Alltagsbild der warmen Felsstandorte Eidechsen und auch Schlangen, die von der Dezimierung ihrer natürlichen Feinde profitieren. Auffallend viele Raubvögel sind zu sehen; so leben in den einsamen Gebirgen Kalabriens und der Basilikata noch Milane, Eichelhäher, Falken, Geier und Königsadler. Anhaltende Eindrücke hinterlassen die mancherorts in Myriaden auftretenden Stechmücken. In entlegenen, warmen Gebieten (Macchia) muss man mit giftigen Spinnen und Skorpionen rechnen.

Durch Verschmutzung und Überfischung sind die einstmals reichen Fischbestände in den küstennahen Gewässern stark dezimiert. Dennoch gehören Muscheln, Seeschnecken, Seeigel, Langusten, Krebse, Tintenfische, Meeraale, Makrelen, Seezungen, Brassen

Kalt gepresst ist halb gewonnen

In keinem italienischen Restaurant fehlt sie, die kleine Karaffe Olivenöl auf dem Tisch. Doch was hat es mit diesem Nahrungsmittel auf sich, das in mediterranen Ländern zur Basis der Ernährung gehört?

Oliven

Schon für den griechischen Philosophen Demokrit (460 –380/370 v. Chr.) stand fest, dass man 100 Jahre alt wird, wenn man "innerlich Honig und äußerlich Öl" anwendet; und der römische Naturforscher Plinius (23/ 24 – 70 n. Chr.) wusste: "Zwei Flüssigkeiten sind es, die dem menschlichen Körper angenehm sind, innerlich der Wein und äußerlich das Olivenöl." Olivenöl ist eines der reinsten Nahrungsmittel. Es ist leicht verdaulich, hat einen hohen Vitamin-E-Gehalt und vermindert das Herzinfarktrisiko. Während mehrfach ungesättigte Fettsäuren wie im Sonnenblumen-, Maiskeim- und Sojaöl im Blut den Gehalt von LDL- und HDL-Cholesterin gleichermaßen verringern, senken einfach ungesättigte Fettsäuren wie im Olivenöl nur das schädliche LDL-Cholesterin. Im Gegensatz zu fast allen tierischen Fetten hält Olivenöl auch hohe Kochtemperaturen aus. Allerdings behält es nur roh verwertet alle Vitamine und Nährstoffe.

Was sagt das Etikett?

"Kalt gepresst", "extra vergine", "erste Pressung", "Tropföl" – diese Zusätze auf den Flaschen sagen nicht viel über die Qualität des Olivenöls aus. So wird "extra vergine" mit erster Pressung gleichgesetzt, obwohl es eine zweite Pressung bei dem zum Verzehr bestimmten Olivenöl nicht mehr gibt (aus den Pressrückständen, der sog. Sansa, wird nur noch minderwertiges Öl für die Industrie gewonnen). Auch die Bezeichnung "kalt gepresst" ist überflüssig, da das Erhitzen der zerquetschten Oliven vor der Pressung die Qualität mindert und ein solches Verfahren von soliden Ölmühlen gar nicht angewandt wird.
Für die Qualität viel entscheidender sind die Herkunft des Öls, der Boden, das Klima, die Olivensorte, das Alter der Bäume etc. Doch allein Umbrien produziert Olivenöl, das mit der Bezeichnung "dop" ("denominazione d'origine protetta") die Herkunft des Produkts als umbrisches garantiert. Beim übrigen Olivenöl spielt das kleine Wörtchen "e" ("und") die entscheidende Rolle. "Prodotto imbottigliato in Italia" besagt nur, dass das Olivenöl in Italien in Flaschen abgefüllt wurde, egal ob es aus Tunesien, Spanien oder sonst woher kommt. Heißt es dagegen "Prodotto e imbottigliato in Italia", wurde es auch in Italien produziert.

Herkunft

Der echte Ölbaum ist eine der ältesten Kulturpflanzen. Einst soll ihn die Göttin Athene erdacht haben. In Vorderasien wird er seit dem 3. Jt. v. Chr. angebaut, in Italien seit dem 9. Jh. v. Chr. Die Ansprüche der Bäume sind gering: Ihnen genügen ein magerer, kalkhaltiger Boden und jährliche Niederschläge von 200 mm. Die trockenen Sommermonate überstehen sie dank ihrer bis zu 6 m langen Wurzeln. Bei guter Pflege kann ein Olivenbaum 300, 400, ja sogar bis 1000 Jahre alt und bis zu 20 m hoch werden. Er trägt aber erst nach 25, 30 Jahren die ersten Früchte. Dies setzt eine (friedliche) Sesshaftigkeit voraus, die den Olivenbaum (bzw. den Olivenzweig) schon in der Antike zu einem Symbol des Friedens, der Fruchtbarkeit und des Glücks werden ließ.

Ernte und Verarbeitung

In einem Jahr gewinnt man pro Baum rund 20 kg Oliven, die etwa 3 bis 4 l Öl ergeben. Mitte November geht die Ernte los, mancherorts nach wie vor von Hand, weswegen man bemüht ist, die Bäume klein zu halten. Die empfindlichen Oliven werden mit Netzen aufgefangen. Im Idealfall werden sie noch am Abend (auf jeden Fall innerhalb von 24 Stunden, damit sie nicht zu gären beginnen) in die Ölmühle (ital. Frantoio) gebracht. Dort werden sie von Zweigen und Blättern befreit, gewaschen und getrocknet. Anschließend werden sie gemahlen und gepresst. Vor der Entwicklung moderner Geräte war der Pressvorgang recht mühselig.

Welchen Zweck erfüllt dieser Arbeitsgang? Die Oliven besitzen Schale, Kern und Mark mit ölhaltigen Körperchen, den Oleosomen. Eine Olive besteht nur aus 20 % Öl, der Rest sind Wasser (40 %) und Fruchtfleisch (40 %). Nach dem ersten Zerkleinerungsvorgang erhält man

Die wichtigsten Olivenanbaugebiete in Italien sind Apulien, Kalabrien, Sizilien, Kampanien, Latium, Toskana und Umbrien. Der Gardasee ist die nördlichste Region, wo Oliven gedeihen.

einen Brei, der im nächsten Arbeitsgang geknetet wird. Durch Schaufelräder werden die Membranen der Ölkörperchen zum Platzen gebracht, der Inhalt wird frei und macht den Brei langsam ölig. Nun muss das Öl noch von den restlichen Bestandteilen getrennt werden. Hierzu wird eine Druckpresse verwendet: Der Brei wird auf runden Korbmatten aufgetragen, die übereinander gestapelt und hydraulisch zusammengedrückt werden. Heute bedient man sich statt einer Druckpresse einer Zentrifuge: Durch enorm schnelles Schleudern sammelt sich das leichtere Öl im Zentrum, das schwerere Wasser

bleibt außen. Man erhält ein reines Produkt, was nun nur noch durch Baumwollfilter laufen muss und dann servierfertig ist. Besonders gute Qualität erlangt das Öl, wenn es noch einige Monate in Fässern gelagert und erst dann, vollständig klar, abgefüllt und verkauft wird.

Am schonendsten gewinnt man das Öl jedoch ohne Auspressen der Früchte "per sgocciolamento" ("durch Tröpfeln"). Hierfür werden die Oliven zerkleinert, automatisch gesteuerte Zinken tauchen immer wieder in den Brei, und nur das Öl, das an diesen hängen bleibt, wird abgestreift und aufgefangen. Aber am besten probiert man selbst: Man träufelt sich etwas Olivenöl auf ein Stück Weißbrot und lässt es genüsslich auf der Zunge zergehen.

Zum Schluss noch ein paar Tipps.

Das Öl bewahrt man am besten in der Küche in dunkel getönten Behältern auf. Im Kühlschrank wird das Öl flockig, was keinen Qualitätsverlust bedeutet (die Flocken verschwinden, wenn das Öl temperiert wird). Und auch in der Kosmetik bewährt sich das Öl: als wirksames pflegendes Haut- und Massageöl, z. B. mit Duftessenzen angereichert, als Haarpackung und als Zusatz zum Badewasser.

Oliven

Tierwelt (Fortsetzung)	und Barben zu den recht häufig anzutreffenden Meeresbewohnern. Delphine und Wale, die früher im Tyrrhenischen Meer öfter anzutreffen waren, gibt es heute kaum mehr, dafür aber vermehrt kleine, ungefährliche Haiarten.
Naturschutz	Die Naturschutzgebiete Süditaliens gehören zu den klassischen Reisezielen. Neben den Nationalparks (Parco Nazionale) – Abruzzen, Cilento und Vallo di Diano, Gargano, Gran Sasso und Monti della Laga, Pollino, Arcipelago della Maddalena, Maiella, Sila, Ätna – gibt es noch Regionalparks (Parco Regionale), Naturparks (Parco Naturale) und geschützte Reviere (Riserva Naturale).

Klima und Reisezeit

Klimazonen	Die Nord-Süd-Ausdehnung sowie die starke Höhengliederung sorgen für unterschiedliche klimatische Verhältnisse in den einzelnen Landschaften. Von Norden kommend erreicht man die Zone des eigentlichen Mittelmeerklimas mit trocken-heißen Sommern und
Mittelitalien	milden, feuchten Wintern erst in der Toskana und in Latium. Mit winterlichen Frösten ist an der Küste kaum, in den Hochlagen des Apennins jedoch immer zu rechnen. Der Hochsommer ist in den Städten Mittelitaliens ausgesprochen unangenehm; für Besichtigungen wählt man deshalb die Frühlings- und Herbstmonate.
Süditalien, Inselitalien	Heiße Sommer und überraschend kühle Winter sind charakteristisch für das Klima in Süditalien und auf den Inseln. Die sommerlichen Höchstwerte übersteigen nicht selten die 40-°C-Marke. Allerdings ist es meist eine trockene, relativ gut erträgliche Hitze. Die besten Reisezeiten für Kampanien, Basilikata, Apulien, Kalabrien und die Inseln sind deshalb der Frühling und der Herbst.
Winde	Die großräumige Verteilung von Hoch- und Tiefdruckgebieten sowie ihre unterschiedliche Intensität lassen in Italien das ganze Jahr über Windsysteme entstehen, die bereits in der Antike gefürchtet oder voller Hoffnung erwartet wurden. Der Scirocco, ein schwülwarmer Südwind, entsteht als trocken-heiße Luftströmung über
Scirocco	der Sahara und nimmt auf seinem Weg nach Norden über dem Mittelmeer viel Feuchtigkeit auf, die er im Stau der Gebirge (Apennin)
Libeccio	wieder abgibt. Aus südwestlichen Richtungen bringt der Libeccio schauerartige Regenfälle mit.
Niederschläge	Die jahreszeitlich verschiedenen Zugbahnen der Tiefdruckgebiete und die daraus resultierenden Luftströmungen bewirken eine höchst unterschiedliche Niederschlagsverteilung. Die meisten Niederschläge fallen zwischen Oktober und Mai. Zudem ist es auf der Westseite der italienischen Halbinsel erheblich feuchter als auf ihrer Ostseite. Besonders trocken ist es in Apulien, das im Windschatten des südlichen Apennins liegt. Im Gebiet um Manfredonia und Foggia misst man pro Jahr weniger als 500 mm Niederschlag, der zudem höchst selten und in sehr unterschiedlicher Intensität fällt. Weitere besonders trockene Flecken sind der südliche Campidano-Graben auf Sardinien sowie die Südküste Siziliens. Die Winter sind an den Küsten überwiegend mild und zeichnen sich durch viel Sonnenschein aus. Dagegen kann es im Landesinneren, vor allem im Apennin, recht frostig werden. Selbst in den Ber-

Naturraum

Sieben regionaltypische Klimastationen

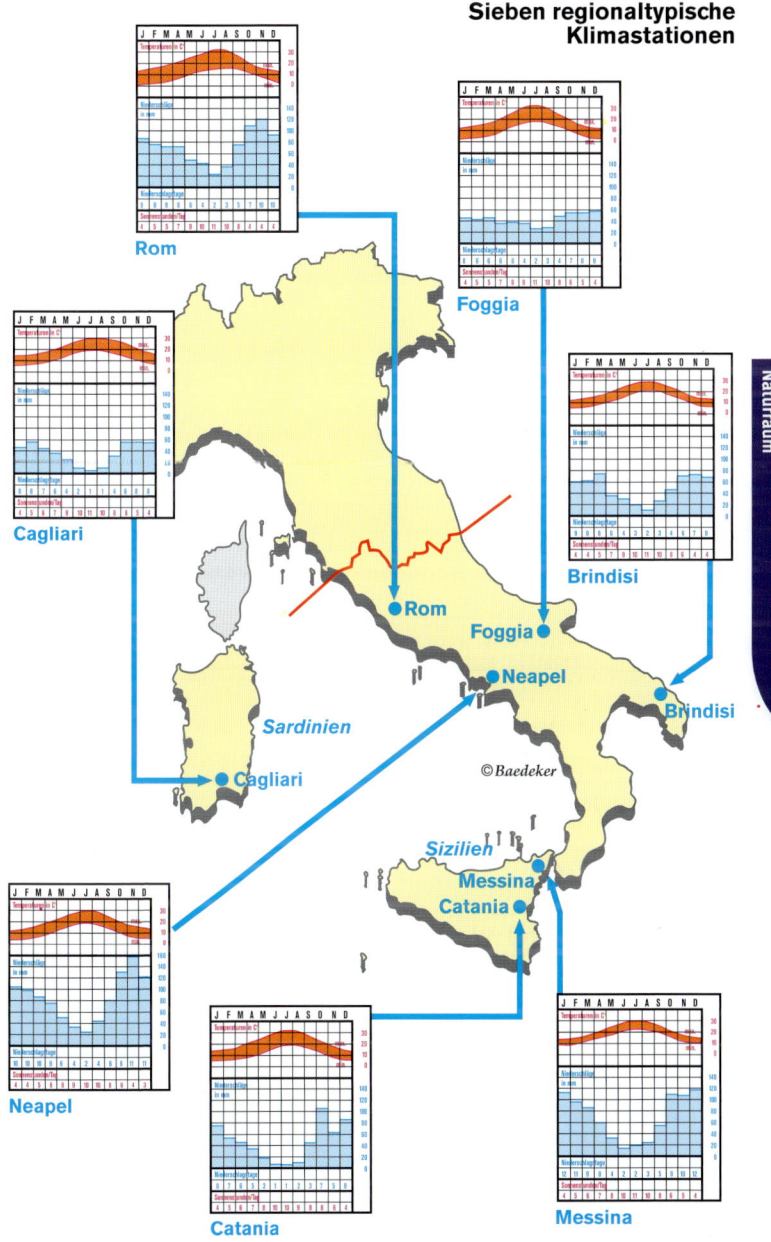

Rom

Foggia

Cagliari

Brindisi

Rom

Foggia

Neapel

Brindisi

Sardinien

©Baedeker

Cagliari

Sizilien

Messina

Catania

Neapel

Catania

Messina

Niederschläge (Fortsetzung)	gen Kalabriens sind Schneefälle normal. Manchmal bleibt die weiße Pracht bis in den Mai liegen.
Temperaturen	Das relativ warme Mittelmeer und der im Vergleich zu Deutschland recht hohe Sonnenstand sorgen dafür, dass zumindest an den Küsten Italiens das ganze Jahr über mit angenehmen Temperaturen zu rechnen ist. Südlich von Rom misst man selbst im Januar nur ganz selten Temperaturen unter 8–10 °C. Bewegt man sich jedoch landeinwärts und bergauf, so nimmt die Temperatur pro 100 Meter Höhenunterschied um ca. 0,6 °C ab. Während einzeln aufragende Bergmassive vom Wind umströmt werden, bilden Bergketten wie der Mittlere Apennin klimawirksame Sperrriegel. Besonders deutlich ist dies auf der Linie Rom–Pescara nachzuvollziehen. Während diese beiden meernahen Städte mit Jahresmitteltemperaturen von 16–18 °C aufwarten können, werden in den dazwischen liegenden Sabiner Bergen bzw. im Bereich des Gran Sasso nur kümmerliche 7–11 °C erreicht. Während es am Meer auch im Winter einigermaßen angenehm ist, muss man in den nahen Bergen an 140–150 Tagen im Jahr mit Frost rechnen. Auf dem Gran Sasso fallen mehrere Meter Schnee, so dass die Hochweiden erst ab Ende Mai/Anfang Juni genutzt werden können. Außerdem entstehen in den intramontanen Becken oft langlebige Kaltluftseen und zähe Nebel, die für ein eher ungemütliches Empfinden sorgen.
Reisezeit **Frühling**	Die schönste Zeit für eine Reise nach Süditalien sind Frühling und Frühsommer. Zwar hat man noch recht häufig mit Niederschlägen zu rechnen, dafür aber blüht von März bis Juni nicht nur die Macchia, sondern es grünt auch auf den trockensten Böden des Südens; es duftet dann nach Myrte, Thymian, Rosmarin und vielen anderen Kräutern. Badefreunde müssen jedoch abgehärtet sein, da sich das Mittelmeer nur langsam erwärmt.
Sommer	In den Sommermonaten wird es im Landesinnern und in den Städten fast unerträglich heiß. An den Badestränden und in den höheren Lagen des Apennins herrscht dann Hochsaison. Während des so genannten Ferragosto (Mitte August) sind zahlreiche Museen, Restaurants und andere touristisch interessante Einrichtungen in den großen Städten geschlossen, sofern sie nicht wichtige Urlaubsziele sind.
Spätsommer und Frühherbst	Eine ausgesprochen schöne Reisezeit sind Spätsommer und Frühherbst. Von Ende August bis Anfang Oktober kann man noch mit längeren Schönwetterperioden rechnen. Allerdings ist dann die Blütenpracht meist verschwunden, und die verdorrte Landschaft zeigt sich in beige-bräunlichen Farbtönen.
Spätherbst	Etwa ab der zweiten Oktoberhälfte wird es in ganz Italien recht ungemütlich. Vor allem im Gebirgsstau können bisweilen lang anhaltende, sintflutartige Regenfälle niedergehen, die ansonsten dünne Rinnsale zu reißenden Flüssen werden lassen und gelegentlich auch katastrophale Erdrutsche verursachen.
Winter	In den Wintermonaten herrscht eher eine melancholische Stimmung. Es regnet häufig und viel, in den Hochlagen der Berge fällt Schnee, und in einigen Gegenden der Abruzzen und Kalabriens sowie auf dem Ätna kann man Wintersport treiben.

Zwischen 1861 und heute ist die Bevölkerung Italiens von 26,3 auf über 57,8 Millionen Einwohner angewachsen, trotz der sieben bis acht Millionen Auswanderer, vor allem aus dem Süden, die im 19. und 20. Jh. das Land in Richtung West- und Mitteleuropa und Neue Welt verließen. In jüngster Zeit wurde das klassische Auswanderungsland selber Ziel von Flüchtlingen aus den ehemaligen Ostblockstaaten und der Dritten Welt. Der Ausländeranteil wird mit 3 % beziffert. Im hier beschriebenen Gebiet leben rund 26 Mio. Menschen, was ungefähr 45 % der Gesamtbevölkerung entspricht. Die Bevölkerungsdichte ist höchst unterschiedlich (Tabelle S. 12; der Durchschnitt für Italien beträgt rund 192 Einw./km²). Molise, die Basilikata, Sardinien und Teile von Sizilien gehören zu den am dünnsten besiedelten Gebieten Italiens.

Einwohner und Verteilung

Neben den Italienern im engeren Sinne leben in Italien etwa 5 % Menschen, die anderen Volksgruppen angehören. Man findet sie in den Randgebieten des Landes und auf den Inseln; neben dem Italienischen sprechen sie die Sprache des benachbarten Landes oder Dialekte. Die größte Gruppe bilden mit 1,5 Millionen die Bewohner Sardiniens (Sarden), bei denen außer dem festländischen Italienisch das Sardische gebräuchlich ist, eine romanische Sprache, die sich eng ans Lateinische anschließt und bislang über keine Schriftsprache verfügt. Auf der Insel kann man darüber hinaus Katalanisch hören, besonders in und um die Stadt Alghero (katalanisch L'Alguer). Weitere Minderheiten sind die Rätoromanen (ca. 750 000), zu denen Friauler und Ladiner zählen, rund 300 000 Deutschsprachige besonders in Südtirol, französischsprachige Minderheiten im Aostatal und im Piemont sowie 50 000 Slowenen in Triest. Daneben gibt es in Süditalien noch albanische (Kalabrien und Sizilien) und griechische Minderheiten (Apulien).

Sprach- bzw. Bevölkerungsgruppen

Die Italiener sind zu 95 % römisch-katholisch, die katholische Religion ist jedoch seit 1984 nicht mehr Staatsreligion.

Religion

Weit verbreitet sind Vorschuleinrichtungen für Drei- bis Fünfjährige (Scuola Materna). Die allgemeine Schulpflicht gilt für Kinder vom 6. bis zum 14. Lebensjahr. Auf den fünfjährigen Unterricht der Grundschule (Scuola Elementare) folgt eine dreijährige Oberstufe (Scuola Media). Ihr Abschlussexamen (Licenza Media) berechtigt zum Besuch aller weiterführenden, meist fünfjährigen Schulen (Scuola Secondaria Superiore). Neben einigen Technischen Hochschulen gibt es eine Reihe von Universitäten, wobei die von Rom zu den ältesten Europas gehört.

Bildungswesen

Die 1924 gegründete öffentlich-rechtliche Rundfunkanstalt Radiotelevisione Italiana (RAI) verfügt über mehrere landesweite Hörfunk- und drei landesweite Fernsehkanäle (RAI Uno, Due, Tre). Darüber hinaus existieren über 1600 private Hörfunksender und 12 private Fernsehgesellschaften. Die wichtigsten der 76 Tageszeitungen mit einer Gesamtauflage von 5,7 Mio. Exemplaren sind: "Corriere della Sera", "La Gazzetta dello Sport", "La Repubblica" und "La Stampa"; wichtige regionale Zeitungen Süditaliens sind "Il Quotidiano", "Corriere del Giorno" und "La Gazzetta del Mezzogiorno".

Medien

Allgemeines

Italien erlebte bereits im hohen Mittelalter eine wirtschaftliche Blüte, als verschiedene Stadtstaaten wie Venedig und Genua eine Vormachtstellung im Mittelmeerraum errangen. Mit den weltweiten Entdeckungs- und Eroberungsfahrten geriet das Land jedoch in eine Randlage, die durch seine politische Zerrissenheit noch verstärkt wurde. Auch nach der politischen Einigung im 19. Jh. fand es erst verspätet Anschluss an die wirtschaftliche Entwicklung der mittel- und westeuropäischen Länder.

Nach dem Zweiten Weltkrieg wandelte sich das Agrarland zu einer der führenden Industrienationen. Italien ist Gründungsmitglied der Europäischen Gemeinschaft und Mitglied der G-7-Länder. Mit seinem Bruttosozialprodukt (1163 Mrd. US-Dollar 1999) steht es hinter den USA, Japan, Deutschland, Frankreich und Großbritannien an sechster Stelle. Der größte Anteil des Bruttoinlandsprodukts (BIP) mit ca. 67 % wird im Dienstleistungssektor (einschließlich Fremdenverkehr) erwirtschaftet, in dem über 60 % der Beschäftigten arbeiten.

Allerdings bestehen zwischen Nord- und Süditalien nach wie vor enorme Unterschiede. So beträgt die Arbeitslosigkeit landesweit etwa 10 %, in der Po-Ebene 7 %, in Süditalien dagegen über 25 % und unter Jugendlichen sogar 57 %. Im gesamten Mezzogiorno sind nur 28 % der Frauen erwerbstätig, gegenüber 40 % im Norden. Während im Norden hochkapitalisierte Landwirtschaft und Privatunternehmen das Wirtschaftsleben bestimmen, sind es im Süden kleine Agrarbetriebe und in den 1970er Jahren vom Staat initiierte und geführte Großunternehmen wie Stahlbetriebe und Raffinerien, von denen nicht wenige heute als Industrieruinen die Landschaft verschandeln. Seit kurzem verzeichnet der Mezzogiorno allerdings einen Aufschwung. So wurden hier besonders viele Firmen gegründet. Große Hoffnungen setzt man noch auf die New Economy. Arbeitsintensivere Unternehmen wie die Erdölbohrungen in der Basilikata oder der größte Containerhafen des Mittelmeers in Gioia Tauro (Kalabrien) sind die Ausnahme.

Weitere Probleme

Weitere dringende Strukturprobleme sind die Wasserversorgung und das Energienetz, die dringend modernisiert werden müssen. Die Anbindung des Südens an das Eisenbahn- und Straßennetz, Häfen und Flughäfen müssen ausgebaut werden. Ein großes Problem ist schließlich der im EU-Maßstab überdurchschnittlich hohe Grad an Schwarzarbeit. Nach jüngsten Untersuchungen arbeiten z. B. im landwirtschaftlichen Bereich in Süditalien 38,4 % aller Arbeitnehmer ohne Steuerkarte, in den nordwestlichen Regionen sind es "nur" 19,5 %, in Mittelitalien schon über 25 %.

Landwirtschaft und Fischerei

Süditalien ist immer noch stark von der Landwirtschaft geprägt, auch wenn ihre Bedeutung in den letzten Jahrzehnten rapide abgenommen hat. 12,3 % der Beschäftigten sind in diesem Bereich tätig (4,9 % in Nord- und Mittelitalien, 5,9 % in ganz Italien). Insgesamt werden 36,7 % der Gesamtfläche Italiens landwirtschaftlich genutzt (weitere 22,7 % sind Wald), davon entfallen 53 % auf Ackerland, 29 % auf Wiesen und Weiden und 18 % auf Dauerkulturen (Obst- und Weinanbau, Oliven u. a.). Über zwei Drittel der Betriebe sind 1 bis 5 ha groß. Die wichtigsten Exportgüter sind Oliven(-Öl), Obst,

Wein(-Trauben) und Gemüse. Tierische Erzeugnisse müssen wegen des gestiegenen Bedarfs importiert werden. Die Fischerei hat nur regionale Bedeutung. Hauptfanggebiete sind das Adriatische Meer, das Tyrrhenische Meer und die Küstengewässer um Sizilien.

32 % der Erwerbstätigen Italiens sind in der Industrie beschäftigt, die 31,5 % zum Bruttoinlandsprodukt beiträgt. Die wichtigsten Industriezentren liegen jedoch in Oberitalien, so erwirtschaftet die Lombardei mit einem Siebtel der Bevölkerung ein Fünftel des italienischen Sozialprodukts. Die größte Bedeutung kommt der Eisen und Metall verarbeitenden Industrie einschließlich Maschinenbau zu, gefolgt von Elektrotechnik, chemischer und Automobilindustrie. Wichtig, auch für den Export, sind außerdem die Textil-, Schuh- und Bekleidungs- sowie Nahrungsmittelindustrie.

Industriestandorte – hier Tarent – wurden erst nach dem Zweiten Weltkrieg geschaffen, jedoch ohne dauerhaften Erfolg.

Italien ist ein rohstoffarmes Land. Erwähnenswert in Süditalien sind lediglich einige kleine Erdgas- und Erdölvorkommen auf Sizilien und in der Basilikata sowie etwas bedeutendere Methanfunde in der Adria sowie von der Ostseite des Apennins bis nach Innersizilien. Darüber hinaus spielen geringe Kohlevorkommen auf Sardinien und Schwefel auf Sizilien eine Rolle.

Italien kann seinen Energiebedarf nur zu einem Fünftel aus eigenen Mitteln decken. So basiert die Elektrizitätsversorgung weitgehend auf Wärmekraftwerken, die vor allem mit Erdöl, in Zukunft durch (billigere importierte) Kohle betrieben werden (ca. 85 % der Stromversorgung). Der Rest entfällt auf Wasserkraft, vor allem in

**Energie-
gewinnung** (Fts.)

den Alpen. Anstrengungen zur Nutzung anderer regenerativer Energiequellen (z. B. Solarenergie) stehen erst am Anfang.

**Dienstleistungs-
sektor und
Fremdenverkehr**

Der größte Anteil mit ca. 65,6 % des BIPs wird im Dienstleistungssektor erwirtschaftet, in dem 61,2 % der Beschäftigten arbeiten. Dabei spielt der Fremdenverkehr eine besondere Rolle. Im Jahr 2000 wurden 35 Mio. ausländische Gäste gezählt, davon kamen 9,5 Mio. aus Deutschland. Die größten Probleme sind hier die saisonale Überlastung und die ungleiche Verteilung des Touristenaufkommens (nur 12,5 % der ausländischen Besucher halten sich in Süditalien – ohne Latium und Rom – auf), schließlich die Folgen für die Umwelt: punktuelle Verschmutzung und Verbrauch bislang unberührter Natur.

Verkehr

Allgemeines

Italien lässt sich trotz vieler Widrigkeiten im täglichen Verkehr immer noch am bequemsten mit dem Auto erkunden. Gemessen an der Zahl der Straßen- oder Schienenkilometer liegt das Land im europäischen Vergleich im Mittelfeld. Seine Straßenlänge beträgt ca. 444 000 km, darunter 6500 km Autobahnen (Deutschland: 11 190 km, Frankreich 8280 km), die von staatlichen und privaten Gesellschaften kostenpflichtig betrieben werden. Allerdings stammt das Autobahnnetz zum größten Teil aus den 1970er Jahren. So ist vor allem im Norden Italiens das Autofahren wegen des starken Verkehrs eher eine Qual als ein Vergnügen. Die Motorisierung ist weit fortgeschritten; auf 1000 Einwohner entfallen 674 Pkws.

Eisenbahn

Die italienischen Eisenbahnen (Staatsbahn Ferrovie dello Stato und einige Privatbahnen) unterhalten ein Streckennetz von rund 20 000 km. Im Unterschied zu anderen Ländern ließ das Höchstgeschwindigkeitsnetz allerdings lange auf sich warten. Zur Zeit ist die Strecke von Mailand über Bologna und Florenz nach Rom und Neapel in Bau.

Flugverkehr

Der Flugverkehr wird von der halbstaatlichen Gesellschaft Alitalia und einigen privaten Gesellschaften getragen. Insgesamt gibt es über 25 internationale Flughäfen, die bedeutendsten in Süditalien sind Rom-Fiumicino (24 Mio. Fluggäste jährlich; weltweit Platz 33) und Neapel. Daneben sind Rom-Ciampino, Pescara, Bari, Brindisi, Lamezia Terme, Crotone, Reggio di Calabria, Palermo und Catania sowie Olbia und Cagliari mit dem Flugzeug erreichbar.

Schifffahrt

Der jährliche Warenumschlag der italienischen Seeschifffahrt beläuft sich auf rund 400 Mio. Tonnen, dazu kommt der Transport von 45 bis 50 Mio. Passagieren. Die wichtigsten Seehäfen in Süditalien sind Brindisi, Tarent und Gioia Tauro nördlich vom Palmi (Kalabrien).

Geschichte

Vorgeschichte

In Italien hat sich schon in der Frühgeschichte des Menschen ein Kulturzentrum herausgebildet. Während sich der Homo sapiens allmählich Europa untertan machte, schuf sein Vetter, der vor allem in Südeuropa und im Nahen Osten verbreitete Neandertaler, in Südfrankreich und Italien "Werkzeugindustrien". Die "Steinklingenindustrie" (Uluzien) auf der Apenninenhalbinsel – wichtige Fundorte des Neandertalers liegen bei Saccopastore und am Monte Circeo in Mittelitalien sowie beim süditalienischen Cavallo – ging vor 33 000 Jahren zu Ende. 〔Uluzien〕

Weitere frühe Spuren menschlicher Besiedlung im Süden der Apenninenhalbinsel sind die Ritzzeichnungen zweier Rinder in der Grotta del Romito bei Papasidero (Kalabrien), die ca. 10 000 Jahre alt sind und somit aus der jüngeren Altsteinzeit stammen. Auf Sizilien finden sich die ersten Spuren menschlichen Lebens in der Addaura-Grotte bei Mondello auf Sizilien und in der Grotta del Genovese auf der Sizilien vorgelagerten Insel Lèvanzo; die in den Fels geritzten Tier- und Menschendarstellungen gehören einer jungsteinzeitlichen Kultur des 6. Jahrtausends v. Chr. an. 〔Steinzeit〕

Gegen Ende des 2. Jahrtausends v. Chr. wanderten verschiedene Volksstämme in Süditalien ein. Dazu zählen die Ackerbau treibenden Sikaner, wahrscheinlich Bewohner Latiums, die sich dann auf Sizilien niederließen, und die vermutlich indoeuropäischen, in festen Bergstädten lebenden Sikuler (auch Sikeler), die den ganzen Westen der Apenninenhalbinsel südlich des Tibers bewohnten und nach ihrer Vertreibung durch den Volksstamm der Osker ebenfalls nach Sizilien auswichen. Ab ca. 1000 v. Chr. betraten die aus dem Gebiet des heutigen Libanon stammenden Phönizier bzw. Phöniker süditalienischen Boden und gründeten Handelsniederlassungen, darunter das heutige Palermo auf Sizilien. 〔Frühe Wanderungen〕

Antike

Die erste Hochkultur auf der Apenninenhalbinsel errichteten die Etrusker im 9. Jh. v. Chr., deren Herkunft bis heute nicht geklärt ist (▶ Baedeker Special S. 182). Die Einflusssphäre dieser begabten Handwerker und erfolgreichen Kaufleute umfasste nicht nur ihr eigentliches Siedlungsgebiet, das heutige Latium und die Toskana, sondern reichte im Norden bis zur Po-Ebene und im Süden bis nach Kampanien. Ab dem Ende des 6. Jh.s wurde die Herrschaft der Etrusker zunehmend von den Griechen bedroht, die seit dem 8. Jh. Sizi- 〔Etrusker und Griechen〕

lien und Süditalien kolonisierten ("Magna Graecia", Großgriechen-land). In zwei Seeschlachten Ende des 5. Jh.s vernichteten die griechi-schen Kolonien die etruskische Flotte und beendete damit deren See-herrschaft. Auch die schon in Süditalien lebenden Völker wurden von den Griechen, die sich hauptsächlich an der Küste und in kü-stennahen Gebieten niederließen, nach und nach verdrängt oder un-terworfen. Trotz ständiger kriegerischer Auseinandersetzungen un-tereinander, mit dem Mutterland und mit Karthago, das phönizi-sche Siedlungen unter seine Kontrolle gebracht hatte, gelangten die griechischen Kolonien in Süditalien zu großem Reichtum. Im 4. Jh. v. Chr. stieg Syrakus, die blühende Metropole Siziliens, sogar zur größten und mächtigsten Stadt der gesamten griechischen Welt auf.

Das Erbe der Eroberer: Im 7. Jh. v. Chr. gründeten griechische Achäer aus der kalabrischen Kolonie Sybaris die Stadt Poseidonia, das heutige Paestum am Golf von Salerno.

Römer

Parallel zur griechischen Kolonisation in Unteritalien vollzog sich der Aufstieg Roms. In der späteren römischen Geschichtsschrei-bung heißt es, die Stadt sei 753 v. Chr. gegründet worden, doch ent-stand sie wohl eher um die Wende vom 7. zum 6. Jh. durch den Zusammenschluss einiger Siedlungen zu einer Stadtgemeinde un-ter etruskischer Herrschaft. Im Jahr 509 vertrieben die Stadtbewoh-ner ihren König Tarquinius Superbus und errichteten eine Adels-herrschaft, aus der sich dann die römische Republik entwickelte. Nach und nach eroberte Rom fast die gesamte italienische Halbin-sel. In der ersten Hälfte des 3. Jh.s v. Chr. wurde Unteritalien unter-worfen, in der Auseinandersetzung mit Karthago in den drei Puni-schen Kriegen (mit Unterbrechungen 264–146 v. Chr.) errang Rom die Vormachtstellung im westlichen Mittelmeer und die ersten au-ßeritalischen Provinzen Sardinien, Korsika, Sizilien und die Süd-küste Spaniens. Trotz der römischen Hegemonie herrschten in den einst von Griechen dominierten Gebieten Süditaliens griechische Sitten und die griechische Sprache noch lange Zeit vor; erst in der Kaiserzeit, die mit Augustus (30 v. Chr.–14 n. Chr.) ihren Anfang nahm und in der das Römische Reich seine größte Ausdehnung erreichte – Trajan (98–117 n. Chr.) regierte schließlich über ein Gebiet, das sich von den Britischen Inseln, Spanien und Nordafrika im Westen bis zum Persischen Golf im Osten erstreckte –, wurden auch diese Regionen der südlichen Apenninenhalbinsel sowie Sizilien latinisiert. Das südliche Italien, das nun sieben Jahrhunderte lang Rom gehorchte, diente den Herren am Tiber in erster Linie als Kornkammer, während der Kaiserzeit auch als beliebtes "Ferienziel". Auf Sizilien bauten sich reiche Römer Sommervillen, wohlhabende Bürger siedelten sich in Pompeji oder Herkulaneum an, und von der idyllischen Insel Capri im Golf von Neapel zeigten sich schon die Kaiser Augustus und Tiberius begeistert.

Antike (Fortsetzung)

Mit der Teilung des Römischen Reichs in Westrom und Ostrom im Jahr 395 (Byzanz mit der Hauptstadt Konstantinopel, das 330 gegründet wurde) und dem Verfall des Weströmischen Reiches drangen im Verlauf der Völkerwanderung ab ca. 375 n. Chr. immer öfter fremde Völker über die Alpen nach Italien ein. Westrom war bald nicht mehr in der Lage, sich gegen die Eindringlinge zu wehren. 410 wurde die Hauptstadt am Tiber von den Westgoten und 455 von den Vandalen geplündert. Dass die Hunnen die Metropole drei Jahre zuvor (452) verschont hatten, war nicht auf die militärische Macht des weströmischen Kaisers zurückzuführen, der 404 in die von Sümpfen umgebene Stadt Ravenna umgezogen war, sondern auf die moralische Autorität des Papstes von Rom, der Attilas Truppen zum Umkehren veranlasst hatte. 476 schließlich setzte der Germanenfürst Odoaker den letzten weströmischen Kaiser, Romulus Augustulus, ab und rief sich selbst zum König von Italien aus, womit das Ende des römischen Weltreichs und der Einheit Italiens besiegelt war. Bis ins 19. Jh. war Italien dann – mit kurzen Unterbrechungen – Spielball fremder Mächte. Schon 493 wurde Odoaker im Auftrag Ostroms vom Ostgotenkönig Theoderich besiegt, der bis 526 das Ostgotenreich in Italien regierte. Deren Herrschaft machte Kaiser Justinians Feldherr Belisar ein Ende, der im Gotenkrieg die Apenninenhalbinsel, 534 Sardinien und 535 auch Sizilien für Byzanz, den Nachfolgestaat des Imperium Romanum, zurückgewann. Diesem gehörte Sizilien nun für rund 300 Jahre an. Für den Herrscher in Konstantinopel war dieser Reichsteil so interessant, dass Kaiser Konstans II. (663–668), als seine Hauptstadt von Arabern bedroht wurde, die Residenz vorübergehend nach Sizilien verlegte. Im Jahr 569 brach ein weiteres Volk in Italien ein, die Langobarden ("Langbärte"), die rasch große Teile Italiens eroberten. Kerngebiet ihres Königreichs waren für die nächsten 200 Jahre zwar Venetien, die Po-Ebene und die Toskana, doch langobardische Herrschaften bestanden auch in Mittel- und Süditalien, nämlich Spoleto in Umbrien und Benevent in Kampanien. Diese beiden vom König in Oberitalien unabhängigen Herzogtümer konnten sich sogar länger halten als das eigentliche langobardische Königreich im Norden Italiens; am längsten überdauerte das Herzogtum Benevent.

Fremde Völker in Italien

Geschichte

Mittelalter

Nach der endgültigen Zerschlagung des Langobardenreichs durch Karl den Großen, der dafür vom Papst im Jahr 800 zum römischen

Dreiteilung Italiens

Kaiser gekrönt wurde, war das weströmische Kaisertum zwar formal wiederhergestellt, doch die Eroberung des Langobardenreichs durch den Franken bildete auch die Basis für eine politisch-historische Dreiteilung der italienischen Halbinsel: in Oberitalien, das mit einer Unterbrechung bis Mitte des 13. Jh.s als "Reichsitalien" unter Lehnsherrschaft der folgenden deutschen Kaiser stehen sollte; in Mittelitalien, wo sich der Kirchenstaat herausbildete, der in der verwirrend wechselvollen Fülle von Staatsgebilden auf italienischem Boden seitdem eine Art Ruhepol bildete, denn er hielt, von kurzen Unterbrechungen abgesehen, über ein Jahrtausend lang; sowie in Unteritalien, das in den folgenden Jahrhunderten unter arabischer, normannischer, staufischer, französischer, spanischer und habsburgischer Herrschaft stand und so eine von den übrigen Gebieten getrennte Entwicklung nahm. So bildeten sich – anders als in Nord- und Mittelitalien, wo während des Kampfes zwischen Kaiser und Papst ab dem 11. Jh. Stadtrepubliken, u. a. in Mailand, Pisa, Venedig, Genua und Florenz, sowie eine neue Bevölkerungsschicht, das Bürgertum, entstanden – im südlichen Teil der italienischen Halbinsel und auf Sizilien keine selbstständigen Städte heraus, auch blieb hier der enorme wirtschaftliche Aufschwung aus, den Ober- und Mittelitalien vom 13. Jh. an erlebten.

Araber

Schon im 7. Jh. unternahmen Araber Streifzüge nach Sizilien, überfielen und plünderten Städte. 720 besetzten sie Sardinien, konnten aber bald wieder vertrieben werden. 827 wurden sie schließlich von dem gegen den byzantinischen Kaiser rebellierenden Statthalter von Syrakus nach Sizilien um Hilfe gerufen. Die Araber ließen sich nicht lange bitten, womit die arabische Eroberung Siziliens begann, die aber erst nach 100 Jahren abgeschlossen war. Bereits 828 fielen die Sarazenen auch in Kalabrien ein und eroberten in der Folgezeit weite Teile der südlichen Apenninenhalbinsel. Zwar kam es in den arabisch beherrschten Gebieten zu einer allmählichen Islamisierung, doch im Großen und Ganzen lebten Muslime, Christen und Juden friedlich zusammen. Die neuen Herren brachten neue landwirtschaftliche Anbaumethoden sowie Pflanzen und Kräuter ins Land, ließen Bodenschätze erschließen und erste Meersalinen zur Salzgewinnung einrichten, sie förderten auch die Naturwissenschaften und Künste. Schnell begannen Handel und Handwerk zu florieren, und die muslimisch regierten Regionen Süditaliens erlebten bald schon einen außerordentlichen Wohlstand und eine blühende Kultur. Architektonische Zeugnisse dieser Epoche sind heute allerdings so gut wie verschwunden.

Normannen

Die Herrschaft der Araber näherte sich ihrem Ende, als Anfang des 11. Jh.s die ersten Normannen, erfahrene Krieger auf der Suche nach Reichtümern und Macht, in Süditalien landeten. Geschickt verbündeten sie sich mit dem Oberhirten von Rom, der die neuen "Verteidiger des Papsttums" mit langobardischen und byzantinischen Gebieten belehnte. Bis 1056 brachten die kriegerischen "Nordmänner" unter Roger Guiscard den südlichen Teil der Apenninenhalbinsel unter ihre Kontrolle, und die Truppen seines Bruders Robert entrissen bis 1072 Sizilien den Arabern. Als Jahrzehnte später der Normannenherrscher Roger II. (1095 – 1154) im Jahr 1130 Kalabrien, Apulien und Teile des heutigen Tunesiens vom Papst als Königreich zu Lehen erhielt, ließ er sich noch im selben Jahr in

Palermo zum Rex Siciliae et Italiae krönen, womit der Süden Italiens zum ersten Mal in seiner Geschichte eine gemeinsame staatliche Identität erhielt. Auch unter normannischer Herrschaft, die in Süditalien bis 1194 dauerte, gab es religiöse Toleranz, blühte das kulturelle Leben, gediehen Landwirtschaft, Handwerk und Handel. Die bisher nur mit Kriegs- und Beutezügen beschäftigten Ritter hatten sogar Sinn für das Schöne: Noch heute sind zahlreiche Bauten einer romanisch-arabisch-byzantinischen Mischkultur erhalten. Das Normannenreich löste sich auf, als 1189 Wilhelm II. ohne Nachfolger starb. Die Erbfolge ging an dessen Tante Konstanze über, die mit dem Staufer Heinrich VI. verheiratet war.

Mit der Krönung des ab 1191 amtierenden römischen Kaisers Heinrich VI. zum König der Monarchia Sicula in Palermo (1194) begann die staufische Herrschaft in Süditalien, die bis 1268 dauern sollte. Sein Sohn Friedrich II. (1194–1250) – König von Sizilien (ab 1198), deutscher König (ab 1212/1215) und römischer Kaiser (ab 1220) – schuf in seinem süditalienischen Reich, das er vorzugsweise von Apulien aus regierte, einen modernen, absolutistisch regierten Staat, in dem Wissenschaften und Künste gefördert sowie andere Religionen und Kulturen toleriert wurden. Friedrich II. hatte aber auch zahlreiche Feinde. Sein größter Gegner war das Papsttum, das den staufischen Einfluss in Italien ein für alle Mal beenden wollte. Die Stunde des Heiligen Stuhls schlug nach Friedrichs Tod. Im Jahr 1265 belehnte Papst Clemens IV. (1265–1268) den Grafen Karl von Anjou, einen Bruder des französischen Königs Ludwig IX., mit Sizilien und Unteritalien. Ein Jahr später besiegte der favorisierte Franzose Friedrichs Sohn Manfred in der Schlacht von Benevent, und den letzten Hohenstaufen, den Prinzen Konradin, ließ er 1268 auf dem Marktplatz von Neapel köpfen. Die Herrschaft deutscher Kaiser in Italien war damit beendet.

Karl I. von Anjou, der neue Herrscher über Sizilien und Unteritalien, regierte wie ein Diktator. Dies führte schließlich am zweiten Osterfeiertag 1282 vor dem Vespergottesdienst in Palermo zu einem Aufstand ("Sizilianische Vesper"), bei dem alle Franzosen auf Sizilien ermordet wurden und der das Ende des Hauses Anjou auf der Insel einleitete. Während Unteritalien bzw. das Königreich Neapel weiterhin französisch blieb, machte der sizilianische Adel Pedro III. von Aragón, den Schwiegersohn des Hohenstaufen Manfred, zum König von Sizilien. In den folgenden 150 Jahren kam es immer wieder zu Auseinandersetzungen zwischen dem aragonesischen Sizilien und dem vom Haus Anjou regierten Königreich Neapel. Als 1443 Alfons V., König von Aragón, Unteritalien eroberte und König "beider Sizilien" wurde, waren Neapel und Sizilien fortan, bis auf kurze Zwischenspiele 1714–1720 und 1806–1815, wieder vereinigt.

Frühe Neuzeit

Nachdem der Friede von Lodi (1454) die Machtkämpfe des 15. Jh.s auf der Apenninenhalbinsel beendet und für die nächsten 40 Jahre ein Gleichgewicht zwischen den größten Mächten in Italien – zwischen dem Herzogtum Mailand, der Republik Venedig, Florenz, dem Kirchenstaat, dem Haus Savoyen und dem Königreich Neapel-

**Frühe Neuzeit
(Fortsetzung)**

Sizilien – hergestellt hatte, interessierten sich ausländische Mächte wieder verstärkt für Teile der italienischen Halbinsel. Als 1494 der französische König Karl VIII. versuchte, sich das Königreich Neapel einzuverleiben, trat das habsburgische Spanien auf den Plan. Auch das Reich unter Kaiser Maximilian I. und die Schweizer Eidgenossen sowie italienische Staaten mischten in Form von Allianzen, Kriegszügen und Vermählungen auf der Seite Habsburgs im Ringen um die Vorherrschaft auf der Apenninenhalbinsel mit. Nach der Schlacht von Marignano (1515), die Frankreich für sich entschied, war Italien in einen französischen Herrschaftsbereich im Norden und einen spanischen im Süden geteilt, während in der Mitte der Halbinsel der Kirchenstaat und andere italienische Staaten ihre Selbstständigkeit bewahren konnten. Mit dem Herrschaftsantritt von Kaiser Karl V. (1519–1556) verschärfte sich der Konflikt zwischen Frankreich und Habsburg. Im Frieden von Cambrai konnten sich die Habsburger Neapel-Sizilien und Mailand sichern, und bis zum Ende des 17. Jh.s blieb Spanien vorherrschende Macht. Der Spanische Erbfolgekrieg (1701–1714), der nach dem Aussterben der spanischen Linie der Habsburger ausgebrochen war, beendete die Vorherrschaft der Spanier. Deren Besitzungen (Mailand, Sardinien, Neapel, Sizilien) wurden nun zwischen den österreichischen Habsburgern und den spanischen Bourbonen aufgeteilt, wobei Wien den nördlichen Teil erhielt und Madrid den südlichen. Auch das norditalienische Haus Savoyen-Piemont konnte seinen Einfluss erweitern: 1713 erhielt dessen Herzog den Königstitel von Sizilien, das 1720 aber im Tausch gegen Sardinien an die Habsburger abgetreten werden musste.

Neuzeit

Restauration

Im Jahr 1796 drang Napoleon Bonaparte mit seinen Truppen in Italien ein und vertrieb Spanier und Österreicher aus dem Land. 1805 proklamierte der französische Kaiser ein italienisches Königreich und rief sich selbst zum "König von Italien" aus. Bis 1813 / 1814 konnte er seine Herrschaft auf ganz Italien ausdehnen, nur Sizilien und Sardinien blieben von seinem Zugriff verschont. Nach dem Sturz Napoleons und seines Schwagers Joachim Murat, der als König von Napoleons Gnaden in Neapel regiert hatte, entschied der Wiener Kongress 1814 / 1815, Italien erneut aufzuteilen. Der Kirchenstaat und die größeren Monarchien Italiens wurden wiederhergestellt, so dass in Neapel und Sizilien, dem neu geschaffenen "Königreich beider Sizilien", wiederum die spanischen Bourbonen herrschten. Als es 1820–1821 in Neapel und auf Sizilien zu Volksaufständen gegen die spanische Fremdherrschaft kam, stellten die österreichischen Habsburger, die einen Großteil Oberitaliens kontrollierten, mit Militärgewalt die alte Ordnung wieder her. Doch auch die neuen Machthaber sahen sich bald mit Volkserhebungen konfrontiert, die von den Österreichern blutig niedergeschlagen wurden.

Risorgimento

Die Restauration der alten Feudalordnung brachte der nationalen Einigungsbewegung des Risorgimento (d. h. "Auferstehung", "Erhebung") immer größeren Zulauf. In mehreren Kampagnen gelang es den freiheitlich gesinnten Italienern um Giuseppe Garibaldi (1807–1882) zwischen 1859 und 1861, die Österreicher aus Italien zu vertreiben; 1860 wurde Sizilien erobert, wenig später Neapel. 1861 nahm Vittorio Emanuele II. von Piemont auf Beschluss des ersten italienischen Parlaments den Titel "König von Italien" an. Mit der Eingliederung des Kirchenstaats (1870) konnte die über 1000 Jahre unterbrochene Verbindung mit Süditalien wiederhergestellt werden (erst mit den Lateranverträgen von 1929 erhielt das Papsttum wieder einen eigenen Kirchenstaat, den Vatikan). Mit dem neu gegründeten Königreich Italien hörten Neapel-Sizilien und Sardinien auf, Königreiche zu sein. Gleich nach der Eingliederung des Kirchenstaats wurde Rom italienische Hauptstadt.

Nach 1870 entstand Italien neu als konstitutionelles Königreich unter liberaler Führung, die die innere Einigung und die Industrialisierung forcierte. Die Industrialisierung fand jedoch, bedingt auch durch die Nähe zum industriellen mitteleuropäischen Raum, nur im Norden des Landes statt, während der agrarische Süden, wo es keinem der vielen, meist fremden Herrscher gelungen war, die bis in die Römerzeit zurückreichende Vorherrschaft der Großgrundbesitzer zu brechen, unterentwickelt blieb und Hunderttausende nach Amerika auswanderten. Das bis heute existierende Nord-Süd-Gefälle resultiert aus dieser Zeit.

Im Zweiten Weltkrieg spielte Sizilien eine bedeutende Rolle, als hier 1943 alliierte Truppenverbände landeten und schließlich die deutsche Herrschaft auf der Apenninenhalbinsel beendeten. Nach dem Krieg wurde Italien in eine parlamentarische Republik umgewandelt; mit Hilfe des Marshall-Plans gelang der Wiederaufbau, Italien entwickelte sich zu einem erfolgreichen Industriestaat. 1998 erfüllte es die Maastricht-Kriterien für die Teilnahme an der Europäischen Währungsunion. Im selben Jahr wurde Italien Vollmitglied des Schengener Abkommens: Die italienischen Landesgrenzen bilden jetzt gleichzeitig die Außengrenzen der EU. Vom Wirtschaftsaufschwung ist jedoch vor allem der nördliche Landesteil betroffen. Zwischen 1950 und 1970 wanderten aus dem Süden über zwei Millionen Arbeitsuchende in den industrialisierten Norden bzw. ins Ausland ab.

Den in manchen Regionen stärker werdenden Bestrebungen nach Eigenständigkeit trug Rom Rechnung, als es autonome Regionen schuf. Sizilien genießt seit 1946 einen autonomen Status, aber auch Sardinien hat wie in Norditalien Friaul, Südtirol und das Aosta-Tal ein eigenes Parlament und eine Regierung zur Lösung regionaler Probleme. Daneben macht Italien innenpolitisch durch die rasch wechselnden Kabinette von sich reden (zwischen 1946 und heute erlebte das Land an die 60 Regierungen). Der Zusammenbruch der Ostblockstaaten um 1990 und groß angelegte Ermittlungen in einer Bestechungsaffäre 1992 lösten eine sprichwörtliche Lawine aus, die zur Zerschlagung des seit fast fünfzig Jahren bestehenden, völlig verkrusteten Parteiensystems führte. Seither tobt der politische Kampf nicht mehr zwischen Parteien, sondern zwischen Mitte-Links- und konservativen Gruppierungen. Bei den Parlamentswahlen im Jahr 2001 siegte das Bündnis der rechten Mitte unter dem Medienunternehmer Silvio Berlusconi – dem reichsten Mann Italiens – über die bisher regierende Linkskoalition. Seine Angriffe auf die Freiheit der Justiz und der Presse stoßen erst allmählich auf Protest.

Berühmte
Persönlichkeiten

Tommaso Campanella (5.9.1568 bis 21.5.1639)

Joachim von Fiore (1130/1135 bis 1202)

Kalabrien hat gleich zwei außergewöhnliche "Propheten" von europäischem Rang hervorgebracht, Tommaso Campanella und Joachim von Fiore, Philosophen der Hoffnung, deren Ideen von einer besseren, gerechten Welt bis heute faszinieren.

Gleichgültig, ob Campanella in Stilo oder Stignano geboren wurde – beide Orte beanspruchen ihn für sich –, seine Biografie ist spannend: 1599 wurde der Dominikanermönch wegen politischer Opposition gegen die spanische Herrschaft in Neapel verhaftet. 27 Jahre blieb er im Kerker. Papst Urban VIII. erreichte schließlich seine Auslieferung. 1629 war Campanella endlich wieder frei. Aber auch die Inquisition ließ ihn nicht in Ruhe, und schließlich floh er 1634 nach Paris, wo er fünf Jahre später starb. Seine bedeutendste Schrift ist "Città del Sole" ("Der Sonnenstaat"), die zum ersten Mal 1623 in Frankfurt veröffentlich wurde. Eine Kostprobe: "Alles ist Gemeingut, die Verteilung aber ist Sache der Obrigkeit; denn wenn es kein Eigentum mehr gibt, so bleibt in uns einzig die Liebe zum Gemeinwesen zurück. Die öffentlichen Dienste und Arbeiten sind unter alle verteilt, so dass auf den einzelnen kaum vier Stunden Arbeit am Tage kommen. Die übrige Zeit kann jeder nach seinem Belieben mit angenehmen Studien, mit Disputieren, Lesen, Erzählen, Schreiben, Spazierengehen oder mit geistigen und körperlichen Übungen zubringen."

San Giovanni in Fiore, Hauptort des Sila-Gebirges, ist heute noch stolz auf Joachim von Fiore, auf den die Lehre von der Dreifaltigkeit Gottes zurückgeht. Und obwohl das fünfte Konzil 1215 seine Lehre verurteilte, reihte Italiens größter Dichter Dante Alighieri den kalabresischen Abt wegen seines "prophetischen Geistes" unter die Großen des Paradieses ein. Es war die Zeit Kaiser Friedrichs II. und Papst Innozenz' III., aber auch der "korrekten" und der "häretischen" Erneuerungsbewegungen in Gesellschaft und Kirche, der beiden Ordensgründer Franz von Assisi und Dominikus, aber auch der Katharer und Waldenser in Frankreich. Da forderte Joachim von Fiore Reformen im Zisterzienserorden, die er in seinem Kloster in Kalabrien auch verwirklichte. In Visionen und Weissagungen sprach er davon, dass die Welt drei Zeitalter erlebe, das des göttlichen Vaters und des Sohnes und des Heiligen Geistes, und dass bald die letzte Epoche der Gerechtigkeit und des Friedens beginne, in der an die Stelle der verderbten Kirche des Fleisches die vollkommene reine Kirche des Geistes treten werde. Seine Ideen vom Paradies, dem Reich Gottes auf Erden gefielen der Kirche nicht, die ihn noch nach seinem Tod der Häresie verdächtigte (aber nicht verurteilte), trotzdem lebten sie weiter und beeinflussten alle gesellschaftlichen Aufbruchbewegungen bis in die Neuzeit.

Die ungeheure Attraktivität der Opera Seria im 18. Jh. lag vermutlich weniger an der Musik. Sie war vielmehr der Hintergrund für für ein Höchstmaß an illusionistischer Prachtentfaltung. Und die idealtypische Besetzung in dieser künstlichen Welt war der Kastrat mit seiner "unnatürlich" virtuosen Stimme. Einer der berühmtesten Vertreter des "Gesangs, der an die Seele rührt" war der aus Andria in Apulien stammende Carlo Broschi, besser bekannt unter seinem Künstlernamen Farinelli. Schon als Jugendlicher feierte er in Neapel und anschließend in Rom Triumphe. Umfang und Beweglichkeit seiner Stimme galten als beispielhaft. 1734 bis 1737 sang er an der Londoner Oper, wo er mit Georg Friedrich Händels Truppe erfolgreich konkurrierte und der spanische König Philipp V. auf ihn aufmerksam wurde. Er überredete den Sänger, auf öffentliche Auftritte zu verzichten und stattdessen in seinen privaten Dienst zu treten. Zehn Jahre lang sang Farinelli dem an Depressionen leidenden Herrscher täglich dieselben vier Lieder vor. Auch sein melancholischer Nachfolger Ferdinand VI. mochte auf seine Dienste nicht verzichten. So blieb er 22 Jahre am spanischen Hof, wo er schließlich auch politischen Einfluss gewann. So soll seine Machtposition die eines Ministers weit überstiegen haben, weshalb er 1759 von Karl III. schließlich entlassen wurde. Farinelli kehrte nach Italien zurück und kaufte sich in der Nähe von Bologna eine prachtvolle Villa, wo er im Alter von 77 Jahren starb. Obwohl seine Bühnenkarriere nur 16 Jahre dauerte, blieb sein Ruhm das ganze 18. Jh. hindurch und auch nach seinem Tod lebendig. Mit dieser einmaligen Epoche der Operngeschichte beschäftigt sich das interessante Buch von H. Ortkemper, "Engel wider Willen. Die Welt der Kastraten" (1995). Mit der (nicht strikt an historischen Tatachen gebundenen) Biografie Farinellis und dem Mythos des Kastratentums setzt sich auch der unterhaltsame Film von Gerard Corbiau auseinander: "Farinelli, Il Castrato " (1994 mit Stefano Dionisi).

Mitten auf dem Marktplatz von Jesi, einer Kleinstadt in Mittelitalien, soll Friedrich II., Enkel von Friedrich I. (Barbarossa) und Sohn des Stauferkaisers Heinrich VI., zur Welt gekommen sein: Weil Zweifel an der Schwangerschaft der 40-jährigen normannischen Thronerbin Konstanze laut geworden waren, machte diese, wie eine Legende berichtet, die Geburt öffentlich. Bereits 1196 wurde Friedrich zum deutschen König gewählt und 1198, nach dem Tode seines Vaters, zum König von Sizilien gekrönt. Als auch seine Mutter starb, geriet er unter die Vormundschaft von Papst Innozenz III. Mit dessen Einverständnis machte er sich 1212 nach Deutschland auf, wo er im selben Jahr in Mainz und nochmals 1215 in Aachen zum König gekrönt wurde, 1220 folgte die Kaiserkrönung in Rom.

Farinelli (24.1.1705 bis 16.9.1782)

Friedrich II. von Hohenstaufen (26.12.1194 bis 13.12.1250)

Friedrich II.
(Fortsetzung)

Trotz seiner deutschen Herkunft betrachtete Friedrich Italien als seine Heimat, wohin er bald zurückkehrte. In seinem Erbreich Sizilien schuf er den ersten modernen, absolut regierten Beamten- und Militärstaat. Er förderte die Künste und Wissenschaften, erließ die Toleranzgesetze von Melfi, unterschrieb aber gleichzeitig Ketzergesetze und führte die Folter in den Gerichtsbrauch ein. Meist residierte er in Apulien, wo er eine Reihe von Kastellen erbauen ließ. 1215 hatte Friedrich in Aachen ein Kreuzzugsgelübde abgelegt, das zum Anlass eines bis zu seinem Lebensende nie wirklich beendeten Streits mit dem Papsttum werden sollte. Nachdem er den (5.) Kreuzzug wiederholt aufgeschoben hatte, setzte er 1228/1229 mit einer Streitmacht ins Heilige Land über. Es gelang ihm, einen Vertrag mit Sultan Al-Kamil auszuhandeln, der den Christen für zehn Jahre die Herrschaft über Jerusalem zusprach. Doch das Zerwürfnis mit dem Papst fand damit kein Ende, denn dieser wertete Friedrichs Kreuzzug als Verrat an der christlichen Sache, weil "kein Blut geflossen war". So verhängte er 1245 den Kirchenbann über den Stauferherrscher. Fünf Jahre später starb Friedrich in Castel Fiorentino bei Lucera. Nach einer sizilianischen Legende ritt der Kaiser in den Vulkan Ätna, aus dem er eines Tages wieder hervortreten wird, um die Welt zu retten.

Giuseppe
Garibaldi
(4.7.1807 bis
2.6.1882)

Der Held des italienischen Risorgimento wurde 1807 in Nizza geboren, das damals zum Ligurien gehörte. Als Fünfzehnjähriger wurde er Schiffsjunge und 1832 Kapitän. 1833 schloss er sich Giuseppe Mazzini und seiner Bewegung "Giovane Italia" ("Junges Italien") an, deren Ziel die Schaffung eines geeinten, republikanischen und demokratischen Italiens war. Nach seiner Verwicklung in die Verschwörung Mazzinis musste er 1834 fliehen. Von 1834 bis 1848 hielt er sich meist in Südamerika auf. Nach seiner Rückkehr nach Italien wurde er Abgeordneter von Genua, nahm 1848 und 1849 – als Anführer einer Legion von Freiwilligen – an den Kämpfen gegen Österreich in Oberitalien teil und leitete zuletzt die Verteidigung der im Februar 1849 ausgerufenen Römischen Republik. Die Österreicher siegten jedoch über die Piemontesen, die Römische Republik wurde aufgelöst. Im Mai 1860 landete Garibaldi mit Freiwilligen ("Zug der Tausend") auf Sizilien, eroberte die Insel, das unteritalienische Festland und am 7. September Neapel. Seine Macht gab er jedoch an Vittorio Emanuele ab, der am 14. März 1861 vom neu gewählten Parlament den Titel "König von Italien" annahm. 1862 und 1867 scheiterten Garibaldis Versuche, den Kirchenstaat in das Königreich einzugliedern. Seine letzten Lebensjahre verbrachte er auf der kleinen Insel Caprera nördlich von Sardinien. Hier schrieb er u. a. seine "Memorie" ("Erinnerungen") und vier Romane. Garibaldi ist heute wie im 19. Jh. die volkstümlichste Persönlichkeit Italiens.

Ferdinand
Gregorovius
(19.1.1821 bis
1.5.1891)

Einen "Belletristen" und "Historiker für Touristen" nannte ihn Leopold von Ranke. Doch das, was von der damals noch jungen deutschen Historikerzunft als Kritik gemeint war, ist der Grund, warum seine Lektüre auch Nichthistorikern Vergnügen bereiten kann. Gregorovius stammte aus einer Pfarrer- und Juristenfamilie und lebte im ostpreußischen Neidenburg nahe der alten deutsch-polnischen Grenze. So lag es nahe, dass er nach dem Gymnasium in Königsberg Theologie studierte. Zum Pfarrer fühlte er sich jedoch nicht berufen, stattdessen verlagerten sich seine Interessen auf Geschichte, Philosophie und Literatur. Nach seiner Dissertation über die Ästhetik bei Plotin (1843) arbeitete er als Lehrer und als Redakteur der liberalen "Neuen Königsberger Zeitung", für die er regelmäßig Leitartikel und politische Feuilletons schrieb. Nach dem Scheitern der Revolution von 1848, für deren Ideen er begeistert eingetreten war, und nach dem Verbot der "Neuen Königsberger Zeitung" 1850 geriet er in eine persönliche Krise. In einem Brief an einen in Italien lebenden Freund schrieb er 1851, dass die "gegenwärtige Atmosphäre ... wie Blei auf dem Denken und auf jedem Freunde der Menschheit" liegt. Für seine Umgebung eher überraschend brach er 1852 nach Italien bzw. nach Korsika auf, das er drei Monate lang durchwanderte. Im Anschluss zog er nach Rom, fasste seine Reiseeindrücke zusammen, einige erschienen in der "Augsburger Allgemeinen Zeitung", und beschloss, die mittelalterliche Geschichte Roms zu beschreiben. Dabei hatte Gregorovius als deutscher mittelloser Protestant in Rom denkbar schlechte Voraussetzungen. Insgesamt war er fast 18 Jahre damit beschäftigt. Während dieser Zeit wurde er Zeuge der italienischen Einigungsbewegung, in deren Folge der Kirchenstaat aufgehoben und Rom zur Hauptstadt nur noch eines einzigen Volks, der Italiener, wurde. Damit hatte die Stadt für ihn ihre große Anziehungskraft verloren. Er zog 1874 nach München, wo er sich aber nie richtig eingelebt hat. Die bayerische Hauptstadt wirkte auf ihn wie "die kulissenhafte Schöpfung einiger Könige", die "über Nacht die Münchner zu Florentinern machen" wollten. 1876 wurde er erster deutscher Ehrenbürger Roms und Mitglied der römischen Accademia dei Lincei, eine späte Auszeichnung. Zu seinen Hauptwerken gehören die "Wanderjahre in Italien", die "Geschichte der Stadt Rom im Mittelalter" und die "Römischen Tagebücher".

Aliano, das kleine Bergdorf zwischen Potenza und Matera in der Basilikata, ist nicht schön, aber als Schauplatz von Carlo Levis Roman "Cristo si è fermato a Eboli" ("Christus kam nur bis Eboli") fast so etwas wie eine Berühmtheit. Im Spätsommer 1935 brachten zwei Carabinieri den 33jährigen Levi, Sohn einer jüdischen Intellktuellenfamilie, Mediziner, Maler und Kommunist, nach Aliano. Er war ein "confinato politico", einer derjenigen, die wegen ihrer politischen Aktivitäten bei Mussolini in Ungnade gefallen und in die Verbannung geschickt worden waren. Levi fand schnell Kontakt zur Bevölkerung. Als Mediziner kümmerte er sich um die Kranken, als Maler porträtierte er die Menschen und ihre Landschaft. Über seine Zeit in Aliano schrieb er erst einige Jahre später. 1945 erschien sein autobiografischer Roman, dessen Titel andeuten sollte, dass Aliano eine gottverlassene Gegend war, wo noch nicht einmal die Kirche Anteil am Elend seiner Bewohner nahm. Wenn auch Levis detaillierte Beobachtungen, seine ironischen und kritischen Beschreibungen zunächst nicht wenige seiner ehemaligen Nachbarn verärgerten, hat das Buch die Existenz des Ortes doch nachhaltig beeinflusst. Es

Carlo Levi
(29.11.1902 bis
4.1.1975)

Carlo Levi
(Fortsetzung)

wurde immerhin in 37 Sprachen übersetzt und gilt heute als Klassiker des Neorealismus. Zur Versöhnung trug auch die Verfilmung Ende der 1970er-Jahre bei. Der gleichnamige Film von Francesco Rosi mit Gian Maria Volonté in der Hauptrolle porträtierte die Figuren des Romas einiges weniger kritisch. Und heute schmückt sich Aliano mit dem Titel "Das Dorf von 'Christus kam nur bis Eboli'". Erst 1974 besuchte Levi sein Dorf noch einmal, wo er wenige Monate später und seinem Wunsch gemäß auch beigesetzt wurde.

Sophia Loren
(geb. 20.9.1934)

"Alles was Sie hier sehen, verdanke ich den Spaghetti", und wenn das nicht gelogen ist, so ist die Vorstellung doch wunderschön.
Die Rede ist von Sofia Villani Scicolone, die 1934 in Rom zur Welt kam. Ihre Kindheit und Jugend verbrachte sie in ärmlichen Verhältnissen in Pozzuoli westlich von Neapel. Eigentlich wollte sie Lehrerin werden, doch ihre ehrgeizige Mutter, eine gescheiterte Schauspielerin, wollte etwas Besseres für ihre attraktive Tochter. Da es keine Beziehungen zum Film gab, blieb die Teilnahme an Schönheitswettbewerben. Mit Erfolg. Als Vierzehnjährige gewann Sofia den 2. Preis bei der Wahl einer neapolitanischen "Prinzessin des Meeres", als Sechzehnjährige wurde sie "Miss Eleganza". Ihren Lebensunterhalt verdiente sie dann als Fotomodell und mit kleinen Filmrollen. 1950 wurde sie zwar nur Zweite bei den Wahlen zur "Miss Rom" (1950) und zog dennoch das große Los. Unter den Jurymitgliedern befand sich auch der 21 Jahre ältere Filmproduzent Carlo Ponti, der ihr neue Schauspielausbildung, den Künstlernamen Loren und vor allem bessere Rollen verschaffte. In den folgenden Jahren drehte sie Filme wie "L'oro di Napoli" (1954, Das Gold von Neapel), "La donna del fiume" (1954, Die Frau vom Fluss), die sie rasch bekannt und zu Italiens Sexsymbol machten. Für ihre Rolle in "The Black Orchid" (1959, Die schwarze Orchidee) wurde sie in Venedig zur besten Schauspielerin ausgezeichnet; damals war sie bereits ein internationaler Star. Für ihre Rolle in Vittorio de Sicas Drama "La ciociara" (1961, "... und dennoch leben sie") erhielt sie als erste und bisher einzige Schauspielerin einen Oscar als beste Darstellerin in einem nicht englischsprachigen Film. In den folgenden Jahrzehnten schrieb sie mit über 80 Rollen und vielen Auszeichnungen nicht nur Filmgeschichte, sie befreite sich auch von ihrem traditionellen Rollenklischee als mandeläugiges, sinnlicherotisches Weib. Und auch privat setzte sie sich durch. Im September 1957 hatte die Loren den (in Mexiko geschiedenen) Ponti geheiratet. Diese Ehe wurde in Italien nicht legalisiert, Ponti sogar der Bigamie angeklagt. Erst 1966 gaben die beiden den Behördenkrieg auf, nahmen die französische Staatsbürgerschaft an und heirateten ein zweites Mal legal in Frankreich; die Ehe, aus der zwei Söhne hervorgegangen sind, hält bis heute. Ausführliche Informationen über das Leben der Loren und vor allem über ihre Filme gibt es im Internet unter www.sophialoren.com.

Anna Magnani
(7.3.1908 [?] bis
26.9.1973)

"Ich stamme aus Trastevere [einem ärmlichen Stadtteil von Rom]. Ich habe gearbeitet, wahrscheinlich zehnmal mehr als andere, weil ich hässlich und lächerlich bin. Ich habe gearbeitet für die Kunst." Der internationale Durchbruch gelang Italiens wohl großartigstem Filmstar Anna Magnani 1945 mit Roberto Rossellinis Film "Rom – offene Stadt", der die Geschichte einer schwangeren Witwe erzählt, die in die Katastrophe getrieben wird. Ihre leidenschaftliche Dar-

stellungskraft und reiche Mimik machten sie weltweit zur Idealbe-
setzung für dramatische Rollen. Mit Rossellini war sie auch privat
eng verbunden. Als dieser aber ohne ihr Wissen Ingrid Bergman
für den Film "Stromboli" verpflichtete, dessen Hauptrolle eigentlich ihr zugedacht war, übernahm sie den Hauptpart im Konkur-
renzfilm "Vulcano" (1949), der trotz ihrer brillanten Darstellung
ein Flopp wurde. Begraben ist Anna Magnani im Familienmauso-
leum von Roberto Rossellini, mit dem sie sich einige Jahre nach
ihrer großen Enttäuschung wieder versöhnte.

Er habe weniger als ein kleines Kind gegessen und kaum geschla-
fen. Regelmäßig schüttelten ihn Fieberanfälle, die Normalsterbli-
che umgebracht hätten. Er aber verströmte nur leichten Blumen-
duft ... Padre Pio, von dem hier die Rede ist, ist nördlich der Alpen
wenig bekannt. In Italien wird er längst wie ein Nationalheili-
ger verehrt. Und San Giovanni Rotondo, der Ort in Apulien,
wo der Kapuzinermönch 1968 im Alter von 81 Jahren starb,
könnte bald sogar den französischen Wallfahrtsort Lour-
des in den Schatten stellen. Am 25. Mai 1887 kam Francesco Forgioni in Pietrelcina, einem kleinen Ort in der
Nähe von Benevent, als Sohn eines Schäfers auf die
Welt. 1907 trat er dem Kapuzinerorden bei, einem
Zweig der Gemeinschaft des hl. Franziskus. 1916 wurde
er Mitglied im Konvent von San Giovanni Rotondo auf
der Gargano-Halbinsel. Bereits kurz darauf sollen an seinen Händen und Füßen die Wundmale Christi aufgetre-
ten sein, die ihm im Übrigen große Schmerzen bereiteten.
In Rom galt er jedoch als Schwindler, und kurze Zeit
durfte er nicht einmal die Messe lesen oder Briefe seiner
Anhänger beantworten. Immer mehr Gläubige und Neu-
gierige suchten seine Nähe oder Unterstützung. Unge-
zählte Katholiken schwören, von ihm über Nacht geheilt
worden zu sein, manches wurde von Ärzten in kirchli-
chem Auftrag untersucht und als "medizinisch unerklär-
lich" attestiert. Das von ihm gegründete Hilfswerk zur
Pflege bedürftiger Kranken, die Casa Sollievo della Sofferenza, ist
heute ein blühendes Unternehmen. Filme, Bücher, Videos und
40 000 Internet-Sites künden von seinen Werken. Auch ökonomisch
ist der Heilige ein Rekordhalter: Etwa eine Million Euro bringen die
rund sieben Millionen Pio-Pilger jährlich in seinen ehemaligen Wirkungsort. Und so ist es vermutlich kein Wunder, dass Papst Johannes Paul II. ihn im Juni 2002 sogar heilig sprach und damit einen
anderen Rekord aufstellte: In der jüngeren Kirchengeschichte wurde noch niemandem so schnell die Würde der Altäre zuteil.

Kunst und Kultur

Kunstgeschichte

Vor- und Frühgeschichte

Im frühgeschichtlichen Italien trafen sich verschiedenste Kulturen. Im Neolithikum gelangte die vermutlich iberische Glockenbecherkultur nach Sizilien und Sardinien, in der Bronzezeit entstanden unter mykenisch-kretischem Einfluss erste Siedlungen, die Kultur der Pfahlbausiedlungen (Terramaren) drang aus Illyrien vor, und um 1000 v. Chr. entwickelte sich die Villanova-Kultur, benannt nach dem früheisenzeitlichen Gräberfeld in der Nähe von Bologna.

Etruskische Kunst

Kulturraum

Woher die im Gebiet der Toskana und Latiums ansässigen Etrusker stammten, war schon in der Antike umstritten. Heute stehen sich zwei Hauptthesen gegenüber: die Abkunft von der Villanova-Kultur, wobei die offenkundigen griechischen und orientalischen Anklänge als Ergebnis von Kontakten gewertet werden, und eine Einwanderung aus dem östlichen Raum. Zwischen dem 8. und 5. Jh. v. Chr. organisierten sie sich in einer Föderation von zwölf Städten: Arretium (Arezzo), Velathri (Volterra), Curtuns (Cortona), Perusia (Perugia), Clusium (Chiusi), Rusellae (Roselle), Vatluna (Vetulonia), Volsinii (Orvieto), Vulci, Tarquinii (Tarquinia), Caere (Cerveteri) und Veji (Veio). Die Kultur dieses sehr "diesseitigen", kunstsinnigen Volks, die v. a. in den Museen von Tarquinia und der Villa Giulia in Rom sowie in der Nekropole von Cerveteri lebendig wird, steht zwischen italischer Primitiv- und griechischer Hochkultur.

Tempel

Der Tempelbau ist durch den archäologisch gesicherten Jupiter-Tempel auf dem Kapitol in Rom dokumentiert. Er ruhte auf einem Podium, orientierte sich axial auf einen Vorplatz und wies eine tief fluchtende Vorhalle (Pronaos) auf. Dieser räumliche Akzent und die städtebauliche Funktion erhärteten sich in den folgenden Jahrhunderten zu einem Markenzeichen römischer Baukunst.

Nekropolen

Einen weiteren bedeutenden Sonderaspekt etruskischer Kultur bieten die Nekropolen. Zu Ende des 8. Jhs v. Chr. entwickelte sich der Typus des Kammergrabes, das als getreues Abbild eines aristokratischen Hauses über mehrere Räume verfügte oder sogar mit großen Plätzen für Tanz und Spiel versehen war. Erst im Laufe des 4. Jhs wich das Kammergrab dem großräumigen, reich bemalten Bestattungssaal (Tomba dei Rilievi in Cerveteri).

Plastik und Malerei

Zwar ist der griechische Einfluss in Plastik und Malerei übermächtig, doch erreichte die etruskische Plastik eine zumindest partielle

Farbenprächtige Darstellung aus einem Grab in Paestum (6. bis 4. Jh. v. Chr.):
Ein Verstorbener wird in das Jenseits geleitet.

Eigenständigkeit. Grundlegend ist die Verwendung sehr weichen Steins oder des Tons; auf der Gestaltung in Ton beruht auch der Bronzeguss. Einprägsame Beispiele für den archaischen Charakter etruskischer Kunst sind die "Chimäre" (Florenz) sowie die Kapitolinische Wölfin (Rom, Konservatorenpalast). In den Figuren liegt – bezeichnend für die vorklassische Zeit – die Kraft des Ausdrucks im Typus, nicht im Einzelwesen. Im 2. Jh. v. Chr. verlor sich die Originalität etruskischer Kunst in der römischen Mischkultur. Beispiel dafür ist der "Arringatore" (Florenz): Inschrift und typushafte Starre sind etruskisch, Habitus und Kleidung römisch.

Etruskische Kunst (Fortsetzung)

Griechisch-römische Antike

Die griechische Kolonisation Unteritaliens und Siziliens ab dem 8. Jh. v. Chr. – die erstmals von dem Geschichtsssschreiber Polybios (201–120 v. Chr.) als "Megale Hellas" (Großgriechenland) bezeichnet wurden – ist heute außer in Münzen und Votivreliefs vor allem in den Tempelbauten dokumentiert. Im 7. Jh. v. Chr. vollzog sich der Übergang vom Holzbau zum monumentalen Steinbau, dessen Elemente einem umfassenden System von Maß und Zahl unterworfen wurden. Die geschlossene Cella mit dem Kultbild erhielt eine offene Vorhalle (Pronaos) im Osten und eine meist geschlossene Halle (Adyton) als Schatzkammer im Westen, die zusammen von einem Säulenring umschlossen waren (Ringhallentempel, Peripteros). Varianten dieses Typs finden sich auf Sizilien in Selinunt mit dem Tempel C (um 550 v. Chr.) einschließlich einer Freitreppe und doppelter Säulenvorhalle, in Agrigent mit dem Zeus-Tempel (5. Jh.) als Pseudoperipteros, den 7 Front-Halbsäulen und 14 Halbsäulen alternierend mit 7,75 m hohen Giganten als Gebälkträger zieren. Der Athena-Tempel (um 500 v. Chr.) im kampanischen Paestum, ein He-

Tempel

Griechisch-römische Antike (Fortsetzung)

xastylos mit 6 × 13 Säulen außen und 8 Innensäulen zeigt bereits den Einfluss des ionischen Baustils.

Die Kolonialisierung Unteritaliens ging auch am weit nördlich gelegenen Rom nicht spurlos vorbei. 493 v. Chr. wurde am Fuß des Aventin ein von den griechischen Künstlern Damophilos und Gorgasos konzipierter Tempel errichtet, und in den Vatikanischen Museen findet sich der Sarkophag des Cornelius Scipio Barbatus (ca. 260 v. Chr.) aus etruskischem Tuff, dessen strenge Ornamentik das Griechische lehrbuchhaft verdeutlicht. Der von den Etruskern beeinflusste römische Tempelbau wurde anders als der griechische nicht als allseitig ansichtiges Monument in die Landschaft gesetzt, sondern mit raumplanerischem Sinn in die Stadtanlage integriert. Er ruhte auf einem Podium, orientierte sich axial auf einen Vorplatz und wies eine tiefe, getreppte Säulenvorhalle auf, hinter der blockhaft geschlossen die Cella mit dem Götterbild lag.

Im 3. Jh. v. Chr. wird der griechische Einfluss "offiziell", denn Rom stößt im Rahmen der außeritalischen Konflikte tief in den griechischen Kulturraum vor. Sizilien, Kernland der "Megale Hellas", wird 227 v. Chr. annektiert, und nach dem Zweiten Punischen Krieg reicht Roms Macht von Spanien bis Makedonien. In Palestrina, dem römischen Praeneste, hat sich mit dem Fortuna-Heiligtum am Hang des Monte Ginestro aus dem späten 2. Jh. v. Chr. eine hellenistisch inspirierte, monumentale Tempelanlage auf mehreren künstlich angelegten Terrassen erhalten.

Wohnungsbau

Der zunehmende griechische Einfluss manifestiert sich auch im Wandel der Wohnkultur. Noch im 4. Jh. v. Chr. war das römische Haus ein funktionaler Wohnraum; im 3. Jh. v. Chr. wurde es zum durchgestylten Lebensraum. Eingang (Fauces), Bedientenzimmer (Cella), Schlafgemach (Cubiculum), Wohnzimmer (Tablinum), Speisezimmer (Triclinium) und Vorratskammer (Apotheca) bildeten die funktionalen Einheiten des alten Gebäudetyps. Sie reihten sich konzentrisch um das Atrium ("ater" = "rauchgeschwärzt"), das als Rauchabzug und Wasserspeicher eine rein praktische Bedeutung hatte. In der Art eines Hinterhofs war dem Komplex zumeist noch ein schmaler Hortus, ein Gemüsegarten, angeschlossen, der sich im 3. Jh. v. Chr. zum Peristyl wandelte, einer offenen Säulenhalle mit angrenzenden Gemächern. Beispiele finden sich in den Vesuvstädten Pompeji und Herkulaneum. Im 2. Jh. v. Chr. entstanden in den größeren Städten durch Aufstockung der Atriumshäuser Mietshäuser, bei denen das Atrium zum Lichthof wurde und im Untergeschoss Läden und Werkstätten eingerichtet wurden. Nach dem Vorbild der Villa und Domus genannten Amtssitze u. a. des Tiberius (mit seiner Sommerresidenz Villa Jovis auf Capri) und des Nero (mit seiner Domus Aurea in Rom) ging erst 80 n. Chr. unter Domitian der Kaiserpalast als Regierungszentrale auf dem Palatin hervor, vier Gebäudegruppen um Peristylien mit nördlichen Staatsräumen (Domus Flavia) und südlichem Wohnpalast (Domus Augustana).

Forum

Vorbild des römisch-italischen Forums war die griechische Agora als säulenumstellter symmetrischer Markt- und Handelsplatz mit öffentlichen Gebäuden.

Basilika

Die Basilika, benannt nach dem griechischen Vorbild der Königshalle (griech. "basileus" = "König"), diente den Römern als Markt-

bzw. Gerichtshalle. Die im Grundriss erhaltene Basilika von Pompeji (120 v. Chr.) lässt die wesentlichen Merkmale dieses Bautyps gut erkennen: ein zu einer Schmalseite offener Bau, der sich in ein Mittelschiff (Aula) und zwei Seitenschiffe gliedert.

Im 4. Jh. v. Chr. entstanden in Griechenland die ersten Theater in Stein mit runder Orchestra (ursprünglich "Tanzplatz", später Auftrittsfläche für den Chor) und höherer Spielbühne. Der bis zu 15 000 Personen fassende halbrunde Zuschauerraum wurde mit ansteigenden Sitzreihen in einen Hang gefügt. In Syrakus hat sich noch eines der bedeutendsten Theater (3. Jh. v. Chr.) Großgriechenlands erhalten. In Rom waren die Spielstätten für Dramen und Komödien zunächst aus Holz, 55 – 52 v. Chr. entstand der erste Steinbau auf dem Marsfeld. Rund 40 Jahre später wurde das Marcellus-Theater vollendet, Vorbild für das gesamte Imperium, nicht wie bei den Griechen als in die Natur eingebetteter, sondern als frei stehender städtischer Bau mit hochgemauerten Sitzreihen und einer Bühnenwand mit Schauarchitektur. Das Theater (3. Jh. v. Chr. – 2. Jh. n. Chr.) im sizilischen Taormina verbindet in reizvoller Lage griechische und römische Bauvorstellungen. Das Amphitheater mit elliptischer Arena für Gladiatorenkämpfe war eine Erfindung der Römer aus dem etruskischen Erbe. Vorbildhaft für das Imperium entstand 72 – 80 n. Chr. erstmals in Stein das Flavische Amphitheater (Colosseum) für rund 50 000 (einschließlich der Stehplätze in den obersten Rängen sogar bis zu 73 000) Zuschauer mit riesiger Spielfläche, unter der Gänge, Käfige, Aufzüge und Arsenale lagen. Ähnliche kleinere Anlagen befinden sich in Pozzuoli und S. Maria Capua Vetere.

Die repräsentativen Thermen mit ihrer Raumfolge Apodyterium (Auskleideraum), Sudatorium (Schwitzbad), Caldarium (Heißwasserbad), Tepidarium (Warmlufthalle zum Abkühlen), Frigidarium (Kaltbad) und Natatio (Schwimmbad) dienten als Badeanstalt, Sporthalle und Ort gepflegten Nichtstuns, zum Lustwandeln, für Lektüre und Gespräch, was in den pompejanischen Stadtthermen oder in den monumentalen Badesälen der Thermen in Baiae gut nachvollziehbar ist.

In den weitläufigen Circusanlagen mit Tribünen fanden hauptsächlich Wagenrennen statt, während das Stadion den Leichtathletikwettkämpfen vorbehalten war.

Mit Triumphbögen, Ehrenbögen und Bildsäulen wurden Menschen oder Ereignisse geehrt. Die eintorige Frühform des Triumphbogens für einen siegreichen Feldherrn mit Widmungstafel und Standbild oder Quadriga des Geehrten (Titusbogen) wird im 2./3. Jh. abgelöst durch den reich gegliederten dreitorigen Triumphbogen (Konstantinsbogen). Der nur in Rom durch Senatsbeschluss mögliche Bau eines Triumphbogens erhielt in den Provinzen durch den ähnlichen Ehrenbogen, z. B. für Kaiser Trajan in Benevent, eine Variante. Die Marcus Aurelius bzw. Trajan gewidmeten hohen Ehrensäulen in Rom sind mit vielszenigen Reliefbändern geschmückt, die ihre Leistung als Kriegsherren verherrlichen. Der monumentale, meist zylinderförmige Grabbau mit der Urne in der Mitte und ebenerdigem Zugang entwickelte sich in der Kaiserzeit, z. B. beim Augustus- und Hadrians-Mausoleum, aus dem Grabtumulus zum öffentlichen Erinnerungsmal.

Griechisch-römische Antike (Fortsetzung) Inszenierung des Raums

Eine Eigenheit römischer Baukunst ist der ausgeprägte Sinn für den räumlichen Effekt. Das Bestreben, den städtischen Raum nicht mit Gebäuden zu verstellen, sondern im Sinne eines Gesamteffekts zu gliedern, dokumentiert sich in den Kaiserforen Roms. Ihre politische Funktion als Bühnen der Imagepflege wird im römischen Trajansforum schlagend deutlich. Seine streng axiale Ausrichtung macht ihn zum idealen Rahmen für propagandistische Inszenierungen: Mit einem Aufwand von 2500 Figuren gibt die Trajanssäule einen Report des Sieges gegen die Daker, und ein Podiumtempel streicht die Göttlichkeit des "optimus princeps" heraus.

Bautechnik

Eine technische Neuerung der römischen Baukunst war das Opus caementicium, eine dem heutigen Beton verwandte Mischung aus Bruchsteinen, Steinsplittern und Mörtel. Neue Fundamentierungs- und Verschalungstechniken hielten Einzug, der Bogen- und Gewölbebau wurden revolutioniert. Gegen das Kraggewölbe aus parallel gefugten Steinen setzte sich mehr und mehr das "echte" Gewölbe durch, eine Konstruktion keilförmig zugehauener Steine. Wohl prominentestes Beispiel für diesen technischen Fortschritt ist das 48 m hohe Kreuzgewölbe der Maxentius-Basilika (307 – 313 n. Chr.) auf dem Forum Romanum in Rom.

Plastik

Die römische Plastik orientierte sich einerseits an griechischen Vorbildern, so dass aus idealisierten griechischen Götter- und Kultbildern leicht veränderte Kopien oder Variationen zur Dekoration von Palästen, Villen und öffentlichen Bauten entstanden. Andererseits blieb das naturalistische Erbe der Etrusker in den höchst lebensnahen Porträtbüsten erhalten. Standbilder fertigte man in Serie als Togafiguren, auf die man austauschbare Köpfe setzte. Die Panzerstatue ist ein Novum der Kaiserzeit, bei der ein reliefgeschmückter eng anliegender Brustpanzer die Feldherrn- oder Kaiserfigur in kurzem tunikaartigem Waffenrock schmückt. In meisterhaften Flachreliefs gestalteten die Römer historische, mythologische und sakrale Szenen an Triumphbögen, Bildsäulen, Altären, Sarkophagen und Grabstelen. Aus griechischen Ursprüngen wurde zudem die marmorne und bronzene Monumentalplastik weiterentwickelt, ob im Reiterstandbild oder in der kolossalen Kaiserstatue.
Die kunstvolle Gefäßkeramik, darunter Kratere von beachtlicher Größe, stand zunächst unter griechischem Einfluss, beispielsweise wurden in Apulien, besonders in Tarent, zwischen 430 und 300 v. Chr. rotfigurige Vasen mit üppiger Pflanzenornamentik und vielfigurigen Darstellungen produziert. In römischer Zeit trat die Fertigung kostbarer Glas- und Metallgefäße hinzu.

Malerei und Mosaik

Die Innengestaltung von Privathäusern und Grabbauten zeichnete sich vor allem durch die illusionistische Erweiterung mithilfe gemalter Architektur und Landschaften aus. Aufgrund der reichen Malereifunde in Pompeji wurde die römisch-pompejanische Wandmalerei in vier Stilstufen unterteilt, vom 1., sog. Inkrustationsstil des 3. Jh.s v. Chr. über den 2. Stil (80 v. – 10 n. Chr.) mit Fantasiearchitektur und dem 3. Stil (10 – 60 n. Chr.) mit illusionistischen Blickachsen in Garten- und Meerlandschaften bis zum ornamenthaften und vielfigurigen 4. Stil (60 – 79 n. Chr.). Mosaiken dienten in grober Form als Bodenbelag und in Feinform zur Wandgestaltung. Das Nil-Mosaik von Praeneste (Palestrina), das berühmte Alexanderschlacht-Mosaik in Neapel und die Fülle von Mosaiken in der sizilischen Villa Romana del Casale belegen die Ausdrucksmöglichkeiten. Das aus winzigen Steinchen bandwurmartig gestaltete Opus vermiculatum erzielte malerische Helldunkelwirkungen, und das Opus sectile aus farbigen Steinplattenstückchen entfaltete großflächige Farbenpracht.

Frühes Christentum

Die römische Spätantike ist zwar eine Zeit des politischen Verfalls, doch sicher nicht des kulturellen Niedergangs. In den Jahrhunderten nach Diokletian werden in Baukunst, Malerei und Plastik folgenreiche Leistungen vollbracht. Die internationale Kultur des Hellenismus verliert an Kraft, die römische Kunst gewinnt an Originalität. Ein wichtiger Katalysator dieser Wende ist im 4. Jh. die christliche Gedankenwelt. Bischöfe sind die neuen Bauherren, christliche Kirchen treten an die Stelle der Tempel, neue topografische Schwerpunkte werden gesetzt und die byzantinische Kultur beginnt, auf das Mutterland zurückzuwirken.

Die Basilika, die den Römern als Markt- bzw. Gerichtshalle diente, entwickelte sich zum Haupttypus des christlichen Kirchenbaus. Ab dem frühen 4. Jh., als das Christentum im Römischen Reich Staatsreligion wurde und große Versammlungsräume benötigte, wurden lang gestreckte, meist nach Osten gerichtete Kirchen mit erhöhtem Mittelschiff und niedrigeren Seitenschiffen errichtet. Im Westen, Symbol für Sonnenuntergang und Tod, lag der Eingang, häufig mit einer Vorhalle (Narthex) oder einem Vorhof (Atrium), im Osten, in Richtung der aufgehenden Sonne, stand in der halbrunden Apsis der Altar. Der Grundriss der Kirchen veränderte sich im Laufe der Zeit durch die große Bedeutung des Kreuzes von seiner ursprünglich U- oder T-förmigen zu kreuzförmiger Gestalt. Im Schnittpunkt von Lang- und Querhaus entstand die Vierung, die durch einen Turm oder eine Kuppel akzentuiert werden konnte. Die flache Holzdecke oder der offene Dachstuhl wurden später durch ein Steingewölbe ersetzt. Ein anschauliches Bild der frühchristlichen Basilika vermitteln in Rom S. Sabina (noch überwiegend in originaler Bausubstanz) und mit Abstrichen S. Maria Maggiore sowie trotz weitgehender Rekonstruktion S. Paolo fuori le Mura. Auch Zentralbauten als christliche Gotteshäuser kamen vor, etwa das Baptisterium S. Giovanni in Fonte (um 315), S. Costanza (337–351) und S. Stefano Rotondo (um 470/480) in Rom. Bauliche Vorbilder hierfür waren die Rundräume der Thermen, überkuppelte Tempel (Pantheon) und Mausoleen (Mausoleum der Kaiserin Helena aus dem 2. Viertel des 4. Jh.s in Rom) sowie die konstantinische Jerusalemer Grabeskirche.

Die frühesten christlichen Wandmalereien finden sich in den Katakomben. In Neapel haben sich seit dem 2. Jh. Freskenfragmente in den Katakomben von S. Gennaro extra Moenia erhalten, in der römischen Domitilla-Katakombe erlebt man die christliche Bildwelt des 2. bis 4. Jh.s von Oranten-Darstellungen über Daniel in der Löwengrube und die Anbetung der Könige bis zum Guten Hirten. Gewölbe und Nischen in S. Costanza (337–351) zeigen herrliche Mosaiken mit Ernte-, Weinlese- und Kelterszenen, die aus dem Diony-

Frühes Christentum (Fortsetzung)

soskult stammen und den Zyklus von Tod und Wiedergeburt symbolisieren. S. Giovanni in Fonte in Neapel zeigt schönen Mosaikschmuck aus dem 5. Jahrhundert. Der thronende Christus als häufiger Apsisschmuck über dem Altar in den wenigen byzantinischen Kirchen zwischen Neapel und Syrakus ist dagegen von der kaiserzeitlichen Triumphalkunst ableitbar. Wichtige plastische Zeugnisse sind kostbare Elfenbeinarbeiten, die eindrucksvollen Holztüren von S. Sabina in Rom und Sarkophage, deren Reliefs Szenen aus dem Alten und Neuen Testament oder Erlösungsmotive darstellen.

Romanik

Allgemeines

Für den Baugeschichtler ist angesichts der Vielzahl von Sonderstilen *die* italienische Romanik nur schwer als Romanik zu erkennen. Da ist es hilfreich, sich die europäische Romanik als ein "Konzert" verschiedener Regionalstile vorzustellen, die die romanischen Grundthemen variieren: Erweiterung der Basilika um einen Chorbereich, Gewölbe statt Flachdecke, Verbrämung des Eingangsbereichs mit einer Schaufassade und die kompositionelle Gliederung des Raums durch die Variation von Säulen und Pfeilern (sog. Stützenwechsel), durch Betonung der Gewölbeabschnitte (sog. Joche) und durch regelmäßig geschichtetes Mauerwerk.

Sakralbau

Die im frühen 7. Jh. erbaute Emporenbasilika S. Agnese fuori le Mura in Rom liefert ein gutes Bild einer frühromanischen Kirche unter byzantinischem Einfluss. Im 9. Jh. entstanden weitere römische Basiliken wie S. Prassede, S. Cecilia in Trastevere und S. Marco. Aus dem 12. Jh. stammt die eindrucksvolle Oberkirche von S. Clemente, deren Raumfolge aus Vorhalle, Atrium, dreischiffigem Langhaus, Sängerchor und Apsis den klarsten Typus mittelalterlicher Sakralarchitektur repräsentiert.

In Kalabrien, das den griechisch-orthodoxen Ritus bis ins 15. Jh. bewahrte, haben sich in Stilo und Rossano byzantinische Viersäulen-Kuppelkirchen des 9./10. Jh.s erhalten, die Klosterkirche S. Maria del Patire in reizvoller Lage stammt aus der Zeit um 1100.

Auf Sizilien, das bis 827 byzantinisch, bis 1072 arabisch, dann normannisch und schließlich staufisch war, entwickelte sich ein Stilgemisch. Die Capella Palatina, die der Normannenkönig Roger II. 1131 in Palermo errichten ließ, ist abendländisch in ihrem Grundriss als dreischiffige Säulenbasilika, islamisch im Dekor mit so genannter Stalaktitendecke und byzantinisch im mosaizierten Bildschmuck. Die romanischen Kathedralen von Cefalù (begonnen 1131), Palermo (beg. 1161) und Monreale (beg. 1174) – Säulenbasiliken mit Inkrustationen aus Lava und farbigen Steinen, maurischen Fußböden, Spitzbogenreihen, offenem Dachstuhl oder Flachdecke – wurden ebenfalls im arabisch-byzantinisch-normannischen Mischstil errichtet. Auf Sardinien entfaltete sich die romanische Baukunst in Abhängigkeit von der pisanisch-toskanischen Stilvariante mit ihren typischen Streifenmustern.

Apulische Romanik

In Apulien wurden die Kathedralen des späten 11. und 12. Jh.s in Bari, Barletta, Trani, Bitonto und Troia als steile, meist flachgedeckte Säulenbasiliken, z. T. mit Stützenwechsel, von den Normannen nach lombardischen Vorbildern errichtet. Ihre Besonderheiten sind eingefügte Emporen, durchgehendes Querhaus und markante Türme. In

Valenzano gibt es mit Ognissanti di Cuti, nach 1060 begonnen, einen ungewöhnlichen Dreikuppelbau, der Vorbilder in Aquitanien vermuten lässt.

Dass die Romanik in Apulien auch in der Plastik Hervorragendes leistete, zeigen v. a. das Bronzeportal der Kathedrale von Troia (1119) des Oderisius von Benevent, der von drei vollplastischen Atlanten getragene marmorne Bischofsthron (um 1200) in S. Nicola zu Bari und das kassettierte Lesepult (um 1220) mit Adlerfigur von Meister Nicolaus in der Kathedrale von Bitonto. In Kampanien ragen die Ausstattung von S. Pantaleone in Ravello und der Kathedrale von Salerno heraus: Erstere mit der Bronzetür (1179) von Barisanus von Trani und dem mit der Jonasgeschichte mosaizierten Ambo (um 1130), Letztere mit Löwenportal, byzantinischer Bronzetür (beide 11. Jh.), mosaikverzierten Ambonen und Osterleuchter. In S. Maria del Lago bei Moscufo (Abruzzen) beeindruckt die polychrome Viersäulenkanzel (1159) mit Evangelistensymbolen. In Rom sind die Ziborien in S. Lorenzo fuori le Mura, S. Giorgio in Velabro und S. Agata dei Goti qualitätvolle Steinarbeiten des 12. Jh.s. Zudem imponiert der rund 5 m hohe Osterleuchter (um 1180) in S. Paolo fuori le Mura mit Szenen aus der Passion und Himmelfahrt Christi. Herausragend ist auch die Gruppe der ausdrucksvollen Kreuzabnahme des frühen 13. Jh.s im Dom S. Lorenzo von Tivoli.

Byzantinisch beeinflusste Fresken in der Basilika Sant'Angelo in Formis in der Nähe von Capua

Im 7. und 8. Jh. herrschten in der Wandmalerei und im Mosaik starre, unkörperliche, in prächtige Gewänder gehüllte Gestalten der byzantinischen Tradition vor. Im 9. Jh. kam Rom in Berührung mit der Kunst des karolingischen Reichs, die den Figuren mehr Bewegung und Ausdruck verlieh, beispielhaft zu sehen in S. Prassede

Romanik
(Fortsetzung)

und S. Maria in Domnica. Um 1100 entstanden die Wandmalereien der Unterkirche von S. Clemente und wenige Jahrzehnte später (gleichzeitig mit den Arbeiten in S. Maria in Trastevere) die Apsismosaiken, die Frühchristliches und Byzantinisches vereinen. Imposant sind die byzantinisch beeinflussten Fresken (um 1080) in S. Angelo in Formis bei Capua mit der feierlichen Majestas Domini in der Apsis und dem riesigen furchteinflößenden Jüngsten Gericht an der Eingangswand.

Im apulischen Otranto überrascht ein großes Bodenmosaik (1163 bis 1166) mit figurenreichen Monats- und Legendendarstellungen. Mit kunstvollen farbigen Steinmosaiken wurden zwischen 1100 und 1300 viele Fußböden und Ausstattungsstücke römischer Kirchen durch Familien gestaltet, die aufgrund ihrer Vorliebe für den Rufnamen "Cosmas" als "Cosmaten" bezeichnet werden. Meisterleistungen sind etwa die Chorschranken und der Ambo in S. Clemente sowie der Ambo in S. Lorenzo fuori le Mura.

Gotik

Allgemeines

Weit mehr als die Romanik war die Gotik eine internationale Strömung. Sie verbreitete sich, ausgehend von der französischen Abteikirche St. Denis, in der ersten Hälfte des 13. Jh.s in Oberitalien. Ihre Wahrzeichen: Auflösung des Mauerwerks in ein Filigran von Pfeilern, Diensten und Rippen, Durchbrechung der Wände mit Lanzett- oder Spitzbogenfenstern und Dominanz des Kreuzrippengewölbes.

Sakralbau

Die französischen Zisterzienser brachten dieses Formenvokabular in die Neubauten der Klöster von Fossanova (1173 –1208) und Casamari (ab 1217) in Latium ein. Der extreme Vertikalismus der französischen Gotik fand aber ebenso wenig Nachahmung wie die aufwändige Bauplastik. Da die Päpste im Exil zu Avignon residierten, übernahmen nur die im frühen 13. Jh. ins Leben gerufenen stadtsässigen Bettelorden der Dominikaner und Franziskaner gotische Formen, beispielsweise bei der Dominikanerkirche S. Maria sopra Minerva (1280 – Ende 15. Jh.) in Rom. In Neapel förderten die Anjou-Könige nach 1268 den gotischen Kirchenbau, der trotz Barockisierungen in S. Lorenzo Maggiore (beg. um 1270), in der dreischiffigen Dominikanerkirche S. Domenico Maggiore (Mitte 14. Jh.) mit kräftigen Bündelpfeilern und Spitzbogenreihen sowie in der querschiff- und apsislosen Klarissenkirche S. Chiara mit ihren kuppeln Kapellenreihen und Rechteckchor gut zum Ausdruck kommt. In Palermo entstanden ab 1300 die Dominikanerkirche S. Domenico und das reich ausgestattete Oratorio del Rosario di S. Domenico.

Profanbau

Durch die allmähliche Stadtsässigkeit des zuvor in Burgen wohnenden Adels entstanden Wohnbauten als Kreuzung aus Palazzo und Burg mit Zinnen und hohem Turm (Casa torre). Die Geschlechtertürme verschwanden nach der Befriedung der Kommunen, so dass nur der Rathausturm als Symbol städtischer Autonomie übrig blieb. Dem Festungsbau gab Kaiser Friedrich II. in der ersten Hälfte des 13. Jh.s neue Impulse. In Catania auf Sizilien, in Apulien (Lucera, Foggia, Barletta, Brindisi usw.), in der Basilikata (Lagopesole) und weiteren Orten entstanden Stauferkastelle nach arabischem Vorbild als quadratischer Bau mit Ecktürmen. Ein Sonderfall ist das Castel del Monte in Apulien (um 1240), ein oktogonaler Monumentalbau komplexer Motivation (▶ Baedeker Special S. 102). In Neapel entstand mit dem Castel Nuovo (1279–1282) die Königsburg der Anjou als Residenz und Seefestung zugleich.

Aus der Eroberung Konstantinopels im 4. Kreuzzug (1204) resultierte noch eine letzte byzantinische Welle, die das italienische Duecento prägte. Pietro Cavallini und Giotto als Hauptvertreter der gotischen Wandmalerei in Rom überwanden den ikonenhaften Stil der byzantinischen Tradition zugunsten stärkerer Verlebendigung der Figuren in einem wirklichkeitsnahen Raum- und Landschaftsgefüge. In Neapel waren meist auswärtige Maler tätig, darunter der Sienese Simone Martini, dessen Tafelbild "Der hl. Ludwig krönt Robert den Weisen" (um 1317, Capodimonte) ein Hauptwerk der angevinischen Hochgotik ist. In Altomonte (Kalabrien) wird das Martini zugeschriebene Tafelbild "Hl. Ladislaus, König von Ungarn" (1326) aufbewahrt. In Latium, in der Domkrypta von Anagni und in der Unterkirche des Klosters S. Benedetto, haben sich eindrucksvolle Freskenzyklen aus dem 13. Jh. erhalten.

Durch das Werk von Nicola Pisano (ca. 1225 – ca. 1280) erfolgte der Anschluss an die internationale Gotik auch im Bereich der Plastik. Sein Schüler Arnolfo di Cambio (ca. 1240 – ca. 1310), Dombaumeister in Florenz, war auch der herausragende Bildhauer in Rom. In S. Paolo fuori le Mura und S. Cecilia in Trastevere schuf er Ziborien aus vier Porphyrsäulen mit fein dekorierten spitzbogigen Überbauten. Ein Schatzhaus gotischer Grabmalkunst ist in Neapel die Kirche S. Chiara mit den Monumenten für die Anjou-Königsfamilie, die maßgeblich vom Florentiner Bildhauer Tino di Camaino stammen (14. Jh.).

Renaissance

In mittelalterlicher Zeit war die Antike zwar nicht gänzlich vergessen, im 14. Jh. jedoch erweckte man, v. a. in Florenz, ihre Ideen zu neuem Leben (ital. "rinascimento", "Wiedergeburt"). Eine Leitidee der Antikenbegeisterung war – dem Humanisten Gianozzo Manetti zufolge – die Begründung der "Würde und Vortrefflichkeit des Menschen" in seiner Individualität, nicht in der göttlichen Gnade. Jedem Menschen wird ein individueller Wissens- und Wirkungskosmos zugestanden. Dies hatte für die Künstler gravierende Folgen. Früher ein schlichter Handwerker, sah sich der Künstler nun als Humanist, der kraft seiner "virtù", seiner Tüchtigkeit, individuell Gedachtes in individuellen Werken formulierte. Und tatsächlich gewannen die künstlerischen Schöpfungen ein Niveau perspektivischer, naturwissenschaftlicher, malerischer, kompositorischer und inhaltlicher Berechnung, das den Begriff des Handwerks weit übersteigt.

Mit dem päpstlichen Exil in Avignon ab 1304 sank das Kulturleben Roms für mehr als ein Jahrhundert auf provinzielles Niveau. Erst nach dem Konstanzer Konzil (1414–1418) begann Rom, den Rückstand gegenüber Florenz und Venedig aufzuholen; mit dem Sacco di Roma 1527 erlitt es nochmal einen schweren Rückschlag. Wirk-

Renaissance (Fortsetzung)	lich erholt hat sich Rom erst zu einem Zeitpunkt, als in Malerei und Baukunst bereits barocke Ideale wirksam wurden.
Architektur	Während Süditalien und Sizilien in der aus Spanien importierten Formensprache der Spätgotik verharrten, wurde in Rom die Renaissance erstmals im Bau des Palazzo Venezia (ab 1455) sichtbar, durch die Verwendung antikisierender Elemente wie Säule, Rundbogen und Gebälk. Der Palazzo della Cancelleria (1488–nach 1520) von Bramante und Antonio da Sangallo d. J. entwickelte die Formensprache weiter zu größerer Prachtentfaltung und Monumentalisierung. Mit dem dreigeschossigen, reich durchfensterten Palazzo Farnese (1516–1589), erbaut von Antonio da Sangallo d. J., Michelangelo, Vignola und Giacomo della Porta, erreichte die römische Palastbaukunst ihre höchste Vollendung.
Petersdom	Im Sakralbau griff Bramante 1502 in seinem Tempietto von San Pietro in Montorio den antiken Rundtempel vorbildhaft auf und verlieh dem Baukörper durch abwechselnde Tiefen- und Flächenwirkung Spannung. Bramante, Raffael, Peruzzi, Sangallo, Michelangelo, Vignola u. a. waren ab Anfang des 16. Jhs am Neubau des Petersdoms, der Papstresidenz und der Gestaltung der Platzanlagen beteiligt. Markantester Blickfang der Peterskirche ist die von Michelangelo entworfene und von Giacomo della Porta im Jahre 1593
Il Gesù	vollendete Tambourkuppel, Vorbild für zahlreiche Kuppelbauten des Barocks. Auch Il Gesù, zwischen 1568 und 1584 nach Plänen von Vignola und Giacomo della Porta erbaut, kündigt mit vor- und zurücktretenden Pilastern, kraftvollem Säulenportal, Dreiecks- und seitlichen Volutengiebeln den Barock an. In Neapel können mit Einschränkungen lediglich die Kirchen des frühen 16. Jh.s, S. Giovanni a Carbonara und S. Caterina a Formiello, der Renaissance zugerechnet werden.
Malerei	Einen wie in Florenz und Venedig unverwechselbaren Lokalstil hat die römische Malerei der Hochrenaissance nicht zu bieten; ihre prominentesten Vertreter wurden aus den führenden kulturellen Zentren "importiert". Am päpstlichen Hof waren an der Gestaltung der großräumlichen und vielfigurigen Wandbilder (1481–1483) in der Cappella Sistina hauptsächlich toskanische und umbrische Künstler wie Botticelli, Ghirlandaio und Perugino be-
Michelangelo	teiligt. Michelangelo führte zwischen 1508 und 1512 das Deckenfresko in der Sixtinischen Kapelle aus, eine wahre Glanzleistung neuzeitlicher Visualisierungstechnik: Eine schlichte Scheinarchitektur rahmt die für Fernsicht konzipierten, raumgreifend voluminösen Figuren der Schöpfungsgeschichte. Mimischer und gestischer Ausdruck, gepaart mit ungeheurem Bewegungsreichtum, sind auf seinem Fresko des Jüngsten Gerichts an der Altarwand (1534–1541) noch gesteigert. 1508 wurde Raffael beauftragt,
Raffael	die päpstlichen Gemächer (Stanzen) im Vatikan auszustatten; mit monumentalen Figuren in rauschenden Gewändern, die in perspektivisch gestalteten Tiefenräumen platziert sind, vergegenwärtigte er Handlung und Gedanken aufs Lebendigste. In Raffaels Kunst findet die der Geist der Renaissance seine reinste Form – für manche ein Grund, den Beginn des Manierismus mit seinem Tode anzusetzen. Durch und durch Techniker war der dritte Import:
Leonardo da Vinci	Leonardo da Vinci (1452–1519), Schüler des Florentiners Andrea del Verrocchio, ab 1513 für drei Jahre in Rom tätig. Die Malerei sei

eine "Enkelin der Natur", und letztlich diene sie der Visualisierung naturwissenschaftlicher Tatbestände. Das Muskelspiel des "Hl. Hieronymus" (Vatikanische Pinakothek) hat in der Tat die Präzision eines anatomischen Präparats.

Neben der figürlichen Ausstattung von Portalen, Chorschranken, Tabernakeln und Arbeiten der Kleinkunst war in der Renaissance die Grabplastik vorrangige Aufgabe der Bildhauer in Rom. Donatello ist der Schöpfer des Grabmals für Giovanni Crivelli (um 1432) in S. Maria in Aracoeli, und aus seinem Umkreis stammt auch die Bronzegrabplatte für Papst Martin V. in S. Giovanni in Laterano. Beim Grabmal für Innozenz VIII. in St. Peter schuf Pollaiuolo richtungweisend den Papst als Liegefigur auf dem Sarkophag und darüber als gebieterisch Thronenden in Pontifikalkleidung. Das 1505 begonnene Grabmal Julius' II. – für St. Peter geplant und heute in S. Pietro in Vincoli zu sehen – ließ Michelangelo bis auf wenige Figuren unvollendet, darunter den expressiven Moses als kraftvolle Sitzfigur mit den Gesetzestafeln in den Händen. In Neapel setzten die neuen Herrscher mit dem reich reliefierten Triumphbogen (1453–1470) zu Ehren des Einzugs Alfons I. von Aragón anno 1442 Renaissance-Akzente. Neapels Kirche S. Anna dei Lombardi ist ein Schatzhaus der Renaissanceplastik, von den geschnitzten Türflügeln über die vollplastischen Wandaltäre, die zahlreichen Grabmäler, Sakristeischränke bis zu den acht lebensgroßen Tonfiguren der Beweinung Christi von Guido Mazzoni.

Barock und Rokoko

Auch der italienische Barock war keineswegs homogen. Ortsvarianten gab es in der Lombardei, in Venedig, Rom, Neapel und Apulien. Die Architektur erfuhr eine Steigerung ihrer Ausdrucksmittel. In der Front der Jesuitenkirche Il Gesù, dem Prototyp der barocken Sakralfassade, wurde die bereits im Manierismus pointierte Plastizität noch übertroffen. Konventionell war nur noch der Grundriss. Dieser wurde von Bernini und Borromini revolutioniert. Längs- und Zentralbau durchdrangen sich, sogar elliptische Grundrisse kamen vor und wurden mit Wandpfeilersystemen, Kuppelkonstruktionen und fein gestuften Türmen verbunden. Vor- und zurückspringende Elemente verliehen den Baukörpern der Kirchen und Paläste Bewegtheit.

Gian Lorenzo Bernini (1598–1680) schuf mit S. Andrea al Quirinale (1658–1671) auf ovalem, durch acht Kapellen erweitertem Grundriss einen bedeutenden zentralräumlichen Typus des barocken römischen Kirchenbaus. Bernini entwarf zwischen 1656 und 1671 auch den mächtigen Ovalplatz vor St. Peter, der durch zwei dreischiffige Kolonnadenarme gerahmt wird. Francesco Borromini (1599–1667) konzipierte seine Bauten mit einander durchdringenden kurvigen Formen. Kirche und Kloster S. Carlo alle Quattro Fontane (1638–1667), Oratorium und Konvent S. Filippo Neri (1637 bis 1650) und die Universitätskirche S. Ivo alla Sapienza sind seine Hauptwerke in Rom. Plastizität und Bewegung zeichnen den Baustil von Carlo Maderno (1556–1629) aus, dessen durch Halbsäulen und Pilaster gegliederte und von einem geschwungenen Giebel bekrönte zweigeschossige Fassade von S. Susanna (1593–1603) einen

Barock und Rokoko (Fts.)

Carlo Rainaldi

frühbarocken Prototyp ausbildete. Mit dem Palazzo Barberini schuf er außerdem einen der imposantesten Stadtpaläste Roms. Carlo Rainaldi (1611–1691) bereicherte das Stadtbild Roms durch das Kirchenpaar Santa Maria in Monte Santo und Santa Maria dei Miracoli als Blickpunkte auf der Piazza del Popolo und schuf die als Schauseite ausgebildete Chorfassade mit Freitreppe von Santa Maria Maggiore.

Neapel

In Neapel war neben Domenico Fontana (1543–1607), der den 1599 begonnenen Palazzo Reale entwarf, Cosimo Fanzago (1593–1678) der bedeutendste Architekt im 17. Jahrhundert. In seinen Bauten

wie dem Großen Kreuzgang der Certosa di S. Martino (1623 bis 1631), der Guglia di S. Gennaro (ab 1637), dem Palazzo di Donn' Anna (1635–1644), der Kapelle des Palazzo Reale (1640–1645) und der Kirche S. Teresa a Chiaia (1650–1652) kombinierte er einfallsreich spätmanieristische, hochbarocke und klassisch-antike Bauelemente. Nach seinem Tod setzten Antonio Vaccaro und Ferdinando Sanfelice Neapel elegant-dekorative Glanzlichter der Baukunst auf. Ferdinando Fuga (1699 bis 1781), aus Florenz gebürtiger Hofarchitekt in Neapel, schuf 1748 das Albergo dei Poveri sowie den Kornspeicher (1779). Luigi Vanvitelli (1700–1773) errichtete ab 1751 La Reggia, den Regierungspalast der Bourbonen-Könige in Caserta, als riesige bühnenhafte Anlage mit 1200 Räumen, die sich um vier Höfe gruppieren. 1762 folgte der Bau der Chiesa dell'Annunziata als komplexer Zentralbau mit raffinierter Lichtführung. Auf dem Gebiet des Villenbaus ragt Vanvitellis Villa Campolieto (1775) in Ercolano hervor mit rundem Kolon-

Das barocke Königsschloss La Reggia in Caserta, Hauptwerk des Baumeisters Luigi Vanvitelli

nadenhof, Aussichtsterrasse und überkuppeltem Apsidensaal im Innern.

Sizilien

Auf Sizilien errichtete R. Gagliardi (1700–1770) zur Zeit der spanischen Vizekönige in Noto und Ragusa Ibla zahlreiche elegant-verspielte Barockbauten, so etwa die Kirche S. Giorgio (1744–1775) mit Freitreppe und Turm, der in die konvexe Mittelachse der durch dreifache Säulenstellungen gegliederten Fassade einbezogen ist.

Apulien

In Apulien überrascht eine üppig-dekorative Spielart des Barocks, die vom platteresken Stil Spaniens geprägt ist und Schmuckelemente des Mittelalters und der Renaissance verbindet (Lecce, S. Croce, 1548–1646; Martina Franca, Nardò); die wichtigsten Baumeister in Lecce waren Gabriele Riccardi (vor 1524–1584), Vater und Sohn Zim-

Kunstgeschichte

balo (Francesco Antonio, 1567 bis nach 1620; Giuseppe, 1620 bis 1710) sowie Giuseppe Cino (1644–1722).

Malerei

Die barocke religiöse Malerei machte immer wieder den Triumph des Glaubens zum Thema bewegender Altarbilder und prächtiger Gewölbe- und Deckenausmalungen. Im Rom des beginnenden 17. Jh.s sind zwei konkurrierende Strömungen zu verzeichnen. Zentralfigur der progressiven Richtung war Caravaggio (Michelangelo Merisi, 1573–1610), der mit seiner "Berufung des hl. Matthäus" in der Contarelli-Kapelle in San Luigi dei Francesi und der brutal realistischen "Bekehrung des hl. Paulus" in der Cerasi-Kapelle in Santa Maria del Popolo das Publikum provozierte. Das für die Renaissance wichtigste Ordnungsprinzip des Raumsystems ersetzt Caravaggio durch ein raffiniertes Beleuchtungssystem. Perspektive interessiert ihn nur wenig, flächig ist die Ordnung

Barocke Vorzeigestadt Siziliens: Noto

der Figuren, Plastizität entsteht allein durch Helldunkel-Kontraste. Durch begabte Nachfolger wurde der "Caravaggismus" bald in ganz Italien zur progressivsten Stiltendenz. Die Kunst der Brüder Agostino (1557–1602) und Annibale Carracci (1560–1609) aus Bologna blieb dagegen den idealistischen Konzepten der Renaissance verpflichtet. Repräsentativ dafür sind die Fresken von Annibale Carracci im Palazzo Farnese (1597–1604). Hier erweist sich der Carracci-Stil als ein Amalgam aus Michelangelo und Raffael; die Komposition ist noch in erster Linie eine räumliche Ordnung, ihre Dynamik überbietet allerdings die Vitalität eines Michelangelo um Vieles. Andrea Pozzo (1642–1709) gelangte zur schöpferischen Höchstform in der römischen Kirche S. Ignazio, für die er 1694–1699 Altarbilder und großartige Decken- und Gewölbemalereien beisteuerte. Vierungskuppel, Apsis- und Langhausgewölbe in der Jesuitenkirche Il Gesù malte 1672–1685 der Genueser G. B. Gaulli, genannt Baciccio (1639–1709), mit leidenschaftlich bewegten Fresken aus, gipfelnd im furiosen "Triumph des Namens Jesu" im Mittelschiff.

In Neapel entwickelte sich im 17. Jh. aus der Helldunkelmalerei Caravaggios eine eigene Malschule. Luca Giordano (1634–1705), wegen seiner zügigen Arbeitsweise Luca fa presto genannt, malte Bilder voll von religiösem Pathos oder mythologischer Heiterkeit und lieferte als Freskant prachtvolle Wand- und Deckengemälde, beispielsweise in S. Martino und S. Gregorio Armeno. Francesco Solimena (1687–1747), dessen berühmtes Werk "Die Vertreibung des Helio-

Barock und Rokoko (Fts.)
Caravaggio
Carracci

Neapel

59

| Barock und Rokoko (Fts.) Kalabrien | dor" (1725) die Kirche Gesù Nuovo schmückt, war ein Meister der elegant-prächtigen Dekorationsmalerei. Der Kalabrier Mattia Preti (1613 – 1699), der in Rom, Neapel und für den Malteserorden auf Malta arbeitete, verband kraftvollen Naturalismus mit starker Licht-Schatten-Dramaturgie, zu beobachten u. a. in S. Pietro a Maiella in Neapel sowie in seinem Geburtsort Taverna. |

Plastik
Rom

Gian Lorenzo Bernini ist auch der herausragende Bildhauer des römischen Barocks. In der Marmorgruppe Apoll und Daphne (1625, Galleria Borghese) hielt Bernini den Moment fest, in dem die fliehende Daphne durch die Verwandlung in einen Baum gerettet wird. Auch seine Bildnisbüsten sind äußerst differenziert und greifbar nah gestaltet. Beim Grabmal Papst Urbans VIII. (1628 – 1647, St. Peter) hielt sich Bernini an den bestehenden Typus mit Sarkophag, allegorischen Figuren und thronendem Papst in Pontifikalkleidung, doch lenkte er mit der Personifikation des Todes, die den Namen des Papstes schreibt, den Blick auch auf die Endlichkeit des mächtigen Kirchenfürsten. Das gewaltige, 29 m hohe Ziborium mit seinen vier gewundenen, reich ornamentierten Goldbronzesäulen

Neapel

über dem Petrusgrab (1624 – 1633) sowie die Cathedra Petri (1657 bis 1666) in St. Peter sind weitere Meisterwerke Berninis. In Neapel kulminiert der expressive Realismus der Barockplastik in der von Antonio Corradini und Francesco Queirolo im 18. Jh. ausgestatteten Capella Sansevero, in der sich auch der "Cristo Velato" von Giuseppe Sammartino befindet, ein Meisterwerk an plastischer Realität.

Klassizismus

Architektur

In der zweiten Hälfte des 18. Jh.s wurde die spielerische Formensprache des Barocks zugunsten des strengen Vokabulars der griechisch-römischen Antike zurückgedrängt. Ein frühes Beispiel klassizistischer Architektur in Rom ist die Fassade von S. Giovanni in Laterano, die Alessandro Galilei 1733 – 1735 in großen, einfachen Maßen mit klarer, strenger kolossaler Gliederung gestaltete. Giuseppe Valadier (1762 – 1839) schuf 1816 – 1824 in Rom den monumentalen Prospekt am Hang des Pincio und die ovale Piazza del Popolo. Zur selben Zeit entstand in Neapel S. Francesco di Paola des Architekten Bianchi, ein überkuppelter Zentralbau mit Kolonnaden nach dem Vorbild des römischen Pantheons und des Petersplatzes.

Plastik

Bedeutende Plastiken schufen Antonio Canova (1757 – 1822) und der Däne Bertel Thorvaldsen (1768 – 1844). Bei dem Grabmal für Papst Clemens XIV. (1783 – 1787) in SS. Apostoli in Rom, einem Frühwerk Canovas, trägt ein schlichter Sockel den antikischen Sarkophag, gerahmt von den trauernden Figuren der Bescheidenheit und der Sanftmut, mit dem darüber thronenden Papst in Pontifikalkleidung und siegreich ausgestreckter rechter Hand. Thorvaldsens Grabmal für Pius VII. (1824 – 1840) in St. Peter wird von den Personifikationen der Weisheit, Standhaftigkeit, der Zeit und der Geschichte geschmückt. Auf ein Modell Thorvaldsens geht die Statue Konradins von Hohenstaufen (1847) in der Neapler Kirche S. Maria del Carmine zurück, und Canova steuerte zur Ausschmückung der Neapler Piazza del Plebiscito zwei Reiterstandbilder bei.

19. Jahrhundert

Im 19. Jh. waren Rom, Latium und Neapel Anziehungspunkte vieler Künstler aus dem Norden. Die romantisch gestimmten Deutschrömer sammelten sich um den Landschaftsmaler Joseph Anton Koch. Die Mitglieder der 1809 in Wien gegründeten Künstlervereinigung Lukasbund, auch spöttisch Nazarener genannt, zogen sich 1810 in das leer stehende Kloster S. Isidoro in Rom zurück, um ihre Ideale einer christlichen Lebensführung und Kunst zu pflegen. Overbeck und Pforr waren die Initiatoren, denen sich v. Cornelius, Schadow, Schnorr v. Carolsfeld, Veit u. a. anschlossen. In Gemeinschaftsarbeit wollten sie große Räume mit monumentalen Wandbildern ausstatten, darunter in der Villa Bartholdy (Palazzo Zuccari) mit Fresken aus der Geschichte Josephs (1817), die sich heute in Berlin befinden. Außerdem freskierten sie zwischen 1819 und 1829 das Gartenhaus des Marchese Carlo Massimo am Lateran mit literarischen Themen Dantes, Tassos und Ariosts. Das alte Dorf Olevano Romano südöstlich von Rom war zwischen 1800 und 1820 ein Mekka für bildende Künstler und Literaten. In Verbindung mit der Kunstakademie entwickelte sich in Neapel eine Gruppe des expressiven Realismus um Domenico Morelli (1826–1901). Angeregt durch seinen nach Naturwahrheit strebenden Akademielehrer Giuseppe Mancinelli (1813 bis 1875) schuf Morelli Bildnisse, Ansichten von Neapel und literarisch-romantisch geprägte Werke, die später den Einfluss des Impressionismus zeigen. Francesco Paolo Michetti (1851–1929), der in Francavilla al Mare ansässig war und sinnlich-farbenprächtige Bilder von Volksbräuchen in den Abruzzen malte, und Antonio Mancini (1852–1930), der kränkliche Kinder, Straßenhändler und Gaukler auf der Leinwand verewigte, waren Morellis Schüler. Aus Barletta in Apulien stammte der Impressionist Giuseppe De Nittis (1846 bis 1884), der von der Neapler Akademie ausgeschlossen wurde und sich in Paris niederließ; 1874 war er an der ersten Impressionistenausstellung beteiligt.

Historismus

In der zweiten Hälfte des 19. Jh.s trat als Gegenbewegung zum Klassizismus der Historismus auf, der sich an großen Epochen der Vergangenheit orientierte. So erhielt etwa der Dom von Amalfi 1890 seine merkwürdige neogotische Fassade. Nach der Vereinigung Italiens und der Erhebung Roms zur Hauptstadt waren historisierende Stilelemente und Monumentalformen politisch-künstlerische Ausdrucksmittel der jungen konstitutionellen Monarchie. Aufwändige römische Ministerialbauten entstanden, darunter der gewaltige Palazzo di Giustizia (1888 bis 1911) von Guglielmo Calderini im neuen Stadtteil Prati di Castello nahe der Engelsburg, Ausstellungsgebäude wie der

Der mittelalterliche Dom in Amalfi. Seine neogotische Fassade erhielt er 1890.

19. Jahrhundert (Fortsetzung)	Palazzo delle Esposizioni (1880–1882) mit Freitreppe und Triumphbogenmotiv von Pio Piacentini. Für das gigantische Nationaldenkmal Vittorio Emanueles II. aus weißem Marmor (Giuseppe Sacconi, 1885–1911) wurden auf der Piazza Venezia gleich zwei Renaissancepaläste abgerissen. In Neapel entstand 1887–1890 die kreuzförmige Geschäftspassage Galleria Umberto I als Eisengitterkonstruktion mit über 57 m hoher Glaskuppel.

20. Jahrhundert

Architektur

Jugendstil

Rationalismus

Zu Beginn des 20. Jh.s war die italienische Architektur – in Rom etwa der Palazzo delle Belle Arti (Guglielmo Calderini und Cesare Bazzani, 1911–1915) – dem Historismus verpflichtet. Ein Hauptvertreter des Jugendstils ("stile liberty") um 1920 war Gino Coppedè, von dem im römischen Quartiere Dora bei der Via Tagliamento eindrucksvolle Beispiele erhalten sind. 1928 rangen in der Ausstellung "Esposizione dell'architettura razionale" die Rationalisten mit den Akademikern um die Gunst des jungen faschistischen Regimes, das schließlich ab 1937 die Rationalisten unterdrückte. Mario Ridolfi verwirklichte in Rom einige rationalistische Bauwerke wie das Postgebäude im Quartiere Nomentano (1932). In den 1950er-Jahren baute er zusammen mit anderen Architekten das INA-Casa-Viertel Tiburtino, das zum Symbol des italienischen Neorealismus werden sollte, durch die zwar unregelmäßige Struktur, aber in Verbindung mit traditionalistischen Häusern.

Eklektizismus

Marcello Piacentini baute 1926 das römische Hotel Ambasciatori in eklektizistischer Art, d. h. mit Elementen aus unterschiedlichen Stilen. Mit der Machtergreifung des Faschismus wurde er rasch ein Hauptvertreter der Regimebaukunst, die sich neoklassischer genauso wie historischer Elemente bediente. Unter seiner Leitung entstanden ab 1932 die Città Universitaria und die monumentale Straßenflucht Via Conciliazione in Rom. Außerdem arbeitete Piacentini an dem Großprojekt EUR (Esposizione Universale di Roma), den Gebäuden für die 1942 geplante Weltausstellung – heute ein Stadtviertel mit Verwaltungs- und Wirtschaftszentrum, wo futuristische Hochbauten isoliert an breiten Straßen stehen, die in riesige Plätze münden. In Neapel ist das von Giuseppe Vaccaro und Giovanni Franzi entworfene Hauptpostamt (1935) mit seiner langen, durchplastizierten Fassade ein Beispiel des Eklektizismus.

Moderne

Ein Zeugnis moderner Architektur ist der 1938 von Angelo Mazzoni begonnene und 1950 vollendete römische Hauptbahnhof Termini, dessen Verwaltungsgebäude horizontal mit durchgehenden Fensterbändern gegliedert ist, in Kontrast zur geschwungenen Dachform der Empfangshalle. Pier Luigi Nervi war der prominenteste Architekt für Großprojekte anlässlich der Olympischen Spiele von 1960, für die er 1957/1958 den Palazzetto und 1960 den Palazzo dello Sport sowie das Stadio Flaminio errichtete. 1964–1970 baute er die Audienzhalle für den Papst als riesigen Raum mit schwingenden, lichterfüllten Decken. Zwischen 1986 und 1989 entstand im Norden Neapels unter Federführung von Aldo Rossi, Italiens bekanntestem Vertreter der Postmoderne, das Wohnviertel "Piazza Grande". Unter Leitung des Japaners Kenzo Tange wurde in den

1990er-Jahren in Nähe des Neapler Hauptbahnhofs das Centro Direzionale als lichtes Ensemble von Hochhäusern aus Stahl und Glas
gebaut. Renzo Piano zeichnet für die Stadterweiterung von Otranto
(ab 1979), das Fußballstadion San Nicola (1987–1990) in Bari, das
Auditorium (1994–2000) in Rom und die im Jahr 2000 geweihte
neue Wallfahrtskirche für Padre Pio, eine gewaltige Kuppelkonstruktion, in S. Giovanni Rotondo auf dem Gargano verantwortlich.

20. Jahrhundert
(Fortsetzung)

Zu Beginn des 20. Jh.s kam es wie in anderen Hauptstädten Europas
auch in Rom zu Sezessionen, zu Abspaltungen vom herkömmli-
chen akademischen Kunstbetrieb. Giacomo Balla hatte sich 1895 in
Rom niedergelassen und propagierte seine neue Malerei später als
"Futurismus". Gemeinsam mit Fortunato Depero unterzeichnete er
1914 das Manifest "Ricostruzione futurista dell'universo" zum Neu-
aufbau des Universums, in dem Aspekte der Moderne wie Ge-
schwindigkeit, Licht, Multiperspektivität u. a. in künstlerische Formen umgesetzt werden sollten. Im Gegenzug dazu entstand die
Stilrichtung der Valori plastici, die durch eine überscharfe Model-
lierung der Gegenstände eine starre, rätselhafte Welt abbildete
und sich seit 1920 wieder an Ideen der Renaissance orientierte. Die
Pittura metafisica zog sich in surrealistische Bildwelten zurück; ihre Hauptvertreter Giorgio de Chirico (1888–1978), Giorgio Morandi
(1890–1964) und Carlo Carrà (1881–1966) konstruierten alptraum-
hafte Ansichten von kahlen, leeren Plätzen und Interieurs. Ab 1922
gewann der Stile Novecento an Einfluss, der in Antiposition zu den
modernen Strömungen wie Futurismus und Kubismus ging, um
die nationalistisch verbrämten klassischen italienischen Kunsttra-
ditionen wieder zur Geltung zu bringen.
Die Entwicklung nach dem Zweiten Weltkrieg war reich an neuen
Impulsen, viele Künstler wurden von dem aus Amerika kommen-
den abstrakten Expressionismus beeinflusst. 1947 fand sich in Rom
die Gruppe Forma I zur Verteidigung der abstrakten Kunst zusammen. Während Emilio Vedova einen wilden, farbrauschartigen Pin-
selduktus vertrat, setzte sich Lucio Fontana mit monochromen
Leinwänden auseinander, die er im Zuge seiner Idee von Verräum-
lichung der Malerei aufzuschlitzen begann. Anfang der 1960er-Jah-
re propagierten die Anhänger der Arte povera Einfachheit und
Nachdenklichkeit in der Kunst, für die sie mit schlichten, trivialen
Materialien eintraten. Dagegen gehörte Renato Guttoso u. a. mit
dem bekannten Gemälde "Caffè Greco"(1976) dem kritischen Realismus an. Die folgende Transavanguardia in den 1980er-Jahren mit
Sandro Chia, Enzo Cucchi und Francesco Clemente rückte grellfar-
big das Abgründige, Pikante und Kuriose ins Blickfeld.

**Malerei und
Plastik**

Futurismus

Valori plastici

Pittura meta-
fisica

Forma I

Arte povera

Trans-
avanguardia

Kunstgeschichte

Reiseziele von A bis Z

Routenvorschläge

Vorbemerkung

Italien ist so reich an landschaftlichen Schönheiten und interessanten Städten, dass es vermessen wäre, *die* "schönste" oder "wichtigste" Route durch Mittel- und Süditalien festzulegen. So wird im Folgenden eine Reihe von interessanten Strecken beschrieben, die zu regionalen Rundfahrten oder einer großen Route kombiniert und variiert werden können. Es wurde darauf geachtet, auch abgelegenere, weniger bekannte Streckenführungen zu wählen. Nicht hingewiesen wird auf die Autobahnen und Schnellstraßen, auf denen man einen Landesteil rasch ansteuern kann. Einige Landschaften werden im Kapitel "Reiseziele von A bis Z" als Routen beschrieben, auf die hier nur verwiesen wird.

Orte und Landschaften, die im Kapitel "Reiseziele von A bis Z" unter einem eigenen Stichwort aufgenommen sind, erscheinen im Folgenden in **halbfetter** Schrift, die Beschreibungen der übrigen Sehenswürdigkeiten sind über das Register zu finden. Die Entfernungsangaben in der Marginalie beziehen sich auf die Hauptroute.

Nördliches Latium

Route 1 a
Von Tarquinia
nach Rom
90 km

Die Routen durch den Norden Latiums stellen im Allgemeinen die letzte Etappe einer Reise nach Rom dar, sind aber auch als Rundfahrt von der Ewigen Stadt aus interessant. Wer entlang der toskanischen Küste auf der antiken Via Aurelia (heute SS 1) nach Süden fährt, erreicht in **Latium** zunächst Tarquinia, ein beeindruckendes mittelalterliches Städtchen. In seiner Nähe wurden etruskische Nekropolen mit berühmten, wunderbaren **Fresken ausgegraben, die im Renaissance-Palazzo Vitelleschi zu sehen sind. Zu empfehlen ist der Abstecher hinauf nach *Tuscania (24 km) mit seinen romanischen Kirchen. Hinter Civitavecchia, dem größten Hafen Latiums – von hier verkehren Fähren nach Sardinien –, ist das Landstädtchen Cerveteri einen Besuch wert, in dessen Umgebung ebenfalls bedeutende und sehenswerte etruskische Gräber gefunden wurden (*Nationalmuseum in der Rocca). Auf der SS 1 fährt man dann nach **Rom hinein.

Route 1 b
Vom Lago di Bolsena nach Rom
110 km

Von Norden, aus Richtung Toskana / Umbrien, führt die Strecke entlang der antiken Via Cassia (heute SS 2) nach Rom. In Bolsena am gleichnamigen fischreichen *See – ein ehemaliger Vulkankrater – ist die romanische Kirche S. Cristina sehenswert. In ihren Katakom-

◀ Alberobello ist unumstrittene Hauptstadt der Trulli, der zipfelmützigen Rundbauten in Apulien. Viele Dächer sind mit Symbolen geschmückt, die den Trullo und seine Bewohner schützen sollen.

66

* besonders bemerkenswert
** einzigartige
   Sehenswürdigkeit

Mare Adriatico

Route 1a
Route 1b
Route 1c
Route 1d
Route 2
Route 3
Route 4a
Route 4b
Route 4c
Route 5
Route 6
Route 7a
Route 7b
Route 8
Route 9
Route 10
Route 11
● Etappenort

© Baedeker

Routenvorschläge

ben fand das Hostienwunder statt, das dem katholischen Fronleichnamsfest zugrunde liegt. Montefiascone ist bekannt für die skurrile Geschichte seines Weines "Est! Est!! Est!!!"; der Augsburger Prälat, dem der Name angeblich zu verdanken ist, ruht in der ungewöhnlichen Kirche S. Flaviano. *Viterbo, außer Civitavecchia die einzige größere Stadt im dünn besiedelten Nordlatium, war im 13. Jh. Papstresidenz und verfügt über ein beeindruckendes mittelalterliches Stadtbild. Besonders sehenswert sind hier die Piazza del Plebiscito sowie die Piazza S. Lorenzo mit der romanischen Kathedrale und dem Papstpalast. Von hier südöstlich weiter, am reizvollen Lago di Vico vorbei (in Caprarola steht eine grandiose *Farnese-Villa), nach Sutri und auf der SS 2 nach **Rom. Wer Zeit hat, sollte einen Abstecher zum Lago di Bracciano machen; nach dem Besuch des prachtvollen Castello Orsini-Odescalchi in Bracciano könnte man sich einen Fisch aus dem See schmecken lassen.

Route 1 b
(Fortsetzung)

Vom östlichen Umbrien (Spoleto) kommend hat man in Terni die Wahl, über Viterbo oder Rieti (Route 1 d) zu fahren. Bis zum hoch gelegenen mittelalterlichen Narni folgt man der SS 3; für die Weiterfahrt nach Viterbo nimmt man zunächst die SS 205 nach Amelia, dann südwestlich hinunter ins Tal des Tiber (die Grenze zu

Route 1 c
Von Terni
nach Viterbo
65 km

Route 1 c (Fortsetzung)	**Latium**), den man bei Attigliano überschreitet. Über Bomarzo mit dem Orsini-Schloss und dem berühmten *Parco dei Mostri, Bagnaia mit der *Villa Lante und vorbei an der Renaissance-Wallfahrtskirche *Madonna della Quercia erreicht man schließlich **Viterbo**.
Route 1 d **Von Terni** **nach Rom** 125 km	Will man von Terni aus direkt Rom ansteuern, bietet sich die interessante Route über Rieti an. Die SS 79 führt an den sehenswerten Cascate delle Marmore und am Lago di Piediluco vorbei hinunter ins Velino-Becken mit dem Naturschutzgebiet der Laghi Reatini. Außer Rieti sollte man eines der *Franziskanerklöster in der Umgebung besuchen; lohnend ist auch der Ausflug zum Monte Terminillo. Dann geht es auf der SS 4 nach Süden durch die Monti Sabini, nach 24 km biegt man rechts zur *Abbazia di Farfa bei Fara in Sabina ab. Weiter auf der SS 4 und der A 1 nach **Rom.**

Südliches Latium

Route 2 **Von Rom** **über Terracina** **nach Neapel** 310 km	Diese Verbindung von Rom und Neapel berührt die attraktivsten Punkte, die im Sommer allerdings entsprechend frequentiert sind. Von Rom fährt man auf der SS 215 südöstlich nach **Frascati** (21 km) in den *Albaner Bergen mit ihren Vulkanseen; je nach Zeitplan sollte man auch *Tusculum oder Rocca di Papa besuchen. Von Velletri geht es dann hinüber in die Monti Lepini, an deren Südwesthang eine Reihe interessanter Orte liegen: Cori, die Ruinenstadt *Ninfa, Norma und Sermoneta mit seiner Borgia-Burg. Über Sezze und das reizvolle Priverno erreicht man die bedeutende Zisterzienserabtei *Fossanova. Von hier schnurgerade südwestlich durch die Pontinische Ebene – wobei man den Kanal Linea Pio VI quert – nach Sabaudia, das 1933/34 im Zug der Trockenlegung der Sümpfe erbaut wurde; ihm vorgelagert ist ein schöner, kilometerlanger Sandstrand. Vom reizvollen S. Felice Circeo unterhalb des *Monte Circeo reichen die Strände über Terracina mit seinen bedeutenden antiken Resten und *Sperlonga, den hübschesten Ort der latinischen Küste (gutes archäologisches Museum) bis nach *Gaeta, das auf einem Landvorsprung mit einer großen Festung liegt und einen längeren Stopp wert ist. Hinter Minturno weiter östlich fährt man auf der SS 7 nach Kampanien hinein; in S. Maria Capua Vetere lohnen die römischen Ruinen einen Blick, im benachbarten *Caserta** das Bourbonen-Schloss (La Reggia). Auf der A 1 dann nach **Neapel**.
Route 3 **Von Frascati** **durch Ciociaria** **und Sacco-Tal** **nach Neapel** 300 km	Nördlich der A 1, in den Monti Simbruini und den Monti Ernici, liegen eine Reihe reizvoller, historisch bedeutender Orte. Hier lässt sich kaum eine zwingende Route zusammenstellen, viel hängt von der zur Verfügung stehenden Zeit ab (anstrengende, kurvenreiche Straßen). Im Folgenden eine "Maximalversion": Von **Frascati** gelangt man auf der SS 216 / 155 nach *Palestrina mit seinem berühmten Nil-Mosaik. Weiter geht es nach Osten und hinauf nach Olevano Romano, dem pittoresken Künstlerort der Romantik, und nach *Subiaco mit den ersten vom hl. Benedikt gegründeten Klöstern; von hier 17 km auf der SS 411 südöstlich, dann südlich zum angenehmen Kurort Fiuggi. Auf jeden Fall steht *Anagni 17 km südwestlich auf dem Programm, die mittelalterliche Papststadt mit ihrem großartigen Dom. Ferentino (15 km östlich) verfügt wie das benachbarte Alatri über beeindruckende vorrömische Stadtmauern. Über

Aquino an der A 1, aus dem der hl. Thomas stammte, steuert man dann Montecassino mit seinem gewaltigen *Kloster an, das vom hl. Benedikt gegründet und nach dem Zweiten Weltkrieg wieder aufgebaut wurde. Auf der A 1 erreicht man dann **Neapel (mit möglichem Halt in *S. Maria Capua Vetere oder *Caserta, ▶ Route 2).

Das Castell überragt die Hausdächer von Pacentro, dem "Bilderbuchort" der Abruzzen östlich von Sulmona.

Abruzzen und Molise

Durch die großartige Bergwelt der **Abruzzen sind mehrere Routen möglich, die auch zu einer Rundfahrt mit Rückkehr zur Adria kombiniert werden können. Von Giulianova an der Adria mit seinem beachtlichen Renaissance-Dom führt die SS 80 nach Teramo, dessen Dom San Berardo herrliche Kunstwerke birgt. Die Weiterfahrt nach **L'Aquila, mit empfehlenswerten Abstechern nach Pietracamela und zum Lago di Campotosto, ist auf S. 77f. beschrieben. Nach einem Ausflug zum **Gran Sasso / Campo Imperatore folgt man der Route nach Avezzano (▶ S. 82) im Becken von *Fucine, einem ehemaligen Seeboden; in der Nähe sehenswert sind die Reste des römischen *Alba Fucens und die Kirche S. Maria in Valle Porclaneta. Von Cocullo (ca. 35 km östlich) aus sollte man sich noch *Sulmona ansehen; dann fährt man durch die eindrückliche Sagittario-Schlucht nach Alfedena und weiter nach Isernia im Molise. Am Fuß der Monti del Matese entlang führt die SS 17 südöstlich – sehr sehenswert ist hier *Altilia / Saepinum – nach **Benevent in Kampanien, schließlich nimmt man die SS 7 (mit einem Abstecher nach *Caserta) nach **Neapel.

Route 4 b
Von L'Aquila
über Sulmona
nach Castel di
Sangro
135 km

Von L'Aquila geht es auf der SS 17 südöstlich, dann nach ca. 27 km rechts hinauf nach *Bominaco mit zwei großartigen romanischen Kirchen; weiter südöstlich nach Popoli, das hübsch unterhalb der Montagne del Morrone liegt, eines Teils des **Maiella-Massivs. Dem Tal des Gizio folgend, erreicht man in schöner Landschaft das sehr angenehme *Sulmona. Nun hinauf nach *Pacentro und südöstlich durch ein Hochtal der Maiella zum barock gestalteten Urlaubsort *Pescocostanzo. Über Roccaraso und Castel di Sangro (im Zweiten Weltkrieg zerstört, in der Oberstadt sehenswert die Basilika S. Maria Assunta von 1727) erreicht man bei Ponte Zittola die Route 4 a nach **Neapel.

Route 4 c
Von Pesco-
costanzo
nach Pescara
130 km

Mit dieser Route durch das mächtige **Maiella-Massiv kann man die Abruzzen-Runde vervollständigen und wieder zur Adria zurückkehren. Hinter *Pescocostanzo nimmt man die SS 84, die östlich am lang gestreckten Bergkamm entlangführt, nach Lama dei Peligni und Fara S. Martino (von hier leichter Weg auf den Monte Amaro). Die kurvenreiche Strecke über Pennapiedimonte nach Guardiagrele eröffnet immer wieder herrliche Blicke in Flusstäler und Schluchten sowie auf die gewaltige Maiella. In Guardiagrele lohnt S. Maria Maggiore einen Besuch. Von hier in nordwestlicher Richtung über Roccamontepiano nach Serramonacesca und zur romanischen Kirche *S. Liberatore; über Manoppello fährt man dann hinunter ins Pescara-Tal. Nach dem Abstecher zur Zisterzienserkirche *S. Maria d'Arabona erreicht man die angenehme Provinzhauptstadt Chieti mit ihrem bedeutenden archäologischen Museum. Von hier sind es noch 24 km nach **Pescara** an der Adria.

Apulien

Route 5
Entlang der
Nordküste
600 km

Von Termoli im Molise wählt man die landschaftlich schöne Route südöstlich durch das Hügelland über Serracapriola und S. Severo nach *Lucera im Tavoliere mit seiner riesigen Festung. Nach dem Ausflug nach *Troia mit der bedeutenden romanischen Kathedrale lohnt die Provinzhauptstadt Foggia einen Halt. Dann sollte eine Rundfahrt um den **Gargano (ca. 200 bis 250 km) auf dem Programm stehen, wobei außer der Küste auch die Wallfahrtsorte Monte S. Angelo und S. Giovanni Rotondo sowie das waldreiche Innere (*Foresta Umbra) sehenswert sind. Anschließend sind von Manfredonia knapp 60 öde Kilometer entlang der Küste nach Barletta mit Dom und Stauferkastell zurückzulegen; man passiert dabei Margherita di Savoia mit seinen riesigen Salinen. Eine echte Perle ist **Trani mit seiner Kathedrale, einem Hauptwerk der apulischen Romanik, und schöner Hafenpartie. Dann südwestlich nach Andria und durch gepflegte Landschaft zum berühmtesten Highlight Apuliens, dem für Friedrich II. erbauten **Castel del Monte. Über Ruvo di Puglia und *Bitonto, beide mit schönen romanischen Kathedralen, erreicht man die Provinzhauptstadt *Bari. In der romanischen Kirche **S. Nicola ruhen die Reste des hl. Nikolaus; sowohl Alt- wie Neustadt sind sehr angenehm und sehenswert.
Noch bis Monopoli geht es an der Küste entlang, die nun attraktive felsige Abschnitte aufweist. Ins Landesinnere führt die Route durch die **Zona dei Trulli, das Land der eigenartigen Steinhäuser, mit **Alberobello, *Locorotondo und *Martina Franca.

Egnazia ist Apuliens wichtigste archäologische Ausgrabungsstätte. Sie liegt südöstlich von Monopoli direkt an der schönen Küste.

Über das malerisch "orientalische" *Ostuni und die für den Transit nach Griechenland wichtige Hafenstadt **Brindisi** erreicht man die Barockstadt ****Lecce**. Man kann nun von S. Cataldo der teils hübschen Küste nach *Otranto folgen oder man nimmt die schnellere SS 16 über Maglie. Sehr schön ist die Fahrt entlang der Felsenküste bis zum südlichsten Punkt Apuliens, dem Capo Santa Maria di Leuca.

Route 5
(Fortsetzung)

Vom Capo Santa Maria fährt man an der meist felsigen Südwestküste Apuliens entlang, die von Sarazenen-Wachtürmen und Urlaubsorten begleitet wird. In Gallipoli ist die Altstadt sehenswert. Vom nördlich gelegenen barocken Nardò ist ein Abstecher (17 km) nach Galatone (Santuario del Crocifisso della Pietà) und *Galatina (Fresken in Santa Caterina) zu empfehlen. Die interessanteste Route durch die sich nordwestlich anschließenden Murge Tarantine führt über Manduria, Oria, Francavilla Fontana und Grottaglie nach **Tarent**, der geschichtsträchtigen Stadt, die unter der Schwerindustrie und der Rezession leidet; Pflicht ist der Besuch des **Nationalmuseums mit dem "Goldschmuck von Tarent". Von hier steuert man über Massafra und Castellaneta – durch das Land der Gravine (Schluchten) – ****Matera** in der Basilikata an (▶ Route 7 a).

Route 6
Golf von Tarent
280 km

Basilikata

Man verlässt Neapel auf der A 16 nach Osten. Nördlich von Avellino lohnt der Abstecher zum Santuario di Montevergine. Dann wechselt man auf die SS 7 (später SS 401), die über Lioni, am Stausee Lago di Conzo sowie am hoch gelegenen Calitri vorbei nach Melfi am waldreichen *Monte Vulture führt, dem Wahrzeichen der **Basi-**

Route 7 a
Von Neapel
durch die nördliche Basilikata
395 km

Route 7 a (Fortsetzung)	**likata**. Nach dem Ausflug zu den Laghi di Monticchio und nach Rionero in Vulture fährt man auf der SS 93 / 168 nach *Venosa mit bedeutenden römischen und normannischen Resten. Weiter geht es in östlicher Richtung über Spinazzola nach **Apulien** hinein, nach Gravina in Puglia, das an einer der typischen Karstschluchten liegt, sowie Altamura mit seiner unter Friedrich II. erbauten Kathedrale. Eine Sehenswürdigkeit besonderer Art ist **Matera 20 km südlich mit seinen "sassi" (Höhlenwohnungen). Über Miglionico (großartiger Ausblick) führt die SS 7 zur SS 407, der man nach Metaponto an der Küste folgt, wo sich die Ausgrabungsstätte des griechischen Metapontion befindet.
Route 7 b Durch die südliche Basilikata 240 km	Von Melfi und dem Monte Vulture fährt man südlich zunächst zum normannisch-schwäbischen Castello di Lagopesole, dann stattet man der Regionshauptstadt Potenza einen kurzen Besuch ab. Der SS 407 folgt man für ca. 30 km nach Südosten, dann führen steile Serpentinen hinauf in die bizarre Felslandschaft der *Dolomiti Lucane. Der weitere Verlauf der Route führt durch eine herbe Erosionslandschaft, die Welt des Mezzogiorno, wie ihn Carlo Levi erlebt und beschrieben hat. Über Accettura erreicht man das 909 m hoch gelegene Stigliano und jenseits des Sauro-Tals Aliano, wohin Carlo Levi verbannt worden war. Die SS 598 verläuft dann im Agri-Tal weiter bis zur Küste nach Policoro. Zu empfehlen ist jedoch der Weg rechts hinauf nach Tursi, dann östlich zur Kirche Santa Maria d'Anglona und hinunter nach Policoro.

Kalabrien

Kampanische Küste	Sehr lohnend, allerdings auch zeitintensiv ist die Fahrt von **Neapel** entlang der südkampanischen Küste: zunächst um die Halbinsel von *Sorrent mit der **Amalfitana** nach Salerno (110 km), dann über das antike **Paestum** (40 km) an der Küste des *Cilento entlang nach Sapri (ca. 120 km).
Route 8 Von Maratea nach Reggio di Calabria 400 km	Die Route 8 benützt jedoch von Neapel bis Lagonegro die A 3, die bis Reggio di Calabria mautfrei ist; erste Etappe (225 km) ist das in der **Basilikata** gelegene reizvolle *Maratea am Golfo di Policastro. In **Kalabrien** folgen die ebenfalls recht attraktiven Badorte Praia a Mare und Scalea. Von hier sollte man einen Ausflug (160 km) zum *Monte Pollino unternehmen (▶ S. 162f.), wobei man von Mormanno über Castrovillari und Lungro an die Küste (Belvedere Marittimo) zurückkehrt. Hier lohnen Guardia Piemontese und Paola einen Stopp, bevor man über den *Passo Crocetta ins Tal des Crati und zur sehenswerten Provinzhauptstadt *Cosenza fährt. (Für Ausflüge ins *Sila-Gebirge ▶ Route 10 und S. 137f.). Für die Weiterfahrt wählt man am besten die A 3, auf der man die Ebene von S. Eufemia durchquert. Von Pizzo führt die SS 522 – mit Abstecher nach Vibo Valentia – an der schönen Küste entlang nach *Tropea, einem beliebten, stimmungsvollen Badeort nördlich des *Capo Vaticano. Nun über Mileto zurück zur A 3, die ab Palmi hoch über der Küste verläuft. Bei Bagnara verlässt man die A 3 und fährt zum *Aspromonte hinauf (▶ S. 169); auf der SS 184 geht es hinunter zur Küste und dann nach **Reggio di Calabria**.

Die Ostküste Kalabriens ist meist wenig attraktiv, wesentlich interessanter und abwechslungsreicher ist das bergige Landesinnere. Vom noch in der **Basilikata** liegenden Policoro fährt man auf der SS 653 das Sinni-Tal hinauf und folgt dann der auf S. 121 beschriebenen Route über den *Monte Pollino. Von Rotonda fährt man dann allerdings weiter nach Mormanno und Castrovillari. Nach Durchquerung des Coscile-Tals geht es hinauf nach Spezzano, das im 16. Jh. von albanischen Flüchtlingen gegründet wurde, und weiter auf der SS 106 östlich nach Corigliano Calabro. Von Piragineti lohnt ein Abstecher zur Kirche *S. Maria del Patire, dem Rest eines bedeutenden byzantinischen Klosters. Auch in *Rossano, das auf einem "Balkon" hoch über dem Meer liegt, sind Zeugnisse der byzantinischen Vergangenheit sehenswert.

Route 9
Von Policoro
über den
Monte Pollino
nach Rossano
240 km

Diese Route erschließt das grüne Herz **Kalabriens**, das *Sila-Gebirge mit den Teilen Sila Greca, Sila Grande und La Sila. Von *Rossano führt die SS 177 über Cropalati nach Longobucco; hier wechselt man zur SS 282, die über *Fossiata durch einen Teil des Kalabrischen Nationalparks zum Lago di Cecita führt. Über Spezzano della Sila steuert man *Cosenza an, dann geht es südöstlich über die SS 178 zum Lago Arvo; von hier kann man an seinem Nordufer oder – weiter südlich ausholend – am Lago Ampollino entlang nach S. Giovanni in Fiore fahren, dem Hauptort der Sila und Wirkungsstätte des Joachim von Fiore. Zunächst auf der SS 107, dann rechts abbiegend erreicht man in pittoresker Macchia-Landschaft *Santa Severina. Von hier folgt man der SS 107 b durch das herbe, trockene Hügelland des Marchesato mit seinen Getreidefeldern nach Crotone, dem bedeutendsten Ort der kalabrischen Ostküste. Wenn möglich, sollte man zum Sonnenuntergang zum Capo Colonna mit den Resten des Hera-Lacinia-Tempels hinausfahren.

Route 10
Von Rossano
über Cosenza
nach Crotone
250 km

Nach einem Strandtag an den Gestaden des Capo Rizzuto setzt man die Reise entlang der Küste fort. Nächstes Ziel ist die kalabrische Hauptstadt **Catanzaro**; den Abstecher ins Hinterland sollte man mit einem Besuch von *Tiriolo (17 km) vervollständigen. Bei Soverato verlässt man die Küste wieder und fährt zum 800 m hoch gelegenen Serra San Bruno mit seiner vom hl. Bruno, dem Gründer des Kartäuserordens, erbauten Certosa. Auf dem Rückweg zur Küste (SS 110) ist die berühmte byzantinische *Cattolica von Stilo zu beachten. Von Monasterace Marina bis Locri (Ausgrabungen der griechischen Kolonie) folgt man der Küste, dann steuert man zunächst das hoch gelegene mittelalterliche *Gerace an; vom Passo di Mercante folgt man der SS 112, die im Parco Nazionale del *Aspromonte auf dem Bergkamm verläuft, nach Südwesten. Den Montalto, die höchste Erhebung des Massivs, westlich umrundend, gelangt man zum touristischen Zentrum des Gebiets, Gambarie, und weiter wie in Route 8 nach **Reggio di Calabria**.

Route 11
Von Crotone
nach Reggio
di Calabria
380 km

Routenvorschläge

Reiseziele von A bis Z

Abruzzen · Abruzzo | H / J 10 – 12

Region: Abruzzen · Abruzzo
Provinzen: L'Aquila, Chieti, Pescara, Teramo
Fläche: 10 794 km²
Einwohnerzahl: 1 281 000

Allgemeines

Als Abruzzen bezeichnet man sowohl den höchsten Teil des Apennins im östlichen Mittelitalien als auch die Region Abruzzo, die sich von der Wasserscheide des Zentralapennins bis zur Adriaküste erstreckt. Im Norden grenzt sie an die Marken, im Westen an Latium und im Südosten an das Molise. Mit ihrer abwechslungsreichen Landschaft – von den Badestränden der Adria über ein fruchtbares grünes Hügelland bis zur alpinen Szenerie des Gran Sasso d'Italia, die nur 45 Autominuten von der Küste entfernt ist – und einer ganzen Reihe kulturell bedeutender Stätten sind die Abruzzen ein lohnendes Reiseziel für vielfältige Interessen.

**Landschaften und Tourismus

Den Kern der Region bilden drei nordwestlich-südöstlich gerichtete Gebirgsketten. Die östlichste besitzt in der Gruppe des Gran Sasso d'Italia (Corno Grande, 2912 m) und der Montagna della Maiella (Monte Amaro, 2793 m) die höchsten Gipfel der Halbinsel. Eingebettet zwischen diesen Gebirgszügen liegt das zentrale Bergland mit dem Längstal des Aterno, den Hochmulden von L'Aquila und Sulmona sowie dem weiten, fruchtbaren Becken von Fucine. Die Sommer sind hier heiß, die Winter hingegen sehr kalt mit viel Schnee und werden zum Skifahren genützt. Mit Ausnahme weniger Gebiete, besonders im Süden und in den Niederungen, ist das Gebirge waldarm, teilweise verkarstet und wenig fruchtbar. Ackerbau kann nur in den Tälern und Senken betrieben werden; die Bergregionen werden traditionell als (Schaf-)Weiden genützt. Etwa ein Drittel der Gesamtfläche ist als National- oder Regionalpark geschützt, darunter der 1923 gegründete Parco Nazionale d'Abruzzo. Der Tourismus beschränkt sich bisher fast nur auf die Sommermonate an der Adria und den Wintersport in den Bergen; man unternimmt jedoch Einiges, um die zahlreichen landschaftlichen und kulturellen Attraktionen auch im Ausland bekannt zu machen. Pescara wird von einigen Reiseveranstaltern angeflogen.

Die Küste der Region Abruzzen

Badeorte an der Adria

Die 129 km lange Küste der Region ist zweigeteilt. Im Norden – von Martinsicuro über Pescara bis Francavilla al Mare – sind die Strände lang, flach und feinsandig, dann wird die Küste felsig und kurviger,

Am Strand von Roseto degli Abruzzi

kleine Buchten mit Kiesstrand und mediterraner Vegetation domi- **Badeorte an**
nieren. Die gut ausgestatteten und gut besuchten, familienfreund- **der Adria**
lichen Badeorte – viele unterhalb des alten, eigentlichen Orts gele- **(Fortsetzung)**
gen – bieten das vertraute Bild der Adria: am flachen Sandstrand
endlose Liegestuhl- und Sonnenschirmreihen, dahinter rechtwinklig angelegte Straßenzüge mit jeder Menge Ristoranti, Cafés, Hotels
und Diskotheken, in denen sommers fast zu jeder Tageszeit das Leben tobt. Im Folgenden werden von Norden nach Süden einige sehenswerte Punkte genannt.

Von Tortoreto Lido mit seinem schönen, über 3 km langen Strand **Tortoreto Alto**
lohnt sich der Ausflug hinauf zum 240 m über dem Meer liegen
mittelalterlichen Tortoreto Alto.

Das ca. 1 km von der Küste zurückgesetzte alte Giulianova Alta be- **Giulianova**
sitzt mit dem Dom S. Flaviano einen beeindruckenden, aus Back-
steinen errichteten Renaissance-Zentralbau (um 1470). In der kleinen, skurrilen Pinacoteca sind abruzzische Künstler der "Scuola
del Posilippo" des 19. Jh.s vertreten; untergebracht ist sie im Haus
des Kunstsammlers V. Bindi.

▶ dort **Pescara**

Wenige Kilometer von Francavilla entfernt verlief von Oktober 1943 **Francavilla**
bis Juni 1944 die Front, weshalb von dem schon 1162 erwähnten **al Mare**
Städtchen praktisch nichts übrig blieb. Im ehemaligen Rathaus
zeigt das Museum Michetti Werke des Malers F. P. Michetti (1851 bis
1929), der mit D'Annunzio befreundet war; in der Kirche S. Maria

75

Francavilla al Mare (Fortsetzung)	Maggiore (1948) wird ein herrlicher tragbarer Tabernakel (1413) von Nicola di Guardiagrele aufbewahrt. Das Fest des hl. Franziskus am 18. August wird mit einem großen Feuerwerk beschlossen.
Ortona	Bei Ortona reichen die Ausläufer des Apennins bis an die Küste, so dass dort nur für den Hafen Platz ist, das Städtchen liegt malerisch am Hang. Von der Piazza della Repubblica gelangt man durch den schmalen Corso G. Matteotti zunächst zur Kathedrale (1127, nach Zerstörung durch die Sarazenen 1566 im Renaissancestil erneuert); das herrliche gotische Portal von Nicola Mancino (1311) wurde nach dem 2. Weltkrieg rekonstruiert. Schließlich hinauf zum Castello Aragonese, erbaut um 1450 (z. Z. in Restaurierung). Schöne Ausblicke auf die Küste bietet ein Spaziergang entlang der Stadtmauern.
Fossacesia *San Giovanni in Venere	Bei Fossacesia – von der Ortsmitte dauert der Spaziergang ca. 20 Minuten – liegt sehr schön das Kloster San Giovanni in Venere, eines der bedeutendsten der Region. Es wurde im 8. Jh. gegründet, die Bauten stammen aus dem 11.–13. Jh.; herausragend ist das Portal (um 1230) der zisterziensisch-nüchternen, großartigen Kirche (um 1165) mit erhöhtem Chor (Fresken von 1190). Von Fossacesia empfiehlt sich der Ausflug nach Lanciano (▶ S. 80).
Vasto	Südlichster Badeort der abruzzischen Küste ist Vasto (24 000 Einw.), bekannt für seine Fischsuppe ("brodetto alla vastese") und den "scapece" (gebratener Fisch in einer Safranvinaigrette). Im Kern der 144 m hoch gelegenen Altstadt ragen das Kastell (15./18. Jh.) und an der Piazza del Popolo – die sich zum Meer öffnet – der grandiose Palazzo D'Avalos (16. Jh.) mit Archäologischem Museum und Pinakothek heraus. Die benachbarte Kathedrale S. Giuseppe geht ins Jahr 1293 zurück; im Inneren ein schönes Triptychon von Michele Greco di Lavelona (1505). Südlich ragt der Kampanile (14. Jh.) der Kirche S. Maria Maggiore auf, die 1785 in prunkvollem Klassizismus neu entstand. Zu sehen sind hier u. a. ein Dorn aus der Dornenkrone Christi (!), eine Monstranz aus der Schule von Nicola di Guardiagrele sowie einige qualitätvolle Gemälde (15./16. Jh.).

Der Norden der Region Abruzzen

Teramo	Zu Füßen der einsamen Monti della Laga und des Gran Sasso liegt die Provinzhauptstadt Teramo (265 m, 51 500 Einw.). Als römisches "Interamnia" hat sie zwar eine lange Geschichte, zu sehen gibt es jedoch nur wenig. Bedeutend ist der romanisch-gotische Dom S. Berardo (1158 –15. Jh.), insbesondere das Portal eines Meisters Deodatus aus Rom (1332), der silberne Altarvorsatz mit 35 Bildfeldern von Nicola da Guardiagrele (1433 – 1448; von ihm sind auch die Säulenfiguren des Portals) und ein herrliches Polyptychon (um 1420) von Iacobello da Fiore. Neben dem Dom steht der Bischofspalast (15. Jh.). Wenige Schritte südöstlich sind die Reste eines römischen Theaters erhalten; Teile eines riesigen römischen Amphitheaters sind in der linken Domflanke zu sehen. Jüngst wurden am Largo di Torre Bruciata ein römisches Haus und eine Basilika ausgegraben. Über die Geschichte der Stadt informiert das Archäologische Museum (Via Delfico 30). Von der Piazza dei Martiri della Libertà führt der Corso S. Giorgio, die Haupt- und Einkaufsstraße der Stadt, zum Stadtpark.

Der Ort 16 km nördlich von Teramo wird von einer der größten Festungsanlagen Italiens überragt, die im 16./17. Jh. von den spanischen Königen Neapels errichtet wurde. Bei Ripe (südwestlich) liegen die Grotta S. Angelo und die Gola del Salinello, eine der beeindruckendsten Schluchten der Abruzzen.

*Atri

Nur 10 km von der Küste bei Pineto entfernt, aber über 400 m hoch, liegt in schöner Landschaft das atmosphärereiche Städtchen (11000 Einw.), das auf römischen Ruinen erbaut wurde. Großartig ist hier die Kathedrale S. Maria Assunta (ab 1268) mit 54 m hohem Kampanile und flächenhafter Rechteck-Fassade, beides für die Region typisch; im Inneren sind der große Renaissance-Freskenzyklus von Andrea de Litio (ca. 1480), der marmorne Altarvorsatz von Anfang des 13. Jh.s und das Taufbecken des Comasken Paolo de Garvis (1503) bemerkenswert. Im Kreuzgang ist das Dommuseum untergebracht; die Krypta ist in eine große römische Zisterne gebaut. Weiter oben liegt die Piazza dei Duchi d'Acquaviva mit dem Palazzo del Comune und der Touristeninformation. Wenige Schritte sind es dann zur Aussichtsterrasse ("Belvedere") am nördlichen Stadtrand, die einen herrlichen Ausblick aufs Meer und die "calanchi" bietet, eine bizarre Erosionslandschaft.

Stickerei aus Stein: die Fensterrose der Basilika S. Maria Assunta in Atri

Abruzzen

Von Pescara lohnt sich der Ausflug nach Loreto Aprutino und Penne (25 bzw. 32 km westlich), zwei hübschen mittelalterlichen Orten mit herrlichem Blick auf den Gran Sasso. Loreto wird von einer Burg bekrönt, die auf das 10. Jh. zurückgeht und heute ein elegantes Hotel beherbergt. Die Hauptstraße Via del Baio mit ihren Palazzi (einer beherbergt das Museo delle Ceramiche) führt zur Kirche S. Pietro Apostolo. Interessant sind auch das Olivenmuseum (Piazza Mercato Vecchio) und das Archäologische Museum im Konvent S. Francesco. Südlich unterhalb des Orts liegt die Zisterzienserkirche S. Maria in Piano (1280, 1559 verändert) mit wertvollen Fresken des 14.–16. Jh.s, insbesondere einem riesigen "Jüngsten Gericht" (14. Jh.) an der Frontinnenseite.

Östlich von Loreto sind zwei weitere romanische Kirchen zu beachten: S. Maria del Lago bei Moscufo und S. Maria Maggiore bei Pianella, beide mit herrlichen Kanzeln, die 1159 bzw. Ende des 12. Jh.s gefertigt wurden.

Penne, dessen Stadtbild von Backsteinbauten geprägt ist, war seit 771 Bischofssitz. Repräsentative Palazzi säumen die Straßenzug Corso dei Vestini, Corso Alessandrini (hier gegenüber den Salconio-Arkaden das über 100 Jahre alte, gute Restaurant Tatobbe) und Via Roma, der auf der Höhe der beiden Stadthügel verläuft. Im romanisch-gotischen Dom (1955 rekonstruiert) auf dem Colle Sacro sind

Hinter dem Dom von Teramo erheben sich Gipfel des Gran Sasso, dessen höchster Berg der 2912 m hohe Corno Grande ist.

Penne (Fortsetzung)

ein Holzkruzifixus des 13. Jh.s und am Hauptaltar (1117) das Antependium zu beachten, das noch vor dem Jahr 1000 entstand. Nebenan zeigt das Diözesanmuseum sakrales Kunsthandwerk (u. a. einen schönen Reliquienschrein von 1576), Bildwerke und Dokumente.

**Über den Passo delle Capannelle nach L'Aquila

Von der Küste führt die SS 80 im Tal des Vomano südwestlich in die grandiose Bergszenerie der Monti della Laga und des Gran Sasso d'Italia. Etwa 9 km hinter Montorio al Vomano zweigt die Serpentinenstraße nach Pietracamela (1005 m) ab, das herrlich unter Corno Piccolo und Corno Grande liegt; weiter führt die Straße zum Wintersportort Prati di Tivo, Ausgangspunkt für die Besteigung des Gran Sasso. Die SS 80 windet sich zwischen steilen Bergwänden an Senarica vorbei, das von Mitte des 14. Jh.s bis 1701 freie Republik war. Später lohnt der Abstecher rechts hinauf zum einsam in rauer Landschaft gelegenen Lago di Campotosto. Vom Passo delle Capannelle (1299 m) kann man entweder am Südhang des Gran Sasso entlang – auch dies in dramatischer Landschaft – nach Assergi fahren, das aus dem nackten Stein zu wachsen scheint (S. Maria Assunta, 12. Jh.; Forschungszentrum für Kernphysik), oder weiter den Pass hinunter. Hier liegen bei S. Vittorino die Ruinen der bedeutenden sabinisch-römischen Stadt Amiternum, Geburtsort des Geschichtsschreibers Sallust (86–34 v. Chr.); unter der Kirche S. Michele aus dem 12. Jh. befinden sich frühchristliche Katakomben.

Amiternum

L'Aquila

▶ dort

**Gran Sasso d'Italia

Atemberaubende alpine Bilder vermittelt das Kalkmassiv des Gran Sasso d'Italia ("Großer Fels von Italien"), des mit 2912 m höchsten Gebirges der Apenninenhalbinsel. Es ist gut erschlossen und ein beliebtes Ausflugsziel und Wintersportgebiet, was da und dort auf Kosten der Natur geht. Von L'Aquila führt die SS 17 bis über Assergi

– hier verschwindet die A 24 im 11 km langen Tunnel – nach Fonte Cerreto (1105 m; Hotels, Seilbahn zum Campo Imperatore). Die Bergstation in 2130 m Höhe erreicht man auch über die 27 km lange Straße durch das weite, baumlose Hochtal des Campo Imperatore (1600 – 2200 m). Sein Name verweist darauf, dass Friedrich II. einst hier ein Lager hatte; heute ist die für Italien einzigartige, 600 km² große freie Hochfläche ein beliebtes Wander- und Reitrevier. Die Seilbahn führt zum Albergo Campo Imperatore (▶ Hotels), in dem Mussolini gefangen gehalten wurde, in einer spektakulären Aktion wurde er am 12.9.1943 von einem deutschen Kommando befreit. Neben dem Albergo ein Observatorium und ein Botanischer Garten.

Vom Albergo steigt man in 45 Minuten zum Rifugio Duca degli Abruzzi auf dem Portella-Grat (2381 m) und in weiteren 3 – 3 ¹/₂ Std. zum Gipfel des Corno Grande (2912 m) auf. Von dort blickt man über ganz Mittelitalien: im Osten zur Adria, im Westen zu den Sabiner Bergen und an klaren Tagen bis zum Tyrrhenischen Meer. Sehr lohnend ist auch ein Ausflug von L'Aquila nach Osten über Barisciano, S. Stefano di Sessanio (Zentrum des Reitsports) und Calascio nach Castel del Monte in 1310 m Höhe: grandiose Bergszenerie!

Gleich zwei überragende Beispiele der abruzzischen Romanik besitzt der kleine Ort 30 km südöstlich von L'Aquila. Die kleine Kirche S. Pellegrino (1263) ist vollständig mit zeitgenössischen Fresken ausgemalt, die in kräftiger Bildsprache Szenen und Figuren aus Altem und Neuem Testament, Heiligenlegenden und Kalenderblätter (Tierkreiszeichen) zeigen. Die Abteikirche S. Maria Assunta (Mitte bis Ende 12. Jh.) hingegen glänzt mit herrlichen Steinmetzarbeiten: Kapitelle, Kanzel (1180), Osterleuchter, Altar (1223) mit Ziborium und Abtsstuhl (1184).

Gran Sasso
(Fortsetzung)

**Campo
Imperatore

Abruzzen

*Bominaco

Einsame Berglandschaft: Campo Imperatore am Gran Sasso

79

Der Osten der Region Abruzzen

Chieti

Die in 330 m Höhe über dem Pescara-Tal gelegene Provinzhauptstadt Chieti (330 m, 55 000 Einw.) – genauer ihre Altstadt – verfügt über eine angenehme Atmosphäre. Im Norden beginnt die Besichtigung auf der Piazza Vittorio Emanuele mit dem Rathaus (Palazzo Valignani, 1517; Gemäldesammlung) und der gotischen Kathedrale S. Giustino, an der zuletzt 1920–1936 gebaut wurde; der schöne Kampanile entstand 1335–1498. Links des Justizpalastes bietet sich eine herrliche Aussicht auf Meer, Gran Sasso und Maiella. Durch die Via Pollone erreicht man das hübsche kleine Teatro Marrucino von 1813. Den Corso Marrucino, die Hauptachse der Altstadt, säumen gute Geschäfte und Cafés, u. a. das Vittoria, das seit 1900 in den Arkaden der Prefettura ansässig ist. Westlich abseits zeugt eine Gruppe von drei kleinen Tempeln (1. Jh. n. Chr.) von der bedeutenden römischen Stadt Teate; sie sind recht gut erhalten, da zwei von ihnen bis in die 1930er-Jahre als Kirchen dienten.

*Museo Nazionale di Antichità

*Museo La Civitella

Von der Piazza Trento e Trieste gelangt man südlich zum Stadtgarten (Villa Comunale) mit dem hervorragenden Archäologischen Museum, das Funde aus vorgeschichtlicher und römischer Zeit zeigt, u. a. den "Sitzenden Herkules" aus Alba Fucens und den 2 m hohen "Krieger von Capestrano" (6. Jh. v. Chr.). Weiter bergauf wurde das ebenso beeindruckende Museum La Civitella eingerichtet, das ein umfassendes Bild der Lokalgeschichte vermittelt. An der Via delle Terme Romane am Ostrand des Stadthügels liegen eine in den Fels gehauene römische Zisternenanlage und Reste der Thermen.

Bucchianico

In Bucchianico (ca. 10 km südlich) wird vom Sonntag vor dem 23. Mai bis zum 26. Mai zur Erinnerung an die erfolgreiche Verteidigung gegen Chieti die prächtige "Sagra dei Banderesi" gefeiert.

Lanciano

Die lebhafte, angenehme Stadt (28 000 Einw.), die ca. 10 km hinter der Küste liegt, besitzt einige sehenswerte Kirchenbauten. Die Kathedrale S. Maria del Ponte (14./18. Jh.) wurde auf einer Brücke aus der Zeit Diokletians errichtet. Die nahe gelegene, prächtige Bettelordenskirche S. Francesco (1258/18. Jh.) besitzt eine schöne Barock-Kanzel und -Orgel sowie eine hoch verehrte Blutreliquie. Im Stil der burgundischen Zisterzienser ist die gotische Kirche S. Maria Maggiore erbaut (13. Jh., im 16. Jh. erweitert); außer dem Hauptportal von 1317 – dem linken in der Doppelfassade – sind innen das herrliche Prozessionskreuz (1422) von Nicola da Guardiagrele und ein Triptychon aus dem 16. Jh. zu beachten. Von der Stadtbefestigung sind u. a. die Torri Montanare erhalten.

Guardiagrele

Der am Fuß der Maiella 25 km südwestlich von Lanciano gelegene Ort hat eine lange Tradition im Eisen- und Goldschmiedehandwerk. Die Kirche S. Maria Maggiore, deren Fassade vom massigen Kampanile (12. Jh.) gebildet wird, bewahrt ein Kreuz von Nicola da Guardiagrele von 1431 auf, bemerkenswert ist auch die barocke Kanzel aus Nussholz. Den Porticus der rechten Außenwand schmückt ein riesiges Christophorus-Fresko von Andrea de Litio (1473). In 4 $^1/_2$ Std. kann man die Maielletta (1995 m) erklimmen. In Guardiagrele gibt es eine eigene Währung, den "Simec", eingeführt von dem emeritierten Juraprofessor G. Auriti, um dem profitorientierten Bankensystem und der Inflation Einhalt zu gebieten.

Über Manoppello Scalo (ca. 14 km südwestlich von Chieti) steht die erste Zisterzienserkirche – und eine der bedeutendsten – der Abruzzen, S. Maria d'Arabona (1208). Im Inneren beachte man die Fresken in Altarraum (1373) und in der Cappella di S. Rocco den Osterleuchter (um 1300) sowie den Tabernakel. Ca. 1,5 km südlich von Manoppello wird im Santuario del Volto Santo seit 1622 ein 17 × 24 cm großer Schleier aufbewahrt, der nach Ansicht von H. Pfeiffer, Professor für christliche Kunstgeschichte an der Päpstlichen Universität, identisch ist mit der "Veronica", die bis 1608 im Petersdom verehrt wurde. Wie das Leichentuch von Turin zeigt er den Abdruck eines Antlitzes. Östlich von Manoppello bei Serramonacesca schön gelegen ist die beeindruckende romanische Kirche S. Liberatore a Maiella, erbaut ab 1007.

*S. Maria d'Arabona

Volto Santo

*S. Liberatore

Ebenso hoch wie der Gran Sasso, doch von ganz anderem Charakter ist der mächtige Bergrücken der Montagna della Maiella (Monte Amaro, 2793 m). In die Hänge des nur wenig bewaldeten Kalkmassivs sind wilde Schluchten eingeschnitten, z. B. der Orfento beim hübschen Schwefelbad Caramanico Terme und der Mandrelle bei Fara S. Martino, das für seine Pastafabriken bekannt ist. Äußerst pittoresk liegt Pennapiedimonte (4 km südlich von Guardiagrele). Gute Routen auf den Monte Amaro, der eine stupende Aussicht bietet, gehen u. a. von Caramanico Terme (4 Std.), von Campo di Giove (7 Std.) und von Fara S. Martino aus (2 Std.).

**Maiella

Abruzzen

*S. Clemente a Casauria

Im Jahr 871 gründete Kaiser Ludwig II. diese Abtei bei Torre de' Passeri (A 25 / SS 5). Die Gründungslegende wird in den Reliefs am Architrav des Hauptportals erzählt. Die romanisch-gotische Kirche, das bedeutendste Bauwerk seiner Art in den Abruzzen, erhielt im 12. Jh. nach zisterziensischen Prinzipien ihre heutige Gestalt. Herausragende Details sind v. a. das Bronzeportal mit 72 Bildfeldern (1109), die freistehende, mit Skulpturen reich verzierte Kanzel und der 5 m hohe, mit Mosaiken geschmückte Osterleuchter.

Pópoli

In diesem hübsch gelegenen, sonst wenig interessanten Verkehrsknotenpunkt ist die mittelalterliche Taverna Ducale bemerkenswert, ein prächtiges Handelsmagazin (Mitte 14. Jh.), später auch Herberge und Poststation. Sonst gibt es noch die Burg der Cantelmo und westlich außerhalb die Quellen des Pescara.

S. Clemente a Casauria

Sulmona ▶ dort

Seine Rolle als "Bilderbuchort" der Abruzzen verdankt Pacentro (9 km östlich von Sulmona) der eindrucksvollen Lage unter dem Monte Amaro und seiner mächtigen Burg aus dem 14. Jahrhundert.

*Pacentro
Abb. S. 69

*Pescocostanzo	Ein ungewöhnliches Bild bietet das in 1395 m Höhe gelegene Pesco-costanzo (ca. 35 km südöstlich von Sulmona): Es wurde von lombardischen Handwerkern, die sich im 15. Jh. hier ansiedelten, in Barockformen erbaut. Die Kirche S. Maria del Colle (15.–17. Jh.) prunkt mit Kassettendecke, Orgel, Kanzel und schmiedeeisernem Gitter. Das Dorf ist ein beliebter Sommer- und Winterurlaubsort.

Der Südwesten der Region Abruzzen

*Von L'Aquila nach Avezzano	Sehr reizvoll ist die Fahrt auf der SS 5 bis von L'Aquila nach Avezzano, zunächst am Nordosthang des Monte d'Ocre (2206 m) bergan, später durch das einsame, karge Hochtal zwischen Monte Velino (2487 m, rechts) und Monte Sirente (2349 m, links). Hinter Ovindoli mit schönem Ausblick geht es nach Celano (800 m) hinunter, das von einem mächtigen Kastell (1392–1450) überragt wird; sehenswert auch das hier untergebrachte Museo della Marsica und die Kirche S. Giovanni Battista (Ende 13. Jh.).
*Fuciner Becken	Celano liegt am Nordrand der Piana del Fúcino, die erst 1875 aus einem trockengelegten See entstand; das fruchtbare Becken, das schachbrettartig aufgeteilt ist, wird intensiv landwirtschaftlich genutzt. Das am Westrand der Ebene gelegene unattraktive Avezzano
Avezzano	(698 m, 35 000 Einw.) wurde 1915 durch ein Erdbeben, das 30 000 Opfer forderte, zerstört und im Zweiten Weltkrieg – obwohl Zentrum des Widerstands – von den Alliierten bombardiert. Zu erwähnen ist hier das Castello Orsini (1490, rekonstruiert).
*Alba Fucens	Bei Albe (10 km nördlich von Avezzano) liegen sehr schön die bedeutenden Reste der 303 v. Chr. gegründeten römischen Kolonie Alba Fucens, die im 9./10. Jh. von Sarazenen zerstört wurde. Deutlich auszumachen sind das Forum, die sich anschließende Basilika, Läden an der Via Valeria, der Markt und die Thermen. Gut erhalten ist das etwas oberhalb gelegene Amphitheater aus der Zeit des Kaisers Tiberius.

Sehenswert ist auch die hoch gelegene, reich geschmückte romanische Kirche S. Pietro (12. Jh.), die unter Verwendung von Teilen eines Apollo-Tempels aus dem 3. Jh. v. Chr. erbaut wurde; besonders schön sind die Kanzel und die Ikonostase, beide von Cosmaten im 13. Jh. angefertigt.

Baedeker TIPP) Alba Fucens

Wer etwas Italienisch versteht, sollte sich von Anna Maria oder Pangratio di Mattia sowohl die Ausgrabung als auch die kleine Kirche S. Pietro erklären lassen (die beiden haben auch den Schlüssel zur meist verschlossenen Kirche). Entweder trifft man sie vor Ort, meldet sich telefonisch an (☎ 08 63 23 561) oder erkundigt sich in der "Kaffe bar Fucens da Francesco", wo auch der Cappuccino bestens mundet.

Tagliacozzo	An den Ruinen des Klosters S. Maria della Vittoria vorbei – hier besiegte Karl von Anjou in der Schlacht von Tagliacozzo 1268 den letzten Staufer, Konradin – erreicht man den stimmungsvollen mittelalterlichen Ort 17 km westlich von Avezzano; sehenswert sind hier der Palazzo Ducale (14. Jh.) und die Kirche S. Francesco (14. Jh.) mit dem Grab des hl. Thomas von Celano.

Das Forum der römischen Kolonie Alba Fucens

Ein Juwel, insbesondere durch den plastischen Schmuck der Innen-ausstattung, ist diese kleine romanische Kirche (ab 11. Jh.), die ein-sam im Talschluss über Magliano de' Marsi steht (8 km nordwest-lich von Avezzano).

*S. Maria in Valle Porclaneta

Am Ende des Tunnels der A 25 Richtung Sulmona liegt Cocullo, das für das "Schlangen-Fest" des hl. Dominikus am 1. Mai-Donnerstag berühmt ist. Von Anversa (südlich) fährt man durch die wilde Schlucht des Sagittario nach Scanno (1050 m), einem hübschen al-ten Ort mit lebendigen Traditionen, der überwiegend vom Touris-mus lebt (gute Trattorien: Gli Archetti, Vecchio Mulino, Sul Lago – am schönsten Winkel des Sees). Dann im Sangro-Tal hinunter nach Villetta Barrea am Stausee Lago di Barrea. Von hier hat man Zu-gang zum Abruzzen-Nationalpark (s. u.); über Opi (lohnende Bestei-gung des Monte Marsicano, 2242 m, 4 Std.) erreicht man Pescasse-roli (1167 m) im Tal des Sangro, Sitz der Nationalpark-Verwaltung mit Freigehege, botanischem Garten und naturkundlichem Mu-seum. Hier wurde der bedeutende Philosoph Benedetto Croce gebo-ren (1866–1952).

Cocullo

Sagittario-Schlucht

Pescasseroli

Weniger spektakulär als Gran Sasso oder Maiella ist der 1923 einge-richtete Parco Nazionale d'Abruzzo mit seinen schönen Buchenwäl-dern. Er umfasst die Monti Marsicani und die Monti della Meta am oberen Sangro, insgesamt 440 km² streng geschützte Fläche, ein Paradies für Naturfreunde. Es gibt dort noch den Abruzzen-Braun-bär, der das Parkemblem ziert, die Abruzzen-Gemse, den Apenni-nen-Wolf, Luchs und Steinadler. Von den Pflanzen, die im Frühjahr eine wahre Farbenpracht entfalten, sind besonders Türkenbund, Frauenschuh, Feuerlilie und Enzian zu nennen. Mit Wanderwegen und Schutzhütten ist der Park gut erschlossen; im Jahr zählt man etwa eine Million Besucher, der Großteil der Gästebetten wird von Privatvermietern angeboten.

*Abruzzen-Nationalpark

Alberobello (side tab)

*Land der Trulli

Zum Bild ▶ Apuliens, wie es in der Fremdenverkehrswerbung gezeichnet wird, gehören die "Trulli" unabdingbar dazu. Ein etwa 1000 km² großer Teil der Murge – der bis fast 700 m hoch ansteigenden Karstfläche in der Mitte Apuliens, westlich von ▶ Brindisi – ist übersät mit Tausenden der eigenartigen kleinen, häufig miteinander verbundenen Steinhäuser mit kegelförmigem Dach, für das Steinplatten ohne Mörtel überkragend aufeinander geschichtet werden. Geziert wird das Dach von einem Schlussstein ("cippo" oder "pinnacolo"), dessen vielfältige Formen immer noch nicht sicher gedeutet werden konnten (auch wenn vielfältige Interpretationen angeboten werden). Ihren Ursprung hat die Bauweise angeblich im 17. Jh., als ein Graf die Steuern, die er dem Lehnsherrn für gemauerte Häuser zu zahlen hatte, umgehen wollte. So faszinierend und hübsch diese improvisierte Architektur wirkt – Alberobello gehört heute zu den touristischen Hauptattraktionen Italiens –, sollte man nicht vergessen, dass die Lebensbedingungen in diesen Häusern alles andere als komfortabel waren.

Polignano a Mare

Auf der Fahrt von ▶ Bari entlang der Küste (34 km) lohnt sich ein Spaziergang durch Polignano (16 000 Einw.), dessen orientalisch anmutenden weißen Häuser auf einem senkrecht abfallenden Felsvorsprung stehen. Von der Piazza Garibaldi betritt man durch den Arco marchesale die Altstadt, deren Mitte von der Piazza Vittorio Emanuele mit der Kirche S. Maria Assunta (geweiht 1295) markiert wird; im Inneren, das im 16./17. Jh. umgestaltet wurde, ist die schöne Holzdecke und die steinerne Krippe zu beachten, in der Sakristei ist ein Polyptychon des Venezianers Bartolomeo Vivarini (um 1470) zu sehen. Aussichtsterrassen eröffnen einen atemberaubenden Blick auf die zerklüftete und durchlöcherte Felsküste.

Baedeker TIPP · Einmal anders

speisen: In Polignano betreibt das Hotel Grotta Palazzese ein höchst bemerkenswertes Restaurant: in einer offenen Höhle, nur wenige Meter über den Wellen (Via Narciso 59, ☎ 080 42 40 677, FAX 080 42 40 767).

Monopoli

Monopoli (45 000 Einw.), 10 km weiter südöstlich, besitzt einen malerischen, geschäftigen Fischerhafen, früh abends wird der Fang vermarktet. Das Kastell, das den Hafen sicherte, entstand im Wesentlichen zu spanischer Zeit (ab 1552). In der Nähe (Via Amalfitana) liegt die hübsche romanische Kirche S. Maria degli Amalfitani (12. Jh., restauriert). In der Renaissance-Kirche S. Domenico ist das "Wunder von Soriano" des Venezianers Palma d. J. (um 1600) zu bewundern. Die monumentale, 1742–1770 errichtete barocke Kathedrale geht auf einen Bau um 1107 zurück; ihr Kampanile prunkt im Lecceser Stil (Ende des 17. Jh.s). Hinter dem Chor wird die wundertätige Madonna della Madia verehrt, eine zypriotische Ikone, die auf etwa 1280 datiert wird; die Gemälde im Inneren stammen von Palma d. J. und Francesco de Mura aus Neapel (18. Jh.).

Egnazia

Bei Egnazia, 11 km südöstlich von Monopoli, liegt eine der wichtigsten apulischen Grabungsstätten. Die Messapier-Stadt an der Via Traiana wurde in römischer Zeit (Mitte 3. Jh. v. Chr.) bedeutend, im 5. Jh. n. Chr. Bischofssitz und nach der Zerstörung durch Totila 545 allmählich aufgegeben.

Bei Fasano (ca. 7 km südlich) lockt ein Safaripark mit frei lebenden Tieren wie Löwen und Giraffen sowie Delfinschau und Freizeitpark (Fasanolandia).

Fasano

Etwa 15 km südwestlich von Monopoli sind die Grotten von Castellana zu finden, eines der größten und faszinierendsten Tropfstein-höhlen-Systeme Europas (nördlich des Orts beschildert). 1–2-stündigen Führungen, auch in Deutsch; im Sommer ist mit langen Wartezeiten zu rechnen. Mit 16 °C ist es in der Höhle recht frisch.

* Höhlen von Castellana

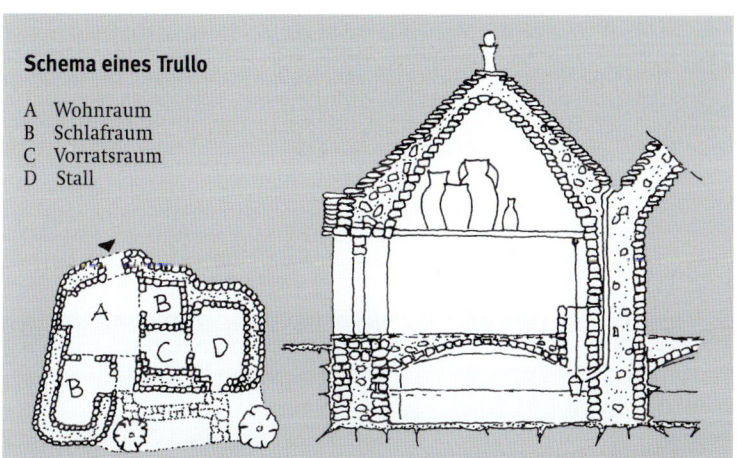

Schema eines Trullo

A Wohnraum
B Schlafraum
C Vorratsraum
D Stall

Alberobello (428 m, 10 600 Einw.), das seit 1996 zum UNESCO-Weltkulturerbe gehört, ist ohne Zweifel sehr sehenswert, auch wenn es sich seit seiner touristischen Entdeckung zu einer Art "Disneyland" entwickelt hat, das in keinem Reiseprogramm fehlt. Vom Largo Martelotta (Parkplatz) geht es in das Viertel Monti mit über 1000 Trulli, u. a. der in Trullo-Form 1926 erbauten Kirche S. Antonio und dem als einzigem doppelstöckigen Trullo Sovrano (zugänglich); auch das Viertel Aia Piccola auf der anderen Seite des Largo Martellotta ist reizvoll. Einige Trulli – vom 17. bis zum Ende des 18. Jh.s wurde in Alberobello nur diese Hausform verwendet – wurden zu Hotels und Ferienwohnungen umgebaut. Vom Dach des Heimatmuseums (Museo del Territorio, Via 27 Maggio) hat man einen schönen Blick über die Stadt.

**Alberobello
Abb. S. 64/65

Baedeker TIPP) **Glücksbringer**

Alberobello ist ein großer Souvenirladen, wobei sich das Angebot in den einzelnen Läden mehr oder weniger ähnelt. Eine Ausnahme stellt Maria Matarrese dar. In ihrem Trullo verkauft sie nach alten Vorlagen gestickte Decken und Schals sowie die so genannten Fischietti, Pfeifen, die Glück bringen sollen, darunter auch die preisgekrönten von Vito Moccia (Via Monte Pertica 9).

*Valle d'Itria
*Locorotondo

Das an Trulli besonders reiche Valle d'Itria erstreckt sich zwischen Locorotondo und Martina Franca. Sein Hauptort ist das zauberhafte, noch ganz untouristische Locorotondo (410 m, 13 400 Einw.), das den Namen seinem kreisförmigen Grundriss verdankt ("runder Ort") und auch für seinen gleichnamigen Weißwein berühmt ist. Eine weiß getünchte Häuserfront ist wie eine Stadtmauer nach außen gekehrt. Überragt wird das Ganze von der mächtigen klassizistischen Kirche S. Giorgio, erbaut 1790–1825. Vom Stadtpark bietet sich ein herrlicher Blick über das Valle d'Itria nach Martina Franca.

*Martina Franca

Wunderbar, auch im Kontrast mit den Trulli, ist der heiter-üppige Barock und Rokoko der verkehrsfreien Altstadt von Martina Franca (431 m, 45 400 Einw.), die im 18. Jh. auf Geheiß des Herzogs Petracone V. Caracciolo neu gestaltet wurde. Über die lange Piazza XX Settembre mit ihren Cafés gelangt man durch den Arco di S. Stefano (1764) auf die Piazza Roma mit dem mächtigen Palazzo Ducale (1668–1742), in dem außer dem Rathaus auch die Touristeninformation untergebracht ist; im Juli / August findet hier ein internationales Musikfestival statt (www.festivalvalleditria.com). Am schönen Corso Vittorio Emanuele steht die Kollegiatkirche S. Martino (1747 bis 1775) mit einem herrlichen Altar aus polychromem Marmor; der Kampanile stammt noch vom gotischen Vorgängerbau (15. Jh.).

Ostuni, die schönste Città bianca, breitet sich mit ihren geweißelten Häusern über drei Hügel aus.

*Ostuni

Am Ostrand der Zona dei Trulli und der Murge liegt – 6 km vom Meer entfernt – das "weiße" Ostuni (218 m, 33 500 Einw.), ein malerisches Städtchen mit orientalisch wirkenden, gestaffelten Terrassenhäusern und verwinkelten Gassen. Sehr schön kontrastiert wird

86

das Weiß vom hellen Ocker des unverputzten Kalksteins, so bei der spätgotischen Kathedrale (1435–1495) mit ihrer ungewöhnlichen, reich gestalteten Fassade venezianischer Stilrichtung, die den Ort bekrönt. An der Durchgangsstraße (Corso Mazzini) liegt die Piazza della Libertà mit dem Rathaus (ehemals Franziskanerkonvent des 14. Jh.s, Fassade von 1887) und der Säule des hl. Orontius (1771); von hier führt die Via Cattedrale in die Altstadt hinauf.

Die alte Seerepublik Amalfi zieht sich zwischen Meer, Weinbergen und Zitronenhainen den felsigen Hang hinauf.

Amalfi und die Amalfitana   J 14

Region: Kampanien · Campania
Provinz: Salerno
Einwohnerzahl: 6000
Höhe: Meereshöhe

Das kleine Städtchen Amalfi, Zentrum der Amalfitana, blickt auf eine lange und bewegte Geschichte zurück. Vom 9. bis 11. Jh. war es eine der großen italienischen Seerepubliken, die den Warenverkehr mit dem Orient beherrschten und mit den Republiken Genua, Venedig und Pisa in Konkurrenz stand. Auf dem Höhepunkt seiner Macht, im 11. Jh., zählte es 50000 Einwohner. Das Seerecht von Amalfi, die so genannten Tabulae Amalfitanae (heute im Museo Civico), galt bis zum 16. Jh. im gesamten Mittelmeerraum. Im 12. Jh. begann Amalfis Niedergang, 1343 versanken weite Teile bei einer Sturmflut im Meer, schließlich geriet die Stadt in Vergessenheit, bis sie Mitte des 19. Jh.s wieder entdeckt wurde. An die vergangene

**Perle der Amalfitana

Amalfi
(Fortsetzung)

Größe erinnert die im Wechsel mit Venedig, Pisa und Genua alle vier Jahre in der ersten Juniwoche stattfindende "Regata storica delle antiche Repubbliche Marinare", eine Ruderregatta in historischen Kostümen (nächster Termin 2005).

Durch den Kontakt mit den Arabern kam die Kunst der Papierherstellung im 11. Jh. auf die Sorrentinische Halbinsel. Aus der arabischen Welt stammen auch die Rezepte für die Süßigkeiten, für die Amalfi bekannt ist, die glasierten Orangen- und Zitronenschalen, Mokkatrüffel und die Sfogliatelle, muschelförmige Blätterteigtaschen, gefüllt mit Quark, süßem Grieß und in Zitronenlikör eingelegten Früchten.

Sehenswertes in Amalfi

Vom alten Amalfi ist nur wenig erhalten. Der eigentliche Ortskern ist ein Labyrinth aus Kirchen, Türmen, übereinander gebauten Häusern, Sträßchen und Plätzen mit dem prächtigen Dom als Mittelpunkt, der dem Schutzheiligen der Stadt, dem Apostel Andreas, geweiht ist. Eine beeindruckende Freitreppe führt zu ihm hinauf. Ursprünglich stammt er aus dem 9. Jh., 1203 wurde er im arabisch-normannischen Stil umgestaltet; der Kampanile ist noch aus dieser Zeit. Die bunte Fassade entstand wie die Spitzbogenvorhalle im 19. Jahrhundert. Den barock ausgestatteten Dom betritt man durch eine um 1066 in Konstantinopel gegossene Bronzetür. In der Domkrypta ruht seit dem 13. Jh. der (kopflose) Leichnam des Apostels Andreas. Die Kreuzfahrer hatten seine Gebeine nach der Plünderung Konstantinopels 1204 mitgebracht. Ihm zu Ehren findet alljährlich am 27. Juni ein feierlicher Umzug statt. Von der Domvorhalle gelangt man links über die benachbarte Basilika des Kruzifixes (9. Jh.; Museum) in den bezaubernden Kreuzgang, Chiostro del Paradiso, der im 13. Jh. im normannisch-arabischen Stil erbaut wurde.

Museo della Carta

Amalfi war eine der ersten Städte Europas, wo Papier hergestellt wurde. Im Papiermuseum (geöffnet Di.–Do., Sa., So. 9⁰⁰–13⁰⁰ Uhr) erfährt man mehr über die Geschichte des antiken Handwerks. Ein etwa halbstündiger Spaziergang führt ins Mühlental, Valle dei Mulini, wo man auch heute noch dem Betreiber einer Papiermühle bei der Arbeit zusehen kann.

Weitere Sehenswürdigkeiten

Vom Hafen, der Marina Grande, fahren im Sommer Schiffe nach Neapel, Capri und Salerno. Einen Hinweis wert sind auch die beiden, seit Generationen als Hotels genutzten Klöster, Cappuccini Convento und Luna Convento. In letzterem schrieb 1879 Henrik Ibsen "Nora"; sein Zimmer ist immer über Wochen hin ausgebucht.

**Costiera Amalfitana

Die schönste Panoramastraße der Welt

Die amalfitanische Küste, jene außergewöhnlich schöne Küstenlandschaft am italienischen Mittelmeer, wo die Gebirgsausläufer der Monti Lattari ins Meer tauchen, beginnt im Westen auf der Südseite der Sorrentinischen Halbinsel und erstreckt sich bis Vietri sul Mare im Osten. Die Amalfitana im engeren Sinn ist die ca. 40 km lange Panoramastraße zwischen Positano im Westen und Vietri sul

*Duomo di Sant'Andrea

Der Blick vom Park der Villa Rufolo in Ravello auf die felsige Amalfiküste begeistert die Besucher immer wieder.

Mare im Osten. Sie wurde erst 1840 in den Fels geschlagen, kühn folgt sie jeder natürlichen Windung, manchmal führt sie über tiefe Schluchten, die sich Flüsse aus den Lattari-Bergen gegraben haben. Auch heute stellt die inzwischen asphaltierte, jedoch nicht wesentlich verbreitete SS 163 für die Autofahrer eine besondere Herausforderung dar, besonders in der Vorsaison bis Mitte Mai: So lange haben Touristenbusse die Erlaubnis, die Küstenstraße zu befahren. In der Hauptsaison sind es dann die Autos selbst, die für Verkehrsstaus sorgen.

Costiera Amalfitana (Fortsetzung)

Die meisten Küstenorte wurden im Mittelalter von Seefahrern gegründet; vom Land her waren sie nur über steile Maultierpfade quer durch die Lattari-Berge zu erreichen. Aus Platzmangel wurde in die Höhe gebaut. Unübersehbar maurisch inspirierte, weiß getünchte kubische Häuser mit teils flachen Kuppeldächern und bogenüberspannten Loggien bestimmen das Bild, sie kleben wie Schwalbennester an den Hängen. Es gibt wenig Straßen, dafür viele steile Treppengassen.

Küstenbild

In Amalfi, Minori und Maiori führt die Küstenstraße auf Meeresniveau hinunter, auf alle anderen Orte, Häfen und Städtchen mit ihren Stränden – vorwiegend Kies, seltener Sand – sieht man hinab.

Baedeker TIPP) **Limoncello**

Gut gekühlt serviert, mundet der Limoncello, der traditionelle Zitronenlikör, auch zu Hause. Ausgereifte Zitronen, die Säure gleicht die Süße bestens aus, und 35 Prozent Alkohol tragen zur Geschmacksharmonie bei.

Die Straße hinauf nach Ravello wird von Zitronenhainen begleitet.

Wo die Zitronen blühen

Im Laufe der Jahrhunderte wurde jeder Quadratzentimeter der weniger steilen Hänge urbar gemacht. Ergebnis sind die unzähligen, manchmal nur handtuchgroßen Terrassenfelder, die wie Treppen zum Meer hinab- oder in den Himmel hinaufführen. Angebaut werden Oliven und Wein, seit dem Limoncello-Boom aber vor allem Zitronen. Im Frühling überspannen schwarze Nylonnetze die Zitronenbäume, an denen ab April die Früchte reifen. Das Kunststoffgeflecht schützt die Früchte vor Hagel und vor zu starker Sonnenbestrahlung, im Frühjahr, wenn es durch die Sonne aufgeheizt wird, unterstützt es den Reifeprozess. Zitronen, bis zu pampelmusengroße Exemplare, werden überall zum Verkauf angeboten, roh oder verarbeitet, als Delizie al limone, kandierte Früchte, als Naturheilmittel gegen allerlei Zipperlein oder als Limoncello, der traditionelle Haustrunk an der sorrentinischen und der Amalfiküste. Den Zitronenlikör kann man übrigens auch selber ansetzen (ein Rezept ▶ Praktische Informationen S. 396).

Torri saraceni	Zum Küstenbild gehören auch die stämmigen so genannten Sarazenentürme, die die gesamte Küste Süditaliens säumen und vor allem im 16. Jh. als Teil eines Warnsystems entstanden; sie hatten Sichtkontakt und konnten sich mit Feuer vor Piratenüberfällen schnell warnen. Heute sind sie teils verfallen, andere werden als Museum, Ferienwohnung oder Hotel genutzt.
Hinterland	Auch das Hinterland der Amalfitana mit seinen ruhigen Bergdörfern, den üppigen Wäldern und Weiden hat seinen Reiz. Schon der Name Monti Lattari, "Milchberge", deutet darauf hin, dass hier seit Jahrhunderten Viehzucht betrieben wird. Höchster Gipfel ist der Monte Faito mit 1278 m – von Positano aus lässt er sich in einer Tagestour erwandern.
Tourismus	Im 18. und vor allem 19. Jh. war die Amalfitana *das* Ziel von Künstlern und Bildungsreisenden, die hier das bis heute nachwirkende romantische Idealbild von wilder, unberührter Natur und Kultur verwirklicht sahen. Und neuerdings gehört die Costa Divina, die göttliche Küste, sogar zum UNESCO-Weltnaturerbe. In den 50er-Jahren des 20. Jh.s entdeckte dann der internationale Jetset den Küstenstreifen, etwa 1980 setzte der Massentourismus ein, der die Amalfitana buchstäblich überrollte. Ganz besonders leidet Amalfi, neben Positano der berühmteste Ferienort der Amalfitana, das wegen seiner günstigen Lage von Heerscharen von Tagesausflüglern besucht wird. Eine Folge war, dass die Prominenz ihre Domizile ins benachbarte Positano verlegte oder ganz wegzog. Eine weitere Konsequenz der Beliebtheit ist, dass die Costa von April bis Oktober meist ausgebucht ist.

Westlicher Ausgangspunkt der Küstenstraße ist die im Mittelalter gegründete Seefahrerstadt Positano, über die John Steinbeck 1953 schrieb: *"Ich habe das Empfinden, dass die Welt in Positano senkrecht steht. Ein unvorstellbar blaues und grünes Wasser umspült den feinen Kiesstrand in der Bucht. Treppen führen bis ans Meer, die manchmal so steil wie Leitern sind. Wenn man einen Freund besuchen will, dann läuft man nicht, man klettert oder purzelt."* Der Ort (3000 Einw.) liegt malerisch an zwei Hängen über dem Meer. Anfang der 1960er-Jahre wurde es schlagartig bekannt, als Schriftsteller, Maler, Komponisten, Regisseure und Schauspieler zu Stammgästen wurden. Einen besonderen Ruf erwarb sich das inzwischen zum mondänen Badeort mutierte Städtchen, als sich hier Modeschneider niederließen und fantasievolle Kreationen für die Feriengarderobe entwarfen, die so genannte Fetzenmode der späten 1960er-Jahre. Auch heute noch reiht sich Boutique an Boutique.

*Positano
Abb. S. 10/11

Bei der Chiesa Nuova in Positano beginnt ein uralter Stufenweg hinauf nach Santa Maria del Castello. Hier beginnt der Sentiero degli Dei, der Pfad der Götter. Er führt hoch über der amalfitanischen Küste mit wunderbaren Ausblicken nach Agerola, einem kleinen Bergdorf. Eine ausführliche Beschreibung der angeblich schönsten Route an der Costiera findet man im Rother Wanderführer "Golf von Neapel". Eine Wanderkarte (Peninsola Sorrentina) ist im Kompass-Verlag erschienen.

Sentiero
degli Dei

Über Praiano (1900 Einw.) mit seinem zwischen zwei Klippen gelegenen hübschen Strand passiert die Amalfitana mehrere tiefe Schluchten (Valloni). Die beeindruckendste ist die zwischen zwei Tunnels gelegene "Schlucht des Zorns", einst ein natürlicher Fischerhafen. Kurz darauf bietet sich die Möglichkeit, über eine Treppe oder einen Aufzug zur Grotta dello Smeraldo zu gelangen. In der mit Meerwasser gefüllten Tropfsteinhöhle sorgt das einfallende Licht für herrliche Farbenspiele im smaragdgrünen Wasser.

*Vallone
di Furore

*Grotta dello
Smeraldo

▶ dort

Amalfi

Kurz hinter dem Ortsschild von Amalfi beginnt das Fischerdorf Atrani, das einst mit Amalfi und anderen Städten einem Städtebund angehörte. Besonders stimmungsvoll ist die kleine Piazza mitten im verwinkelten Ortskern. Oberhalb von ihr steht die im 10. Jh. gegründete Kirche San Salvatore, die Krönungskirche der amalfitanischen Dogen. Sie besitzt eine 1087 in Konstantinopel gegossene Bronzetür, die der des Doms von Amalfi gleicht.

Atrani

Ravello (2300 Einw.) thront uneinnehmbar auf einem Felsvorsprung, etwa 350 m hoch über der Küste, umgeben von Wein- und Zitronenhainen. Die geschützte Lage veranlasste vor allem vornehme Familien der amalfitanischen Republik, sich hier niederzulassen. Daran erinnern prächtige Häuser und großzügige Gartenanlagen. Während seiner Blütezeit im 13. Jh. zählte Ravello etwa 36 000 Einwohner.
Mittelpunkt ist der Dom San Pantaleone. Er wurde 1086 geweiht und später barockisiert. Durch eine Bronzetür von Barisanus aus Trani (1179) betritt man man den Innenraum. Die Gewölbe ruhen auf antiken Säulen aus Paestum. Die von sechs Steinlöwen getragene, mit Mosaiken verzierte Kanzel ist ein Werk von Niccolò da Fog-

**Ravello

Kanzel im Dom S. Pantaleone in Ravello

gia (1272). Den kleinen Ambo (Lesepult) von 1130 schmückt ebenfalls ein Mosaik, das die Geschichte von Jonas und dem Wal schildert.

Rechts neben dem Dom liegt die Villa Rufolo, ein Bauwerk im sizilianisch-arabischen Stil aus dem 13. Jh. mit Turm (11. Jh.), maurischem Innenhof, ursprünglich ein Kreuzgang aus dem 11. Jh., und einem besonders schönen Garten mit Aussichtsterrasse. Richard Wagner, der 1880 auf der Suche nach Bühnenbildern für seinen "Parsifal" auf dem Rücken eines Esels von Amalfi nach Ravello gekommen war, schrieb ins Gästebuch der Villa Rufolo: "Hier ist er, Klingsors magischer Garten!" Die Stadt dankte es ihm, und jedes Jahr findet hier im Sommer das renommierte Wagner-Festival statt (Informationen: Società dei Concerti, Via Trinità 3, ☎ 089 85 83 35, www.res.amalfi-coast.it). Die oberhalb der Dompiazza gelegene, profanierte Kirche S. Giovanni del Toro wurde im 12. Jh. erbaut; im Innern sind die mosaik- und freskengeschmückte Kanzel (um 1175) sowie die ebenfalls mit Fresken aus dem 13. Jh. verzierte Krypta sehenswert. Nur ca. 10 Min. entfernt liegt die Villa Cimbrone vom Ende des 19. Jh.s, eines der ältesten Hotels am Platz mit einer konkurrenzlosen Gästeliste. Auch hier wurde ein Kreuzgang aus dem 13. Jh. in den Bau integriert. Eine Allee führt durch den schönen Garten zum Belvedere, von dem sich eine herrliche Aussicht auf die Amalfitanische Küste bietet.

**Aussicht

Maiori

Capo d'Orso

Über den kleinen, recht ursprünglich gebliebenen Küstenort Minori gelangt man in das größere Maiori (6000 Einw.). Der weitgehend moderne Ort verdankt seine Beliebtheit einem relativ langen feinen Sandstrand. Hinter Maiori wird die Küstenstraße nochmals steil. Den schönsten Blick hat man vom Capo d'Orso, in einiger Entfernung sieht man bereits die flache, dicht besiedelte Bucht von ▶ Salerno.

Cetara

In Cetara, einem ruhigen Fischerdorf mit grauen Kieselstränden, leben die Menschen auch heute noch vom Fischfang.

Vietri sul Mare

End- bzw. Ausgangspunkt der Amalfitana ist Vietri sul Mare, eine recht laute und so gesehen normale süditalienische Kleinstadt (9000 Einw.). Von alters her ist sie eine Hochburg der Keramikherstellung. An der Hauptstraße werden in vielen Läden die Erzeugnisse angeboten, farbenprächtige, mit fantasievollen Mustern versehene Kacheln, Vasen, Tassen und Teller. Über das Töpferhandwerk informiert das Keramikmuseum im Ortsteil Raito.

*Abbazia della Trinità di Cava

Das Kloster, etwa 7 km landeinwärts von Vietri gelegen, wurde 1011 gegründet und später barockisiert. Sehr schön sind die von Cosmaten gefertigte Kanzel (13. Jh.) und der romanische Kreuzgang in der Kirche.

Region: Apulien · Puglia
Provinzen: Bari, Brindisi, Foggia, Lecce, Taranto
Fläche: 19 357 km²
Einwohnerzahl: 4 086 600

Die Region Apulien (ital. Puglia) liegt östlich des Apennins im Süd-   **Allgemeines**
osten Italiens; sie erstreckt sich vom Sporn, dem Promontorio del
Gargano, bis zum Absatz des italienischen Stiefels, der Halbinsel
Salento. Den Norden nimmt die ca. 3000 km² große Ebene Tavoliere
di Puglia – benannt nach den römischen Steuerlisten, den "tabulae
censuariae" – um Foggia ein, die im Osten in den Kalkrücken des
Gargano (Monte Calvo, 1056 m) übergeht. In der Mitte erstreckt sich
die karstige, von Höhlen und Dolinen durchsetzte Kreidekalktafel
der Murge (bis 680 m hoch), die sich im Süden als teils flaches, teils
hügeliges Land in der Salentinischen Halbinsel (Salento) fortsetzt.
Der Tavoliere und die Murge gehören zu den regenärmsten und
sommerheißesten Gebieten Italiens; nur ein Fluss, der Ofanto,
führt ganzjährig Wasser.

Apulien ist ein fast reines Landwirtschaftsgebiet: Weizen – insbe-   **Wirtschaft**
sondere Hartweizen für die Pastaproduktion – wird im Tavoliere,
Tabak um Lecce, Gemüse an der Küste angebaut; etwa die Hälfte
des italienischen Olivenöls kommt aus Apulien, andere wichtige
landwirtschaftliche Erzeugnisse sind Wein- und Tafeltrauben, Mandeln und Feigen. Die Wanderweidewirtschaft – hier überwinterten
einst Millionen von Schafen – beschränkt sich heute auf die wenigen bergigen Gegenden. Umfangreiche wasserwirtschaftliche Maß-
nahmen (so der 1909 –1939 erbaute Acquedotto Pugliese, der Wasser von der Sele-Quelle in Kampanien durch den Apennin heran-
führt, und einige Stauseen in der Basilikata) haben das sehr trockene, aber fruchtbare Gebiet landwirtschaftlich stark aufgewertet.
Was die Landflucht jedoch keineswegs verhindert hat; wenige
Großgrundbesitzer stehen Tausenden fast mittellosen Landarbei-
tern und Bauern gegenüber, die auf der Suche nach Arbeit ihre
Dörfer und Höfe verlassen. Mit riesigen Investitionen wurden einige große Industriekomplexe geschaffen (Petrochemie in Bari, Che-
mie in Manfredonia, Raffinerien bei Brindisi, Stahlwerk in Tarent),
die heute ebenfalls tief in der Krise stecken, was für hohe Arbeits-
losenziffern und große soziale Probleme sorgt.

Ab etwa 2000 Jahre v. Chr. wanderten illyrische Völker vom Balkan   **Geschichte**
ein: in Nordapulien Daunier, im Hinterland von Bari Peuketier und
Messapier im Salento. Durch die griechische Kolonisation vom 9.
bis zum 8. Jh. v. Chr. wurde Apulien Teil der Magna Graecia, und
auch nach der Eroberung durch die Römer – abgeschlossen durch
den Sieg über Pyrrhus 275 v. Chr. bei Benevent – blieb es griechisch
geprägt. Zusammen mit Kalabrien wurde es zu einem wichtigen
Partner im Handelsverkehr mit dem Orient. Mit dem Untergang
des Römischen Reichs kam Apulien um 410 n. Chr. unter die Herrschaft der Ostgoten, um 550 der Byzantiner und ab 574 teilweise
auch der Langobarden. Im 9. Jh. waren Tarent und Bari arabische
Städte. Robert Guiscard eroberte Apulien ab 1041 für das Normannenreich und ließ es sich 1059 von Papst Nikolaus II. zu Lehen ge-

Geschichte Apuliens (Fortsetzung)	ben. Unter Roger II. (reg. 1130–1154) mit dem Königreich Neapel und Sizilien vereinigt, gelangte es unter den Staufern ab 1221 zu höchster Blüte. Kaiser Friedrich II., als "Kind von Pulle" und "Staunen der Welt" apostrophiert, residierte mit Vorliebe in Foggia und hinterließ viele beeindruckende Bauten, darunter das berühmte Castel del Monte. 1265 ging Apulien als Lehen an die französischen Anjou, die das Land als Teil des Königreichs Neapel bis Anfang des 16. Jh.s prägen. Von der ständigen Gefahr, die Piraten, Sarazenen und Türken darstellten, zeugen die vielen Wachttürme, die die Küste säumen. Ab 1503 waren es Spanier, zunächst Aragón, ab 1735 die Bourbonen, die das Land ausbeuteten; Armut und wirtschaftlicher Niedergang ließen im 17./18. Jh. das "Brigantentum" entstehen. 1860 endete mit Garibaldis Sieg über die Bourbonen die Zeit des Feudalismus, nicht jedoch die der Großgrundbesitzer; bis in die 1960er-Jahre blieb Apulien ein Auswanderungsland. Während des Balkankriegs in den 1990er-Jahren kamen viele Flüchtlinge über die Adria, gegenwärtig sind es illegale Einwanderer aus Asien, die aufgenommen werden wollen.

Tourismus und Sehenswertes	Die Küste Apuliens ist fast 800 km lang, und zusammen mit dem südlichen Klima ergibt sich ein Sommerurlaubsgebiet ersten Ranges – theoretisch. Tatsächlich sind nur wenige Teile wirklich schön, nämlich der ▶ Gargano und die Küste ganz im Süden zwischen Otranto und dem Capo S. Maria di Leuca. Einige weitere sind bei italienischen Urlaubern beliebt, so zwischen S. Cataldo bei Lecce und Otranto sowie östlich und westlich von Tarent, können aber mit ihrer unattraktiven Infrastruktur nicht überzeugen. Ein völliger Ausfall ist der Bereich zwischen Manfredonia und Mola di Bari. Auf jeden Fall sollten die Strände im Bereich von größeren Städten gemieden werden. Beachtlich ist jedoch die Zahl großartiger Städte und Bauwerke wie das barocke ▶ Lecce, die Trulli-Orte ▶ Alberobello und Locorotondo, die Staufer-Burgen wie Lucera und Castel del Monte, die herrlichen Kathedralen der apulischen Romanik, das angenehm städtische ▶ Bari. Auch die weite Landschaft – in Frühjahr und Frühsommer grün und von überraschender Heiterkeit, im heißen Hochsommer und im Herbst verdorrt und abweisend – macht eine Apulienreise zu einem Erlebnis. Eine Reihe der vielen im Lande verstreuten Masserie, ehemalige, häufig befestigte Gutshöfe, wurden zu stilvollen Hotels und Restaurants umfunktioniert.

**Gargano Tremiti-Inseln	▶ dort ▶ Gargano

Foggia und der Tavoliere

Foggia	Landschaftlicher und wirtschaftlicher Mittelpunkt der großen Apulischen Ebene, des Tavoliere di Puglia, ist Foggia (70 m, 156 000 Einw.). Die Hauptstadt der gleichnamigen Provinz, die auch Capitanata genannt wird – nach den einstigen byzantinischen Statthaltern, den Katapanen –, wurde von Kaiser Friedrich II. 1222 zum Zentrum seines Kaiserreichs bestimmt und entsprechend ausgebaut; 1285 verstarb Karl I. von Anjou, der die Staufer besiegt und abgelöst hatte, in Foggia. Beim Erdbeben 1731 wurden fast alle mittelalterlichen Zeugnisse zerstört, im Zweiten Weltkrieg wurde Foggia 1943

Ihn kennt in Foggia jedes Kind: der Opernkomponist Umberto Giordano

Foggia
(Fortsetzung)

durch die Bomben der Alliierten schwer getroffen. Heute zeigt die Stadt mit breiten, baumbestandenen Straßenzügen und zahlreichen Neubauten ein modernes Bild.

Orientierungspunkt ist die Piazza Cavour im Ostteil der Stadt; östlich schließt sich, hinter den Kolonnaden, der Stadtpark an. Von der Piazza Cavour gelangt man westlich zur Piazza Umberto Giordano (mit dem Denkmal des 1867 in Foggia geborenen Opernkomponisten) und zum Corso Vittorio Emanuele, der Hauptachse mit guten Geschäften. Jenseits der Kreuzung mit dem Corso Garibaldi steht rechts der Palazzo Celentano-Rossano (18. Jh.). An der Piazza Federico II geht es dann rechts zum Geburtshaus von Giordano und zur Piazza Nigri mit dem Palazzo Arpi, dessen Außenwand Portalteile vom Palast Friedrichs II. enthält; das Museo Civico (Archäologie, Volkskunde, Pinakothek) zeigt hier insbesondere Funde der Daunier, die in diesem Teil Apuliens vor den Griechen siedelten. Südwestlich der Piazza Federico II ist die Kathedrale S. Maria Icona Vetere zu finden, die nach dem Erdbeben 1731 barock neu errichtet wurde; Reste des 1172 begründeten romanischen Vorgängerbaues sind v. a. noch an der Nordwand und in der Krypta erhalten.

*Lucera

Man sollte sich Lucera (219 m, 35 000 Einw.), das westlich von Foggia auf einem Plateau über der Apulischen Ebene liegt, von Westen oder Norden nähern: Dann hat man die gigantische Festung vor sich, die 1233 von Friedrich II. errichtet und unter Karl I. von Anjou erweitert wurde (1269–1283). Der herrliche Ausblick über den Tavoliere macht die strategische Bedeutung deutlich. Lucera war von dem Stauferkaiser als "Schlüssel Apuliens" zu einem Hauptstützpunkt gemacht und 1233–1245 mit 20 000 islamischen Sarazenen aus Sizilien besiedelt worden; im Jahr 1300 ließ Karl I. von Anjou

**Lucera
(Fortsetzung)**

die rein muslimische Stadt – den "Dorn in der Flanke der Kirche" –
zerstören und ihre Bewohner töten. Diese "christliche Tat" wird seit
1983 alljährlich am 14. August in historischer Aufmachung gefeiert.
Von der Piazza Matteotti im Nordwesten führen die Via Federico II
und Via Bovio zur Piazza Duomo in der Mitte der Altstadt. Die Kathedrale, von Karl II. 1300 –1317 am Platz der alten Moschee erbaut,
ist eines der wenigen Beispiele südfranzösischer Gotik in Süditali-
en; im Inneren ein rheinisches Holzkruzifix (um 1340), der Altar
war ein Tisch, an dem Friedrich II. in Castel Fiorentino (s. u.) gespeist haben soll. Weiter westlich (Via De Nicastri) sind im Museo
Civico G. Fiorelli u. a. daunische Funde und eine schöne Venussta-
tue aus der römischen Kaiserzeit (1. Jh. n. Chr.) zu sehen. Östlich
der Stadt liegt am Fuß des Hügels ein römisches Amphitheater aus
der Zeit des Augustus, das recht frei rekonstruiert wurde.

**Nur noch wenige Reste erinnern an das Castel Fiorentino,
wo Friedrich II. vor 750 Jahren starb.**

Castel Fiorentino

Nur eine Hand voll Ruinen sind von Castel Fiorentino erhalten, der
mittelalterlichen Stadt nordwestlich von Lucera (ca. 18 km), in deren Burg Friedrich II. am 13.12.1250 verschied. Ihm war geweissagt
worden, an einem Ort zu sterben, dessen Name vom Wort "fiore"
abgeleitet ist (weshalb er Florenz mied). Am 750. Todestag enthüll-
ten schwäbische Friedrich-Verehrer hier eine achteckige Stele aus
heimischem Jura-Travertin, die von dem Bildhauer Markus Wolf
aus Plieningen bei Stuttgart gestaltet wurde.

∗Troia

Troia (439 m, 8000 Einw.), ein verschlafenes Städtchen ca. 20 km
südwestlich von Foggia in den Ausläufern des Apennins, besitzt ein
Juwel der apulischen Romanik: die von 1073 bis Mitte des 13. Jh.s
erbaute Kathedrale, in der sich byzantinisch-islamische mit toska-

nisch-pisanischen Einflüssen vereinen. Die prächtige Fensterrose ist mit unterschiedlichen Transennen gefüllt, d. h. aus Stein gehauenen Fenstergittern; am Bogen darüber wachen groteske Figuren. Das grandiose Bronzetor im Hauptportal stammt von Oderisius von Benevent (1119), ebenso die Tür im rechten Seitenportal (1127). Zu beachten ist auch die Kanzel von 1169.

Cerignola am südöstlichen Rand des Tavoliere ist eine lebhafte Stadt mit 55 000 Einwohnern (hier wird hervorragendes Olivenöl produziert), musste aber nach dem verheerenden Erdbeben 1731 neu aufgebaut werden. In der rechtwinkligen Anlage bildet der historistisch gestaltete Dom mit 80 m hoher Kuppel (G. Pisanti, 19. Jh.) den mächtigen Akzent. Das Tafelbild der Madonna del Cerignola (13. Jh.) wird teils hier, teils in der gleichnamigen Kirche 10 km südlich am Ofanto aufbewahrt.

Terra di Bari · Die Küste

Barletta (90 000 Einw.), 55 km nordwestlich von ▶ Bari an der Küste gelegen, hatte zur Zeit der Staufer und als italienischer Hauptsitz des Deutschen Ordens Bedeutung, heute wirkt die kleine Handels- und Industriestadt eher schläfrig. Blickfang sind das meerseits vorgelagerte, mächtige Kastell und der Dom nebenan. Ersteres wurde 1282–1291 angelegt und wurde 1535 unter Karl V. von Anjou um die Eckbastionen erweitert. In dem hier untergebrachten Kulturzentrum sind die angebliche Büste Friedrichs II. und Bilder des aus Barletta stammenden Giuseppe De Nittis (1846–1884) zu sehen, eines bedeutenden italienischen Impressionisten.
Der Dom S. Maria Maggiore ist zweigeteilt: Das hohe Langhaus mit dem Kampanile ist romanisch (1150–1267), der vordere Teil des Langhauses und der Chor sind gotisch (ab 1307). Beachtenswert sind im Innern das Grabmal des Grafen Karl von Barby und Mühlingen (†1566) mit deutscher Inschrift, die Kanzel und der Altartabernakel (beide 13. Jh.). Durch die Via del Duomo gelangt man zum Corso Garibaldi und zur Kirche San Sepolcro (12./Ende 13. Jh.), einem frühgotischen Bau nach burgundischem Vorbild. Vor der Kirche ragt der 5,10 m hohe "Koloss von Barletta" auf, die Bronzestatue eines byzantinischen Kaisers (möglicherweise Valentinian I., †375). Sie gilt als die bedeutendste erhaltene Kolossalbronze der Antike. Die Venezianer hatten sie im 13. Jh. von Konstantinopel nach Italien gebracht und beim Schiffbruch am Strand zurückgelassen; 1309 wurden die Beine als Glockenmetall eingeschmolzen, 1491 nicht ganz passend ersetzt. Im Norden der Stadt hat man durch die Porta Marina (1751) Zugang zum verwaisten Hafen.
Im Jahre 2003, am 13. September, jährt es sich zum 500. Mal, dass 13 italienische Edle sich mit 13 Franzosen ein "Gruppen-Duell" lieferten. Ein Franzose hatte in der Kneipe die Tapferkeit der italienischen Soldaten bezweifelt, und die Einheimischen hatten sie daraufhin zum Kampf gefordert – und besiegt. Heute wird dieses Datum mit historischem Pomp und Ritterkämpfen begangen.

Unbedingt besuchenswert ist Trani (36 000 Einw.) 13 km südöstlich von Barletta, das über ein hübsches Stadtbild mit einer echten Schauseite zum Meer und eine der schönsten Kathedralen Apuliens

S. Nicola Pellegrino in Trani, eine der schönsten Kathedralen Apuliens

Trani
(Fortsetzung)

verfügt. Auf einem Landvorsprung am Hafen ragt S. Nicola Pellegrino hoch übers Wasser, was durch die Außengestaltung noch betont wird. Die Basilika mit normannischen und staufischen Elementen – der Bau wird in seiner geometrisch-plastischen Klarheit mit dem Castel del Monte verglichen – wurde ca. 1150–1250 über zwei Kirchen des 7. Jh.s errichtet. Das romanische Westportal mit Flechtwerkornamenten besaß herrliche Bronzetürflügel, 1180 von Barisanus von Trani geschaffen, die heute im Inneren aufgestellt sind. In den 32 Feldern sind Jesus, Maria, Apostel und Heilige dargestellt. Der angebaute, knapp 60 m hohe Kampanile entstand zwischen 1230 und 1379, in den 1950er-Jahren wurde er, baufällig geworden, originalgetreu rekonstruiert. Man betritt die Kathedrale durch die Unterkirche, die Chiesa di S. Maria della Scala, von der man Zugang zum Hypogäum des hl. Leucio – des ersten Bischofs von Brindisi – und zur um 1100 begonnenen Krypta des hl. Nicolaus Peregrinus († 1094) mit dem Reliquienschrein hat. (Dieser Nikolaus, ein nicht ganz zurechnungsfähiger griechischer Pilger und Prediger, half der

Stadt aus einer Bredouille: Nachdem sich die alte Konkurrentin Bari im Jahr 1087 die Reliquien des hl. Nikolaus unter den Nagel gerissen hatte, verstarb er nach einigen Wundern; man sorgte dafür, dass er umgehend heilig gesprochen wurde – und Trani hatte auch einen hl. Nikolaus.) Das eindrucksvolle Innere der Kathedrale, die als einzige in Apulien Doppelsäulen besitzt (wobei die äußeren merkwürdigerweise dünner sind), wurde bis 1955 in seiner romanischen Form wiederhergestellt. Im Chorraum sind Teile des herrlichen Bodenmosaiks (um 1170) erhalten. Auch das benachbarte Diözesanmuseum ist einen Besuch wert.

Am Palazzo di Giustizia (16. Jh.) vorbei gelangt man westlich zu dem 1233–1249 unter Friedrich II. erbauten Kastell. Östlich der Kathedrale, am Hafen, steht der gotische Palast des Kaufmanns Simone Caccetta (1451–1456), wenige Schritte südlich die Allerheiligenkirche (Ognissanti, Mitte 12. Jh.), ehemals Teil eines Templerhospizes, mit einer seltenen offenen Vorhalle. Der Spaziergang am Hafen entlang führt am mächtigen Palazzo Palumbo-Quercia (1755) vorbei zum Stadtgarten (Villa Comunale); hier sind sechs Meilensteine der römischen Via Traiana zu sehen, die von Benevent über Canosa, Ruvo, Bari und Egnatia nach Brindisi führte.

Trani (Fortsetzung)

> **Baedeker TIPP**) **Ungewöhnlich,**
>
> ja einzigartig ist das Hotel Regia in Trani gelegen: unmittelbar neben der Kathedrale zum Hafen hin. Der allein stehende Palazzo aus dem 18. Jh. wurde 1998 umfassend renoviert und bietet in seinen zehn Zimmern modernsten Komfort, das Restaurant eine gute heimische Küche (▶ S. 413).

Die Altstadt von Bisceglie (47 000 Einw.) zeigt noch den normannisch-mittelalterlichen Charakter, teils verändert durch die Aragoneser im 15. Jahrhundert. Auch hier gibt es ein Castello Svevo und eine romanische Kathedrale (11.–13. Jh., im 18. Jh. umgestaltet); besonders schön sind das Westportal (1295) und das Renaissance-Portal in der Südwand.

Bisceglie

Etwa 5 km südlich, in Richtung Ruvo, ist der Dolmen della Chianca zu sehen, eines der eindrucksvollsten und berühmtesten Megalithgräber Italiens (beschildert).

Dolmen della Chianca

Molfetta (67 000 Einw.), 17 km südöstlich von Trani, ist für seine Fischfabriken bekannt und besitzt einen ansehnlichen Hafen; in der Markthalle an seiner Längsseite kommt vormittags der Fang unter die Leute. Dominiert wird der Hafen vom Duomo Vecchio (1150–13. Jh.), der als bedeutendste Kuppelkirche Apuliens gilt. Das völlig eingebaute, schmucklose Gotteshaus mit seinen Glockentürmen von 1256 ist dem hl. Konrad geweiht, einem aus Bayern stammenden Adligen und Einsiedler. Innen sind der Saraceno (Weihwasserbecken mit Träger, 12. Jh.) und das Ziborium (12./13. Jh.) zu beachten. Der Corso Dante, die Flaniermeile der Stadt, teilt die neueren Bezirke von der pittoresk-baufälligen, teilweise verlassenen Altstadt, die wieder allmählich wieder instand gesetzt und neu besiedelt wird. Am Corso stehen die barocke Kathedrale S. Maria Assunta (18. Jh.) und die Chiesa del Purgatorio in Renaissance-Formen (17. Jh.). Am 8. September wird die Festa della Vergine dei Martiri mit einer prächtigen Bootsprozession gefeiert.

Molfetta Abb. S. 100

▶ dort

Bari

Terra di Bari · Das Hinterland

Apulien · Puglia

Cannae

"Canne di Battaglia" heißt es auf den Wegweisern, die zu den gro-ßen Ausgrabungen ca. 10 km südwestlich von Barletta führen. Zu sehen sind die Reste einer seit der Antike bedeutenden Stadt, die ab 872 Bischofssitz war, 1083 von Robert Guiscard zerstört und im 15. Jh. aufgegeben wurde. Hier soll "das" Cannae gelegen haben, wo Hannibal 216 v. Chr. mit 40 000 Mann das mehr als doppelt so große Heer der Römer besiegte. Gefunden hat man einen Friedhof des 9. bis 11. Jh.s, jedoch nicht eine einzige römische oder karthagische Waffe, auch keine Gräber aus antiker Zeit, mehr als erstaunlich bei mindestens 60 000 Toten. Wie die Forschungen eines Hobby-Archäo-logen, des Arztes Dr. Mario Izzo, überaus wahrscheinlich machen, lag das Schlachtfeld ca. 100 km westlich bei Castelluccio Valmaggio-re im Cellone-Tal. Schön ist jedoch die Aussicht, die man vom Hü-gel aus hat.

Der alte Dom S. Corrado, dessen Ecktürme das Häusermeer der Altstadt von Molfetta überragen, dominiert den Hafen.

Canosa di Puglia

Das ruhige Canosa di Puglia (105 m, 32 000 Einw.) liegt ca. 22 km südwestlich von Barletta an der Stelle der bedeutenden Römerstadt Canusium, die 343 erster Bischofssitz Apuliens wurde. Von ihr sind Mauerreste, ein Triumphtor (westlich außerhalb) und die Ruine ei-nes Amphitheaters (beim Bahnhof) erhalten. Südlich außerhalb der Stadt sind die imposanten Reste der Basilika S. Leucio (vermutlich 6. Jh.) zu sehen. Die Normannen erweiterten im 12. Jh. die Festung und erbauten ab 1080 die Kathedrale S. Sabino (im 18. Jh. vergrö-ßert), in der antike Säulen, ein von Elefanten getragener Bischofs-sessel (um 1080) und eine Marmorkanzel des Meisters Acceptus (um 1120) zu beachten sind. Im Südhof, vom rechten Seitenschiff zu-gänglich, befindet sich die orientalisch überkuppelte Grabkapelle des Fürsten Boemund I. von Tarent († 1111), Sohn von Robert Guis-card, der auch über das Kreuzfahrerfürstentum Antiochia in Syrien herrschte. Der linke Flügel der Bronzetür stammt von etwa 1080, der rechte ist das Werk von Roger aus Melfi (1118); sie gelten als die ältesten ihrer Art in Italien.

An der höchsten Stufe der Murge steigt Minervino Murge an (429 m, 14 000 Einw.), das wegen der weiten Aussicht auch "Balkon Apuliens" genannt wird; beachtenswert sind Kastell und Dom sowie der 24 m hohe Leuchtturm, ein Gefallenendenkmal.

Andria (90 000 Einw.), einst Lieblingssitz Kaiser Friedrichs II., ist ein Landstädtchen 11 km südlich von Barletta. In der Krypta (9./10. Jh.) der Kathedrale sind der Überlieferung zufolge die zweite und die dritte Gattin Friedrichs begraben, Jolanda von Brienne († 1228 in Andria) und Isabella von England († 1241 in Foggia). Sehenswert sind der Palazzo Ducale Carafa (16./18. Jh.) nebenan sowie das Portal (14. Jh.) der Kirche S. Agostino.

Castel del Monte, Wahrzeichen Apuliens

Die "Krone Apuliens" (F. Gregorovius) ist in der Tat das großartige Castel del Monte, das 18 km südlich von Andria weithin sichtbar auf einem Hügel thront (seit 1996 UNESCO-Weltkulturerbe, ▶ Baedeker Special S. 102; geöffnet im Sommer täglich bis 19⁰⁰ Uhr, im Winter nur vormittags). Es wurde um 1240 für Kaiser Friedrich II. erbaut. Die zunächst abweisende Architektur zeigt bei näherer Betrachtung mancherlei Schmuckelemente aus antiker, byzantinischer und orientalischer Tradition. Von den vielen Hypothesen zur Deutung des Baues sei angeführt, dass er ohne jede militärische Funktion, jedoch mit quasi-sakralen Zügen in einer Zeit entstand, da Friedrich sich in vielen Bauten als Kaiser in Szene setzte.

©Baedeker

Ruvo di Puglia (260 m, 25 000 Einw.; 23 km südöstlich von Andria) besitzt eine weitere bedeutende Kathedrale in apulischer Romanik (12./13. Jh.). Ihre dreiportalige Fassade mit großer Rosette von 1273 wirkt durch die ausladenden Seitenschrägen merkwürdig unproportioniert. Sehr schön ist hingegen das Hauptportal: Auf den üblichen

Staunen der Welt

Unzählige Bücher wurden über ihn geschrieben, zu einem einhelligen Bild gelangten weder Historiker und Schriftsteller noch seine Zeitgenossen. Voller Bewunderung bezeichneten ihn viele schon zu Lebzeiten als "stupor mundi", als "Staunen der Welt", andere als "Verfluchten" und "Antichristen". Auf jeden Fall gehört der Stauferkaiser Friedrich II. (1194–1250) zu den Menschen, die über Jahrhunderte ihre Faszination bewahrten.

Ein zuverlässiges Porträt des Stauferkaisers Friedrich II. von Hohenstaufen ist der Nachwelt nicht überliefert. Die Büsten, Siegel, Gemmen, Münzen und Miniaturen, die sein Abbild tragen, zeigen meist einen stilisierten Cäsarenkopf. Porträtecht wirken auf vielen Abbildungen nur die eng stehenden großen Augen, was einen Freund Friedrichs zu der Äußerung veranlasste, er habe einen "Schlangenblick". Zeitgenössischen Zeugnissen zufolge besaß der Kaiser keine sehr imponierende äußere Erscheinung: Er war nur mittelgroß, kräftig, trug keinen Bart, hatte eine bräunliche Hautfarbe und im Gegensatz dazu rötlichblonde Haare. Geben die offiziellen Abbildungen wenig Aufschluss, eignen sich auch die Hasstiraden bzw. Lobeshymnen kaum dazu, Friedrichs Wesen objektiv zu beschreiben.

"Staunen der Welt"

Zeit seines Lebens interessierte den Stauferherrscher die Wissenschaft – auch schon während der Kindheit, wie dem päpstlichen Vormund in Rom stolz gemeldet wurde. Der auch von Gegnern als sehr gelehrt geschätzte vielsprachige Kaiser förderte Naturwissenschaften und Philosophie, vor allem sorgte er dafür, dass das Bildungsgut des Orients in Europa einen festen Platz fand. Er selbst beobachtete, hinterfragte und beschrieb Vorgänge in der Natur. Wie genau die Tierbeobachtungen in seinem Buch "Über die Kunst, mit Vögeln zu jagen" waren, konnte erst mithilfe der modernen Wissenschaft bestätigt werden. Inspiriert von dem arabischen Gelehrten al-Idrisi glaubte er sogar an die Kugelgestalt der Erde. Viele Zeitgenossen hielten den Kaiser für einen heiteren, liebenswürdigen Menschen. Tatsächlich war er ein freigiebiger Gastgeber prächtiger Feste, auf denen hübsche Sarazeninnen mit ihrem Tanz die Gäste bezauberten, Minnesänger und Musikanten die Herzen erfreuten. Wer sich der staufischen Gewalt unterwarf, genoss kaiserlichen Schutz, auch Muslime und Juden. Als Dank dafür, dass Friedrich ihnen ihre Religion und Gebräuche beließ, stellten ihm die Sarazenen eine Elitetruppe als Leibwache zur Verfügung, die wegen ihres Kampfesmutes gefürchtet war.

"Hammer der Welt"

Friedrich II. konnte liebenswert im Umgang mit Menschen, tolerant gegenüber anderen Religionen und Kulturen sowie skeptisch gegenüber kirchlichen Dogmen und Vorurteilen sein. Aber ihn kennzeichneten auch eine erschreckende Kälte und ungestüme Grausamkeit. Wehe denen, die sich dem Stauferkaiser widersetzten. Über die Härte der Strafexpeditionen gegen abtrünnige Städte oder über die Brutalität, die er im Falle von Ketzerei und Majestätsbeleidigung walten ließ, waren selbst die Menschen des an Grausamkeiten nicht armen Mittelalters entsetzt. An die sarazenische Garde erging einmal der Befehl, nach der Einnahme einer aufständischen Stadt die männlichen Angehörigen der höheren Stände zu blenden, ihnen die Nasen abzuschneiden und sie nackt und bloß aus der Stadt zu jagen, auch sollten den Frauen zur Schande die Nasen und den Knaben die Hoden abgeschnitten werden. Keine Gnade durfte auch Friedrichs ältester Sohn, der deutsche König Heinrich VII., erwarten, der mit den Gegnern seines Vaters ein Bündnis eingegangen war: Er wurde eingekerkert.

Nach dem der Papst über Friedrich 1245 den Kirchenbann verhängt hatte, bekamen auch die Bischöfe seinen uneingeschränkten Machtanspruch zu spüren. Nicht mehr Amboss wolle er sein, sondern Hammer der Welt, verkündete der Staufer unmissverständlich und verfolgte Anhänger des Papstes gnadenlos.

"Verwandler der Welt"

Für die Zeitgenossen war Friedrich II. der "Verwandler der Welt", "ein wundersamer Verwandler", wie der Engländer Mattheus Paris in seiner Chronik nach dem Tod des Staufers hervorhob. Diese Aussage wurde später zwar als Anerkennung gewertet, doch nach mittelalterlicher Auffassung war Wandelbarkeit ohne Zutun des Teufels nicht möglich, weshalb sich hinter diesem Attribut neben Bewunderung auch Entsetzen verbirgt. Aber hat Friedrich II. tatsächlich zur Wandlung der Welt beigetragen? Schon bald nach seinem Tod zerfiel sein Reich. Italien zersplitterte und fand erst 1870 zu einer Einigung, auch in deutschen Landen setzte sich schnell die Kleinstaaterei durch, die schließlich 1871, im Jahr später als in Italien, zu Ende ging. Doch in zweierlei Hinsicht trug seine Politik auch große Früchte. Der Stauferkaiser verstand es, unter seinen Zeitgenossen den Sinn für die Wirklichkeit zu schärfen, Kunst und Wissenschaft nicht mehr nur nach althergebrachten, mittelalterlichen Maßstäben zu beurteilen. Und obwohl er sich bis zuletzt als Herrscher des christlichen Mittelalters sah, hat er mit seiner Idee des autonomen weltlichen Staates, der gegen den Herrschaftsanspruch der Kirche verteidigt werden muss, die Pforten zur Neuzeit geöffnet.

Um acht Ecken gedacht

"Von der Küste wie vom Flachlande aus sieht man überall, schon auf Meilenweite, aus jener niederen Bergkette einen pyramidenförmigen, baumlosen, grünen Hügel sich erheben, auf seiner Spitze ein einsames Schloss tragend ... Dies berühmte Castel del Monte erscheint, von weitem gesehen, kreisrund und zeigt keine Türme. Nur die tiefen Schlagschatten oder Falten dieser Rundmasse von Mauerpfeilern lassen auch aus der Ferne schließen, dass es ein Oktogon sei, mit stumpfen Türmen an jeder Ecke. Als weithin sichtbares, die unermessliche Ebene beherrschendes Wahrzeichen nennt es das Volk das Belvedere oder den Balkon Apuliens. Man könnte es noch passender die Krone Apuliens nennen. Denn gleich einer Mauerkrone ruht dieses gelbe Schloss auf jenem Hügel. Wie das Diadem des Hohenstaufenreichs, das herrliche Land krönend, erschien es mir, wenn es die Abendsonne von Purpur und Gold funkeln ließ." (F. Gregorovius, Wanderjahre in Italien).

Friedrichs Castel del Monte ist eine architektonische Feier der Zahl Acht. Es besteht aus einem über einem Achteck errichteten zweistöckigen Bau, an den sich an allen acht Ecken 24 m hohe, ebenfalls achteckige Türme anschließen. Jeweils zwei Seiten der Turmoktogone gehen in den Wänden des Kernbaus auf. Beide Geschosse enthalten je acht gleichartige trapezförmige Räume. Erbaut wurde es vermutlich ab 1240, wohl nach Friedrichs eigenen Plänen. Der Kaiser starb kurz nach der Fertigstellung, und es ist nicht sicher, ob er und sein Hof sich hier jemals aufgehalten haben. Nach seinem Tod zerfiel sein Reich, und Karl I. von Anjou ließ in dem Kastell ab 1266 die drei Enkel Friedrichs (die Söhne Manfreds) über 30 Jahre lang einsperren. Und auch später diente es meistens nur als Gefängnis.

Seit dem 18. Jh. war es verlassen, wurde ausgeraubt und diente als Unterschlupf für Hirten, Räuber und politische Flüchtlinge. Seither gab es vier tiefgreifende Restaurierungen (1879, 1928, 1933 und 1975 – 1981) und unzählige Untersuchungen von Wissenschaftlern, Bau- und Kunsthistorikern. Trotzdem ist der Bau noch immer ein Rätsel. Er war keine Festung, dafür fehlen alle Elemente eines Verteidigungsbaus. Es gab weder Pferdeställe noch Schlafsäle für den Hofstaat. Der Standort war strategisch nicht wichtig, für die Falkenjagd allerdings ideal. Als reines Jagdschloss war der Bau jedoch zu aufwändig. Neueste Untersuchungen weisen auch bisher vermutete astronomische Bezüge der Architekturgeometrie zurück. Vielmehr zeigen die Raumkonzepte und der Komfort deutlich Verwandtschaft mit dem zeitgenössischen

Im Innenhof des Castel del Monte

islamisch-orientalischen Palastbau. Vielleicht war Castel del Monte ja als Sommerresidenz gedacht.

Im Innern

Vor einer Besichtigung sollte man um das Kastell herumgehen. Auch heute noch spürt man den besonderen Zauber seiner Lage 540 m hoch über dem Meer. Bei guter Sicht erstreckt sich der Ausblick von den Murge bis zum Tavoliere, vom Gargano bis zum Monte Vulture.

Beim Bau der Anlage wurden drei verschiedene Steinarten verwendet. Das Mauerwerk besteht aus ortsüblichem Kalksandstein, der einstmals großzügig verwendete weiße oder leicht gemaserte Marmor findet sich nur noch an den Fenster-Konstruktionen; am Hauptportal, in den Sälen sowie an den Türen und Fenstern sieht man meist Breccia rossa, rötlichen Korallschotter, einen Kunststein aus apulischer roter Erde, Kalk und Ton.

Der imposante Haupteingang liegt auf der Ostseite,

rechts und links schmücken ihn zwei kleine Säulen, auf deren Kapitellen zwei Löwen wachen. Die Anordnung der 16 Räume war sorgfältig geplant. In einigen Türmen gab es Bäder und Toiletten, die von den Dachzisternen mit fließendem Wasser gespeist wurden. Die Säle sind ohne ihre Marmor-Wandverkleidung fast nicht zu unterscheiden. Es gibt sog. Zielräume, ohne Durchgänge zu anderen Räumen oder Türmen, und Durchgangsräume. Ihre Kreuzrippengewölbe haben keine tragende Funktion. Die in jedem Saal anders gestalteten Schlusssteine verstärken ihren Zierwert. Die Räume im zweiten Geschoss sind kostbarer ausgestattet, hier liegt auch der sog. Thronsaal. Leider ist der Aufstieg zur Dachterrasse meist nicht möglich.

Im von hohen Mauern umschlossenen Innenhof soll sich einst ein Marmorbecken befunden haben – ein Symbol im Symbol? Auch nach 750 Jahren gibt es noch reichlich Stoff für weitere reizvolle Spekulationen.

Löwen stehen schlanke Säulen, bekrönt mit geflügelten Mischwesen; die Archivolten sind mit Figuren der zwölf Apostel, der vier Evangelisten, dem Gotteslamm sowie Christus zwischen Johannes und Maria geschmückt. Unbedingt sehenswert sind im Museo Jatta die großartige Sammlung antiker Vasen (6.–3. Jh. v. Chr.), die im peuketischen Ruvo und anderen Orten der Magna Graecia gefunden wurden und aus heimischer bzw. griechischer Produktion stammen.

Ruvo di Puglia (Fortsetzung)

Bitonto (118 m, 54 000 Einw.), ca. 17 km westlich von Bari gelegen, wartet mit der "vollkommensten, ja klassischen Verwirklichung" der apulischen Romanik (C. A. Willemsen) auf: Die Kathedrale San Valentino, ca. 1160–1220 errichtet, beeindruckt mit harmonischen Proportionen, einer reich gestalteten Fassade (herrliches Hauptportal) und der Hexaforiengalerie der Südseite. Innen zu beachten: ein Taufbecken (13. Jh.) und zwei schöne Kanzeln, vor allem die des Magisters Nicolaus mit farbigen Glasintarsien und Adler, dem Zeichen des Evangelisten Johannes, unter dem Pult (1229). Die Stadt, heute wie in früheren Zeiten ein blühendes Agrarzentrum (vorzügliches Olivenöl), besitzt eine Reihe prächtiger Renaissance-Palazzi. Durch die Porta Baresana gelangt man auf die Piazza Cavour mit dem angevinischen Rundturm (14. Jh.), der Kirche S. Gaetano (17 Jh.) und den Loggien des Palazzo Sylos-Calò. Rechts hinter ihm die Chiesa del Purgatorio mit gruseligem Portal (17. Jh.) und die Kathedrale. Sehenswert sind auch das Museo Civico E. Rogadeo und der großartige Palazzo Sylos-Labini (um 1500).

**Bitonto

Auch Bitetto (139 m, 9000 Einw.), 15 km südwestlich von Bari, gehört in die Reihe der Orte mit Zeugnissen der apulischen Romanik. Die Kathedrale S. Michele (11. Jh., 1355 umgestaltet) glänzt mit einem reich skulptierten Mittelportal.

Bitetto

Durch ihre Reduktion auf reine Grundformen der Architektur beeindruckt die romanische, um 1065 errichtete Kirche Ognissanti di Cuti in Valenzano (10 km südlich von Bari). Ihre Bauweise – drei Kuppeln in Längsache als Mittelschiff, flankiert von schmalen Seitenschiffen mit Vierteltonne – gleicht verblüffend den Kathedralen der Aquitaine und des Perigord in Frankreich.

Valenzano

Wenig aufregend, aber angenehm ist Altamura (478 m, 58 000 Einw.), das 37 km südwestlich von Bari auf der Hochfläche der Murge liegt. Einige Reste der peuketischen Mauer (5. Jh. v. Chr.; daher der Name) sind im Nordosten der Stadt (an der Straße von Bari) zu sehen. Wahrzeichen der Stadt, die 1230 von Friedrich II. mit Griechen und Juden neu besiedelt wurde, ist die 1232 vom Staufenkaiser begründete Kathedrale mit großartigem Portal (1312); im

Altamura

Apulien · Puglia

Baedeker TIPP) **Padre Peppe**

Das Caffè Ronchi in Altamura neben der Kathedrale ist das älteste Café Apuliens und immer noch ein beliebter Treffpunkt. Seine Spezialität ist der aus grünen Walnüssen gemachte Likör "Padre Peppe", darüber hinaus gibt es ausgefallene Mixgetränke.

Altamura (Fortsetzung)	schrecklich barockisierten Inneren sind Kanzel (1545), Bischofssitz (16. Jh.) sowie Chorgestühl (1543) sehenswert. Eine städtebauliche Besonderheit der Altstadt sind die "claustri", um einen Hof als soziales Zentrum gruppierte Wohnungen. Von der Via S. Lucia im Südwestviertel sind die Claustri Giudecca und Tricarico zugänglich. Ca. 7 km nördlich von Altamura ist ein "pulo" zu finden, eine der apulischen Karst-Dolinen, und zwar mit 500 m Durchmesser und 90 m Tiefe eine der größten (Zufahrt von der SS 96).
Gravina in Puglia	Pittoresk an und über einer der im apulischen Karst zahlreichen Schluchten (ital. gravina) liegt das Städtchen 12 km westlich von Altamura (338 m, 39 000 Einw.). Wie im nahen ▶ Matera dienten bis vor kurzem Höhlen als ärmliches Quartier. Der am Abgrund stehende Dom von 1092 wurde 1482 nach einem Brand rekonstruiert. Vor ihm die Statue des aus Gravina stammenden Papstes Benedikt XIII. (Piero Francesco Orsini), eine beliebte Kulisse fürs Hochzeitsfoto. Wenige Schritte östlich lässt das Portal der Chiesa del Purgatorio (17. Jh.) erschauern. In der Kirche S. Sofia ist das noble Grabmal (1518) der Angela Castriota Skanderbeg, Gemahlin des Grafen Orsini, zu sehen; im Stadtmuseum (Palazzo Pomárici Santomasi) wurden die Fresken aus der Grottenkirche S. Vito Vecchio (13. Jh.) rekonstruiert. In der Schlucht liegt die Höhlenkirche S. Michele (10. Jh.) mit Resten byzantinischer Fresken. Nicht auslassen sollte man im Norden der Stadt, nahe dem Bahnhof, die Kirche Madonna dell Grazie (1602–1652) mit ihrer ungewöhnlichen Fassade: Ein riesiger Adler, das Wappen des Auftraggebers Bischof Vincenzo Giustiniani, umgibt die Fensterrose. Weiter nördlich die Ruine das Kastells, das Friedrich II. 1231 errichten ließ.
Gioia del Colle	Eines der besterhaltenen Stauferkastelle Apuliens steht in diesem Ort 39 km südlich von Bari. Es wurde um 1230 unter Friedrich II. errichtet, die Freitreppe im Hof und die Ausstattung des Thronsaals sind Zutaten der Restaurierung im 20. Jh. Im Erdgeschoß ist ein Archäologisches Museum untergebracht, das Funde vom Monte Sannace (6 km nordöstlich, 6.–3. Jh. v. Chr.) zeigt.
Alberobello	▶ dort
Brindisi	▶ dort
Lecce	▶ dort
Tarent	▶ dort

Südlicher Salento

*Otranto	Die östlichste Stadt Italiens ist das hübsche Ótranto (15 m, 5200 Einw.), das schon in der Antike als Hydrus bzw. Hydruntum ein wichtiger Hafenort war; im Mittelalter schifften sich hier Kreuzfahrer ein. In die Geschichte ging das Massaker mit 800 Toten, das die Türken im Jahre 1480 unter den Bürgern anrichteten. Ein Teil ihrer Gebeine ruhen hinter Glas in der Cappella dei Martiri der Kathedrale S. Maria Annunziata. In der 1080 begonnenen und nach 1480 wieder aufgebauten Kirche ist auch die Hauptattraktion der Stadt zu finden, das herrliche, fast vollständig erhaltene Bodenmosaik mit figurenreichen Monats- und Sagendarstellungen an einem großen Lebensbaum (1163–1166); außerdem sind die antiken Säulen

mit Kapiteln des 12. Jh.s und die fünfschiffige Krypta zu beachten. Vom Kastell, das Ferdinand I. von Aragon 1495–1498 auf staufischen Resten erbaute, blickt man über die 75 km breite Straße von Otranto bis hinüber zu den Bergen Albaniens. Nördlich, hinter der Piazza del Popolo, steht die byzantinische Kreuzkuppelkirche S. Pietro (10./11. Jh.), die einzige Apuliens, mit Fresken aus mehreren Jahrhunderten. Rätsel bezüglich Zweck und Geschichte gibt es bis heute die Katakombe Torre Pinta auf (2 km südlich von Otranto), die Nischen wie ein Taubenschlag und einen 33 m langen Zugangstunnel besitzt.

Santa Cesarea Terme

Ab dem Capo d'Otranto ist die Küste, die nun schon am Ionischen Meer liegt, felsig und zerrissen, Steilabbrüche wechseln mit kleinen Badebuchten ab. In manchmal atemberaubender Fahrt auf der SS 173 geht es nach Santa Cesárea Terme (56 m, 3000 Einw.), einem schön über dem Meer gelegenen Badort von leicht verblichenem Charme. In großen, zum Meer hin offenen

Baedeker TIPP) Oliven

Apulien ist *das* Olivenanbaugebiet Italiens; über 40 % der nationalen Produktion kommt von hier, allein im Bereich Andria wird mehr erzeugt als in der ganzen Toskana. Doch auch die Qualität ist erstklassig, und neben Industriebetrieben gibt es eine große Zahl kleiner Erzeuger. Vier Bereiche sind als DOP (denominazione di origine protetta) geschützt: Terra di Bari, Collina di Brindisi, Daunoi und Terra d'Otranto, und in jedem wird eine ganz bestimmte "Cuvee" von Olivensorten verwendet. Interessant ist ein Besuch in einer der ehemaligen Ölmühlen, die in den Felsen gehauen wurden, um das Öl bei warmen Temperaturen pressen zu können: so in Gallipoli (Palazzo Granafei), in Sternatia nordöstlich von Galatina (Comune, ☎ 08 36 66 60 01) und in Fasano südöstlich von Monopoli (Masseria S. Angelo di Graecis, So./Fei. geöffnet).

Felsgrotten entspringen 36 °C warme Schwefelquellen, die bei Hautkrankheiten und Rheumatismus helfen sollen. 4 bzw. 5 km südlich liegen die Tropfsteinhöhlen Grotta Romanelli, eine der bedeutendsten vorgeschichtlichen Siedlungsstätten Italiens, und Grotta Zinzulusa (die "Zottige").

Auch weiterhin bleibt die Küste felsig. Über den Fischer- und Badeort Castro erreicht man das Capo Santa Maria di Léuca an der Südostspitze Italiens, das nach den weißen Kalkfelsen (griech. ákra leuká) benannt ist. Auf dem Kap steht die Kirche S. Maria de Finibus Terrae ("Hl. Maria vom Ende der Erde", 1722) mit einem Altar aus Teilen des Minerva-Tempels, der einst hier lag, und einem als wundertätig verehrten Madonnenbild. Vom Leuchtturm genießt man eine herrliche Aussicht, bei klarem Wetter bis nach Albanien. Westlich des Kaps liegen der kleine Badeort Marina di Leuca und die Punta Ristola. Bootsfahrten führen an der großartigen, von zahlreichen Grotten durchsetzten Felsenküste entlang.

Capo S. Maria di Leuca

Die teils recht schöne, felsige Küste zwischen dem Capo S. Maria di Leuca und Torre del Pizzo besitzt nur wenige kleine Badeorte, jedoch eine ganze Reihe befestigter Masserie und Wachttürme aus dem 15. Jh. (daher die Ortsnamen). Südlich von Gallipoli eine weite Sandbucht, aufgrund ihres Piniengürtels Baia Verde genannt.

Südküste

In Casarano (17 km östlich von Gallipoli), im südlichen Vorort Casaranello, sollte man an der unscheinbaren Kirche S. Maria della Croce nicht vorbeifahren: Ihre frühchristlichen Mosaiken (5. Jh.), die

*Casarano

Apulien · Puglia

Wie eine Seefestung: Gallipolis Altstadt auf einer Felseninsel

Casarano (Fortsetzung)

byzantinischen (11./12. Jh.) und gotischen Fresken (13./14. Jh.) gehören zu den schönsten Kunstwerken Apuliens.

Gallipoli

Gallípoli (12 m, 20 000 Einw.) wurde von den Griechen gegründet, wovon der Name zeugt: "Kalé pólis" heißt "schöne Stadt". Hässliche Neustadt und pittoreske, einladende Altstadt sind voneinander getrennt; Letztere nimmt eine Felseninsel von nur 500 m Durchmesser ein. Vor der Brücke zur Altstadt steht links die so genannte Fontana Hellenistica (oder Greca) von 1560 mit antiken Reliefs. Jenseits empfängt das Kastell (16. Jh.), von dem aus die Hauptstraße Via Antonietta De Pace westlich durch die Stadt führt. Hier prunkt die Kathedrale (1629–1696) in üppigem Lecceser Barock, innen mit schönem Chorgestühl von Georg Auer (1741; vielleicht mit den Südtiroler Tischlern Auer verwandt) und Gemälden neapolitanischer Meister des 17. und 18. Jh.s wie G. A. Coppola, G. D. Catalano sowie N. und D. Malinconico. Weiter unten, gegenüber dem Palazzo Granafei (15. Jh.), das Städtische Museum. Es beherbergt eine bunte Sammlung vom Walskelett über Mineralien bis zum messapischen Sarkophag. Neben dem Palazzo Granafei hat man Zugang zu mehreren unterirdischen Ölmühlen (Frantoio oleario ipogeo).

Galatone

Im Hinterland von Gallipoli wächst guter Wein. Alezio, Copertino, Galatina, Nardò haben ihre eigene D.O.C., und eine Verkostung der interessanten Rot-, Rosé- und Weißweine – aus heimischen Rebsorten – sollte man nicht auslassen. Auch Galátone (13 km nordöstlich von Gallipoli) hat eine Kirche im Lecceser Barock, das Santuario SS. Crocefisso della Pietà (1696–1710); die reich gestaltete Fassade wird vom Inneren noch übertroffen. Benachbart der Palazzo Municipale (16. Jh.) und der Palazzo der Grafen Pignatelli-Belmonte mit seinem mächtigen Turm (16. Jh.).

Galatina (29 000 Einw.), ein lebhaftes Weinstädtchen 13 km östlich von Nardò, besitzt eine außergewöhnliche Sehenswürdigkeit. Die Franziskanerkirche S. Caterina d'Alessandria, erbaut 1384–1391 in apulischer Romanik, ist zu großen Teilen mit hervorragenden Fresken aus emilianischer Schule ausgemalt (um 1420), die Themen aus der Apokalypse, der Genesis, dem Leben Jesu und dem Leben der hl. Katharina von Alexandria behandeln. Auch die Grabmäler des Kirchenstifters, Raimondello Orsini del Balzo, und seines Sohnes (im Chor) beeindrucken.

*Galatina

Neben Lecce ist das verschlafene Nardò (45 m, 31 500 Einw.) die zweite Barockstadt Apuliens. Von der Piazza Diaz im Norden der Altstadt – mit dem Castello Acquaviva (Mitte 15. Jh., nach dem Erdbeben 1743 erneuert), heute Rathaus – gelangt man südlich zur schönen zentralen Piazza Salandra mit der überladenen, 19 m hohen Immacolata-Säule (1769), dem Palazzo della Pretura (1772) und dem Sedile (16. Jh.) mit einer Statue des hl. Gregor. Hinter dem Platz liegt die Kirche S. Domenico, bis 1589 errichtet und nach dem Erdbeben 1743 barockisiert; im Innern ein Gemälde der Rosenkranzmadonna. Südöstlich von hier steht die Kathedrale (13. Jh., ebenfalls barock umgestaltet) mit großartigen Altären (1668) und einem schwarzen Kruzifix aus Katalonien (13. Jh.). Jenseits der Piazza delle Erbe das sog. Osanna, ein offener Barockkiosk von 1603.
Bei S. Maria al Bagno an der Küste wirbt der große Aquapark Splash um Besucher.

Nardò

Bari

Copertino (11 km nördlich von Nardò, 24 000 Einw.) besitzt eine der interessantesten Burgen des Salento: eine Vierflügel-Anlage, erbaut von E. Menga – dem Baumeister des Forts von Valetta auf Malta – für den Grafen Alfonso Castriota Skanderbeg (begonnen 1540); bemerkenswert ist auch das reich verzierte Renaissance-Portal.

Copertino

Porto Cesáreo (4000 Einw.) hat sich vom kleinen Fischerhafen zu einem hübschen Ferienort entwickelt: mit vorgelagerten kleinen Inseln, sehr sauberem Wasser und über 15 km gutem Sandstrand. An der Spitze des Landvorsprungs mit dem alten Kern ragt der massige Torre Cesarea auf (16. Jh.). Ein paar Kilometer nordwestlich liegt ein Asphaltkreis mit 3,8 km Durchmesser in der Landschaft, die 1975 erbaute Versuchsstrecke von FIAT-Iveco; leider ist sie dem Blick durch eine lange Mauer entzogen.

Porto Cesareo

▶ dort

Tarent

Bari

L 13

Region: Apulien · Puglia
Provinz: Bari
Höhe: 4 m ü. d. M.
Einwohnerzahl: 345 000

Bari, die an der Adria gelegene Hauptstadt der Region Apulien und der gleichnamigen Provinz, kann mit einer angenehmen, im besten Sinne bürgerlichen Atmosphäre aufwarten. (Kleines Beispiel: In der Neustadt amtieren Parkwächter, die nicht nur Gebühren erhe-

*"Mailand des Südens"

Dubrovnik, Bar, Patras

Bari

Porto Nuovo

Mare Adriatico

300 m
© Baedeker

Piazzale
C. Colombo

Molo
San Vito

Stazione
Marittima

Piazza
San Pietro

Molo Pizzoli

S. Gregorio

Arco di
San Nicola

S. Nicola

CITTÀ

S. Marco

Stazione
Marittima

Castello
Svevo

VECCHIA

S. Agostino

Molo S. Antonio

Piazza Col.
Trizio

Corso Vitt. Veneto

Cattedrale

Piazza
Mercantile

Porto
Vecchio

Via Napoli

Via G. Murat

Piazza
Federico II
di Svevia

Piazza
Ferrarese

Politeama
Margherita

Via
Napoli

Prefettura

San
Francesco

Via San

Piazza
Garibaldi

Vittorio

Emanuele II

Piazza Eroi
del Mare

Corso Mazzini

Corso

Piccinni

Teatro Piccinni

Via Abate Gimma

Teatro
Petruzzelli

Via Abate Gimma

San Ferdinando

Via Calefati

Largo
Adua

Piazza
Diaz

Via Calefati

Via Putignani

Amedeo

Pinacoteca

Principe

Amedeo

Dante Alighieri

Corso Sonnino

Via Nicolai

Museo
Archeologico
Provincale

Piazza
Umberto I

Via Garruba

Cappucini

Piazza
San Antonio

Via Crisanzio

Piazza
Aldo Moro

Corso Italia

Staz. Ferr.
Calabro-Lucane

Stazione
Centrale Capruzzi

Via
Giuseppe

Taranto

Foggia, Barletta

Foggia, Matera

Brindisi, Taranto

Bari

**Allgemeines
(Fortsetzung)**

ben, sondern auch schauen, wo ein Platz frei ist.) Die größte Stadt
Apuliens – und nach Neapel die zweitgrößte in Süditalien – ist seit
je für den Geschäftssinn und die Tüchtigkeit ihrer Bewohner bekannt, weshalb sie als das "Mailand des Südens" apostrophiert
wird; ihr Hafen ist ein wichtiger Umschlagplatz für den Handel mit
dem östlichen Mittelmeerraum und außerdem bedeutender Fährhafen zwischen Venedig, dem Balkan und dem Nahen Osten. Hinzu
kommen u. a. eine Erdölraffinerie, chemische Industrie und Schiffbau. Die seit 1930 im September stattfindende Levantemesse (Fiera
del Levante) ist nach der Mailänder Messe die wichtigste in Italien.
Berühmt ist Bari durch die großartige Kirche S. Nicola, in der die
sterblichen Reste des hl. Nikolaus aufbewahrt werden – eben jenes
aus Myra (Kleinasien bzw. Türkei) stammenden Heiligen, der am 6.
Dezember bei Kindern für Aufregung sorgt. Die Innenstadt besteht
aus der malerischen Altstadt im Norden mit engen, winkligen Gassen und der südlich anschließenden, im 19. Jh. großzügig angelegten Neustadt mit prächtigen Jugendstil-Palazzi und eleganten Geschäften. Ein wichtiges Element in der Stadt sind die Universität
und ihre Studenten, die für eine lebhafte "Szene" sorgen. Und Fuß-

ballfreunde pilgern zum Stadion am südlichen Stadtrand, das
Renzo Piano zur Weltmeisterschaft 1990 erbaute.

In den Jahren 847 – 871 war Bari ein arabisches Emirat, ab 876 hatte
hier der byzantinische Statthalter (Katapan) für ganz Unteritalien
seinen Sitz. 1071 wurde Bari von Normannenherzog Robert Guiscard eingenommen und war danach als Ausgangspunkt von Kreuz-
zügen wichtig; hier fand 1098 das Konzil statt, das den Bruch zwischen der West- und Ostkirche besiegelte. Unter Friedrich II. erlebte
die Stadt ihren Aufschwung als Handelsstadt, 1464 fiel sie an die
Mailänder Sforza und 1558 an das Königreich Neapel. Das bedeut-

samste Ereignis
war 1087 die An-
kunft der Gebeine
des hl. Nikolaus,
die Seeleute aus
Bari im kleinasiati-
schen Myra raub-
ten; dies machte
die Stadt zu einem
der wichtigsten
Wallfahrtsorte Eu-
ropas mit den ent-
sprechenden poli-
tischen und wirt-
schaftlichen Vor-
teilen. In Bari wird
das mehrtägige,
prächtige Fest des
hl. Nikolaus um
den 8. Mai gefeiert.

> **Baedeker TIPP) Wo geht man hin?**
>
> Die Trattoria Le Due Travi, in der Altstadt von
> Bari, an der Piazza Mercantile, ist ein einfa-
> ches, volkstümliches Lokal, in dem man her-
> vorragend und preiswert isst. Besonders emp-
> fehlenswert sind die "fritture", die frittierten
> Vor- und Hauptspeisen. Eine Bibliothek über
> Apulien und heimische Traditionen – das bie-
> tet das Caffè Batafobrle (Via Putignani 213).
> Wer anschließend noch eine interessante Knei-
> pe sucht – Bari ist die wichtigste Universitäts-
> stadt des festländischen Süditaliens –, der ist
> in der Taverna del Maltese gut aufgehoben
> (Via F. Netti 34/A; ☎ 080 5 74 46 16, wenn
> man sicher gehen möchte, dass nicht gerade
> Ruhetag ist).

**Altstadt · Bari Vecchia

Am besten beginnt man den Rundgang beim leicht zu findenden
mächtigen Kastell in der Nähe des Fährhafens (Parkplätze). Der ursprünglich byzantinisch-normannische Bau wurde 1233 –1240 von
Kaiser Friedrich II. von Grund auf erneuert und erweitert; im 16. Jh.
gestalteten Isabella von Aragon und ihre Tochter Bona Sforza, die
Witwe des polnischen Königs Sigismund, ihn zum Palast um, ab
1832 diente er als Gefängnis und Kaserne. Heute zeigt hier eine sehenswerte Gipsoteca Abgüsse apulischer Plastik, außerdem werden
Ausstellungen veranstaltet.

Wenige Schritte östlich ragt die Kathedrale San Sabino auf, die
nach der Zerstörung des byzantinischen Vorgängerbaus von 1060
durch die Normannen (1156) in den Jahren 1170 –1178 errichtet wurde; der zweite Turm stürzte 1613 ein und wurde nicht wieder aufgebaut. Der ernst wirkende Innenraum ist bis auf die Kapitelle
schmucklos. Die typisch apulischen Emporen im Langhaus sind
hier als Scheinemporen gestaltet; sonst bemerkenswert das Ziborium (1233), die Kanzel und der Bischofssessel. In der Sakristei – der
angebauten "Trulla", ursprünglich ein Baptisterium – befinden
sich Teile einer großen Exsultet-Rolle (Osterlobpreis der katholi-

S. Nicola in Baris Altstadt, ein Schlüsselwerk der apulischen Romanik

S. Sabino
(Fortsetzung)

schen Liturgie; 11. Jh.), in der Krypta im barocken Altar von 1744 die Reliquien des hl. Sabinus und eine prächtige byzantinische Ikone.

**S. Nicola

Durch die schmale Strada del Carmine / delle Crociate gelangt man zur Hauptattraktion der Stadt, der Wallfahrtskirche S. Nicola, dem Ur- und Vorbild der apulischen Romanik. Mit dem Bau wurde im Jahr 1087, nach Ankunft der Reliquien des Heiligen begonnen, die Weihe fand 1197 statt; insgesamt blieben viele Teile, wie die Türme der Westfassade, unvollendet und heterogen. Der Altarraum hinter der dreibogigen Ikonostase wird dominiert vom herrlichen Ziborium (12. Jh.); vor der rechten Apsis mit Fresken von Giovanni da Taranto (1304) steht ein Triptychon des Kreters Andrea Rico (um 1490), vor der linken ein Gemälde des Venezianers Bartolomeo Vivarini (1476). In der Apsis hinter dem Hauptaltar ist das grandiose Grabmal (1593) der Bona Sforza zu bewundern, der Gemahlin König Sigismunds I. von Polen und letzten Herzogin von Bari († 1558), außerdem der kunstvoll gearbeitete Thron des Bareser Bischofs Elias aus weißem Marmor (um 1090); er ist von einem schönen Mosaik umgeben, in dessen Rand in kufischer Schrift das Wort "Allah" wiederholt wird. Im rechten Querschiff der neapolitanische silberne Altar (1684), der einst in der Krypta stand. Die schwere Barockdecke des Mittelschiffs (1662) und die Kanzel (1659) blieben von der Re-Romanisierung 1928 – 1930 verschont. In der 1. Kapelle rechts ist der Kirchenschatz untergebracht. Das Gewölbe der Krypta, in der der Schrein mit den Gebeinen des hl. Nikolaus steht, wird von 28 antiken Säulen getragen. Die kurze Säule rechts des Schreins soll den Gebeinen Nicolas gefolgt sein, beachtenswert die Kapitelle dreier weiterer Säulen mit Löwen, Widder, Pfauen, und Greif.

S. Nicola: Altarziborium und Grabmal der Bona Sforza

Die Via Palazzo di Città führt südöstlich zur atmosphärereichen Piazza Mercantile mit dem Sedile dei Nobili (1543, Loggia 1722) und der Gerechtigkeitssäule, die als Pranger diente.

Piazza Mercantile

*Neustadt

Am lebhaften Corso Vittorio Emanuele II, der die Neustadt von der Altstadt trennt, stehen die Präfektur und gegenüber das Teatro Piccinni. Weiter östlich führt die Via Sparano nach Süden, die Hauptflanierstraße der Neustadt. Hier hat auch der renommierte, in Bari ansässige Verlag Laterza seine Buchhandlung, eine gute Adresse, um sich mit Literatur über Apulien zu versorgen. An der modernen Kirche San Ferdinando vorbei gelangt man zur palmenbestandenen Piazza Umberto I, dem Mittelpunkt der Neustadt. An der Westseite steht der Palazzo Ateneo (1889), in dem seit 1923 die Universität, außerdem die Nationalbibliothek und das sehenswerte Museo Archeologico Nazionale untergebracht sind (derzeit geschlossen).

Corso Vittorio Emanuele II Via Sparano

Museo Archeologico Nazionale

Den Rundgang kann man auf dem weiter östlich nach Norden führenden Prachtboulevard vollenden, der von stattlichen Bauten des 19. Jh.s gesäumt ist. Das Teatro Petruzzelli (1898–1903), eines der bedeutendsten und größten Opernhäuser Italiens, brannte 1991 völlig aus, eine Wiedereröffnung steht in den Sternen. Darauf folgen die Banca d'Italia, die ehemalige Camera di Commercio und das Theater Politeama Margherita. Hier beginnen der Lungomare Imperatore Augusto, der am Alten Hafen (Porto Vecchio) entlang nach Norden führt, und der Lungomare Di Crollalanza.

Corso Cavour

Bari (Fts.) *Pinacoteca Provinciale	Nicht nur an einem Regentag lohnt sich der Besuch der Pinacoteca Provinciale am Lungomare Nazario Sauro (Fortsetzung des Lungomare Di Crollalanza) im Palazzo della Provincia, der von seinem 67,5 m hohen Uhrturm signalisiert wird. Die Gemäldesammlung zeigt ein breites Panorama süditalienischer Malerei vom Mittelalter bis ins 19. Jh. mit einem Schwerpunkt auf den apulischen Meistern.

Basilikata · Basilicata   K – L 14

Region: Basilikata · Basilicata
Provinzen: Potenza, Matera
Fläche: 9992 km²
Einwohnerzahl: 604 000

Allgemeines	Die Region Basilikata, mit antikem Namen – der bis 1947 offiziell verwendet wurde – auch Lucania genannt, liegt zwischen Kampanien, Apulien und Kalabrien. Am Golf von Tarent öffnet sie sich zum Ionischen Meer, am Golf von Policastro zum Tyrrhenischen Meer. Geografisch ist das Gebiet im Wesentlichen dreigeteilt. Im Westen verläuft nordwestlich-südöstlich der Lukanische Apennin (Monte Volturino 1836 m, Monte Sirino 2005 m), der südlich der tief eingesenkten Flusstäler von Agri und Sinni vom Massiv des Monte Pollino abgelöst wird. In nordöstlicher Richtung senkt sich das Gebirge in einem Hügelland zu den Flüssen Basento und Bradano allmählich ab, daran schließt sich die Karstfläche der Murgia von Matera an. Im Osten schließlich münden die Flüsse Bradano, Basento, Cavone, Agri und Sinni an der flachen Küste ins Ionische Meer. Während in den Bergen im Westen bis zu 2000 mm Niederschlag im Jahr fallen, findet man im Materano teils wüstenartige Bedingungen vor. Einige Waldbereiche entgingen der Abholzung im letzten Jahrhundert. Trotz recht fruchtbarer Böden, die den Anbau von Weizen, Mais, Wein, Oliven und Gemüse erlauben, gehört die Basilikata zu den armen Teilen Italiens; noch ca. 20 % der arbeitenden Bevölkerung sind in der Landwirtschaft tätig.
Carlo Levi, "Christus kam nur bis Eboli"	Einer großen Öffentlichkeit wurden die Probleme des ländlichen Mezzogiorno durch Carlo Levi bekannt. Der Arzt, Maler und Schriftsteller war 1935/1936 von den Faschisten nach Aliano verbannt worden. In seinem 1945 erschienenen Roman "Cristo si è fermato a Eboli" ("Christus kam nur bis Eboli") schilderte er die Verhältnisse in Aliano ohne Beschönigung, setzte aber auch den Einwohnern ein liebevolles Denkmal (▶ Baedeker Special S. 116). Levi ist auf dem Friedhof von Aliano bestattet, ein kleines Museum dokumentiert sein Leben und Werk.
Tourismus und Sehenswertes	Mit ihrer Lage zwischen Kampanien, Apulien und Kalabrien ist die kleine Basilikata keine eigenständige Reiseregion. Der Nordteil zwischen Melfi, Potenza und Matera/Metapont wird Bestandteil einer Apulien-Tour, der Süden – also vor allem der Monte Pollino – bildet den Auftakt zu einer Kalabrien-Reise. Für den Strandurlaub bietet sich Maratea an der pittoresken Felsenküste des Golfo di Policastro im Westen an, für die Ostküste gilt dasselbe wie unter ▶ Kalabrien vermerkt. Wichtige historisch-kulturelle Punkte sind die Burgen von Melfi, Lagopesole, San Gervasio und Miglionico, die Städte Ve-

nosa, Potenza und Matera sowie die Reste der griechischen Kolonien Metapontion und Heraclea. Besonders interessant ist jedoch die vielfältige Landschaft: im Norden der Monte Vulture mit den Seen von Monticchio, in der Mitte die Dolomiti Lucane, im Südosten das raue, trockene, der Erosion ausgesetzte Hinterland der Ionischen Küste und im Süden das waldreiche, über 2000 m hohe Massiv des Monte Pollino.

Im Folgenden werden die Reiseziele in der Basilikata von Nordwesten nach Südosten zum Ionischen Meer und von dort nach Südwesten zum Tyrrhenischen Meer beschrieben.

Nicht das Alpenvorland, sondern südliche Basilikata:
Blick von S. Severino auf den Monte Pollino

Reiseziele in der Basilikata

Wahrzeichen der nordwestlichen Basilikata ist der Monte Vulture (1362 m), ein ehemaliger Vulkan, dessen kegelförmiges Profil die fruchtbare Landschaft weithin beherrscht. Mit seinen zwei Gipfeln, die ein großartiges Panorama bieten, dichten Laubwäldern und den beiden Kraterseen von Monticchio ist er ein beliebtes Wander- und Wochenendziel. An seinem Ostfuß liegt das recht heruntergekommene Rionero in Vulture (656 m, 13 500 Einw.), das als Zentrum des Weinbaugebiets bekannt ist; produziert wird der renommierte Rotwein Aglianico del Vulture D.O.C. aus der gleichnamigen Rebsorte. Gut ist auch das Olivenöl der Gegend. Von hier führt eine Straße auf den Monte Vulture, Richtung Monticchio Bagni verläuft die SS 167 um die Laghi di Monticchio (an entsprechenden Tagen ein Chaos von Menschen, Autos, Fastfoodbuden und Souvenirstän-

*Monte Vulture

Rionero
in Vulture

Jenseits von Eboli

Rund neun Monate lang, von 1935 bis 1936, lebte der italienische Schriftsteller und Maler Carlo Levi als politisch Verbannter in Aliano, einem Dorf mitten in der einsamen Bergwelt der Basilikata. Seine Eindrücke von der trostlosen Landschaft und der Armut der Bauern hielt er in seinem Buch "Christus kam nur bis Eboli" fest. Noch heute ist die Region Beispiel für die ewige Kluft zwischen Nord- und Süditalien, zwischen Reich und Arm.

Aliano gibt es nicht – nicht in Carlo Levis berühmtem Buch. Dort heißt der Ort "Gagliano" – mit Rücksicht auf seine Bewohner, hat der Autor später beteuert. Oder wollte er nicht, dass man es findet, dieses Dorf? Aliano liegt immer noch fernab der großen Straßen, und so ruhig ist es hier, dass man abends die Fledermäuse um die Straßenlaternen flattern hört. Aber unerreichbar ist der Ort längst nicht mehr. Bis ins nächste Dorf Sant'Arcangelo sind es 10 km, von dort geht einmal am Tag ein Bus nach Rom und zurück. Wer sich abseits der großen Tourismusströme ins Hinterland der Basilikata verirrt, wird überrascht werden. Denn die Region, die früher Lukanien hieß, und die heute allenfalls für ihren exzellenten Amaro aus Pisticci und den schweren Aglianico-Wein bekannt ist, gehört zu den kargsten Gegenden in Süditalien. Ihrer bizarren und

trostlosen Schönheit konnte sich auch Carlo Levi nicht entziehen, als er 1935 als Gefangener und in Handschellen in Aliano eintraf: *"Wie ein sich schlängelnder Wurm senkte sich der Ort mit seiner einzigen, stark abfallenden Straße auf engem Grat zwischen zwei Schluchten ... auf allen Seiten sah man nichts als weiße Lehmabstürze, an denen die Häuser hingen, als schwebten sie in der Luft; und ringsumher noch mehr weißer, baum- und rasenloser Lehm, vom Wasser durchfurcht mit Löchern, Kegeln und gefährlich aussehenden Hängen wie eine Mondlandschaft."* Carlo Levi liegt auf dem Friedhof von Aliano begraben, in jener Erde, die *"niemand je berührt hat, es sei denn als Eroberer oder als Feind oder als verständnisloser Besucher."*

Abgeschiedene Lage

Wer einigermaßen aufmerksam die steilen

und immer zugigen Gassen von Aliano betritt, wird bald feststellen, dass Christus in der Zwischenzeit bis Aliano gekommen ist und mit ihm – zögernd – auch der Fortschritt in Aliano Einzug gehalten hat. Wie überall sind an den Ortsrändern moderne Mehrfamilienhäuser aus dem Boden geschossen, auf deren Balkonen die Satellitenschüsseln prangen. Es gibt einen Kindergarten, eine Scuola Media und mindestens drei Autowerkstätten. Vorbei auch die Zeiten, als die Malaria in dieser Gegend wütete und die zentrale Via Roma im Nichts endete. Heute steuert sie entschlossen den Schnellstraßen in den umliegenden Tälern entgegen. Und doch kämpft Aliano seit Jahrzehnten ums Überleben. Der Ort spiegelt das anscheinend unüberwindbare Grundproblem Italiens wider, die Kluft zwischen dem reichen Norden und dem armen Süden, zwischen dem unverminderten Drang nach Aufbruch und der neidvollen Depression. Aliano hat heute 1300 Einwohner, von denen 350 arbeitslos sind. In der Umgebung Arbeit zu finden, ist für sie aussichtslos. Der trockene und steinige

Boden lässt eine Bewirtschaftung nicht zu, die abgeschiedene Lage tut das Übrige. Es gibt nicht mehr viele Bauern in Aliano, und die wenigen, die geblieben sind, sehen in der Landwirtschaft allenfalls einen Nebenverdienst. Das Geld wird anderswo verdient. Zu Zeiten Carlo Levis wanderten viele Alianesi in die USA aus. In den vergangenen fünfzig Jahren hat fast jeder Alte im Ausland, zumal in Deutschland, gearbeitet. Diese Tradition setzt sich fort. Diejenigen Jugendlichen, die es sich leisten können, wandern in den Norden ab, zurück bleibt eine hoffnungslos überalterte Gesellschaft. Aliano ist immer noch ein Ort, an den man allenfalls zurückkehrt.

Carlo Levi

In diesem Haus lebte der Schriftsteller und Maler Carlo Levi während seiner neunmonatigen Verbannung 1935/36, hier verfasste er seine Aufzeichnungen, die 1945 unter dem Titel "Christus kam nur bis Eboli" herauskamen und 1978 von Franceso Rosi mit Gian Maria Volonté verfilmt wurden.

Schauplatz der Weltliteratur

Seit ein paar Jahren wird in Aliano, das sich stolz "Das Dorf von 'Christus kam nur bis Eboli'" nennt, an einer Zukunft gearbeitet. Im Tourismusgeschäft ist man freilich noch Neuling. Für die jährlich rund dreitausend Besucher gilt: Wer morgens ankommt, fährt abends wieder weg. In Aliano gibt es kein Hotel, auch keine Pension, und im Obergeschoss der Bar Roma ein einziges Restaurant, das mit ein bisschen Glück mittags geöffnet hat. Nur langsam besinnt sich die Gemeinde darauf, dass man, anders als die umliegenden Orte, mit Carlo Levi ein Pfund in Händen hält, mit dem sich

wuchern lässt. So ist es vor zwei Jahren gelungen, eine Reihe von Kulturprojekten ins Leben zu rufen, deren Finanzierung die Europäische Union übernommen hat: den "Parco letterario Carlo Levi" etwa, für den sich Aliano mit den umliegenden Ortschaften zusammengetan hat. Ziel ist, Aliano als Ort, an dem Weltliteratur entstand, stärker ins Licht der Öffentlichkeit zu rücken. Oder den neu ausgelobten "Literaturpreis Carlo Levi", mit dem Aliano Aufmerksamkeit über die Region hinaus erzielen will. Bis dahin ist es noch ein langer Weg. Zugegeben, Aliano ist nicht schön und, verglichen mit den pittoresken Dörfchen der Toskana, allenfalls Durchschnitt. Das kleine "Museo della civiltà contadina",

das an den harten bäuerlichen Alltag Alianos erinnert und in einer alten Ölmühle untergebracht ist, ist meistens geschlossen (der Schlüssel ist übrigens im Pfarrhaus erhältlich). Und die "Casa Carlo Levi", das Haus, in dem der Schriftsteller während der neunmonatigen Verbannung gewohnt hat, präsentiert sich recht baufällig. Der ehemals weiße Putz hat sich in ein eigenartiges Blaugrau verfärbt, und in einigen Fenstern fehlt das Glas. Die Gemeinde würde hier gerne ein Museum einrichten, aber die dafür vorgesehenen Exponate, die Bilder Levis, befinden sich in Matera (und werden dort auch bleiben). Immerhin: Kopien der Bilder und Zeichnungen sind im Gebäude nebenan zu sehen.

Rionero in Vulture (Fortsetzung)	den); über dem kleinen See leuchtet die Fassade des ehemaligen Kapuzinerklosters San Michele, das ins 12./13. Jh. datiert. Die sehenswerte Kirche ist nur Sonntagmittag zur Messe zugänglich.
Ripacandida	Im benachbarten Ripacandida (8 km östlich von Rionero) wartet die unscheinbare Kirche D. Donato (11. Jh., im 15. Jh. und im 19. Jh. verändert) mit ausgezeichneten Fresken auf, die vermutlich Nicola di Nova Siri um 1508 malte.
Melfi	Das bescheidene Melfi (531 m, 16 400 Einw.), 15 km nördlich von Rionero in Vulture, ist Zentrum des landwirtschaftlich geprägten Gebiets. Überragt wird es vom mächtigen, von den Normannen errichteten und unter Friedrich II. sowie den Anjou erweiterten Kastell (12./13. Jh.). In Melfi fand 1089 das Konzil statt, auf dem Papst Urban II. den ersten Kreuzzug ausrief, und 1231 verkündete Friedrich II. hier die Constitutiones Augustales, das erste Gesetzeswerk seit Justinian. Im Kastell ist das Museo Nazionale Archeologico untergebracht; im Torre del Orologio ist der prachtvolle Sarkophag einer römischen Adligen (165–170 n. Chr.) zu sehen, der in Kleinasien angefertigt und im benachbarten Albero bei Rapolla gefunden wurde. Betritt man die gänzlich ummauerte Stadt im Süden durch die Porta Venosina (13./15. Jh.), führt der Corso Garibaldi – vorbei an der Jugendstil-Apotheke Carlucci – hinauf zur Kathedrale; von der normannischen Gründung steht noch der Kampanile (1153), die Kirche entstand nach dem Erdbeben 1694 neu; bemerkenswert ist die Kassettendecke. Nebenan der ehemalige Erzbischöfliche Palast (12./18. Jh.) mit Pinakothek.
*Venosa	Venosa, ein hübsches Städtchen 26 km östlich von Melfi (415 m, 12 400 Einw.), ist für seine bedeutenden römischen Funde bekannt. Die alte Samniterstadt wurde 291 v. Chr. römisch (Venusia) und durch die Lage an der Via Appia rasch wohlhabend; 65 v. Chr. wurde hier der Dichter Horaz geboren. Herz des Orts ist die Piazza Umberto I mit dem Kastell, errichtet 1460–1470 durch Herzog Pirro del Balzo (Museo Archeologico). Von hier geht man durch die Via Vittorio Emanuele, die 1470–1512 unter Verwendung antiker Teile erbaut wurde. Weiter östlich und etwas außerhalb der Stadt wurden Thermen, Wohnhäuser mit Mosaiken und das Amphitheater aus der römischen Kaiserzeit sowie ein frühchristliches Baptisterium freigelegt. Daran schließt die Abbazia della Trinità an, die 1046 über einer frühchristlichen Basilika (schöne Mosaiken) von Normannenherzog Robert Guiscard († 1085) als Grablege errichtet wurde; bemerkenswert sind die Fresken (11. Jh.), das Grab von Alberada, der Gattin Roberts, und die Tomba der Hauteville (16. Jh.). Unvollendet blieb ein großer Erweiterungsbau (Anfang 12. Jh.), für den reichlich Material aus dem nahen Amphitheater verwendet wurde.

Baedeker TIPP) Taverna dei Briganti

Das Kastell von Lagopesole ist am frühen Nachmittag geschlossen – dann macht man Pause in dieser guten Taverne, die ihren Namen nicht zufällig trägt. Der Wirt, Donato Pace, ist auch Korrespondent der Gazzetta del Mezzogiorno und widmet sich der Rehabilitierung der "Briganten", je nach Perspektive Banditen oder Freiheitshelden, die im 19. Jh. auf ihre Weise gegen die Ausbeutung durch Politiker und Grundbesitzer kämpften.

2 km weiter Richtung Bahnhof liegen jüdische Katakomben (4./5. Jh.) mit hebräischen, lateinischen und griechischen Inschriften.

Ca. 20 km südlich von Rionero in Vulture thront in strategischer Position das mächtige Kastell von Lagopésole über dem Tal, das die Normannen im 12. Jh. (kleiner Hof) und Friedrich II. ab 1242 (großer Hof) errichteten. In Ersterem befindet sich ein staufischer Wohnturm, über dessen Portal zwei Köpfe zu sehen sind – als Friedrich Barbarossa und seine Frau Beatrix gedeutet.

Castello di Lagopesole

*Acerenza

Etwa 40 Straßenkilometer östlich von Lagopesole liegt auf über 800 m Höhe das mittelalterliche Bergstädtchen Acerenza (3000 Einw.), dessen Kathedrale aus dem 11. Jh. zu den hervorragendsten Bauwerken der Region zählt; ihre Architektur verweist auf das burgundische Cluny und die apulische Romanik. Neben der schlichten Fassade der Glockenturm (16. Jh.), in dem Teile antiker Sarkophage verbaut wurden. Im schmucklosen Inneren sind bemerkenswert die Bilder von Antonio Stabile in den Querschiffen (links "Kreuzabnahme", rechts "Rosenkranzmadonna", 1583). Ein Umgangschor mit antiken Bauteilen und der schönen Barockkapelle San Michele (1698) umgibt den erhöhten Altarraum. Unter ihm liegt die aufwändig ausgemalte und mit Steinmetzarbeiten reich verzierte Cappella Ferrillo (1524) mit dem Sarkophag der adeligen Familie.

Ferillo-Kapelle im Dom von Acerenza

Potenza (819 m, 65 800 Einw.), Universitäts- sowie Hauptstadt der Region Basilikata und ihrer westlichen Provinz, liegt über dem Basento auf einem Bergrücken. Mit der "Sfilata dei Turchi", einem historischen Spektakel mit Reitern etc. am 29. Juni, wird der wundertätige Stadtpatron S. Gerardo geehrt, dessen Gebeine im Dom ruhen. Die Stadt wurde 1857 durch ein Erdbeben schwer beschädigt, ebenso im Zweiten Weltkrieg und durch das Erdbeben 1980. Lebhafte Hauptachse der Altstadt mit Geschäften und Cafés ist die Via Pretoria. Wenige Schritte nördlich ihres Westabschnitts ist die romanische Kirche S. Michele (11. Jh.) sehenswert, an der Piazza Pagano das Teatro Stabile (1856–1881) und die Kirche S. Francesco d'Assisi (1274; schönes Portal im Durazzo-Stil mit Türflügeln von 1499). Vom Ostteil der Via Pretoria gelangt man zum Dom (1197, Fassade Ende 19. Jh.) mit schönen Renaissanceportalen; Reste des alten Baus sind v. a. in den Apsiden vorhanden. Nördlich außerhalb, in der Via Lazio, Richtung Rionero, zeigt das Museo Archeologico Provinciale u. a. Funde aus dem antiken Lukanien und Teile des Apollon-Lykeios-Tempels von Metapont.

Potenza

Südöstlich von Potenza ragen die pittoresken Felsnadeln der Dolomiti Lucane auf. Von der SS 407 Basentana sind in steilen Serpentinen auf 11 km Länge die sich an die Felsen klammernden Orte Pietrapertosa und Castelmezzano zu erreichen, Ersteres ist der höchstgelegene Ort der Basilikata (1088 m). Die Dolomiti Lucane sind Teil

*Dolomiti Lucane

Dolomiti Lucane (Fortsetzung) **Accettura**	des Naturparks Gallipoli-Cognato mit seinen 4000 ha ursprünglichen Laubwalds. Jenseits des Bergkamms liegt an der SS 277 Accettura, wo die "Baumhochzeit" gefeiert wird, ein großes Frühlingsfest mit heidnischer Symbolik, das zu den faszinierendsten in Europa zählt. An Himmelfahrt werden in der Umgebung eine Zerreiche und ein Ilex geschlagen, mit Ochsen nach Accettura transportiert und dort am Pfingstmontag auf dem Largo S. Vito nebeneinander aufgestellt. All dies wird begleitet von Liedern, Tanz, Prozessionen sowie natürlich Wein und Imbissen.
**Matera	▶ dort
Miglionico	Ein Abstecher von der SS 7 hinauf nach Miglionico (24 km südlich von Matera; 454 m, 4700 Einw.) lohnt schon wegen der herrlichen Aussicht. Seine mächtige Burg, die wegen der Verschwörung der Barone gegen Ferdinand den Katholischen 1485 den Namen Castello di Malconsiglio trägt, geht auf die Normannen zurück, ihre heutige Form erhielt sie Anfang des 16. Jh.s durch die Sanseverino. In der Kirche S. Maria Maggiore (15. Jh., mehrmals umgestaltet) ist das Polyptychon von Cima da Conegliano (1499) zu beachten.
Metaponto	An der Küste des Golfs von Tarent lag Metapontion, eine der bedeutendsten Städte Großgriechenlands. Ende des 7. Jh.s v. Chr. von achäischen Siedlern gegründet, wurde sie durch die Fruchtbarkeit des Landes rasch zum Haupthandelsort der Ionischen Küste; sie war neben Kroton (▶ Kalabrien) Sitz der Pythagoreer, Pythagoras siedelte in hohem Alter hierher um und starb etwa 497/496 v. Chr. mit 90 Jahren. Die reichen Grabungsfunde werden im modernen Ort Metaponto im 1997 eröffneten Museo Nazionale präsentiert. Der Parco Archeologico (Grabungsgelände) liegt nordöstlich. Sein Zentrum bilden vier große Tempelanlagen, die vermutlich durch steigendes Grundwasser im 3. Jh. v. Chr. einstürzten; östlich davon befinden sich die Agora und das Theater. Weiter nördlich, an der meerabgewandten Seite der SS 106, sind die so genannten Tavole Palatine zu sehen, 15 von ehemals 36 Säulen eines dorischen Tempels (6. Jh. v. Chr.) der Hera. Die Hotelsiedlung Lido di Metaponto am breiten Sandstrand lässt – wie alle Strände bis Marina di Nova Siri – jeden Charme vermissen; nichtsdestoweniger sind sie im Sommer sehr frequentiert.
Policoro **Heraclea/Siris**	Policoro entstand auf der 433 v. Chr. gegründeten griechischen Kolonie Heraclea, die wiederum über der im 6. Jh. zerstörten ersten Ansiedlung Siris liegt. Nahe dem Castello (18. Jh.) und dem Grabungsgelände zeigt das Museo Nazionale della Siritide vorzügliches Kunsthandwerk wie Keramik, Schmuck und Waffen. Südlich von Policoro ist an der Sinni-Mündung ein 500 ha großer Rest des Küstenlaubwalds erhalten geblieben, ein angesichts des trockenheißen Klimas ungewöhnliches Biotop (Riserva Naturale Bosco Pantano di Policoro).
S. Maria **d'Anglona**	Nicht versäumen sollte man den Abstecher von Policoro zur romanischen Kirche S. Maria d'Anglona, die ca. 14 km westlich auf dem Bergrücken liegt. Sie wurde vermutlich um 1080 erbaut und Anfang des 13. Jh. erweitert; im 13. Jh. entstand auch die romanische Chorfront mit orientalisch-islamischen Schmuckelementen. Bemer-

Sommer am Lido di Metaponto

kenswert sind innen die Fresken aus dem 12.–15. Jh. und die herrliche Aussicht auf die Umgebung mit ihren dramatischen Erosionshängen. Empfehlenswert ist die Weiterfahrt über Tursi (Kirche S. Maria Maggiore di Rabatana, 11. Jh.) nach Valsinni.

S. Maria
d'Anglona
(Fortsetzung)

Die gesamte Südgrenze der Basilikata zwischen Tyrrhenischem und Ionischem Meer wird vom Kalkmassiv des Monte Pollino eingenommen, der bis auf 2248 m Höhe ansteigt. Neben Karstphänomenen wie schroffe Felsen, Höhlen und Dolinen kennzeichnen es große Wälder – im Wesentlichen Buchen, dazu kommen Weißtannen, Ahorn, Schwarzkiefer u. a. – und weite, grasbewachsene Hochflächen, in denen da und dort "timpe" aufragen, vulkanische Felskegel. Der sich in der Basilikata und in Kalabrien erstreckende, ca. 1965 km² große Pollino-Nationalpark wurde 1998 eingerichtet. Wahrzeichen des Gebirges ist die Panzerkiefer (*Pinus leucodermis*), benannt nach ihrer an einen römischen Brustpanzer erinnernden Rinde, die wahrhaft majestätische Exemplare ausbildet; es gibt sie sonst nur noch in Albanien, Dalmatien und Griechenland.

*Monte Pollino
Abb. S. 115

Eine schöne Rundfahrt (ca. 120 km) durch die unterschiedlichen Landschaften beginnt im Sinni-Tal in Francavilla in Sinni oder Episcopia. In San Severino Lucano nimmt man, mit Blick auf die höchsten Gipfel des Pollino, die Straße nach Mezzana im Frido-Tal. Hinter Voscari geht es dann links über die herrliche Hochfläche zur Timpa del Demonio und zum Colle d'Impiso. Durch Buchenwälder fährt man am Rifugio Gasperi vorbei zum Colle del Dragone (1606 m), dann am Südhang entlang nach Westen und Norden nach Rotonda, einem hübschen Ort (580 m, 4000 Einw.) mit dem Büro des Nationalparks (Palazzo Amato, Via Mordini 20; Informationen und

*Rundfahrt

Basilikata
(Fortsetzung)

Wanderkarten). Wenn man nicht – über Mormanno und durch die Lao-Schlucht – zur Ostküste ▶ Kalabriens weiterfahren will, kehrt man über Viggianello zurück nach San Severino und Francavilla.

*Maratea

Die Basilikata hat am Tyrrhenischen Meer 30 km herrlicher Felsenküste mit klarem, türkisblauem Wasser und vielen kleinen Badebuchten vorzuweisen. Sie gehört zur Gemeinde von Maratea, dessen schöner mittelalterlicher Kern 300 m hoch liegt; in den Ortsteilen sorgen eine Reihe guter Hotels und Restaurants aller Klassen für die Gäste.

Vom Monte S. Biagio (624 m) mit seiner Wallfahrtskirche aus dem 13./18. Jh. und der 21 m hohen Erlöser-Statue hat man einen fantastischen Blick auf die Küste.

> **Baedeker TIPP** **Grumentum**
>
> Ein lohnender Ausflug von Maratea aus führt zum Lago di Pietra di Pertusillo. Unterhalb von Grumento Nova liegt das Grabungsgelände von Grumentum, das ab 133 v. Chr. römische Kolonie war und 973 n. Chr. von den Sarazenen zerstört wurde. Zum Ausklang sollte man auf dem Rückweg die Azienda Valsirino in Aniella ansteuern (7 km von Lagonegro), die eine hervorragende ländliche Küche mit eigenen Produkten bietet (kein Ruhetag).

Benevent · Benevento — J 13

Region: Kampanien · Campania
Provinz: Benevento
Höhe: 135 m ü. d. M.
Einwohnerzahl: 63 000

Allgemeines

Die 50 km östlich von Caserta gelegene Provinzhauptstadt Benevento war in der Antike die Haupstadt der Samniter. Erst nach dem Sieg über Pyrrhus (275 v. Chr.) wurde sie römisch. Aufgrund ihrer Lage an der Via Appia, die die Kapitale Rom über Capua, Benevent und Tarent mit dem Seehafen Brundisium (Brindisi) verband, blühte sie auf, damals änderte sie auch ihren bisherigen Name Maleventum in Beneventum. Im frühen Mittelalter war sie Sitz mächtiger langobardischer Herzöge, anschließend gehörte die Stadt bis 1860 zum Kirchenstaat. Trotz starker Zerstörungen, zuletzt 1943, haben sich im Zentrum einige sehenswerte Baudenkmäler erhalten.

Sehenswertes in Benevent

Piazza Duomo

Am Corso Garibaldi, mitten im Stadtzentrum, steht der im 11. Jh. erbaute, 1943 völlig zerstörte und in den 1950er-Jahren neu aufgebaute Dom. Die wenigen erhalten gebliebenen Reste sind im Diözesanmuseum (in der ehemaligen Krypta) ausgestellt.

Teatro Romano

Südwestlich der Kathedrale kommt man zu den Ruinen eines römischen Theaters aus dem 2. Jh. n. Chr., das einst 20 000 Zuschauer fassen konnte. Heute finden hier Opernaufführungen statt. Etwa

500 m weiter südwestlich verläuft der Ponte Leproso über den Fluss Sabato, im Kern die alte Römerbrücke der Via Appia.

Benevent (Fortsetzung)

Von der Kathedrale gelangt man über den Corso Garibaldi zur Piazza Roma und von hier über die Via Traiano zum gut erhaltenen Arco di Traiano. Der aus griechischem Marmor erbaute, 15,5 m hohe Bogen wurde 114 n. Chr. zu Ehren Trajans errichtet, unter dem die Stadt eine Blütezeit erlebte.

*Arco di Traiano

Am Corso Garibaldi folgt weiter östlich die Piazza Matteotti. Hier steht die frühchristliche Kirche Santa Sofia, ein Rundbau aus langobardischer Zeit. Die Fresken im Innern stammen aus dem 9. Jahrhundert. Über den arabisch-normannischen Kreuzgang aus dem 12. Jh. gelangt man zum Museo del Sannio. Die im schönen Benediktinerkloster Santa Sofia untergebrachte archäologische Sammlung vermittelt einen Überblick über die samnitische Kultur.
Noch weiter östlich steht an der Piazza IV Novembre das Kastell Rocca dei Rettori (14. Jh.), das lange Zeit als Gefängnis diente. Heute beherbergt das Gebäude einen Teil der stadtgeschichtlichen Sammlungen.

Santa Sofia

Brindisi   M 14

Region: Apulien · Puglia
Provinz: Brindisi
Höhe: 13 m ü. d. M.
Einwohnerzahl: 95 300

Schon vor der römischen Zeit, als es Brundisium hieß, war das an der Adria gelegene Brindisi eine bedeutende Hafenstadt im Verkehr mit dem östlichen Mittelmeer. Im Jahr 190 v. Chr. vollendeten die Römer die von der Hauptstadt kommende Via Appia mit zwei 19 m hohen Marmorsäulen, die auf den Ausfahrtskanal des Hafens blickten; eine wurde beim Erdbeben 1528 fast ganz zerstört und in ▶ Lecce wieder aufgebaut. Heute ist der Hauptort der gleichnamigen Provinz eine lebhafte Industriestadt (östlich liegt eine große Erdölraffinerie), die von den meisten Touristen nur im Transit nach bzw. von Griechenland besucht, aber nicht weiter wahrgenommen wird – nicht ganz zu Recht, denn die Altstadt, die allmählich aus den Zeiten des Verfalls aufzutauchen scheint, ist durchaus einen näheren Blick wert.

Alte Hafenstadt an der Adria

Baedeker TIPP) Alte Zeiten

Seine große Zeit hatte das Grande Albergo Internazionale nach Eröffnung des Suezkanals 1869, als Brindisi zur wichtigen Etappe im Ostasienhandel wurde. Die Modernisierung hat die etwas plüschige Atmosphäre nicht angetastet; das Ambiente und die privilegierte Lage am Hafen äußern sich in gehobenen Preisen (▶ S. 404).

Sehenswertes in Brindisi

Der natürliche Hafen hat mit seiner merkwürdigen Form der Stadt ihren Namen gegeben: Das messapische Wort "brunda" bedeutet "Hirschkopf". Am westlichen Seno di Ponente (600 m lang) liegen große Werften, am östlichen Seno di Levante (450 m lang) der Fähr-

Hafen

Brindisi

250 m

© Baedeker

Bari
Bari

Tarent   Tarent   Lecce

Hafen (Fortsetzung)	hafen; der Canale Pigonati führt hinaus zum Außenhafen, dem die Insel S. Andrea (Fort, 15. Jh.) vorgelagert ist. Von der sich zum Seno di Levante öffnenden Piazza Vittorio Emanuele – neben dem Hafenbahnhof (Stazione Marittima) – gelangt man nordwestlich zum Standort der Colonna Romana (sie wird seit Jahren restauriert); am Haus 46/48 ist eine Gedenktafel für den Dichter Vergil angebracht, der 19 v. Chr. in Brindisi starb. Jenseits des Seno di Ponente ragt das Mahnmal für die Gefallenen der italienischen Marine (1933) auf, ein 53 m hoher Turm in Form eines Schiffsruders. Man kann mit dem Bootstaxi hinüberfahren, sich per Lift nach oben bringen lassen und einen guten Überblick über die Stadt gewinnen.
Domplatz	Wenige Schritte südwestlich der Colonna Romana liegt der Domplatz, sicher das schönste Ensemble der Stadt. Der Dom, ursprünglich von 1132, wurde nach dem Erdbeben des Jahres 1743 barock neu aufgebaut; hinter dem Altar ist ein Bodenmosaik von 1178 mit Bildern aus der Rolandsage erhalten. Das Museo Archeologico Provinciale neben dem Dom zeigt v. a. messapische und römische Gegenstände sowie mittelalterliche Skulpturen. Westlich gegenüber liegt die zweibogige Loggia der Kreuzfahrer (13./14. Jh.), links davon ist die Loggia Balsamo (14. Jh.) zu sehen, eine Art Tribüne über vorkragenden, mir romanischen Skulpturen geschmückten Konsolen.
Weitere Sehenswürdigkeiten	Durch die Via Tarantini und dann links in die Via S. Giovanni erreicht man die Templerrundkirche S. Giovanni al Sepolcro (12. Jh.) mit beachtenswertem Nordportal. Weiter westlich an der Via S. Benedetto steht die gleichnamige Kirche (um 1100) mit schönem Reliefschmuck am byzantinischen Seitenportal; an sie schließt der

romantische Kreuzgang des ehem. Klosters aus normannischer Zeit an, der als der älteste und schönste der Region gilt. Die Nordwestecke der Altstadt wird vom Kastell am Seno di Ponente markiert, das von Friedrich II. ab 1227 angelegt und 1481 sowie 1530 ausgebaut wurde (nicht zugänglich). In der südlichen Altstadt, südlich der Piazza del Popolo, sind in der Krypta der Kirche S. Lucia die byzantinisierenden Fresken des 12.–14. Jh.s sehenswert. Die Fontana Tancredi an der Ausfallstraße nach Bari wurde 1192 errichtet, angeblich als Wasserstelle für die Pferde der Kreuzfahrer.

Brindisi
(Fortsetzung)

Kunstfreunde sollten einen Ausflug in Richtung Flughafen machen (3 km nordwestlich). In seiner Nähe steht einsam die ehemalige Klosterkirche Santa Maria del Casale (Ende 13. Jh./Anfang 14. Jh.), ein lombardisch-gotischer Bau, der an den ungewöhnlichen geometrischen Mustern aus verschiedenfarbigem Stein zu erkennen ist. Sie wurde von Philipp von Anjou, dem Fürsten von Tarent, und seiner Frau Katharina von Konstantinopel aus Anlass der Geburt eines Sohnes gestiftet. Der einschiffige Raum ist mit bemerkenswerten Fresken nach byzantinischer Art geschmückt (14. Jh.); leider ist er meist nur am Sonntagvormittag zur Messe zugänglich (im Sommer um 9 Uhr, sonst um 10 Uhr).

*S. Maria
del Casale

Capri · Isola di Capri — J 14

Region: Kampanien · Campania
Provinz: Napoli
Fläche: 10,5 km²
Höhe: Meereshöhe bis 589 m ü. d. M.
Einwohnerzahl: 13 000

Rot glühende Sonnenuntergänge, Fischer, die nachts auf kleinen Booten aufs Meer hinausfahren, blühende Zitronenbäume und eine steile, von türkisfarbenem Meerwasser umspülte Felsküste – diese und andere Bilder verbinden sich mit dem Namen der berühmten Mittelmeerinsel. Sie liegt in der Verlängerung der Halbinsel von Sorrent am Südeingang des Golfs von Neapel und hat über 2000 Jahre Badetourismus hinter sich. Schon im Altertum war Caprae, die "Ziegeninsel", ein beliebter Aufenthaltsort der Kaiser Augustus und Tiberius, Letzterer regierte von hier aus sein Riesenreich bis zu seinem Tod. Im 19. Jh. kamen die Engländer, dann zahlreiche Maler und Schriftsteller und nach dem Krieg die Deutschen, angelockt von Rudi Schurickes unwiderstehlichem "Capri-Fischer-Lied" (komponiert 1943 von Gerhard Winkler).

Detaillierte Darstellung im Baedeker Allianz Reiseführer "Ischia, Capri, Procida"

Capris Schönheit ist Legende. Die 6 km lange und maximal 2,5 km breite Insel steigt mit ihren schroffen Kalksteinwänden bis zu 589 m hoch aus dem Meer auf. Charakteristisch für das Küstenbild sind die bizarren Felsbildungen, die rauen Klippen und vor allem die zahlreichen Höhlen und Grotten, zu denen auch die Grotta Azzurra, die Blaue Grotte, gehört. Oben auf dem Plateau der Insel ist Capri grün und lieblich, Orangen- und Zitronenhaine, Obstgärten und eine artenreiche Mittelmeervegetation prägen das Landschaftsbild. Zwei Gemeinden, Capri und Anacapri, teilen sich die 10,5 km² der Insel. Das Städtchen Capri ist der touristische Mittelpunkt der

*Landschaftsbild

Im Hafen Marina Grande legen die Fährschiffe auf Capri an.

Allgemeines
(Fortsetzung)

Insel mit den meisten Hotels, Restaurants und Einkaufsmöglichkeiten, Anacapri dagegen hat noch den Charakter eines Dorfes.

Anreise

Mehrmals täglich fahren Fähren und Tragflügelboote vom italienischen Festland nach Capri, u. a. von Neapel, Sorrent, Positano und Amalfi. Auch zur benachbarten Insel ▶ Ischia gibt es eine Schiffsverbindung.

*Inselrundfahrt
Karte S. 128

Empfehlenswert ist eine Rundfahrt um die Insel (1 1/2 bis 2 Std. mit Motorboot), bei der man auch die Küstenhöhlen besuchen kann. Abgesehen von der Blauen Grotte, zu der es spezielle Bootsfahrten gibt, gelten die Grotta Bianca und die Grotta Meravigliosa (an der Ostküste unweit des Arco Naturale), die Grotta Verde am Fuß des Monte Solaro und die Grotta Rossa als die schönsten.

Stadt Capri und Umgebung

Marina Grande

Die Linienschiffe legen am Hafen Marina Grande an der Nordküste der Insel an. Von hier gelangt man am schnellsten mit der Standseilbahn (5 Min.) oder mit dem Taxi bzw. dem Kleinbus auf der aussichtsreichen Serpentinenstraße hinauf nach Capri, dem Hauptort der Insel.

*Piazza
Umberto I

Nur wenige Meter von der Endstation der Standseilbahn entfernt liegt die Piazza Umberto I. Der intime Platz, von den Einheimischen Piazzetta (Kleiner Platz) genannt, ist *der* Treffpunkt von Capri, der sich im Sommer in ein großes Straßencafé verwandelt. Ein paar Stufen führen von der Piazzetta hinauf zur kuppelbekrönten Pfarrkirche Santo Stefano (1685–1725). Eine winzige Gasse trennt sie vom Palazzo Cerio rechts daneben, der in seinen ältesten Bauteilen auf das 14. Jh. zurückgeht. In den von der Piazzetta ausgehenden Straßen und Gassen, insbesondere in der Via V. Emanuele, der Via Camerelle, der Via Le Botteghe und der Via Tragara gibt es zahlreiche Restaurants, Souvenirläden, Delikatessengeschäfte und exquisite Modeboutiquen.

S. Stefano

Verlässt man die Piazza Umberto I durch die Via V. Emanuele und folgt dann der Via F. Serena und der Via Matteotti, so kommt man zu den Giardini di Augusto, einer hübschen Parkanlage mit herrlichem Meerblick. Unterhalb des Parks schlängelt sich die Via Krupp in zahlreichen Serpentinen den steilen Felsabhang hinab. Der deutsche Industrielle Alfred Krupp ermöglichte seiner Wahlheimat 1902 den Bau dieser Straße, die das Städtchen Capri mit dem kleinen Hafen Marina Piccola verbindet.

Giardini di Augusto, Via Krupp

Südöstlich der Altstadt, oberhalb der steilen Südküste, liegt das 1371 gegründete ehemalige Kartäuserkloster Certosa di San Giacomo. Im dortigen Museo Diefenbach werden u. a. Gemälde des deutschen Malers Karl Wilhelm Diefenbach gezeigt, der von 1900 bis zu seinem Tod 1913 auf Capri lebte. Sehenswert sind auch die Klosterkirche mit ihrem gotischen Portal und die beiden Kreuzgänge (Zugang zum Belvedere).

Certosa di San Giacomo

Vom noblen Traditionshotel Quisisana in der Via Camerelle erreicht man in etwa 15 Minuten den Belvedere di Tragara. Von hier aus genießt man einen unvergleichlichen Blick auf die zerklüftete Südküste Capris und die drei markanten Felsklippen, bekannt als "I Faraglioni", die wenige Meter vor der Küste aus dem Wasser ragen.

*Belvedere di Tragara, *I Faraglioni

Ein Fußweg in halber Höhe über dem Meer führt vom Belvedere di Tragara zum berühmten Felsentor Arco Naturale an der Ostküste der Insel. Man erreicht den Arco Naturale auch direkt von der Altstadt aus in etwa 20 Min. über die Via Matermània.
Vom Arco Naturale gelangt man über eine steile Treppe hinab zur Grotta Matermània, einer der größten zugänglichen Küstenhöhlen von Capri. Römisches Mauerwerk und in den Fels geschlagene Nischen weisen darauf hin, dass es sich um ein Quell- oder Wasserheiligtum handelte. Über eine schmale Treppe gelangt man von der Grotte hinunter zur Punta di Massullo. Auf dem Felssporn steht die rot getünchte Villa des exzentrischen Dichters Curzio Malaparte, die heute als Tagungsstätte genutzt wird. Wegen ihrer eigenwilligen Form erhielt sie den Spitznamen "Bügeleisen".

*Arco Naturale, Grotta Matermània

Unbedingt zu empfehlen ist ein Ausflug an die Nordostspitze der Insel zum Ausgrabungsgelände der Villa von Kaiser Tiberius, nach dem römischen Gott Jupiter Villa Jovis benannt (geöffnet tägl. 9⁰⁰ Uhr bis 1 Std. vor Sonnenuntergang). Der über gewaltigen Substruktionen um einen rechteckigen Innenhof angelegte Palastkomplex ist auch als Ruine noch sehr beeindruckend. Zu der kaiserlichen Villa, die sich Tiberius in beherrschender Lage oberhalb der Steilküste erbauen ließ, gehörten neben den Repräsentations- und Wohnräumen auch große Zisternen, Thermen und ein auf Terras-

*Villa Jovis

Villa Jovis
(Fortsetzung)

sen angelegter Park. Beim Eingang zum Palastbereich wird auf den "Salto di Tiberio" hingewiesen, einen steil zum Meer abfallenden Felsen, von dem angeblich unter Tiberius die zum Tode Verurteilten in die Tiefe gestoßen wurden. In der Nähe erkennt man die Reste eines antiken Leuchtturms.

Nach Anacapri

Scala Fenicia

Im Westteil der Insel, auf einer Hochebene oberhalb von Capri, liegt Anacapri. Der Ort ist erst seit 1874 mit Capri durch eine Straße verbunden. In früheren Zeiten war Anacapri nur über einen steilen Fußweg bzw. über eine von Marina Grande heraufkommende antike Treppe, die so genannte Scala Fenicia (über 500 Stufen) zu erreichen. Von Anacapri aus lassen sich einige schöne Aussichtspunkte auf der Insel leicht zu Fuß erreichen.

Capodimonte

Die Scala Fenicia endet im Ortsteil Capodimonte, 10 Gehminuten östlich vom Zentrum Anacapris. Ganz in der Nähe befindet sich die Cappella di Sant' Antonio und das an einen Felsabhang gebaute, 1535 von dem türkischen Piraten Chaireddin Barbarossa zerstörte Castello di Barbarossa.

*Villa
San Michele

Am Hang des Capodimonte liegt weithin sichtbar die Hauptsehenswürdigkeit von Anacapri, die weiß getünchte Villa, die sich 1896 bis 1910 der schwedische Arzt und Schriftsteller Axel Munthe (1857 bis 1949) als Wohnhaus erbauen ließ. Die Haupträume der Villa S. Michele mit zahlreichen Sammlungsstücken und persönlichen Gegenständen des einstigen Besitzers kann man besichtigen (geöffnet ab 9^{30}, Schließung je nach Jahreszeit zwischen 15^{3ß} und 18^{00} Uhr). Ein Teil des Anwesens wird vom schwedischen Staat als Gästehaus genutzt.

*Anacapri

Anacapri ist bedeutend ruhiger als Capri und wird deshalb von Touristen, die länger auf der Insel bleiben, gerne als Domizil gewählt. Besichtigen sollte man die barocke Pfarrkirche Santa Sofia, vor allem aber die Kirche San Michele Arcangelo (1719 geweiht) wegen des farbenprächtigen Majolikafußbodens aus dem Jahr 1761, auf dem die Vertreibung Adams und Evas aus dem Paradies dargestellt ist.

Anacapri (Fortsetzung)

Südwestlich vom Ort, etwa 30 Gehminuten entfernt, erreicht man den Aussichtspunkt Belvedere di Migliara an der Südküste von Capri. Nahebei steht die Torre della Guardia aus dem 16. Jahrhundert.

Belvedere di Migliara

Von Anacapri kann man mit dem Sessellift zum Gipfel des 589 m hohen Monte Solaro hochfahren (Talstation an der Piazza Vittoria), zu Fuß dauert der Aufstieg etwa eine Stunde. An klaren Tagen bietet sich vom höchsten Berg der Insel eine großartige Aussicht bis hinüber zu den Abruzzen.

Monte Solaro

Ein herrlicher, etwa einstündiger Spaziergang führt von Anacapri zur äußersten Nordwestspitze der Insel, wo die Ruinen eines weiteren Palastes aus der römischen Kaiserzeit erhalten blieben, die Villa Damecuta. Von hier aus kann man zur Blauen Grotte absteigen.

Villa Damecuta

Die bekannteste Sehenswürdigkeit auf Capri ist die Blaue Grotte, eine etwa 54 m lange, 15 m breite und maximal 30 m hohe Karsthöhle an der Nordwestküste der Insel, die 1826 von einem capresischen Fischer und dem schlesischen Schriftsteller August Kopisch entdeckt wurde. Die Motorboote, die die Besucher zur Blauen Grotte bringen, starten in Marina Grande (Dauer ca. 1 1/2 Std.) und Marina Piccola. Vor der Höhle muss man in kleine Ruderboote umsteigen. Die Besichtigung ist allerdings nur bei ruhiger See möglich, da die Öffnung der Höhle nur knapp einen Meter aus dem Wasser herausragt. Wenn möglich, sollte man die Höhle am späten Vormittag besichtigen, wenn die Sonne direkt in die Grotte scheint und sie in ein intensives, geheimnisvolles blaues Licht taucht – allen Klischees zum Trotz eine Atmosphäre voller Zauber.

**Grotta Azzura

Caserta J 13

Region: Kampanien · Campania
Provinz: Caserta
Höhe: 68 m ü. d. M.
Einwohnerzahl: 74 000

Die Provinzhauptstadt Caserta liegt 30 km nördlich von Neapel, am Fuß der Monti Tifatini. Sie entwickelte sich um den im 18. Jh. erbauten, auch "La Reggia" genannten monumentalen Palazzo Reale, der ihr den etwas großspurigen Namen "Versailles des Südens" einbrachte.

"Versailles des Südens"

*Palazzo Reale · La Reggia

Der Bourbone Karl III. beauftragte den Barockbaumeister Luigi Vanvitelli mit dem Bau eines neuen Schlosses, das dann in einer Rekordzeit (1752–1774) als prunkvolle Residenz nach dem Vorbild des Schlosses von Versailles errichtet wurde. Mittelpunkt eines Königreichs wurde es allerdings nie. Das Schloss, dessen Fassade mit 250 m Länge mehr als beeindruckt, ist um vier Innenhöfe angelegt,

La Reggia in Caserta steht Versailles an Pracht kaum nach. Auch die über 3 km lange Parkanlage mit ihren Wasserspielen ist spektakulär.

La Reggia
(Fortsetzung)

hat 1200 Räume und 1790 Fenster. Das Innere bietet mit seiner gut erhaltenen Einrichtung ein anschauliches Bild vom Leben der bourbonischen Dynastie, die 1734–1860 das Königreich Neapel sowie Sizilien unter ihrer Herrschaft vereinte (geöffnet Di.–So. 9⁰⁰–18⁰⁰ Uhr). Besonders beachtenswert sind die grandiose Freitreppe vom Vestibül hinauf in den ersten Stock (116 Stufen; Abb. S. 58), die Palastkapelle (Cappella Palatina), die Königsgemächer, darunter der Thronsaal, geschmückt mit Medaillons und Bildern der Könige von Neapel, sowie das Theater im Erdgeschoss, ein verkleinerter Nachbau des Teatro San Carlo in Neapel. Im Krippensaal zieht eine Weihnachtskrippe mit Hunderten von fein gearbeiteten Figuren die Blicke auf sich.

In einigen Räumen befindet sich ein Teil der Ausstellung "Terrae Motus" (Erdbeben), die der neapolitanische Galerist Lucio Amelio (1931–1994) Ende 1984, Anfang 1985 in Erinnerung an das schwere Erdbeben von 1980 initiiert hat. Zahlreiche Künstler, u. a. Beuys, Warhol, Kiefer, Cragg, Richard Long, Cy Twombly, Pistoletto, Mimma Paladino, Mario Schifano, Nino Longobardi, haben hierfür Werke beigesteuert.

*Schlosspark

Hinter dem Schloss zieht sich der 3 km lange, 120 ha große, ebenfalls von Vanvitelli entworfene Schlosspark den Hang hinauf. Die meisterhafte barocke Anlage mit prächtigen Springbrunnen und Wasserbecken, die mit Statuen geschmückt sind, Pavillons, künstlichen Ruinen und einem englischen Garten kann man erwandern bzw. mit einem Bus durchqueren. Am schönsten ist der 78 m hohe Große Wasserfall. Hier erzählen marmorne Figuren den Mythos des unglücklichen Jägers, der die Jagdgöttin Diana (Artemis) beim Baden überraschte, zur Strafe von ihr in einen Hirsch verwandelt und von seinen eigenen Hunden zerfleischt wurde.

La Reggia (Fortsetzung)

Schön ist der Blick von der Terrasse jenseits des malerischen, von John Andrew Graefer angelegten Englischen Gartens (3/4 Std. vom Schloss) in der Nähe des Großen Wasserfalls.

Umgebung von Caserta

In San Leucio, 2 km oberhalb des Schlossparks, verwirklichte Ferdinand, der Nachfolger Karls III., ab 1776 eine Art Gegenutopie zur Reggia: eine Seidenmanufaktur, in der die Arbeiter unter humanen Bedingungen und weitgehend selbstbestimmt in ganz Europa begehrte Stoffe anfertigten. 1861 war das Experiment finanziell am Ende. Erhalten sind lediglich einige Wohnhäuser und die Manufaktur.

San Leucio

Ein schöner Abstecher führt ca. 10 km nördlich nach Caserta Vecchia hinauf (400 m). Das von der Ruine eines Kastells (9.–13. Jh.) überragte Bergstädtchen hat sein mittelalterliches Ortsbild bewahrt. Langobarden hatten es im 8. Jh. gegründet, eine Zeit lang war es sogar Sitz eines Bischofs. Daran erinnert der 1153 geweihte Duomo S. Michele in romanisch-sizilischem Stil, sein 32 m hoher Glockenturm folgte im 13. Jahrhundert.

*Caserta Vecchia

Ebenfalls nur rund 10 km sind es bis nach Sant'Angelo in Formis. Das Städtchen liegt am Fuße des 604 m hohen Monte Tifata. Hauptsehenswürdigkeit ist die romanische Basilika Sant'Angelo in Formis, die im 11. Jh. oberhalb des Ortes an der Stelle eines Diana-Tempels erbaut wurde. Im Innern ist sie über und über mit byzantinischen Fresken aus dem 11. Jh. geschmückt.

*Sant'Angelo in Formis
Abb. S. 53

Von Caserta führt eine lohnende Fahrt 7 km westlich nach Santa Maria Capua Vetere (32 000 Einw.). Ursprünglich war es eine etruskische Gründung, die sich unter römischer Herrschaft aufgrund ihrer Lage an der Via Appia zu einer recht bedeutenden Stadt entwickelte. Daran erinnert das am Nordrand der Stadt unter Hadrian im 2. Jh. n. Chr. errichtete Amphitheater (170 m lang, 140 m breit), das 50 000 Zuschauer fassen konnte und bis zum Bau des Kolosseums in Rom das größte Theater Italiens war. Von der dem Amphitheater angeschlossenen berühmten Gladiatorenschule ging im Jahr 73 v. Chr. der Sklavenaufstand unter Führung des Spartakus aus. An der Ausfallstraße in Richtung Capua sind noch Reste eines dreibogigen Triumphtors für Kaiser Hadrian (Arco di Adriano; 2. Jh. n. Chr.) erhalten.

Santa Maria Capua Vetere

*Anfiteatro

Rund 500 m südlich des Amphitheaters (für eine Besichtigung meldet man sich im Amphitheater an) befindet sich in einem unterirdischen Gewölbe das erst 1924 entdeckte Mithräum (2. Jh. n. Chr.; Via Mordi). Hier wurde im 3. und 4. Jh. n. Chr. der persische Lichtgott Mithras verehrt. Die schlecht erhaltenen Malereien an der Stirnseite des Hauptraums zeigen Szenen aus dem wenig bekannten Mysterienkult.

Mitreo

Auf dem Weg zum Dom kann man dem Museo Archeologico dell'Antica Capua (Corso Garibaldi) einen Besuch abstatten, in dem

Caserta

Caserta (Fortsetzung)	die komplizierte Stadtgeschichte anschaulich erklärt wird. Die Ursprünge des im 17. Jh.s barockisierten Doms Santa Maria Maggiore, etwa 400 m weiter südlich, gehen auf das 5. Jh. zurück, in seinem Innern wurden Säulen aus dem Amphitheater verbaut.
Capua	Rund 5 km nordwestlich liegt am Volturno das Städtchen Capua (19 000 Einw.). Langobarden hatten es im 9. Jh. nach der Zerstörung des alten Capua (des heutigen S. Maria Capua Vetere) hier neu gegründet. In der Stadtmitte, nahe dem Volturno, steht der im 9. Jh. errichtete Dom SS. Stefano e Agata, der im Laufe der Zeit mehrmals neu aufgebaut wurde. Der Glockenturm stammt noch aus langobardischer Zeit, die Spoliensäulen im Atrium standen einst im alten Capua. In dem an der Ecke Via Duomo / Via Roma gelegenen Palazzo Antignano befindet sich das Museo Campano mit einer schier unübersehbaren Anzahl von Fundstücken aus prähistorischer bis mittelalterlicher Zeit (geöffnet Di. – Sa. 9 00 – 13 30 Uhr).

Catanzaro — L 18

Region: Kalabrien
Provinz: Catanzaro
Höhe: 320 m ü. d. M.
Einwohnerzahl: 97 000

Allgemeines	Die Hauptstadt Kalabriens liegt in einiger Entfernung vom Meer auf einem Plateau, dessen Ränder steil zu den Flussläufen von Fiumarella und Musófalo abfallen. Als befestigtes "Katanzárion" von den Byzantinern Ende des 9. Jh.s gegründet, war es auch unter den Normannen (ab 1059) ein Zentrum griechischer Kultur. Im 15. Jh. entwickelte sich die Seiden- und Brokatfabrikation zu europaweitem Renommee. Mehrere Erdbeben zwischen 1783 und 1908 sowie die Bombardierung im 2. Weltkrieg ließen von den historischen Bauten kaum etwas übrig, so dass die Stadt auf dem Felsen – längst hat sie sich in Richtung Küste ausgedehnt – vor allem von der Neuanlage nach der Einigung Italiens geprägt ist. Die Ernennung zur Regionalhauptstadt 1971 zog den scharfen Protest der Vorgängerin Reggio di Calabria nach sich, so dass wenigstens das Parlament dort belassen wurde.
Tipps	Der Autofahrer muss auf der Suche nach einem Parkplatz viel Geduld aufbringen. Am besten benützt man einen der ausgeschilderten Großparkplätze, etwa in der Nähe des Justizpalastes oder im Süden am Viale dei Bizantini. Von Letzterem bringt eine Standseilbahn zur Piazza Roma. Dort kann man bei Pepè (Vico I) den "morzeddu" probieren, die Spezialität der Stadt: ein scharfes Ragout von Kalbsinnereien, gefüllt in eine Pitta. Wer zur Osterzeit in der Gegend ist, sollte die Prozession am Karfreitag ("nanca") nicht versäumen, in der der Kreuzweg Christi nachempfunden wird.

Sehenswertes in Catanzaro

Corso Mazzini	Der Corso Mazzini durchzieht mit seinen Palazzi vom Ausgang des 19. Jh.s die ganze Altstadt. Am Teatro Masciari – 1923 im italieni-

Catanzaro

300 m

©Baedeker

Catanzaro Marina   Catanzaro Marina

schen Jugendstil errichtet – und am Rathaus (Palazzo dei Nobili, 15./19. Jh.) vorbei geht man zum Park Villa Trieste am östlichen Stadtrand, um den herrlichen Ausblick zu genießen. Im angrenzenden Museo Provinciale sind archäologische Funde (darunter der "Helm von Tiriolo", 4. Jh. v. Chr.), eine bemerkenswerte Münzsammlung und Gemälde (u. a. Landschaften von Salvator Rosa) zu sehen.

Corso Mazzini (Fortsetzung)

Museo Provinciale

Westlich des Corso Mazzini steht die Kirche S. Domenico (Chiesa del Rosario) von Ende des 15. Jh.s (im 18. Jh. barockisiert, Fassade 1832) mit wertvoller Ausstattung, u. a. einem Altarbild "Madonna del Rosario" von D. Hendricksz (1615) im linken Querschiff und der marmornen Madonna della Purità von F. Cassano (1613). Hinter der Kirche erhebt sich der 1943 zerstörte und 1960 neu errichtete (unbedeutende) Dom.

S. Domenico

Im weiteren Verlauf der Via Mazzini sind das Caffè Imperiale von 1892 – leider nicht adäquat erhalten – und der Palazzo Fàzzari zu beachten, erbaut 1874 im Stil der Florentiner Renaissance. Jenseits der Piazza Grimaldi der mächtige Palazzo di Governo und gegenüber die Kirche der Immacolata von 1765 (Fassade Ende 19. Jh.). Im Palazzo della Provincia sind einige Werke des kalabresischen Bildhauers F. Jerace zu bewundern (Gipsoteca; Sa./So. geschl.). Das Nordende das Corso Mazzini markiert die Kirche S. Giovanni Battista,

Palazzo Fàzzari

Chiesa dell'Immacolata

133

Catanzaro (Fortsetzung)	begründet 1532 und mehrfach umgestaltet. Im Südosten der Piazza Garibaldi geht die Via De Grazia ab, in der man einen Blick auf die Reste des ältesten erhaltenen Baues der Stadt werfen kann, der Kapelle S. Omobono (12. Jh.), einst Kirche der Seidenweberzunft.

Umgebung von Catanzaro

*Tiriolo	Sehr reizvoll am Südhang der Sila Piccola, etwa 17 km westlich von Catanzaro, liegt das Städtchen Tiriolo (690 m, 4200 Einw.), das für seine Tracht sowie seine Stickereien und Spitzen bekannt ist. Schöne "vancali", die ortstypischen Wolltücher, kann man in der Bottega Legno Art erstehen. Sehenswert ist das Antiquarium Comunale im Rathaus. In 30 Min. geht man auf steilem Sträßchen zum Monte Tiriolo (838 m) mit den Resten eines normannischen Kastells hinauf, um das fantastische Panorama vom Ionischen bis zum Tyrrhenischen Meer mit den Liparischen Inseln zu genießen.
Sila Piccola	▶ Cosenza

Cosenza

Cosenza   **L 17**

Region: Kalabrien · Calabria
Provinz: Cosenza
Höhe: 238 m ü. d. M.
Einwohnerzahl: 86 600

*Heimliche Hauptstadt Kalabriens	Ginge es um die historische Substanz, den kulturellen und wirtschaftlichen Stellenwert oder die lebendige Atmosphäre, hätte sicher Cosenza den Titel der Hauptstadt Kalabriens verdient. Im Norden erstreckt sich in der Ebene des Crati die ansehnliche, im 19. Jh. angelegte Neustadt (mit der Einkaufsmeile Corso Mazzini), südlich des Busento zieht sich am Osthang des Burghügels Pancrazio die winkelige Altstadt hinauf, die allmählich restauriert wird – was auch nötig ist und noch viel Anstrengung verlangt – und sich wieder belebt. Ihre Hauptarterie, der Corso Telesio, ist abends der bevorzugte Flanierweg. Im Vorort Arcavata (Richtung Páola) dehnt sich der Campus der Università di Calabria aus, deren Gebäude aus den 1970er-Jahren zu den interessantesten Beispielen moderner Architektur in Unteritalien zählen. Im Sommer sind viele Sehenswürdigkeiten bis Mitternacht geöffnet ("città aperta").

Baedeker TIPP) Caffè Renzelli

Was in Cosenza Rang und Namen hatte, vom Literaten bis zum Politiker, verkehrte im 1803 gegründeten Gran Caffè Renzelli im Erzbischöflichen Palast mit seiner schlicht-eleganten Einrichtung. Auch heute ist es eine Institution im kulturellen Leben der Stadt.

Geschichte	In Cosentia starb im Jahre 410 n. Chr. der Westgotenkönig Alarich, der – jedenfalls der Überlieferung nach – mit seiner Beute aus der Plünderung Roms im Bett des Busento beigesetzt wurde; August von Platens berühmte Ballade "Das Grab im Busento", die das Andenken daran wach hält, ist durch die Übersetzung von Giosuè Carducci auch in Italien bekannt. Unter den Römern, die die Hauptstadt der Bruttier 204 v. Chr. besetzten, war Cosentia wichtige Sta-

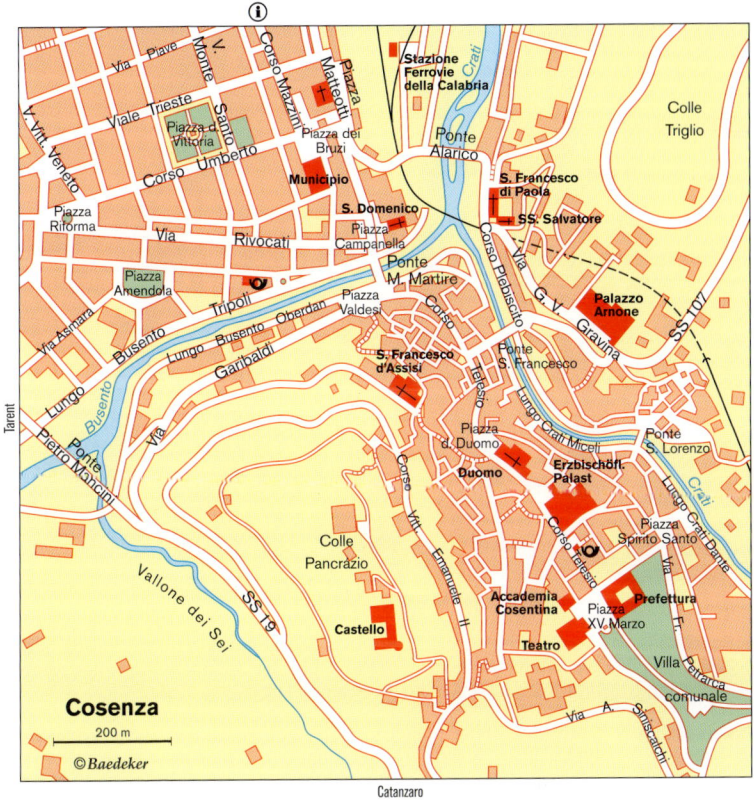

Cosenza

200 m

© Baedeker

Catanzaro

tion an der Via Popilia nach Regium (Reggio Calabria). Nach lango-
bardischem, normannischem, schwäbischem und angevinischem
Regime gehörte die Stadt ab Anfang des 16. Jh.s zum spanischen
Königreich Neapel; der folgenden kulturellen Blüte ist nicht nur
die Gründung der noch aktiven Accademia Cosentina zu verdanken, deren bedeutendster Vertreter der Philosoph und Naturforscher Bernardino Telesio (1509–1588) war, sondern auch das überwiegend barocke Bild der Altstadt.

Geschichte
(Fortsetzung)

Sehenswertes in Cosenza

Einen Parkplatz findet man am sichersten östlich des Crati am Corso Plebiscito, der von Läden mit Korbwaren und Keramik gesäumt
ist; außerdem hat man hier einen guten Blick auf die Altstadt.
Gleich nebenan stehen die Kirchen Santissimo Salvatore von 1565
(Pfarrkirche der griechisch-orthodoxen Albanergemeinde) und San
Francesco di Paola, ursprünglich ab 1510 erbaut, aber mehrmals erneuert. Hier ist rechts des Eingangs das prunkvolle Grabmal des
spanischen Adeligen Ottavio Cesare Gaeta (1593) zu sehen, über

Corso Plebiscito

S. Francesco
di Paola

In der Altstadt von Cosenza

S. Francesco di Paola (Fortsetzung) dem Hauptaltar das Triptychon "Maria mit den hll. Katharina und Sebastian" (Anfang 16. Jh.) sowie in der 3. Kapelle links das Altarbild "Maria mit den hll. Paulus und Lukas" von 1551.

Palazzo Arnone Südöstlich in der Nähe wurde der Palazzo Arnone als neue Pinakothek eingerichtet; was einmal dauerhaft hier zu sehen sein wird (etwa Gemälde aus dem Domschatz), ist noch offen.

Corso Telesio

Duomo Vom Ponte Martire führt der Corso Telesio zwischen mittelalterlichen Palazzi – vorbei am alten Rathaus, das heute als Casa delle Culture vielfältigen kulturellen Aufgaben dient – hinauf zum Dom, der 1222 in Anwesenheit von Kaiser Friedrich II. geweihten frühgotischen Kathedrale S. Maria Assunta. Schon die nüchtern und massiv wirkende (rekonstruierte) Fassade verweist auf ihren Auftraggeber Bischof Campano, einen Zisterzienser. Im Querschiff links das schöne Grabmal der Isabella von Aragon, Gattin Philipps III. von Frankreich, die 1271 auf der Heimreise aus dem Orient in Cosenza verstarb. Der spätantike Sarkophag mit der Jagd des Meleager auf den kaledonischen Eber (4. Jh.) am Ende des rechten Schiffs soll die Reste von Heinrich VII. enthalten, dem ersten Sohn Friedrichs II., der 1242 im Dom beigesetzt wurde.

Arcivescovado Im Erzbischöflichen Palast (15. Jh.) wird ein Teil des Domschatzes aufbewahrt; die bedeutendsten Stücke befinden sich allerdings in der Obhut des Denkmalschutzes im Konvent S. Francesco (s. u.).

Piazza XV Marzo Am Ende des Corso Telesio öffnet sich die Piazza XV Marzo, benannt nach dem Tag des Jahres 1844, an dem die aufständischen

Cosentiner Brüder Bandiera mit einigen Gefährten erschossen wurden. Eine "Italia" am Rand des anschließenden Stadtparks (Villa Comunale) erinnert an sie. Gegenüber der Präfektur stehen das städtische Teatro Rendano, eröffnet 1909, und rechts davon die Accademia Cosentina von Anfang des 16. Jh.s, in der die Stadtbibliothek und das Archäologische Museum untergebracht sind. Auf dem Platz sinniert die Bronzestatue des Cosentiner Philosophen Bernardino Telesio (A. D'Orsi, 1914).

Piazza XV Marzo (Fortsetzung)

Vom Stadtpark kann man direkt in westlicher Richtung oder über die Piazza dei Cuculli (mit Telesio-Gymnasium und dem ehemaligen Kloster S. Maria delle Vergini) zum Kastell hinaufsteigen und den großartigen Ausblick auf Stadt und Sila genießen. Auf normannischen Grundmauern errichtete Friedrich II. ab 1239 den Komplex, unter dem Anjou wurde er erweitert. Mehrere Erdbeben zwischen 1638 und 1903 beschädigten ihn schwer, heute ist er restauriert.

Castello Svevo

Auf der Via del Castello nach Norden und vorbei an der Kirche der Kapuzinerinnen geht es hinunter zur Kirche S. Francesco d'Assisi. Die Fassade aus dem 19. Jh. sollte nicht von einem Besuch abhalten. 1217 von einem Schüler des hl. Franziskus begründet (im rechten Querhaus ist der alte Chor erhalten), wurde sie 1657 prächtig barockisiert. Insbesondere die Kapelle der hl. Katharina (rechtes Seitenschiff) ist mit ihren vergoldeten Holzschnitzereien und den Gemälden des Flamen Willem Borremans (1670–1744) ein Erlebnis.
Im alten Konvent arbeiten die Restaurateure der Soprintendenza dei Beni Culturali. Sie verwahren auch das herrliche Kreuzreliquiar aus der kaiserlichen Werkstatt in Palermo (10./11. Jh.), das Friedrich II. 1222 dem Dom schenkte, und eindrucksvolle Gemälde u. a. von Mattia Preti (17. Jh.). Zugänglich Mo.–Sa. 9⁰⁰–13⁰⁰ Uhr (läuten).

S. Francesco d'Assisi

*Cappella di S. Caterina

**Kreuzreliquiar

Durch die engen, düsteren Gasssen des einstigen jüdischen Viertels geht man hinunter zum Busento. Jenseits der Brücke bildet die Piazza Campanella das Scharnier zwischen Alt- und Neustadt. Sie wird dominiert von der spätgotischen Fassade der Klosterkirche S. Domenico (1448–1460); die hohe Kuppel lässt allerdings schon auf die Umgestaltung des Innenraums im 18. Jh. schließen. Rechts des Haupteingangs mit schönem Portal von 1614 liegt die gotische Cappella del Rosario, an die sich das großartige Oratorio del Rosario anschließt. Hinter dem Hauptaltar ist im ebenfalls noch gotischen Chor ein schönes Chorgestühl von 1635 zu sehen. Die Gebäude des Konvents werden z. T. als Kaserne genützt. Ein Blick in den hübschen Kreuzgang ist meist möglich.

S. Domenico

*Oratorio del Rosario

Touren durch die *Sila

Cosenza ist ein guter Ausgangspunkt für die Erkundung des Sila-Gebirges (La Sila) im Herzen Kalabriens, das etwa 2000 km² umfasst und im Durchschnitt 1300 bis 1400 m hoch ist (Monte Botte Donato 1928 m). Es besteht aus Sila Grande in der Mitte, Sila Piccola im Süden und Sila Greca am Nordrand; letztere ist benannt nach den Albanern, die sich hier seit dem 15. Jh. niederließen und dem griechisch-orthodoxen Glauben angehören. Im Westen bricht die Sila zum Crati-Tal, also auch nach Cosenza hin, steil ab, zum Golf von

Das grüne Herz Kalabriens

La Sila (Fortsetzung)	Tarent senkt sie sich allmählich ab. Zwei Gebiete, die mit dem Aspromonte (▶ S. 169f.) den Parco Nazionale della Calabria bilden, wurden 1968 unter Naturschutz gestellt, im Norden 70 km² um den Monte Pettinascura (1708 m) und im Süden 56 km² um den Monte Gariglione (1765 m). Wie der Name signalisiert – Sila ist von lat. "silva" bzw. griech. "hyle" für "Wald" abgeleitet –, handelt es sich um ein sehr altes Waldgebiet. Ihr Wahrzeichen ist die Laricio-Kiefer (*Pinus laricio calabrica*), die 50 m hoch werden kann. Ihre ausgedehnten Wälder verleihen der Landschaft ein nordisches Aussehen. Daneben dominieren Buchenwälder, die die Sila im Herbst leuchtend rot färben; außerdem gibt es große Bestände an Kastanien, Zerreichen, Schwarzerlen und Weißtannen. Bemerkenswert ist die Fauna mit Apenninenwolf, Bonelli-Adler, Uhu und Schwarzspecht. Ab 1927 wurden Staudämme mit Kraftwerken errichtet, die u. a. den Lago Arvo und den Lago Ampollino bilden. Im Winter liegt in der Sila viel Schnee, weshalb sie als Wintersportgebiet mit einigen kleinen Abfahrtspisten und schönen, langen Loipen beliebt ist; manchmal frieren auch die Seen zu.
Ferrovie della Calabria	Eine bequeme Möglichkeit, das grüne Kalabrien (oder das weiße im Winter) kennen zu lernen, ist eine Fahrt mit der Eisenbahn. Von Cosenza führen die Schmalspurgleise der Ferrovie della Calabria nach S. Giovanni in Fiore; bis Camigliatello Silano fährt der reguläre Triebwagen, zwischen Camigliatello und S. Nicola Silvana werden von Mitte Mai bis Mitte Oktober samstags Sonderfahrten mit Dampfloks veranstaltet. Eine weitere sehr eindrückliche Strecke durchquert die Sila Piccola bis Catanzaro.
Sila Grande **Camigliatello Silano** *Riserva Giganti della Sila *Fossiata	Die SS 107 zwischen Cosenza und Crotone wurde zu einer Schnellstraße ausgebaut, so dass man auch Tagesausflüge ganz individuell gestalten kann. Eine schöne Runde (ca. 150 km) von Cosenza aus: Zunächst auf der SS 648 östlich nach Camigliatello Silano (1272 m), einem hässlichen, dennoch beliebten Sommer- und Winterurlaubsort in wunderbarer Landschaft (Seilbahnen am Monte Curcio, 1768 m). Von Croce di Magara 5 km östlich ist die unbedingt sehenswerte Riserva Giganti della Sila mit bis 50 m hohen Laricio-Kiefern ausgeschildert. Nach dem Besuch von S. Giovanni in Fiore (s. u.) zum Lago Arvo, hinauf zum Monte Botte Donato (1928 m) und wieder zurück zur SS 648. Mächtige Laricio-Kiefern stehen auch in den Wäldern des Beckens von Fossiata, das man von Camigliatello auf der SS 177 am Lago di Cecita entlang und weiter auf der SS 282 erreicht. Hier sind Wanderwege mit Picknickplätzen angelegt.
S. Giovanni in Fiore	In 1049 m Höhe – in vegetationsarmem Gelände – liegt S. Giovanni in Fiore (18 800 Einw.), der Hauptort der Sila und bis in jüngere Vergangenheit so etwas wie ein Vorposten der Zivilisation in einer menschenleeren Gegend. Hier gründete der heute fast wie ein Heiliger verehrte Joachim von Fiore (um 1130–1202; ▶ Berühmte Persönlichkeiten) im Jahre 1189 das Monasterium Florense. Er ist in der Krypta des Arcicenobio bestattet, der 1185 begründeten und vielfach veränderten Klosterkirche, die seine strenge Auffassung vom Glauben und vom Mönchtum handgreiflich vor Augen führt. Der Ort – leider ist weder die Alt- noch die Neustadt eine Augenweide – ist auch bekannt für die Frauentracht und den traditionellen Gold-

Unberührte Natur in der Sila: der Lago di Cecita
am Westrand des Parco Nazionale della Calabria

schmuck, wie im Museo Demologico bei der Klosterkirche zu sehen; interessant sind hier auch die Fotos von Saverio Marra, die das
Leben in der Sila in der ersten Hälfte des 20. Jh.s illustrieren.

S. Giovanni in Fiore (Fortsetzung)

Wie in Skandinavien oder in Kanada fühlt man sich in Villaggio
Mancuso, einer sommers wie winters beliebten Ferienkolonie etwa
40 kurvenreiche Kilometer nördlich von Catanzaro. Dazu tragen
auch die hübschen Holzhäuser wie das Grande Albergo delle Fate
bei (▶ Praktische Informationen, Hotels). Das Besucherzentrum
des Parco Nazionale informiert über die Wandermöglichkeiten am
Monte Gariglione (1765 m). Am Weg nach Villaggio Mancuso liegt
Taverna (520 m, 2700 Einw.), der Geburtsort des bedeutenden Malers Mattia Preti (1613–1699), genannt "il Cavaliere Calabrese", da er
– nach Jahren in Rom und Venedig – als Malteserritter nach Malta
ging. Viele seiner Werke sind in der schönen Barockkirche S. Domenico zu sehen (im Bild des ersten Seitenaltars links hat er sich
rechts unten porträtiert), außerdem im Museo Civico, das im riesigen Konvent neben der Kirche untergebracht ist (Mo. geschlossen),
und in der Kirche S. Barbara.

Sila Piccola Villaggio Mancuso

Taverna

Ganz im Norden der Sila, westlich von Corigliano Cálabro, liegt San
Demetrio Corone (4300 Einw.), ein bedeutendes Zentrum der Albaner in Kalabrien und seit 1794 Sitz des italienisch-albanischen Prie-
sterkollegs. Die angrenzende Kirche S. Adriano (an der Straße nach
Acrì), die auf ein im Jahr 955 gegründetes Kloster zurückgeht, gehört trotz ihres abscheulichen Äußeren zu den Sehenswürdigkeiten Süditaliens. Am linken Seitenportal sind rechts zwei groteske

Sila Greca *S. Demetrio Corone

| Cosenza (Fortsetzung) | Fratzen zu sehen, denen Bäume aus dem Maul wachsen. Das Innere der dreischiffigen romanischen Basilika ist mit byzantinischen Fresken und wunderbaren Bodenmosaiken geschmückt, beides von Ende des 12. Jh.s. |

Frascati und die Albaner Berge · G 12

Region: Latium · Lazio
Provinz: Roma · Rom

*Idyllische Landschaft gestern ...	Schon in den Zeiten des antiken Roms waren die Albaner Berge südöstlich der Stadt – eine sanfte, grüne Hügellandschaft vulkanischen Ursprungs mit einigen idyllischen Seen – eine geschätzte Wohngegend mächtiger und reicher Menschen. In der Renaissance und im Barock eiferten geistliche Würdenträger und Adel diesem Vorbild nach, so dass sich hier, inbesondere um Frascati, eindrucksvolle Paläste und Parkanlagen häufen. Die Orte der Albaner Berge, etwa ein Dutzend, werden nach den einst befestigten Adelssitzen "Castelli Romani" genannt; zum ersten Mal taucht dieser Name in einem Dokument des Jahres 1624 auf.
... und heute	Die Nähe Roms droht der Idylle alter Zeiten den Garaus zu machen. Die Ewige Stadt dehnt sich schon lange auch in östlicher Richtung aus, und viele Menschen pendeln täglich in die Stadt. Die Stadtplaner nehmen an, dass im Jahr 2010 über 350 000 Menschen in den Castelli Romani wohnen werden. Dazu kommt, dass sie für die Rom-Touristen aus aller Welt ein Ausflugsziel ersten Ranges sind. Verstopfte Straßen, überquellende Parkplätze, zu große Restaurants mit Pseudo-Folklore, überhöhte Preise bei bescheidener Qualität sind die unausweichlichen Begleiterscheinungen. Man fragt sich auch, wie bei dem örtlichen Konsum des berühmten weißen Frascati auch nur ein Tropfen noch exportiert werden kann.
Verbindungen mit Rom	Nach Frascati, Albano und Velletri gelangt man von Rom-Termini aus mit den Vorortzügen der FS. (Die Bahnlinie Rom – Frascati war übrigens die zweite, die in Italien gebaut wurde.) Mit den blauen COTRAL-Bussen sind die Orte der Castelli Romani vom Busbahnhof an der Endstation Anagnina der Metro-Linie A zu erreichen.
Frascati	Das frequentierteste Ziel in den Albaner Bergen ist Frascati (322 m, 20 100 Einw.), das durch seinen gleichnamigen Weißwein bekannt ist; großen Erwartungen wird das Städtchen jedoch nicht gerecht. Verkehrsmittelpunkt ist die Piazza Roma mit der sich anschließenden Piazza Marconi. Südlich davon liegt der Park der Villa Torlonia, die im Zweiten Weltkrieg zerstört wurde; das Wassertheater von Carlo Maderno blieb in Grundzügen erhalten. Südöstlich der Piazza Marconi steht am Hang die Villa Aldobrandini, die 1598–1604 für Kardinal Pietro Aldobrandini errichtet wurde (Baumeister G. della Porta, C. Maderno, G. Fontana) Der mächtige Bau mit hervorgenden Fresken ist von einem schö-

Baedeker TIPP ▸ Vino e Cucina

Gute Adressen – wenn auch keine "Geheimtipps" – für Frascati sind die Restaurants Zarazà (Via Regina Margherita 21, fantastischer Blick von der Terrasse) und Cacciani (Via A. Diaz 13; beide Mo. geschl.) sowie die Enoteca Frascati (Via A. Diaz 42, So. geschl.).

Villa Aldobrandini in Frascati, eine der schönsten Kardinalsvillen

nen Park mit Aussichtsterrasse, Grotten und einem Wassertheater von Giovanni Fontana umgeben (geöffnet Mo. – Fr. 9⁰⁰ – 13⁰⁰, 15⁰⁰ bis 18⁰⁰ Uhr, Anmeldung bei der IAT, Piazza Marconi 1).

*Villa Aldobrandini

Von der Piazza Roma geht man nordöstlich in die Altstadt zur Piazza S. Pietro mit hübschem Brunnen (1709) und der gleichnamigen Kathedrale (1598, Fassade G. Fontana, 1700); im Inneren des frühbarocken Zentralbaus sind eine Domenichino zugeschriebene Madonna und ein Holzkruzifix des 12. Jh.s sehenswert. Etwas weiter nordwestlich die Chiesa del Gesù mit einer eleganten Fassade von Pietro da Cortona; innen ist v. a. die Trompe-l'-œil-Kuppel zu beachten, eine Marmorfigur weist zu dem markierten Punkt, von dem man den besten Eindruck hat.

Erwähnt seien hier einige Villen, die nicht zu besichtigen sind: Villa Rufinella (südöstlich außerhalb Frascati), erbaut für Kardinal Rufini nach einem Entwurf von Luigi Vanvitelli. Villa Falconieri (1 km östlich), erbaut 1545 – 1548 von Alessandro Ruffini und erweitert durch Francesco Borromini (Löwentor). Der Zypressenteich diente Arnold Böcklin, der gerne italienische Landschaften malte, als Vorlage. Villa Mondragone (2 km östlich), erbaut 1573 – 1575 für Kardinal Marcus Sitticus; im Jahr 1582 genehmigte Papst Gregor XIII. dort den nach ihm benannten Kalender.

Villen bei Frascati

Von Frascati führt eine Straße hinauf zur 5 km südöstlich gelegenen Stätte des römischen Tusculum (Túscolo), Geburtsort von Cato d. Ä. und Lieblingsaufenthalt Ciceros. Im frühen Mittelalter war es Sitz einer Grafenfamilie, die eine Reihe meist übel beleumundeter Päpste stellte; 1191 wurde die Stadt, die sich auf die Seite des Kai-

*Tusculum

Tusculum (Fortsetzung)	sers geschlagen hatte, von Papst Cölestin III. zerstört. Von der antiken Stadt sind einige bedeutende Reste erhalten, wenige vom mittelalterlichen Ort. In 15 Minuten geht man hinauf zum Croce di Tuscolo (670 m), von dem sich eine herrliche Aussicht bietet.
Grottaferrata *Domenichino-Fresken	In Grottaferrata (329 m, 16 300 Einw.) ist das burgartig befestigte Kloster sehenswert, das im Jahr 1004 von Basilianer-Mönchen, dem hl. Nilus und Bartholomäus (▶ Kalabrien, Rossano), gegründet wurde und noch heute von griechisch-orthodoxen Mönchen römischer Observanz geführt wird. Der Kampanile stammt aus dem 13. Jh.; die 1024 geweihte, im 16. Jh. und 1754 umgestaltete Basilika S. Maria ist reich ausgestattet (u. a. byzantinisches Portal des 11. Jh.s mit Cosmaten-Mosaiken, Taufbrunnen, Mosaiken des 13. Jh.s, Decke von 1577). Die Kapelle des hl. Nilus wurde von Domenichino ausgemalt (1610), das Altarbild stammt von seinem Lehrer Annibale Carracci. Angeschlossen ist ein Klostermuseum, in dem u. a. Fresken des 13. Jh.s aus der Kirche zu sehen sind. Gegenüber dem Eingang zur Abtei laden einige "fraschette" ein, typische schlichte Weinstuben der Albaner Berge.
Rocca di Papa **Monte Cavo**	Ein hübsches latinisches Städtchen und der höchstgelegene Ort der Albaner Berge ist Rocca di Papa (620–720 m, 11 000 Einw.) 8 km südöstlich von Frascati. Es steigt am Rand eines großen ehemaligen Vulkankraters an, des so genannten Campo di Annibale. Auf einer Mautstraße – besser aber zu Fuß auf der antiken Via Sacra, die nach 1 km links von der Straße abgeht – gelangt man auf den Monte Cavo (949 m), den ein Antennenwald ziert; von hier hat man einen weiten Blick über Latium. Auf dem Berg stand im Altertum ein Jupiter-Tempel, das Bundesheiligtum der Latiner; später stand dort ein Kloster – und heute ein Gasthaus.
Marino	Marino (355 m, 32 000 Einw.; 8 km südlich von Frascati), liegt schön am nördlichen Außenhang des Vulkankraters, der vom Albaner See (s. u.) ausgefüllt wird. Die Basilika S. Barnaba (17. Jh.) am gleichnamigen Platz besitzt eine wertvolle Ausstattung, so ein umbrisches Holzkruzifix (14. Jh.) und ein Martyrium des hl. Barnabas aus der Guercino-Schule. Die Fontana dei Mori (Piazza Matteotti) spendet alljährlich während des Weinfestes am 1. Oktoberwochenende statt Wasser Wein!
Castel Gandolfo *Albaner See	Hoch über der weiten Caldera mit dem fischreichen, 6 km² großen und 170 m tiefen Albaner See liegt Castel Gandolfo (426 m, 6800 Einw.) mit der Sommerresidenz des Papstes. Zentrum des Orts ist die Piazza della Libertà mit der Kirche S. Tommaso (1661, ein Zentralbau von Bernini), einem Bernini-Brunnen und dem päpstlichen Palast, der 1629 unter Papst Urban VIII. von Carlo Maderna begonnen und 40 Jahre später von Gian Lorenzo Bernini fertig gestellt wurde. 1929 ging er mit der benachbarten Villa Barberini 1929 in den Besitz des Vatikanstaats über. Vom Belvedere bietet sich ein schöner Blick über den See. Seinen Abfluß bildet ein 1425 m langer, angeblich von den Römern 398 v. Chr. angelegter Stollen (Emissario, am Ende der südlichen Uferstraße). Für Spaziergänge am See empfehlen sich der Sentiero Basso (4 km) und 200 m höher der Sentiero Alto zwischen dem Convento di Palazzolo und dem Convenoto dei Cappuccini di Albano (2,5 km).

Bei Albano Laziale (400 m, 31400 Einw.), auf dem Kamm über dem Albaner See, soll Alba Longa gelegen haben, die Hauptstadt der Latiner, die von Rom abgelöst wurde. Pompejus hatte hier eine Villa; ab 460 war es Sitz eines Bischofs und später wegen seiner schönen Umgebung eine beliebte Sommerfrische der Römer. Östlich über der zentralen Piazza Mazzini der barocke Dom, der auf die Zeiten Konstantins zurückgeht; die romanische Kirche S. Maria della Rotonda weiter südöstlich entstand auf dem Nymphäum der Villa Domitians. Am nordöstlichen Stadtrand (Via Saffi 86) ist eine große unterirdische Schwimmhalle (Cisternone) erhalten, die für die Legionäre des Kaisers Septimius Severus angelegt wurde. Wenige Schritte nordwestlich sieht man zwischen dem Kloster S. Paolo und dem Kapuzinerkloster die Reste eines Amphitheaters (3. Jh. n. Chr.). Am Corso Matteotti erhebt sich gegenüber dem Rathaus der schöne romanische Turm der Kirche S. Pietro (514). Am Stadtrand Richtung Genzano steht ein würfelförmiges Grabmal aus der späten Republik, fälschlich "Grab der Horatier und Curiatier" genannt. In der südlich benachbarten Kirche S. Maria della Stella (16. Jh.) mit dem Grabmal von Maria Theresia von Österreich († 1867), gewesene Königin beider Sizilien. In der letzten Maiwoche findet die bunte, vielfältige Festa delle Minenti statt.

Genzano am schönen Lago di Nemi, einem See vulkanischen Ursprungs

Im benachbarten Ariccia versammeln sich die Sehenswürdigkeiten an der Piazza della Repubblica: der Palazzo Chigi mit seinem großen, schon von Goethe gerühmten Park (nur im Rahmen von Führungen zugänglich) und die Kirche S. Maria dell'Assunzione (1665) mit einer grandiosen Kuppel, die von G. L. Bernini umgestaltet bzw. erbaut wurden. In der Apsis der Kirche ist ein Fresko von Borgo-

Ariccia
(Fortsetzung)

gnone (um 1665) zu sehen. Lohnend ist auch der Gang über den großen Viadukt (19. Jh., nach dem Zweiten Weltkrieg wieder aufgebaut).

Genzano
***Nemi-See**
Abb. S. 143

Genzano ist für sein Brot bekannt, aber auch für die einzigartige Festa dell'Infiorata am Sonntag nach Fronleichnam: Ein Bilderteppich aus Blütenblättern schmückt dann die Via Italo Belardi hinauf zur Kirche S. Maria della Cima. Der Ort liegt am schönen Nemi-See (Lago di Nemi), einem 1,7 km² großen und bis 34 m tiefen Vulkanmaar, umgeben von 200 m hoch ansteigenden Tuffhängen. Am See wird intensiv Landwirtschaft betrieben (v. a. Erdbeeren und Blumen), was allerdings sein Wasser belastet. Einen guten Ausblick hat man im Allgemeinen nur von einer der Restaurantterrassen, oder man folgt

Nemi

hinter der Kirche S. Maria della Cima den Schildern zum Restaurant Belvedere. In Nemi sind im Museo delle Navi Romane große Modelle der 71 bzw. 73 m langen Prunkschiffe des Kaisers Caligula zu sehen, die 1931/1936 aus dem See geborgen und 1944 von deutschen Soldaten auf dem Rückzug zerstört wurden.

Velletri

Am Südostrand der Albaner Berge, auf einem Ausläufer des Monte Artemisio, liegt das Weinstädtchen Velletri (332 m, 43 400 Einw.). Durch die Porta Napoletana betritt man die Altstadt, durch den Corso Vittorio Emanuele gelangt man zur Piazza Cairoli mit dem 50 m hohen Torre del Trivio (1353). Im großartigen Palazzo Comunale am höchsten Punkt des Orts (1573–1590) zeigt das Städtische Museum lokale archäologische Funde; von der Terrasse beim Palazzo hat man – was auch Goethe 1787 vermerkte – einen schönen Ausblick auf die Monti Lepini, die Pontinische Ebene und die Küste. Am Südrand des Orts steht die Kathedrale, 1659–1662 aus alter Substanz neu errichtet; das Museo Capitolare nebenan besitzt wertvolle sakrale Kunst, u. a. eine "Maria mit Kind und Engeln" von Gentile da Fabriano (1427) und ein Reliquienkreuz (11./12. Jh.).

Gargano und Tremiti-Inseln · K / L 12

****Herrliche Küsten, märchenhafte Wälder**

Der Monte Gargano (Promontorio del Gargano) ist der "Sporn" des italienischen Stiefels. Er ragt etwa 65 km weit ins Meer, steigt im Monte Calvo 1055 m hoch an und gehört geologisch bereits zur Dalmatinischen Kalktafel. Mit seiner herrlichen, von Karstphänomenen geprägten Landschaft – malerische Felsenküste und Sandstrände am unglaublich blauen Meer, bukolische Atmosphäre und tiefe Wälder im Inneren – und alten Fischerorten entwickelte er sich in den 1990er-Jahren zu einem der beliebtesten Feriengebiete Süditaliens. Allerdings blieben negative Folgen nicht aus: durch Privatvillen, Campingplätze und Hotelanlagen okkupierte Strände – frei zugängliche Strände sind absolute Mangelware –, hässliche Betonburgen und überhöhte Preise.

*S. Leonardo di Siponto

Fährt man von Foggia (▶ Apulien) auf der SS 89 Garganica nordöstlich durch die landwirtschaftlich intensiv genutzte Apulische Ebene, tauchen links die Höhen des Gargano auf. Kurz vor Manfredonia steht rechts der Schnellstraße S. Leonardo di Siponto, einst Pilgerhospiz, Kloster und ab 1261 Deutschordensballei. Die romanische Kirche besitzt ein reich skulptiertes Nordportal (um 1180) und schöne Kapitelle. Sie ist zur Messe So. um 11⁰⁰ Uhr zugänglich.

*S. Maria Maggiore di Siponto

Etwa 8 km weiter, beim Badeort Lido di Siponto, fällt ein fremdartig wirkender Kubus auf: die 1117 geweihte Kathedrale S. Maria Maggiore, ein byzantinischer Zentralbau mit schönem Löwenportal und spätantiker Unterkirche. Grundriss und Fassadengestaltung verraten orientalische Einflüsse. Sie ist der Rest der einst bedeutenden Stadt Sipontum, die schon vor den Römern bestand und nach dem Erdbeben 1223 aufgegeben wurde.

Portal von S. Leonardo di Siponto

Manfredonia

Manfredónia (54 000 Einw.) erscheint zunächst wenig attraktiv, besitzt jedoch eine angenehme Altstadt. Gegründet wurde es 1256 von König Manfred, dem illegitimen Sohn Friedrichs II. von Hohenstaufen, als Ersatz für das verlassene Sipontum; 1620 wurde es von den Türken zerstört und danach mit sich rechtwinklig kreuzenden Straßen wieder aufgebaut. Wo einmal der Strand war, liegt heute ein riesiges Chemiewerk. Das mächtige staufisch-angiovinische Kastell (13./16. Jh.) beherbergt das Museo Archeologico Nazionale del Gargano mit einer einzigartigen Sammlung daunischer Stelen (1. und letzter Mo. im Monat geschlossen). Zu beachten sind auch die Kirche S. Domenico (13. Jh.) und der barocke Dom S. Lorenzo (1680; Holzkruzifixus aus dem 13. Jh.). Im Sommer fahren täglich Schiffe zu den Tremiti-Inseln (Fahrtdauer 4–5 Std.; ▶ S. 150).

*Museo Archeologico Nazionale del Gargano

Ein lohnender Abstecher führt zum reizvoll in 796 m Höhe gelegenen Monte Sant'Angelo (15 000 Einw.), dessen Wallfahrtsstätte San Michele Arcangelo alljährlich Hunderttausende Pilger anzieht. Am Südrand der Stadt empfängt das Viertel Junno mit seinen eigenartigen weißen Reihenhäusern aus dem 16./17. Jahrhundert. Vom normannisch-aragonesischen Kastell an der höchsten Stelle des Orts (Parkplätze) geht man hinunter zum achteckigen Kampanile (1274), der das Michaels-Heiligtum anzeigt. Der Legende zufolge soll der Erzengel selbst im Jahre 493 dem hl. Laurentius, dem Erzbischof von Sipontum, erschienen sein und diese Felsenhöhle für seine Verehrung bestimmt haben. Von der Vorhalle – das rechte Portal stammt aus dem Jahr 1295 – führen 86 Stufen hinab zu der vor die Höhle gebauten Kirche. (Die Bronzetür mit biblischen Darstellungen in Niello-Technik, die 1076 in Konstantinopel gegossen wurde,

Monte S. Angelo

Der Heilige vom Gargano

Padre Pio

Padre Pio wurde schon zu Lebzeiten als Heiliger verehrt. Seit seinem Tod 1968 pilgern jährlich Millionen zu seinem Grab nach San Giovanni Rotondo. Dabei sah der Vatikan in dem eigenwilligen Padre jahrzehntelang einen Kirchenspalter und Scharlatan. Seiner Popularität hat dies jedoch nicht geschadet, im Gegenteil, im Juni 2002 hat ihn Papst Johannes Paul II. heilig gesprochen.

Padre Pio ist allgegenwärtig – als Foto auf dem Fensterbrett oder als Pappfigur vor dem Eingang der Kirche, auf dem Armaturenbrett im Taxi, in der Metzgerei, in Friseursalons und zwischen Limoncello-Flaschen in der nächsten Bar. Überall in Süditalien guckt einen diese kleine Gestalt in der braunen Kutte an, stets mit leidvoller Miene und dunklen durchdringenden Augen. Rund ein Vierteljahrhundert nach seinem Tod ist Padre Pio in Süditalien fast so populär wie die italienischen Nationalheiligen Franz von Assisi und Antonius von Padua. Wie sie gilt der aus dem armen Süden stammende Kapuzinerpater als Patron der kleinen Leute: der Taxifahrer, Barbesitzer und Hausfrauen. Dass er dabei stets im Clinch mit dem Vatikan lag und gegenüber seinen Kritikern auch schon mal handgreiflich wurde, spricht in den Augen der Italiener eher für ihn. Allein in Italien existieren 2000 Padre-Pio-Gebetsgruppen, es gibt einen landesweit ausgestrahlten Padre-Pio-Radiosender, und jüngst hat Italiens Kommunikationsminister auch ein eigenes Fernsehprogramm ins Leben gerufen – zu Ehren von Padre Pio.

Wunder

Seine Heiligsprechung im Juni 2002 hat seine Popularität ins nahezu Unermessliche gesteigert. Fast eine halbe Million Menschen verfolgten die Zeremonie auf dem Petersplatz, so viele wie bei keiner anderen Heiligsprechung der vergangenen Jahrzehnte. Der 12-jährige Matteo Colella aus San Giovanni Rotondo saß unter den Ehrengästen. Immer wieder zeigten die Fernsehkameras sein Gesicht. Gerade durch das Wunder, das Padre Pio an ihm verübte, konnte das Heiligsprechungsverfahren abgeschlossen werden. Unheilbar an Meningitis erkrankt, erschien ihm Padre Pio im Traum und machte ihn über Nacht gesund. So bekannte es der Junge, als er aus dem Koma erwachte. Die Eltern bestätigten das Wunder, und die Ärzte beugten sich dem Unfassbaren. Hunderte von Menschen beteuern heute, von Padre Pio geheilt worden zu sein, seine Anhänger glauben fest daran, dass er in seiner Mönchszelle mit dem Teufel rang, und sagen ihm die Fähigkeit zur Bilokation nach, der gleichzeitigen Anwesenheit an zwei verschiedenen Orten. Die Legendenbildung um Padre Pio steht erst am Anfang ...

Ablehnung

Viele Jahre lang verweigerte sich der Vatikan diesem Sonderling aus der apulischen Provinz. Erste beunruhigende Nachrichten erreichten Rom schon 1918. An diesem Tag empfing der eben 31 Jahre alte Mönch der Wundmale Christi. Seither trat er mit verbundenen Händen vor seine Anhänger. Dreimal sandten die obersten Glaubenshüter eine Visitation nach San Giovanni, die das Treiben des Mönchs unter die Lupe nehmen sollte. Dreimal attestierte diese dem eifrigen Spendensammler Hysterie und Scharlatanerie, später bezichtigte sie ihn der Bereicherung und der unmoralischen Lebensführung. Zeitweilig stellte man Padre Pio unter Hausarrest und erteilte ihm Predigtverbot. Kein Vorwurf konnte aufrecht erhalten werden. Einen Verbündeten fand der Mönch vom Gargano erst in Johannes Paul II. Auf dessen Initiative hin wurde der Selig-, schließlich der Heiligsprechungsprozess in Angriff genommen. Nicht ohne Grund, denn Papst Johannes Paul II. hält seit langem große Stücke auf Padre Pio. Dieser soll dem gerade 27-jährigen Karol Woytila vorhergesagt haben, dass er einmal das höchste Kirchenamt bekleiden werde. Später, als der umstrittene Mönch beim Vatikan längst in Ungnade gefallen war, bat der damalige polnische Bischof ihn in einem Brief, für eine krebskranke polnische Frau zu beten. Die Frau genas innerhalb weniger Tage.

Wirtschaftsboom

Dies alles hat Padre Pio zu einem Heiligen werden lassen, der es mit jedem Popstar aufnehmen kann. Im modernen Italien ist er ein Medienstar, als einziger Heiliger hat er den Sprung in die Regenbogenpresse geschafft. Geschlossen pilgert die italienische Fußball-National-

Am 25. Mai 1887 kam er als Francesco Forgioni in Petrelcina zur Welt. Als Padre Pio starb er 1968 im Alter von 81 Jahren im Konvent von San Giovanni Rotondo. Das Geschäft mit dem Verkauf seiner Souvenirs ist recht einträglich ...

mannschaft zum Gargano, und Prominente wie Giulio Andreotti oder Adriano Celentano outen sich als Padre-Pio-Anhänger. Mittlerweile spekulieren 600 Firmen mit der Popularität des eigensinnigen Heiligen: Bestattungsinstitute, Wellnesszentren und sogar Tankstellen haben sich seinen Namen zu Eigen gemacht. Seiner apulischen Wahlheimat hat Padre Pio einen wahren Wirtschaftsboom beschert. San Giovanni Rotondo hat zwar nur 25 000 Einwohner, aber über 100 Hotels und Pensionen. Sieben Millionen Besucher strömen jedes Jahr zum 60 Zentner schweren Sarkophag aus blauem Granit, der den Leichnam des Heiligen birgt, und tragen zum Gesamtumsatz von geschätzten 100 Millionen Euro bei. Der Bürgermeister des Orts forderte kürzlich

nicht nur mehr Parkplätze, sondern eine Aufstockung der Verkehrspolizei im Ort von 25 auf 70 Beamte, um der täglichen Blechlawinen Herr zu werden. Das von Padre Pio in den 1960er-Jahren ausschließlich mit Spenden gebaute "Haus zur Linderung des Leidens" gilt heute im unterentwickelten Süden als eines der renommiertesten Krankenhäuser Italiens und beschäftigt 2600 Ärzte und Krankenschwestern. Bald schon wird ein anderes Vorzeigeobjekt das Interesse der Gläubigen in aller Welt auf sich ziehen. In San Giovanni Rotondo entsteht eine der größten Kirchen der Christenheit mit Platz für 7000 Menschen drinnen und 30 000 draußen. Der Architekt heißt Renzo Piano, einer der weltweit renommiertesten Vertreter seiner Zunft.

Monte S. Angelo
(Fortsetzung)

ist heute im sehenswerten Museum der Kirche aufgestellt.) Im Inneren sind ein schöner Bischofssitz (12. Jh.) und hinter dem Hauptaltar – er soll dort stehen, wo der Erzengel seinen Fußabdruck hinterließ – ein marmorner Michael von Andrea Sansovino (1507) zu beachten. Wenige Schritte südöstlich von San Michele ragt die sog. Tomba des Langobardenkönigs Rothari auf, ein Kuppelbau mit wertvollen Reliefs und reich gestalteten Kapitellen, vermutlich ein Baptisterium (um 1200). Daneben steht die Kirche S. Maria Maggiore (begonnen 1170) mit schönem Portal von 1198. Interessant ist auch das volkskundliche Museo di Arti e Tradizioni Popolari del Gargano im ehemaligen Franziskanerkonvent.

Baedeker TIPP **Folklore satt**

Freunde der Folkmusik kommen im Sommer auf dem Gargano auf ihre Kosten. Etwa zwischen 20.7. und 20.8. spielen in den Hauptorten der Halbinsel apulische Gruppen ("Etnofestival"), Mitte August versammelt die "Rassegna Folcloristica Internazionale" in Monte S. Angelo Gruppen von Apulien bis Uganda. Informationen unter www.gargano.it oder bei den Verkehrsämtern.

*Foresta Umbra

Monte Sant'Angelo ist Ausangspunkt für eine Durchquerung des Gargano auf der SS 528. Man quert eine hügelige Hochfläche und taucht dann in die wunderbare Foresta Umbra ("Schattiger Wald") ein, den einzigen größeren Wald Apuliens (über 100 km^2) mit mächtigen Buchen, Eichen, Ahornen und Aleppokiefern. Er wurde 1991 zum Nationalpark erklärt, markierte Wanderwege, Park- und Picknickplätze ziehen an Wochenenden zahlreiche Ausflügler an (Parco Nazionale del Gargano, www.parcogargano.it). Bei der Straßengabelung nach Vico / Vieste liegt ein hübscher See mit einem Informationszentrum, das Tipps für reizvolle Wanderungen gibt.

**Südostküste

Vieste

Entlang der fantastisch schönen Küste mit ihren bizarr geformten Kalkklippen und Felsentoren – vorbei an vielen Buchten, besonders eindrucksvoll Baia Zagare und Baia Pugnochiuso – erreicht man Vieste (13 800 Einw.), Hauptort und touristisches Zentrum des Gargano, dessen reizvolle Altstadt malerisch auf einem felsigen Halbinsel liegt. Das Kastell wurde unter Friedrich II. erbaut und im 16. Jh. erweitert (nicht zugänglich). Die Kathedrale aus dem 11. Jh. wurde leider im 19. Jh. verunstaltet; einen näheren Blick lohnen die frühromanischen Kapitelle. Unterhalb der Kathedrale wurde in einer Ölmühle ein Archäologisches Museum eingerichtet. Von der Kirche S. Francesco (1438) an der Spitze der Halbinsel sieht man auf den schönen, langen Sandstrand südlich der Stadt mit dem berühmten Felsen Pizzomunno ("Spitze der Welt").
Auf der Weiterfahrt nach Peschici sind immer wieder "trabucchi" zu sehen, Holzgerüste mit Fischnetzen an langen Auslegern.

Peschici

Ebenfalls hübsch über dem Meer gelegen und touristisch geprägt ist das alte Städtchen Peschici (90 m, 4300 Einw.), in dem die orientalisch inspirierten Kuppeldächer auffallen. Im Jahr 1998 kam es in die Schlagzeilen, als eine Spielgemeinschaft aus 99 Einwohnern mit 63 Millionen Mark den bis dato höchsten Lottogewinn in Europa machte. In der Umgebung liegen zwischen den Felsvorsprüngen schöne Sandbuchten.

San Menaio

Kurz hinter Peschici öffnet sich der herrliche Blick auf die vielen Kilometer Sandstrand an der Nordküste mit Rodi Garganico im Hintergrund. Von San Menaio mit seinem schönen Pinienwald kann man einen Abstecher hinauf nach Vico del Gargano (445 m, 8200 Einw.) machen: ein Ausflug in frühere Zeiten. Vico del Gargano

Rodi Garganico (42 m, 4000 Einw.), das pittoresk auf einem Felsen über der Küste liegt, ist ein beliebter Ferienort und Hauptfährhafen für die 22 Seemeilen nordwestlich gelegenen Tremiti-Inseln (ca. 1 1/2 Std. Fahrzeit). Westlich dehnen sich zwei Lagunen aus, Lago di Varano (10 km lang) und Lago di Lesina (22 km lang), ergiebige Fischreviere und Lebensraum für viele Vogelarten. Rodi Garganico

Lagunen

Peschici, die schönste Stadt an der Nordküste

Über Sannicandro und S. Marco in Lamis – in der Nähe die im 6. Jh. gegründete Abtei S. Matteo in Lamis – kann man dann nach San Giovanni Rotondo (566 m, 24 500 Einw.) fahren, das vom höchsten Berg des Gargano, dem Monte Calvo (1056 m), überragt wird. Als Wirkungsort des ab 1918 stigmatisierten Padre Pio (▶ Baedeker Special S. 146) zieht er alljährlich Millionen Heilung suchender Pilger an, für die große Hotelkomplexe gebaut wurden. Am Westrand des Orts stehen die Kirche S. Maria delle Grazie (1956) und das Kapuzinerkloster mit dem großen Krankenhaus "Casa Sollievo della Sofferenza", das mit den Spenden der Pilger finanziert wurde. Im Jahr 2000 wurde eine von Renzo Piano entworfene neue Kirche geweiht, eine riesige Kuppelkonstruktion, die über 7000 Sitzplätze bietet; weitere 30 000 Gläubige fasst der Vorplatz. An der Ausstattung der Kirche waren u. a. die US-amerikanischen Künstler Roy Lichtenstein und Robert Rauschenberg beteiligt. S. Matteo in Lamis
S. Giovanni Rotondo

Die Rückkehr nach Foggia sollte über Rignano Garganico (7 km südwestlich von S. Marco in Lamis) erfolgen: Unmittelbar am Steilab- ＊Rignano Garganico

| Gargano (Fortsetzung) | fall des Garganico gelegen, eröffnet der "Balkon Apuliens" einen grandiosen Blick über den ganzen Tavoliere, an klaren Tagen ist im Südosten das Castel del Monte zu erkennen. |

Tremiti-Inseln · Isole Tremiti

Etwa 25 km vor der Nordküste des Gargano liegen die autofreien Trémiti-Inseln, ein kleiner, sehr reizvoller Archipel mit den Inseln S. Domino, S. Nicola, Cretaccio und Capraia (Caprara). Die beiden Letzteren sind unbewohnt. Insgesamt leben ca. 300 Menschen auf den Inseln, die aufgrund des besonders klaren Wassers und des Fischreichtums als Tauchrevier beliebt sind. Von Mitte Juli bis Mitte September ist Hochsaison, Hotels und Privatzimmer sind dann ausgebucht. S. Nicola ist per Tragflächenboot oder Schiff von Termoli (bewachter Parkplatz), Rodi Garganico und Vieste zu erreichen (Mai – September mehrmals am Tag, Juni – September auch von Manfredonia aus); sehr schön ist der Flug mit dem Helikopter von Foggia nach San Domino.

Isola S. Domino

Die westlichste und landschaftlich reizvollste der Inseln ist die mit Pinienwäldern bestandene Isola San Domino (2 km², höchster Punkt 116 m). Von 1792 bis 1943 diente sie als Gefängnis und Verbannungsort. Über der Ostküste liegt der Hauptort San Domino. Besuchenswert sind die nur vom Meer aus zugänglichen Grotten, besonders die Grotta delle Viole und die Grotta del Bue Marino, die mit ihren "Lichtspielen" bezaubern.

Isola S. Nicola

*S. Maria

Nordöstlich liegt die kleinere Isola San Nicola (0,5 km², bis 72 m hoch) mit San Nicola, dem Hauptort der Inselgruppe mit mittelalterlichen Festungsanlagen, die im 15. Jh. ausgebaut wurden. Auf der Anhöhe – die einen schönen Blick eröffnet – stehen die Reste einer Benediktinerabtei aus dem 11. Jh. und die Kirche S. Maria a Mare (geweiht 1043) mit einem Renaissance-Portal. Im Inneren, einem von vier Nebenschiffen umgebenen Zentralraum (für Süditalien einzigartig), sind Teile eines großartigen romanischen Bodenmosaiks (11./12. Jh.), am Hauptaltar ein vergoldetes geschnitztes Polyptychon (15. Jh.) sowie ein großer Holzkruzifixus aus dem 13. Jh. in byzantinischem Stil zu bewundern.

Herkulaneum · Ercolano J 14

Region: Kampanien · Campania
Provinz: Napoli
Höhe: 44 m ü. d. M.
Einwohnerzahl: 61 000

Allgemeines

Die Ruinenstadt Herkulaneum erstreckt sich über die westlichen Ausläufer des Vesuvs, mitten in und unter der nach dem antiken Ort benannten Stadt Ercolano (ehemals Resina). Man erreicht sie von Neapel (11 km nordwestlich) am bequemsten mit der Schmalspurbahn Circumvesuviana. Der Eingang des Archäologischen Parks liegt am Corso Resina, der Hauptstraße des Ortes, zu Fuß weniger als zehn Minuten vom Bahnhof entfernt.

Herkulaneum, die Römerstadt mitten in und unter der Stadt Ercolano

Geschichte

Der wohl von Griechen oder Etruskern als Herakleion ("Stadt des Herkules") gegründete Ort fiel später in die Hände der Osker und Samniten. Um 300 v. Chr. geriet die Stadt zunächst unter römischen Einfluss und 89 v. Chr. in römischen Besitz. Aufgrund der Lage am Golf von Neapel ließen sich einige reiche Römer hier Sommersitze erbauen. Bereits 63 n. Chr. wurde Herkulaneum durch ein Erdbeben schwer beschädigt. Die Aufbauarbeiten waren teilweise noch im Gange, als die etwa 5000 Einwohner zählende Stadt beim Ausbruch des Vesuvs im August 79 n. Chr. unter kochenden Schlammmassen versank und in Vergessenheit geriet. Erst bei Brunnenbohrungen 1719 stieß man zufällig auf das Theater.

Ausgrabung

Die besonderen Verschüttungsumstände – Herkulaneum wurde von einer bis zu 20 m hohen, glühenden, später zu Stein gewordenen Schlammschicht überflutet – sorgten dafür, dass in Herkulaneum organische Stoffe wie Holz zwar karbonisiert, aber auch luftdicht abgeschlossen und so vor der Zersetzung bewahrt wurden. So blieben die oft in Fachwerk erbauten oberen Stockwerke der Häuser konserviert, das gleiche gilt für Möbel, darunter Schränke, Prunkliegen für Festessen (Klinen), Schuhe, Lebensmittel etc. Sie sind im neu eröffneten Antiquarium ausgestellt und machen den Besuch zu einem Erlebnis. Andererseits zerstörte der Druck der Schlammmassen viele Gebäude, ein Übriges tat die Ausgrabungstechnik des 18. Jhs, als man mit Hilfe unterirdischer Stollen versuchte, an die antiken Kunstwerke zu gelangen und viel antikes Mauerwerk zum Einsturz brachte ...

Seit 1927 wird Herkulaneum systematisch "ausgemeißelt". Bisher ist ungefähr ein Drittel der Stadt freigelegt. Zurzeit besteht Gra-

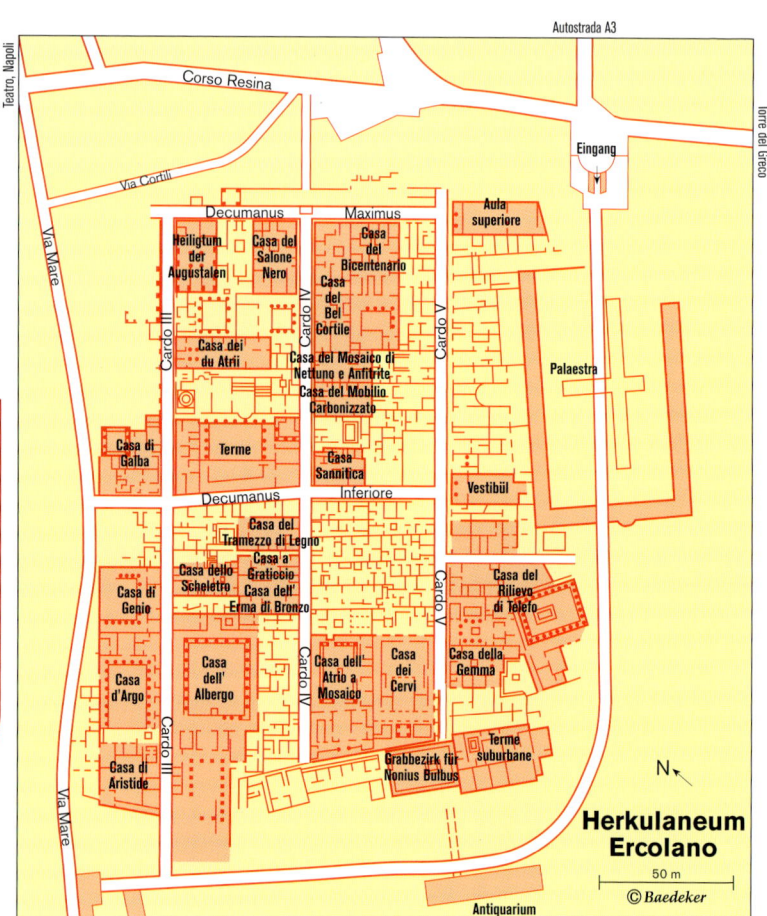

Herkulaneum
Ercolano

50 m

© Baedeker

Ausgrabung
(Fortsetzung)

bungsstopp, die verfallende Stadt soll zunächst dokumentiert und konserviert werden, bevor weitere Ausgrabungen getätigt werden.

Einer der bedeutendsten Fundkomplexe konnte aus der unweit der Stadt gelegenen Villa dei Papiri geborgen werden. Neben zahlreichen einzigartigen Bronze- und Marmorskulpturen wurden mehrere hundert zwar verkohlte, aber noch lesbare Papyrusrollen in der Bibliothek entdeckt (heute im Archäologischen Museum in Neapel). Sie gaben der Villa ihren Namen.

Als 1982 wegen Grundwassereinbrüchen erstmals Herkulaneums einstiger Strand ergraben wurde, stieß man auf zahlreiche Skelette. Diese Funde räumten mit der Vorstellung auf, dass die Einwohner Herkulaneums die Katastrophe rechtzeitig erkannt und mit dem Leben davon gekommen wären. Die Auswertung der Funde beweist vielmehr, dass die Menschen aus dem Ort an den Strand geflüchtet waren, um auf Schiffen zu entkommen. Aber die konnten wegen der meterhohen Wellen nicht zu Wasser gelassen werden. So drängten sich viele schutzsuchend in gewölbte Bootskammern, die in den Uferfelsen eingetieft waren. Vergebens: Alles wurden vom Schlamm überrollt, der nach dem Ende der Katastrophe die Küste um einige Kilometer meerwärts verschoben hatte.

**Scavi d'Ercolano

Öffnungszeiten: November – März täglich 8^{30} – 17^{00} Uhr (letzter Einlass 15^{30} Uhr). April – Oktober täglich 8^{30} – 19^{30} Uhr (letzter Einlass 18^{00} Uhr). Es gibt eine drei Tage gültige Sammel-Eintrittskarte, die außerdem Pompeji, Boscoreale und die Villa Oplontis in Torre Annunziata einschließt. Im Folgenden die Beschreibung der wichtigsten Gebäude. Allerdings werden immer wieder einzelne Gebäude wegen Baufälligkeit geschlossen. Im Übrigen engagiert sich Phoenix-Pompeji e. V. auch hier (▶ S. 237).

Kurz hinter dem Eingang hat man einen schönen Blick über die Ruinenstadt. Sie wird von drei von Nord nach Süd verlaufenden Hauptstraßen (Cardo III, IV, V) durchzogen, die von zwei Querstraßen (Decumanus maximus und Decumanus inferior) gekreuzt werden.

In dem nach langer Bauzeit endlich eröffneten Museum sind überwiegend Kleinplastik und Kunsthandwerk sowie die (restaurierten) Holzfunde ausgestellt. Vom Museumsvorplatz geht es durch einen Stollen aus bourbonischer Zeit in die antike Stadt.

Man folgt einer steil zum Stadttor (Porta Marina) aufsteigenden Rampe und gelangt zunächst auf einen rechteckigen Platz, den heiligen Grabbezirk des Nonius Bulbus. Er war Lokalpolitiker und Mäzen zur Zeit des Kaisers Augustus. Zu sehen sind zwei Marmorsockel. Der kleinere trug einst die Statue des Politikers, der größere, das Grabmal in Form eines Opferaltars, legt nahe, dass hier Balbus nach seinem Tode verehrt wurde.

Über den Vorplatz, der auch als Palästra genutzt wurde, gelangt man in die Vorstadtthermen, die einst mit den Wohnhäusern Casa del Gemma und Casa del Rilievo di Telefo verbunden waren und nur bis 12^{30} Uhr zugänglich sind. Sie gehören zu den am besten erhaltenen Anlagen ihrer Art mit einzigartige Stuckaturen im Tepidarium ("Sieben gegen Theben"), der Originalmarmorausstattung und einer Holztür im Frigidarium, die sich noch in ihrer Angel dreht. Das Bad ist mit allen technischen Finessen seiner Zeit ausgestattet: So besitzt das Tepidarium eine große Wanne, in die über Röhren warmes Wasser, das in einem Heizkessel erhitzt wurde, eingeleitet werden konnte. Das Caldarium, bestehend aus Warmwasserwanne und Labrum (Kaltwasserbecken), ist besonders interessant, weil man noch erkennen kann, dass die Schlammflut durch das Fenster eindrang und das Labrum umdrehte. Es hinterließ einen Abdruck im vulkanischen Tuff, an dessen Oberfläche noch die Scherben und Reste der Fensterlaibung erhalten sind.

Nun geht man über den Vorplatz zurück, folgt der Rampe und betritt durch die Porta Marina die Stadt. Am Beginn des Cardo V rech-

Casa di Gemma

ter Hand die Casa di Gemma, die in rötlich-braunen Farben schön ausgemalt ist, sowie die mit ihr verbundene Casa del Rilievo di Telefo, das Haus mit dem Telephos-Relief; im säulenumschlossenen Atrium befindet sich ein Marmorbecken.

Casa dei Cervi

Die Casa dei Cervi auf der gegenüber liegenden Straßenseite ist eines der prächtigsten Häuser Herkulaneums. Mit seinen auf der alten Stadtmauer angelegten Gärten, Loggien und Marmorskulpturen spiegelt es den Luxus eines luxuriösen kampanischen Stadthauses wider. Die Marmorgruppe eines von Hunden gehetzten Hirsches gab dem Haus seinen Namen. Der Blick von der Terrasse über den Küstenstreifen aufs offene Meer muss in der Antike großartig gewesen sein.

Auf der Höhe des Vestibüls (einst Zugang zur Palästra) biegt man in den Decumanus inferior und gleich wieder (links) in den Cardo IV.

Casa del Tramezzo di Legno

Das "Haus mit der hölzernen Scheidewand" ist eines der besterhaltenen Wohnhäuser; sein Atrium konnte mit einer Holzwand vom Speise- und Empfangsraum getrennt werden (daher der Name). In den Schlafräumen sind Bettstellen und eine hölzerne Truhe erhalten. Die Fresken- und Mosaikenreste stammen aus der Mitte des 1. Jh.s n. Chr. In den Räumen im Obergeschoss und zur Straße hin wohnten vermutlich Handwerker und Händler zur Miete.

Casa a Graticcio

Als nächstes folgt die Casa a Graticcio, deren Zwischenwände – Holzrahmen, die mit leichtem Flechtwerk (graticcio), einem Gemisch aus Zweigen und Lehm, gefüllt waren – wohl nachträglich eingezogen worden waren.

Casa dell'Atrio a Mosaico

Etwas südlicher und auf der gegenüberliegenden Straßenseite gelangt man nun zu einem geräumigen Haus, dessen Atrium mit einem schwarz-weißen Mosaikfußboden geschmückt ist.

Casa Sannitica

Nun geht man wieder den Cardo IV hinauf. Die Casa Sannitica, jenseits des Decumanus inferior, stammt noch aus samnitischer, d. h. vorrömischer Zeit (2. Jh. v. Chr.). In der Mitte besitzt sie ein großes Atrium.

Thermen

Auf der gegenübergelegenen Straßenseite stehen die um 10 v. Chr. erbauten Thermen mit einer größeren Männer- und einer besser erhaltenen Frauenabteilung. Im Heißraum der Männerabteilung sind die Hypokausten (Heizung) zu sehen. Die Baderäume sind mit Mosaikböden und Wandbemalungen ausgeschmückt.

Das Haus gegenüber den Thermen, an der Ecke Decumanus inferior/Cardo III, ist als Fundort einer Büste des Kaisers Galba bekannt.

Zurück auf dem Cardo IV folgen die Casa del Mobilio Carbonizzato, benannt nach den hier gefundenen verkohlten Möbeln, und die Casa di Nettuno e Anfitrite (Haus des Neptun und der Amphitrite), zu der ein Lebensmittelladen gehörte. Erhalten sind u. a. Weinamphoren und Holzregale. Im Sommerspeisesaal (Triclinum) befindet sich das Namen gebende Mosaik von Neptun und Amphitrite.

Casa del Mosaico

Casa del Bel Cortile

Den Abschluss bildet die Casa del Bel Cortile, deren Zimmer um einen überdachten Innenhof angelegt sind.

Die Casa del Bicentenario am Decumanus Maximus ist mit Mosaiken und Fresken sowie einem Kruzifix geschmückt, vermutlich eines der ältesten Zeugnisse des Christentums. Der Name dieses Hauses geht darauf zurück, dass es 1938 – rund 200 Jahre nach dem Beginn der Grabungen – freigelegt wurde. Ganz im Osten der Stadt liegt der umfangreiche Komplex der Palaestra, in der Sportfeste veranstaltet wurden.

*Palaestra

Die Casa del Salone Nero (kurz hinter der Abzweigung zum Cardo IV) hat ihren Namen von den figürlichen, vor allem in schwarz gehaltenen Fresken des Salons.

Casa del
Salone Nero

Collegio degli Augustali

Das Heiligtum der Augustalen, ein auf quadratischem Grundriss errichteter Tempel, war Herkules gewidmet, dem Schutzherrn der Stadt, in späterer Zeit diente er dem Kaiserkult. Durch eine Deckenöffnung erhielt er Licht, einige Wandfresken haben sich erhalten.

Casa dell'Albergo

Vorbei an der Casa di Galba, einem der ältesten Häuser der Stadt, und der Casa dello Scheletro, benannt nach einem hier entdeckten Skelett, gelangt man auf dem Cardo III zur so genannten Casa dell'Albergo, dem größten bisher ausgegrabenen Haus in Herkulaneum. Zum Zeitpunkt des Vesuvausbruchs wurde es vermutlich gerade in ein Mehrfamilienhaus umgebaut.

Wandgemälde im Collegio degli Augustali

Sowohl die Villa dei Papiri als auch das Theater liegen außerhalb der Ruinenstadt. Beide Bauten sind derzeit nicht zugänglich.

Villa dei Papiri

Ischia · Isola d'Ischia

H 14

Region: Kampanien · Campania
Provinz: Neapel
Fläche: 46 km²
Höhe: Meereshöhe bis 788 m ü. d. M.
Einwohnerzahl: ca. 40 000

Isola Verde, grüne Insel, wird Ischia" gerne genannt. In der Tat ist die größte Insel im Golf von Neapel ein kleines Kaleidoskop mediterraner Vegetation: gelb blühender Ginster, duftende Gewürzsträucher, Weinberge, Obstgärten, Olivenhaine sowie Pinien- und Steineichenwälder sind charakteristisch für die Insellandschaft, die man auf vielen ausgewiesenen, meist nicht sehr beschwerlichen Wanderwegen erkunden kann. Die Hauptattraktion von Ischia sind aber die zahlreichen heißen Quellen, die daran erinnern, dass die Insel eine Fortsetzung der Vulkanlandschaft westlich von Neapel darstellt. Vor allem in den Kurorten an der Nordküste wurden so genannte Giardini Termali eingerichtet, Thermalbadeanlagen, in denen man in natürlichen Grotten schwitzen, zwischen Bougainvilleen, Oleander und Palmen entspannen und in unterschiedlich

Detaillierte
Darstellung im
Baedeker Allianz
Reiseführer
"Ischia, Capri,
Procida"

155

Castello d'Ischia, das Wahrzeichen der Insel

**Allgemeines
(Fortsetzung)**

temperierten Becken schwimmen kann. Die meisten Hotels auf der Insel haben eigene Kurabteilungen im Haus.

Anreise

Mehrmals täglich verkehren Fähren vom italienischen Festland, u. a. von Neapel und von Pozzuoli (auch Tragflügelboote) nach Ischia Porto bzw. Casamicciola Terme.

*Inselrundfahrt Karte S. 158

Mit dem Bus

Zwei Buslinien fahren in regelmäßigen Abständen um die Insel: Die Linie CD, Circolare Destra, umrundet Ischia im Uhrzeigersinn, die CS, Circolare Sinistra, in entgegengesetzter Richtung. Alle größeren Ortschaften werden angefahren. Mit einem Tagesticket kann man die Fahrt beliebig oft unterbrechen.

**Ischia Porto und
Ischia Ponte**

Ausgangspunkt der Inselrundfahrt und Inselhauptort ist das am Nordostufer gelegene Ischia. Es besteht aus den beiden Stadtteilen Ischia Ponte und Ischia Porto, die von den beiden Straßen Via Roma und Corso Vittoria Colonna miteinander verbunden werden. Das modernere und sehr lebendige Ischia Porto besitzt den größten Hafen der Insel – ein 302 v. Chr. bei einem Vulkanausbruch geschaffener Kratersee, der 1854 zum Meer geöffnet wurde. Südöstlich von Ischia Porto ragt auf einem Felsen das Castello d'Ischia, das Wahrzeichen der Insel, aus dem Meer. Das Kastell, im 15. und 16. Jh. Sitz der aragonesischen Statthalter, befindet sich heute in Privatbesitz, kann zwischen März und Oktober aber besichtigt werden. Man erreicht es über den mehr als 200 m langen Steindamm, der die Felseninsel mit Ischia Ponte, dem älteren Ortsteil, verbindet.

156

Rund 4 km westlich von Ischia Porto, in der Mitte der Nordküste, erstreckt sich am Hang des Epomeo zwischen Gärten und Weinbergen Casamicciola Terme, der traditionsreichste Kurort auf der Insel mit mehreren heißen Quellen und gepflegten Thermalanlagen. Tradition hat in Casamicciola nicht nur die Kuren, sondern auch die Keramikherstellung. In der 400 Jahre alten Majolikafabrik der Brüder Mennella gibt es Töpfe, Vasen und Geschirr in riesiger Auswahl. Ein weiterer Anziehungspunkt in Casamicciola ist der in üppiges Grün gebettete, terrassenförmig am Hang angelegte Thermalpark Castiglione mit aussichtsreichem Café-Restaurant und eigenem Strandabschnitt. Herrliche Ausblicke genießt man bei einem Spaziergang auf der Via Borbonica, einer von den Bourbonen angelegten Straße am Hang des Monte Epomeo.

Casamicciola Terme (margin)

Baedeker TIPP **Einkaufs- und andere Tipps**

Erstklassigen Parmesan (eingeschweißt auch bestens als Mitbringsel geeignet) gibt es im besten Wurst- und Käseladen Porto d'Ischias (Via Alfredo de Luca 39). Deftige Hausmannskost wird im Coco an der Mole in Ponte serviert, zwischen Insel und dem Castello Aragonese. Und noch ein Fast-Geheimtipp: Oberhalb von Porto d'Ischia, im Ortsteil Fiaiano, das La Vigna d'Alberto di Scala von Ciccio ... Der Wein stammt vom eigenen Gut.

Ganz im Nordwesten der Insel liegt das Seebad Lacco Ameno. Sein Wahrzeichen ist der pilzförmige, stark verwitterte Felsen, Il Fungo, der am Hafen aus dem Wasser ragt. Das Museo Archeologico in der hübsch gelegenen Villa Arbusto zeigt Funde aus der ehemaligen griechischen Kolonie Pithecusa, darunter den so genannten Nestor-Becher aus der Zeit um 730 v. Chr. (Corso Rizzoli 210, geöffnet Di. bis So. 9⁰⁰ – 13⁰⁰, 15⁰⁰ – 18⁰⁰ Uhr). In der Krypta von Santa Restituta vor dem Rathaus sind weitere Exponate aus der Frühzeit ausgestellt (geöffnet tägl. 9³⁰ – 12³⁰, Mo. – Sa. auch 17⁰⁰ – 19⁰⁰ Uhr). Schön baden – entweder im Meer oder in Thermalbecken – kann man in der benachbarten Bucht von San Montano.

Lacco Ameno (margin)

Auf einem flachen Landsporn an der Westküste von Ischia breitet sich Forio aus, ein altes Städtchen und ehemaliges Künstlerrefugium. Anziehungspunkte sind hier die hübsche, weiß getünchte Seefahrerkirche Madonna del Soccorso und der zinnenbekrönte Wehrturm namens Il Torrione, der 1480 zum Schutz gegen Pirateneinfälle erbaut worden war. Nur wenige Kilometer südlich von Forio erstreckt sich der berühmte Strand von Citara mit den Gärten des Poseidon, einer besonders schönen und ausgedehnten Thermalanlage direkt hinter dem Strand.

Forio (margin)

Poseidon-Gärten (margin)

Das "Schmuckstück" an der überwiegend steilen Südküste von Ischia ist das kleine, auf einer Landzunge zusammengedrängte Sant'Angelo, das sich mit seinen pastellfarbenen Häusern und der kleinen Hafenbucht mit den bunten Booten die Ausstrahlung eines ischitanischen Fischerdorfs bewahrt hat.

Sant'Angelo (margin)

Zwischen Sant'Angelo und Barano d'Ischia (über Serrara und Fontana auf der Straße, von Sant'Angelo mit dem Boot) erstreckt sich der längste (auch meistbesuchte) Strand von Ischia. An manchen Stellen des knapp 3 km langen Maronti-Strandes werden der Sand und das Meerwasser durch Fumarolen (heiße Dämpfe) stark erhitzt.

Spiaggia dei Maronti (margin)

*Monte Epomeo Das idyllisch gelegene Bergdorf Fontana ist der beste Ausgangspunkt für einen Aufstieg zum 789 m hohen Monte Epomeo, da seine Hänge nach Süden verhältnismäßig flach zum Meer abfallen. Bei dem höchsten Berg der Insel handelt es sich um einen Vulkan, der seit dem 14. Jh. erloschen ist. Der Aufstieg dauert von Fontana etwa eine Stunde. Auf dem Gipfel kann man sich im Terrassencafé für den Abstieg stärken; Übernachtungsmöglichkeiten gibt es in der einstigen Einsiedelei San Nicola. Die Aussicht von hier oben ist unvergleichlich – ganz Ischia liegt dem Wanderer zu Füßen.

Procida · Isola di Procida

Ruhiges Ferienparadies Die zwischen Ischia und dem italienischen Festland gelegene, nur 4 km lange und 2 km breite Insel Procida ist neben Ischia und Capri die dritte und kleinste der Inseln im Golf von Neapel. Sie ist ebenfalls vulkanischen Ursprungs, besitzt jedoch weder die Naturschönheiten Capris noch die Thermalquellen Ischias. Vermutlich ist sie deshalb touristisch nicht besonders erschlossen und hat sich die größte Ursprünglichkeit bewahrt. Viel von dem etwas spröden Charme der Insel erfährt man im Rom der neapolitanischen Schriftstellerin Elsa Morante, die ihren Roman "Arturus Insel" auf Procida spielen lässt.

*Procida (Ort) An der Nordostseite der Insel liegt das Städtchen Procida mit einem modernen Hafen (Sancio Cattolico) und dem alten Fischerhafen Corricella. Mit seinen pastellfarbenen Würfelhäusern und zauberhaften Ausblicken aufs Meer bietet es ein sehr malerisches Bild, daher drehte Massimo Troisi hier den größten Teil seines bezaubernden letzten Films "Il postino", der von Pablo Nerudas Exilaufenthalt auf Capri Anfang der 1950er-Jahre handelt.

Ischia
(Fortsetzung)

Oberhalb von Corricella, auf einem steil abfallenden Felsen, thront die mittelalterliche, von Wehranlagen geschützte Oberstadt, Terra Murata genannt. Hier steht auch die Kirche des Inselpatrons S. Michele Arcangelo. Am Karfreitag geht hier eines der originellsten Mysterienspiele der Region aus, bei dem die so genannten Turchini, eine Laienbruderschaft, bleischwere Heiligenfiguren über die Hügel der Insel tragen. Bei klarer Luft breitet sich hier und auf der Punta dei Monaci der ganze Golf von Neapel vor einem aus.

Von der Stadt führt eine 3 km lange Straße südlich zur Bucht von Chiaiolella, wo es einen Hafen und einen schönen Strand gibt.

Chiaiolella

Westlich gegenüber der Bucht von Chiaiolella liegt die kleine Insel Vivara, die durch eine Brücke mit Procida verbunden ist. Auf Vivara, wo Olivenbäume gedeihen und wilde Kaninchen leben, wird ein Naturpark angelegt.

Vivara

Kalabrien · Calabria   K – L 17 – 20

Kalabrien · Calabria

Region: Kalabrien · Calabria
Provinzen: Catanzaro, Cosenza, Crotone, Reggio di Calabria, Vibo Valentia
Fläche: 15 080 km²
Einwohnerzahl: 2 043 300

Die Region Kalabrien erstreckt sich vom Golf von Policastro bis nach Reggio di Calabria, zwischen Ionischem und Tyrrhenischem Meer, und nimmt somit den südlichsten Teil der italienischen Halbinsel ein. Mit einer etwa 780 km langen Küstenlinie – das sind fast 20 % der gesamten italienischen Küste – stellt man sie sich als echt mediterranes Land mit heißen Sommern und regnerischen Wintern, mit karger Macchia und spärlicher Vegetation vor. Für die Küstenstreifen trifft das auch weithin zu, jedoch machen sie nicht einmal 10 % der Fläche aus: 42 % Kalabriens sind Gebirge und 49 % Hügelland, das z. T. mit dichten Buchen- und Kiefernwäldern bestanden ist (rund 40 % der Gesamtfläche). Das verleiht der Landschaft einen mittel- oder gar nordeuropäischen Charakter, und in der Sila wie im Aspromonte kann man im Winter Ski fahren.

Allgemeines

Kalabrien wird in seiner ganzen Länge (ca. 260 km) vom Kalabrischen Apennin durchzogen, der im Norden, wo das Pollino-Massiv die Grenze zur Basilikata markiert, im Monte Pollino 2248 m Höhe erreicht. Südlich treten aus Granit und Gneisen aufgebaute Massive eines alten Rumpfgebirges zu Tage: zunächst die Sila (Botte Donato, 1928 m), ganz im Süden Aspromonte (Montalto, 1955 m). Sie sind durch die breiten, ehedem sumpfigen Täler der Flüsse Lamato und Corace getrennt, die im Westen in den Golf von S. Eufemia bzw. im Osten in den Golf von Squillace münden. Entlang der Westküste Nordkalabriens verläuft, durch das fruchtbare Tal des Crati von der Sila abgeteilt, die Kalabrische Küstenkette (Catena Costiera oder Catena Paolana), die zum Meer hin steil abfällt. Die ca. 3 km breite Straße von Messina trennt Kalabrien von ▶ Sizilien.

*Landschaften

Wirtschaft

Kalabrien gehört zu den wirtschaftlich am wenigsten entwickelten Gebieten Italiens; hier wird durchaus nachvollziehbar, warum man in Norditalien vom "mezzogiorno" wie vom "terzo mondo" spricht. Die meisten Menschen leben von der Landwirtschaft; in den fruchtbaren Niederungen und Küstenstreifen wachsen Weizen, Oliven- und Zitrusbäume, Wein und Feigen, in den höheren Lagen ist nur Weidewirtschaft möglich. Entlang der Westküste hat der Fischfang Tradition. An Bodenschätzen haben die Steinsalzlager bei Lungro, die Schwefelvorkommen bei Stróngoli und die Erdölförderung vor Crotone eine gewisse Bedeutung. Mehrere Stauseen in der Sila liefern Strom, und in Gioia Tauro entstand einer der größten Containerhäfen des Mittelmeers.

Geschichte

Ab der Mitte des 8. Jh.s v. Chr. kolonisierten griechische Achäer das heute Kalabrien genannte Gebiet, in dem damals der Bruttier lebten. Die so genannte Magna Graecia wurde rasch reich und trat mit dem Mutterland in Kriege; 532 v. Chr. ließ sich der berühmte Pythagoras in Kroton (Crotone) nieder und gründete dort eine Philosophenschule. Bis heute gibt es – im äußersten Süden – einige Reste Griechisch sprechender Gemeinden. Im Zweiten Punischen Krieg wurde Kalabrien von Rom besetzt. Nach dem Untergang des Ostgotischen Reichs Mitte des 6. Jh.s gehörte das Gebiet bis zur Mitte des 11. Jh.s zu Byzanz, wodurch das griechische Erbe mit christlichem Vorzeichen erneuert wurde. In dieser Zeit entstanden zahlreiche Klöster basilianischer, d. h. griechischer Mönche und Nonnen, die auch in Wirtschaft und Kultur Großes leisteten; der Humanismus eines Petrarca hat hier seine Wurzeln. Die Kirche unterstand bis Ende des 15. Jh.s dem Patriarchen in Konstantinopel.

In den folgenden Jahrhunderten teilte Kalabrien das Schicksal der anderen süditalienischen Provinzen; es wurde von Normannen (ab 1060), den Anjou (1265–1442) und Aragon (1442–1503) regiert. Anschließend gehörte es bis 1734 zum spanischen Königreich Neapel, das mit einem napoleonischen Zwischenspiel (1806–1815) bis 1860 bestand. Garibaldi landete am 19. August 1860 in Melito an der Südspitze Kalabriens und marschierte gegen Rom. Ende des 19./ Anfang des 20. Jh.s wanderte über eine halbe Million Menschen aus – etwa ein Drittel der Bevölkerung –, vor allem in die USA.

Tourismus und Sehenswertes

Mit seiner langen Küste ist Kalabrien eigentlich für einen Strandurlaub prädestiniert. Die felsige, an kleinen Buchten reiche Westküste weist denn auch einige beliebte, nette Ferienorte auf, etwa Praia a Mare, Scalea, Tropea und Scilla. Die Ostküste am Ionischen Meer besteht zwar über Hunderte von Kilometern aus breitem, naturbelassenem Sandstrand, enttäuscht jedoch weitgehend. Bis zu einem "Florida Europas", wie es in den 1980er-Jahren der Ministerpräsident Romano Prodi propagierte, wäre es noch ein sehr weiter Weg. Es gibt nur sehr wenige gewachsene Orte am Meer, und kaum einer – am ehesten noch Crotone – bietet das Ambiente für einen

Eine der kleinen Sandbuchten an der felsigen Küste bei Tropea, ein schönes Plätzchen für einen Strandtag

angenehmen Aufenthalt. Die Strandsiedlungen, meist mit dem viel versprechenden Namenszusatz Marina oder Lido, sind unattraktiv; sonst konzentriert sich der Tourismus dort in Clubanlagen.

Die wechselvolle Geschichte hat nur wenige, jedoch sehenswerte Zeugnisse hinterlassen: z. B. die Reste des Tempels der Hera Lacinia bei Crotone, die byzantinischen Kirchen von Stilo und Rossano, das normannisch-angevinische Kastell von Santa Severina, die Kathedrale in Gerace und das Nationalmuseum in Reggio di Calabria. Eine Fahrt über den Monte Pollino und die Sila, ebenso eine Wanderung, sollten ebenfalls zum Kalabrien-Programm gehören.

Im Folgenden werden die Reiseziele an der West- und Ostküste jeweils von Norden nach Süden beschrieben, die im Binnenland werden an den nächsten Küstenort angeschlossen (mit Ausnahme der Sila, die von ▶ Cosenza aus erkundet wird).

Tourismus und Sehenswertes (Fortsetzung)

Entlang der Westküste

Mit seiner pittoresken Felsenküste, an der schmale Pfade zu kleinen Buchten führen, und feinem grauem Sand ist Praia a Mare (6600 Einw.) einer der beliebtesten Badeorte Kalabriens. Vom Boot aus kann man die "Lichtspiele" in den Grotten der vorgelagerten Isola di Dino bewundern. Das hoch gelegene Santuario della Madonna della Grotta (lange Treppe!) eröffnet einen schönen Blick auf die Küste. Lohnend sind Ausflüge zu den Bergorten Aieta (Palazzo Cosentini, 16. Jh.) oder Tortora (Antiquarium im Palazzo Casapenna), die auch als Standort gut geeignet sind.

Praia a Mare

Scalea

Die hübsche mittelalterliche Altstadt von Scalea (9500 Einw.) steigt "treppenförmig" – wie der Name andeutet – über dem Strand mit dem Lungomare und der Neustadt an. Trotz des hässlichen Äußeren sollte man einen Blick in die Kirche S. Nicola in Plateis (14. Jh.) am Fuß der Altstadt werfen; sie birgt die Grabmonumente von Ademaro Romano und Roger von Lauria. Unterhalb der Ruine des Kastells sind in dem Labyrinth der engen Gassen die Kirche S. Maria dell'Epsicopio (12./17. Jh.) und die teils verfallene Chiesa dello Spedale mit Resten byzantinischer Fresken (u. a. Hl. Nikolaus) interessant. Der Torre Cimalonga am Südrand der Altstadt beherbergt ein kleines Antiquarium. Mit einem Boot (Verleih) erreicht man die herrlichen Buchten am nördlich gelegenen Capo Scalea.

Cirella
Diamante

Auch die schönen Strände von Cirella und Diamante gehören zu den frequentierten Plätzen Kalabriens. Über Cirella sind die Reste des alten Orts zu sehen, der 1806 von der französischen Flotte zerschossen wurde. Die engen Gassen von Diamante werden seit 1981 von Wandmalereien geziert, die allmählich verblassen. Der Küstenabschnitt südlich etwa bis Cetraro, die meist stark verbaute Costa dei Cedri, ist Hauptanbaugebiet der Zedratzitrone, die das echte Zitronat liefert; außerdem wird die Schale zu Likör und Sirup verarbeitet; Rabbiner aus ganz Europa holen in S. Maria del Cedro die Früchte für das jüdische Laubhüttenfest.

In der Lao-Schlucht

*Lao-Schlucht, Papasidero

Von Scalea führt die SS 504 nordöstlich in die tief eingeschnittene Schlucht des Lao. Vor Papasídero (208 m), dessen Name die Gründung durch byzantinische Mönche verrät ("Pappas Isidoros"), ist unter der Brücke über den Lao noch ein mittalterlicher Bogen erhalten; jenseits die Wallfahrtskirche S. Maria di Constantinopoli (17. Jh.). Von der Brücke kann man in die Schlucht hinuntersteigen. (Die Lao-Schlucht ist Naturschutzgebiet, weshalb man auf die angebotenen Rafting-Touren verzichten sollte.) 5 km weiter bergauf zweigt die Zufahrt zur Grotta del Romito ab, die für die steinzeitlichen Ritzzeichnungen zweier Rinder berühmt ist (Führungen).

Mormanno

In sanfter grüner Landschaft an einer Hügelkuppe liegt Mormanno (840 m); in der Kirche S. Maria del Colle sind u. a. eine Madonna mit dem Jesuskind (14. Jh.), ein Taufbecken von 1578 und ein barockes Chorgestühl zu bewundern. Von Mormanno bieten sich zwei

*Monte Pollino

schöne Routen über den Monte Pollino (▶ Basilikata) nordöstlich ins Sinni-Tal an: über den hübsch gelegenen Ort Rotonda oder – bei der Kreuzung Porte della Valle rechts hinauf – zum Capo del Dragone und über die windgezausten Matten unterhalb des Pollino, mit herrlichem Blick auf Tyrrhenisches und Ionisches Meer, nach San Severino Lucano (ca. 45 km).

Morano Calabro (694 m), 18 km südöstlich von Mormanno, zeigt ein spektakuläres Bild: Wie eine Pyramide aus weißen Häusern, bekrönt von der Burgruine, ragt es vor dem Monte Pollino auf. In dem ärmlichen Städtchen sind zwei Kirchen einen Besuch wert: S. Bernardino da Siena (1485), eines der raren Beispiele kalabrischer Sakralbauten des 15. Jh.s, und S. Maria Maddalena weiter oben am Hauptplatz wegen ihrer Ausstattung: Kanzel und Chorgestühl (um 1793), Marmorstatue "Madonna degli Angeli" von A. Gagini (1505) und v. a. das großartige Polyptychon von Bartolomeo Vivarini (1477; in der Sakristei).

Morano Calabro

7 km südöstlich von Morano liegt das rege Castrovíllari (23 300 Einw.), das v. a. durch das Restaurant Locanda di Alìa bekannt ist. Der Corso Cavour, die Hauptachse der Neustadt, führt auf den Palazzo Cappelli zu. Hier beginnt die Altstadt mit der verfallenden aragonesischen Burg (1490, Wappen über dem Portal). Hinter der benachbarten, ebenso bröckeligen Kirche Santissima Trinità lohnt der Protoconvento di Francesco d'Assisi mit schönem Innenhof (16./18. Jh.) einen Blick. Östlich vor der Stadt steht auf der Höhe die Kirche S. Maria del Castello, begründet 1090, 1363 und 1769 umgebaut; im Altar gegenüber dem Haupteingang ein verehrtes (abgelöstes) Fresko "Maria mit Jesuskind" byzantinischer Machart (14. Jh.), außerdem sind Gemälde von P. Negroni (16. Jh.) zu sehen. Vom Vorplatz hat man einen hübschen Blick auf den Pollino im Norden und den Cozzo del Pellegrino im Südwesten.

Castrovillari

Lungro (600 m, 3200 Einw.), ca. 30 km südwestlich von Castrovillari, ist das Zentrum der albanischen Minderheit in Kalabrien, der "Arbërëshe" griechisch-orthodoxen Glaubens – von denen viele noch ein altes Albanisch sprechen –, und Sitz eines Bischofs (Eparca). In der prächtigen orthodoxen Kathedrale S. Nicola di Mira (19./20. Jh.) sieht man noch byzantinische Fresken aus der alten Kirche (1547).

Lungro

Altomonte bei Nacht

Altomonte, ein hoch gelegener mittelalterlicher Ort 11 km südlich von Lungro, besitzt neben guten Hotels und Restaurants eine der bedeutendsten angevinisch-gotischen Kirchen Kalabriens, S. Maria della Consolazione (1336–1380), die nach der Restaurierung wieder ihr ursprüngliches Bild zeigt. Die große Fensterrose an der Fassade wurde rekonstruiert; Datierung und stilistische Vorbilder des Portals sind strittig (14./15. Jh.). Innen ist das Portal von 1580 aufgestellt; im Chor sind ein großartiges Gestühl (17. Jh.) und das Grab-

Altomonte

*S. Maria della Consolazione

Das Fass des Südens: Italiens Nord-Süd-Gefälle

Die "terroni" wohnen südlich von Florenz. Sie leben in jenem Teil Italiens, der eigentlich schon zu Afrika gehört. Wo die Menschen dunkelhäutig sind, faul in der Sonne liegen oder der Korruption frönen und wo die Mafia den Staat in Schach hält.

Nord-Süd-Konflikt

Solche oder ähnliche Einschätzungen bekommt man in Norditalien nicht selten zu hören. Die "terroni", zu deutsch "Erdfresser", das sind für die Anhänger von Umberto Bossi alle Italiener, die im Zentrum und im Süden der Halbinsel leben. Bossi ist Parteichef der Lega Nord, jener Partei, die bei Parlaments- und Regionalwahlen in weiten Teilen der Lombardei, Venetiens, Friaul-Julisch Venetiens und Piemonts immer noch einen Stimmenanteil von bis zehn Prozent kommt. Die Lega Nord propagiert die Schaffung von "Padania", von Padanien, einem von der römischen Zentralgewalt unabhängigen Nordstaat mit eigener Polizei, eigenem Bildungssystem und sogar eigenen Olympischen Spielen. Mit Rom und dem Süden will man nichts zu schaffen haben. "Roma ladrona", "diebisches Rom", tönen die Legisten und weigern sich, ihre Steuern an die Hauptstadt zu zahlen. Die separatistischen Parolen der Lega Nord verärgern die Süditaliener, die Bewohner des so genannten "mezzogiorno", des Südens.

Die Regionen Kampanien, Apulien, Kalabrien und Sizilien sind, gefolgt von den vier anderen kleineren Regionen Sardinien, Abruzzen, Molise und Basilikata, die wirtschaftlich, sozial und kulturell unterentwickeltsten ganz Italiens. Egal, welche Standards man auch anlegt: das Qualitätsniveau in Sachen Bildungs-, Gesundheits- und Sozialwesen nimmt von Nord- nach Süditalien drastisch ab. Während in den nordöstlichen Regionen Italiens die Arbeitslosigkeit gegen Null tendiert, hat im Süden nicht einmal jeder Zweite eine Arbeit, die Quote liegt bei 56 %.

Hintergründe

Die Probleme des Mezzogiorno wurden schon von den Gründungsvätern des italienischen Einheitsstaates in den 60er- und 70er-Jahren des 19. Jh.s diskutiert, ohne Erfolg. Obwohl die feudalen Strukturen in der Landwirtschaft als Hauptgrund für die Rückständigkeit des Südens gesehen wurden, ließen praktische Schritte wie eine Landreform fast ein Jahrhundert auf sich warten. Ende des 19./Anfang des 20. Jh.s sah man dann die Hauptursache in der fehlenden Industrialisierung. Damals kam es z. B. zur Gründung des (mittlerweile stillgelegten) Stahlwerks in Bagnoli bei Neapel. Erst mit dem Ende des 2. Weltkriegs wurde die Südfrage wieder diskutiert. Mit der 1950 gegründeten "Cassa per il Mezzogiorno", einer Art Entwicklungshilfebank, die 1986 aufgelöst und von der inzwischen ebenfalls liquidierten "Agenzia per la Promozione dello Sviluppo del Mezzogiorno" übernommen wurde, versuchte der Staat mit Hilfe gigantischer Investitionsprojekte eine selbsttragende Entwicklung auszulösen. In den Jahren zwischen 1950 und 1990 gab der Staat dafür zirka 280 Billionen Lire aus, u. a. während der 70er-Jahre für riesige Stahlbetriebe und Raffinerien, von denen heute nicht wenige als Industrieruinen südliche Küsten

In den 1950er-Jahren in einem kalabrischen Dorf, die Armut ist mit Händen greifbar. Menschen und Tiere, alle leben unter einem Dach zusammen.

verschandeln. Rund ein Drittel der Gesamtsumme wurde überhaupt nicht verwendet oder in Projekte gesteckt, die nie gebaut wurden. Hunderte von Liremilliarden versickerten in Mafia-Kanälen. Darüber hinaus bewirkten bürokratische Ineffizienz und eine eher geringe Investitionsneigung von Unternehmern, dass nennenswerte Programme nie realisiert werden konnten. Und heute ist die Stimmung fast schon wieder so wie in den 1960er-Jahren, als jährlich etwa 250 000 Arbeitsemigranten in Sizilien, Kalabrien oder Kampanien ihre Koffer packten, um ihr Glück in den Industriezentren des italienischen Nordens oder in Deutschland zu machen.

Neue Hoffnungen

Die Separationsforderungen der Lega Nord und der ständige Protest norditalienischer Bürger gegen das, so Bossi, "Versickern unserer Steuergelder im korrupten Süden", haben bewirkt, dass spätestens seit 1996 die (damals noch Mitte-Links-) Regierungen in Rom versuchten, neue Wege in der Südfrage zu suchen. Dabei wird heute besonderer Wert darauf gelegt, nicht nur riesige Geldsummen in den Mezzogiorno zu pumpen. Statt dessen werden mehr lokale Gegebenheiten einbezogen, u. a. bei aufwendigen Wasserversorgungsprojekten, der Verbesserung des Transportwesens, der Telekommunikationsnetze und bei Fremdenverkehrsprojekten. Mit einigem Erfolg. So lassen sich, mit etwas Optimismus, im heutigen Süditalien bereits einige Oasen entlang der Adriaküste

ausmachen. Kalabrien stagniert allerdings nach wie vor auf hohem Niveau. Für die Zukunft wird entscheidend sein, ob der Mezzogiorno von der organisierten Kriminalität befreit werden kann, die als einer der Hauptgründe für die gesellschaftliche Lethargie gilt. Bislang wurden zwar viele Erfolge im Kampf gegen die Mafia, gegen Clans und Bosse verzeichnet, dennoch scheinen die staatlichen Behörden mit den schnellen Entwicklungen mafioser Geschäftspraktiken nicht mitzukommen. So konnte die Mafia ihre Geschäftsbereiche sogar auf den Norden Italiens ausweiten. Bossis Worte gegen das süditalienische Übel haben ihren Sinn verloren, hat er mittlerweile doch die organisierte Kriminalität in seinem Padanien direkt vor der Haustür. Darüber hinaus hängt viel davon ab, ob man in der weiteren Entwicklung die Bürokratisierung verhindert, ob die alten Einstellungen überwunden werden können, sowohl die, die die Gepflogenheiten der Geldverteilung betreffen, als auch die "Fürsorgementalität" bei den Empfängern; über all dies wird erst die Entwicklung der nächsten Jahrzehnte Auskunft geben. Nach wie vor stoßen in Süditalien Realitäten aufeinander, die man sich krasser nicht vorstellen kann. Immer noch bedeutet eine Reise von Mailand nach Palermo und umgekehrt eine Reise in ein anderes Land, in ein fremdes Italien.

Altomonte
(Fortsetzung)
*Museo Civico

mal des Filippo San"gineto (etwa 1350–1370) zu sehen, des Stadtherren und Erbauers der Kirche. Im ehemaligen Dominikanerkonvent von 1635 mit beachtenswertem Kreuzgang zeigt das Museo Civico einen wertvollen Kirchenschatz, u. a. ein dem großen Sienesen Simone Martini zugeschriebenes Tafelbild "Hl. Ladislaus, König von Ungarn" (1326), ein Triptychon mit der Passion Christi von Anfang des 15. Jh.s und zwei Gemälde des Florentiners Bernardo Daddi (1328). Ein Teil des nahen Kastells wurde zu einem romantischen Hotel umgebaut. In einem Freilichttheater findet Ende Juli/Anfang August der Festival dei Due Mari mit Theateraufführungen und Konzerten statt.

Baedeker TIPP) **Hotel Barbieri**

Das familiäre Hotel in Altomonte bewirtet in seinem Restaurant häufig große Gesellschaften, gilt seine Küche doch als eine der besten Kalabriens; aber auch der normale Tourist wird mit großer Aufmerksamkeit umsorgt. Die Zimmer sind schlicht, unbedingt eines nach vorne mit Blick auf die Altstadt verlangen. In der Bottega gibt es landestypische Produkte (▶ S. 403).

Guardia Piemontese

Durch die Porta del Sangue betritt man das ummauerte Guardia Piemontese, das 22 km südlich von Belvedere Marittimo nahe der Küste in 515 m Höhe liegt. Das "Tor des Blutes" erinnert an das grauenhafte Massaker, das der Kardinal Ghislieri, der spätere Papst Pius V., 1561 unter den Waldensern anrichtete, die im 13. Jh. aus dem Piemont hierher geflohen waren. Heute noch sind hier das okzitanische Idiom und alte Traditionen lebendig (interessantes kleines Museum). Ein herrlicher Blick bietet sich vom Belvedere.

Paola

Über einen breiten Sandstrand verfügt Páola (94 m, 17 000 Einw.), das 14 km südlich von Guardia Piemontese an den Hang gebaut ist. Hier wurde 1416 der hl. Franz von Paula als Francesco d'Alessio geboren († 1507), der den Bettelorden der Paulaner (Minimen) stiftete. Er wird in Süditalien, v. a. von den Fischern und Seeleuten, sehr verehrt (Festtage: 2. April, 2.–4. Mai), und täglich kommen viele Pilger hierher. Durch die Porta S. Francesco mit der Büste des Heiligen tritt man auf die Piazza del Popolo mit der Kirche Madonna di Montevergine, einem schönen Brunnen aus dem 18. Jh. und einem Uhrturm, der wohl einmal Teil der Stadtmauer war. Oberhalb der Stadt – mit großartigem Ausblick – liegt der große Klosterkomplex, der im 15. Jh. über der Schlucht des Isca erbaut und im 17./18. Jh. erweitert wurde. In der Basilika werden im rechten Schiff Reliquien des Heiligen aufbewahrt, der Altar enthält das Bildnis S. Francesco d'Assisi von Dirck Hendricksz (16. Jh.). Zum Heiligen Jahr 2000 wurde eine postmoderne Kirche fertiggestellt.

**Santuario
di S. Francesco**

*Passo Crocetta

Will man von Paola aus Cosenza ansteuern, lohnt sich die kurvenreiche Fahrt auf der Nebenstraße über den Passo Crocetta mit schöner Aussicht.

Cosenza

▶ dort

Amantea

Aiello Cálabro

Nocera Terinese

Wer der Küste weiter nach Süden folgt, findet um Amantea herum viele schöne Sandstrände. Von hier lohnt sich die Fahrt hinauf nach Aiello Cálabro (502 m) und dem darüber liegenden Santuario di S. Maria delle Grazie. 15 km weiter südlich, von Marina di Nocera aus, ist Nocera Terinese ein sehenswertes Ausflugsziel. An der stim

166

mungsvollen Piazza bilden die Kirchen S. Giovanni Battista (16.–18. Jh.) und S. Martino (15./18. Jh.) die Kulisse. Bekannt ist Nocera für die "vattienti", das blutige Ritual der Geißler am Ostersamstag.

Nocera Terinese (Fortsetzung)

Die Gemeinde Lamezia Terme (71 000 Einw.) entstand 1968 durch den Zusammenschluss von Nicastro, Sambiase und S. Eufemia di Lamezia. Größter Ort und Verwaltungszentrum ist Nicastro mit bemerkenswerter Kathedrale von 1640 und interessantem Diözesanmuseum. Bei Sambiase liegen die Terme Caronte mit einem modernen Bäderkomplex, deren Mineralwasser (39,4 °C) schon seit römischer Zeit bekannt ist. Die unattraktive Ebene von S. Eufemia, die früher ein sumpfiges Malariagebiet war, ist heute ein Gemüse- und Obstgarten; der Flughafen Lamezia Terme wird im Liniendienst von Rom und Mailand aus angeflogen, im Sommer auch von Chartermaschinen aus dem Ausland.

Lamezia Terme

Ebene von S. Eufemia

Kalabrien · Calabria

Tropea, der hübscheste Ort der Westküste, mit seinem Wahrzeichen Santa Maria dell'Isola

In Pizzo (8500 Einw.) am Südrand der Ebene von S. Eufemia fand das napoleonische Königreich Neapel sein Ende: Joachim Murat, der Schwager Napoleons, landete aus Korsika kommend am 7. Oktober 1815 hier; er wurde verhaftet und am 13. Oktober im angevinisch-aragonesischen Kastell erschossen (tägl. geöffnet). Im Zentrum des verwinkelten Fischerorts, der für Thunfischfang und -verarbeitung bekannt ist, öffnet sich die belebte Piazza della Repubblica wie ein Balkon hoch über dem Meer, der richtige Ort, um das berühmte Eis des Orts zu genießen – angeblich wurde hier das "Tartufo" erfunden – und den großartigen Sonnenuntergang mit Blick auf die Vulkaninsel Stromboli. Einen Blick wert ist die Kirche S. Giorgio mit ihrer Fassade von 1632 und reicher Innenausstattung. 2 km nordöstlich an der Küste ist die etwas skurrile Höhlen-

Pizzo

Pizzo
(Fortsetzung)

kirche Chiesetta di Piedigrotta mit Statuen zu finden, die A. Barone und sein Sohn seit Ende des 19. Jh.s direkt aus dem Fels gehauen haben. Unterhalb der Grotten liegt ein schöner Strand.

Vibo Valentia

In der fruchtbaren Hochebene am Rücken des Vorgebirges von Tropea liegt Vibo Valentia (476 m, 35 200 Einw.), Hauptort der seit 1992 bestehenden gleichnamigen Provinz. Von der bedeutenden griechischen Kolonie Hipponion sind beim Friedhof nordöstlich der Stadt beeindruckende Reste der Stadtmauer (6./5. Jh. v. Chr.) sowie am nordwestlich benachbarten Belvedere (herrlicher Ausblick) Reste eines dorischen Tempels erhalten. Im barocken Dom S. Leoluca (1680 – 1723) ist das Marmortriptychon von Antonello Gagini (um 1530) im linken Querschiff bemerkenswert. Das ehemalige Dominikanerkonvent nebenan (1455) beherbergt das interessante Museo d'Arte Sacra mit Werken u. a. von Gagini, Fanzago und Wenzel Koberger. Am Stadtgarten entlang führt der Viale Regina Margherita (mit dahinbröckelnden Palazzi) nach Süden zur Einkaufsstraße Corso Vittorio Emanuele III; durch das unansehnliche mittelalterliche Viertel gelangt man zum normannisch-staufisch-angevinischen Kastell. Hier zeigt das gut konzipierte Museo Archeologico Funde aus Hipponion und dem römischen Valentia bis ins Mittelalter; das hervorragendste Exponat ist eine Goldfolie mit einem "Totenpass" in griechischer Schrift (Ende 5. Jh. v. Chr.).

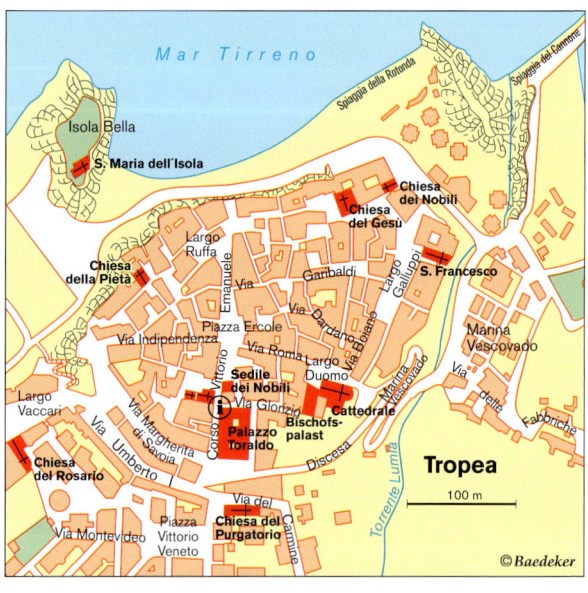

*Tropea
Abb. S. 167

Tropea (61 m, 7200 Einw.) ist mit seiner atmosphärereichen Altstadt der hübscheste Ort der ganzen Westküste und aufgrund seiner herrlichen Sandstrände am türkisblauen Meer gut besucht. Von Ende des Corso Vittorio Emanuele hat man einen wunderbaren Blick auf sein Wahrzeichen, die Klippe mit der Kirche S. Maria dell'Isola, die auf ein mittelalterliches Kloster zurückgeht. Vom Sedile dei Nobili (18. Jh.; Touristeninformation) an der Piazza Ercole führt die Via Roma zur normannischen Kathedrale (11./12. Jh., mehrfach verändert und rekonstruiert); im nüchternen Inneren der Pfeilerbasilika zu beachten sind das schwarze Kruzifix (spanisch, 16. Jh.), die marmorne Madonna del Popolo von Fra Agnolo da Montorsoli (1555) und die hoch verehrte Madonna della Romania (um 1330), ein Tafelbild nach byzantinischer Art.

Tropea
(Fortsetzung)

Als schönster Küstenstrich Kalabriens, mit vielen idyllischen Badebuchten, gilt zu Recht das felsige Vorgebirge des Capo Vaticano südlich von Tropea. Dementsprechend groß ist das Angebot an Hotels, Ferienanlagen und Campingplätzen (Informationen bei Pro Loco Tropea, ▶ Auskunft).

*Capo Vaticano

Palmì (228 m, 19 600 Einw.) zeichnet sich durch – soll man sagen: die übliche? – kalabrische Hässlichkeit aus. Nach dem Erdbeben 1783 neu aufgebaut, ließ dasjenige von 1908 nur wenige der hübschen klassizistischen Häuser übrig, von denen einige noch um den Stadtpark – hier hat man einen herrlichen Blick auf die Küste – zu sehen sind. Das Museo di Etnografia (Via F. Battaglia) gehört jedoch zu den bedeutendsten in Kalabrien; im selben Gebäude erinnert das Museo Francesco Cilea an den berühmten Opernkomponisten und Sohn der Stadt, auch die Pinacoteca lohnt einen Besuch (u. a. Monet, Corot, Modigliani). Sehenswürdigkeiten anderer Art sind die Büßerprozession des S. Rocco am 16. August und die Prozession mit der "Varia", einer 15 m hohen "Kinderpyramide", am letzten Sonntag im August (Letztere alle vier Jahre, wieder 2004).

Palmi

Bekannt ist Bagnara (11 300 Einw.) für die Jagd auf den Schwertfisch (pesce spada), die von Mai bis August von Booten mit langen Bugauslegern und hohen Ausguckmasten aus unternommen wird. Eigentlich recht schön in einer Sandbucht der Costa Viola gelegen, ist der mühsam anzufahrende Ort jedoch nicht attraktiv.

Bagnara Calabra

Sehr hübsch ist hingegen Scilla (6000 Einw.), das an der Meerenge von Messina an der Stelle liegt, wo Homer in seiner "Odyssee" die Scylla, ein alles verschlingendes Seeungeheuer, lokalisierte. Ein Felsen mit einem malerischen Kastell aus dem 13. Jh. – von hier hat man einen herrlichen Blick auf Sizilien und die Liparischen Inseln – trennt die Marina Grande mit dem Sandstrand vom pittoresken Fischerviertel Chianalea, dessen Häuser bis ans Wasser reichen.

Scilla
Abb. S. 170

Als altes kristallines Massiv zeigt der Aspromonte, der den Süden Kalabriens beherrscht, sanfte Formen mit weiten, terrassenartigen Hochflächen und uralten, undurchdringlichen Buchen- und Tannenwäldern. Durch prächtige Olivenhaine erreicht man von Bagnara oder Palmi aus die SS 183, die den Westrand des Nationalparks markiert und herrliche Ausblicke auf das Meer und Sizilien bis zum Ätna eröffnet. Touristisches Zentrum ist Gambárie (1310 m), das als auch zum Wintersport besucht wird (Sessellift auf den Monte Scirocco, 1660 m). Von dort bietet sich die schöne Fahrt im Gallico-Tal über die Bergdörfer S. Stefano und S. Alessio nach Reggio di Calabria an. Eine Straße führt hinauf zum Montalto (auch Monte Cocuzza, 1955 m), dem höchsten Berg des Aspromonte, mit einer

*Aspromonte

Gambarie

Das Kastell "wacht" über den Strand und die Altstadt von Scilla

Aspromonte
(Fortsetzung)

Christusstatue; hier hat man einen wunderbaren Blick auf das Meer ringsum, über Kalabrien und nach Sizilien. Möglich ist die sehr schwierige und mühsame Weiterfahrt an der Wallfahrtskirche Madonna di Polsi (große Pilgerfeste am 24. August und 2. September) vorbei nach S. Luca, dem Geburtsort des Schriftstellers Corrado Alvaro ("Gente in Aspromonte"), und weiter zur Ostküste.

Villa San Gio-
vanni

Ca. 10 km südwestlich von Scilla liegt Villa San Giovanni (12 800 Einw.), der wichtige Fährhafen an der hier 3 km breiten Straße von Messina; die Erdbeben von 1783 und 1908 haben von alter Substanz nichts übrig gelassen. Bis Reggio di Calabria reihen sich bei den Einheimischen beliebte Strände.

Reggio
di Calabria

▶ dort

Entlang der Ostküste

Rocca Imperiale

Südlich der breiten, landwirtschaftlich intensiv genutzten Küstenebene der Basilikata tritt das Hügelland ans Meer, dahinter ragt das Kalkmassiv des Monte Pollino (▶ Basilikata) auf. Das hoch gelegene Rocca Imperiale wird von einem mächtigen Kastell Friedrichs II. (um 1220) dominiert. 14 km weiter südlich an der Küste steht ein

Castello
di Roseto

anderes Bollwerk Friedrichs, das Castello di Roseto (mit einem romantischen Restaurant).

Sibari

In der Mündungsebene des Crati gründeten um 730–720 v. Chr. die griechischen Achaier ihre erste Kolonie am Ionischen Meer, die Stadt Sybaris, die rasch für Reichtum, Luxus und Ausschweifungen berühmt wurde, was die Missgunst der anderen Kolonien hervorrief; 510 v. Chr. wurde sie von Kroton zerstört und ab 444 v. Chr. nach dem Plan von Hippodamos aus Milet als Thurioi neu angelegt. 194 v. Chr. machten die Römer sie zur Kolonie Copia. Das 1996 eröffnete Museum liegt nahe dem Meer und den Laghi di Sibari (Feriensiedlung mit Jachthafen), das Grabungsgelände des römischen Copia erstreckt sich weiter südlich rechts der SS 106 r.

Sibari (Fortsetzung)

Etwa 10 km weiter südlich sollte man nach Corigliano Calabro (36 800 Einw.) hinauffahren, das von einem mächtigen Schloss beherrscht wird (12. Jh., im 19. Jh. umgestaltet). Östlich von Corigliano (14 km) ist in über 600 m Höhe eine der bedeutendsten Kirchen Kalabriens zu finden, S. Maria del Pàtire. Sie blieb von dem Kloster übrig, das kurz nach 1100 von dem griechischen Mönch Bartholomaios von Simeri gegründet wurde und sich dank der Protektion von König Roger II., Kaiser Friedrich II. und den angevinischen Königen zum "Ravenna des Südens" entwickelte. Der normannisch geprägte Bau besitzt ein angevinisches Portal und ein schönes Bodenmosaik mit Tiermotiven (12. Jh.), an das jenes in Otranto erinnert. Prachtvoller Blick aufs Meer.

Corigliano Calabro

*S. Maria del Patire

Ebenfalls am Nordhang der Sila Greca – und mit schönem Blick aufs Meer – liegt Rossano (270 m, 34 500 Einw.), zu byzantinischer Zeit wichtiges geistliches Zentrum Kalabriens, aus dem zwei Päpste stammten. Unterhalb der hübschen Piazza Steri mit dem Uhrturm steht die barocke Kathedrale S. Maria Assunta (nach dem Erdbeben 1836 rekonstruiert), die noch byzantinische Reste aufweist, so das Fresko der Madonna Achiropita aus dem 9. Jh. (der griechische Name bedeutet "nicht von Menschenhand gemacht") und ein Bodenmosaik (12. Jh.). Das Museo Diocesano nebenan bewahrt den Codex Purpureus Rossanensis auf, eine herrliche griechische Handschrift (5./6. Jh.) des Matthäus- und Markus-Evangeliums. Ein geradezu orientalisches Bild bietet am südöstlichen Stadtrand, oberhalb eines Löwenbrunnens, die byzantinische Kirche S. Marco aus dem 10. oder 11. Jahrhundert. Von Rossano aus kann man eine Durchquerung der Sila in Angriff nehmen (▶ Cosenza) und über S. Giovanni in Fiore an die Ostküste (Crotone) zurückkehren.

*Rossano

*Sila

Crotone

Einziger bedeutender Industrieort und einziger Hafen der Ostküste ist Crotone (43 m, 59 500 Einw.), seit 1992 auch Provinzhauptstadt. Der Stolz des schlichten Städtchens – signalisiert durch das "KR" der alten Autokennzeichen – ist die Vergangenheit als griechische Kolonie Kroton, die um 710 v. Chr. von Achäern gegründet wurde. Pythagoras ließ sich hier 532 v. Chr. nieder und gründete eine Philosophenschule. Kurz nach dem 2. Punischen Krieg kam die Stadt unter römische Herrschaft. Verkehrszentrum westlich vor der Altstadt ist die hübsche Piazza Pitagora mit ihren Kolonnaden von 1867, südwestlich geht die der Flaniermeile Via Vittorio Veneto ab, in entgegengesetzter Richtung kommt man zum Dom (11./16./ 19. Jh.) mit einem Taufbecken aus dem 14. Jh. und der byzantinisierenden Madonna di Capo Colon-

Baedeker TIPP **Cirò**

Einer der besten DOC-Bereiche Kalabriens ist Cirò um die gleichnamige Stadt hinter der Punta Alice. Aus der alten Rebsorte Gaglioppo wird ein kräftiger Rotwein gemacht, Weißwein aus der Sorte Greco; aber auch mit modernen Reben wird experimentiert. Im Laden des renommierten Guts Librandi an der SS 106 oder bei einem handfesten kalabrischen Mahl im Aquila d'Oro in Cirò (▶ S. 421) kann man sich von der Qualität der Produkte überzeugen.

Crotone (Fortsetzung)	na (15. Jh., links vor der Vierung). Am 2. Maisonntag wird das besonders von schwangeren Frauen verehrte Marienbild in einer nächtlichen Prozession zur Kapelle am Capo Colonna gebracht. Durch die wenig attraktive Altstadt gelangt man zum mächtigen Kastell am Neuen Hafen, errichtet 1541 von Pedro von Toledo, König von Neapel, am Platz einer älteren Burg. Im Museo Archeologico (Via Risorgimento, südlich des Kastells) werden vorgeschichtliche und antike Funde aus der Magna Graecia gezeigt, v. a. aus der Kultstätte der Hera Lacinia am Capo Colonna mit einem wundervollen Golddiadem (6. Jh. v. Chr.). Die langen Sandstrände südlich der Stadt sind mit einigen guten Hotels versehen. In der Stadt hat die Goldschmiedekunst Tradition, besondere Stücke gibt es bei G. Sacco (▶ S. 394).
Capo Colonna	Die einzige aufrecht stehende griechische (dorische) Säule in ganz Kalabrien ist am Capo Colonna mit seinem Leuchtturm zu finden (11 km südöstlich von Crotone). Sie gehört zu den Resten einer weitläufigen Kultstätte der Hera Lacinia aus dem 6. Jh. v. Chr.; zu sehen sind außerdem Teile der römischen Umfassungsmauer im "opus reticulatum" (quadratische, auf die Spitze gestellte Mauersteine).
*Capo Rizzuto ***Le Castella**	Der östlichste Landvorsprung Kalabriens besitzt eine schöne Felsenküste mit herrlichen Sandstränden und daher viele Hotels, Campingplätze und Ferienanlagen. Wegen seiner reichen Unterwasserfauna wurde der Küstenstreifen 1991 als Riserva Naturale Marina unter Schutz gestellt. Über Isola di Capo Rizzuto, das noch eine Stadtmauer besitzt, erreicht man das gleichnamige Kap mit Leuchtturm und weiter westlich Le Castella mit seiner malerischen, vor der Küste liegenden aragonesischen Burg (16. Jh.). Der eigenartige Name, eine italienisch-lateinische Mischung, bedeutet "die Burgen" und bezieht sich wohl darauf, dass es hier mehrere Festungsbauten gab. Am Strand erinnert ein Denkmal an Giovanni Galeni Occhiali, der 1507 hier geboren wurde und zum türkischen Admiral aufstieg.
Marchesato ***S. Severina**	Das Marchesato, das hügelige, großenteils waldlose Hinterland von Crotone, gehört zu den trockensten Gebieten Kalabriens und ist seit je die Kornkammer des Landes. Die großen Latifundien mit ihren befestigten Gutshöfen ("Masserie") gehen bis in die Zeit der Normannen zurück. Starke Eindrücke vermittelt die 31 km lange Fahrt nach Santa Severina (326 m, 2600 Einw.), das auf einem Hügel hoch über dem Neto-Tal liegt. Das antike "Siberene" wurde im 9./10. Jh. zu einem bedeutenden byzantinischen Zentrum. Das riesige Kastell geht auf Robert Guiscard zurück und wurde unter den Anjou sowie den lokalen Feudalherren Carafa und Grutter ausgebaut (16./17. Jh.; Historisches Museum). Am Hauptplatz gegenüber steht die Kathedrale aus dem 13. Jh. (barockisiert) mit dem byzantinischen sog. Baptisterium (8./9. Jh.). Neben der Kathedrale der ehemalige Bischofspalast mit dem Diözesanmuseum; hier ist die Armreliquie der hl. Anastasia zu sehen, die Robert Guiscard dem Dom schenkte. Am Weg zum Ortszentrum ist S. Filomena bemerkenswert, eine spätbyzantinische Kirche (11. Jh.) mit zwei übereinander liegenden Kapellen und einem normannischen Doppelportal.
Catanzaro	Dem weiten Golf von Squillace mit seinen Kies- und Sandstränden folgend, erreicht man Catanzaro Marina mit der Abzweigung nach ▶ Catanzaro, der Hauptstadt Kalabriens.

Einst das religiöse Zentrum Kalabriens: Cattolica von Stilo

Am Südrand von Catanzaro Marina, landeinwärts in Richtung Borgia, steht die Ruine der mächtigen Basilika Roccelletta del Vescovo
di Squillace. Der normannische Backsteinbau von Anfang des
12. Jh.s zeigt byzantinische und arabische Einflüsse. Er ist Teil des
Archäologischen Parks Skylletion, der seit 1965 hier auf dem Gelände der einstigen griechischen Stadt eingerichtet wird.

S. Maria della Roccella

Soverato hat sich von einem Fischerdorf – was da und dort noch
erkennbar ist – zu einem gut besuchten Badeort entwickelt. Von
hier ist auf der SS 182/110 ein Ausflug in die Serre empfehlenswert,
ein einsames, bis 1500 m hohes, bewaldetes Bergland. Im sanften,
grünen Talbecken des Ancinale errichtete der hl. Bruno von Köln –
Begründer des Kartäuserordens und der Grande Chartreuse bei Gre-
noble – im Jahr 1091 seine zweite Kartause; nach Italien geholt
hatte ihn sein ehemaliger Schüler Papst Urban II. Das heutige Kloster (Certosa S. Stefano), 2 km außerhalb des Orts, geht auf den Konvent der minderen Brüder zurück, der bei einem Erdbeben 1783
zerstört und 1856–1900 in neogotischen Formen wieder errichtet
wurde. Es ist nicht zugänglich, aber ein modernes Museum (Mo.
geschl.) informiert über den Orden und die Geschichte der Kartause. Weitere 2 km entfernt steht in einem wunderbaren Tannen-
wald die Kirche S. Maria del Bosco, die 1856 dort wieder aufgebaut
wurde, wo die Certosa ursprünglich lag. Die Quelle, die den Teich
mit der Figur des knienden Heiligen speist, soll zu fließen begonnen haben, als man seine Gebeine fand.

Soverato

Serre

Serra San Bruno

Von Serra San Bruno geht es zum 400 m hoch gelegenen Stilo, zu
byzantinischen Zeiten das religiöse Zentrum Südkalabriens. Davon
zeugt die über dem Ort gelegene, einzigartige Cattolica (das "Ka-
tholikon" eines Klosters oder einer Reihe von Einsiedeleien), eine

Stilo

***Cattolica**

173

Stilo (Fortsetzung)	winzige Viersäulen-Kreuzkuppelkirche aus dem 10. Jh. Eine der antiken Säulen trägt eine griechische Inschrift, die etwa als "Gott ist der Herr, der uns erschienen ist" wiederzugeben ist, zu sehen sind auch Freskenreste. Berühmter Sohn Stilos ist der Philosoph Tommaso Campanella (1568–1639), bekannt als Verfasser der utopischen Schrift "Der Sonnenstaat" (▶ Berühmte Persönlichkeiten). Sein Denkmal steht vor der spätbarocke Kirche S. Francesco.
S. Giovanni Vecchio	Hoch über dem benachbarten Dorf Bivongi liegt einsam S. Giovanni Vecchio (S. Giovanni Tereste), der Rest eines byzantinisch-normannischen Klosters (11. Jh.): Chorpartie mit Apsiden und Vierung mit einem hohen Tambour, in Backstein mit hübschen Blendbögen. Seit 1995 leben hier griechische Mönche vom Berg Athos. In ca. 3 Std. geht man von Bivongi, teils auf einer Schotterstraße, zu den
Cascate di Marmarico	gut 100 m hohen Wasserfällen Cascate di Marmárico, anschließend kann man sich in dem kleinen See an ihrem Fuß erfrischen.
Kaulonia	Bei Monaterace Marina (30 km südlich von Soverato) erreicht man wieder die Küste. 2 km nördlich sind an der Küste die eindrucksvollen Grundmauern eines dorischen Tempels zu sehen, der zur griechischen Kolonie Kaulonia gehörte. Roccella Jonica, ca. 22 km wei-
Roccella Jonica	ter südlich, besitzt nicht nur einen beliebten Strand, sondern auch zwei pittoreske Burgruinen und ist durch sein Jazzfestival im August bekannt. Weitere 16 km sind es nach Locri (12 800 Einw.), der
Locri	"Nachfolgerin" der ca. 4 km südlich gelegenen griechischen Stadt Lokroi Epizephyrioi. Ende des 8. Jh.s v. Chr. von Griechen aus der Lokris gegründet, verfasste hier um 660 v. Chr. Zaleukos das erste Gesetzbuch Europas. Den Zugang zum etwa 1 × 2,5 km großen Grabungsgelände bildet das Museum an der SS 106 (die meisten Funde werden allerdings im Nationalmuseum in Reggio di Calabria aufbewahrt); nahe der Küstenstraße sind die Fundamente eines ionischen Tempels (5. Jh. v. Chr.) zu sehen, im Norden der Grabung u. a. Reste der Stadtmauer und ein Theater (mit schönem Blick auf die Küste), außerhalb der Stadtmauern griechische Nekropolen.
*Gerace	Ein kleines Juwel ist das mittelalterliche Gerace (3000 Einw.), 12 km westlich von Locri in 500 m Höhe gelegen. Von der großen Zeit unter den Normannen zeugt noch die Kathedrale, die bedeutendste und mit 75 × 25 m die größte in Kalabrien, 1045 geweiht und 1222 noch einmal, in Anwesenheit Friedrichs II. Man betritt sie von der Piazza Tribuna aus durch die Krypta (8. Jh.) mit antiken Säulen und einem kleinen Museum. Der schmucklose basilikale Innenraum weist ebenfalls antike Säulen und Kapitelle auf, z. T. aus Lokroi; im rechten Querschiff bemerkenswert sind die Grabmäler Caracciolo und Palizzi. Nördlich der Piazza Tribuna ist der kleine Largo delle Tre Chiese zu finden; die gotische Kirche S. Francesco d'Assisi (1252) besitzt ein normannisches, islamisch beeinflusstes Portal, einen prächtigen polychromen Altar (1644) und das ebenso großartige Grabmal von Nicola Ruffo, das Werk eines pisanischen Künstlers (1372). Im byzantinischen Kirchlein S. Giovanello (11. Jh.) werden seit 1993 wieder orthodoxe Gottesdienste gefeiert. Von der höchsten Stelle des Orts, bei den Resten des normannischen Kastells (Parkplatz), genießt man einen herrlichen Blick auf den Aspromonte.
*Pietra Cappa	Ein beeindruckender Punkt in der kalabrischen Landschaft ist die Pietra Cappa, ein riesiger Monolith, der mit seinen Höhlen an die

Meteora-Felsen in Griechenland erinnert; wie dort dienten sie im Mittelalter Eremiten als Refugium. Zu erreichen von Bovalino an der Küste über Natile Vecchio; oder über S. Luca: Von dort ca. 7 km auf steilem Sträßchen bergauf, dann rechts in ca. 30 Min. zu Fuß hinauf zu einem Forsthaus.

Kalabrien
(Fortsetzung)

Der Süden Kalabriens – genauer der Ost- und Südhang des Aspromonte – ist ein wildes, armes, abweisendes Land, das nur dürftige Überlebensmöglichkeiten bietet. Eine ganze Reihe alter Dörfer, wie Africo, Bruzzano Vecchio, Amendoléa, Roghudi und Pentedattilo, wurden aufgegeben, teils auch aufgrund der Gefahr von Erdbeben und Erdrutschen. Abenteuerlich, sowohl in Bezug auf die Straßen als auch auf das Landschaftsbild, ist eine Fahrt durch das Einzugsgebiet der Fiumara dell'Amendoléa, ein tief eingeschnittenes, breites Flusstal, das zum größten Teil trocken liegt: von Bova Marina nach Bova, Roghudi und Condofuri bzw. S. Lorenzo nach Mélito di Porto Salvo. In diesem Gebiet hat sich das alte griechische Idiom der "Ur-Bevölkerung" erhalten, das heute wieder bewusst gepflegt wird, z. B. mit dem Festival Grecanico in Bova. Nach Ansicht des bedeutenden Sprachwissenschaftlers G. Rohlfs geht diese Tradition noch auf die antiken griechischen Kolonien zurück.

Griechische
Gemeinden

*Fiumara
dell'Amendolea

Mélito di Porto Salvo
Die südlichste Stelle Kalabriens markiert dieser hässliche Ort, mit 11 000 Einwohnern das Verwaltungs- und Handelszentrum der Gegend. In die italienische Geschichte ging er ein, als Garibaldi 1860 und 1862 von Sizilien kommend hier anlegte (Denkmal am Strand Rumbolo). Umgeben ist Melito von Bergamotte-Plantagen; die Schale dieser Zitrusfrucht enthält ein ätherisches Öl, das in Parfümindustrie, Pharmazie und Gastronomie begehrt ist. 5 km westlich am Meer erstrecken sich die Anlagen der Saline Joniche, die nie in Betrieb genommen

Baedeker TIPP) Etwas Besonderes

Wer in dieser Gegend nach etwas "Besonderem" zum Speisen und Nächtigen sucht, hat eigentlich keine andere Wahl als das "Casina dei Mille" in Annà bei Melito Porto Salvo. Die Casa Ramirez war 1860 und 1862 das Quartier von Garibaldi, in der Hauswand ist noch eine Kugel aus der Kanone eines bourbonischen Kriegsschiffes zu sehen. Im Erdgeschoss erfreut man sich in großen Ziegelgewölben an guter kalabrischer Küche, das schönste Zimmer ist Nummer 7 ganz oben mit Veranda und weitem Ausblick (▶ S. 408).

wurden. Wenige Kilometer über Annà liegt der verlassene, einst von "Grecanici" bewohnte Ort Pentedáttilo, der – wie der Name signalisiert – an Felsen klebt, die einmal wie fünf Finger aussahen.

Pentedattilo

▶ dort

Reggio
di Calabria

L'Aquila   H 11

Region: Abruzzen · Abruzzo
Provinz: L'Aquila
Höhe: 615 – 721 m ü. d. M.
Einwohnerzahl: 67 500

Eine Stadt mit großem Charme und regem kulturellem Leben ist L'Aquila, die Hauptstadt der Region ▶ Abruzzen und nach Pescara ihr zweites Wirtschaftszentrum. Beeindruckend ist auch ihre Lage

**Stadtbild

Allgemeines (Fortsetzung)	hoch über dem Aterno-Tal, umgeben vom mächtigen Gran Sasso d'Italia, von Velino und Maiella. Gegründet wurde sie nicht von Friedrich II., wie oft zu lesen, sondern von dessen Sohn Konrad IV. im Jahre 1254, und zwar als Bollwerk gegen den Kirchenstaat. Dabei wurden der Sage nach 99 befestigte Orte vereint (eine Zahl, die in L'Aquila immer wieder auftaucht; tatsächlich waren es 86). Da die Einwohner es jedoch mit dem Papst hielten, wurde die Stadt 1259 von König Manfred zerstört. Karl I. von Anjou ließ sie ab 1265 neu anlegen; die Stadtmauer ist noch zu großen Teilen erhalten, und bis heute tragen die Kirchen den Beinamen der Viertel, die damals abgegrenzt wurden. Durch Textil-, Leder- und Metallindustrie sowie durch den Handel mit dem Safran, der in den Abruzzen gewonnen wird, wurde L'Aquila reich, und so ist trotz vieler Erdbeben – besonders dem von 1703, das fast die ganze Stadt zerstörte – eine Reihe großartiger historischer Monumente zu bewundern. Viele Kirchenfassaden zeigen das typisch abruzzische Muster: ein schlichtes, horizontal gegliedertes Rechteck mit einem reich gestalteten zentralen Portal und einer Fensterrose darüber.
Festa della Perdonanza	Mit einem großen Umzug in historischen Gewändern – von der Piazza del Palazzo zur Basilika S. Maria di Collemaggio – erinnert L'Aquila am 28. August an die "Perdonanza", den vollständigen Ablass, den Papst Cölestin V. zu seiner Krönung gewährte. Diesem wichtigsten Fest der Stadt geht eine ganze Woche mit Konzerten und anderen kulturellen Veranstaltungen voraus.

Sehenswertes in L'Aquila

Corso Federico II	Hauptachse und Flaniermeile der Stadt ist der von alten Palazzi und Arkaden gesäumte Corso Federico II / Vittorio Emanuele mit
Domplatz	dem Domplatz in der Mitte. Dort findet unter der Woche vormittags ein bunter Markt statt, auch heute noch eine wichtige Konstante im Leben der Stadt und ihrer Umgebung. Der neoklassizistisch-barocke Dom S. Massimo (ursprünglich 13. Jh., 1703 zerstört) besitzt einen Sarkophag aus dem 7.–9. Jh. und das großartige Renaissance-Grabmal des Kardinals Amico Agnifili (1480); über der Vierung ersetzt ein Trompe-l'œil-Gemälde eine echte Kuppel. Die Türme des Doms entstanden erst 1928. Links von ihm steht die barocke Kirche S. Maria del Suffragio (L. Bucci, 18. Jh., Kuppel von Giuseppe Valadier, 19. Jh.). Nach den Besichtigungen sollte man in das alte Caffè Nurzia schauen, dessen Torrone al cioccola-

Baedeker TIPP Nicht nur Safran

Die Köstlichkeiten der abruzzischen Küche – in der Safran eine große Rolle spielt – lassen sich in einem der vielen guten, schön eingerichteten Restaurants der Stadt kennen lernen. Eine kleine Auswahl: Tre Marie (die kulinarische "Institution"), Il Grifo (schlichte Eleganz, in einem Palazzo), Le Fiaccole (Gewölbe des 15. Jh.s), Rigoletto (unterhalb S. Bernardino; ▶ S. 422).

Via Sassa	to berühmt ist. In der sehr charakteristischen Via Sassa, die nordwestlich vom Platz abgeht, ist die kleine Kirche S. Giuseppe zu beachten; das Grabmal der Familie Camponeschi dort wird Gualterio d'Alemagna zugeschrieben (1432).
Piazza del Palazzo	Der Corso Vittorio Emanuele führt hinauf zu den Quattro Cantoni, der Hauptkreuzung der Stadt. Links liegt die Piazza del Palazzo, die

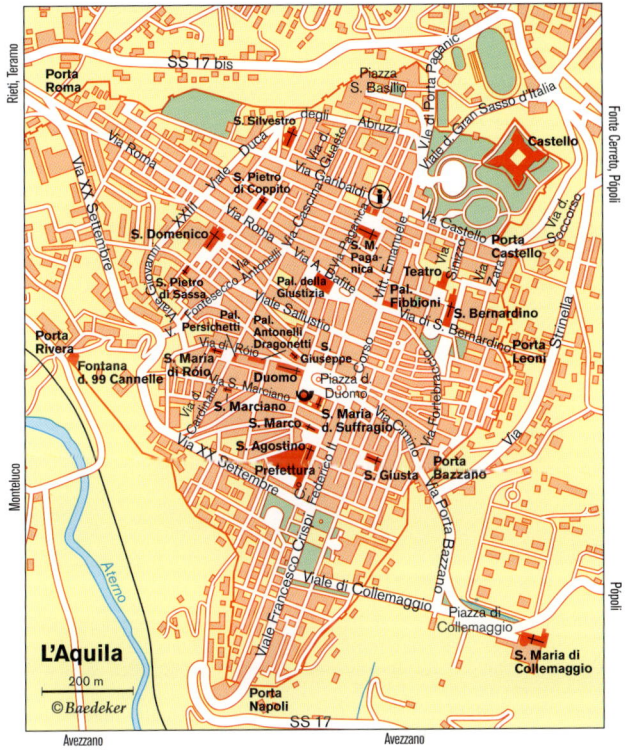

L'Aquila

200 m

© Baedeker

vom mächtigen Palazzo della Città dominiert wird, 1573 für Margarete von Österreich, der Stadtregentin, neu errichtet. Der 42 m hohe Turm (der Rest wurde durch das Erdbeben 1703 zerstört) gehörte zum Palazzo della Giustizia (14. Jh.) und besitzt eine Uhr von 1374; die große Glocke schlägt zwei Stunden nach Sonnenuntergang 99-mal, um an die sagenhaften 99 Gründungsorte zu erinnern. Weiter nördlich trifft man an einem besonders atmosphärereichen mittelalterlichen Platz auf die ursprünglich romanische Kirche S. Maria di Paganica (1308) mit schönem originalem Hauptportal.

Palazzo della Città

S. Maria di Paganica

Weiter auf dem Corso Vittorio Emanuele erreicht man den Parco del Castello – von hier bietet sich ein herrlicher Blick auf Aterno-Tal, Gran Sasso und Maiella – und das 1530 –1549 von den Spaniern gegen die aufrührerischen Stadtbewohner erbaute imposante Kastell. Heute ist das Forte Spagnolo das kulturelle Zentrum der Stadt, die u. a. über Universitätsinstitute, eine Kunstakademie, ein Musikkonservatorium und ein Sinfonieorchester verfügt. Das Nationalmuseum der Abruzzen (geöffnet Di.–Sa. 9⁰⁰–14⁰⁰, So. bis 13⁰⁰ Uhr) zeigt hier hervorragende mittelalterliche und neuzeitliche Malerei und Skulptur, Kunstgewerbe, paläontologische (Skelett eines Mammuts) und archäologische Funde.

*Castello

*Museo Nazionale d'Abruzzo

177

S. Maria di Collemaggio in L'Aquila

*S. Bernardino

Südlich unterhalb des Kastells steht S. Bernardino, einer der beiden "großen" Sakralbauten L'Aquilas, errichtet zu Ehren der sterblichen Überreste von Bernardino di Siena. Die Arbeiten zogen sich von 1454 bis ins 18. Jh. hin; die Renaissance-Fassade entstand 1527, das großartige Innere um 1730. Grandios sind die bemalte und vergoldete Holzdecke sowie das Orgelgehäuse, beide von Bernardino Mosca aus Pescocostanzo. Im rechten Seitenschiff öffnet sich die Kapelle mit dem Mausoleum von Bernardino di Siena (von Silvestro d'Aquila, 1505), dem bedeutenden Wanderprediger, der 1444 in L'Aquila starb. Sein Symbol, das IHS (Jesus hominum salvator) im Strahlenkranz, ist auch in der Stadt an vielen Portalen zu sehen. Links hinter dem marmornen Hauptaltar ist das Grabmal der Maria Pereira zu beachten, der Mutter eines mächtigen örtlichen Patriziers, ein besonders schönes Werk von Silvestro d'Aquila (1496). Vom Vorplatz der Kirche hat man einen herrlichen Blick auf Monte d'Ocre und Sirente.

Teatro Comunale

Ein echtes Juwel ist das kleine Teatro Comunale neben S. Bernardino, das 1874 eröffnet und bis 1990 grundlegend restauriert wurde.

*S. Maria di Collemaggio

Geradezu das Emblem der Stadt ist die herrliche Fassade der Basilika Santa Maria di Collemaggio südöstlich vor der Stadt. Es ist ein Erlebnis, mit Blick auf Gran Sasso und Maiella vom Stadtpark am Corso Federico II den Viale di Collemaggio hinunterzugehen. Der Bau wurde 1287 von Bruder Pietro da Morrone begonnen, der 1294 hier zum Papst Cölestin V. gekrönt wurde (▶ Molise, Isernia). Das nach den Stadtfarben rot-weiße Muster der Fassade, die erst Anfang des 16. Jh.s vollendet wurde, wird auf den Einfluss der Sarazenen zurückgeführt; die Portale und Fensterrosen aus dem 15. Jh. sind wunderbar filigran gestaltet. Im schlichten, eindrucksvollen Inneren mit seinem Cosmaten-Fußboden (14. Jh.) – die Barockisierung wurde in den 1960er-Jahren rückgängig gemacht – ist in der rechten Chorkapelle das Renaissance-Grabmal Papst Cölestins (1517) sehenswert; erhalten sind außerdem Fresken aus dem 15./16. Jahrhundert.

L'Aquila (Fortsetzung)

Am Westfuß des Stadthügels steht – bei der Porta Rivera – der Brunnen der 99 Röhren von 1272 mit rot-weißen Marmorwänden, in denen aus 93 (!) unterschiedlichen Masken Wasser sprudelt.

*Fontana delle 99 Cannelle

Unmittelbar südlich der Post am Domplatz sind die Cancelle zu sehen, ein Komplex von Werkstätten und Wohnungen des 15. Jh.s. Im Nordwesten der Stadt sind die Kirchen S. Pietro di Coppito (um 1270) mit Fresken aus dem 15. Jh. und besonders S. Silvestro (1347) interessant, in der Fresken des späten 14. Jh.s erhalten sind. Bücherfreunde werfen einen Blick in den Lesesaal der Biblioteca Provinciale S. Tommasi (gegenüber dem Palazzo della Città), die sich besonders der Geschichte der Abruzzen widmet und eine Reihe mittelalterlicher Handschriften und Inkunabeln des 15. Jh.s verwahrt.

Weitere Sehenswürdigkeiten

▶ Abruzzen

Umgebung

Latium · Lazio

Latium · Lazio   F – H 11 – 13

Region: Latium · Lazio
Provinzen: Roma, Frosinone, Latina, Rieti, Viterbo
Fläche: 17 208 km²
Einwohnerzahl: 5 303 300

Das Herz Italiens, in geografischer wie in historischer Hinsicht, ist die Region Latium mit der Ewigen Stadt Rom in ihrer Mitte. Sie erstreckt sich von der Küste des Tyrrhenischen Meeres (zwischen den Flüssen Chiarone in Norden und Garigliano im Süden) über die Hügel und Berge des mittelitalienischen Apennin hinauf in die Abruzzen. Aufgrund der vielfältigen geologischen und geografischen Gegebenheiten ist Latium landschaftlich außerordentlich abwechslungsreich. Den größten Teil der Region machen vier vulkanische Massen des Quartärs aus, die durch vier große und mehrere kleinere Vulkanseen gekennzeichnet sind: im Nordwesten die Monti Volsini (Lago di Bolsena), weiter südöstlich die Monti Cimini (Lago di Vico) und die Monti Sabatini (Lago di Bracciano); südöstlich von Rom liegen die Monti Albani (Lago Albano). In den fruchtbaren Böden hat sich der Tiber von Norden her sein weites Bett geschaffen. Entlang der Küste ziehen sich breite Schwemmlandebenen, ehedem sumpfige Gebiete, die trockengelegt sind und landwirtschaftlich intensiv genutzt werden.
Der wichtigste Wirtschaftsfaktor in Latium – ohne Rom mit seinen Ministerien und Verwaltungen – ist auch heute noch die Landwirtschaft (unter den Weinen ist vor allem der Frascati bekannt), an der Küste kommt die Fischerei hinzu, wichtigster Hafen ist Civitavecchia. In den letzten Jahrzehnten haben sich moderne Industrieanlagen weiter ausgebreitet, besonders in der Umgebung von Rom, im Sacco- und Liri-Tal sowie nahe den Autobahnen.

Allgemeines

Geschichte

Latium war im frühen Altertum, ab dem 10. Jh. v. Chr., das Zentrum der hoch entwickelten etruskischen Kultur (▶ Baedeker Special S. 182). Im Mündungsgebiet des Tibers lebten die Latiner, deren 30 Republiken in einem Städtebund mit der Hauptstadt Alba Longa (▶ Frascati, Albano) vereinigt waren. Dem Bündnis schloss sich im 6./5. Jh. v. Chr. auch das erstarkende Rom an, das nach Verlegung des Bundesheiligtums in den Diana-Tempel auf dem Aventin de facto zum neuen Hauptort wurde. Trotz des heftigen Widerstands der latinischen Städte (Latinerkrieg, 340–338 v. Chr.) war die römische Herrschaft über Latium zu Ende des 3. Jh.s besiegelt. Vom 15. Jh. bis zur Einigung Italiens gehörte Latium zum Kirchenstaat.

Tourismus und Sehenswertes

Das große Reiseziel in Latium schlechthin ist natürlich ▶ Rom, aber man sollte einen Besuch der Ewigen Stadt immer auch mit einer Landpartie verbinden, vorausgesetzt, man verhält sich antizyklisch und bleibt am Wochenende den Ausflugszielen der Römer, wie Ostia Lido oder die Albaner Berge, fern. Anderswo wird man sich kaum je mit anderen Besuchern drängeln, im Gegenteil; die einst von Literaten und Malern so gerühmte Region – auf Ferdinand Gregorovius machte die "Campagna von Rom und Latium den mächtigsten Eindruck" – ist heute touristisch fast vergessen.

Die 250 km lange latinische Küste verfügt über herrliche, viele Kilometer lange Sandstrände, enttäuscht aber trotzdem weitgehend; es gibt nur wenige attraktive Orte, die zu mehr als einem Tag am Meer verlocken. Dagegen kann die Region mit einer ganzen Palette unterschiedlicher romantischer Landschaften aufwarten, die hier gar nicht aufzuzählen sind. Ebenso reich ist Latium an Kunstschätzen und stimmungsvollen Städten: etruskische Nekropolen wie in Tarquinia und Cerveteri, römische Ruinen in Ostia und Tusculum, würdige Klöster wie Casamari, Farfa, Subiaco und Fossanova, großartige Renaissance-Villen und Parks wie Caprarola, Bomarzo und Lante, die mittelalterlichen Papstresidenzen Viterbo und Anagni.

Nördliches Latium · Die Küste

Strände

Die Küste zwischen der toskanischen Grenze und Ostia – im Norden noch zu den Maremmen gehörend – besitzt weite Strände und ist wenig bebaut, weshalb es mit wenigen uninteressanten Ausnahmen auch keine touristische Infrastruktur gibt. Die Badeorte Roms, Fregene und Lido di Ostia (▶ Ostia), meidet man besser, sowohl wegen des Trubels als auch der schlechten Wasserqualität.

Vulci

Von Montalto di Castro an der SS 1 (Via Aurelia) mit seinem Kraftwerk – das nach einem Referendum statt Uran Gas verbrennt – kann man hinauffahren zu den Resten der etruskischen Stadt Vulci; im Kastell bei der Ponte dell'Abbadia ein kleines Museum.

*Tuscania

Seit etruskischen Zeiten bedeutend war Tuscania (7700 Einw.), das 28 km nordöstlich von Montalto liegt; bis 1653 war es Bischofssitz. Von der 5 km langen mittelalterlichen Mauer sind noch beträchtliche Teile erhalten. Besuchenswert ist es vor allem wegen der großartigen, teils vorromanischen Kirchen südlich vor der Stadt. S. Maria Maggiore, die kleinere, tiefer liegende, entstand 1050–1206 am Platz eines Vorgängerbaus des 6. Jh.s, von ihm stammt das reich gestaltete Mittelportal. In der Säulenbasilika mit offenem Dachstuhl sind besonders die Kapitelle, ein Tauchbecken (8. Jh.) und der ebenso alte Ambo zu beachten; beherrschend ist jedoch das grandiose, byzantinisch beeinflusste Weltgerichtsfresko an der Altarwand (14. Jh.). Weiter oben ragt die im 11./12. Jh. von lombardischen Meistern erbaute S. Pietro auf, Teil der Bischofsburg, von der klotzige Reste erhalten sind. Sehr elegant ist dagegen die Fassade der Kirche mit feiner, von Reliefs flankierter Fensterrose, ein Werk von Cosmaten-Künstlern. Im Inneren bemerkenswert sind das cosmateske Bodenmosaik, die Fresken (12. Jh.) an der Apsiswand und die neunschiffige Krypta mit Teilen römischer Mauern. Sehenswert ist auch die mit Gemälden von Raffael-Schülern ausgestattete Renaissance-Kirche S. Maria del Riposo (1495) nördlich der Stadt. Im Kloster nebenan ist ein kleines archäologisches Museum eingerichtet.

Baedeker TIPP **Für Wanderfreunde**

Als Teil der Vorbereitungen zum Heiligen Jahr 2000 wurde die Via Francigena, der alte Pilgerweg vom Großen St. Bernhard nach Rom, als Tourismusroute und auch als Wanderweg wieder eingerichtet und ausgeschildert. In Latium führt er, von Acquapendente über Bolsena, Monteflascone, Viterbo, Sutri und Baccano zur Ewigen Stadt. Nähere Informationen hält die ENIT bereit.

Latium · Lazio

Tarquinia

Das kleine Tarquinia (14 000 Einw.), 6 km vom Meer auf einem Felsplateau über dem Tal des Marta gelegen, ist eine beeindruckende mittelalterliche Stadt mit vielen Geschlechtertürmen. Weltberühmt ist sie für die Wandmalereien aus dem 6.–2. Jh. v. Chr. in der etruskischen Nekropole, die ca. 1 km südöstlich des Orts auf dem Monterozzi-Hügel ausgegraben wurde, eine der größten und am besten erhaltenen in Italien. In höchster künstlerischer Qualität und unter deutlicher Anlehnung an die griechische Kunst werden ausgelassene Gelage, Tanz und Spiel, Episoden der griechischen Mythologie, Abschieds- und Jagdszenen, wilde Tiere und Dämonen dargestellt. Die reichen Grabbeigaben – soweit sie nicht in den Museen Italiens und der Welt verstreut sind – und Funde aus der Etruskerstadt (u. a. die herrlichen Wandgemälde aus der Tomba del Triclinio, 480–450 v. Chr.) werden im Palazzo Vitelleschi gezeigt, einem Renaissancepalast (1436–1490) mit schönem Arkadenhof an der Piazza Cavour am Westeingang zur Stadt (geöffnet Di. bis So. 9⁰⁰–19⁰⁰ Uhr). Nördlich hinter ihm der Dom (1656, im 19. Jh. restauriert) mit schönen Fresken von Antonio da Viterbo gen. Pastura (1509) im Chor; im Castello nordwestlich ist die Kirche S. Maria di Castello (1121 begonnen) sehenswert, die Fassade von 1143 und das Bodenmosaik sind Cosmatenarbeiten. Besonders malerisch ist das Viertel nördlich der Hauptachse des Corso Vittorio Emanuele, der zum Palazzo dei Priori führt (11. Jh., Fassade 18. Jh.).

**Museo Nazionale Tarquiniense

Baedeker TIPP **Etruscopolis**

Auf ca. 15 000 m² hat der Maler Omero, der sich als den "letzten Etrusker" bezeichnet, eine etruskische Siedlung nachgebaut, im angeschlossenen Museum zeigt er nach alten Verfahren hergestellte Repliken von Gebrauchsgegenständen. Zu finden ist Etruscopolis am Ostrand von Tarquinia nahe dem Sportplatz (Via dell Pietrare; www.etruscopoli.it).

Rätselhafte Etrusker

Mehr als ein halbes Jahrtausend lang beherrschten die Etrusker das italienische Festland zwischen Po und Tiber, ein Volk, das bis heute Rätsel aufgibt. Noch immer sind sich die Forscher uneins, woher sie kamen und wie ihr rascher Aufstieg zu einer führenden Hochkultur zu erklären ist.

Die Informationen sind spärlich. Wir wissen nicht viel über jenes Volk, das die Griechen "Tyrrhenoi" und die Römer "Etrusci" oder "Tusci" nannten. Über Jahrhunderte hinweg beherrschten sie weite Teile Italiens, vor allem das heutige Latium, doch es fehlen konkrete Schriftquellen der Etrusker über sich selbst. Lediglich rund 8000 Texte in etruskischer Sprache sind bekannt, jährlich werden etwa weitere 40 aufgefunden. Die meisten sind Weihe- und Grabinschriften, der längste erhaltene Text ist ein Ritualkalender und besteht aus rund 1300 Wörtern. Sie aufzuschlüsseln ist bis heute nicht gelungen. So eigenartig ist die Sprache, die keinerlei Verwandtschaft zu den bekannten Sprachen aufweist.

Herkunft

Woher kam jenes geheimnisvolle Volk? Aus dem Norden, über die Alpen? Oder, wie der griechische Historiker Herodot im 5. Jh. v. Chr. berichtet, aus dem Osten, genauer aus Kleinasien? Dort, schreibt er, habe eine verheerende Hungersnot den lydischen Königssohn Tyrsenos mitsamt der Hälfte seines Volkes zur Auswanderung über See gezwungen. Nach langen Fahrten hätten sie sich endlich an der Westküste Italiens niedergelassen und sich nach ihrem Anführer "Tyrsener" genannt. Eine andere Theorie beruft sich auf Dionysios von Halikarnass, deutlich jünger aus augusteischer Zeit. Er vertritt die vor allem in Italien populäre Meinung, dass das Volk der Etrusker autochthon, das heißt von Beginn an in Italien ansässig gewesen sei. Dort jedenfalls ist es seit dem 9. Jh. v. Chr. bezeugt, vor allem im Küstengebiet um die heutigen Städtchen Cerveteri und Tarquinia. Ungewöhnlich schnell haben sich dann die Etrusker zu einer Hochkultur entwickelt. Als Rom noch aus ein paar ärmlichen Hütten am malariaverseuchten Tiberufer bestand, gründete dieses Volk etwas weiter nördlich schon erste Städte. Etrurien erstreckte sich Anfang des 6. Jh.s v. Chr. nach Norden bis in die Po-Ebene und bald darauf nach Süden bis nach Kampanien. 616 v. Chr. bestieg Lucius Tarquinius den römischen Thron, ein Etrusker. Der erste namentlich bekannte Regent Roms.

Leistungen

Schüsseln, Vasen aus Bucchero, der schwarzen Keramik der Etrusker, daneben Kriegsgerät und Schmuck sind seither in Italien immer wieder aufgetaucht. Die Funde lassen auf eine hoch entwickelte Gesellschaft schließen. Bis dato unerreicht waren die Etrusker auf dem Gebiet der Goldschmiedekunst, deren Techniken der Granulation und des Filigrans sie von den orientalischen Kulturen der Assyrer und Ägypter übernommen hatten, vermutlich eine Folge des regen Handelsaustauschs. Die Wissenschaften, die Redekunst und die Theologie hätten sie weiter entwickelt, berichtet Ende des 1. Jh.s v. Chr. Poseidonius aus Apameia, der von allen antiken Autoren die ausführlichsten Informationen über die Etrusker liefert. Auch die Trompete, die für Kriege äußerst praktisch sei und die die Römer "Thyrrena" nannten, gehe auf die Etrusker zurück, außerdem das Peristyl (der von Säulengängen umgebene Innenhof) in den Wohnhäusern der Adligen, *"eine sehr nützliche Sache gegen den Lärm der Dienerscharen."*

Die Etrusker liebten das Leben, Bankette, Musik und Tanz. Auch die Toten sollten sich an prunkvoll dekorierten Grabstätten erfreuen. Hier die Tomba dei Leopardi in Tarquinia.

Lebensstil

Viele Autoren, so auch Poseidonius, berichten immer wieder vom ausschweifenden Lebensstil, den die Etrusker gepflegt haben sollen: *"Da sie ein überaus fruchtbares Land bewohnen und bebauen, haben sie eine Menge von Früchten, die nicht nur zu ausreichendem Lebensunterhalt, sondern auch zu verschwenderischem Genuss und zur Schwelgerei führt. Sie lassen sich nämlich zweimal des Tages üppige Tafeln bereiten und alles übrige, was zu übertreibender Schwelgerei gehört; sie richten Lager aus Blüten her und haben eine Menge von allerlei silbernem Trinkgeschirr und eine nicht geringe Zahl von dienenden Hausgenossen angeschafft. Von diesen zeichnen sich die einen durch Schönheit aus, die anderen sind mit Kleidern geschmückt, die viel feiner sind, als es dem Sklavenstand zukommt."* Eine besondere Position scheint die Frau in der Familie eingenommen zu haben. Die Frauen, so heißt es, gingen oft und gerne aus, sie nahmen an den Empfängen der Hausherren teil und bestimmten mitunter sogar die Politik. Tanaquil etwa soll laut den Quellen ihrem Mann Lucius Tarquinius die göttlichen Vorzeichen gedeutet und ihm so im Jahr 616 v. Chr. zum Regentenstuhl in Rom verholfen haben. Das mag Legende sein, deutlicher belegen aufgefundene Sarkophage das Selbstbewusstsein der etruskischen Frauen. Aufrecht neben ihren Ehemännern sitzend sind sie dort in Stein verewigt.

Untergang

So plötzlich die Etrusker in Italien auftauchten, so rasch verschwanden sie wieder. Erneut ist es Poseidonius, der die etwas simple, aber weit verbreitete Erklärung hierfür liefert: *"Im allgemeinen"*, schreibt er, *"haben sie die von alters her eingeübte Kraft eingebüßt, leben in Trinkgelagen und unmännlicher Leichtfertigkeit und haben nicht ohne Grund auch den Kriegsruhm ihrer Väter verloren."* Mit anderen Worten: Das einst stolze Volk habe seinen Untergang selbst verschuldet. Der Bericht stammt aus dem Jahr 87 v. Chr., ein Jahr zuvor war Etrurien in den römischen Staatsverband eingegliedert und Latein anstelle des Etruskischen zur Amtssprache erhoben worden. Entgegen den Mutmaßungen des Poseidonius ist der Untergang der Etrusker jedoch in erster Linie der Übermacht der sie umgebenden Völker geschuldet. Im 5. Jh. v. Chr. verloren die Etrusker die Seeherrschaft an die Griechen, im Norden drangen die Kelten in die Po-Ebene ein, gleichzeitig breitete sich im Süden das aufstrebende Rom aus. Bereits 509 v. Chr. wurde der letzte etruskische König aus Rom vertrieben, Anfang des 3. Jh.s. v. Chr. erfolgte dann die endgültige Unterwerfung.

Civitavecchia

Civitavecchia (51 000 Einw.) ist der größte Hafen Latiums und als Fährhafen nach Sardinien sehr frequentiert. Am Hafen steht das wuchtige, 100 × 82 m große Fort, an dem 1508–1535 Bramante, Antonio da Sangallo d. J. und Michelangelo arbeiteten. Wenige Schritte östlich (Via Plebiscito) das kleine archäologische Museum.

Gräberstraße in der Nekropole bei Cerveteri

Cerveteri · *Etruskische Nekropolen

Auch die kleine Landstadt Cerveteri (20 600 Einw.), rund 40 km nordwestlich vor Rom auf einem Tuffrücken gelegen, gehört zu den großen etruskischen Attraktionen. Cisra, von den Römern Caere genannt, war im 8.–4. Jh. v. Chr. eine der bedeutendsten Städte des Mittelmeerraums; nordöstlich der Stadt sind noch Reste von Mauern und Toren erhalten. Von den drei Nekropolen in der Umgebung ist die Necropoli di Banditaccia aus dem 7.–1. Jh. v. Chr. im Nordwesten am bedeutendsten (Zufahrt ausgeschildert). Sie beeindruckt durch Ausdehnung und Monumentalität; zu Seiten einer rund 2 km langen "Hauptstraße" liegen zahlreiche Grabbauten, u. a. Erdhügel bis 30 m Durchmesser und aus dem Tuff gehauene Grabkammern (Taschenlampe mitnehmen). Gegenstände aus den Gräbern sind in der Rocca in Cerveteri ausgestellt, die im 12. Jh. z. T. auf etruskischen Mauern aus dem 4. Jh. v. Chr. errichtet

*Museo Nazionale Cerite

wurde (Museo Nazionale Cerite). Gegenüber der Palazzo Ruspoli (16. Jh.) und die moderne Kirche S. Maria, die einen romanischen Bau aus dem 12. Jh. als Querhaus hat.

Vom Lago di Bolsena zum Lago di Bracciano

*Lago di Bolsena

Der in die sanfte Hügellandschaft der Monti Volsini eingebettete Lago di Bolsena, mit 114 km² fünftgrößter See Italiens, ist vulkanischen Ursprungs und sehr fischreich. Eine moderne Abwasser-Ringleitung und ein biologisches Klärwerk sorgen für sauberes Wasser. Die Ufer sind weitgehend unbebaut, ein bescheidener Tourismus beschränkt sich auf die Sommermonate. Im Südteil des Sees liegen die Inseln Bisentina und Martana, beide in Privatbesitz.

Baedeker TIPP ▶ Barabbata

Marta am Südrand des Bolsena-Sees ist alljährlich am 14. Mai Schauplatz der "Barabbata", mit der die Fruchtbarkeit des Landes gefeiert wird. In einem fröhlichen, farbenfrohen Festzug zur Wallfahrtskirche Madonna del Monte stellen Bauern, Fischer und Handwerker ihre Arbeitswelt dar, die schon fast Vergangenheit ist. Nach der Messe wird dann das Fest mit einem großen Gelage auf dem Kirchplatz fortgesetzt.

Bolsena

Das ruhige Städtchen Bolsena (4000 Einw.) war einst Schauplatz wunderbarer Dinge. Im Jahr 1263 ereignete sich das Hostienwunder, das Anlass für die Einführung des Fronleichnamsfestes war. In der Zeit des großen Streits darüber, ob Brot und

184

Wein beim Abendmahl zu Leib und Blut Christi verwandelt werden oder diese nur symbolisieren, hatte sich ein böhmischer Priester nach Rom aufgemacht, um selbst Klarheit zu gewinnen. Er bat Gott um ein Zeichen, und als er in Bolsena die Messe las, tropfte Blut aus der Hostie (das Kelchtuch mit den Blutflecken wird im Dom zu Orvieto aufbewahrt, der nach diesem Wunder in Auftrag gegeben wurde). Der Altartisch aber, an dem der Priester zelebrierte, war die Steinplatte, die im Jahre 292 die hl. Christina, eine junge Märtyrerin, nicht in die Tiefe des Sees gezogen, sondern ans Ufer gebracht hatte.

Südlich der zentralen Piazza Matteotti (Parkplätze) liegt der Komplex der 1078 geweihten Kirche Santa Cristina mit älteren und jüngeren Teilen; die Frührenaissance-Fassade mit Terrakotta-Reliefs der Robbia-Schule entstand 1492–1494. Auf dem Altar ein Polyptychon von Sano di Pietro (Mitte 15. Jh.), die Kapelle rechts des Altarraums ist mit hervorragenden Fresken aus dem 15. Jh. geschmückt. In der angebauten schönen Cappella del Miracolo (1693) sind Teile des Marmoraltars mit den bewussten Blutflecken ausgestellt. Von hier gelangt man in die Katakomben mit dem Grab und dem Altar der hl. Christina sowie einem Terrakotta-Altar von G. della Robbia.

*S. Cristina

Bolsena am gleichnamigen See

Links der gotischen Kirche S. Francesco steht das Tor von 1548 zum alten Borgo; durch hübsche Gassen steigt man hinauf zur Burg der Monaldeschi (13.–15. Jh.) mit dem Museo Territoriale del Lago di Bolsena (Geschichte, Volkskunde). Von der Piazza Matteotti führt der Viale Colesanti nach Westen zum Seeufer mit Jachthafen und Strand. Von hier gehen Bootsrundfahrten und Fahrten zu den Inseln aus (Führung, auch in Deutsch).

Latium · Lazio

Montefiascone

Südöstlich des Sees liegt auf einem Hügel das Städtchen Montefiascone (12 000 Einw.), das für den Weißwein Est! Est!! Est!!! bekannt ist. An höchster Stelle die Rocca mit Stadtgarten, von der man eine fantastische Rundsicht hat, auch auf den Lago di Bolsena. Unterhalb der Dom S. Margherita, erbaut ab 1519 von Michele Sanmicheli und Carlo Fontana, der für die mächtige Kuppel – die drittgrößte in Italien – verantwortlich zeichnete (ab 1647). Die ungewöhnliche Kirche S. Flaviano (11./12. Jh.) nordöstlich unterhalb der Stadt besteht aus Ober- und Unterkirche; Letztere verfügt über schöne umbrisch-toskanische Fresken des 14. – 16. Jh.s, in der dritten Kapelle links ist das Grab des Prälaten Johannes Fugger aus Augsburg zu sehen, der für den Namen des Est! Est!! Est!!! verantwortlich ist und der Legende zufolge nach zu heftigem Weingenuss zu Montefiascone verblich. Man beachte das kuriose Kapitell der vorletzten Säule rechts.

Parco dei Mostri in Bomarzo:
Kampf der Giganten

*Bomarzo

Malerisch auf hohem Felsen thront über dem Tiber-Tal Bomarzo (1500 Einw., 19 km nordöstlich von Viterbo) mit dem Schloss der Fürsten Orsini (1525 –1583). Am Hang liegt der berühmte Parco dei Mostri (Park der Ungeheuer) oder Sacro Bosco (Heiliger Wald) mit zahlreichen fantastischen Skulpturen – Ungeheuern, allegorischen Figuren und Fabelwesen –, angelegt von Fürst Pier Francesco Orsini von 1552 bis ca. 1580 nach Ideen, deren Urheber nicht sicher geklärt sind; wesentliche Vorlagen waren aber wohl "Orlando furioso" von Ariost und die Dichtungen Petrarcas.

*Villa Lante

Über dem sehenswerten Städtchen Bagnaia (5 km östlich von Viterbo) liegt die Villa Lante, eine der großartigsten Villen der Spätrenaissance, 1568 –1578 von Vignola für Kardinal Gambara erbaut und ab 1656 im Besitz der herzoglichen Familie Lante. Der in Terrassen angelegte Park, in dem Natur und Kunst eine enge Verbindung eingehen, ist für seine Brunnen und Wasserspiele berühmt.

Madonna della Quercia

Bei ▶ Viterbo, im östlichen Vorort La Quercia, steht die große Renaissance-Wallfahrtskirche Madonna della Quercia (ca. 1470 –1525); besonders zu beachten sind die Terrakotta-Reliefs von Andrea della Robbia über den Portalen, der Marmortabernakel von Andrea Bregno (1490) mit dem wundertätigen Madonnenbild von Monetto (1417), das schöne intarsierte Chorgestühl von 1514 und die prunkvolle Decke, entworfen von Antonio da Sangallo d. J. (1518 –1525).

Caprarola
*Villa Farnese

Am einsam gelegenen Lago di Vico (Naturreservat) vorbei erreicht man Caprarola (4900 Einw.) mit der grandiosen fünfseitigen Villa Farnese, 1559 –1573 von Barozzi da Vignola für den Kardinal Alessandro Farnese – Enkel des Papstes Paul III. – erbaut. Über eine elegante Scala Regia ist das verschwenderisch ausgestattete Piano Nobile zugänglich, dessen manieristische Fresken (F. und T. Zuccari, G. Bertoia) die Macht der Farnese feiern oder christliche bzw. mythologische Motive darstellen.

Am Weg nach Cìvita Castellana liegen die Reste von Falerii Novi, das 241 v. Chr. – nach der Zerstörung von Falerii Veteres, dem heutigen Cìvita Castellana, durch die Römer – von den Faliskern gegründet und im 8. Jh. aufgegeben wurde. Eindrucksvoll ist der gut erhaltene, rund 2 km lange Mauerring mit neun Toren und 50 Türmen. Bei der Porta di Giove (Westseite) steht die Kirche S. Maria, der Rest eines mittelalterlichen Zisterzienserklosters, das Ende der 1980er-Jahre wieder "vervollständigt" wurde.

Eindrucksvoll auf einem steil abfallenden Tuffplateau liegt das alte Städtchen Cìvita Castellana (15 400 Einw.). Am Dom S. Maria (13. Jh., im 18. Jh. barockisiert) sind die schöne Vorhalle mit Mosaiken von 1210 und im Innern der Cosmaten-Fußboden aus dem 13. Jh. bemerkenswert; in der Krypta sind antike Säulen erhalten. Beherrscht wird der Ort von der Burg, die 1494–1500 für Papst Alexander VI. und seinen Nachfolger Julius II. errichtet wurde (Museum mit Funden aus Falerii Veteres).

Südöstlich von Cìvita Castellana ragt der nur 691 m hohe, jedoch markante Berg über dem Tiber-Tal auf, der heilige Berg Soracte der Römer.

Der 58 km² große und 165 m tiefe, von den Monti Sabatini umrahmte See ist ein beliebtes Ausflugsziel für die Bewohner von Rom, das nur etwa 20 km südöstlich liegt. Idyllische Dörfer säumen die Ufer des fischreichen Gewässers, das wie der Lago di Bolsena vulkanischen Ursprungs ist. Benannt wurde der See nach dem hoch gelegenen Städtchen Bracciano am Südwestufer (11 000 Einw.) mit dem luxuriös ausgestatteten Castello Orsini-Odescalchi (1470 bis 1485; Führungen zur vollen Stunde). Vom Wehrgang bietet sich ein prächtiger Blick auf den Lago di Bracciano.

Nordöstliches Latium

Im Nordosten reicht Latium weit in den Apennin hinein. Amatrice, am Rand des Gran-Sasso-Nationalparks gelegen, ist der Adria viel näher als dem Tyrrhenischen Meer. Vom Tiber-Tal aus gelangt man zunächst in die Sabiner Berge (Monti Sabini; Monte Pizzuto, 1287 m), jenseits von Rieti und dem Velino-Becken in die Monti Reatini (Monte Terminillo, 2216 m) und zuletzt zum Gran-Sasso-Massiv bzw. den Monti della Laga (▶ Abruzzen).

Ca. 20 km nordöstlich der Autobahnausfahrt Roma Nord (A 1), in der zauberhaften Hügellandschaft der Bassa Sabina, liegt das Benediktinerkloster von Farfa, das im 6. Jh. gegründet wurde, 775 Karl den Großen beherbergte und im Mittelalter zu den reichsten und kulturell bedeutendsten Klöstern Europas zählte. Der heutige Komplex stammt aus dem 15./17. Jh., der Kampanile aus dem 11. Jh.; in

Farfa, im Mittelalter eines der mächtigsten Klöster in Europa

Abbazia di Farfa (Fortsetzung)	Führungen (zur vollen Stunde) zu besichtigen sind die großartig gestaltete und ausgestattete Renaissance-Kirche (1492–1496), der kleine langobardische Kreuzgang und der große aus dem 17. Jh., die karolingische Krypta und die wertvolle Bibliothek. Im Dorf fallen die kleinen, gleich hohen Häuser auf, die das Kloster ab dem 15. Jh. zu Messezeiten an Händler vermietete.
Rocca Sinibalda	Rocca Sinibalda, östlich der SS 4 gelegen, wird von einem mächtigen Kastell dominiert, das ab 1530 nach einem Entwurf von Baldassare Peruzzi entstand. Südlich sieht man auf den Stausee Lago di Turano.
Rieti	Im fruchtbaren, von Bergen umgebenen Becken des Velino (Conca Reatina), rund 80 km nordöstlich von Rom, liegt die recht angenehme Provinzhauptstadt Rieti (405 m, 43 000 Einw.). Sie markiert die geografische Mitte der italienischen Halbinsel. An der Südseite der zentralen Piazza Battisti steht der Palazzo del Governo mit seiner Loggia (1596); daneben ein Park mit hübschem Blick auf Stadt und Umgebung. Westlich schließt der ursprünglich romanische, im 18. Jh. barockisierte Dom mit dem mächtigen Glockenturm (1252) und einer Renaissance-Vorhalle (1458) an. Unter den beachtlichen Kunstwerken im Inneren fällt eine Statue der hl. Barbara auf, 1657 vermutlich nach einem Entwurf Berninis entstanden. Ältester Bauteil ist die Krypta (1157) mit antiken Säulen und Fresken aus dem 14. Jahrhundert. Im Baptisterium ist das Museo Diocesano untergebracht. Hinter dem Dom liegen der Bischofspalast (13. Jh.) und der mächtige Arco del Vescovado, auf Wunsch von Papst Bonifaz VIII. 1298 erbaut.

An den Berghängen rund um das Velino-Becken liegen auf halber Höhe die vier Franziskanerklöster Fonte Colombo, S. Francesco (Greccio), S. Giacomo (Poggio Bustone) und La Foresta, die – der Überlieferung nach – von Franz von Assisi gegründet wurden. Wegen ihrer Bedeutung für die Franziskus-Legende, vor allem aber wegen der herrlichen Landschaft lohnen sie einen Ausflug.

*Franziskaner-klöster

Der Monte Terminillo (2216 m), der höchste Berg der Monti Reatini, ist als Sommerfrische, Kletterrevier und Wintersportregion sehr geschätzt. Das 21 km nordöstlich von Rieti gelegene Terminillo entstand in den 1930er-Jahren. Schwebebahn und diverse Lifte erschließen die Hänge an Terminilletto und Terminilluccio. Vom Gipfel des Monte Terminillo hat man eine herrliche Sicht zum Gran Sasso und an klaren Tagen bis zur Adria bzw. zum Tyrrhenischen Meer.

Terminillo

Von Rieti führt die SS 4 in nordöstlicher Richtung durch eine schöne, kaum besiedelte Landschaft nach Ascoli Piceno (▶ Marken) und weiter zur Adria. Hinter Antrodoco (23 km) verläuft sie für ca. 14 km in der tief eingeschnittenen, beeindruckenden Schlucht des Velino.

*Gole del Velino

Ein Abstecher führt nach Leonessa (969 m), das über ein mittelalterliches, recht "unitalienisches" Ortsbild verfügt. Letzter bedeutender Ort im Nordosten Latiums ist Amatrice, berühmt durch die "Spaghetti all'Amatriciana" und Geburtsort des Renaissance-Malers Cola dell'Amatrice (1489–1559). Über Accumoli (855 m) fährt man durch die sanfte, einsame Berglandschaft zur Forca Canapine am Monte Vettore, dem Pass zwischen Umbrien und den Marken.

Leonessa, Amatrice

Südliches Latium · Die Küste

Die latinische Küste zwischen Ostia und dem Monte Circeo ist fast ganz durch endlose, schnurgerade schöne Sandstrände gekennzeichnet, touristische Infrastruktur ist jedoch – abgesehen von Ferienhäusern – nur im Bereich von Anzio vorhanden, und auch da nicht üppig. Anzio (33 500 Einw.) ist ein angenehmer Ort mit Fischer- und Fährhafen für die Ponza-Inseln (▶ S. 193). Im antiken Antium wurden die Kaiser Nero und Caligula geboren; aus Neros Villa an der Küste am westlichen Ortsrand stammt u. a. der berühmte Apoll von Belvedere (Vatikanische Museen). Im August 2002 spülte eine Sturmflut weitere Teile der Villa frei, die im Archäologischen Museum gezeigt werden sollen. Der heutige Hafen wurde 1698 von Papst Innozenz XII. angelegt, westlich der Mole liegt der versandete Hafen Neros mit Resten der Magazine ("grotte di Nerone").
Zwei Soldatenfriedhöfe erinnern an die heftigen Kämpfe bei der Landung der Alliierten am 22. Januar 1944 an der Küste von Anzio. Nördlich, an der SS 207, liegt der größte US-amerikanische Soldatenfriedhof in Italien, der britische nördlich von Nettuno.

Anzio

Etwa 15 km südöstlich von Anzio steht vor der Küste, durch eine Brücke mit dem Festland verbunden, der Torre Astura, der Rest einer Burg, in der 1268 Konradin von Schwaben nach der Schlacht bei Tagliacozzo vergeblich Schutz suchte (im August tägl. geöffnet, sonst nur So.; Zugang zu Fuß durch Militärgelände).

Torre Astura

Sabaudia

Die Pontinische Ebene zwischen Anzio und dem Monte Circeo war einst ein malariaverseuchtes Sumpfland. Mehrere Versuche zur Trockenlegung wurden seit der Antike unternommen, aber erst die Kampagne 1926 – 1935 war erfolgreich. Hinter der Küste – kilometerlange Sandnehrungen mit einigen Lagunen – entstand zwischen dem 5. August 1933 und dem 15. April 1934 die Stadt Sabaudia (14 300 Einw.), die eigenartig an die metaphysischen Städte de Chiricos erinnert. Am 46 m hohen Turm des Palazzo del Comune verkündet die Inschrift: "... Benito Mussolini, Oberhaupt des Staates, wollte, dass dieses Land aus der tausendjährigen Lethargie todbringender Unfruchtbarkeit erlöst würde ...". Die Nehrung ist gesäumt von Ferienhäusern, nur da und dort gibt es einen schmalen Durchlass zum herrlichen, breiten, im Prinzip freien Sandstrand. Weiter südlich überquert die Küstenstraße den Emissario Romano, den römischen Entwässerungskanal des Lago di Sabaudia.

*Monte Circeo

Der ins Meer vorspringende, 541 m hohe Kalksteinrücken des Monte Circeo ist der Rest einer Scholle des Apennin, die durch Anschwemmungen mit dem Festland verbunden wurde. Nach einer antiken Sage lebte auf dem Monte Circeo die Zauberin Circe, die die Gefährten des Odysseus in Schweine verwandelte. In einer der zahlreichen Höhlen am Monte Circeo fand man Schädelfragmente, die so alt sind wie der Neandertaler.

Der Monte Circeo, der nordwestlich anschließende, etwa 30 km lange Küstenstreifen und ein Bereich nördlich von Sabaudia wurden 1934 als Nationalpark ausgewiesen. In Küstennähe dominiert Macchia, in den höheren Regionen Kork- und Steineichenwälder. An den Strandseen (Lago di Sabaudia, di Caprolace, dei Monaci, di Fogliano) sind seltene Vogelarten, sowohl Stand- als auch Zugvögel, zu beobachten.

S. Felice Circeo

An den Osthang des Monte Circeo schmiegt sich San Felice Circeo (98 m, 7700 Einw.) mit einem sehr hübschen mittelalterlichen Kern. 2,5 km über dem Ort liegt die Cittadella Vecchia, eine Akropolis mit Polygonalmauerwerk (4. Jh. v. Chr.). Weiter führt die Straße zum 448 m hohen Semaforo (herrliche Aussicht), vom Semaforo lohnt der ca. einstündige Aufstieg zum Gipfel des Monte Circeo. Von San Felice Circeo erstreckt sich Sandstrand bis nach Terracina, begleitet von geschlossener, ziemlich abstoßender Bebauung mit Ferienhäusern, Restaurants, Diskos usw.

Terracina

Terracina (22 m, 37 000 Einw.) ist eine lebhafte, angenehme Stadt mit Fischer- und Fährhafen für die Ponza-Inseln. Schon in römischer Zeit ein wichtiger Hafen, sind in der in der Ebene liegenden Neustadt des 18./19. Jh.s und insbesondere in der alten Oberstadt viele antike Reste zu sehen. Die zentrale Piazza del Municipio in der Oberstadt besitzt noch das Pflaster des römischen Forums. Über dem Haupttempel wurde der Dom S. Cesareo erbaut (11./12. Jh., Kampanile 13. Jh.); Freitreppe und die Säulen der Vorhalle sind antik. Im stark barockisierten Inneren beachte man Bodenmosaiken (12./13. Jh.), Kanzel und Osterleuchter (beide von 1241), alles prachtvolle Cosmatenarbeiten. Vor dem Dom steht die Torre Frumentaria, in der das Archäologische Museum lokale Funde zeigt. Am östlichen Stadtrand ragt der Felsen Taglio di Pisco Montano auf, in den im 1. Jh. n. Chr. die Via Appia eingeschnitten wurde.

Terracina

200 m

©Baedeker

Fähre nach Ponza

Von der Piazza del Municipio führt die Strada Panoramica (3 km) hinauf zum 228 m hohen Monte S. Angelo, von dem sich eine grandiose Aussicht über den ganzen Golf bietet, an klaren Tagen bis zum Vesuv. Auf einem Felsvorsprung wurde hier im 1. Jh. v. Chr. auf einer 60 m langen, von massiven Substruktionen gestützten Terrasse ein riesiger Tempel zu Ehren des Jupiter Anxur (des "Bartlosen") errichtet, von dem in schöner mediterraner Vegetation noch Reste zu sehen sind.

Terracina
(Fortsetzung)

*Tempel des
Jupiter Anxur

Sperlonga (55 m, 3400 Einw.), 19 km südöstlich von Terracina malerisch auf einem Felsvorsprung gelegen, gilt zu Recht als der hübscheste Ort der latinischen Küste, im Sommer ist er als Badeort sehr frequentiert. Ca. 1 km außerhalb an der Küstenstraße nach Gaeta wurde 1957 eine teils in eine Grotte gebaute Villenanlage ausgegraben, die dem Kaiser Tiberius (reg. 14–37 n. Chr.) zugeschrieben wird. Die reichen Grabungsfunde kann man im Archäologischen Museum bewundern, sein Stolz sind die rekonstruierten Marmorgruppen mit Szenen aus dem Leben des Odysseus, die vermutlich im 1. Jh. n. Chr. als Kopien von griechischen Bronzeplastiken geschaffen wurden, und zwar von den Bildhauern der berühmten Laokoon-Gruppe im Vatikan. Zwischen Museum und Meer liegen die Reste der Villa sowie ehedem zur Fischzucht dienende Becken ("aquationes").

*Sperlonga
Abb. S. 192

Die großartige Lage auf einem Landvorsprung macht das Hafenstädtchen Gaëta (22 300 Einw., 16 km südöstlich von Sperlonga) zu einer kleinen Perle an der Küste Latiums. 1861, in der Endphase des italienischen Unabhängigkeitskampfs, bot die Festung dem neapolitanischen Hof für drei Monate eine letzte Zuflucht. Über der Straße zur Altstadt ragt die neogotische Kirche S. Francesco von 1848/

*Gaeta

Sperlonga, der kleine Fischerort auf einem Felsen über dem Meer

Gaeta
(Fortsetzung)

1849 auf. In der malerischen Altstadt ist der romanische Dom (917 bis 1106) sehenswert, dessen Kampanile von 1279 durch den arabisch-normannischen Schmuck recht eigenwillig wirkt. Am Eingang beachte man die beiden romanischen Reliefs mit der Darstellung von Jonas im Bauch des Walfischs, im Innern den Osterleuchter (13. Jh.) mit 48 Reliefs mit Szenen aus dem Leben Jesu und des hl. Erasmus. Über der Altstadt thront das riesige Kastell, das ins 8. Jh. zurückreicht und unter Friedrich II., den Aragoniern und den Anjou erweitert wurde. Auf dem 171 m hohen Monte Orlando, von dem man einen herrlichen Ausblick hat, steht das großartige Grabmal des Lucius Munatius Plancus († nach 22 v. Chr.), eines bedeutenden Generals unter Caesar. Lohnend ist auch der Spaziergang zum Santuario della Montagna Spaccata an der Südwestspitze des Bergs. Es steht auf einem Felsen, der sich nach der Legende beim Tode Christi spaltete. Von der Wallfahrtskirche führt eine Treppe zur schönen Grotta del Turco am Meer. Westlich der Landzunge von Gaeta dehnt sich der schöne Strand von Serapo aus.

Formia

Die Küste am Golf von Gaeta, hinter der die kahlen Monti Aurunci über 1500 m hoch ansteigen, ist durchgehend unattraktiv bebaut. Formia (35 000 Einw.) wurde im Zweiten Weltkrieg weitgehend zerstört, aus seiner Geschichte ist fast nichts mehr erhalten; der Sandstrand lockt nichtsdestoweniger viele (italienische) Urlauber an. Fähren verbinden Formia mit Ischia und den Ponza-Inseln.
Am Westrand der Stadt steht nahe am Meer die Villa Rubino, in der 1861 die Kapitulation von Gaeta unterzeichnet wurde; an der Meerseite sind Reste einer Villa zu sehen, die dem römischen Schriftsteller und Staatsmann Cicero gehört haben soll. Cicero wurde im Jahre 43 v. Chr. bei Formia ermordet; sein angebliches 24 m hohes Grabmal steht westlich in der Nähe an der SS 7 Richtung Fondi.

Im mittelalterlichen Minturno (141 m, 17 300 Einw.), das ca. 12 km östlich von Formia auf einem Hügel liegt, ist die Kathedrale S. Pietro (11./17. Jh.) sehenswert, Kanzel (Teile von 1260) und der Osterleuchter (1264) sind schöne Cosmatenwerke. In der Ebene wurde das antike Minturnae ausgegraben, das auf eine Gründung der Auruncer zurückgeht.

Minturno

9 km nordwestlich von Formia liegt das Städtchen Itri (170 m, 8000 Einw.), der Geburtsort des Banditen Fra Diavolo (Michele Pezza, 1771–1806), der zum Herzog von Duca aufstieg und als Held von Aubers gleichnamiger Oper berühmt wurde. Über der Stadt, deren Häuser z. T. in die Substruktionen der antiken Via Appia eingebaut sind, thront eine mächtige Burgruine.

Itri

Fondi (8 m, 31 000 Einw.), 14 km nordwestlich von Itri, ist ein bedeutender Handelsplatz für landwirtschaftliche Produkte. Zu sehen sind noch Teile von antiken und mittelalterlichen Stadtmauern. Am Corso Appio Claudio, der die Trasse der Via Appia markiert, stehen die Kirche S. Maria Assunta mit einem Frührenaissance-Portal und die gotische Dom S. Pietro (12. Jh., Kanzel und Bischofsstuhl 13. Jh.), am Südostrand der Stadt der Palazzo Caetani (15. Jh.), gegenüber das Kastell (1319–1329) mit dem kleinen archäologischen Museum der Stadt.

Fondi

*Ponza-Inseln · Isole Ponziane

Etwa 40 km vor der Küste des südlichen Latium liegen die Ponza-Inseln (Pontinische Inseln) vulkanischen Ursprungs. Bewohnt sind die beiden Hauptinseln Ponza und Ventotene, die ca. 20 km voneinander entfernt sind; weiter gehören zu dem Archipel die Inseln Palmarola, Zannone, Gavi und La Botte sowie Santo Stefano.
Seit römischer Zeit dienten die Inseln als Verbannungsort für politische Gefangene. 1768–1771 versuchte Ferdinand IV. Kriminelle und Prostituierte auf Ponza anzusiedeln, das Resozialisierungs-Experiment schlug aber fehl. 1795 bis 1965 war Santo Stefano Gefängnisinsel; auch Mussolini war 1943 elf Tage auf Ponza interniert.
Buchtenreiche, teils dramatische Felsküsten mit glasklarem Wasser und terrassierte Hänge – ehemalige Weinbauflächen, auf denen sich die typische Mittelmeervegetation breit gemacht hat – bestimmen die Landschaft. Die einstigen Erwerbszweige, Fischfang und Weinbau, sind praktisch aufgegeben, der Tourismus stellt die einzige Einnahmequelle dar. Informationen: Pro Loco, Ponza, Corso Pisacane, ☎ 0771 80031.

Ponza ist per Fähre von Anzio, S. Felice Circeo, Terracina, Formia und Neapel aus zu erreichen, per Tragflächenboot von Anzio und Formia aus. Ventotene ist natürlich mit Ponza verbunden, darüber hinaus mit Formia und Neapel. Zannone, das zum Parco Nazionale del Circeo gehört, ist im Rahmen geführter Ausflüge von S. Felice Circeo aus zu erreichen.

Schiffs-verbindungen

Die Insel Ponza (3300 Einw.) bietet mit ihren Terrassen und den bunten Würfelhäusern das Idealbild einer Mittelmeerinsel und ist in der Haupttreisezeit höchst frequentiert; zu den Inselurlaubern

*Ponza

Im Hafen von Ponza

Ponza
(Fortsetzung)

kommen noch viele Tagesausflügler. Sie ist der Rest eines Krater-randes von rund 8 km Länge und 200–1800 m Breite, der im Monte Guardia im Süden 284 m hoch ansteigt. In der Bucht am Fuß des Berges liegt der quirlige Hafenort Ponza, an der Westküste, erreich-bar durch einen römischen Tunnel, die Chiaia di Luna, der schöne Hauptstrand der Insel. Auch laden einsame kleine Buchten, die teils nur per Boot zu erreichen sind, zum Bade. Am 3. Junisonntag findet eine Meeresprozession zu Ehren des S. Silverio statt.

Ventotene

Gegenüber Ponza ist Ventotene (600 Einw.), die an ihrem höchsten Punkt gerade 139 m erreicht, relativ flach. An der Nordostspitze des 1750 m langen und 800 m breiten Eilands liegt der hübsche Hafenort Ventotene, dessen Bild durch seine Entstehung ab ca. 1770 geprägt ist; auch in der Hochsaison geht es hier recht ruhig zu.

Südliches Latium · Monti Lepini

Segni

Die Monti Lepini, im Monte Semprevisa 1536 m hoch, schließen sich südöstlich an die Albaner Berge (▶ Frascati) an; nordöstlich fallen sie zum Sacco-Tal ab, südwestlich zur Pontinischen Ebene. An ihrem Nordhang liegt das um 1500 v. Chr. gegründete Städtchen Segni (668 m, 8300 Einw.). Der noch sehr mittelalterlich wirkende Ort ist von einer noch fast vollständig erhaltenen, ca. 2 km langen Stadtmauer aus riesigen Steinblöcken umgeben ("Zyklopenmau-erwerk", 6./5. Jh. v. Chr.). Am höchsten Punkt der Stadt sind noch Reste der antiken Akropolis und eines Tempels zu erkennen. Über der mittleren Cella des Tempels steht die romanische Kirche S. Pie-tro, im Innern Fresken des 13.–16. Jh.s.

Das hoch gelegene, hübsche Städtchen Cori (384 m, 10 200 Einw.) wurde der Legende nach von dem Trojaner und Zeus-Sohn Dardanos gegründet. Vom antiken Cora sind da und dort Reste der aus riesigen Steinblöcken gefügten Stadtmauern (5. Jh. v. Chr.) zu bestaunen. In der mittelalterlichen Oberstadt ist Sant'Oliva interessant, die aus zwei Kirchen entstand; der mittelalterliche Teil steht vermutlich am Platz eines Janus-Tempels (antike Säulen und Pilaster), der jüngere Teil aus dem 15./16. Jh. ist mit originellen Fresken geschmückt. Oberhalb von Sant'Oliva, neben der modernen Kirche San Pietro, steht die Vorhalle des so genannten Herkules-Tempels (1. Jh. v. Chr.). Von hier hat man eine herrliche Aussicht über die Ebene bis zum Meer und zum Monte Circeo. Unterhalb des Tempels (30 Min. Fußweg) befinden sich die Reste eines Castor-und-Pollux-Tempels (Tempio dei Dioscuri).

Cori

Rund 11 km südöstlich, in der Ebene unterhalb Norma, liegt die mittelalterliche Stadt Ninfa, die im 17. Jh. wegen der Malaria aufgegeben wurde. Die Ruinen, darunter eine Burg, ein Kloster und zwei Kirchen, sind von üppiger Vegetation mit Bächen und Teichen umsäumt. Eine Besichtigung ist nur von April bis Oktober am ersten Samstag und Sonntag des Monats möglich, aber auch von außen ist das unter Naturschutz stehende Ensemble zauberhaft.

*Ninfa

Oberhalb des mittelalterlichen Norma (417 m, 3600 Einw.), mit herrlichem Ausblick, liegen die Ruinen der alten Volskerstadt Norba. Innerhalb der 2,5 km langen Zyklopenmauer aus vorrömischer Zeit entstand ab dem 4. Jh. v. Chr. eine regelmäßige Stadtanlage nach dem System des Hippodamos. Zu erkennen sind Reste von Tempeln, Wohnhäusern und Straßen.

Norba

Vorbei an der im 8. Jh. gegründeten Abbazia di Valvisciolo (hübscher Kreuzgang) gelangt man zum gepflegten mittelalterlichen Städtchen Sermoneta (257 m, 6500 Einw.), eine angesehene Sommerakademie für klassische Musik veranstaltet. Es wird überragt von einer Burg, die ab 1297 den Fürsten Caetani gehörte und 1500–1504 von Papst Alexander VI. Borgia für seine Tochter Lukrezia okkupiert und von A. da Sangallo d. Ä. ausgebaut wurde. Im Innern einige sehenswerte Fresken und Gemälde des 14./15. Jahrhunderts. Die Kathedrale (13. Jh.) birgt eine schöne "Madonna mit Engeln", die Benozzo Gozzoli zugeschrieben wird.

Valvisciolo, Sermoneta

Ein kleiner Geheimtipp ist das reizvolle mittelalterliche Städtchen Priverno (151 m, 13 200 Einw.), das südöstlich von Sermoneta auf einem Hügel über dem Amaseno-Tal liegt. An der zentralen Piazza steht die Kathedrale (Ende 18. Jh.), vom Vorgängerbau stammt der Portikus (13. Jh.); drinnen zu beachten ist das Tafelbild "Madonna d'Agosto" (15. Jh.). Der Palazzo Comunale nebenan geht auf das 12. bis 14. Jh. zurück. Im Bischofspalast ist das interessante Archäologische Museum untergebracht.

Priverno

Ihr erstes Kloster in Italien errichteten die Zisterzienser ab 1135 hier, zwischen den Monti Lepini und der sumpfigen Pontinischen Ebene (6 km südlich von Priverno). Ausmaße und Pracht der Anlage zeigen – gemessen an der strengen Ordensregel, der Forderung nach Einfachheit und Schmucklosigkeit –, dass sie nicht zu den

*Abbazia di Fossanova

Latium · Lazio

**Abbazia
di Fossanova
(Fortsetzung)**

Frühwerken des rasch reich gewordenen Ordens gehört. Die beeindruckende Kirche entstand 1173–1208. In einem Nebengebäude starb am 9. März 1274 Thomas von Aquin auf dem Weg zu einem Konzil in Lyon.

Die Klosterkirche Fossanova beeindruckt, entsprechend den Regeln der Zisterzienser, durch die Schlichtheit ihrer Formen und des Materials.

Südöstliches Latium

*Palestrina

*Nil-Mosaik

In mehrfacher Hinsicht berühmt ist das in mythische Zeit zurückreichende Städtchen Palestrina (450 m, 15 800 Einw.), ca. 40 km östlich von Rom gelegen. Hier wurde der Komponist Giovanni Pierluigi da Palestrina geboren (1525–1594), der Meister der Kirchenmusik des 16. Jh.s. Die hervorragende Sehenswürdigkeit ist das grandiose, ca. 6 × 6 m große Nil-Mosaik, das um 80 v. Chr. entstand und die Orakelgrotte im Fortuna-Tempel schmückte. Im 7. Jh. v. Chr. als eine der ältesten Städte Italiens gegründet, leistete sich das reiche Praeneste etwa 130–100 v. Chr. den gewaltigen Tempel der Fortuna Primigenia, der fast die gesamte Fläche der heutigen Altstadt einnahm, eine der größten Kultstätten Italiens. Tempel und antike Stadt gingen in den Kämpfen der Langobarden unter. Erst die Zerstörungen durch alliierte Bomben im Zweiten Weltkrieg brachten seine Grundmauern wieder zum Vorschein, bis 1955 wurden sie ganz freigelegt. Das Bauwerk stieg in vier Terrassen den Hang hinauf; auf der zweiten Terrasse liegen die Reste der in den Hang gebauten so genannten Orakelgrotte, auf der obersten nimmt seit 1640 der Palazzo Barberini (Archäologisches Museum mit dem Nil-Mosaik) die Stelle des halbrunden Heiligtums ein. Thomas Mann, der Palestrina 1895–1897 mit seinem Bruder Heinrich besuchte, begann hier seinen ersten Roman "Die Buddenbrooks"; Heinrich Mann wählte das Städtchen als Hintergrund für seinen Roman "Die kleine Stadt".

Eine herrliche Aussicht hat man vom 752 m hoch gelegenen Dorf Castel San Pietro Romano, das auf den Resten der antiken Akropolis von Palestrina entstand.

Castel S. Pietro Romano

Dieses noch recht urtümlich wirkende Dorf, das ca. 20 km nordöstlich von Palestrina am steilen Hang klebt, spielte in der Kunstgeschichte eine große Rolle: Zwischen 1800 und 1820 hielten sich hier an die 200 Künstler auf, vor allem deutsche Maler der Romantik. An der Straße nach Bellegra liegt der Eichenwald Serpentara, der seit 1873 mit der Casa Baldi im Besitz des deutschen Staats ist.

Olevano Romano

Am Fuß der bewaldeten Monti Simbruini, ca. 35 km östlich von Palestrina, liegt das Städtchen Subiaco (408 m, 9000 Einw.) mit einer Burg (Rocca Abbaziale, 11. Jh.). Das antike Sublaqueum entstand aus einer großen Villenanlage des Kaisers Nero. Der mittelalterliche Ort – genauer die beiden Klöster, die der hl. Benedikt von Nursia und seine Zwillingsschwester Scholastika hier als Keimzelle des Benediktinerordens gründeten – sind Ziel vieler Pilger.

*Subiaco

Etwa 2 km südöstlich von Subiaco liegt an der Straße nach Jenne das große Kloster S. Scolastica, um 510 vom hl. Benedikt ins Leben gerufen. 1053 wurde ein zweites (Kampanile), um 1235 ein drittes Kloster hinzugefügt (romanischer Kreuzgang mit Cosmaten-Mosaiken). Die heutigen Bauten stammen aus dem 16.–18. Jh. und wurden nach dem Zweiten Weltkrieg wieder aufgebaut. Die 975 begründete Klosterkirche S. Scolastica wurde 1769–1776 völlig erneuert. 1464 fanden die deutschen Mönche Arnold Pannartz und Konrad Schweinheim hier Aufnahme und druckten die wohl ältesten Bücher Italiens.

Kloster S. Scolastica

Fresko in der Klosterkirche S. Benedetto

Etwa 1,5 km weiter östlich, hoch über dem Aniene-Tal, schmiegt sich das Kloster S. Benedetto (Sacro Speco) an die Felswand. Es entstand im 12.–14. Jh. über der Grotte, in der der hl. Benedikt bis zu seiner Übersiedlung nach Monte Cassino 529 als Einsiedler lebte. Die Oberkirche ist mit Fresken des 14. Jh.s aus sienesischer und

*Kloster S. Benedetto

S. Benedetto (Fortsetzung)	umbrischer Schule geschmückt, die Unterkirche mit Fresken des römischen Malers Magister Conxolus (13. Jh.). In der an die Oberkirche anstoßenden Gregor-Kapelle gibt es eine Darstellung des hl. Franziskus von Assisi (ohne Stigmata und Heiligenschein), das der Legende nach bei seinem Besuch des Klosters 1223 angefertigt worden sein soll. In der Grotte des hl. Benedikt ist ein Standbild des Heiligen von Antonio Raggi, einem Schüler Berninis, zu sehen.
Vallepietra	Die im Monte Viglio 2156 m hohen Monti Simbruini sind seit 1983 als regionaler Naturpark geschützt. Ein hübscher Ausflug führt über Jenne (834 m, 550 Einw.) in das Simbrivio-Tal nach Vallepietra (825 m, 400 Einw.), das am Südostfuß des Monte Autore in einem Bergkar liegt. Von hier kann man zum 1340 m hoch gelegenen Santuario della SS Trinità weiterfahren (zu Fuß ca. 1 1/2 Std.), das an eine 300 m hohe Felswand gebaut ist; die Kirche schmücken Fresken des 12. Jh.s. In 2 1/2 – 3 Std. erreicht man den Gipfel des Monte Autore (1853 m, herrlicher Rundblick).
Monte Autore	
***Anagni**	Anagni (424 m, 18 000 Einw.), auf einem Hügel der Monti Ernici oberhalb des Sacco-Tals gelegen, war – wie Viterbo – im Mittelalter (1088 –1303) Residenz mehrerer Päpste; einige wichtige Ereignisse im Konflikt zwischen weltlicher und päpstlicher Macht spielten sich hier ab, so die Exkommunikation von Friedrich Barbarossa und Friedrich II. Am höchsten Punkt der Stadt erhebt sich der überwiegend lombardisch-romanische Dom S. Maria (1073 –1104; im 13. Jh. verändert). Im Innern beachte man den aus Steinen einer benachbarten römischen Villa zusammengesetzten Cosmaten-Fußboden (1226). Der römische Meister Vassalletto schuf 1263 Osterleuchter, Ziborium und Bischofsstuhl. Der großartige Freskenzyklus in der Krypta gilt als bedeutendes Zeugnis der römischen Malerei des 13. Jh.s. Das Dommuseum zeigt den reichen Kirchenschatz, u. a. ein Messgewand von Papst Bonifaz VIII., der um 1235 in Anagni zur Welt kam. Lohnend ist der Gang von der Kathedrale durch die Hauptachse der Stadt, die Via Vittorio Emanuele. Wenige Schritte westlich steht der im 13. Jh. erbaute Palast des Papstes Bonifaz VIII., in dem dieser 1303 mit der berühmten Ohrfeige (ital. "schiaffo") gedemütigt wurde. Vorbei am Palazzo Comunale (12./13. Jh.) kommt man auf die Piazza Cavour, von dem man einen schönen Blick über das Sacco-Tal hat.
Fiuggi	Fiuggi (621 – 747 m, 8600 Einw.), 17 km nordöstlich von Anagni in ausgedehnten Eichen- und Kastanienwäldern gelegen, ist einer der beliebtesten Kurorte Italiens – mit über 200 Hotels nach Rom das bedeutendste Tourismuszentrum Latiums. Sein Mineralwasser (*oligominerale*) soll bei Stoffwechsel-, Nieren- und Harnwegsproblemen helfen. An der Durchgangsstraße liegt der moderne Bereich Fiuggi Fonte mit Hotels und Cafés; an der zentralen Piazza Frascara betritt man den schönen, waldigen Kurpark Bonifacio VIII. Im hoch gelegenen mittelalterlichen Fiuggi Città gibt es einige gute Restaurants (z. B. La Torre, Tre Abrizzi, La Locanda); an der Piazza Trento e Trieste stehen das Rathaus (1925) und das ehemalige Casino. Im Sommer wird ein reiches Unterhaltungsprogramm geboten, mit Pop- und klassischer Musik, Tanz, Theater, Antiquitätenmärkten; der 18-Loch-Golfplatz ist einer der wenigen in Italien, die auch Nichtmitgliedern offen stehen.

Alatri (502 m, 25 000 Einw.), 15 km südöstlich von Fiuggi, verfügt mit der 2 km langen, vermutlich im 4. Jh. v. Chr. errichteten Stadtmauer aus großen Steinblöcken (Zyklopenmauerwerk) über eine der großartigsten antiken Stadtbefestigungen Italiens. Vollständig erhalten ist die Mauer (2. Jh. v. Chr.) um die einstige Akropolis am höchsten Punkt der Stadt, deren Platz heute der Dom (11./16. Jh.) einnimmt. Von den vier Toren beeindruckt besonders die südwestliche Porta Maggiore mit einem 5 m langen und 1,60 m hohen Architrav. Im Palazzo Gottifredo, dem bedeutendsten mittelalterlichen Bauwerk (13. Jh.), ist das Stadtmuseum untergebracht.

Alatri

Auch das hübsche alte Städtchen Ferentino (395 m, 19 000 Einw.), das 14 km südwestlich von Alatri auf einer lang gestreckten Anhöhe über dem Sacco-Tal thront, hat eine fast vollständig erhaltene Stadtmauer, begonnen von den Hernikern im 5. Jh. v. Chr. Ihre verschiedenen Bauphasen (vorrömisches Zyklopenmauerwerk, römische Hausteine und mittelalterliche Bruchsteine) erkennt man gut an der Porta Sanguinaria im Süden. Sehenswert sind auch die Zisterzienserkirche S. Maria Maggiore (um 1150, Fassade 13. Jh.) in der Nähe der Porta Sanguinaria und der romanische Dom (11. Jh.) am höchsten Punkt der Stadt. Drinnen beachte man den Cosmaten-Fußboden (1116/1203), den Osterleuchter und das Ziborium (um 1235). Vor dem Dom hat man einen schönen Ausblick.

Ferentino

Die Provinzhauptstadt Frosinone (291 m, 46 000 Einw.) liegt malerisch am Hang über dem Cosa-Tal (ca. 10 km östlich von Ferentino), ein Besuch lohnt sich jedoch kaum.

Frosinone

Die Abtei von Casamari (16 km nordöstlich von Frosinone), 1140 bis 1271 von den Zisterziensern erbaut, ist nach Fossanova das hervorragendste Werk der zisterziensisch-französischen Gotik in Italien. Nur das Altarziborium stammt aus dem Jahr 1711.

*Abbazia di Casamari

Bekannt ist Aquino (ca. 50 km südöstlich von Frosinone an der A 1) durch den Theologen und Philosophen Thomas von Aquin, der der Grafenfamilie d'Aquino entstammte und um 1225 auf der Burg Roccasecca (10 km nördlich) geboren wurde († 1274). An der Via Latina westlich des Orts liegen die Reste der römischen Siedlung Aquinum, der Heimat des Satirendichters Juvenal (um 60 – 140 n. Chr.). Sehenswert ist die romanische Kirche S. Maria della Libera (1125) am nördlichen Ortsrand, die an Platz eines Herkules-Tempels steht. Der Unterbau des Glockenturms und die Fragmente eines Frieses zu Seiten des Hauptportals stammen von dem römischen Tempel.

Aquino

Der Name der am Südostrand Latiums gelegenen Stadt (40 m, 32 800 Einw.) ist in aller Welt berühmt durch das Kloster Montecassino, das im Jahre 529 von Benedikt von Nursia gegründet wurde und als die Wiege des abendländischen Mönchstums gilt. Im Zweiten Weltkrieg, von Oktober 1943 bis Mai 1944, war das Bergmassiv Montecassino Eckpunkt der deutschen "Gustav-Linie"; die Stadt wurde in den Kämpfen völlig zerstört und weiter südlich neu aufgebaut. Etwa 3 km nördlich von Cassino liegt auf dem Colle Marino ein deutscher Soldatenfriedhof, auf dem 20 051 Gefallene beigesetzt sind. Vom Westrand der Stadt führen Serpentinen hinauf

Cassino

Latium · Lazio

Latium (Fortsetzung)	zum Kloster. Am Weg liegen das Grabungsgelände des antiken Casinum, von dem u. a. die gewaltigen Reste eines Amphitheaters und eines Mausoleums erhalten sind, und die Ruine der 949–986 errichteten Rocca Ianula. Vor dem Kloster liegt rechts die Zufahrt zum polnischen Soldatenfriedhof, außerdem sind hier vorrömische Polygonalmauern aus dem 4./3. Jh. v. Chr. zu sehen.
*Abbazia di Montecassino	Auf dem Berg in über 500 m Höhe ist der mächtige Klosterkomplex gelegen, der am 15. Februar 1944 von den Alliierten durch einen Luftangriff fast ganz zerstört worden war, obwohl sich, wie ausdrücklich bekannt gegeben, keine deutschen Truppen hier befanden; nach letzten Erkenntnissen führte ein Fehler bei der Übersetzung eines abgehörten deutschen Funkspruchs zu dem folgenreichen Befehl. Von 1950 bis 1957 wurde das Kloster in den Renaissance- und Barock-Formen des 16.–18. Jh.s wieder aufgebaut. Vom ursprünglichen Bau sind die Krypta mit Mosaiken der Beuroner Kunstschule (Desiderius Lenz, 1898–1913) und die Gräber des hl. Benedikt und der hl. Scholastika erhalten geblieben; die Bronzetüren des Mittelportals stammen aus dem 11. Jh., das prunkvolle Innere der Kirche entspricht dem Bild von 1727. Die Fresken an der Eingangswand und in der Kuppel fertigte P. Annigoni (1978). Das Klostermuseum neben der Kirche zeigt die Geschichte der Abtei, römische und etruskische Funde, mittelalterliche Handschriften, alte Veduten des Klosters sowie sakrale Kunstwerke. Das Kloster wird vom Monte Calvario (593 m) mit einem polnischen Kriegerdenkmal überragt.

Lecce   N 15

Region: Apulien · Puglia
Provinz: Lecce
Höhe: 49 m
Einwohner: 100 000

| **"Florenz des Barocks" | Für Freunde des Barocks, aber nicht nur die, ist Lecce ein Muss. Die ca. 40 km südöstlich von Brindisi in der Mitte des Salento – der Landschaft, die den Absatz des italienischen Stiefels bildet – gelegene Provinzhauptstadt ist ein Gesamtkunstwerk, geschaffen von Mitte des 16. bis Ende des 18. Jh.s aus dem leicht zu bearbeitenden goldgelben Lecceser Kalkstein. Ungehemmte Gestaltungsfreude brachte einen eigenen Barock-Rokoko-Stil hervor, den geradezu tumultuösen "Lecceser Barock"; dass er stark an den platoresken Stil Spaniens erinnert, ist der spanischen Herrschaft im Königreich Neapel zu verdanken. Dieser Barock ist jedoch von anderem Charakter als etwa der oberschwäbisch-bayerische, der auch die architektonischen Grundstrukturen – Grundriss, Wände, Decke – sehr viel bewegter gestaltet. |

Baedeker TIPP ▶ Cartapesta

Typisches Kunsthandwerk von Lecce ist das Pappmaché ("cartapesta"), schöne Mitbringsel, etwa Cartapesta-Puppen, gibt es z. B. in der Bottega di Cartapesta (Via dei Perroni 20) oder beim Piccolo Artigiano (Via Umberto I 12). "Ciceri e tria", die klassische Kichererbsensuppe des Salento, und andere bodenständige Köstlichkeiten sind in der sehr einfach eingerichteten Cucina casereccia (Via Costadura 9) zu genießen. Zum "Cortili aperti", Ende Mai, öffnen 15 Palazzi für ein Wochenende ihre Tore. Und Orgelfreunde kommen zum Festival "Musica d'Organo" im Oktober.

Die Lecceser Fassaden – hier S. Croce – quellen über von Girlanden, Putten, grotesken Tieren und Grimassen schneidenden Dämonen.

Die Wölfin im Wappen von Lecce erinnert daran, dass die Stadt unter den Römern Lupiae hieß. Die einstige messapische Siedlung hatte in der 1. Hälfte des 2. Jh.s unter den Kaisern Trajan und Hadrian ihre große Zeit, von der noch einige große Baureste zeugen. In den Gotenkriegen zerstört, gewann Lecce unter dem Normannen Robert Guiscard, dem Herzog von Apulien, neue Bedeutung, ein großer Aufschwung kam jedoch erst nach der Zerstörung der Konkurrentin Otranto durch die Türken 1480. Der reiche Landadel erbaute sich prächtige Stadtpalazzi, und die katholische Kirche und ihre Orden zelebrierten die Gegenreformation mit ebenso großartigen Bauten von theatralischem Gestus; im 17./18. Jh. wurden nicht weniger als 40 Kirchen um- oder neu erbaut. Ein öffentliches Res-

Geschichte
(Fortsetzung)

taurierungsprogramm hat in den 1990er-Jahren die lebendige, durch Tabak- und Weinanbau wohlhabende Universitäts- und Verwaltungsstadt in neuem Glanz erstehen lassen.

Sehenswertes in Lecce

Porta Napoli

*Piazza del Duomo

Von der am Westrand der Altstadt gelegenen Porta Napoli (1548), einem Ehrenmal für Karl V., führt die Via Palmieri südlich zur Piazza del Duomo mit dem überwältigenden, geschlossenen Ensemble aus Dom mit 68 m hohem Kampanile, Bischofspalast und Priesterseminar, zu dem sich die Propyläen wie zu einer Bühne öffnen. Entsprechend ist die Nordwand des Doms S. Oronzo, erbaut 1658–1670 am Platz eines romanisch-gotischen Vorgängers, als Schaufassade gestaltet. In der dreischiffigen Basilika sind die Kassettendecke und die überaus üppigen Altäre (vom Architekten des Doms G. Zimbalo) hervorzuheben. Rechts schließen der Bischofspalast (1632) mit seinen Loggien und das Priesterseminar (G. Cino, 1694–1709) an, dessen Innenhof ein reich verzierter Brunnen schmückt.

Vom Dom gelangt man östlich auf dem Corso Vittorio Emanuele II, vorbei an der Theatinerkirche S. Irene (1591–1639; die Fassade im Stil der römischen Gegenreformation), zur Piazza S. Oronzo, dem Mittelpunkt der Stadt. Montags und freitags ist Markt, außerdem ist hier die älteste Konditorei der Stadt zu finden, das Caffè Alvino. Das Wahrzeichen der Stadt ist die römische Säule, die einst in ▶ Brindisi mit ihrem Pendant das Ende der Via Appia markierte; gekrönt wird sie von einer 5 m hohen venezianischen Bronzestatue des hl. Orontius. Neben der Säule der Palazzo del Seggio (Sedile), eine Loggia von 1592, die bis 1851 als Rathaus fungierte, und die Kapelle S. Marco (1543). Die südlichen Platzhälfte nimmt ein teilweise freigelegtes römisches Amphitheater des 2. Jh.s n. Chr. ein. Wenige Schritte östlich steht am Viale 25 Luglio das 1539–1548 unter Kaiser Karl V. errichtete Kastell.

Piazza S. Oronzo

Nördlich der Piazza S. Oronzo ist in der Via Umberto I das großartigste Beispiel des Lecceser Barocks zu finden, die Kirche Santa Croce; mit dem Bau wurde 1548 begonnen, die untere Hälfte der renaissancehaft streng gegliederten Fassade und das Innere bis 1582 vollendet, der obere Fassadenteil 1646. Auch das Innere ist verschwenderisch gestaltet; außer der teilweise vergoldeten Kassettendecke ist der Altar für S. Francesco di Paola links des Chors (F. A. Zimbalo, 1614) zu beachten. Nördlich schließt der mächtige Palazzo del Governo (Sitz der Provinzregierung) an, das ehemalige Cölestinerkloster von 1695, zu dem die Kirche S. Croce gehörte.

**S. Croce

Südwestlich des Amphitheaters sind an der Piazza Vittorio Emanuele die Kirche S. Chiara (1678–1691 umgestaltet) und noch weiter südlich die Kirche S. Matteo (1700) interessant; Letztere ist die einzige in Lecce in "römischem" Barock. Das nahe römische Theater aus dem 2. Jh. konnte einmal 5000 Zuschauer fassen; nebenan das zugehörige Museum. Von den Propyläen am Domplatz gelangt man durch die Via Libertini zur Dominikanerkirche S. Maria del Rosario (G. Zimbalo, 1691–1728) mit besonders reich gestalteter Fassade und zur Porta Rudiae von 1703. An der Piazza Argento ganz im Süden der Altstadt zeigt das Provinzmuseum im ehemaligen Jesuitenkonvent (Convento Argento) archäologische Funde, v. a. aus messapischer, griechischer und römischer Zeit, Gemälde des 15.–18. Jh.s (u. a. ein Polyptychon von Bartolomeo Vivarini) sowie die Ikonostase der Kirche S. Nicola dei Greci.

Südstadt

*Museo Provinciale Sigismondo Castromediano

Die Stadtbesichtigung sollte man mit einem Spaziergang von der Porta Napoli bzw. dem Obelisken Ferdinands I. (1822) auf dem Viale S. Nicola zum sehenswerten Friedhof beschließen. Nach altem Brauch gedenkt man hier der verstorbenen Angehörigen. Hier steht auch die einzige mittelalterliche Kirche der Stadt, Santi Nicolò e Cataldo, die 1180 von dem Normannengrafen Tankred gestiftet wurde. Die Fassade wurde 1716 von Giuseppe Cino barock erneuert; das prachtvolle romanische Portal lässt in seinen feinen Reliefbordüren orientalische Einflüsse erkennen, ebenso der hohe Kuppeltambour. Das Innere ist ganz mit Fresken des 15.–17. Jh.s geschmückt. Im großen der beiden Renaissance-Kreuzgänge des im 15. Jh. erbauten Olivetanerklosters steht ein herrlicher Brunnen von 1630.

Friedhof

*SS. Nicolò e Cataldo

▶ Apulien

Umgebung

Die Höhlenwohnungen und -kirchen in Matera: früher Symbol für die Rückständigkeit Süditaliens, heute UNESCO-Weltkulturerbe

Matera
L 14

Region: Basilikata · Basilicata
Provinz: Matera
Höhe: 401 m
Einwohnerzahl: 57 300

**Stadt der Höhlenwohnungen

Matera, die Hauptstadt der östlichen ▶ Basilikata, ist als Stadt der "sassi" berühmt geworden, die seit 1993 zum UNESCO-Weltkulturerbe gehören. Die Sassi sind Höhlenbehausungen, die schon seit vorgeschichtlichen Zeiten in den Kalktuff gehauen wurden. Heillos ineinander verschachtelt ziehen sich die vorgebauten Häuser am zerklüfteten Westhang der tief eingeschnittenen "gravina" hinauf, wie die Schluchten der Murge heißen. Unter primitivsten Bedingungen lebten hier die Menschen zusammen mit ihren Haustieren, bis Anfang der 1950er-Jahre damit begonnen wurde, die Bewohner dieser "nationalen Schande" in neue Häuser umzusiedeln. Die Sassi verfielen allmählich, bis man die Höhlenhäuser, -kirchen und -klöster in den 1970er-Jahren zu restaurieren begann; heute sind sie eine Touristenattraktion – eine denkwürdige Karriere. Man sollte auch die Schilderung lesen, die Carlo Levi in "Christus kam nur bis Eboli" gibt. Sachkundige Führungen bieten an: Circolo La Scaletta, Via Sette Dolori 10, und Nuovi Amici dei Sassi, Piazza del Sedile 20. Einen grandiosen Blick auf Matera hat man von einem Punkt nördlich der Stadt; von der SS 7 folge man dem Schild "Chiese rupestri" zum Rand der Gravina.

Vom Morgengrauen bis in die Nacht dauert am 2. Juli das Fest der Madonna della Bruna, der Schutzpatronin der Stadt, das Tausende von Teilnehmern anzieht. In einer endlosen Prozession mit historisch gewandeten Reitern wird ein "Triumphwagen" mit Pappmaché-Aufbau durch die Stadt geleitet und abends von der jubelnden Menge in Stücke gerissen, die Glück bringen sollen. Ein Feuerwerk bildet den prächtigen Abschluss.

Fest der Madonna della Bruna

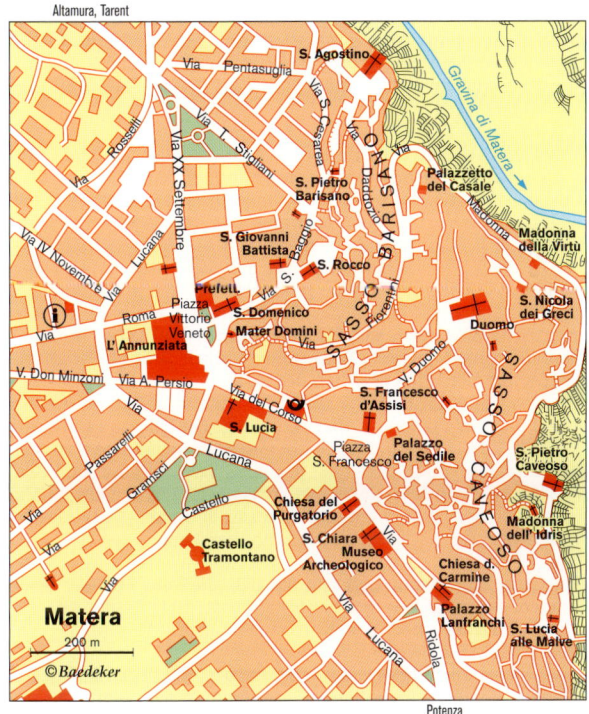

Sehenswertes in Matera

Von der Piazza S. Francesco geht es nordöstlich zum Dom Madonna della Bruna, der die Altstadt überragt; vom Vorplatz hat man einen guten Blick auf das Viertel Sasso Barisano. Bemerkenswert sind im Dom (1230–1270, 1627 barockisiert), einem späten und schönen Beispiel der apulischen Romanik, v. a. die mittelalterlichen Fresken mit Szenen aus dem Jüngsten Gericht, das silbern gerahmte Fresko "Madonna della Bruna" (1270), das Chorgestühl von 1453 und die steinerne Krippe von Altobello Persio (1534).

*Duomo

Die Piazza Vittorio Veneto wird vom Convento dell'Annunziata – einem ehem. Dominikanerinnenkloster von 1748 (mit Café auf dem Dach) –, dem barocken Palazzo mit der Präfektur, der Kirche S. Do-

Piazza Vittorio Veneto

Matera (Fortsetzung)	menico (13. Jh.) sowie der Chiesetta Materdomini (1680) umgeben. Auf dem Platz kann man einen Blick in die Vergangenheit werfen: Einige der 1880 zugeschütteten Strukturen wurde freigelegt. Neben der Chiesetta hat man Zugang zu einer Terrasse mit Ausblick.
Sasso Barisano	Am Beginn der Via S. Biagio zieht die Südseite der Kirche S. Giovanni Battista (1220) mit einem herrlichen Portal den Blick an. Rechts unterhalb der Via Caesarea ist die Grottenkirche S. Pietro Barisano zu finden, die wohl im 12. Jh. angelegt wurde; ihre Fassade stammt von 1755. Nun hinunter zur Fahrstraße und zur Via Madonna delle Virtù, die an der Schlucht entlangführt. Hier liegen die Höhlenkirchen Madonna delle Virtù und S. Nicola dei Greci, letztere mit Fresken des 13. und 14. Jh.s.
Sasso Caveoso	Vorbei am Convento S. Lucia erreicht man die kühn über der Gravina stehende S. Pietro Caveoso, deren heutige Form 1656 und 1752 (Fassade) entstand; das Polyptychon im Hauptaltar datiert etwa von 1540. Daneben ragt der Monte Errone mit der Grottenkirche Madonna dell'Idris auf, die Fresken aus dem 14.–16. Jh. enthält; hier hat man einen herrlichen Blick über den Sasso Caveoso. Von hier sollte man noch weiter südlich gehen und sich die Höhlenkirche S. Lucia alle Malve ansehen, in der eine Ikonostase auf ihre Erbauer – griechische Mönche – verweist; die Fresken des 13./14. Jh.s sind ebenfalls bemerkenswert. Noch weiter südlich liegt der beeindruckende, aus vier Höhlenkirchen des 14./15. Jh.s bestehende Convicinio de S. Antonio Abate. Schließlich steigt man hinauf zur Via Buozzi und zur Via Ridola. Hier beherbergt der Palazzo Lanfranchi (1672) die städtische Pinakothek mit mittelalterlicher Kunst aus der Basilikata, Gemälden des 17./18. Jh.s (u. a. Salvator Rosa) und Bildwerken von Carlo Levi. Unter den archäologischen Funden im Museo Nazionale D. Ridola, im ehem. Kloster S. Chiara (1702), ragt besonders die griechische Keramik aus Apulien heraus.
Castello Tramontano	Graf Carlo Tramontano ließ sich um 1500 die Burg über der Stadt erbauen; sie wurde jedoch nicht fertig, da der üble Despot 1514 von seinen Untertanen nach dem Kirchgang umgebracht wurde.
***Parco delle Chiese Rupestri**	In der Umgebung gibt es viele kleine Kirchen, die in den Tuff gegraben oder in natürliche Höhlen gebaut sind und schöne Fresken aufweisen; sie entstanden ab dem 8. Jh. n. Chr. als Werk griechisch-byzantinischer Mönche. Führungen durch den Parco delle Chiese Rupestri, mit einem Gebiet südöstlich von Matera und einem südwestlich, veranstaltet die Lega Ambiente, Via Duomo 12.

Molise   J – K 12 – 13

Region: Molise
Provinzen: Campobasso, Isernia
Fläche: 4438 km²
Einwohnerzahl: 327 200

Allgemeines	Molise – nach dem Aosta-Tal die kleinste Region Italiens – liegt im östlichen Mittelitalien zwischen den Regionen Abruzzen und Apulien. Mit Ersterer bildete es, durch Geschichte und kulturelle Tradi-

tion verbunden, bis 1963 die Verwaltungseinheit Abruzzo e Molise.
Die Landschaft steigt von der Adria im Nordosten und der weiten
Apulischen Ebene im Osten zu den Karsthöhen der Monti del Matese an (im Monte Miletto 2050 m hoch), die zum Neapolitanischen
Apennin gehören; im Volturno-Tal stößt sie bis auf 30 km Entfernung zum Tyrrhenischen Meer vor. Der Fremdenverkehr in dieser
durch Industrie kaum beeinträchtigten Region beschränkt sich auf
einheimische Sommerfrischler an der Küste und in den Bergen –
ein "Italien vor der Erfindung des Tourismus".
Molise ist eine der armen Landschaften Italiens an der Grenze zum
Mezzogiorno; wichtigster Erwerbszweig ist die Land- und Weidewirtschaft. In der Geschichte war das Gebiet Zankapfel einer Reihe
sich ablösender Fremdherrschaften, von Römern und Langobarden
über Normannen zu den Staufern, über Anjou, Aragon und Spanien bis zu den Franzosen; bedeutende historisch-kulturelle Zentren konnten hier nicht entstehen. 1943 verlief durch das Sangro-
Tal die "Gustav-Linie", die Front zwischen den Alliierten und den
deutschen Truppen; viele Orte wurden völlig zerstört. Ein schweres
Erdbeben hat 1984 die Provinz Isernia getroffen.

Reiseziele im Molise

Von Pinien gesäumte Sandstrände prägen den 38 km langen Abschnitt der Adriaküste; einige Hotelsiedlungen wurden für Som-
merurlauber geschaffen. Im Zentrum liegt Termoli mit seiner ins
Meer vorspringenden ummauerten Altstadt zwischen Strand und
Hafen. Das Kastell wurde von Friedrich II. 1247 erbaut; beachtenswert ist die Kathedrale S. Basso (um 1200) mit ihrer schönen Fassade im normannisch-apulischen Stil, leider ist von der Bauplastik
und den Marmorintarsien nur noch wenig vorhanden. Nördlich
der Stadt ragt ein traditioneller "trabocco" ins Meer, ein hölzerner
Steg mit großen Netzen an weit ausladenden Masten.

Die beiden Orte 20–25 km südlich von Termoli, die auf albanische
Flüchtlinge Ende des 15. Jh.s zurückgehen, sind am 30. April bzw.
am 3. Mai Schauplatz von Ochsenkarrenrennen, einem urtümlich-
kraftvollen Wettbewerb, der in der lokalen Kultur verankert ist.

Im uralten Guglionesi, 15 km südwestlich von Termoli 369 m hoch
in schöner Panoramaposition gelegen, ist außer der Kathedrale
Santa Maria Maggiore (1746; romanische Krypta) die archaisch wirkende romanische Kirche S. Nicola (12. Jh.) interessant.

Auch dieses Städtchen 32 km südlich von Termoli hat sein jahrhun-
dertealtes "Ochsenfest", vom 25. bis zum 27. Mai ziehen prächtig
geschmückte Ochsenkarren zu Ehren des hl. Pardo zum Monterone
hinauf und durch den Ort. Auf Grund seiner bedeutenden Vergangenheit seit der Antike ist das Handels- und Verwaltungszentrum
aber auch sonst besuchenswert. Von der blühenden römischen
Stadt zeugt v. a. das 14 000 Zuschauer fassende Amphitheater.
Glanzpunkt im Zentrum der Altstadt ist die Kathedrale S. Maria
Assunta e S. Pardo von 1319 im romanisch-gotischen Stil Apuliens;
die großartige Fassade besitzt ein Pseudoprotyros-Portal mit einer
schönen Kreuzigungsgruppe, über dem Radfenster das Lamm Got-

Larino (Fortsetzung)	tes und die Evangelistensymbole. Gegenüber steht an der langen Piazza del Duomo der ehem. Herzogspalast (Fassade 1888) mit dem Rathaus und dem besuchenswerten Ortsmuseum.
*Petrella Tifernina	Von der SS 647 geht 47 km südwestlich von Termoli die Straße hinauf nach Petrella Tifernina, dessen 1165–1211 erbaute Kirche San Giorgio Martire als das interessanteste romanische Bauwerk der Region gilt. Am fast ungegliederten Äußeren sind das übergroße Hauptportal und das linke Seitenportal zu beachten, die außer geometrischen und vegetabilen Ornamenten christliche Symbole und Tiermonster zeigen. Im Inneren mit Parallelogramm-Grundriss gibt es schöne Kapitelle und ein großes Taufbecken. Von der Barockisierung 1732 sind noch einige Teile in der Kirche belassen.
S. Maria della Strada	Sehenswert ist auch die romanische Basilika S. Maria della Strada bei Matrice (ca. 12 km südlich von Petrella), die 1148 geweiht wurde und im Originalzustand erhalten blieb.

Molise

Campobasso	Hauptort der Region und der östlichen Provinz ist Campobasso (701 m, 50 000 Einw.). Von der Piazza G. Pepe, dem Zentrum der Neustadt, geht südwestlich der Corso Vittorio Emanuele ab, die Flaniermeile der Stadt. In nördlicher Richtung gelangt man an Präfektur und klassizistischer Kathedrale (1829) vorbei in die Altstadt. Hinter der gotischen Pfarrkirche S. Leonardo (13. Jh.) liegt an der Via A. Chiarizia der Palazzo Mazzarotta mit dem Museo Nazionale Sannitico mit samnitischen, römischen und langobardischen Grabungsfunden. Sehenswert ist auch die romanische Kirche S. Bartolomeo (vor 1371). Über der Stadt thront das Kastell Monforte (1549), von dem man einen schönen Blick hat. Berühmt ist die "Sagra dei Misteri" an Fronleichnam, bei der lebende Bilder – in Gestalt von kostümierten Kindern – durch die Straßen getragen werden.
*Gambatesa	Im Osten der Region geht das Molise in das herbe Hügelland Apuliens über. Südlich über dem Stausee Lago di Occhito liegt auf einem Tuffrücken das alte Gambatesa mit einem beeindruckenden Kastell; aus der frühmittelalterlichen Burg der Herren von Gambatesa entstand ein Renaissance-Palast, den um 1550 der Manierist Donato Decumbertino unglaublich prachtvoll ausgemalt hat.
Sepino ***Altilia**	Nahe der Grenze zu Kampanien, ca. 25 km südlich von Campobasso, liegt am Nordhang der Monti del Matese der Ort Sepino (698 m), Nachfolger der alten samnitisch-römischen Stadt Saepinum (3 km nördlich). Das Dorf Altilia ist eine besondere Sehenswürdigkeit, denn es ist in die römische Stadt gebaut, deren Reste seit 1950 teilweise freigelegt wurden; an kaum einem anderen Ort sind Vergangenheit und Gegenwart so eng verbunden. Besonders zu beachten sind das Theater mit den umstehenden einstigen Bauernhäusern, die Porta Bovianum mit zwei Barbaren-Figuren und einem Dekret des Jahres 170 n. Chr. sowie das Mausoleum des C. E. Marsus.
Agnone	Im Norden der Provinz Isernia (23 km nordwestlich der SS 650) ist Agnone einen Besuch wert, das sehr schön in 800 m Höhe auf einem Tuffrücken liegt. Das charmante Städtchen, bekannt für die Tradition der Kupfer- und Goldschmiedekunst sowie die Produktion von Glocken und Süßigkeiten, ist im August Schauplatz eines Theater- und Musikfestivals. Unter den vielen Kirchen hervorzuhe-

Zwischen Felsen gebaut: Pietrabbondante

ben sind S. Antonio Abate (1118/1691 –1793), S. Marco (1114/17. Jh., schöne Altäre) am höchsten Punkt der Stadt und S. Francesco (1343/ 17. –18. Jh.), ebenfalls mit prächtigen Altären.

Agnone (Fortsetzung)

Bei Pietrabbondante (1025 m, 22 km südlich von Agnone) liegen die bedeutendsten samnitischen Ausgrabungen (u. a. Theater und Tempel, ca. 150 – 90 v. Chr.): herrliches Panorama mit Blick auf das zwischen riesige Felsen geklemmte Pietrabbondante und Agnone.

*Pietrabbon- dante

In Isernia (423 m, 21 000 Einw.), der Hauptstadt der westlichen Provinz, wurde um 1210 Pietro da Morrone geboren, später Papst Cölestin V., der einzige Pontifex maximus, der zu Lebzeiten von seinem Amt zurücktrat (als über 80-jähriger Eremit fühlte er sich den Anforderungen seines Amts nicht gewachsen). Die geschichtsträchtige Stadt wurde 1805 und 1984 durch Erdbeben und 1943 durch Bomben der Alliierten schwer beschädigt. Dennoch lohnt sich der Gang von der Piazza Celestino V (Fontana della Fraterna, 14. Jh.) durch den Corso Marcelli mit der Kirche S. Chiara (13. Jh., 1885), der Kathedrale (1837, romanisch-gotischer Vorgängerbau 1805 zerstört) und dem Museum; es zeigt u. a. Reste der altsteinzeitlichen Siedlung des sog. Homo aeserniensis, die 1978 nahe Isernia entdeckt wurde.

Isernia

Etwa 25 km nordwestlich von Isernia liegen im Volturno-Tal die Ruinen der im Jahr 702 gegründeten und 881 von den Sarazenen zerstörten Klosterstadt Abbazia di S. Vincenzo. Erhalten blieb u. a. eine mit schönen Fresken (9. Jh.) geschmückte Krypta. Beim Bau der neuen Kirche (1958), die wie der ganze Komplex von Benediktinerinnen betreut wird, wurden alte Teile verwendet.

Abbazia di S. Vincenzo al Volturno

Region: Kampanien · Campania
Provinz: Napoli
Höhe: 10 m ü. d. M.
Einwohnerzahl: 1,2 Mio. (Großraum: 4 Mio.)

**Die Stadt am Vesuv – das schönste Chaos der Welt

Die süditalienische Hafenstadt Neapel, nach Rom und Mailand drittgrößte Stadt Italiens, Hauptort der Region Kampanien und der Provinz Neapel, liegt am gleichnamigen Golf am Fuße des Vesuvs. Sie ist unbedingt einen Aufenthalt wert, zu ihren Hauptattraktionen gehören neben der schönen Lage die quicklebendige, von der UNESCO zum Weltkulturerbe ernannte Altstadt, die vielen Zeugnisse der über 2700-jährigen Geschichte, das Archäologische Nationalmuseum mit seinen einzigartigen Schätzen, die man bei den Ausgrabungen in den verschütteten Vesuvstädten fand, sowie die Gemäldegalerie von Capodimonte. Der Hafen von Neapel hat nicht nur als Ausgangsort für Fahrten zu den Inseln Ischia und Capri, sondern auch als Hauptumschlagplatz für ganz Unteritalien größte Bedeutung.

Baedeker **TIPP** **Pizza Margherita**

In Neapel wurde 1889 angeblich die Pizza Margherita erfunden, genauer bei Brandi, einer der ältesten Pizzerien der Stadt (Salita Sant' Anna di Palazzo 1–2, einer Seitengasse der Via Chiaia; geöffnet Di. – So., ☎ 0814169 28). Benannt ist sie nach der Königin Margherita von Savoyen. Der hauchdünne Hefeteig ist in den Landesfarben belegt: Rot (Tomaten), Weiß (Mozzarella) und Grün (Basilikum).
Neapels zweite Spezialität sind die Sfogliatelle, die es in Cafés und Pasticcerie (Konditoreien) gibt: hauchfeine, muschelförmige Blätterteigtaschen, gefüllt mit Quark, süßem Grieß und in Zitronenlikör eingelegten Früchten, die warm am besten schmecken, z. B. in der Pasticceria Leone (Riviera di Chiaia 61).

Stadtbild

Unvollstellbarer Verkehr und der dazugehörende Straßenlärm bestimmen den ersten Eindruck dieser dicht bebauten und dicht bevölkerten Stadt. Bevor man eintaucht in das "Chaos himmelhoch getürmter Häuser mit barocken Architekturen, die Schwüle und den Staub der Straßen" (F. Gregorovius), empfiehlt es sich, Neapel zunächst aus gebührendem Abstand auf sich wirken zu lassen. Dazu bietet sich der Vomero an (auch San-Martino-Hügel genannt, ▶ S. 221). Deutlich erkennt man von oben den großen Hafen mit den Fähranlegestellen, das Häusermeer, das sich bis zum doppelhöckrigen Vesuv erstreckt, die Türme und Kuppeln der über 300 Kirchen, die Wohnpaläste der Jahrhundertwende. In den ineinander geschachtelten Häusern des historischen Zentrums leben und arbeiten bis zu 80 000 Menschen pro km². Es erstreckt sich zwischen dem Hauptbahnhof im Osten und dem Vomero im Westen. Im Norden des Zentrums liegen ältere Wohnviertel. Im Osten schließt eine Industriezone an. Hinter dem Hauptbahnhof erstreckt sich Neapels modernstes Geschäfts- und Büroviertel, das in den 1990er-Jahren nach Plänen von Kenzo Tange und Kollegen erbaute Centro Direzionale mit seinen futuristischen Hochhäusern.
In einem zweiten Schritt erkundet man dann die lebendige Altstadt. Das großstädtische Neapel erlebt man um die Piazza del Plebiscito herum, wo die Bourbonen ihre Denkmäler hinterlassen haben. Anschließend locken die Schätze der bedeutenden Museen. Bei einem längeren Aufenthalt bieten sich darüber hinaus Tagesausflüge nach ▶ Pompeji, ▶ Herkulaneum, Pozzuoli oder ▶ Caserta an.

**Neapel von oben

Millionenstadt Neapel, zwischen Golf und Vesuv gelegen

Selbst den routiniertesten Autofahrern sei davon abgeraten, sich in Neapel mit dem eigenen Fahrzeug zu bewegen. Die Straßen sind meist hoffnungslos verstopft, und Verkehrsregeln scheinen hier aufgehoben zu sein, Parkplätze gibt es auch wenig. Hinzu kommen Myriaden von Zweiradfahrern, die tollkühn ihren Weg zwischen den Autoschlangen hindurch suchen. Stattdessen sind die öffentlichen Verkehrsmittel zu empfehlen.

Vom Flughafen Capodichino (Terminal 1, Erdgeschoss) fahren die blauen CLP-Busse alle 30 bis 40 Min. ins Zentrum (u. a. Hauptbahnhof Napoli Centrale, Piazza Municipio bzw. Fährhafen Molo Beverello). In Neapel ist die Metro das schnellste Verkehrsmittel. Die FS Metropolitana / Linea 2 fährt bis nach Pozzuoli, die Metropolitana collinara / Linea 1 wird zur Zeit ausgebaut. Die ersten, von renommierten Architekten gestalteten und von zeitgenössischen Künstlern ausgestatteten Stationen sind u. a. Vanvitelli (von hier erreicht man Sant'Elmo und San Martino), Dante (Ausgangsstation für die Innenstadt) und Museo (beim Nationalmuseum). Auf den Vomero gelangt man mit den drei Zahnradbahnen Funiculare Centrale (von der Via Toledo aus), Funicolare di Montesanto (Piazza Montesanto) und Funiculare di Chiaia (Piazza Amedeo). Die Schnellbahn Circumvesuviana (Abfahrt im Untergeschoss des Hauptbahnhofs, Piazza Garibaldi) verbindet Neapel mit den Gemeinden um den Vesuv (u. a. Herkulaneum, Pompeji und Sorrent); die Cumana und Circumflegrea (Bahnhof Piazza Montesanto, etwas westlich der Piazza Dante) fahren in den Westen und enden in Pozzuoli bzw. in Licola Mare. Die Fahrkarte GiraNapoli, erhältlich an Kiosken, zentralen Haltestellen und in Tabakläden, ist in allen öffentlichen Verkehrsmitteln 90 Min. gültig, es gibt auch Tagestickets.

Apropos Verkehr

Öffentliche Verkehrsmittel

Circumvesuviana

Cumana, Circumflegrea

Geschichte

Griechische Kolonisten gründeten im 9. Jh. v. Chr. Kyme (das heutige Cuma); im 6. Jh. folgte Dikaiarchia (heute Pozzuoli) und nach 500 v. Chr. Neapolis ("Neustadt"). Seit der Eroberung durch die Römer 326 v. Chr. wuchsen die Siedlungen zusammen, behielten jedoch ihre Selbstständigkeit und ihren griechischen Charakter bis ins 2. Jh. n. Chr. bei. Aufgrund der schönen Lage und des milden Klimas ließen sich hier viele wohlhabende Römer großzügige Villen erbauen, u. a. Vergil, Augustus, Tiberius und Nero.

1139 eroberte der Normanne Roger II. das zum Herzogtum erhobene Neapel und verleibte es seinem sizilischen Königreich ein, dessen Geschichte es bis 1860 teilte. Nacheinander lösten sich nun die Staufer (1194), die Häuser Anjou (1266) und Aragon (1504), die spanischen Habsburger (1713) und die Bourbonen (1734) in der Herrschaft über Neapel ab. 1799 wurde, inspiriert von den Ideen der Französischen Revolution, in Neapel die sog. Parthenopäische Republik ausgerufen. Die napoleonische Ära unter der Herrschaft Joachim Murats dauerte aber nur bis 1815. Ende 1860 führte der sog. Zug der Tausend unter Garibaldi zum Anschluss an Italien.

Im November 1980 erlitt die Metropole Süditaliens bei einem Erdbeben schwere Schäden. In den darauf folgenden Jahren versank sie dank einer unheilvollen Allianz aus korrupten Politikern, Bauspekulanten und organisierter Kriminalität beinahe im Chaos. Ihr Wiederaufstieg begann im Zuge der großen Antikorruptionskampagne im Jahr 1992. Er hängt eng mit der Wahl Antonio Bassolinos zum Bürgermeister im Jahr 1994 und einem veränderten Bewusstsein vieler Neapolitaner zusammen, selbst etwas gegen die Verwahrlosung zu unternehmen. Seither wurden zahlreiche Baudenkmäler restauriert, und auch die steigenden Besucherzahlen bestätigen: Neapel, laut UNESCO eine der an Kulturschätzen reichsten Städte der Welt, ist wieder eine Reise wert.

Baedeker TIPP **Maggio dei Monumenti**

Den ganzen Monat Mai öffnen in Neapel und Umland viele sonst verschlossene Klöster, Kirchen und Paläste ihre Tore, die wichtigsten Museen verlängern ihre Öffnungszeiten bis spät in den Abend, außerdem finden Ausstellungen, Konzerte und Performances statt. Das genaue Programm erfährt man beim Fremdenverkehrsamt und unter www.portanapoli.com.

---

*Spaccanapoli · Centro storico

Von oben erkennt man ganz deutlich die im Volksmund Spaccanapoli ("spaltet Neapel") genannte, ca. 3 km lange Straße. Sie beginnt etwa auf halber Höhe der Via Toledo, wo rechts die kleine Via D. Capitelli abzweigt. In ihrem Verlauf ändert sie mehrfach ihren Namen (V. Benedetto Croce, V. S. Biagio dei Librai, V. Vicaria Veccchia) und durchschneidet die insgesamt etwa 2 km² große Altstadt in ihrer ganzen west-östlichen Länge. Sie entspricht dem Decumanus inferior des antiken Neapolis, und zusammen mit der parallel verlaufenden Via dei Tribunali ist sie eine der lebhaftesten und interessantesten Straßen Neapels.

*Piazza del Gesù Nuovo

Kurz hinter der Abzweigung von der Via Toledo weitet sich die Spaccanapoli zur Piazza del Gesù Nuovo. In ihrer Mitte ragt die Guglia dell'Immacolata 34 m in die Höhe. Sie ist eine der vielen barocken so genannten Pestsäulen Neapels, die nach der überstandenen Epidemie, der in der Mitte des 17. Jh.s rund 70 % der Einwohner zum Opfer gefallen waren, aufgestellt wurden. Die Nordseite des Platzes wird von der Jesuitenkirche Gesù Nuovo eingenommen, die 1584 in den älteren Palazzo Sanseverino integriert wurde, von dem sie ihre Diamantquaderfassade hat. Im barock ausgestatteten Innern ist das Fresko "Vertreibung des Heliodor aus dem Tempel" von Francesco Solimena an der Innenseite der Eingangswandbeachtenswert.

Piazza del Gesù, eine Guglia dell'Immacolata für den Sieg über die Pest

*Santa Chiara
An der Südseite stand einst das Klarissenkloster Santa Chiara, von dem nur noch Kirche, Kampanile und Kreuzgang erhalten sind. Im Innern der 1310 erbauten gotischen Kirche befinden sich mehrere Grabdenkmäler für Mitglieder des Hauses Anjou, darunter das von Florentiner Bildhauern 1345 geschaffene prachtvolle Grab für Robert den Weisen (direkt hinter dem Altar), rechts an der Wand folgt das Grabmal seiner sehr jung verstorbenen Ehefrau Maria von Valois (Tino di Camaino). Über den Hof geht es zum freundlichen Klostergarten mit seinen Zitronenbäumen und zum schönsten Kreuzgang Neapels, dem Chiostro delle Clarisse. Er wurde in der Mitte des 14. Jh.s angelegt und im 18. Jh. von Vaccaro umgebaut und dabei mit bunten Majoliken aus Capodimonte ausgeschmückt. Die Kacheln sind mit Landschafts- und Fantasieszenen bemalt.

*Chiostro delle Clarisse

Etwas weiter östlich weitet sich die Spaccanapoli zur Piazza San Domenico. Hier stehen eine weitere Pestsäule (1656) sowie die gleichnamige Kirche aus dem 14. Jh.; im Innern eine Kopie von Caravaggios "Geißelung Christi", das Original befindet sich in Capodimonte (▶ S. 226).

San Domenico Maggiore

Nun überquert man die Piazza, rechts an der Pestsäule vorbei, und gelangt über eine kleine Seitenstraße zur Grabkapelle der Familie Sangro-Sansevero. Sie wurde Anfang des 16. Jh.s erbaut (geöffnet Mi.–Mo. 10⁰⁰–17⁰⁰ Uhr; Zugang über die Via De Sanctis). Im Innern befinden sich zahlreiche barocke Skulpturen aus der Sammlung Don Raimondo di Sangro, Fürst von Sansevero, Wissenschaftler und Alchimist, darunter Corradinis "Pudicizia" ("Anstand"), Queirolos "Disinganno" ("Verzweiflung") und dazwischen die Liegefigur "Cristo Velato" ("Verhüllter Christus") von Giuseppe Sammartino (1753). In der Krypta sind zwei Skelette mit versteinerten Adern ausgestellt, angeblich die Opfer von Experimenten des Alchimisten.

*Cappella Sansevero Abb. S. 216

Gegenüber von S. Domenico steht an der Ecke Spaccanapoli/Via Mezzocannone die Kirche S. Angelo a Nilo. Benannt ist sie nach der auf dem angrenzenden Plätzchen aufgestellten Statue des Nil-Got-

S. Angelo a Nilo

Neapel · Napoli

213

Aversa

Capodimonte,
Catacombe S. Gennaro, F

Museo Archeologico Nazionale

Vico Nocelle
Via Matteo Renato Imbriana
Rosa
V.F.S.

Via Caracciolo
Via
a. Via
V.S. Tommasi

Via S. Rosa
V.S. Pessina

V. Nutta
V.G. Orsi
Via Giotto
Piazza Med. d'Oro
Pza. della Immacolata
Salvator
Emanuele
Salita
Correra

Via Batti Ruopoloni
V.M. Pessina
Villa Genzano
Piazza Leonardo
V. Ventaglieri
Tarsia
S. Pie a Maie

Piazza Degli Artisti
Antignano
Montesanto
Vittorio
Scala Montesanto
Piazza Da

Via S. G. ad.
Vle. Michelang.
SPACCANAPC

V.S. Giacomo
Via Gino Doria
V.G. Bernini
V. Cacciotolli
Staz. Cumana
Gesi Nuovo

VOMERO
Solimene
Raffaello
Trito
Scala Montesanto
San't Anna dei Lombardi

V. Luca Giordano
V. Giovanni Merliani
Via
Funicolare di Montesanto
Angelini
Via F. Girardi
Piazza Carita

V. S. Aless.
Piazza Vanvitelli
Scarlatti
V. P.
Pal. Gravina

Via D. Cimarosa
Castel Sant' Elmo
V. A. Dig.
Questu

Villa Floridiana
Via Luigia Sanfelice
Certosa di San Martino
Corso
V.S. Sepolcro

V. Anello Falcone
Funicolare Chiaia
V. Filippo Patizi
Funicolare Centrale
QUARTIERI
Municipio

Mus. Nazionale della Ceramica
Funicolare Amedeo
Piazza Amedeo
Vittorio
Emanuele
Pza. Mondragone
PIZZOFALCONE
S P A G N O L I
Piazza Municipio

Via del Parco
Magherita
V. Vetreria
V. Nardones
Galleria Umberto I
Cast Nuo

Corso
Crispi
V. Colonna
Via del Mille
Parco
Via Chiaia
Teatro S. Carlo
Palazz Reale

Francesco
Mus. Villa Pignatelli
V. Imbriani
Palazzo Cellammare
Prefettura
Pza. del Plebiscito
Via Ammiraglio
Acton

C H I A I A
Via Carlo Poerio
Piazza Martiri
Via Monte di Dio
Via Solittaria
Giard Molo siglio

Riviera di Chiaia
Palazzo Calabritto
della
Vittoria
Museo Artistico Industriale

Viale A. Dohrn
Villa
Acquario
V. D. Morelli
Gall.
V.S. Lucia

Via Francesco Caracciolo
Comunale
Piazza Vittoria
Via
S A N T A L U C I A
Via Nazario Sauro
Via C. Console

Chiatamone
Partenope

Porto S. Lucia

G o l f o   d i   N a p o l i

Ptta. Marinari

Castel dell'Ovo

Capo di Posillipo

○── Metropolitana   ─ ─ ─○─ Metropolitana in construction

Pozzuoli

Mergellina, Pozzuoli, Gaeta

214

Neapel • Napoli

Capri, Ischia, Procida, Sorrent

Marmor über Marmor in der Cappella Sansevero

S. Angelo a Nilo (Fortsetzung)
tes, die Kolonisten aus Alexandrien hier aufgestellt haben. In der Kirche befindet sich ein sehenswertes Renaissancegrabmal der beiden Pisaner Bildhauer Donatello und Michelozzo (1428) für den Kardinal Rinaldo Brancaccio.

Monte di Pietà
Der schöne Palazzo del Monte di Pietà an der Ecke zum Vico S. Severino war bis Ende des 16. Jh.s das städtische Pfandleihhaus. Heute gibt es hier auffällig viele Gold- und Silberschmuckläden.

Baedeker TIPP ‣ Puppendoktor

Handarbeit wird auch im Ospedale delle Bambole, dem Puppen-Krankenhaus, groß geschrieben. Wie schon sein Großvater vor ihm verarztet Luigi Grassi gebrochene Glieder oder abblätternde Gesichter von antiken bis skurrilen Puppen, Heiligenstatuen, Krippenfiguren und Figuren aus der Commedia dell'Arte (Via San Biagio dei Librai 81).

*Via Gregorio Armeno

Die malerische Via Gregorio Armeno biegt von der Spaccanapoli in Richtung Norden ab. Für Neapolitaner ist sie die "Gasse der Krippenfiguren", die Handwerker hier seit dem 17. Jh. aus Holz, Ton oder Draht und Strohgeflecht formen, wobei die Figuren einer neapolitanischen Tradition zufolge berühmten Einwohnern der Stadt oder Italiens nachempfunden sind. Eines der schönsten Beispiele, der Presepio di Cuciniello mit 180 Hirten und vielen Tieren, ist im Museum auf dem Vomero zu sehen (▶ S. 221).

San Gregorio Armeno
An der Straße liegt auch der Klosterkomplex S. Gregorio Armeno. Die Klosterkirche (1580) ist eine der reichsten Barockkirchen von Neapel, sehenswert sind vor allem die Fresken von Luca Giordano

Neapel · Napoli

216

an den Seitenwänden und in der Kuppel. Von dem dazugehörigen Kreuzgang aus dem 18. Jh. hat man einen schönen Blick auf den Golf.

S. Gregorio Armeno (Fortsetzung)

Zurück auf der Spaccanapoli folgt linker Hand der Palazzo Marigliano (16. Jh.); im Innenhof lohnt die Freitreppe mit Terrasse und gemalter Doppelsäulenloggia (18. Jh.) einen kurzen Blick.

Nun stößt die Spaccanapoli auf die Via del Duomo mit dem dem Stadtpatron Januarius geweihten Dom. Er wurde 1294–1323 im französisch-gotischen Stil errichtet und zuletzt im 19. Jh. verändert. Im rechten Seitenschiff befindet sich die prachtvoll ausgestattete Cappella di San Gennaro (17. Jh.); auf dem barocken Hauptaltar steht die Silberbüste mit dem Schädel des hl. Januarius, der im Jahre 305 als Bischof unter Diokletian im Amphitheater von Pozzuoli den Märtyrertod erlitt. Im Tabernakel befinden sich die beiden Glasphiolen mit seinem Blut, das sich zweimal im Jahr verflüssigt, erstmals angeblich bei der Überführung des Leichnams nach Neapel zur Zeit des Kaisers Konstantin. Der Ort des "Blutwunders" ist Ausgangs- und Endpunkt großer Prozessionen vor allem am ersten Maiwochenende und am 19. September. Das Grab des Heiligen befindet sich in der reich geschmückten Confessio (Anfang 16. Jh.) unter dem Hochaltar.

*Duomo
San Gennaro

Links des Doms schließt sich die Basilika der hl. Restituta aus dem 9. Jh. an, die älteste Kirche Neapels (Zugang vom linken Seitenschiff des Doms). Hier befindet sich der Zugang zu den archäologischen Ausgrabungen unter dem Dom aus griechischer bis mittelalterlicher Zeit. Vom rechten Seitenschiff gelangt man in die Capella S. Giovanni in Fonte, das älteste frühchristliche Baptisterium, das von einer Kuppel mit Mosaiken des 4. und 5. Jh.s überspannt wird.

S. Restituta

*Baptisterium

Rechts vom Dom, auf der Piazza Cardinale Sisto Riario Sforza, die sich zur Via Tribunali öffnet, steht die im 17. Jh. gegründete Wohlfahrtseinrichtung Monte della Misericordia. Unter den sehenswerten Altarbildern ist vor allem Caravaggios "Die Sieben Werke der Barmherzigkeit" (1607) sehenswert.

Monte della Misericordia

Von hier gelangt man nun auf die ebenfalls sehr belebte Via Tribunali, eine Parallelstraße der Spaccanapoli (Abb. S. 218). Ihren östlichen Abschluss bildet das Castel Capuano, einst ein normannischer Herrschersitz, der im 16. Jh. verändert wurde und seither als Gerichtsgebäude genutzt wird. Ihm gegenüber erhebt sich die Kuppelkirche Santa Caterina a Formiello (1519–1593); etwas östlich folgt die Porta Capuana, das von zwei Türmen der ehemaligen Stadtmauer flankierte Stadttor (1484, Giuliano da Maiano).

*Via Tribunali

Castel Capuano

Die angeblich schönste gotische Kirche Neapels, die Franziskanerkirche S. Lorenzo Maggiore, steht an der Via Tribunali an der Stelle, wo sich einst die griechische Agora und später das römische Forum befanden. Eindrucksvolle Überreste wie Mauern, gepflasterte Wege, sogar steinerne Verkaufsstände wurden zwei Stockwerke tief unter S. Lorenzo ausgegraben und sind zu besichtigen (Scavi, Complesso Archeologico di S. Lorenzo). Im 6. Jh. n. Chr. folgte eine frühchristliche Basilika, auf deren Fundamenten ab 1234 das heutige Gotteshaus erbaut wurde; die Pläne des Chors stammten von dem französischen Baumeister Thibaud de Saumur. Von den Grabdenkmälern im Innern fällt das mit Mosaiken bedeckte gotische Grab-

San Lorenzo Maggiore

*Scavi

Via Tribunali, die belebte Parallelstraße der Spaccanapoli, mitten in der Altstadt von Neapel

S. Lorenzo
(Fortsetzung)

mal der Katharina von Österreich († 1323, von Tino da Camaino) besonders auf. Im angrenzenden Franziskanerkloster verweilten im 14. Jh. zeitweise Petrarca und Boccaccio.

San Paolo
Maggiore

Nördlich gegenüber die Kirche San Paolo Maggiore, die 1538–1627 auf der Ruine eines römischen Dioskurentempels erbaut wurde, von dem ein Säulenpaar in die Fassade eingemauert ist.

*Neapoli
sotterranea

Links neben dem Treppenaufgang befindet sich der Zugang zum unterirdischen Neapel, Neapoli sotterranea. Neapels Untergrund besteht aus gelblichem porösem Tuffstein, den bereits die Griechen und Römer als Baumaterial nutzten und abbauten. Die Höhlen dienten als Nekropolen, später dann als Müllgruben, Versteck für Hehlerwaren der Mafia und zuletzt im Krieg als Luftschutzkeller. Über eine lange Treppe gelangt man zur "Stadt unter der Stadt", einem Labyrinth aus Tunneln, Höhlen, Zisternen und Kanälen, die einst die Trinkwasserversorgung Neapels sicherten (Führungen auch in Deutsch, ☎ 081 29 69 44; Info: www.napolisotterranea.org; weitere Katakomben ▶ S. 227).

Weitere Sehenswürdigkeiten

In Richtung Westen passiert man die Kirche Santa Maria Maggiore. Der Barockbau wurde in der 2. Hälfte des 17. Jh.s (Architekt Cosimo

Fanzago) auf den Grundmauern eines römischen Gebäudes und einer Vorgängerkirche aus dem 11. Jh. erbaut, von der der romanische Kampanile stammt. Nur wenige Schritte weiter folgt die Cappella Pontano, von Giovanni Pontano (1426–1503) als Familiengrabkapelle erbaut, mit einem sehenswerten Majolikafußboden. Am Ende der Via Tribunali folgt schließlich noch die kleine gotische Kirche San Pietro a Maiella (1313) mit kostbaren Deckengemälden des Kalabriers Mattia Preti (1613–1699). Sie schildern Szenen aus dem Leben des Pietro da Morrone aus Isernia, der 1294 als Cölestin V. zum Papst gewählt wurde.

Weitere Sehenswürdigkeiten (Fortsetzung)

Piazza Bellini

Die Piazza Bellini, mit ihren Cafés und Bars ein beliebter Treffpunkt, ist Endpunkt dieses Spaziergangs. Sie erinnert an den sizilianischen Komponisten Vincenzo Bellini; am Fuße seiner Statue sind Überreste der griechischen Befestigungsmauern aus dem 4. Jh. erhalten. An der Piazza beginnt die Via S. Maria di Costantinopoli, in der sich Antiquitäten-, Buch- und Kunstläden aneinanderreihen. Hier liegt auch die Accademia di Belle Arti. Der Kunstakademie sind eine große Bibliothek und die Galleria di Arte Moderna angeschlossen.

In der Straße der Krippenbauer bevölkern längst nicht nur Heilige die Auslagen.

Südliches Stadtviertel

Die Kirche Monteoliveto, auch Sant'Anna dei Lombardi genannt, liegt nicht weit von der Via Toledo entfernt an der Piazza Monteoliveto. Baubeginn war 1411, später wurde sie im Frührenaissancestil weitergeführt. Wegen ihrer vielen Renaissancekunstwerke ist sie eine Art Museum. Hervorzuheben sind die Cappella Piccolomini mit dem Grab der Maria von Aragon (um 1475; Antonio Rossellino und Benedetto da Maiano), die Cappella Terranova mit einer "Verkündigung" von Benedetto da Maiano sowie die Cappella Tolosa mit Kanontafeln Brunelleschis und Terrakotta-Tondi aus der Werkstatt Della Robbia. Sehenswert sind auch im Oratoium rechts vom Altar die "Beweinung Christi", eine Gruppe von acht lebensgroßen Tonfiguren (Guido Mazzoni, 1492) und die Holzintarsien von Giovanni da Verona in der Sakristei, deren Deckenfresken Künstler aus der Werkstatt von Giorgio Vasari fertigten.

*Sant'Anna dei Lombardi

Folgt man der Via Monteoliveto und der Via Medina, gelangt man zur lang gezogenen Piazza Municipio, die sich zwischen Hafen bzw. der Stazione Marittima (1936) und dem 1819 als Regierungssitz der Bourbonen errichteten Palazzo di San Giacomo (1819) erstreckt. Hier befindet sich heute das Rathaus; benannt ist das Gebäude nach der im nördlichen Flügel eingegliederten Kirche S. Giacomo degli Spagnoli (1540), Hauptkirche der spanischen Könige Neapels,

Piazza Municipio

S. Giacomo degli Spagnoli

S. Giacomo
(Fortsetzung

mit einem schönen Grabmal des Vizekönigs Don Pedro de Toledo
(hinter dem Hochaltar, 1532; beim Grab von Pedro auch das eines
Ritters von Hürnheim aus dem Ries).

Castello Nuovo, auch Maschio Angioino genannt

*Castello Nuovo

Das mächtige fünftürmige Castello Nuovo überragt den Platz. Es
wurde ab 1279 im Auftrag Karls I. von Anjou als königliche Festung
errichtet, weshalb es im Volksmund auch Maschio Angioino genannt wird, und im 15. Jh. unter Alfons I. von Aragon entsprechend
den neuen Anforderungen der Kriegsführung umgebaut. Damals
entstand auch das in weißem Marmor zwischen die Festungstürme
gesetzte Triumphtor (1468; Arco di Trionfo di Alfonso), das den Einzug Alfons' in Neapel 1443 zeigt. Im Innenhof führt eine Freitreppe
in die Sala dei Baroni. Sie ist nach einer Gruppe von Baronen benannt, die sich 1486 an einer Verschwörung beteiligt hatten und in
diesem Saal festgenommen wurden. Heute tagt hier Neapels Stadtrat. Gegenüber dem Haupteingang liegt der Zugang zur gotischen
Cappella Santa Barbara (oder Cappella Palatina), die bis zu ihrer
Zerstörung durch ein Erdbeben 1456 mit einem Freskenzyklus von
Giotto geschmückt war. Im Castello ist das Städtische Kunstmu-
seum untergebracht (Museo Civico).

Hafen

In dem sich weit nach Osten erstreckenden, stets belebten Hafen ist
lediglich der Fähranleger Molo Beverello touristisch interessant, da
von hier die Fähren nach Capri, Ischia, Sorrent, Sardinien, Sizilien
sowie Tunesien ablegen.

*Piazza del
Plebiscito

Die nahe gelegene halbkreisförmige Piazza del Plebiscito entstand
ab 1799 im Auftrag von Joachim Murat, dem Schwager Napoleons,
während der nur wenige Jahre dauernden sog. Parthenopäischen
Republik. Mit ihren klassizistischen Arkaden erinnert sie an den
Petersplatz in Rom. In ihrer Mitte erhebt sich die Kirche San Francesco di Paola, die 1817–1846 nach dem Vorbild des römischen Pan-

*Palazzo Reale

theons entstand. Die gegenüberliegende Platzseite wird vom Palazzo Reale eingenommen, der Residenz der spanischen Vizekönige. Baubeginn war im Jahr 1600, die Pläne stammten von Domenico Fontana. Der heutige Bau entstand im 19. Jh. nach einem Brand. An der 169 m langen Front befinden sich die Statuen der acht wichtigsten fremden Herrscher über die Stadt. Mit der Fertigstellung der Reggia in ▶ Caserta verlor der Palazzo Reale jedoch seine Funktion als Residenz. Heute befinden sich hier u. a. die Biblioteca Nazionale und eine Gemäldegalerie. Beachtenswert sind das prunkvolle Treppenhaus, einige nach Vorlagen von Le Brun gefertigte Gobelins sowie eine "Heilige Familie" von Filippino Lippi.

Palazzo Reale (Fortsetzung)

Im Norden schließt das 1737 erbaute Teatro San Carlo an, das mit über 2900 Plätzen eines der größten und berühmtesten Opernhäuser Europas war (Führungen n. V.; www.teatrosancarlo.it).

Teatro San Carlo

Gegenüber dem Theater liegt einer der Eingänge in die kreuzförmig angelegte Galleria Umberto I., mit ihren Bars und Läden ein beliebter Treffpunkt. Die Glas-und-Stahl-Konstruktion wurde 1887 bis 1890 nach Plänen von Emanuele Rocco und nach dem Vorbild der Mailänder Galleria erbaut.

Galleria Umberto I.

Schräg gegenüber dem Palazzo Reale befindet sich das Caffè Gambrinus, in dem schon Könige, Musiker, Maler und Dichter ihren Espresso getrunken haben. Hier beginnt auch die nach ihrem Erbauer benannte Via Toledo, eine der Hauptgeschäftsstraßen der Stadt. Vor allem in ihren Nebenstraßen wie Via Chiaia, Piazza dei Martiri, Via Calabritto und Via dei Mille liegen die feinsten Boutiquen und traditionsreichen Einzelhandelsgeschäfte der Stadt. Die Via Toledo endet an der 1757 im Auftrag Karls III. nach Plänen von Luigi Vanvitelli angelegten Piazza Dante, wo sie das Centro Storico mit der Spaccanapoli berührt.

Via Toledo

> *Baedeker* TIPP) **Maßgeschneidert**
>
> Die angeblich begehrtesten Seidenkrawatten Italiens, darunter maßgeschneiderte, gibt es bei Maestro Marinella (Riviera di Chiaia 287).

Weitere Sehenswürdigkeiten

Gegenüber der Galleria Umberto liegt eine der drei Seilbahnstationen (Funicolare), die auf den 224 m hohen Vomero hinaufführen. Der auch San Martino genannte Hügel war einst Jagdrevier der Neapolitaner, heute ist es die feine Stadt in der Stadt, da an seinem Süd- und Osthang die Oberschicht Neapels lebt. Gekrönt wird er vom Castel Sant'Elmo, das 1343 von Robert dem Weisen angelegt und später mehrfach erweitert wurde. Nachdem es lange als Gefängnis diente, wird es nun für Ausstellungen und Veranstaltungen genutzt.

Vomero

Castel Sant'Elmo

Unmittelbar unterhalb des Kastells steht das von den Anjou 1325 gestiftete, mittlerweile profanierte Kartäuserkloster San Martino, das im 17. Jh. stark verändert wurde. Hier befindet sich heute das Museo Nazionale di San Martino (geöffnet Di. – Fr. 8 30 – 19 30, Sa., So. ab 9 00 Uhr). Neben Zeugnissen der Stadtgeschichte und der berühmten Krippensammlung (Presepi) sind Gemälde und Zeichnungen neapolitanischer Landschaften und Bauten zu sehen. Besonders beachtenswert sind die barocke, reich ausgestattete Klosterkirche, der große Kreuzgang und die Klosterterrasse (Belvedere), von

*Certosa di San Martino

Cosa Nostra & Co

Mafia

Allein in der ersten Junihälfte des Jahres 2000 wurden in Neapel mehr als 15 Menschen ermordet. Zwei Clans der Camorra, wie hier die Mafia heißt, kämpften um die Vorherrschaft auf dem lokalen Drogenmarkt, ein Faktum, das zum Alltag in der Millionenstadt unter dem Vesuv gehört. Vor allem die Stadtrandquartiere, aber auch die zentralen "quartieri spagnoli" sind in den Händen von Bossen, die bestimmen, wer wann und wie zu sterben hat. In manche Stadtviertel trauen sich selbst Polizisten nur in Gruppen.

Italien und die organisierte Kriminalität – eine lange und traurige Geschichte. Weder dem Königreich noch dem Faschismus oder dem demokratischen Rechtsstaat gelang es bisher, dem mafiosen Wildwuchs die Wurzeln auszuziehen. Im Gegenteil, in Zeiten der Globalisierung florieren auch die schmutzigen Geschäfte der Bosse; so setzt Italiens Unterwelt gegenwärtig rund 150 Milliarden Euro im Jahr um.

Entstehung

Im Jahr 1865 wurde die Mafia erstmals in einem Bericht an das römische Innenministerium als "Verbrecherbande" erwähnt. Experten zufolge entstand sie im 19. Jh. auf dem Land. Der "Boss" geht vermutlich auf den Landpächter zurück, der von dem in die Großstädte abwandernden Adel weitreichende

Rechte erhalten hatte. Als Vermittler zwischen "Regierung" und Regierten wurden diese Pächter mit der Zeit zu den wahren Herren. Einerseits pressten sie den Bauern die Zinsgelder für die Pacht ab, andererseits gaben sie vor, die gleichen Bauern gegen feudale Misswirtschaft und Landraub zu schützen. Dafür hatte man sich ihnen gegenüber mit dem Gebot des Schweigens, der "omertà", zu verpflichten. Dieser Schweigepflicht ist es noch heute zu verdanken, wenn mutige Anti-Mafia-Ermittler bei ihrer Arbeit nicht vorankommen: Man schweigt, um sich der "onorata società", der ehrenvollen Gesellschaft, auch weiterhin gewogen zu halten und sich nicht ihrer Rache auszusetzen. Die neuen Herren auf dem Land weiteten erst im 20. Jh. ihre Macht auf die Städte aus und verfügten über einen eigenen Ehrenkodex, der in zahllosen

Filmen mythologisiert wurde: Die Rede ist von Blutschwüren auf Madonnenbildnissen und anderen geheimen Ritualen. Erst der Faschismus versuchte der Mafia ernsthaft zu Leibe zu rücken. Doch gegen Ende des Zweiten Weltkriegs gelang der organisierten Kriminalität ein Comeback – ausgerechnet mit Hilfe der US-Amerikaner.

Mafia & USA

Um die Landung alliierter Streitkräfte in Sizilien vorzubereiten, kooperierten die Amerikaner mit der sizilianischen Cosa Nostra. Mittelsmann war der in den USA inhaftierte Mafiaboss Lucky Luciano. Der Deal glückte, im Gegenzug wurden Luciano und anderen hilfsbereiten Mafiosi nicht nur die Strafen erlassen, auf Betreiben der USA erhielten sie auch wichtige Positionen in der sizilianischen Nachkriegspolitik und Wirtschaft. Auch der Democrazia Cristiana war dieses Zweckbündnis sehr gelegen. Auf Jahrzehnte hinaus erlebten die Region und Italien eine unselige Verquickung politischer und mafioser Interessen. In den 1960er-

Jahren wurde aus der Agrarmafia eine städtische Mafia. Organisierte Kriminalität und Politik teilten sich die Geschäfte – vor allem die auf dem lukrativen Bausektor. In den 70er-Jahren weitete die Mafia ihre Geschäftätigkeit mit dem Einstieg in den internationalen Drogen- und Waffenhandel aus, seit den 80er-Jahren arbeiten die Clans mit "Kollegen" des kolumbianischen Medellin-Kartells zusammen.

mordung der beiden populären Anti-Mafia-Ermittler Giovanni Falcone und Paolo Borselino, zum ersten Mal regte sich in der Bevölkerung Widerstand: Tausende von Menschen gingen auf die Straße und demonstrierten gegen die Mafia. Sogar Johannes Paul II. kam nach Agrigent und forderte alle Gläubigen auf, gegen die Bosse aufzubegehren. Seit Mitte der 90er-Jahre gingen der Polizei einige

mit den Behörden zusammenarbeitenden Bosses, einige Erfolge erreichte, entsteht auf Sizilien eine ganz neue Mafia. Weitaus gefährlicher, weil nicht mehr an überkommene Riten gebunden, engagiert sie sich auch auf dem Sektor der Müllentsorgung. Vorsichtigen Hochrechnungen der parlamentarischen Anti-Mafia-Kommission zufolge befinden sich 70 % aller süditalienischen Müllkippen in mafiosen Händen.

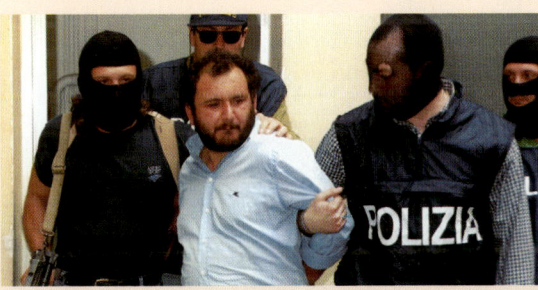

Ein denkwürdiger Tag im Kampf gegen die Mafia: Giovanni Brusca, einer der meistgesuchten Mafiabosse, im Netz der Polizei

Übrigens: Mafia meint schon längst nicht mehr nur die Cosa Nostra auf Sizilien. Die Camorra Neapels, die ihr Geld vor allem mit Drogen, illegalen Zigaretten und im Bauwesen verdient, gehört ebenfalls dazu wie auch die kalabrische 'ndrangheta und die Santa Corona Unità in Apulien, die mit dem Menschenschmuggel aus der Türkei, Afrika und vor allem aus Albanien Millionen Euro umsetzt. Der Staat sieht dieser Entwicklung weitgehend hilflos zu. Als Tourist braucht man jedoch keine Angst vor der Mafia zu haben. Dazu ist der Fremdenverkehr ein viel zu einträglicher Wirtschaftszweig. Hier lassen sich mit Einnahmen aus dem Hotel- und Gaststättengewerbe, mit Grundstücksspekulationen und Hotelneubauten nicht nur Millionen-Gewinne machen, sondern auch bestens schmutzige Dollars und Euro waschen.

Kampf gegen die Mafia

Mit der Umstrukturierung der Mafia nahm auch die Gewalt zu, und endlich sah sich der Staat gezwungen, zu reagieren. Der Kampf gegen die Cosa Nostra, wie die sizilianische Mafia genannt wird, verzeichnet viele Opfer. So den Carabinieri-General Carlo Alberto Dalla Chiesa. Der Präfekt von Palermo wurde wegen seines entschiedenen Vorgehens gegen die Bosse 1982 erschossen. Noch größeres Aufsehen erregte 1992 die Er-

der wichtigsten Bosse ins Netz, darunter 1993 Toto Riina und 1996 dessen Nachfolger Giovanni Brusca, dem der Anschlag auf Falcone zur Last gelegt wird. Es kam zu spektakulären Prozessen. Auch der siebenfache Ministerpräsident Giulio Andreotti hatte sich vor Gericht wegen vermuteter Kungeleien mit Bossen zu verantworten. Ganze Teile der Christdemokraten wurden als mafios überführt. Doch während die großen alten "Mafiosi" hinter Gittern sitzen und der Staat mit der Schaffung des "pentito", des reuigen und

**Ausblick der man den vielleicht schönsten Blick über den Golf, die Stadt und auf den Vesuv hat.

Quartieri spagnoli Wer möchte, gelangt von San Martino über einen Treppenweg hinunter in das Quartieri spagnoli, ein Gewirr aus schmalen Gassen, steilen Treppen und engen Durchgängen in der Altstadt. Einst war es als Sitz für die spanische Garnison entstanden, später ließen sich hier die ärmsten Familien Neapels nieder.

*Villa Floridiana Museum Eine Alternative ist der Spaziergang von San Martino zur Villa Floridiana (Eingang an der Via Cimarosa, wenige Meter von der Endstation des Funiculare). Im Süden des weitläufigen Parks steht die 1819 von Ferdinand IV. erbaute klassizistische Villa, heute Museo Nazionale della Ceramica mit einer sehenswerten Porzellansammlung.

Santa Lucia Am Fuße des Vomero bzw. seiner Fortsetzung Pizzofalcone liegt das Stadtviertel S. Lucia. Bis ins 19. Jh. war es ein kleines Fischerdorf, 1884 wurde dann die Küste neu aufgeschüttet und die mondäne Via Partenope mit ihren Luxushotels am Wasser entlang gebaut.

Das mittelalterliche Castello d'Ovo auf seiner Felseninsel

*Castello d'Ovo Blickfang ist hier das auf einem seit der Antike bebauten Inselchen gelegene Castello d'Ovo. Die Festung entstand unter den Normannen, Friedrich II. bewahrte hier seinen Staatsschatz auf, sein Enkel Konradin von Schwaben verbrachte hier die letzten Tage bis zu seiner Hinrichtung (bestattet wurde er in der Kirche S. Maria del Carmine). Von der Mole, die das zu einem Kongresszentrum umgebaute Kastell mit dem Festland verbindet, bietet sich ein schöner Blick auf den Vesuv. Der Borgo Marinari entstand durch Aufschüttung. Hier und vor allem um den Jachthafen liegen einige der bekanntesten Fischrestaurants Neapels wie La Bersagliera oder Zi'Teresa.

Villa Comunale In Richtung Westen und direkt am Golf liegt die Villa Comunale, die 1780 angelegte größte Grünanlage der Stadt. Hier befindet sich das 1872 von dem Deutschen Zoologen Anton Dohrn gegründete Meeresbiologische Institut mit seinem besuchenswerten Acquario, das in 31 Becken einen guten Überblick über die Unterwasserwelt des Golfs von Neapel bietet.

Im Obergeschoss der Forschungsstation schmückte Hans von Marées einen Sitzungssaal mit einem sehenswerten Freskenzyklus aus (1874; Besichtigung nach Voranmeldung, ☎ 0815 83 32 63).

Baedeker TIPP · Kunst am Bau

und zwar zeitgenössische findet man in den Stationen der neu gebauten Metro Linea 1. Der Kunstkritiker und ehemalige Leiter der Biennale von Venedig, Achille Bonita Oliva, hat als verantwortlicher Kurator namhafte Künstler wie Ernesto Tatafiore, Mimmo Paladino, Anna Sargenti, Enzo Cucchi und Gloria Pastore dafür gewonnen, die neuen Stationen der Metropolitana auszustatten.

Villa Pignatelli
Nördlich der Villa Comunale, an der Riviera di Chiaia, liegt die Villa Pignatelli in einem schönen Garten. Sie entstand 1826 als Wohnsitz des Fürsten Diego Aragona Pignatelli Cortes. Sie beherbergt die Waffensammlung und eine Kutschensammlung des einstigen Hausherrn.

Mergellina
Die westwärts führende Via F. Caracciolo endet im Stadtviertel Mergellina, das am Fuße des Posillipo liegt, einem mit Villen und Parkanlagen bedeckten 6 km langen Bergrücken im Südwesten der Stadt, zwischen den Golfen von Neapel und Pozzuoli. Von seinem kleinen Hafen Porto Sannazzaro starten die Tragflügelboote (Aliscafi) zu den Inseln Procida, Ischia und Capri. Folgt man der Panoramastraße Via Posillipo, passiert man den auf einem Felsvorsprung gelegenen unvollendet gebliebenen Palazzo Donn'Anna (16. Jh.) und umrundet das **Capo Posillipo**, das eine großartige Aussicht bietet. Das im ägyptischen Stil erbaute Mausoleo dei Caduti (Kriegerdenkmal, 1883) und die Parkanlage Posillipo (auch Parco Virgiliano oder dela Rimembranza genannt) gehören bereits zum ehemaligen Fischerort **Marechiaro**.

Die Hauptstraße führt weiter zur Isola di Nisida. Brutus besaß hier eine Villa, in der er vermutlich den Mord an Caesar plante.

Einen Aufschwung erhofft man sich in der Nachbarbucht Bagnoli. 1907 entstand hier an einer der schönsten Buchten des Golfs ein riesiges Stahlwerk. Vor zehn Jahren wurde es endlich stillgelegt, seither rostet es vor sich hin. In einem Teil der Anlage entsteht die **Città della Scienza**, ein Wissenschaftspark mit einem interaktiven Wissenschaftsmuseum (Via Coroglio 104, mit der Metro bis Cavalleggerie, weiter mit dem Bus F 9 oder C 10; geöffnet Di. – Sa. 9 00 bis 18 00, So. 10 00 – 20 00 Uhr; www.cittadellascienza.it).

Berühmte Museen

** Museo Archeologico Nazionale
Das weltberühmte Archäologische Nationalmuseum besitzt eine der wichtigsten Sammlungen antiker griechischer und römischer Kunst. Es befindet sich in einem 1612 ursprünglich für die Universität errichteten Komplex im Norden des Stadtzentrums (Piazza Museo, Metro-Station Museo; geöffnet Mi. – Mo. Di. 9 00 – 19 00, im Winter nur bis 17 00 Uhr). Seine Exponate stammen aus dem 8. Jh. v. Chr. bis zum 5. Jh. n. Chr. gehen im Kern aus den Sammlungen der Bourbonen und Farnese hervor, ergänzt durch die Funde aus Pompeji, Herkulaneum und Cumae.

Archäologisches Nationalmuseum (Fortsetzung)

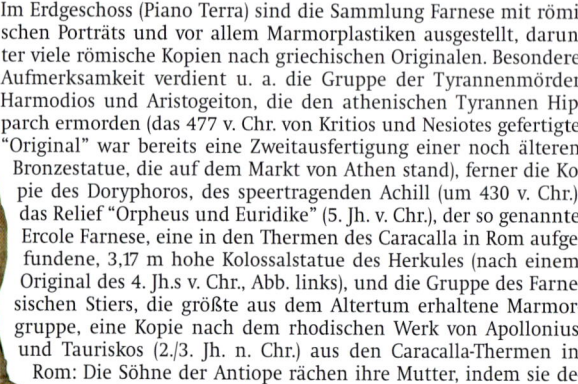

Im Erdgeschoss (Piano Terra) sind die Sammlung Farnese mit römischen Porträts und vor allem Marmorplastiken ausgestellt, darunter viele römische Kopien nach griechischen Originalen. Besondere Aufmerksamkeit verdient u. a. die Gruppe der Tyrannenmörder Harmodios und Aristogeiton, die den athenischen Tyrannen Hipparch ermorden (das 477 v. Chr. von Kritios und Nesiotes gefertigte "Original" war bereits eine Zweitausfertigung einer noch älteren Bronzestatue, die auf dem Markt von Athen stand), ferner die Kopie des Doryphoros, des speertragenden Achill (um 430 v. Chr.), das Relief "Orpheus und Euridike" (5. Jh. v. Chr.), der so genannte Ercole Farnese, eine in den Thermen des Caracalla in Rom aufgefundene, 3,17 m hohe Kolossalstatue des Herkules (nach einem Original des 4. Jh.s v. Chr., Abb. links), und die Gruppe des Farnesischen Stiers, die größte aus dem Altertum erhaltene Marmorgruppe, eine Kopie nach dem rhodischen Werk von Apollonius und Tauriskos (2./3. Jh. n. Chr.) aus den Caracalla-Thermen in Rom: Die Söhne der Antiope rächen ihre Mutter, indem sie deren Mörderin an einen Bullen fesseln.

Zwischengeschoss

Im Zwischengeschoss (Piano Ammezzato) befindet sich die Sammlung antiker Mosaiken (meist aus Pompeji), darunter die berühmte, aus 1,5 Mio. Mosaiksteinen bestehende "Alexanderschlacht" aus dem Haus des Fauns in Pompeji, die vermutlich im 2. Jh. v. Chr. angefertigte Kopie eines griechischen Gemäldes aus dem 4. Jh. v. Chr. Geschildert wird, wie Alexander in der Schlacht bei Issos (333 v. Chr.) mit seinen Reitern gegen den Perserkönig Darius heranstürmt. Auf dem gleichen Stockwerk ist auch die Sammlung erotischer Darstellungen aus Pompeji untergebracht (beim Kauf der Eintrittskarte muss man sich für eine Besichtigung des Gabinetto segreto anmelden). Für Archäologen und Kunsthistoriker sind die vom Vatikan als "abscheuliche Obszönitäten" bezeichneten (und daher erst seit kurzem öffentlich zugänglichen) Objekte künstlerische Meisterwerke.

Obergeschoss

Im Obergeschoss befindet sich die Sammlung der Bronzeskulpturen, die zum größten Teil aus Herkulaneum (an der dunklen Patina zu erkennen), zum geringeren Teil aus Pompeji (grün oxidiert) stammen. Besonders zu beachten sind der Leier spielende Apollo, ein peloponnesisches Original (5. Jh. v. Chr.) aus der Casa del Citarista in Pompeji, ein tanzender Faun aus dem gleichnamigen Haus in Pompeji sowie der sog. Narziss, wohl ein jugendlicher Dionysos, ein meisterhaftes Werk aus der Nachfolgezeit des Praxiteles. Auf demselben Stock sind außerdem die Wandgemälde aus den verschütteten Vesuvstätten, ferner Figuren, Geräte, Gefäße und Möbel aus Bronze ausgestellt.

Im Untergeschoss ist die Ägyptische Sammlung mit Kunstgegenständen von der Periode des Alten Reichs bis zum ptolemäisch-römischen Zeitalter.

**Museo e Gallerie Nazionali di Capodimonte

Das zweite berühmte Museum Neapels, das Museo e Gallerie Nazionali di Capodimonte, befindet sich etwa 5 km nördlich der Altstadt in einem prächtigen Park (Anfahrt: Busse ab Stazione Centrale oder Piazza Dante; geöffnet Di. – So. 8 30 – 19 30). Museum und Gemäldegalerie sind im 1738 bis 1838 nach Plänen von Giovanni Antonio Medrano erbauten und mit schönem Mobiliar eingerichteten Bourbonenschloss Palazzo Reale di Capodimonte untergebracht. In einem der Flügel im Ergeschoss finden Wechselausstellungen statt. Im Zwischengeschoss sind Druckgrafik und Malerei des 19. Jh.s und im Obergeschoss eine kostbare Porzellansammlung zu sehen. Der Salottino Porcellane ist ein vollständig mit Keramik und Spiegeln im Rokokostil ausgestattetes Zimmer, das 1757 für die Ehefrau Karls III. geschaffen wurde. Hergestellt wurden sie von der 1743 gegründeten und im Schlosspark angesiedelten Königlichen Porzellanmanufaktur.

Im Mittelpunkt steht aber die in den beiden weiteren Obergeschossen untergebrachte Gemäldegalerie mit Meisterwerken des 13. bis 20. Jh.s, darunter Arbeiten von Raffael, Tizian, Botticelli, Caravaggio, Cranach, Brueghel und Holbein. Einen besonders schönen Blick über Neapel hat man von der Dachterrasse aus.

Museo di Capodimonte (Fortsetzung)

Am Fuße des Capodimonte-Hügels (Via di Capodimonte 16) befinden sich weitere, zum unterirdischen Labyrinth von Neapel gehörende Katakomben. Man betritt sie über einen Treppenweg links neben der Kirche Madre del Buon Consiglio (1920); er führt zu der im 5. Jh. über der Katakombe erbauten Basilika San Gennaro extra moenia hinunter. Die Catacombe di Gennaro wurde vom 2. bis 5. Jh. genutzt, an den Wänden sind noch Freskenfragmente erhalten (Führungen tägl. 9^{30}, 10^{15}, 11^{00}, 11^{45} Uhr).

Nicht weit entfernt befindet sich eine weitere Katakombe, die Catacombe di San Gaudioso (Via della Sanità; Zugang durch den Chor der Kirche Santa Maria Sanità).

*Catacombe di San Gennaro

Ostia

Umgebung von Neapel

▶ Pozzuoli

Von Neapel nach Cumae

An der 120 km langen Strecke von Neapel nach Salerno liegen einige herausragende Sehenswürdigkeiten, darunter der ▶ Vesuv und die Vesuvstädte ▶ Herkulaneum und ▶ Pompeji, ▶ Sorrent, ▶ Amalfi und die Amalfitana. Am bequemsten erreicht man die Vesuvstädte und Sorrent mit der Circumvesuviana (▶ S. 211). Die Amalfitana befährt man jedoch am besten mit dem eigenen Fahrzeug (oder man lässt sich fahren). Ein Tipp für Autofahrer mit dem Ziel Amalfitana: Zwischen Neapel und Castellammare di Stabia erstreckt sich ein hässliches Häusermeer, diese Strecke bringt man am besten auf der Autobahn (A 3) hinter sich.

Von Neapel nach Salerno

Ostia   G 12

Region: Latium · Lazio
Provinz: Roma
Höhe: 3 m ü. d. M.

Ostia, das ca. 20 km südlich von Rom an der Küste liegt, besteht aus drei Teilen: dem Ort Ostia Antica (5000 Einw.) rund um das Kastell, das Kardinal Giuliano della Rovere 1483 – 1486 zum Schutz des Hafens errichten ließ (zu erwähnen auch die gleichzeitig errichtete

Allgemeines

Ostia antica

- öffentliche Gebäude
- kommerzielle Gebäude
- Thermen
- Wohnhäuser

Verlauf des Tibers in der Antike

N

Tiber

Horrea
Epagathiana
Magazzini
Via della Foce
Terme di
Mithra
Domus di
Amore e
Psiche
Capitolium
Caseggiato
del Larario
Forum
Basilica
Tempio
rotondo
Case a
giardino
Domus dei
Dioscuri
Porta
Marina

Museo
Casa
di Diana
Domus di
Apuleio
Latrina Publica
Domus della
Fortuna Annonaria
Piazzale
delle
Corporazioni
Horrea des
Hortensius
Schola del Traiano

Cardo maximus
Decumanus maximus
Cardo maximus
Mauer des Silla

Terme
di
Nettuno
Porta
Romana
Eingang

Decumanus maximus

Mauer des Silla

Porta
Laurentina

Terme di
Porta Marina

Küstenlinie
in der Antike

150 m

©Baedeker

1 Magazzini Antoniniani (Lagerhaus)
2 Statue der Minerva Victoria
3 Mosaik (Hochzeit des Neptun und der Amphitrite)
4 Caserma dei Vigiles (Feuerwehrkaserne)
5 Caupona (Taverne) des Fortunatus
6 Theater
7 Tempel der Ceres
8 Grandi Horrea (Große Speicher)
9 Caseggiato dei Mulini (Häuserblock mit Mühlsteinen)
10 Caseggiato del Thermopolium (Häuserblock mit einer Garküche)
11 Statue der siegreichen Roma

12 Terme del Foro (Thermen des Forums)
13 Tempel der Roma und des Augustus
14 Macellum e botteghe dei pescivendoli
   (Fleisch- und Fischmarkt)
15 Schola del Traiano
16 Caseggiato del Serapide e Terme dei Sette Sapienti
   (Häuserblock der Serapis und Thermen der
   Sieben Weisen)
17 Häuserblock "della Fontana a Lucerna"
18 Mausoleum
19 Tempel der Magna Mater
20 Heiligtum des Attis

Ostia

**Allgemeines
(Fortsetzung)**

Kirche S. Aurea), dem Grabungsgelände der antiken Hafenstadt und dem Badeort Lido di Ostia, mit seinem kilometerlangen Sandstrand beliebtes Ausflugsziel der Römer. Die Badeanstalten, Bars und Diskotheken am Lungomare sind für die Hauptstädter wieder schick geworden, nachdem man lange die Nase über den etwas abgestandenen Charme der expandierenden Badestadt gerümpft hatte. Und auch das Wasser hat dank guter Kläranlagen wieder annehmbare Qualität gewonnen. Man erreicht es mit Metro und S-Bahn: Metro Linea B bis zur Station Piramide, vom gegenüber gelegenen Bahnhof Ostiense fahren regelmäßig S-Bahn-Züge über die Station Ostia Antica bis zur Küste.

Geschichte

Ostia wurde 355 v. Chr. als Castrum an der Straße zu den Salinen an der Tibermündung (lat. "ostium") gegründet. Durch die wachsende Bedeutung der römischen Flotte und des Mittelmeerhandels entwickelte sich Ostia sehr rasch zum wichtigen Umschlagplatz für die Versorgung der Hauptstadt, insbesondere mit Getreide. Während der Kaiserzeit (1./2. Jh. n. Chr.) erlebte die Stadt, die schätzungsweise 50 000 bis 100 000 Einwohner zählte, ihre Blütezeit. Mit dem Untergang des Römischen Reichs – genauer mit der Zerstörung durch die Goten – versank Ostia in Bedeutungslosigkeit, der Hafen versandete, und die Bewohner flüchteten vor der Malaria. Im Mittelalter dienten die Bauten als Steinbruch. Seit 1909 wird das antike Ostia systematisch ausgegraben.

**Grabungsgelände Ostia Antica

Die alte Hafenstadt Roms, die heute durch die Aufschüttungen des Tibers etwa 4 km von der Küste entfernt liegt, ist nach ▶ Pompeji und ▶ Herkulaneum die ausgedehnteste und eindrucksvollste Grabungsstätte Italiens (geöffnet Di. – So. 9⁰⁰ – 18⁰⁰, im Winter nur bis 16⁰⁰ Uhr). Ein Gang durch das sehr stimmungsvolle Grabungsgelände vermittelt ein anschauliches Bild vom städtischen Leben in der Antike. Der größte Teil der freigelegten Ruinen stammt aus dem 2. – 4. nachchristlichen Jahrhundert. Von der dicht bewohnten Stadt sind Reste vier- oder fünfgeschossiger Mietshäuser (lat. "insulae") erhalten, wie man sie auch im kaiserlichen Rom baute. Im Erdgeschoss befanden sich meist Läden und Werkstätten, während sich die Fenster der darüber liegenden Wohnungen zur Straße oder auf großzügige Innenhöfe öffneten. Am Nordende des Cardo maximus, mit eigener Zufahrt, zeigt das sehenswerte Museo Ostiense in einem Salzhaus aus dem 15. Jh. Skulpturen, Reliefs, Fresken und Mosaiken aus Ostia. | **Allgemeines**

Hinter dem Eingang zum Grabungsgelände, noch vor der Porta Romana, liegen an der alten Via Ostiensis sowie an der südlichen Parallelstraße, der Via delle Tombe, ausgedehnte Reihen von Gräbern aus der Zeit der Republik. Hinter der Porta Romana, dem wichtigsten der drei Stadttore, beginnt der über 1 km lange Decumanus maximus, die Hauptstraße. Links der Piazzale della Vittoria, benannt nach einem Standbild der Minerva Victoria (1. Jh. n. Chr.), liegen rechts Ruinen eines Speichers (Horrea) aus dem ersten vorchristlichen Jahrhundert. Es folgen die Thermen des Neptun mit einem schönen Mosaik im Eingangssaal (Neptun mit Fischen und anderen Tieren) und Heizinstallationen in den Baderäumen an der Nordostecke. Von der Terrasse öffnet sich ein guter Blick über das Grabungsgelände. Nördlich steht die Kaserne der "vigiles", d. h. der Polizei und der Feuerwehr. | **Gräberstraßen** ... **Thermen des Neptun**

Am Decumanus maximus folgt das Theater aus der Zeit des Augustus, das unter Septimius Severus erweitert wurde und etwa 2700 Sitzplätze bot. Von der Höhe der Sitzstufen sieht man über die Ausgrabungen, besonders auf den sich nördlich anschließenden Piazzale delle Corporazioni mit den Säulen des Ceres-Tempels in der Mitte. Der Platz war einst das Geschäfts- und Handelszentrum von Ostia; die Säulenhallen ringsum beherbergten siebzig Kontore (lat. "scholae") – jedes mit einem Mosaik, das meist die Art der Güter und die Destination darstellte – von Agenturen, die den Frachtverkehr mit den überseeischen Häfen vermittelten. Das gut erhaltene Mithras-Heiligtum (Mitreo delle Sette Cieli) westlich neben dem Theater gehört zum Domus des Marcus Apuleius Marcellus, einem Wohnhaus nach pompejanischem Muster mit Atrium und Peristyl. Südlich da- | **Theater** ... **Piazzale delle Corporazioni**

Baedeker TIPP) **Theater in Ostia**

Im Sommer ist das Theater in Ostia Antica Schauplatz eines vielfältigen Programms mit Opern, antiken Tragödien, Konzerten und Filmvorführungen aller Art unter freiem Himmel. Bis Ende Juni findet das Festival Internazionale di Ostia Antica statt, die Veranstaltungen in Juli und August besorgt das Teatro di Roma (☎ 06 56 35 80 99). Nach Ostia Antica kommt man mit der Eisenbahn, der Metro (Linea B) und – bei genügend Wasser – auch mit dem Schiff auf dem Tiber (vom Lungotevere Dante/Ponte Marconi).

Ostia (Fts.) **Großer Speicher** **Thermopolium**	von, am Decumanus, stehen auf einem Unterbau vier kleine Tempel (2. Jh. v. Chr.), westlich schließt ein großer Speicher an (Grandi Horrea). An der Via della Casa di Diana steht links ein gut erhaltenes Thermopolium, eine Schenke mit gemauertem Schanktisch.
Forum **Kapitol**	An der Kreuzung von Decumanus maximus und Cardo maximus lag das Forum, der religiöse und politische Mittelpunkt der Stadt. Seine Nordseite nimmt das mächtige Kapitol ein (2. Jh. n. Chr.), das einzige weitgehend erhaltene Bauwerk Ostias. Der Ziegelbau mit einer breiten Freitreppe war ursprünglich mit Marmor verkleidet. An der Westseite des Forums entstanden unter Kaiser Trajan die Curia und ihr gegenüber die Basilica, in der das Gericht tagte. An der Südseite des Forums lag der Roma-Augustus-Tempel (1. Jh. n. Chr.) mit einer Statue der siegreichen Roma. Die Thermen südöstlich des Forums (2. Jh. n. Chr.) sind die größten der Stadt. Westlich
Horrea **Epagathiana,** **Domus di Amore** **e Psiche**	des Kapitols sind die Horrea Epagathiana zu sehen, ein beeindruckendes Speicherhaus mit hübschem Tor und zweistöckigem Arkadenhof. In derselben Gasse gegenüber ist im Domus von Amor und Psyche, einem typischen Wohnhaus mit Innenhof, ein sehenswerter Marmorfußboden erhalten. In der Nähe (Via della Foce) liegen die Thermen der Sieben Weisen mit einem schönen Bodenmosaik im Kuppelsaal, auf dem Jäger und Tiere dargestellt sind. Neben den Thermen liegen die Reste eines mehrstöckigen Mietshauses, des so genannten Hauses der Wagenlenker.
Basilica, **Schola di** **Traiano**	Zurück zum Decumanus maximus. Hier rechter Hand zunächst die Basilica (4. Jh.), die einzige christliche Kirche, die in Ostia bisher bekannt ist. Schräg gegenüber liegt die Schola di Traiano (2./3. Jh.), das Versammlungshaus der Schiffbauer, so benannt nach einer dort gefundenen Trajans-Statue. Zuvor standen hier Wohnhäuser, von denen in der südöstlichen Ecke ein Peristyl mit einem Nymphäum übrig blieb. Dahinter folgt der 108 m lange Häuserblock "della Fontana a Lucerna" mit einer Ladenstraße im Erdgeschoss. Gegenüber liegt ein Häuserkomplex, der um Gärten gruppiert war und mit Mosaiken und heizbaren Baderäumen gehobenen Standard zeigte. Der Decumanus maximus endet an der Porta Marina.

Paestum   K 15

Region: Kampanien · Campania
Provinz: Salerno
Höhe: 18 m ü. d. M.

**Die schönsten griechischen Tempel der Welt	Das antike Paestum liegt rund 100 km südlich von Neapel am südlichen Bogen des Golfs von Salerno. Mit seinen wunderbar erhaltenen Tempelruinen ist es das bedeutendste Monument griechischer Baukunst auf dem italienischen Festland. Tatsächlich sind alle drei Tempel sogar größer und prächtiger als die in Griechenland selbst. In der noch bis ins 18. Jh. versumpften und malariaverseuchten Ebene wird heute intensiv Landwirtschaft betrieben, vielfach sieht man weidende Büffel, deren Milch den besten Mozzarella ergibt.
Geschichte	Griechen aus Sybaris gründeten im 6. Jh. v. Chr. die nach dem Meeresgott benannte Stadt Poseidonia, die sich zu einem blühenden

Deckel vom sog. Grab des Tauchers, heute im Museum zu sehen

Geschichte
(Fortsetzung)

Handelszentrum entwickelte. Um 400 wurde sie von den Lucaniern, einem einheimischen Volksstamm, und schließlich 273 v. Chr. von den Römern erobert. Poseidonia wurde römische Kolonie und in Paestum umbenannt. Im Laufe der Kaiserzeit und im Mittelalter verlor Paestum seine Bedeutung. Als sich im Umland Malaria ausbreitete und Sarazenenüberfälle im 9. Jh. die Küstenorte unsicher machten, flohen die Einwohner ins höher gelegene Landesinnere. Die alte Stadt diente als Steinbruch, so beraubte sie z. B. der Normannenherzog Robert Guiscard riesiger Steinblöcke und Säulen für den Bau des Doms in Salerno, und geriet in Vergessenheit. 1752 wurde Paestum zufällig wieder entdeckt. Man kann sich die Überraschung und spätere Begeisterung ausmalen, die aufkam, als die Arbeiter für den Bau einer Küstenstraße in dem völlig zugewachsenen Gelände auf einmal vor den Resten einer Geisterstadt standen, den Ruinen der antiken Siedlung Paestum.

**Zona Archeologica

Das Gelände ist täglich von 9⁰⁰ Uhr bis 1 Std. vor Sonnenuntergang geöffnet.
Das Gebiet der antiken Stadt, von der bislang nur ein Teil freigelegt wurde, ist von einer 4,75 km langen, ca. 5 m starken und von vier Toren unterbrochenen Stadtmauer (Cinta muraria) umgeben, die zum Teil sehr gut erhalten ist. Allerdings vermitteln Paestums Griechentempel heute kaum noch eine Vorstellung von den Kulten, die hier einst zelebriert wurden. Aus porösem Muschelkalk errichtet, waren sie ursprünglich mit leuchtend weißem Stuck überzogen und bunt bemalt.

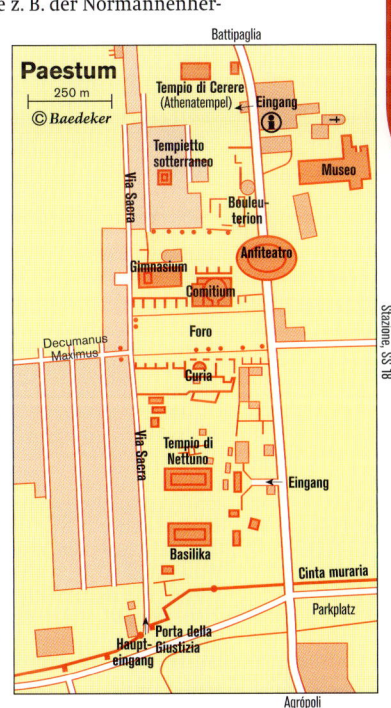

Paestum
250 m
© Baedeker

Battipaglia
Tempio di Cerere (Athenatempel)
Eingang
Tempietto sotterraneo
Museo
Via Saera
Bouleuterion
Gimnasium
Antiteatro
Comitium
Decumanus Maximus
Foro
Curia
Via Saera
Tempio di Nettuno
Eingang
Basilica
Cinta muraria
Parkplatz
Porta della Giustizia
Haupt-eingang
Stazione, SS 18
Agrópoli

231

**Fast 2500 Jahre altes Erbe der Griechen in Kampanien:
Neptun-Tempel in Paestum**

Basilika

Hauptsehenswürdigkeit sind die drei parallel zueinander gestellten und nach Osten ausgerichteten griechischen Tempel dorischer Bauordnung. Die älteste, um 560 v. Chr. erbaute Basilika (24,5 × 54,30 m) wird heute als Hera-Tempel I bezeichnet. Ihre Säulen (je neun an den Schmalseiten, 18 an den Längsseiten) verjüngen sich nach oben und sind bauchig; Kern des Tempels ist eine zweischiffige Cella mit Vorhalle, Hauptraum und einem nach außen abgeschlossenen Rückraum.

Tempio di Nettuno

Der benachbarte, 59,90 × 24,30 m große, majestätische Neptun- oder auch Poseidon-Tempel aus der Zeit von 450 v. Chr. war ebenfalls der Göttin Hera geweiht und wird als Hera-Tempel II bezeichnet. Er ist der jüngste und besterhaltene Tempel, ein herrliches Beispiel der formenstrengen Baukunst des 5. Jh.s v. Chr. Die Säulen (je sechs an den Schmal- und 14 an den Längsseiten) tragen das fast vollständige Gebälk und die Frontgiebel, im Innern ist die Cella von zwei Säulenreihen in drei Gänge geteilt.

Forum

Etwa 200 m nördlich des so genannten Neptun-Tempels kommt man zum 150 × 57 m großen Forum, das in römischer Zeit an der Stelle der griechischen Agora angelegt wurde. Es war von einem Portikus mit spät-

Baedeker TIPP) **Büffelstark!**

In der Hitze von Kampanien und Latium weiden und baden die Wasserbüffel, die ursprünglich König Pyrrhus aus Kleinasien mitgebracht haben soll. Aus ihrer Milch wird der traditionelle Mozzarella di bufala hergestellt. Da er im Kühlschrank seinen Geschmack verliert, in seiner Lake nur maximal fünf Tage aufzubewahren ist und das Angebot angesichts der hohen Nachfrage nicht ausreicht, wird heute fast nur Mozzarella aus Kuhmilch, auch Fior di Latte genannt, angeboten. In und um Paestum herum verkaufen viele Läden den "echten", selbstgemachten Mozzarella. Auch die Biokäserei Vanullo stellt ihre Mozzarelle, Käse- und Jogurtprodukte ausschließlich aus Büffelmilch her (Capaccio Scalo, Via Galilei 11; tägl. 9⁰⁰ – 12⁰⁰).

dorischen Säulen umgeben, in dem Ladengeschäfte untergebracht waren. Um das Forum herum lagen u. a. Curia und Comitium (Versammlungsort des Magistrats und der Stadtbewohner), Kapitolstempel (273 v. Chr.) und Gymnasium. Das kleine Amphitheater wird heute durch die Straße geteilt. Das griechische Buleuterion (Ratsgebäude) wurde später von den Römern überbaut.

Paestum (Fortsetzung)

Am Tempietto sotterraneo, einem unterirdischen Heiligtum, vorbei gelangt man zum Ceres-Tempel, der allerdings Athena geweiht war. Mit seinen je sechs Säulen an den Schmal- und 13 an den Längsseiten ist er der kleinste Tempel (14,50 × 32,90 m). Er entstand vermutlich um 520 v. Chr. An seinem Giebel, der ionische Einflüsse erkennen lässt, sind Spuren von Stuck und Bemalung zu erkennen. Sein Kern besteht aus einer zweiräumigen Cella.

Tempio di Cerere

Das Museum (geöffnet tägl. 9^{00} – 19^{00} Uhr, jeden 1. und 3. Mo. geschl.) besitzt eine bedeutende Sammlung griechisch-unteritalischer Altertümer. Unter den Exponaten befinden sich vor allem Grabfunde aus den griechischen und lukanischen Nekropolen aus dem 6. bis 4. Jh. v. Chr. wie attische und unteritalische Vasen, Statuen, Schmuck, Münzen und Waffen. Eine Besonderheit sind die bemalten Steinplatten, Wände oder Deckel der Grabkammern. Die berühmteste Darstellung stammt aus dem Grab des Tauchers (Tomba del Tuffatore; um 480 v. Chr.). Sie zeigt einen Mann, der in makelloser Haltung kopfüber vielleicht ins Reich der Toten springt. Herausragend sind auch die Architekturfragmente der drei großen Tempel, darunter die sog. Metopen (Reliefs vom Gebälk).

✱✱Museum

Pescara · J 11

Region: Abruzzen · Abruzzo
Provinz: Pescara
Höhe: 6 m
Einwohnerzahl: 160 000

Pescara ist nicht nur die Hauptstadt sowie wirtschaftliches und kulturelles Zentrum der gleichnamigen Provinz, sondern mit seinen über 10 km langen weißen Sandstränden einer der bedeutendsten Badeorte der Adria. Die Geburtsstadt des exzentrischen Dichters Gabriele D'Annunzio besitzt außerdem einen großen Jachthafen, und im Juli pilgern Musikfreunde zum renommierten Jazzfestival, das schon Größen wie Ella Fitzgerald und Louis Armstrong sah. Das Panorama der dahinter liegenden ▶ Abruzzen wird durch den lange Zeit im Jahr verschneiten Gran Sasso akzentuiert.

Provinzhauptstadt mit Strandleben

Sehenswertes in Pescara

Im Zweiten Weltkrieg großenteils zerstört und danach modern wieder aufgebaut, verfügt Pescara über wenig "Atmosphäre" und nur eine Hand voll Sehenswürdigkeiten. Nördlich des Flusses Pescara erstreckt sich die Neustadt, die bis 1926 das eigenständige Castellammare Adriatico war. Gigantisch und aufwändig gestaltet, jedoch durchaus geglückt ist der 1988 nach 25-jähriger Bauzeit eröff-

Neue Stadt

Neue Stadt (Fortsetzung)

nete Bahnhof. Die moderne Stadt zwischen Bahnhof und Strand mit den Hauptachsen Corso Umberto und Corso Vittorio Emanuele bietet sich hauptsächlich für den Einkaufsbummel an. Der Corso Umberto öffnet sich am Strand zur Piazza I Maggio mit dem abstrakten Monument "La Nave" von Pietro Casella (1987); rechts liegt am Park das Hotel Esplanade, 1934 im Stil des 19. Jh.s erbaut und immer noch eines der besten an der Abruzzenriviera. Der Corso Vittorio Emanuele führt nach Südosten zur Piazza Italia mit den Palazzi di Città und del Governo, die in den 1920er/1930er-Jahren als repräsentatives Bindeglied zwischen Alter und Neuer Stadt konzipiert wurde. Interessant ist das Meeresmuseum (Museo delle Meraviglie Marine) am Porto Canale.

Alte Stadt

Die Alte Stadt südlich des Flusses Pescara beschränkt sich auf wenige Straßenzüge zwischen der Via delle Caserme und der Kathedrale San Cetteo. Jenseits des Ponte Risorgimento, gleich am Beginn der Via delle Caserme, dokumentiert das Museo delle Genti d'Abruzzo die Traditionen der Region. Im parallel verlaufenden Corso Manthoné, einer typischen Straße des alten Pescara, wurde im Haus Nr. 101 am 12. März 1863 Gabriele D'Annunzio geboren († 1938), Dichter, Dandy, infantiler Kriegsheld und Anhänger Mussolinis (sehenswertes Museum). Wenige Schritte südlich steht die Kathedrale S. Cetteo (Tempio della Conciliazione), 1935–1938 zur Erinnerung an die Lateranverträge errichtet; der spröde, an die abruzzische Romanik angelehnte Bau lohnt wegen des Gemäldes "Betender hl. Franziskus", das Guercino zugeschrieben wird (17. Jh.), den Besuch. Das Museo Basilio Cascella, benannt nach dem bekannten lokalen Maler, Grafiker und Keramikkünstler (1860–1950), vereint Werke der ganzen Familie Cascella.

Die Stadt Pompeji, die so groß ist wie hundert Fußballfelder, wird seit zweieinhalb Jahrhunderten wissenschaftlich ausgegraben.

Pompeji · Pompei   J 14

Region: Kampanien · Campania
Provinz: Neapel
Höhe: 16 m ü. d. M.
Einwohnerzahl: 26 000

Die Ruinenstadt Pompeji liegt etwa 20 km südöstlich von Neapel am Fuß des Vesuv nahe dem Golf von Neapel. Sie ist das großartigste Beispiel einer durch Ausgrabung wieder zugänglich gemachten altrömischen Stadt und ihrer Alltagskultur, die hier wie in einer Momentaufnahme konserviert wurde und unerschöpfliche Forschungsquelle für Archäologen, Althistoriker und Altphilologen ist. 1997 wurden die Vesuvstädte Pompeji, Herkulaneum und Villa Oplontis zum UNESCO-Weltkulturerbe erklärt. Das schützt sie aber nicht vor ihrem nochmaligen und vermutlich endgültigen Untergang: Durch jahrzehntelange Vernachlässigung, natürlichen Verfall, exzessiven Tourismus (mit etwa 3 Mio. Gästen im Jahr ist Pompeji das meistbesuchte antike Reiseziel Italiens) sowie Vandalismus befindet sich die Grabung in einem desaströsen Zustand. Von den 65 Häusern und öffentlichen Gebäuden, die 1956 noch zugänglich waren, sind heute gerade 25 zu besichtigen, große Teile der Stadt sind wegen akuter Baufälligkeit gesperrt. Kostbare Fresken und Mosaiken bröckeln von den Wänden oder werden Opfer der Vegetation. Die Rettung der Weltkulturerbe-Städte ist nur mit internationaler Hilfe zu schaffen.

Allgemeines

235

Anfahrt

Am bequemsten erreicht man Pompeji mit der Schnellbahn Circumvesuviana, die zwischen Neapel und Sorrent verkehrt. Die Bahnstation Villa dei Misterei befindet sich nur 5 Min. vom gegenwärtigen Haupteingang Porta Marina entfernt. Die Fahrzeit von Neapel oder Sorrent beträgt eine gute halbe Stunde. Die Züge verkehren zu den Hauptverkehrszeiten alle 20 Min.; mit dem Auto erreicht man Pompeji auf der A 3, Ausfahrt Pompei-Scavi.

Der Ausbruch

Den folgenden Bericht verfasste der römische Schriftsteller Plinius der Jüngere (61/62 bis um 113 n. Chr.), der das Geschehen am Vesuv aus einem Nachbarort verfolgte: "*Mehrere Tage vorher hatte man die Erde beben gefühlt, ohne diesem Umstand besondere Beachtung zu schenken, da man in Kampanien ja daran gewöhnt war. Doch in jener Nacht bebte die Erde so heftig, daß es schien, als ob alles nicht nur erzitterte, sondern einstürzen wolle ... Seit einer Stunde war es bereits Tag, doch das Licht war immer noch unsicher und wie sterbend. Schon waren in der Umgebung Häuser eingestürzt, und*

Besonders nahe gehen die Gipsabgüsse der Menschen und Tiere, die vom Ascheregen begraben wurden. Ihre Körper verwesten, zurückblieben Hohlräume, die später mit Gips gefüllt wurden.

da schien es uns angebracht, obgleich wir im Freien waren, aus der Stadt zu fliehen, aus Furcht, zerquetscht zu werden. Das erschrockene Volk lief uns nach ... Schon begann es Asche zu regnen, doch war sie noch nicht dicht. Ich sah mich um und erblickte hinter meinem Rücken eine dichte Rauchwolke, die sich wie ein Strom auf der Erde ausbreitete und uns auf den Fersen war ... Kaum hatten wir uns gesetzt, so war es Nacht, keine mondlose und bewölkte Nacht, sondern die Nacht eines geschlossenen Raumes ohne jedes Licht. Du hättest hören sollen, wie die Frauen schrien, die Kinder jammerten und die Männer riefen! ... Der eine beweinte sein eigenes Geschick, der andere das der Seinen. Andere flehten um den Tod aus Furcht vor demselben. Viele beteten zu den Göttern, aber andere wiederum behaupteten, daß es gar keine Götter mehr gebe und der Untergang der Welt gekommen sei ..."

Geschichte

Pompeji wurde wahrscheinlich von italischen Oskern im 7. Jh. v. Chr. gegründet. Im 5. Jh. geriet es unter griechischen Einfluss. Ende des 5. Jh.s wurde die Stadt von den Samniten erobert, die im 3. Jh. von den Römern besiegt und abgelöst wurden. Aufgrund seiner Lage am Meer (das heute infolge der Versandung 2 km entfernt ist) und am Fuße des fruchtbaren Vesuvs entwickelte sich Pompeji zu einer Handels- und Hafenstadt. Ein schweres Erdbeben 62 n. Chr. kündigte den endgültigen Untergang der Stadt 17 Jahre später an. Der Wiederaufbau war noch im Gange, als am 24. August des Jahres 79 n. Chr. der Vesuv ausbrach und die ganze Stadt unter einer sechs Meter dicken Ascheschicht begrub. Rund 2000 Menschen kamen dabei ums Leben, den meisten Bewohnern blieb die Zeit, mit ihrer wichtigsten Habe zu fliehen. Die Stadt musste aufgegeben werden, doch haben schon die Überlebenden viele Kostbarkeiten unter der damals noch lockeren Aschendecke ausgegraben. Pompeji geriet in Vergessenheit, bis zwischen 1594 und 1600 bei Bohrungen für einen Wassertunnel Gebäuderuinen und Inschriften entdeckt wurden. Die Erforschung begann jedoch erst 1748. Seither sind etwa zwei Drittel des Stadtgebiets freigelegt worden. Die Gebäude sind in trümmerhaftem Zustand. Die kostbarsten Funde sind im Archäologischen Nationalmuseum von Neapel ausgestellt, erst seit den so genannten Neueren Grabungen (Nuovi Scavi; seit 1911) werden Inneneinrichtungen sowie Hausrat möglichst an Ort und Stelle belassen. Trotzdem tritt dem Besucher das antike Leben mit seiner Wohnkultur in Luxus- und Bürgerhäusern, auf Markt und Straßen, in Bädern, Theatern und Tempel nirgendwo sonst so unmittelbar entgegen wie hier. Goethe notierte 1787 nach dem Besuch dieser *"mumisierten Stadt"*: *"Es ist viel Unheil in der Welt geschehen, aber wenig, das den Nachkommen so viel Freude gemacht hätte."*

In Pompeji ist eine Stadt der Antike komplett erhalten. Einst lebten hier etwa 20 000 Einwohner, von denen rund die Hälfte Sklaven waren. Zu zwei Dritteln ist sie ausgegraben, allerdings sind ganze Bereiche abgesperrt. Haupteingang ist die Porta Marina, einst das zum Meer hinabführende Stadttor von insgesamt 7 Toren. Mittelpunkt der Stadt war das Forum, wo die wichtigsten Gebäude lagen, daneben gab es Gasthäuser, Garküchen (Thermopolia), Thermen, Latrinen, insgesamt 30 Bordelle (Lupanare) sowie zahlreiche Geschäfte und Handwerksbetriebe, u. a. Bäckereien (Pistrina), Wollfärbereien, -walkereien und -webereien.

Die Straßen sind mit Lavasteinen gepflastert; hohe Bürgersteige und Trittsteine erleichterten den Fußgängern den Übergang. Tiefe Rillen im Pflaster zeugen von regem Wagenverkehr. An den Straßenecken gab es Brunnen. Die Außenseiten der Häuser waren vielfach mit Wandmalereien verziert. Das römische Haus erhob sich auf einem langrechteckigen Grundriss. Nach außen besaß es kaum Fenster, die zur Straße gelegenen Räume wurden häufig als Ladengeschäfte oder Werkstätten (Tabernae) genutzt. Durch einen Flur gelangte man in den offenen Innenhof (Atrium) mit einem

> **Baedeker TIPP** **Rettet Pompeji**
>
> 250 Mio. € sind nötig, um nur die wichtigsten Konservierungsarbeiten in Pompeji und den anderen Weltkulturerbe-Städten durchzuführen. Das überfordert die italienische Staatskasse. Der Kulturinitiative Phoenix Pompeji gehören Archäologen, Denkmalschützer, Firmen, u. a. aus der Reisebranche, aber auch viele Privatpersonen an. Ziel ist, durch Informationsveranstaltungen und Aktionen Einzelspenden und bei der Industrie Gelder für den Erhalt einzelner Häuser zusammenzutragen. Gegenwärtig setzt sich der Verein für ein neues Dach der Villa Imperiale ein, da deren hervorragenden Wandmalereien durch einsickerndes Regenwasser akut gefährdet sind. Phoenix Pompeji e. V., Thalkirchner Str. 101, 81371 München, ☎ 089 / 76 34 88; www.Phoenix-Pompeji.de.

Becken (Impluvium) in der Mitte, in dem das Regenwasser gesammelt wurde. Um den Hof gruppierten sich die Schlaf- und Wohnräume (Cubiculae). Gegenüber dem Eingang lag das Tablinum, ein Repräsentationsraum, hier empfing man Gäste. Hinzu kamen in der Regel ein gartenartiger Hof, der wegen seiner Einfassung durch Säulengänge Peristylium genannt wurde und an den sich bisweilen noch ein Garten anschloss. Am Peristyl lagen die Speise- (Triclinium) und Gesellschaftsräume (Oecus), Küche (Culina) und Keller waren unterschiedlich angeordnet. Viele Häuser hatten im Obergeschoss Wohnungen mit Balkonen und eigenem Zugang von der Straße aus (Cenacula). Reste von Stuckdekorationen, Wandmalereien und Mosaikfußböden zeugen vom Geschmack und Wohlstand der einstigen Bewohner.

Obwohl die Blütezeit der Stadt nur ca. 160 Jahre dauerte, unterscheidet man in der pompejanischen Wandmalerei vier Stile:

Erster sog. Inkrustationsstil (bis 80 v. Chr.): Der erste Stil kennt keine figürlichen Motive. Die Wände sind mit einer gemalten Inkrustation, einer Imitation von Marmoreinlegearbeiten geschmückt (Casa di Sallustio).

Zweiter oder Architektur-Stil (bis 10 n. Chr.): Zur Fantasiearchitektur kommen perspektivisch-illusionistische Wandmalereien und Freskenzyklen (Villa dei Misteri).

Dritter oder Kandelaber-Stil (bis 50 n. Chr.): Die Wände werden in kleine, gerahmte Bildfelder aufgeteilt. An die Stelle perspektivischer oder illusionistischer Motive treten Miniaturlandschaften und mythische Darstellungen (Casa di Lucretio Fronto).

Vierter oder Illusionsstil Stil (bis 79 n. Chr.): Die architektonische Struktur wird aufgelöst, statt dessen überziehen manieristische, räumlich-illusionistische Wandmalereien mit Fabelwesen und Girlanden die Wände (Casa di Loreius Tiburtinus).

**Pompei Scavi · Ausgrabung

Allgemeines
Besichtigung: November – März täglich 8^{30}–17^{00} Uhr (letzter Einlass 15^{30} Uhr); April – Oktober täglich 8^{30}–19^{30} Uhr (letzter Einlass 18^{00} Uhr). Für den Besuch der sog. Suburbanen Thermen, nur zwischen 10^{00} und 13^{30} möglich, muss man sich beim Kauf der Eintrittskarten anmelden (Auskunft am Haupteingang oder telefonisch, ☎ 081 85 75 347).

Sammelticket
Es gibt eine bis zu drei Tage gültige Sammel-Eintrittskarte, die außer Pompeji auch Herkulaneum, Boscoreale und die Villa Oplontis in Torre Annunziata einschließt. Weitere Auskünfte unter www.pompeiisites.org.

Besichtigung
Die heute etwa zu zwei Dritteln ausgegrabene Stadt weist eine Gesamtfläche von 60 ha auf, das entspricht rund 100 Fußballfeldern. Die folgende Beschreibung der wichtigsten, jedoch nicht immer zugänglichen Gebäude beginnt beim gegenwärtigen Haupteingang Porta Marina. Es ist geplant, in den nächsten Jahren den Haupteingang an die Porta di Stabia zu verlegen, die Porta Marina jedoch als Nebeneingang bestehen zu lassen.

Suburbane Thermen
Nicht entgehen lassen sollte man sich die Suburbanen Thermen, die sich gleich linker Hand des Stadttors Porta Marina befinden. Sie wurden 1985 – 1987 ausgegraben und erst kürzlich zur – eingeschränkten – Besichtigung freigegeben. Größte Attraktion sind acht erotische Darstellungen im Umkleideraum der Thermen.

Tempio di Apollo
An der Porta Marina beginnt die Via Marina. Kurz bevor sie auf das Forum mündet, befindet sich linker Hand der Apollo-Tempel, eine der ältesten und bedeutendsten Kultanlagen der Stadt. Der Podiumstempel wird von einem ionischen Säulenhof umgeben, in dem noch die Kultbilder von Apoll und Artemis sowie eine Sonnenuhr stehen.

Das lang gestreckte Forum (142 × 38 m) war zugleich wirtschaftlicher, kultureller und politischer Mittelpunkt des alten Pompeji. Der Platz war einst mit kostbaren Marmorplatten gedeckt und an drei Seiten von überdachten Säulenkolonnaden umgeben. Damit die Bürger ihren Geschäften in Ruhe nachgehen konnten, war dieser für den Wagenverkehr gesperrt. ****Foro**

Die Nordseite des Forums wird vom Haupttempel, dem Kapitol (Tempio di Giove) eingenommen, in dem nach römischem Vorbild Jupiter, Juno und Minerva verehrt wurden. Zwei Ehrenbögen zur linken und rechten des Tempels bilden den Platzabschluss. Die Ostseite des Platzes nehmen Märkte und kleinere Tempel ein. Besonders imposant sind das Macellum, der Fleisch- und Gemüsemarkt, sowie die Hallen der Eumachia (wahrscheinlich der Sitz der Tuchhändler-Zunft), deren Zugang noch die Marmorverkleidung mit qualitätsvollen Blumen- und Früchtemotiven aufweist. Zwei kleine Räume links und rechts des Eingangs beinhalten zwei große halslose Amphoren, in denen Urin zum Gerben der Wolle gesammelt wurde. **Tempio di Giove** **Macellum**

An der Südseite des Forums liegen drei Apsidensäle: die Curia, der Sitzungssaal des Stadtrats, das Bürgermeisteramt und der Sitz der Ädilen. Hier konzentriert sich mithin das städtische Verwaltungszentrum, zu dem auch das Comitium, das städtische Wahllokal, im Südostwinkel des Forums gehört.

An der Südwestseite des Platzes liegt die Basilika, eines der ältesten Exemplare dieses Typus aus dem 2. Jh. v. Chr.: eine dreischiffige Markt- und Gerichtshalle, an deren Stirnseite sich das Tribunal befindet, ein dem Magrisstrat vorbehaltenes Podium, von dem aus Recht gesprochen wurde.

Via dell'Abbondanza und Lupanar

Nun folgt man der Via dell'Abbondanza, der antiken Hauptgeschäftsstraße (Decumanus maior). Eine kleine Gasse führt kurz vor den Stabianer Thermen zum Lupanar, dem besterhaltenen der etwa 30 pompejanischen Bordelle. Das zweigeschossige Gebäude weist jeweils einen größeren Raum auf, von dem kleine Zellen mit gemauerten Klinen abgehen.

Bronzener Apollo vor dem Apollo-Tempel

Über den Eingängen befinden sich erotische Darstellungen. Zahllose Grafiti zeugen von der regen Nutzung des Ortes.

An der wichtigen Kreuzung zwischen Längs- und Querachse der Stadt liegen die Stabianer Thermen. Da sich ihre Entstehungszeit über drei Jahrhunderte erstreckt, gehören sie zu den interessantesten Thermen der antiken Welt. Man betritt von der Hauptstraße zunächst die Palaestra, den auf drei Seiten von Säulen umgebenen Sport- und Versammlungsplatz. Die vierte Seite nimmt ein imposantes Schwimmbecken mit angrenzenden Grottennischen (Nym- ****Terme Stabiane**

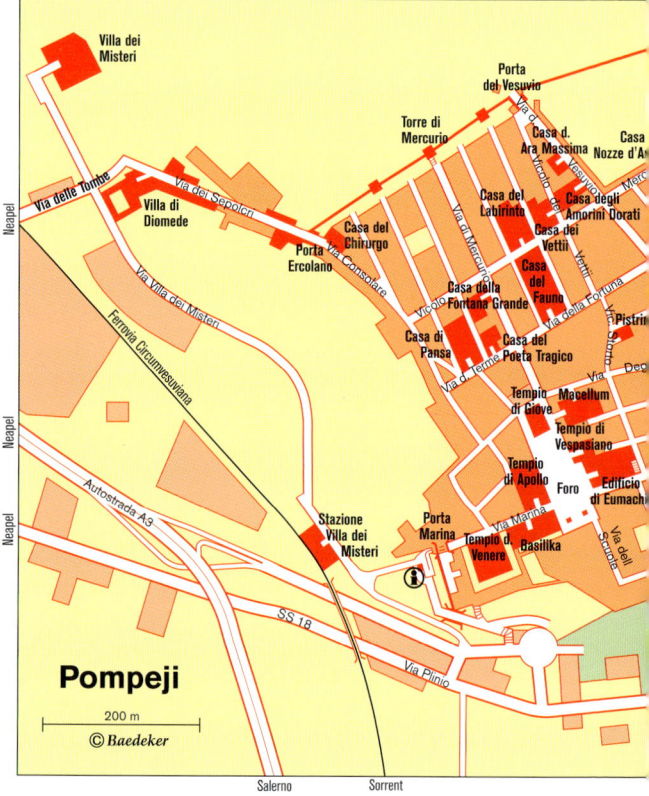

Villa dei Misteri

Porta del Vesuvio

Torre di Mercurio

Via delle Tombe

Via dei Sepolcri

Villa di Diomede

Casa del Chirurgo

Porta Ercolano

Via Consolare

Casa d. Ara Massima

Casa Nozze d'A

Casa del Labirinto

Casa degli Amorini Dorati

Casa dei Vettii

Via di Mercurio

Casa della Fontana Grande

Casa del Fauno

Pistri

Via della Fortuna

Casa di Pansa

Casa del Poeta Tragico

Via di Terme

Via

Do

Tempio di Giove

Macellum

Tempio di Vespasiano

Tempio di Apollo

Foro

Edificio di Eumach

Via dell

Stazione Villa dei Misteri

Porta Marina

Via Marina

Via dell

Scuole

Tempio d. Venere

Basilica

Neapel

Neapel

Neapel

Via Villa dei Misteri

Ferrovia Circumvesuviana

Autostrada A3

SS 18

Via Plinio

Pompeji

200 m

© Baedeker

Salerno   Sorrent

Stabianer Thermen (Fortsetzung)

phäen) ein. Gleich neben dem Eingang rechts befindet sich der Zugang zu den Männerthermen. Durch einen Vorraum erreichte man ein rundes Kaltbad (Frigidarium), dem sich ein Ankleideraum (Apodyterium) anschließt. Es folgt ein beheizter Durchgangsraum mit gemäßigten Temperaturen (Tepidarium) und das Warmwasserbad (Caldarium) mit gegenüber liegendem flachem kreisrundem Kaltwasserbecken (Labrum) für Waschungen. Hinter dem Caldarium befanden sich die Heizanlagen, die das Tepidarium und Caldarium der Männer wie auch die angrenzenden Frauenthermen mit zirkulierender Heißluft versorgten. An einigen Stellen geben Löcher in Fußboden und Wänden Einblicke in dieses System. Die Thermen haben eine der ältesten uns bekannten Hypokaustenheizungen.

Forum Triangulare

Die Via dei Teatri endet am Forum Triangulare. Ein repräsentatives Eingangstor führt auf einen dreieckigen Platz, der am Stadtrand auf einem Lavahügel liegt und nach drei Seiten steil abfällt. Die Südseite nimmt ein griechischer Tempel aus dem 6. Jh. v. Chr. (Tempio dorico) ein, der bei seiner Entstehung außerhalb des Stadt-

gebietes lag. Bei der Stadterweiterung im 2. Jh. v. Chr. wurde das natürliche Gefälle der östlichen Seite für den Bau des Theaters genutzt, das einst 5000 Besuchern Platz bot und in seiner heutigen Form aus der augusteischen Zeit stammt. An das Theater schließt sich ein großer Portikus mit zahlreichen Zimmern an, der ursprünglich zum Theater gehörte und in der letzten Phase Pompejis als Gladiatorenkaserne genutzt wurde.

Teatro Grande

Besser erhalten ist das benachbarte kleine Theater (Odeon, auch Teatro Piccolo genannt), das älteste Beispiel eines überdachten römischen Theaters mit ca. 1000 Plätzen. Hier fanden hauptsächlich musikalische Aufführungen und Lesungen statt (um 75 v. Chr.).

∗Odeon

Etwas nördlich vom Odeon steht linker Hand der kleine Tempio di Giove Meilichio, westlich dahinter der Tempio d'Iside, Isis-Tempel, Zeugnis für die Bedeutung des aus Ägypten stammenden Kultes; seine zauberhaften Wandmalereien sind im Nationalmuseum in Neapel zu sehen. Auf der Tempelmauer verewigte sich 1817 ein gewisser Henri Beyle, besser bekannt unter seinem Künstlernamen Stendhal. Der Isis-Tempel entstand nach dem Erdbeben 62 n. Chr.

Tempio d'Iside

Baedeker TIPP Einblicke

Ein etwa 3 km langer Weg beginnt bei der Porta Ercolano im Westen der Stadt, führt in Richtung Norden über die Porta Vesuvio zur Porta Nola, wendet sich nach Osten zur Porta Anfiteatro und endet schließlich an der Porta Nocera. Er verläuft im Wesentlichen auf den bourbonischen Wällen, die aus Grabungsschutt entstanden sind, etwa 6 bis 8 m über dem antiken Straßenniveau und ermöglicht daher interessante Perspektiven. Bei den Stadttoren erreicht der Weg das antike Bodenniveau und bezieht somit den Besuch der Nekropolen an den Ausfallstraßen mit ein. Der von der Archäobotanikerin Annamaria Ciarallo angelegte Weg macht die Besucher auch mit Landschaft und Flora rund um Pompeji vertraut. Das Thema Mensch und Umwelt in der Antike behandelt das Antiquarium in Boscoreale (▶ S. 245). Zu dem Rundgang entstand ein kleiner Führer, auch in deutscher Sprache: Annamaria Ciarallo, "Rund um die Mauern von Pompeji", Verlag Electa 1998, in der Buchhandlung am Haupteingang erhältlich.

Östlich vom Odeon verläuft die Via Stabiana. Auf ihrer Ostseite folgt die Casa del Citarista, eines der größten Häuser Pompejis, in das u. a. Walkereien, eine Bäckerei und eine Schenke eingebaut waren.

Nuovi Scavi

Auf der Via dell'Abbondanza beginnen nach etwa 100 m rechts die sog. Neuen Ausgrabungen, bei denen sowohl die Wandmalereien als auch der vorgefundene Hausrat an Ort und Stelle belassen wurden, auch konnten vielfach das obere Stockwerk mit Balkonen und Loggien erhalten werden. Zahlreich sind die hier aufgepinselten Wahl- und Gelegenheitsinschriften, mit deren Hilfe man ein "Adressbuch" mit 550 Namen zusammenstellen konnte. Das Viertel stammt aus der letzten Zeit Pompejis und zeigt die Verlagerung des Handels und Handwerks in die östlichen Stadtviertel. Vorangegangen waren große soziale Umwälzungen, eine Folge des Erdbebens 62 n. Chr., nach dem die Oberschicht die Stadt verlassen hatte.

*Fullonica Stefani

Wollverarbeitung und Textilherstellung waren neben der Weinerzeugung die wichtigsten Industriezweige der Pompejaner. Ein schönes Beispiel für einen Gewerbebetrieb ist die Fullonica des Stephanus. In mehreren Becken wurden die Stoffe gewaschen und gefärbt, dann mit Hilfe einer Presse gebügelt, gebrauchte Stoffe wurden entfleckt. Wolle wurde zunächst in großen mit Urin gefüllten Kesseln entfettet, dann erhitzt, gesponnen und verwebt.

Casa di Trebius Valens, Casa di Loreius Tiburtinus

An der Via dell'Abbondanza folgt links das Termopolio di Asellina, eine Schenke, in der Getränke und Speisen verkauft wurden. In der zur Straße gelegenenen Theke waren Töpfe und Gefäße eingelassen. Weiterhin steht links das sehenswerte Haus des Trebius Valens, dessen Fassade besonders viele Aufschriften trägt, weiter rechts das Haus des Marcus Loreius Tiburtinus, eines der größten Privathäuser Pompejis, mit einem beeindruckenden Garten.
Weiter östlich sowie südlich der Via dell'Abbondanza liegen die neuesten Ausgrabungen (1951–1959), unter denen besonders die Casa del Frutteto (Haus eines Gärtners), die Casa di Venera mit einem großartigen Bild der Venus sowie die Villa Giulia Felice Beachtung verdienen. Letztere war eine Stadtvilla, die in Mietwohnungen umgebaut worden war.

*Casa del Menandro

Das wohlerhaltene und mit Wandmalereien und Mosaiken geschmückte Stadthaus gehörte einst Quintus Poppaeus, einem Verwandten der Kaiserin Poppaea, der zweiten Frau des Nero. Ein hier entdeckter einzigartiger Silberschatz befindet sich heute im Nationalmuseum in Neapel. In einer Wandnische des Peristyls befand sich ein Porträt des griechischen Komödiendichters Menander, nach dem das Haus benannt wurde.

Casa del Menandro (Fortsetzung)

Südlich des Loreius-Tiburtinus-Hauses befindet sich die auf drei Seiten von Säulen umgebene Palaestra (Seitenlänge ca. 140 m), der zentrale Sportplatz der Stadt mit einem Schwimmbassin in der Mitte.

Palaestra

Östlich schließt sich das Amphitheater (136 m lang, 104 m breit) an, vermutlich eines der ältesten bekannten Amphitheater: Die oberen Ränge wurden noch nicht über integrierte Treppensysteme, sondern durch drei vorgesetzte Rampentreppen erreicht. Auch fehlen der Arena noch die unterirdischen Vorrichtungen. Die außerordentliche Größe, es fasste 20 000 Zuschauer, legt nahe, dass die Besucher aus ganz Südkampanien hier her kamen. Dies belegt auch der berühmte Vorfall des Jahres 59, als es bei Theaterspielen zu Tumulten zwischen Nocerianern und Pompejanern kam (Thema eines Freskos im Nationalmuseum in Neapel).

Anfiteatro

Außerhalb des Stadttors, dessen Ausfallstraße nach Nocera führt, befindet sich eine weitere interessante Nekropole. Ein Besuch empfiehlt sich in Verbindung mit dem Rundgang um die Mauern von Pompeji (▶ Baeder Tipp S. 242).

Necropoli di Nocera

Im Norden des Areals gibt es weitere berühmte Häuser, darunter die Casa del Centenario mit zahlreichen Tier- und Landschaftsmalereien, die Casa di Lucretius Frontone, in der Medaillons mit Erosfiguren die Wände schmücken; die Casa delle Nozze d'Argento (Silberhochzeitshaus) besitzt ein schönes Atrium und Peristyl. Im Garten der Casa degli Amorini dorati ist noch alter Marmorschmuck.

Weitere Sehenswürdigkeiten

Eines der wegen seiner kostbaren Wandmalereien berühmtesten Häuser Pompejis ist die Casa dei Vettii. Sie gehörte den Vettiern, Emporkömmlingen aus den letzten Jahren Pompejis, die als Kaufleute ein beträchtliches Vermögen zusammengetragen haben müssen. Im Eingangsraum ein kleines Wandgemälde des Fruchtbarkeitsgottes Priapos mit einem gigantischen Phallus, der nach römischer Vorstellung den bösen Blick abwenden sollte. Im Atrium sind die Wandmalereien sowie die Geldtruhen mit ihren eigens gemauerten Sockeln beachtenswert.

**Casa dei Vettii

Auch die umliegenden kleinen Räume weisen kostbare Wandmalereien auf. Von hier geht es in den rechts anschließenden Wirtschaftstrakt mit einem Laren-Heiligtum und einem Herd, auf dem heute noch die alte Holzkohle und das Kochgeschirr zu sehen sind. Im gegenüber liegenden Raum des Kochs drei erotische Wandmalereien. Das säulenumstandene Peristyl mit seinen vielen Statuen und Wasserbecken sowie den umlie-

Baedeker TIPP) Zu einer Besichtigung

Pompejis gehört unbedingt ein Besuch des Archäologischen Nationalmuseums in ▶ Neapel, wo die kostbarsten Fundstücke aus den beim Vesuvausbruch untergegangenen Städten aufbewahrt werden. Sehr informativ ist der Forschungsbericht "Pompeji" von dem französischen Historiker und Archäologen Robert Etienne, der das Leben in der antiken Stadt schildert (Verlag Philipp Reclam); vor allem unterhaltsam ist Edward Bulwer-Lyttons berühmter Roman "Die letzten Tage von Pompeji", der 1959 verfilmt wurde.

Casa dei Vettii (Fortsetzung)

genden Prachträumen ist ein weiterer Höhepunkt. Die großformatigen Wandmalereien in den Aufenthaltsräumen links und rechts vom Eingang zum Peristylhof (Ixion- und Pentheus-Zimmer) sind Kopien berühmter griechischer Werke. Die berühmtesten Wandmalereien sind in einem Aufenthaltsraum an der rechten Schmalseite des Gartenperistyls zu finden: In der Unterzone finden sich Eroten und Psychen, die verschiedensten Gewerben und Freizeitbeschäftigungen nachgehen, sehr schön auch die schwebenden Götterpaare auf kostbarem Zinoberrot.

Die Casa del Labirinto, das Nachbarhaus, stammt noch aus samnitischer Zeit.

*Casa del Fauno

Südlich gegenüber die eine ganze Insula (Häuserblock) einnehmende Casa del Fauno (Eingang von der Via di Nola), die größte Stadtvilla in Pompeji (3000 m²); neben dem Impluvium steht eine Nachbildung der hier gefundenen Statue eines tanzenden Fauns, die dem Haus den Namen gab; in dem Raum mit den roten Säulen fand man das berühmte Mosaik der Alexanderschlacht. Sowohl die Statue als auch das Mosaik befinden sich im Archäologischen Nationalmuseum in Neapel. 2004 wird das Alexandermosaik als Kopie an seinen Originalplatz zurückkehren.

Forumsthermen

Die Thermen beim Forum (Terme del Foro) sind zwar etwas kleiner als die Stabianer Thermen, sie sind aber besser erhalten und vermitteln mit ihren großartigen Stuckaturen im Tepidarium ein gutes Beispiel für den Luxus öffentlicher Einrichtungen. Im gleichen Raum auch ein großes bronzenes Kohlebecken, das als Heizung diente. In diesem Raum sieht man die Gipsabgüsse zweier Sklaven, die vom Vesuvausbruch überrascht wurden.

Casa del Poeta tragico

Auch das den Thermen nördlich gegenüber stehende, reich ausgestattete Haus des tragischen Dichters ist berühmt, vor allem wegen seines Bodenmosaiks im Eingang: ein Kettenhund mit der Inschrift "Cave Canem" (Warnung vor dem Hund!).

Casa di Pansa

Westlich schließt sich an das Haus des tragischen Dichters Pansa (98 m lang, 38 m breit) an, es stammt ursprünglich aus hellenistischer Zeit und wurde jedoch in ein Mehrfamilienhaus umgebaut.

Nördlich neben dem Haus des tragischen Dichters sieht man eine weitere Fullonica (▶ S. 242); links daneben die Casa della Fontana Grande und die Casa della Fontana Piccola, beide mit hübschen Brunnen. Von Letzterem gelangt man durch den Vicolo di Mercurio

Casa di Sallustio

westlich zum Haus des Sallust, ebenfalls mit schönen Malereien.

Weiter in nordwestlicher Richtung liegt an der Via Consolare schließlich noch die Casa del Chirurgo; in dem Haus eines Arztes wurden zahlreiche Instrumente gefunden.

*Via dei Sepolcri

Außerhalb der Stadtmauer, hinter der Porta Ercolano, beginnt die zypressengesäumte Via dei Sepolcri, die so genannte Gräberstraße. Mit ihren stattlichen Grabdenkmälern ist sie neben der alten Via Appia (▶ Rom) das eindrucksvollste Beispiel für die Bestattung verdienter oder wohlhabender Mitbürger an öffentlichen Wegen.

*Villa des Diomedes

Am nordwestlichen Ende der Gräberstraße steht die Villa des Diomedes, deren Garten von einem Portikus mit 33 m Seitenlänge umgeben ist; in der Mitte des Gartens ein Wasserbecken und sechs Säulen, die einen Pavillon bildeten. In einem Kellergang (Kryptoportikus) fand man die Leichen von 18 hier verstorbenen Frauen und Kindern. In der Nähe der jetzt vermauerten Gartentür lag der mutmaßliche Besitzer des Hauses, den Schlüssel in der Hand, neben ihm ein Sklave mit Geld und Wertsachen.

Pompeji
(Fortsetzung)

Wandgemälde in der Villa dei Misteri

****Villa dei
Misteri**

Etwa 200 m nordwestlich der Villa des Diomedes liegt die schöne Villa dei Misteri, deren Besitzer von der Landwirtschaft lebten. Hier sind die schönsten Wandgemälde aus dem Altertum in frischem Farbenglanz erhalten (Zufahrt auch mit dem Auto möglich). Im großen Triclinium sieht man einen 17 m langen Bilderzyklus mit fast lebensgroßen Figuren. Er entstand zwischen 70 und 50 v. Chr. (wohl nach Vorbildern aus dem 3. Jh. v. Chr.) und stellt auf dem berühmten pompejanisch-roten Grund die Einführung der Hausherrin in die (bis heute nicht entschlüsselten) Mysterien des Dionysos-Kultes dar

Sehenswertes in der Stadt Pompeji und Umgebung

Die moderne Stadt Pompeji schließt sich im Osten an das Ausgrabungsgelände an. Ihr Santuario della Madonna del Rosario, weithin erkennbar an dem fünfstöckigen Kampanile, wurde Ende des 19. Jh.s nach einer Marienerscheinung erbaut und ist ein viel besuchtes Wallfahrtsziel (Höhepunkte sind der 8. Mai und der erste Sonntag im Oktober).

Pompeji

Einst gab es am Fuß des fruchtbaren Vesuvs viele antike Landvillen und Gutsbetriebe, deren Besitzer vor allem Wein und Oliven anbauten. In der Gegend von Boscoreale (4 km nordöstlich von Pompeji) wurden sieben Villen gefunden. Von ihnen ist die Villa Regina zu besichtigen, ein recht kleiner, aber gut erhaltener Landsitz.

*Boscoreale

Unbedingt einen Besuch wert ist das benachbarte, wenig bekannte Antiquarium (Via Settembrini 15), das sich mit der Besiedelung der Vesuvregion, den Lebensbedingungen der Pompejaner sowie der Ausgrabungsgeschichte auch anderer Villen beschäftigt (die Anfahrt ist von der Villa dei Misteri in Pompeji aus beschildert).

*Antiquario

Erinnert an eine Mondlandschaft: der Solfatara-Krater am Stadtrand von Pozzuoli mit seinen heißen, nach Schwefel stinkenden Fumarolen

Pozzuoli   J 14

Region: Kampanien · Campania
Provinz: Napoli
Höhe: Meereshöhe
Einwohnerzahl: 82 000

Campi Flegrei

Die Landschaft der Phlegräischen Felder zieht sich westlich von ▶ Neapel um die Bucht von Pozzuoli. Im 11. Jh. v. Chr. begann hier die Hellenisierung Kampaniens. Nach einem Lokalmythos schnaubten die besiegten Giganten der griechischen Mythologie weiter unter den Vulkanen der Phlegräischen Felder und der ihnen vorgelagerten Inseln Ischia und Procida. Zwar dampfen sie längst nicht mehr überall, aber immer noch erinnern Vulkankegel, Kraterseen sowie heiße Dampfquellen und brodelnde Schlammlöcher des Solfatara-Kraters oberhalb von Pozzuoli an die vulkanische Aktivität, weshalb die griechischen Bewohner sie die "flammenden Felder" (Campi flegrei) nannten. Nach ihnen rückten die Römer heran. Wer es sich leisten konnte, entfloh der lauten und politisch unsicheren Millionenstadt Rom. Am Ende des 1. Jh.s n. Chr. hatte sich die Region zu einem luxuriösen Ferien- und Badezentrum entwickelt. Das mit Thermen und luxuriösen Villen bebaute Ufer geriet jedoch teilweise unter Wasser. Verantwortlich ist der sog. Bradisismus, ein Phänomen vieler vulkanisch geprägter Regionen (griech. bradys seismos, langsame Bewegung), die langsame Auf- und Abwärtsbewegung des Erdbodens als Folge von Druckänderungen in Magma-

Bradisismus

kammern der Erdkruste. Eine Rolle spielen auch die Weltmeere, die in den vergangenen 2000 Jahren um 2 m gestiegen sind.

Pozzuoli und die Phlegräischen Felder erreicht man von Neapel (Bahnhof Montesanto) aus bequem mit der Schnellbahn Cumana.

Sehenswertes in Pozzuoli

Städtisches Zentrum der Campi Flegrei ist das von den Griechen im 6. Jh. gegründete Pozzuoli (27 km westlich von Neapel; 75 000 Einw.). 338 v. Chr. kam es an Rom und entwickelte sich zum bedeutendsten Handels- und Orienthafen Italiens, bis ihm Ostia den Rang ablief. Die Schauspielerin Sofia Loren (geb. 1934) verbrachte hier ihre Kindheit. Aufgrund der erheblichen Bodenschwankungen, eine Folge des Vulkanismus, musste die Altstadt 1970 evakuiert werden, heute wird sie restauriert. Das gilt auch für den Dom S. Procolo, der aus dem Häusermeer ragt. Er wurde im 11. Jh. auf der Ruine eines römischen Tempels erbaut und später barockisiert.

*Römische Zeugnisse
Das eindrucksvollste Zeugnis aus der Antike ist das 79 n. Chr. erbaute Amphitheater, das unmittelbar an der Hauptdurchgangsstraße Corso Terracciano liegt. Es gilt nach den Theatern von Rom und Capua als das drittgrößte (40 000 Zuschauer) und eines der am besten erhaltenen Italiens (geöffnet tägl. 9⁰⁰ Uhr bis 1 Std. vor Sonnenuntergang). Besonders gut erhalten sind die unterirdischen Gewölbe, in denen einst die wilden Tiere untergebracht waren. Die hier gelagerten Architekturfragmente, v. a. Säulen, wurden im ehemaligen, heute überfluteten Stadtgebiet gefunden.

Nicht weit vom Hafen, in dessen Viertel vor allem vormittags ein bunter Obst-, Gemüse- und Fischmarkt stattfindet, liegt südlich der Via Sacchini das Macellum (auch Serapeum genannt), die Reste des berühmten Marktes von Puteoli. Erhalten sind ein quadratischer Hof, auf den sich die ehemaligen Läden öffneten und den eine Säulenhalle umgab. Auf der einen Seite des Hofs stehen seit der Antike drei Säulen. Löcher von Bohrmuscheln in den Säulen beweisen, dass sich das Gelände

Architekturfragmente in den unterirdischen Gängen des Anfiteatro Flavio

im 3. Jh. n. Chr. schon 4 m unterhalb des Meeresspiegels befand (heute wieder 6 m ü. d. M.). In den beiden Ecken rechts und links der Säulen lagen einst öffentliche Latrinen.

Die Solfatara oberhalb von Pozzuoli, am östlichen Stadtrand, ist der einzige, zur Zeit tätige Vulkan am Golf von Neapel. Sein flacher Krater ist 770 m breit. Seit der Antike stößt er aus einer großen Erd-

Solfatara
(Fortsetzung)

spalte, der Bocca Grande (Großer Mund), heiße Dämpfe und Schwefelgase aus. Die Temperatur der Hauptfumarole beträgt 162 °C, die der kleineren um 100 °C.

Bei der Weiterfahrt auf der Via Domiziana erhebt sich rechts der 130 m hohe Monte Nuovo, der 1538 bei einem Vulkanausbruch entstand. Im Lago di Lucrino wurde in der Antike Austernzucht betrieben. Nur wenige Mauerreste erinnern an die Villen reicher Römer, die einst sein Ufer säumten. Etwa 1 km im Hinterland liegt der Lago d'Averno,Lago d'Averno, den die Griechen für den Eingang in die Unterwelt hielten.

Lago d'Averno

Umgebung von Pozzuoli

Baia, die
Côte d'Azur der
Antike

Der kleine Küstenort Baia (4000 Einw.) an der Westseite des Golfes von Pozzuoli war in der Antike *der* mondäne Sommersitz römischer Politiker und Patrizier. Hier oder in der näheren Umgebung hatten fast alle, die etwas auf sich hielten, eine Villa, darunter Caesar, Cicero, Varro, Lucullus, Hortensius und die Politiker Crassus und Marius, später folgten die Kaiser Augustus, Tiberius, Caligula, Claudius, Nero, Vespasian und Hadrian, um nur Einige zu nennen. Sie pflegten am sog. Sinus Baianus einen luxuriösen, teils berüchtigten Lebensstil. Sehr beliebt soll die Fischzucht gewesen sein, tatsächlich hatten die meisten Villen Piscinae (Fischbecken). Über Quintus Hortensius wurde berichtet, dass seine Muränen Ohrringe getragen hätten, Kaiser Vespasian soll seine Fische so abgerichtet haben, dass sie auf seine Stimme hörten, und Crassus organisierte anlässlich des Todes seines Lieblingsfisches ein derart

Baedeker TIPP **Tauchen in Ruinen**

Baia, das schon die alten Römer als Feriendomizil schätzten, bietet Tauchern ein besonderes Unterwassererlebnis. Die örtliche Tauchbasis bietet geführte Exkursionen zu den versunkenen Villen an. Auskunft: Sea Point Diving Center, Via Molo di Baia 14, ☎ 081 868 88 68, e-Mail: info@seapointitaly.it).

aufwendiges Begräbnis, dass der römische Senat ihn dafür kritisierte … Die antike Stadt lag an einem ehemaligen Vulkankrater, und durch die Senkung des Bodens begann sie ab 300 n. Chr. unterzugehen. Bei einer Fahrt mit einem Glasbodenboot kann man noch Teile der ehemaligen Pracht bewundern. Auch die Mineralquellen, denen Baia seine Existenz verdankte, treten heute im Meer aus. Erhalten blieben oberhalb des heutigen Küstenstädtchens die Ruinen weitläufiger Thermen, drei große Kuppelbauten (1. Hälfte des 1. Jh.s nach Chr.; fälschlicherweise Tempio, Tempel genannt). Ihre Kuppeln erreichten Durchmesser von 22 m (Tempio di Mercurio) bis über 30 m. Einen Besuch lohnt das Museo Archeologico dei Campi Flegrei in dem trutzigen Kastell (16. Jh.) oberhalb des Hafens mit zahlreichen Funden aus dem antiken Baiae.

*Tempio di
Mercurio

Bacoli
*Piscina
mirabilis

Im nächsten Küstenort, Bacoli (25 000 Einw.), lohnt die Besichtigung der am Südausgang des Ortes gelegenen Piscina mirabilis, eines der größten Wasserbehälter des römischen Imperiums. Aus dem 70×30 m großen Wasserreservoir, das 10 700 m³ fasste und dessen gewölbte Decke auf 48 gemauerten, 15 m hohen Pfeilern ruht, wurde die römische Flotte von Miseum mit Süßwasser versorgt. Der Namenszusatz "Mirabilis" soll auf Francesco Petrarca zurückgehen, der damit sein Staunen über die unterirdische Kathedrale zum Ausdruck brachte.

Pozzuoli
(Fortsetzung)

Das nahe Miseno war in der Antike ein wichtiger Marinestützpunkt. Der innere der beiden Hafenbecken (heute Mare Morto) diente als Werft, im äußeren lagen die Schiffe. Ein Kanal ermöglichte die Durchfahrt. Aus Grabinschriften geht hervor, dass hier 6000 Mann mit u. a. 17 Liburnae (wendigen kleinen Küstenschiffen) lagen. In 30 Minuten besteigt man den 167 m hohen Monte Miseno, einen aus dem Meer aufragenden, auffallend gestalteten Krater. Von der Höhe bietet sich ein schöner Blick über die Golfe von Neapel und Gaeta. Südlich (30 Min.) vom Kap Miseno (79 m) hat man ebenfalls einen wunderbaren Blick.

Miseno

Capo Miseno

Nun kehrt man dem Kap den Rücken. Kurz vor Cuma passiert man den Lago di Fusaro; das Jagdschlösschen Casina del Fusaro auf einer künstlichen Insel entstand 1782 nach Plänen von Luigi Vanvitelli für Ferdinand IV. von Bourbon. Nach wenigen Kilometern erreicht man Cuma. Im 8. Jh. v. Chr. gründeten hier die Griechen Kyme, die erste Kolonie auf italienischem Festland. Seit 1926 wird sie ausgegraben. Gleich hinter dem Eingang befindet sich der Zugang zum Antro della Sibilla, der durch Vergils Schilderung bekannten Höhle der Sibylle. Aeneas soll hier an Land und sogleich zur "Riesenkluft der grausen Sibylle" gegangen sein, um Rat einzuholen: *"Also kündet aus heiliger Tiefe die Weise von Cumae / Schaurigen Rätsels Geheimnis und dröhnt in dem Felsengewölbe ..."*. Es handelt sich um einen 130 m langen trapezförmigen Tunnel, der in den Tuffstein gehauen wurde (die Griechen bauten damals noch keine Gewölbe) und durch Spalten Tageslicht erhält. Er endet in einem gewölbten Raum mit drei Nischen, der eigentlichen Orakelhöhle. Nicht zugänglich ist die Cripta Romana, ein aus der Zeit des Augustus stammender Straßentunnel, der unter der Akropolis hindurch zum Meer führt. Auf der Via Sacra gelangt man zur Akropolis hinauf, der eigentlichen griechischen Siedlung, mit Resten eines Apollo-Tempels und eines Jupiter-Tempels aus dem 6. und 5. Jh. v. Chr., der in frühchristlicher Zeit als Kirche diente. Vom Gipfel sieht man vom Capo Miseno bis Gaeta und zu den Ponza-Inseln.
Bereits außerhalb des Archäologischen Parks befindet sich links der Straße zum Lago del Fusaro das zugewachsene Amphitheater aus dem 1. Jh. v. Chr. Von der Straße nach Neapel sieht man den Arco Felice, einen 20 m hohen Torbogen aus Ziegelsteinen, der über die antike Via Domitiana führt. Kurz darauf stößt man auf die SS 7 quater, auf der man zurück nach Neapel gelangt.

*Cuma

Antro
della Sibilla

Reggio di Calabria

K 19

Region: Kalabrien · Calabria
Provinz: Reggio di Calabria
Höhe: 31 m ü. d. M.
Einwohnerzahl: 179 600

Reggio di Calabria, kurz auch "Reggio Calabria" genannt, markiert die Spitze des italienischen Stiefels, der durch die Meerenge von Messina von Sizilien getrennt ist. Es ist Hauptort der Provinz, aber

Allgemeines

Unheimliche Krieger

Dies ist die Geschichte einer archäologischen Sensation, wie sie sich selbst im kunstverwöhnten Italien nicht häufig zugetragen hat. Im August 1972 werden im kalabrischen Meer zwei lebensgroße Bronzefiguren geborgen. Niemand weiß, wer sie sind und woher sie kommen. Nur eines ist sicher: Die Krieger von Riace sind bis heute die schönsten Funde aus der griechischen Antike, die jemals in Italien aufgetaucht sind.

Es ist der 16. August 1972. Vor der kalabrischen Küste nahe dem Dorf Riace am Punto Stilo ragt in acht Metern Tiefe ein menschlicher Arm aus einer Sandbank. Der italienische Freizeittaucher Stefano Mariottini, der ihn entdeckt, glaubt zunächst an eine Wasserleiche. Doch bei näherem Hinsehen stellt er fest: Der Arm ist aus Metall. Er alarmiert das Kulturamt der Stadt Reggio di Calabria, und bald darauf werden unter chaotischen Umständen und dem Andrang vieler Neugieriger zwei männliche Bronzefiguren aus dem Meer gehoben. Zwillinge könnten es sein: nackt, athletisch gebaut, einer schöner als der andere: mit prächtiger Lockenpracht und stolzgeschwellter Brust. Die Statuen sind nahezu unversehrt, jede misst fast zwei Meter und wiegt bald eine halbe Tonne.
Eine sensationelle Entdeckung, so viel steht fest.

Während Kunsthistoriker und Archäologen bereits emsig spekulieren, machen sich die Restauratoren ans Werk, erst in Reggio di Calabria, dann im besser ausgerüsteten Florenz. Mithilfe von Ultraschall und monatelangen Tauchbädern wird Stück für Stück die Schönheit der Statuen freigelegt. Die Zeit drängt, Licht und Luft sorgen für einen schnellen Korrosionsprozess.

Verblüffende Schönheit

Obwohl die Restauratoren Tag und Nacht im Einsatz sind, ist die komplizierte Arbeit erst nach acht Jahren beendet. Sie hat sich gelohnt. Atemberaubende Details kamen zum Vorschein. Trotz der Größe der muskulösen Figuren ist die Bronze nur etwa 6 bis 9 Millimeter dick. Darüber hinaus wurden noch andere Materialien verwendet. Bernstein-

farben leuchten die Augen, die Brustwarzen sind aus Kupfer, Zähne und Wimpern pures Silber. Und noch eine Entdeckung sorgt für Verblüffung: Als die Restauratoren für die Innenreinigung der Statuen die Sockelaufsätze von den Fußsohlen lösen, stellen sie fest, dass die beiden Hünen in absolutem Gleichgewicht auf ihren Füßen stehen. Sie ruhen vollkommen in sich.
In einer kleinen Ausstellung soll das Ergebnis präsentiert werden. Man stellt sich auf ein paar wenige Besucher aus der Fachwelt ein. Doch es kommt anders.

Besuchermagnet

Vom ersten Tag an pilgern Tausende, Zehntausende Besucher nach Florenz. Kilometerlange Schlangen bilden sich, in der Stadt muß tagelang der Verkehr umgeleitet werden. Als die Ausstellung termingerecht schließt, bricht ein wahrer Volksaufstand los. Dem Museum bleibt nichts anderes übrig, als seine Pforten erneut zu öffnen. In Reggio di Calabria ist man nervös. Eine eigens gegründete "Ionische Liga" befürchtet, Florenz könnte den sensationellen Fund einbehalten und fordert die Rückgabe der Statuen. Bevor es dazu kommt, werden sie jedoch auf Initiative von Staatspräsident Pertini auch in Rom gezeigt. Das Bild ist dasselbe wie in Florenz.

Ungelöste Rätsel

Längst ranken sich Legenden um die beiden "Krieger von Riace", wie sie genannt werden. Attribute wie "göttlich", "erotisch" und "furchtbar" machen die Runde. Die Experten überbieten sich gegenseitig mit Vermutungen. Wer sind die "Krieger von Riace"? Sind es wirklich nur zwei griechische Hopliten, denen Helm und Waffen abhanden gekommen sind? Oder stellen sie womöglich beide Poseidon, den Gott des Meeres dar? Oder gar Castor und Pollux? Geschaffen wurden sie vermutlich um 460 v. Chr. (Bronze A, "Held") bzw. um 430 v. Chr. (Bronze B, "Stratege"). Doch wer hat sie geschaffen? Es werden viele Namen genannt, allen voran der des größten griechischen Bildhauers Phidias aus der Mitte des fünften vorchristlichen Jahrhunderts, dem Höhepunkt der griechischen Plastik. Nur eine Hand voll Statuen aus dieser Zeit, etwa der berühmte Wagenlenker von Delphi, sind erhalten geblieben. Wie aber kamen

sie nach Italien? Oder stammte ihr Schöpfer womöglich doch aus Kalabrien, das damals griechische Kolonie war? Oder kamen die Statuen erst später nach Italien, im Zuge des florierenden griechisch-römischen Kunsthandels der Kaiserzeit und der ersten nachchristlichen Jahrhunderte?

Hysterie

Die ungelösten Rätsel steigern noch die allgemeine Hysterie: Es kommt zu Zusammenstößen in den Warteschlangen, beim Anblick der bestechend schönen Körper zu Ehekrisen, die Ohnmachtsanfälle von Besuchern häufen sich. Psychologen schalten sich ein, erklären die Begeisterung für die antiken Funde mit der Suche nach Wurzeln und Ursprüngen einer in die Krise geratenen Gesell-

schaft. Andere sprechen vom "heiligen Schauder", den die Skulpturen beim Publikum auslösen, von Freud'schen Reaktionen angesichts der nackten Männerkörper und von "kollektiver Besessenheit, Sex und Mysterium".

Die Presse beteiligt sich nach Kräften und veröffentlicht eine Liste von "Opfern" der Krieger: Während der Restaurationsarbeiten erliegt einer der beteiligten Professoren einem tragischen Unglücksfall; bald darauf stirbt ein führender Archäologe, nachdem er einen Artikel über die Statuen veröffentlicht hatte. Vom "Fluch der Krieger" ist die Rede. Und davon, dass, wer immer ihren tiefen Meeresschlaf störte, dafür büßen muss.

Bis heute ist das Rätsel um die "Krieger von Riace" ungelöst. Vor allem ist unklar, wo ihre Attribute, Waffen und Helme, geblieben sind. Für die Beantwortung dieser Frage stellte die italienische Regierung eigens eine 50 Mann starke Carabinieri-Einheit ab. Man vermutete einen der Helme im Paul-Getty-Museum in Malibou, Los Angeles. Nachweisen konnte man es bis heute nicht. So schnell, wie die Krieger von Riace nach ihrer Entdeckung zu Stars wurden, ließ der Wirbel um die Statuen auch wieder nach. Heute sind sie im Museum von Reggio Calabria zu bewundern: schön, gewaltig, und immer noch ein bißchen unheimlich.

nicht der Region Kalabrien; dies ist Catanzaro, in Reggio tagt jedoch seit 1972 das Regionalparlament. In hervorragender strategischer Lage als griechische Kolonie Rhegion 743 v. Chr. gegründet, ist von alten Zeiten fast nichts mehr vorhanden; 1783 und noch einmal 1908 durch schwere Erdbeben zerstört, präsentiert sich Reggio heute als wenig attraktive, chaotische Provinzstadt.

Sehenswertes in Reggio

*Museo Archeologico Nazionale

Man steuert am besten die Piazza Indipendenza im Norden der Innenstadt bei der Stazione Lido an (Parkplätze). Hier ist man auch gleich beim Nationalmuseum, der Hauptsehenswürdigkeit der Stadt (erbaut nach Plänen von M. Piacentini, 1932; geöffnet tägl. 9^{00}–18^{30} Uhr, 1. und 3. Mo. im Monat geschlossen). Zu sehen sind vorgeschichtliche Funde, Exponate aus der ganzen Magna Graecia (v. a. Lokroi) sowie mittelalterliche und moderne Bildwerke. Die große Attraktion sind die "Krieger von Riace", zwei 1,99 m große griechische Bronzestatuen, die 1972 bei Riace an der Ionischen Küste im Meer gefunden wurden (▶ Baedeker Special S. 250). Beeindruckend sind die Statuen sowohl durch ihre handwerkliche und künstlerisch-anatomische Perfektion als auch durch ihren harmonischen, ebenso würdigen wie erotischen Ausdruck. Außerdem bemerkenswert sind der bronzene "Philosophenkopf" aus Porticello (Ende 5. Jh. v. Chr.) und die Abteilung für Unterwasserarchäologie; unter den Gemälden sind besonders die Werke von Mattia Preti und Antonello da Messina zu beachten.

** "Krieger von Riace"

*Lungomare Giacomo Matteotti

Mit einem Eis vom Kiosk Cesare nimmt man den "schönsten Kilometer Italiens" in Angriff, wie D'Annunzio den Lungomare Matteotti etwas zu großspurig titulierte. Die mit Palmen, riesigen Gummibäumen und anderen exotischen Gewächsen geschmückte Promenade zieht sich etwa 1,5 km am Ufer entlang und bietet einen herrlichen Blick auf die Küste Siziliens. Im südlichen Abschnitt sind Reste der griechischen Stadtmauer (6. Jh. v. Chr.) und römischer Thermen zu sehen, deren Fußbodenmosaik teilweise erhalten ist. Begleitet wird der Lungomare von einer Reihe prächtiger Palazzi im italienischen Jugendstil ("stile liberty"). Zuletzt stößt man auf den Stadtgarten (Villa Comunale).

Durch den Stadtgarten gelangt man zum Corso Garibaldi, der 2 km langen, lebhaften Hauptstraße der Stadt (z. T. Fußgängerzone) mit einigen angenehmen Cafés, und wendet sich in nördliche Richtung. Der Dom wurde 1908 im romanisch-byzantinischen Stil neu errichtet; auf der Treppe flankieren Statuen (die hll. Paulus und Stephanus) von F. Jerace den Aufgang. Auch die Marmorkanzel stammt von Jerace. Von der alten Kathedrale ist im linken Querarm die barocke Cappella del SS. Sacramento erhalten, zu beachten sind hier der polychrome Marmoraltar und das Gemälde "Opfer des Melchisedech" von D. Maroli (1665).

Einige Schritte hinter dem Dom stehen etwas erhöht die Reste des Kastells (15. Jh.) mit zwei mächtigen Rundtürmen. Von hier bietet sich ein schöner Ausblick. In der neoromanischen Chiesa degli Ottimati sind noch Teile des mittelalterlichen Vorgängerbaus erhalten: vier Säulen und Teile des Mosaikfußbodens. Zurück auf dem Corso Garibaldi überquert man die Piazza Italia mit Rathaus und Präfektur und vollendet, vorbei am Tempio della Vittoria mit Kriegerdenkmal von 1933, den Rundgang.

Von der Piazza Indipendenza führt der Viale Genoese Zerbi am Lido vorbei nordwestlich zum Hafen mit der Stazione Marittima; hier legen die Fähren und Tragflächenboote nach Messina und Catania auf Sizilien ab.

▶ Kalabrien

Rom · Roma

Region: Latium · Lazio
Provinz: Roma
Höhe: 11 – 139 m ü. d. M.
Einwohnerzahl: 2 810 500

Rom, die Hauptstadt der Republik Italien, der Region Latium und der Provinz Rom und nach Luciano De Crescenzo "das amüsanteste Theater fürs Leben", liegt in Mittelitalien gut 20 km vom Tyrrhenischen Meer landeinwärts am Tiber (Tevere). Einen eigenen Staat innerhalb der Stadt bildet die Vatikanstadt am rechten Tiber-Ufer, Sitz des Papstes und der Kurie.

Schon im Altertum als die Ewige Stadt (lat. Roma aeterna) bezeichnet, war Rom für anderthalb Jahrtausende der kulturelle Mittelpunkt Europas und Schauplatz bedeutender geschichtlicher Ereignisse. In der Spätantike und im Mittelalter entwickelte sie sich zum Zentrum der römisch-katholischen Kirche. In der Blütezeit des römischen Kaisertums Anfang des 2. Jh.s n. Chr. zählte Rom über eine Million Einwohner und war die erste Weltstadt im heutigen Sinne. Nach dem Niedergang des Imperiums betrug die Einwohnerzahl kaum noch 25 000. Erst im 15. Jh., nach der Rückkehr der Päpste aus Avignon, stieg sie langsam wieder an. Als Rom zur Hauptstadt Italiens wurde, zählte man ca. 220 000. Nach dem Ers-

**Von der Kuppel der Peterskirche schweift der Blick über den Petersplatz.
In der Sichtachse die Via della Conciliazione, der in den 1930er-
Jahren ein historisches Stadtviertel weichen musste.**

**Allgemeines
(Fortsetzung)**

ten Weltkrieg, besonders aber nach dem Zweiten Weltkrieg, setzte
eine starke Bevölkerungszunahme ein. Rechnet man die vielen
nicht registrierten Einwohner hinzu, leben im Großraum Rom
heute rund 4 Mio. Menschen.

Stadtbild

Keimzelle des antiken Roms sind die legendären sieben Hügel Kapitol (50 m), Quirinal (52 m), Viminal (56 m), Esquilin (53 m), Palatin (51 m), Aventin (46 m) und Caelius (50 m). Zwischen ihnen und
dem Fluss erstreckt sich der antike Campus Martius (Marsfeld), auf
dem sich bis in die Neuzeit die eigentliche Stadt ausbreitete. Der
Pincio (50 m) nördlich vom Quirinal und die Höhen des rechten
Tiber-Ufers, der Vatikanhügel (60 m) und der Gianicolo (84 m), wurden erst in späterer Zeit einbezogen. Die unter Kaiser Aurelian
(270 – 275 n. Chr.) begonnene, 19 km lange Aurelianische Stadtmauer wurde erst in der Einigungszeit überschritten. Heute reicht das
Stadtgebiet mit einer Fläche von knapp 1508 km² im Osten bis zu
den Albaner Bergen, im Westen bis nach Ostia zum Meer und im
Süden und Norden bis weit in die römische Ebene.

Wirtschaft

Rom ist ein wichtiger Verkehrsknotenpunkt, Banken- und Handelsplatz (Hafen ca. 75 km nordwestlich in Civitavecchia), ferner ein
internationales Zentrum der Mode und des nationalen Filmschaf-
fens (Cinecittà). Die vorwiegend im Süden und Osten der Stadt an-
gesiedelte Industrie umfasst in erster Linie die Branchen Elektro-
industrie, grafisches Gewerbe, chemische Industrie, Telefonbau,
Textilien und Nahrungsmittel. Bestimmend für das Wirtschaftsleben ist aber Roms Rolle als Regierungs-, Verwaltungs- und Beamten-
stadt. Größter Arbeitgeber der Stadt ist das Dienstleistungsgewerbe.

Vom Flughafen Leonardo da Vinci (Fiumicino; 28 km außerhalb) kommt man jetzt schneller in das Stadtzentrum. Zwischen 5^{57} und 23^{27} Uhr pendeln Züge im Viertelstundentakt zur Station Ostiense, dort wartet die U-Bahn der Linie B in Richtung Zentrum. Alle halbe Stunde fahren zudem Nonstop-Züge zum Bahnhof Termini.

Anreise mit dem Flugzeug

Züge aus dem Ausland fahren auf dem Hauptbahnhof (Stazione Termini) ein. Züge nach Süditalien kommen meist am Bahnhof Tiburtina an. Weitere Bahnhöfe: Trastevere (Richtung Pisa/Genua), Roma-Nord (Viterbo), Prenestina (Pescara), Tuscolana (Grosseto/Viterbo), San Pietro (Nahverkehr), Porta S. Paola (Viterbo und Ostia Lido).

Römische Bahnhöfe

Die Metropolitana, Roms U-Bahn, deren Stationen mit einem großen M auf rotem Grund gekennzeichnet sind, verfügt über die zwei Linien A und B (5^{30}–23^{30} Uhr, Sa. bis 0^{30} Uhr). Hinzu kommen sechs Straßenbahnlinien und unzählige Busse. Zwischen Mitternacht und 5^{30} Uhr verkehren mit einem Kauz gekennzeichnete Buslinien für Nachtschwärmer, u. a. ab Petersplatz, Stazione Termini, Piazza Venezia sowie entlang der beiden U-Bahn-Strecken. Einen Übersichtsplan sowie Auskünfte über Preise für Einzelfahrscheine, Tages- oder Wochenkarten erhält man am ATAC-Schalter Piazza dei Cinquecento vor der Stazione Termini (Info: www.atac.roma.it).

Verkehrsmittel in Rom

Rom · Roma

Neben organisierten Stadtrundfahrten und Ausflügen (Auskunft beim römischen Verkehrsbüro APT, ☎ 06 48 89 92 53/55, oder in einem der Reisebüros) gibt es verschiedene beliebte öffentliche Verkehrsmittel.

Stadtbesichtigung

So fährt die Buslinie 64 vom Bahnhof Termini nach St. Peter (18 Stationen); der "40 Express" fährt dieselbe Strecke, hält jedoch nur fünfmal. Mit der Straßenbahnlinie 30 kann man für wenig Geld eine gemütliche Stadtrundfahrt

> ### *Baedeker* TIPP **Mit dem Bus 110**
>
> Bequem 3000 Jahre Geschichte und Kultur entdeckt man mit der Buslinie 110. Die Strecke umfasst 80 Sehenswürdigkeiten. Für Eilige gibt es das Nonstopticket: In nur 2 Std. erhält man einen vollständigen Überblick über die wichtigsten Monumente Roms. Wer die geschichtsträchtigen Orte gerne genauer unter die Lupe nehmen will, für den gilt "stop & go". Informationen: ☎ 06 46 95 22 52. Abfahrt tägl. 10^{30}, 14^{00}, 15^{00}, 17^{00} und 18^{00} Uhr an der Piazza dei Cinquecento vor dem Bahnhof Termini, Bussteig C.

machen, die von der Viale delle Belli Arti am Park der Villa Borghese vorbei auf schöner Strecke zum Stadtteil Ostiense verläuft (Start- und Endpunkte sind die Piazza Thorwaldsen, gegenüber der Galleria dell'Arte Moderna, und die Piazza Ostiense; wer von hier noch auf die andere Tiberseite nach Trastevere möchte, steigt in die Linie 19 um). Autorisierte Fremdenführer vermittelt das römische Verkehrsbüro EPT. Eine Spazierfahrt mit den in Rom scherzhaft "botticelle" (Fässchen) genannten Kutschen empfiehlt sich besonders durch die Parkanlagen z. B. zur Villa Borghese oder durch den Altstadtkern um das Pantheon. Den Preis sollte man unbedingt vor Abfahrt aushandeln. Pferdedroschken stehen gewöhnlich u. a. auf der Piazza San Pietro, am Kolosseum, auf der Piazza Venezia, Piazza di Spagna, bei der Fontana di Trevi, in der Via Veneto, bei der Villa Borghese und auf der Piazza Navona.

Geschichte und Kunst

Altertum

Das Jahr 753 v. Chr. galt den Römern als das mythologische Datum der Gründung durch Romulus und Remus. Die belegte römische Frühgeschichte beginnt jedoch bereits im 10. Jh. v. Chr. mit der Besiedlung des Palatins. Nach der Vertreibung der etruskischen Könige 509 v. Chr. und der Errichtung der Republik begannen die Römer eine systematische Expansionspolitik. Es entstanden bedeutende Tempel und Profanbauten wie der Saturntempel und die Servianische Stadtmauer. Im Jahre 312 v. Chr. wurden die erste Wasserleitung (Aqua Appia) und die erste gepflasterte Landstraße (Via Appia) angelegt. Innenpolitische Probleme entluden sich in Bürgerkriegen und Sklavenaufständen, die erst mit dem Beginn der Kaiserzeit ein vorläufiges Ende fanden. Die Friedensherrschaft von Kaiser Augustus (27 v. Chr.–14 n. Chr.) brachte einen regelrechten Bauboom – es entstand u. a. das Augustusforum –, so

Eine der bekanntesten Bronzen der Antike ist die Kapitolinische Wölfin aus der Zeit um 500 v. Chr., das Gründungssymbol Roms. Die Zwillinge Romulus und Remus wurden ihr allerdings erst im späten 15. Jh. untergeschoben.

dass Rom als die schönste und größte Stadt der Welt galt. Ein großer Teil der über eine Million Einwohner lebte in mehrstöckigen Mietsblöcken. Nach der großen Feuersbrunst unter Kaiser Nero (64) entstanden neue Bauten wie die Kaiserforen und das Wahrzeichen der Stadt, das Flavische Amphitheater (Colosseum). "Panem et circenses", kostenlose Lebensmittelverteilungen und blutrünstige Spiele, befriedeten das Volk. Während des "glücklichen Zeitalters" der Adoptivkaiser von Nerva über Trajan bis Marc Aurel (96–180) erreichte das Reich seine größte Ausdehnung. Die ständige Bedrohung der Reichsgrenzen stärkte zunehmend die Rolle der Armee, die immer öfter Kaiser aus ihren eigenen Reihen hervorbrachte. Erst mit der Neuordnung des Imperiums unter Kaiser Diokletian (284–305) endete die unruhige Zeit der Soldatenkaiser. Mit der Unterstützung der einflussreichen Christen gelang es schließlich Konstantin (306–337), sich als Alleinherrscher durchzusetzen. Durch die Verlegung des Zentrums der Macht nach Byzanz verlor Rom immer mehr die Hauptstadtfunktion. Schließlich ging das Weströmische Kaiserreich mit dem Sturz des letzten Kaisers Romulus Augustulus im Jahr 476 durch Odoaker unter.

Rom im Mittelalter

Trotz des jahrhundertelangen germanisch-byzantinischen Machtkampfes um das Erbe Roms gelang es dem römischen Bischof, seine Vormachtstellung in der Stadt zu sichern. Bereits im Jahr 381 wurde das Christentum von Theodosius zur Staatsreligion erklärt. Bald zählte Rom 25 Pfarrkirchen (Titoli) und vier mosaikenreiche Patriarchalbasiliken, die direkt dem Papst unterstanden: San Giovanni in Laterano, San Pietro in Vaticano, San Paolo fuori le Mura und Santa Maria Maggiore. Diese vier gehören mit Santa Croce in Gerusalemme, San Lorenzo fuori le Mura und San Sebastiano zu den sieben Pilgerkirchen Roms. Die weltliche Macht der Päpste und ihre Herrschaft über Rom entwickelte sich im 8. Jh., nachdem durch Schenkungen des Langobardenkönigs Luitprand (727) und des Frankenkönigs Pippin (755) der Grund zum Kirchenstaat gelegt worden war. Leo III. (795–816) krönte am Weihnachtsfest des Jahres 800 Karl den Großen zum Kaiser und stellte damit das weltliche Kaiserreich wieder her, das nun ein Jahrtausend lang wenigstens den Namen des Römischen Reiches noch aufrecht erhielt. Einen tiefen Niedergang brachte das Exil der Päpste in Avignon (1309 – 1377), währenddessen Cola di Rienzo 1347 den Versuch unternahm, eine Republik nach altrömischem Muster zu errichten. Die Einwohnerzahl sank auf kaum 25 000.

Nach dem Ende des abendländischen Schismas (1417) erlebte die Stadt einen neuen Aufschwung. Die vom Humanismus und der Renaissance geprägten Päpste und Adelsfamilien taten sich zunehmend als Bauherrn und Mäzene hervor. Doch erst die Päpste Julius II. (1503 – 1513) und Leo X. (1513 – 1521) machten die Stadt zum Zentrum der Hochrenaissance. Von hier aus bestimmten Bramante (1444 – 1514), Michelangelo (1474 – 1564) und Raffael (1483 – 1520) das ganze 16. Jh. (ital. Cinquecento) auf künstlerischem Gebiet. 1506 begann der Neubau der Peterskirche.

Von der Besetzung und Plünderung durch die Truppen Karls V. im Jahre 1527 (Sacco di Roma) erholte sich die Stadt nur langsam. Doch unter den Päpsten der Gegenreformation wurde Rom im Stil des Barocks zum Zentrum eines triumphierenden Christentums ausgestaltet. Die Architekten dieser Periode, vor allem Gian Lorenzo Bernini (1598 – 1680), sein Gegenspieler Francesco Borromini (1599 – 1667) sowie Carlo Maderno (1556 – 1629) und Carlo Rainaldi (1611 – 1691), schufen jene großartigen Kirchen und Paläste, die den architektonischen Charakter der Altstadt noch heute bestimmen. In der Malerei gilt Caravaggio (um 1573 – 1610) als der genialste Meister des Frühbarocks. Als Vertreter der entgegengesetzten Richtung sind vor allem der Bolognese Annibale Carracci (1560 – 1609) und seine Schüler Guido Reni (1575 – 1642), Domenichino (1581 – 1641) und Guercino (1591 – 1666) zu nennen. Typisch für die sich entfaltende barocke Illusionsmalerei sind die monumentalen Deckenfresken der Kirchen S. Ignazio und Il Gesù.

Im 18. und 19. Jh. wurde Rom Ziel von Künstlern und Kunstbegeisterten aller Nationen. Nach der Proklamation zur Hauptstadt des Königreichs Italien im Jahre 1871 begann die Epoche der Landeshauptstadt und Königsresidenz, das Dritte Rom (Terza Roma). Es entstanden neue repräsentative Bauten (Banca d'Italia, Finanzministerium, Justizpalast, Nationaldenkmal am Kapitol). Nach dem Marsch auf Rom übernahm Benito Mussolini die Macht. Im Jahr 1929 wurden die Lateranverträge zwischen dem Heiligen Stuhl und dem italienischen Staat geschlossen, die dem Papst den Vatikan und einige exterritoriale Gebiete sowie knapp 2 Mrd. Lire zubilligten. Während des Faschismus wurde anlässlich der für 1942 geplanten Weltausstellung das monumentale Viertel EUR errichtet und die Via dei Fori Imperiali als Paradestraße durch das antike Zentrum geschlagen. Nach der Verhaftung Mussolinis und der Kapitulation Italiens im Zweiten Weltkrieg wurde Rom 1943 von deutschen Truppen besetzt und zahlreiche Juden deportiert. Am 2. Juni 1946 entschieden sich die Italiener in einem knappen Volksentscheid für die Republik. Im März 1957 wurden hier die Römischen Verträge zur Gründung von EWG und der Euratom unterzeichnet. Unter dem weltoffenen Papst Johannes XXIII. wurde das Zweite Vatikanische Konzil zur Reform der katholischen Kirche einberufen (1962 – 1965). Mit Johannes Paul II. bestieg 1978 erstmals nach 453

Foro Italico

PRATI

V. B.
V. Telesio
V. A. Doria
V. Golata
Via Candia
Viale Vaticano

CITTÀ DEL VATICANO

Musei Vaticani

Basilica S. Pietro
Aula
Piazza S. Pietro

V. Pta. Cavalleggeri
V. Porta Cavalleggeri

Piazza di S. Maria alle Fornaci
S. Maria alle Fornaci
Staz. S. Pietro (Vaticana)

MONTE

S. Onofrio

Faro

VILLA ABAMELEK

GIANICOLO

Pal. Corsini

Piazzale G. Garibaldi
Garibaldi

Museo Torlonia

VILLA DORIA PAMPHILI

Via Aurelia Antica

Piazzale Aurelio

Acqua Paola

Porta S. Pancrazio

Campanella
Viale delle Milizie
V. Pellico
Via S.
Via Lepanto
Via Damiata
Via Giulio Cesare
Viale
Via Barletta
Via Ottaviano
V. d. Scipioni
Via Germanico
Via Cola di Rienzo
Via Boezio
Via Crescenzio
Borgo Pio
V. Corridori
Borgo S. Spirito
Ospedale S. Spirito
Ponte Pr. Amedeo

S. Gioacchino
Piazza dei Quiriti
Piazza Mazzini
Via dei Gracchi
Via Cola di Rienzo
Via Cicerone

Piazza del Risorgimento
V. S. Porcari
V. Alberico II
V. Vitelleschi

Auditorium
Piazza Pia
Via d. Conciliazione

Ponte Vitt. Em.
Piazza P. Paoli

S. Giovanni Battista d. Fiorentini

Lung. Gianicolense
Ponte Mazzini

Lungotevere Sangallo

Corso V. Emanuele II

Chiesa Nuova

Pal. della Cancelleria
Eligio
Campo d. Fiori

Palazzo Farnese

Via Giulia

Pal. Falconieri

Villa Farnesina

Via della Lungara

Via Garibaldi

S. Maria della Scala

S. Pietro in Montorio

Via Giacomo Medici

Via Nicola Fabrizi

TRASTEVERE

Min. Pubblica Istruzione

Villa Sciarra

S. Maria in Trastevere

Via Luciano Manara

Castel S. Angelo

Ponte S. Angelo

Lung. Castello

Ponte Umberto I.

Lung. Tor di Nona

S. Salvatore

S. Maria della Pace
Via Banchi Nuovi
S. Maria d. Anima
Corso V. Emanuele II

S. Apollinare
Piazza Navona

Pal. Braschi

Pal. della Cancelleria
Mus. Barracco

Corso V. Emanuele II

Palazzo Spada

Min. di Grazia e Giustizia

Lung. dei Tebaldi

Fiume Tevere

Lung. Farnesina

Lung. R. Sanzio

S. Agata

Piazza Mastai

TRASTEVERE

Foro Italico
Pompeo Magno
Viale
Via Virgilio
Via Tacito
Via Michelangelo
Lung. da Brescia
Ponte Margherita
Piazza della Libertà
Piazza Cavour
V. V. Colonna
ex Pal. della Giustizia
Ponte Cavour
Via Tomacelli
Lung. Marzio
Lung. in Augusta

Fiume Tevere

Ara Pacis
Mausoleo di Augusto

Pal. Borghese

S. Antonio Portoghese

Pal. Altemps
S. Agostino

S. Luigi d. Franc.

Palazzo Madama
S. M. sopra Minerva

S. Andrea d. Valle

Sinagoga
Isola Tiberina
Bartolomeo
V. Anguillara

S. Cecilia

Staz. F.
R. Vite...
S. Mari...
d. Popolo
Porta d. Pop.
Piazza...

S. Maria dei Miracoli

Fiumicino

258

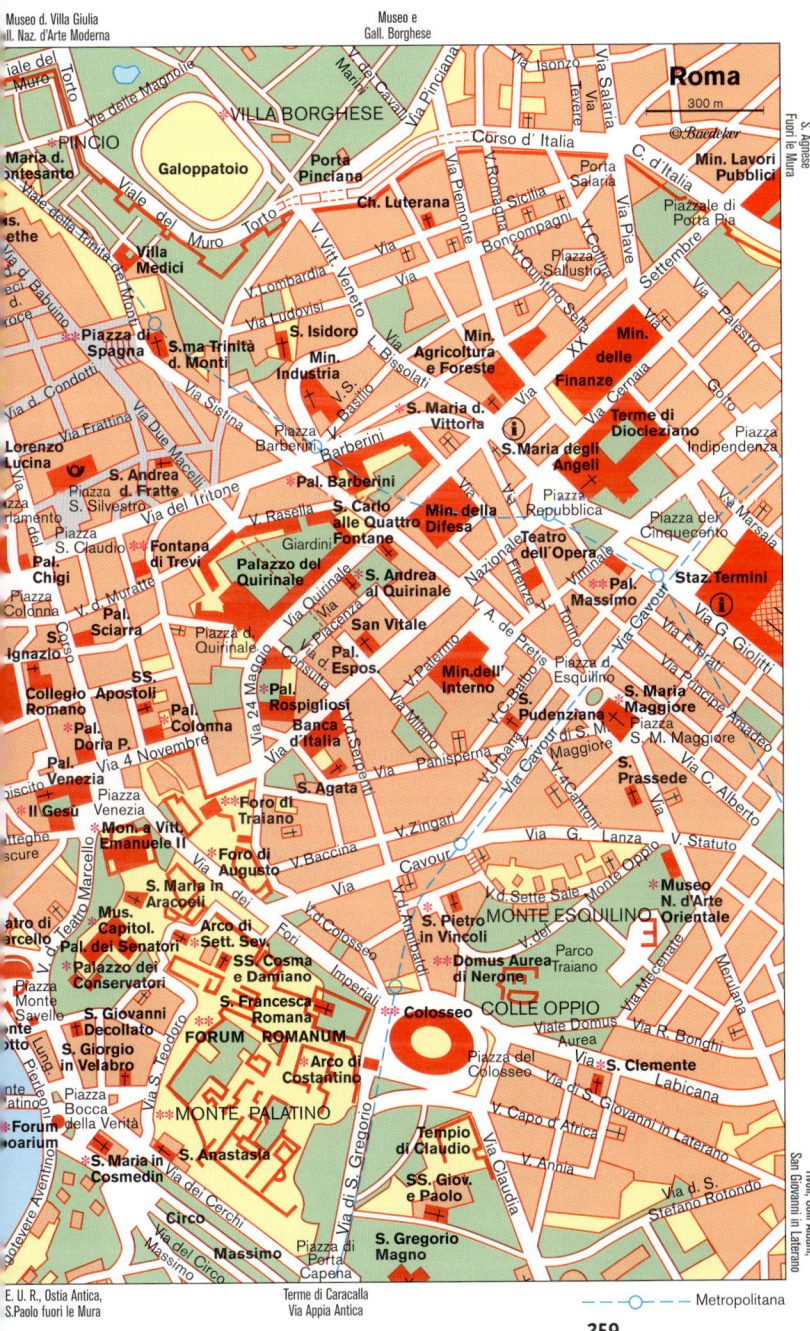

Museo d. Villa Giulia
Gall. Naz. d'Arte Moderna

Museo e
Gall. Borghese

Roma

300 m

© Baedeker

S. Agnese
Fuori le Mura

VILLA BORGHESE

Corso d' Italia

PINCIO

Galoppatoio

S. Maria d.
Montesanto

Porta
Pinciana

Min. Lavori
Pubblici

Porta
Salaria

Piazzale di
Porta Pia

Ch. Luterana

Villa
Medici

Viale del Muro Torto

Piazza di
Spagna

S.ma Trinità
d. Monti

S. Isidoro

Min.
Industria

S. Maria d.
Vittoria

Min.
Agricoltura
e Foreste

Min.
delle
Finanze

Terme di
Diocleziano

Piazza
Indipendenza

Lorenzo
Lucina

S. Andrea
S. Silvestro
d. Fratte

Pal. Barberini

S. Maria degli
Angeli

Piazza
Repubblica

Piazza del
Cinquecento

Fontana
di Trevi

S. Carlo
alle Quattro
Fontane

Min. della
Difesa

Teatro
dell' Opera

Staz. Termini

Pal.
Chigi

Palazzo del
Quirinale

S. Andrea
al Quirinale

Pal.
Massimo

Pal.
Sciarra

Piazza del
Quirinale

San Vitale

S. Maria
Maggiore

S.
Ignazio

Pal.
Espos.

Min. dell'
Interno

S. M. Maggiore

SS.
Collegio
Apostoli
Romano

Pal.
Rospigliosi

S.
Pudenziana

S.
Prassede

Pal.
Doria P.

Pal.
Colonna

Banca
d'Italia

Pal.
Venezia

S. Agata

Il Gesù

Piazza
Venezia

Foro di
Traiano

Mon. a Vitt.
Emanuele II

Foro di
Augusto

Museo
N. d'Arte
Orientale

S. Maria in
Aracoeli

Mus.
Capitol.

Arco di
Sett. Sev.

S. Pietro
in Vincoli

MONTE ESQUILINO

Pal. dei Senatori

SS. Cosma
e Damiano

Domus Aurea
di Nerone

Parco
Traiano

Palazzo dei
Conservatori

S. Francesca
Romana

COLLE OPPIO

S. Giovanni
Decollato

FORUM ROMANUM

Colosseo

S. Clemente

S. Giorgio
in Velabro

Arco di
Costantino

Piazza del
Colosseo

Piazza
Bocca
della Verità

MONTE PALATINO

Forum
Boarium

S. Maria in
Cosmedin

S. Anastasia

Tempio
di Claudio

SS. Giov.
e Paolo

Circo

Massimo

Piazza di
Porta
Capena

S. Gregorio
Magno

E. U. R., Ostia Antica,
S. Paolo fuori le Mura

Terme di Caracalla
Via Appia Antica

Tivoli, Colli Albani,
San Giovanni in Laterano

Metropolitana

259

Geschichte
(Fortsetzung)

Jahren ein Nichtitaliener wieder den Papststuhl. Zum heiligen Jahr 2000 wurden umfangreiche Restaurierungen vorgenommen, Museen modernisiert, Fußgängerzonen eingerichtet und Verkehrsmittel ausgebaut. Renzo Pianos "Jahrtausendbau" des Parco della Musica, im Norden der römischen Altstadt, eines der größten Konzerthäuser der Welt, wurde allerdings erst 2002 fertiggestellt.

Piazza Venezia

Zwischen dem antiken und historischen Stadtzentrum liegt mit der Piazza Venezia einer der Verkehrsknotenpunkte Roms: Von ihr führen die Via del Corso zur Piazza del Popolo, die Via dei Fori Imperiali quer durch die Kaiserforen zum Kolosseum und die Via del Plebescito in Richtung Vatikan. Über die Piazza in Aracoeli gelangt man zum Kapitol und auf der Via Battista zum Quirinalshügel.

Palazzo Venezia

Im Auftrag des venezianischen Kardinals Pietro Barbò, des späteren Papstes Paul II., 1451 begonnen, bildet der Palazzo Venezia das erste Beispiel der profanen Renaissancearchitektur in Rom. Während Zinnenbewehrung und wehrhaftes Untergeschoss mit kleinen Fenstern noch deutlich an Festungsarchitektur erinnern, stehen die marmornen Fensterkreuze des Piano nobile bereits im Zeichen der Frührenaissance. Von 1926 bis 1943 war der Palazzo Venezia Amtssitz von Mussolini, der vom Balkon über die Piazza Venezia seine Ansprachen hielt. Der Palazzo beherbergt das Museo di Palazzo Venezia mit mittelalterlichen Skulpturen, Renaissancemalerei und kunstgewerblichen Gegenständen. Darüber hinaus finden immer wieder bedeutende Wechselausstellungen statt.

Monumento Nazionale a Vittorio Emanuele II

Als Wahrzeichen des geeinten Italiens ragt das Nationaldenkmal für Viktor Emanuel II. an der Südseite der Piazza Venezia 70 m hoch auf. 1895 wurde es nach Plänen des Grafen Giuseppe Sacconi begonnen und 1911 eingeweiht. Durch ein Eisengitter versperrt, führt die große Freitreppe zunächst zum Altar des Vaterlandes mit dem Grab des Unbekannten Soldaten und dann weiter zum Reiterstandbild des bereits 1878 verstorbenen ersten konstitutionellen Monarchen Italiens und zur halbkreisförmigen Säulenhalle. Die Römer nennen das Monument wenig ehrfurchtsvoll "Gebiss" oder "Schreibmaschine". Im Unterbau informiert das Museo Centrale del Risorgimento über die Geschichte der italienischen Einigungsbewegung.

**Campidoglio · Kapitol

Vom Nationaldenkmal fast verdeckt erhebt sich das Kapitol. Von den sieben Hügeln des antiken Roms ist er geschichtlich der bedeutendste: Im Altertum lag hier das politische und religiöse Zentrum der Stadt. Die Stelle der Burg und der beiden Tempel Jupiter Optimus Maximus Capitolinus und Juno Moneta nehmen heute der Konservatorenpalast und die Kirche S. Maria in Aracoeli (ital. "zum Himmelsaltar") ein, die man über eine steile Freitreppe erreicht. Sie bewahrt in der ersten Seitenkapelle rechts (Capella Bufalini) das Hauptwerk des Renaissancemalers Bernardino Pinturicchio: "Szenen aus dem Leben des hl. Bernardin" (1485 / 1486).

Bewacht von zwei antiken Löwen, führt die Freitreppe von Michelangelo auf das Kapitol. Nach seinen Entwürfen wurde der Kapitolsplatz zu einem der schönsten Plätze der Renaissance. Das 1538 aufgestellte bronzene Reiterstandbild im Zentrum wurde 1981 zur Restaurierung entfernt und 1997 durch eine Bronzekopie ersetzt. Das Original befindet sich in den Kapitolinischen Museen.

*Piazza del Campidoglio

Die Stirnseite des Platzes schließt der Senatorenpalast ab. Im 16. Jh. erbaut, steht er auf den Resten des antiken Tabulariums (78 v. Chr.; Staatsarchiv) und ist der heutige Amtssitz von Bürgermeister und Stadtrat. Zu Füßen der Doppelfreitreppe von Michelangelo (1541 bis 1554) lagern die beiden antiken Statuen der Flüsse Nil und Tiber. Im Zentrum der Rampe steht ein Brunnen mit der Göttin Minerva.

Palazzo dei Senatori

Flankiert wird der Platz von den Kapitolinischen Museen, deren Bestände auf das erste Antikenmuseum von 1471 zurückgehen und auf mehrere unterirdisch miteinander verbundene Gebäude verteilt sind (geöffnet Di.–So. 9^{30}–19^{00}, Sa. bis 23^{00} Uhr). Für eine weitgehend chronologische Betrachtung ist es sinnvoll, mit dem Besuch der Sammlungen im Palazzo dei Conservatori zu beginnen (16. Jh., nach Entwürfen von Michelangelo). Hier steht in der Sala della Lupa die "Kapitolinische Wölfin", das Wahrzeichen Roms. Die Zwillinge Romulus und Remus wurden dem etruskischen Bronzeoriginal des 6./5. Jh.s v. Chr. allerdings erst im 15. Jh. untergeschoben und werden heute wieder getrennt ausgestellt. Die Pinacoteca Capitolina im zweiten Stock präsentiert Gemälde von Tizian, Tintoretto, Caravaggio, Lorenzo Lotto und Veronese. Von dort sollte man über das Untergeschoss zum Tabularium (Rest des 78 n.

**Musei Capitolini

Palazzo dei Conservatori

Baedeker TIPP Gepflegte Pause

Die Kapitolinischen Museen warten mit einem wunderschönen Terrassencafé auf – einer Seltenheit in einem römischen Museum. Es befindet sich im Palazzo Caffarelli, und von der Terrasse hat man einen herrlichen Ausblick (☎ 06 39 96 78 00).

Chr. errichteten Staatsarchivs, mit Aussicht auf das Forum Romanum) und weiter in den 1. Stock des Palazzo Nuovo gehen (1603 bis 1654). Höhepunkte sind hier die Reiterstatue Mark Aurels (2. Jh.) im Erdgeschoss, das berühmte Taubenmosaik aus der Hadriansvilla in Tivoli (Sala delle Colombe) und die Kapitolinische Venus im Venuskabinett, eine römische Marmorkopie aus dem 1. Jh. v. Chr. in Anlehnung an die Aphrodite von Knidos des griechischen Bildhauers Praxiteles (4. Jh. v. Chr.).), um zum Schluss zum Kapitolsplatz zurückzukehren. Im Palazzo Caffarelli finden Sonderausstellungen statt.

Tabularium Palazzo Nuovo

**Foro Romano

Einen schönen Überblick über das Forum Romanum gewinnt man von der Via del Campidoglio. In einer Senke zwischen dem Kapitolinischen Hügel im Westen, Palatin im Süden und Quirinal und Viminal im Norden liegen die Ruinen der antiken Prunkbauten (geöffnet Mo.–Sa. 9^{00}–15^{00}, im Sommer bis 18^{00}, So. 9^{00}–13^{00} Uhr). Die Cloaca Maxima, im 6. Jh. v. Chr. als Hauptabwasserkanal angelegt, entwässerte diese einst sumpfige Senke zum Tiber hin. Als Ort für Versammlungen, Marktplatz und Gerichtsbarkeit entstanden die ersten Bauten. Cäsar begann die Erweiterung des Platzes; Kaiser

Forum Romanum: Die Bauten der römischen Kaiserzeit zeugen von einer der glanzvollsten Epochen der Weltgeschichte.

Foro Romano (Fortsetzung)

Augustus führte die Pläne fort, und unter seinen Nachfolgern wurden neue Prachtbauten errichtet. Als Zentrum der römischen Welt glänzte das Forum Romanum in Marmor und vergoldetem Erz. Aber bereits im 6. Jh. begann der allmähliche Verfall. Besonders während der Renaissance wurden die kostbaren Materialien geraubt, um damit Paläste und Kirchen zu schmücken. Noch im 18. Jh. wurde es als Campo Vaccino (Kuhweide) bezeichnet. Erst im 18. und 19. Jh. förderten systematische Ausgrabungen unter einer zehn bis fünfzehn Meter tiefen Schuttschicht die antiken Ruinen zu Tage. Man betritt das Areal heute vom Konstantinsbogen aus, bei der Via di S. Gregorio oder wie in der folgenden Beschreibung über die Via dei Fori Imperiali.

Die Zensoren Marcus Aemilius Lepidus und Marcus Fulvius Nobilior errichteten die Basilika 179 v. Chr. zur Entlastung des Handels auf dem Forum. Sie wurde vermutlich Anfang des 5. Jh.s bei der Eroberung Roms durch Alarich zerstört. **Basilica Aemilia**

Jenseits der Basilica Aemilia trifft man auf die Kurie, das von König Tullius Hostilius gebaute Sitzungsgebäude der Senatoren. Ihre heutige Form verdankt sie Kaiser Diokletian (303 n. Chr.). Während die Originalbronzetüren im 17. Jh. in die Lateransbasilika versetzt wurden, gehen der Marmorfußboden im Opus sectile, die seitlichen Stufenreihen für die Senatoren sowie das Podium an der Stirnseite noch auf das frühe 4. Jh. zurück. Die beiden nur aus Erhaltungs- **Curia**

Forum Romanum (Fortsetzung)	gründen hier aufgestellten Reliefblöcke (Anaglypha Traiani) geben einen Eindruck über das einstige Aussehen des Forums.
Lapis Niger	Zwischen Rostra und Kurie liegt der Lapis Niger (schwarzer Stein). 1899 wiederentdeckt, zeigt er die Lage der unterirdischen Räumlichkeiten, die in der Antike als Romulusgrab verehrt wurden.
Arco di Settimio	Von seinen beiden Söhnen Caracalla und Gaeta anlässlich seines 10. Amtsjubiläums 203 n. Chr. für Kaiser Septimius Severus errichtet, ist er mit 23 m Höhe und 25 m Breite einer der größen Triumphbögen in Rom. Die Inschriften der Attika feiern die kaiserlichen Siege über Parther, Araber und Assyrer. Der Name Gaetas wurde nach der Ermordung durch den Bruder Caracalla getilgt.
Rostra	Neben dem Bogen des Septimius Severus erstrecken sich die Rostra. Mit den Schiffsschnäbeln erbeuteter gegnerischer Schiffe geschmückt (lat. "rostrum", pl. "rostra"), begrenzte die augusteische Rednerbühne den eigentlichen Forumsplatz zum Kapitol. Davor erhebt sich die korinthische Phokas-Säule, 608 n. Chr. zur Erinnerung an den oströmischen Kaiser Phokas errichtet. Er hatte Papst Bonifatius IV. das Pantheon zur Umwandlung in eine Kirche überlassen.
Tempio di Cesare	Der Tempel für den vergöttlichten Julius Caesar bildet die zweite Schmalseite des Platzes. Nach der Ermordung Caesars an den Iden des März 44 v. Chr. wurde hier sein Leichnam verbrannt und sein Testament von Marcus Antonius eröffnet. Octavian ließ den Tempel 29 v. Chr. mit einer zweiten Rednerbühne errichten.
Tempio di Castore e Polluce	Der den Stadtpatronen Castor und Pollux geweihte Podiumstempel (484 v. Chr.) gilt mit seinen drei korinthischen Säulen aus griechischem Marmor als eines der Wahrzeichen Roms. Beim Bau des Podiums wurde erstmals Gussmauerwerk verwendet.
Basilica Iulia	Als Entsprechung zur Basilica Aemilia schließt die Basilica Iulia die zweite Langseite des Forums. Ursprünglich 169 v. Chr. errichtet, wurde die Gerichtsbasilika unter Caesar erneuert. Auf den Stufen vertrieben sich die Römer die Zeit mit einer Reihe von Brettspielen, deren Spielfelder noch heute deutlich zu erkennen sind.
Tempio di Saturno	Jenseits der Basilika verweisen acht ionische Granitsäulen auf den bereits um 498 v. Chr. errichteten Saturn-Tempel. In ihm war zur Zeit der Republik der römische Staatsschatz aufbewahrt.
Tabularium	Als römisches Reichsarchiv im 1. Jh. v. Chr. erbaut, bildet das Tabularium den Übergang vom Forum zum Kapitol. Unterhalb des Tabulariums liegen die Reste des Porticus Deorum Consentium, in dem die Statuen der zwölf Hauptgötter standen, des Tempels des Vespasian (81 n. Chr.) und des Concordiatempels, 367 v. Chr. als Symbol der Eintracht zwischen Patriziern und Plebejern errichtet und Anfang des 1. Jh.s n. Chr. von Tiberius erneuert.
Tempio di Antonino e Faustina	Rechts vom Forumsausgang zur Via dei Fori Imperiali thront der mächtige Tempel für Antoninus Pius und Faustina. Nach dem Tod der Kaiserin Faustina 141 n. Chr. erbaut, diente er ab 161 n. Chr. auch zur Verehrung des vergöttlichten Antoninus Pius. Im 11. Jh. in

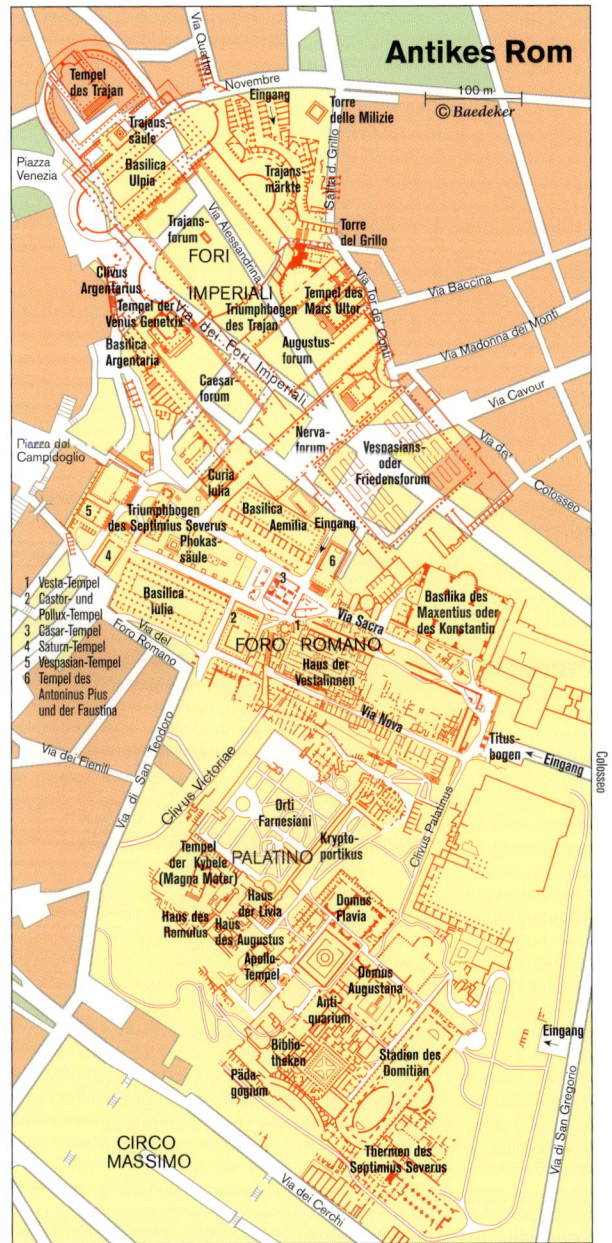

Antikes Rom

100 m

© Baedeker

Rom · Roma

Tempel
des Trajan

Eingang

Torre
delle Milizie

Trajans-
säule

Basilica
Ulpia

Trajans-
märkte

Piazza
Venezia

Via Alessandrina

Trajans-
forum

Torre
del Grillo

FORI

Salita d. Grillo

Via Baccina

Clivus
Argentarius

IMPERIALI

Tempel des
Mars Ultor

Tempel der
Venus Genetrix

Triumphbogen
des Trajan

Via dei Fori Imperiali

Via Tor de' Conti

Via Madonna dei Monti

Basilica
Argentaria

Augustus-
forum

Via Cavour

Caesar-
forum

Piazza del
Campidoglio

Nerva-
forum

Vespasians-
oder
Friedensforum

Via de'

Colosseo

Curia
Iulia

5

Triumphbogen
des Septimius Severus

Basilica
Aemilia

Eingang

4

Phokas-
säule

6

1 Vesta-Tempel
2 Castor- und
   Pollux-Tempel
3 Caesar-Tempel
4 Saturn-Tempel
5 Vespasian-Tempel
6 Tempel des
   Antoninus Pius
   und der Faustina

Basilica
Iulia

Foro del

3

Via Sacra

Basilika des
Maxentius oder
des Konstantin

2

1

FORO ROMANO

Haus der
Vestalinnen

Via dei Fienili

Via di San Teodoro

Via Nova

Titus-
bogen

Eingang

Colosseo

Clivus Victoriae

Orti
Farnesiani

Krypto-
portikus

Clivus Palatinus

Tempel
der Kybele
(Magna Mater)

PALATINO

Haus
der Livia

Domus
Flavia

Haus des
Romulus

Haus
des Augustus

Apollo-
Tempel

Domus
Augustana

Anti-
quarium

Eingang

Biblio-
theken

Stadion des
Domitian

Via di San Gregorio

Päda-
gogium

CIRCO
MASSIMO

Thermen des
Septimius Severus

Via dei Cerchi

Forum Romanum (Fortsetzung)	die Kirche San Lorenzo in Miranda verwandelt, ist er mit seinen 17 m hohen Säulen und dem umlaufenden Greifenfries der besterhaltene Tempel auf dem Forum.
Tempio di Vesta Atrium Vestae	Im einzigen Rundtempel auf dem Forum brannte das von den Vestalinnen bewahrte "Heilige Feuer". Am 1. März, dem römischen Neujahrstag, wurde in den römischen Wohnhäusern das Feuer gelöscht und an der Flamme im Vestatempel neu entzündet. Im angrenzenden Haus der Vestalinnen lebten die Priesterinnen abgeschirmt von der Umwelt. Sie wurden im Alter von sechs bis zehn Jahren aus den vornehmsten Familien der Stadt vom Pontifex Maximus erwählt und taten in der Regel 30 Jahre Dienst.
Basilica di Massenzio	Vom imposantesten Hallenbau der Antike zeugen die mächtigen Bögen der Maxentius-Basilika. Von Maxentius 306 n. Chr. begonnen und nach dessen Tod 330 von Konstantin vollendet, diente sie der Rechtsprechung und dem Geschäftsverkehr. Im 7. Jh. ihrer Bronzedachziegel beraubt, beschleunigte ein Erdbeben im 9. Jh. den Verfall. In der Westapsis thronte die Monumentalstatue Konstantins, deren Reste im Hof des Konservatorenpalastes zu sehen sind.
Arco di Tito	Vor dem Forumsausgang in Richtung Kolosseum feiert der einbogige Titusbogen die Erfolge des Kaisers im Judäischen Krieg. Der Feldherr Titus, Sohn des Vespasian, eroberte 70 n. Chr. Jerusalem und zerstörte den Tempel. Die beiden Reliefbilder im Durchgang zeigen ihn im Triumphzug, bei dem u. a. der siebenarmige Leuchter aus dem Tempelschatz, die Menorah, als Beute mitgeführt wurde.

**Palatino

Baedeker TIPP) **Etwas Ruhe**

> Wer nach dem Besuch des Forum Romanum etwas Abstand und Entspannung sucht, findet sie auf dem hoch gelegenen Palatin in den Gärten zwischen den eindrucksvollen Ruinen und in dem kleinen, aber sehenswerten Antiquarium.

Direkt beim Titusbogen steigt man hinauf zum Palatin. Nach der Gründungslegende spülte der Tiber an seinem Hang die Zwillinge Romulus und Remus an. Auf dem Palatin beginnt mit der Gründung der sog. Roma quadrata im Jahr 753 v. Chr. die historische Zeit der Stadt, auch wenn eine einfache Besiedlung bereits für das 10. Jh. v. Chr. nachgewiesen werden konnte. Augustus wurde auf dem Palatin geboren und errichtete auf ihm seinen Kaiserpalast, das Palatium. Die folgenden Kaiser vergrößerten und verschönten seine Anlagen, die seit dem 4. Jh. verfielen. Geöffnet tägl. von 9⁰⁰ Uhr bis 1 Std. vor Sonnenuntergang.

Orti Farnesiani	Die Farnesischen Gärten, Mitte des 16. Jh.s im Auftrag von Kardinal Alessandro Farnese, dem späteren Papst Paul III., vom Architekten Vignola errichtet, bedecken mit Terrassen, Wasserbecken, Blumenbeeten und kleinen Pavillons den Palast des Kaisers Tiberius. Sie bieten einen herrlichen Blick auf Forum Romanum und Kolosseum.
Casa di Livia	Im forumsabgewandten Teil des Palatins zeugen im Haus der Livia Wandmalereien mit mythologischen Szenen und illusionistischen

Landschaften von der einstigen Pracht der kaiserlichen Bauten. Einem Bleirohr mit der Aufschrift "Livia Augusta" verdankt man die Zuschreibung des Hauses an die Gattin des Kaisers Augustus.

Palatino (Fortsetzung)

Domus Flavia

Die Palastruinen im Zentrum des Hügels gehen auf die Zeit des Flavierkaisers Domitian (spätes 1. Jh. n. Chr.) zurück. Den weitläufigen Peristylhof begrenzt nach Süden hin ein Triclinium (Speisesaal) mit Fußbodenheizung; im Norden liegt in der Mitte die Aula Regia (Thronsaal), flankiert von einer Basilika zur Rechtsprechung und einem Lararium zur Verehrung der Hausgötter. Aus der Zeit Domitians stammen auch die monumentalen Überreste der mehrgeschossigen Domus Augustana, des Wohnpalastes des Kaisers, und das sog. Stadion des Domitian, eine tiefer liegende Gartenanlage.

Terme di Settimio Severo

Die wohl eindrucksvollsten Ruinen des Palatins sind die Überreste der Thermen des Kaisers Septimius Severus. In einigen Korridoren und Baderäumen findet man noch Reste der Heizungsanlage.

Antiquarium · Museo Palatino

Im kleinen Museo Palatino im Antiquarium sind u. a. Funde aus einem Urnengrab des 9. Jh.s v. Chr., ein schönes Porträt einer Tochter Mark Aurels und ein Porträt Neros im klassischen idealisierten Stil (geöffnet Mo. – Sa. 9^{00} – 18^{30} Uhr).

Apollo mit Lyra im Antiquarium

Circo Massimo

Von der Domus Augustana genießt man einen schönen Blick auf die spärlichen Reste des Circus Maximus in der Senke zwischen Palatin und Aventin. Bis zu 150 000 Zuschauer verfolgten in der größten Pferderennbahn Roms die Rennen der Vierergespanne. Der Legende nach fand hier der Raub der Sabinerinnen statt

Via dei Fori Imperiali

Die von Mussolini 1932 angelegte Via dei Fori Imperiali führt von der Piazza Venezia quer durch die römischen Kaiserforen zum Kolosseum. Das Wachstum der spätrepublikanischen und kaiserlichen Stadt machte die Errichtung neuer öffentlicher Bauten erforderlich. Caesar begann mit der Anlage eines neuen Forums, das Augustus, Nerva, Vespasian und Trajan fortsetzten. Ausgrabungen begannen zwar bereits 1925, wurden aber erst in den letzten Jahren im großen Stil vorangetrieben. Derzeit wird an einem durchgehenden archäologischen Park gearbeitet, der von den Kaiserforen über das Colosseum und die Caracalla-Thermen bis zur Via Appia Antica reichen soll. Das Gelände ist Di. – So. von 9^{00} bis 18^{30} Uhr zugänglich. Den besten Blick hat man von der Torre delle Milizie (12. Jh.) oberhalb der Trajansmärkte.

Foro di Cesare

Zu Füßen des Kapitolshügels ließ Julius Caesar zwischen 54 und 48 v. Chr. ein neues Forum anlegen. Erhalten sind die Säulenhalle zur Kapitolsseite und der Unterbau des Tempels für Venus Genetrix, der mythischen Mutter der Julier.

Mehrgeschossige Markthallen auf dem Trajansforum

*Foro di Traiano

Die mächtig aufragende Trajanssäule am Anfang der Via dei Fori Imperiali verweist auf das jüngste und zugleich größte der Kaiserforen, zwischen 107 und 118 n. Chr. vom Architekten Apollodoros aus Damaskus angelegt. Man betritt es über einen Treppenabgang bei der Trajanssäule oder durch die Trajansmärkte. In der Antike gelangte man durch einen monumentalen Triumphbogen auf einen freien, von Säulenhallen flankierten Platz. Gegenüber erhob sich die Basilica Ulpia, die der Rechtsprechung diente und deren zahlreiche, wieder aufgerichtete Säulen noch heute eine Vorstellung von der 130 × 125 m großen Halle geben. Dahinter steht auf einem Sockel mit der goldenen Aschenurne des Kaisers die 38 m hohe Trajanssäule, deren Trommeln aus Marmor von Paros bestehen. Auf dem 200 m langen Reliefband erkennt man Szenen der Feldzüge, die Trajan in den Jahren 101 – 102 und 105 – 106 gegen die Daker führte. In der Antike flankierten zwei Bibliotheken die Säule, von denen aus man die oberen Bilder betrachten konnte; auf der Spitze stand ein Standbild des Kaisers, das im Mittelalter verloren ging und unter Papst Sixtus V. durch eine Statue des Apostels Petrus ersetzt wurde. Die mehrgeschossigen Markthallen des Trajans (Mercati di Traiano) schlossen sich an das Forum an.

Colonna di Traiano

Baedeker TIPP **Sinfonie di Luce und mehr ...**

Von Juli bis September werden nächtliche Führungen durch die Kaiserforen angeboten. Dienstags steht das Forum des Kaisers Trajan auf dem Programm, mittwochs das Augustus- und Nervaforum, donnerstags die Trajansmärkte. Gestartet wird um 21⁰⁰, 21³⁰ und 22⁰⁰ Uhr an der Trajanssäule. Hier werden auch eine Viertelstunde vorher die Tickets verkauft (☎ 06 699 15 33). Informationen über laufende Ausgrabungsarbeiten sowie Wissenswertes über den Alltag vor 2000 Jahren erfährt man unter www.capitolium.org.

268

Vor dem Eingang zum Trajansforum lag das Augustusforum mit dem Tempel für den rächenden Kriegsgott Mars Ultor. Augustus hatte den Tempel, von dem noch drei Säulen aufrecht stehen, nach dem Sieg über die Partei der Cäsarenmörder 42 v. Chr. bei Philippi gelobt. Eine Brandmauer schützte das dahinter liegende Wohnviertel. Um 1200 errichteten die Rhodosritter hier ihre Paläste.

In der Verlängerung von Trajans- und Augustusforum öffnete sich das Forum von Nerva als Verbindungselement zwischen dem Forum Romanum und der Unterstadt. An den einstigen Prunk erinnern nur noch zwei prächtige korinthische Säulen und Stücke eines Gebälkfrieses. Den Tempel für Minerva, die römische Göttin der Handwerkskunst, hatte Papst Paul V. 1606 abreißen lassen, um mit dem Material eine Wasserleitung zu errichten. Das Forum des Vespasian, auch Friedensforum genannt, ließ der Kaiser nach der Eroberung von Jerusalem 70 n. Chr. beginnen.

Zwischen der Via dei Fori Imperiali und dem Forum Romanum liegt die Kirche Santi Cosma e Damiano aus dem 6. Jahrhundert. Am Triumphbogen und in der Apsis sind Mosaiken aus der Entstehungszeit zu sehen, die zu den schönsten in Rom zählen. In einem Nebenraum beim Eingang der Kirche kann man eine große neapolitanische Krippe (18. Jh.) bewundern. Die Kirche Santa Francesca Romana zwischen der Maxentius-Basilika und dem Kolosseum ist der Patronin der Autofahrer geweiht. Sie besticht durch den schönen Glockenturm aus dem 13. Jh., ihre fein gegliederte Barockfassade (1615) und das Apsismosaik.

**Colosseo

Eines der berühmtesten Bauwerke der Welt und Wahrzeichen der Stadt Rom ist das Kolosseum (geöffnet tägl. 9⁰⁰–15⁰⁰ Uhr). Kaiser Vespasian ließ ab 72 n. Chr. in der Senke zwischen Esquilin, Palatin und Caelius an der Stelle der berühmten Domus Aurea des Kaisers Nero sein "Flavisches Amphitheater" erbauen. Im Grundriss ein Oval, war die Längsachse 188 m und die Querachse 156 m lang, die Höhe betrug 57 m. Während die Fassade im typisch römischen Travertin ausgeführt wurde, verwendete man innen Tuff und Ziegel, die allerdings prächtig mit Carraramarmor verkleidet waren. Der original erhaltene nordöstliche Teil zeigt nach außen vier Stockwerke. Aus der Wand ragende Travertinblöcke trugen Holzmasten, von denen aus Sonnensegel über die Zuschauerränge gespannt waren. Das Volk betrat über die teils noch heute nummerierten Eingänge die Zuschauerränge, dem Kaiser waren die beiden Eingänge in der Querachse, den Gladiatoren den beiden in der Hauptachse vorbehalten. Etwa 50 000 Zuschauer konnten den Spielen beiwohnen. Die untersten Ränge waren dem Kaiser, den Senatoren und Priestern vorbehalten. Die Arena, 76 × 46 m groß, hatte ausgedehnte Unterbauten für Gerät und Tiere.
Das Kolosseum wurde 80 n. Chr. mit 100-tägigen Spielen eingeweiht; dabei sollen 5000 Tiere und Hunderte Gladiatoren getötet worden sein. Im Mittelalter stürzten Teile des Bauwerks bei Erdbeben ein; dann war es Festung römischer Adliger und Steinbruch. Papst Benedikt XIV. weihte das Kolosseum zur christlichen Stätte.

**Im Kolosseum, dem größten geschlossenen Bauwerk der
römischen Antike, war Platz für ca. 50 000 Zuschauer.**

**Kolosseum
(Fortsetzung)**

Das Bronzekreuz nächst der Arena wurde 1926 aufgestellt. Jeden
Karfreitag betet der Papst zur Erinnerung an die frühchristlichen
Märtyrer beim Kolosseum den Kreuzweg.

*Domus Aurea

Über den Viale Domus Aurea gelangt man in das Reich eines der
berüchtigtsten römischen Kaiser. Wo sich heute auf dem Colle Oppio Grünanlagen erstrecken, glänzte einst die Domus Aurea, das
Goldene Haus des Kaisers Nero. Nach dem Brand Roms 64 n. Chr.
ließ er hier seinen Palast bauen. In der Eingangshalle empfing seine über 30 m hohe Kolossalstatue den Eintretenden. Die Speisesäle
wiesen getäfelte Decken aus beweglichen Elfenbeinplatten auf, um
Blütenblätter herabregnen zu lassen. Als Nero einzog, soll er gesagt
haben: "Jetzt fange ich an, wie ein Mensch zu wohnen." Nach mehr
als 20-jährigen Restaurierungen sind zahlreiche der bisher 150 bekannten Räume zu besichtigen.

***Arco di
Costantino**

Der Konstantinsbogen direkt neben dem Kolosseum ist der besterhaltene und größte Triumphbogen Roms. War man lange Zeit der
Ansicht, er sei für Konstantin anlässlich seines Sieges über Maxentius im Jahr 312 beschlossen worden, glaubt man mittlerweile einen Vorgängerbau aus der Zeit Hadrians zu erkennen.

*** Terme di
Caracalla**

Von Kaiser Septimius Severus 206 begonnen und von seinem Sohn
und Nachfolger Caracalla vollendet, dienten die monumentalen Caracalla-Thermen nicht allein dem Bad – der Begriff "Freizeitpark"
trifft die antike Nutzung gut. Auf einer Fläche von 109 000 m² konnten sich 1500 Personen in beheizten Räumen entspannen, Gymnas-

tik und andere Sportarten betreiben, in Gärten wandeln, Vorträgen lauschen oder sich in Bibliotheken weiterbilden. Die einst mit Marmor, Mosaiken und Säulen geschmückten riesigen Räume geben eine gute Vorstellung vom öffentlichen Badewesen der römischen Kaiserzeit.

Caracalla-Thermen (Fortsetzung)

Lateran

Vom Kolosseum entlang der Via di San Giovanni stößt man auf San Clemente, zunächst im 4. Jh. über einem Mithras-Heiligtum errichtet und später mit romanischen Freskomalereien versehen, die u. a. Papst Leo IV. zeigen. Nach der Zerstörung dieser Kirche errichtete man im 12. Jh. die heutige Oberkirche. Beachtenswert sind vor allem die Renaissancefresken von Masolino di Panicale (vor 1431) in der kleinen Katharinenkapelle am Anfang des linken Seitenschiffs, die Szenen aus dem Leben der hl. Katharina von Alexandrien und des Kirchenvaters Ambrosius zeigen.

*San Clemente

Im Zentrum der Piazza erhebt sich ein 32 m hoher ägyptischer Obelisk, der im 15. Jh. v. Chr. gefertigt und 357 n. Chr. von Theben nach Rom gebracht wurde, wo er dann im Circus Maximus stand. Papst Sixtus V. ließ ihn schließlich 1587 am heutigen Standort aufstellen. Direkt an der Piazza liegt auch das achteckige Baptisterium. Im 5. Jh. errichtet, gilt es als Urtyp römischer Baptisterien und wurde zum Vorbild für zahlreiche später erbaute Taufkapellen.

Piazza San Giovanni in Laterano

*Battistero San Giovanni in Fonte

**San Giovanni in Laterano

Die Kirche San Giovanni in Laterano wurde 313 n. Chr. von Kaiser Konstantin über den Mauern des Palastes der Laterani gegründet. Die Inschrift an der Hauptfassade weist sie als "Mutter und Haupt aller Kirchen der Stadt und des Erdkreises" aus. Zusammen mit S. Paolo fuori le Mura, S. Pietro und S. Maria Maggiore gilt sie als eine der vier Patriarchalbasiliken von Rom. Die beiden Glockentürme über dem Querhaus entstanden im 16. Jh., während die mächtige Barockfassade ab 1735 geschaffen wurde. Das mittlere der fünf Hauptportale stammt aus der Curia Iulia auf dem Forum Romanum.

Anlässlich des Heiligen Jahres 1650 wurde das fünfschiffige Innere von Francesco Borromini grundlegend umgestaltet. Vier Stufen führen zum Querschiff hinauf. Über dem Papstaltar erhebt sich ein tabernakelähnlicher Baldachin, in dem die Häupter der Apostel Petrus und Paulus verehrt werden. Am Altar sollen der Tradition zufolge die ersten römischen Bi-

Kreuzgang von S. Giovanni in Laterano

schöfe in der Nachfolge von Petrus die Messe gefeiert haben. Die Confessio vor dem Altar birgt das Bronzegrabmal von Papst Martin V., auf das nach altem Brauch Münzen geworfen werden. In der Ap-

S. Giovanni in Laterano (Fortsetzung)	sis glänzen fein gearbeitete Mosaiken. Die originalgetreuen Kopien der Darstellungen des 13. Jh.s zeigen Christus umgeben von Engeln und Heiligen, darunter Franz von Assisi und Antonius von Padua. Durch eine Tür neben der letzten Kapelle des linken Seitenschiffs gelangt man in den Kreuzgang (Chiostro) aus dem 13. Jahrhundert. Sehenswert sind vor allem die gewundenen und mit Mosaiken verzierten Säulen der römischen Künstlerfamilie Vassalletti.
Lateranpalast	An die Kirche angebaut war der Lateranpalast, Wohn- und Amtssitz der Päpste von Konstantin bis zum Jahr 1309, als Clemens V. ins Exil nach Avignon zog. Den heutigen Palast ließ Papst Sixtus V. 1586 komplett neu errichten; er ist nun Sitz der römischen Bistumsverwaltung.
Scala Santa	In einem Gebäude aus dem 16. Jh. gegenüber vom Palast befindet sich die Scala Santa, die Heilige Treppe. Die 28 heute holzverkleideten Marmorstufen stammen der Überlieferung zufolge aus dem Palast des Pilatus in Jerusalem und wurden im 4. Jh. von der hl. Helena nach Rom gebracht. In Gedenken an das Leiden Christi steigen die Gläubigen die Heilige Treppe auf Knien hinauf zur Kapelle Sancta Sanctorum.
Santa Croce in Gerusalemme	Direkt innerhalb der Aurelianischen Mauer wurde unter Kaiser Konstantin die Kirche Santa Croce in Gerusalemme errichtet, um die von seiner Mutter, der hl. Helena, aus dem Heiligen Land mitgebrachten Reliquien der Passion Christi aufzunehmen. Ihr spätbarockes Aussehen erhielt sie im 18. Jh. durch Domenico Gregorini. Sie zählt zu den sieben Pilgerkirchen Roms.

Um die Stazione Termini

*San Pietro in Vincoli	Eine der ältesten Kirchen der Stadt ist die auf dem Esquilin gelegene Kirche S. Pietro in Vincoli. Um 413 begonnen, war sie zunächst Petrus und Paulus geweiht. Als Papst Leo der Große die Ketten geschenkt bekommen hatte, mit denen Petrus in den Mamertinischen Kerkern angekettet gewesen sein soll, wurde die Kirche nur mehr Petrus geweiht und die Ketten Petri seither im Reliquar unter dem Hochaltar aufbewahrt. Herausragend ist das von Michelangelo gestaltete Grabmal für Papst Julius II. (1503 – 1513) mit der kraftvollen Statue von Moses (1513 – 1516), der soeben die Gesetzestafeln mit den Zehn Geboten erhalten hat und nun mitansehen muss, wie das Volk das Goldene Kalb anbetet. Im linken Seitenschiff befindet sich das Grabmal für den deutschen Kardinal Nicolaus Cusanus († 1465) von Andrea Bregno.
**Santa Maria Maggiore	Auf dem höchsten Punkt des Esquilins thront die auf das 5. Jh. zurückgehende Santa Maria Maggiore, eine der vier Patriarchalbasiliken Roms und größte der ca. 80 Marienkirchen der Stadt. Ihr Kampanile (1377) ist mit 75 m der höchste Roms. Die Hauptfassade mit Loggia schuf Ferdinando Fuga Mitte des 18. Jh.s und verdeckte damit den Blick auf Mosaiken des 13. Jahrhunderts. Der dreischiffige Innenraum ist mit seinem leicht verklärten Licht vielleicht der feierlichste aller römischer Kirchen. Der herrliche Kosmatenfußboden stammt aus der Mitte des 12. Jh.s; Giuliano da

Santa Maria Maggiore, eine der vier Patriarchalbasiliken Roms

Sangallo schuf im 15. Jh. im Auftrag von Papst Alexander VI. Borgia die Kassettendecke, zu deren Vergoldung das erste Gold aus Amerika verwendet wurde. An den Langhauswänden und am Triumphbogen glänzen frisch restaurierte Mosaiken aus dem 5. Jh. mit Szenen aus dem Alten und Neuen Testament. Das Apsismosaik (13. Jh.) mit der Verherrlichung Mariens stellt einen Höhepunkt in der römischen Mosaikkunst dar. Unter dem Hauptaltar von Ferdinando Fuga (18. Jh.) enthält die Confessio der Statue des knienden Papstes Pius IX. einen Schrein mit den Reliquien der Krippe von Bethlehem. Rechts neben dem Hauptaltar ist unter einer schlichten Grabplatte der bedeutendste Barockbaumeister, Gian Lorenzo Bernini, begraben. Die Cappella Sistina im rechten Querhausarm mit manieristischen Fresken aus dem späten 16. Jh. birgt ein Sakramentsgehäuse aus Bronze und die Grabmäler des Stifters der Kapelle Sixtus V. sowie seines Vorgängers Pius V.; die Cappella Paolina im linken Querhausarm wurde von Papst Paul V. Borghese Anfang des 17. Jh.s gestiftet und zeigt über dem Altar das hoch verehrte Gnadenbild der Madonna ("Salus Populi Romani").

S. Maria Maggiore (Fortsetzung)

In unmittelbarer Nähe liegt etwas verborgen die um 820 zu Ehren der hl. Praxedis erbaute Kirche S. Prassede. Die Mosaiken des Triumphbogens mit dem himmlischen Jerusalem, der Apsis mit Christus, Petrus und Paulus sowie den Schwestern Praxedis und Pudenziana und der Kapelle des hl. Zeno entstanden unter Papst Paschalis I. im 9. Jh. und zählen zu den schönsten Bildkunstwerken in Rom.

*Santa Prassede

Der römische Hauptbahnhof (Stazione Centrale Roma-Termini) mit seiner weit geschwungenen Vorhalle wurde 1950 vollendet und war

Stazione Termini

273

Stazione Termini
(Fortsetzung)

bahnbrechend auf dem Gebiet des modernen Bahnhofsbaus. Für das Heilige Jahr 2000 wurde er umfangreich modernisiert. Unter dem Bahnhof schneiden sich die beiden Metrolinien A und B. Auf der Piazza dei Cinquecento vor der Bahnhofseingangshalle befindet sich der Busbahnhof der städtischen Linien.

*Terme di Diocleziano

Wie einige Jahrzehnte zuvor Caracalla im Süden Roms wollte Diokletian auch im nördlichen Teil der Hauptstadt Thermen einrichten. Um 300 n. Chr. erbaut, waren die Diokletians-Thermen mit einer Seitenlänge von 350 m nicht weniger großartig als die wesentlich berühmteren Caracalla-Thermen. Im Auftrag von Papst Pius IV. richtete Michelangelo das Thermengebäude als Kartäuserkloster ein und begann 1563 das große Tepidarium (Abkühlraum) in die Kirche Santa Maria degli Angeli zu verwandeln. Die große Apsis der Umfassungsmauer bildet jetzt die mit dem Najadenbrunnen (1885 – 1915) verzierte Piazza della Repubblica.

**Museo Nazionale Romano

Die umfangreiche Sammlung griechisch-römischer Kunstwerke des Römischen Nationalmuseums verteilt sich auf vier Ausstellungsorte zwischen der Piazza dei Cinquecento und der Piazza della Repubblica. An der Piazza dei Cinquecento erhebt sich der Ende des 19. Jh.s im Stil des 16. Jh.s errichtete Palazzo Massimo (Zugang Largo di Villa Peretti; geöffnet Di. – So. 9⁰⁰ – 19⁴⁵ Uhr). Im Untergeschoss sind die Münzschätze zu sehen. Das Erdgeschoss zeigt Exponate der römischen Republik und der frühen Kaiserzeit, darunter die Bildnisstatue des Augustus von der Via Labicana, der Altar von Ostia und die Statue der verwundeten Niobe, ein griechisches Original von 440 v. Chr. und damit einer der frühesten weiblichen Akte. Im ersten Stock nimmt unter den Kunstwerken aus der späteren Kaiserzeit der "Diskuswerfer des Myron" eine besondere Stellung ein. Als eines der wenigen Originale aus hellenistischer Zeit gilt das "Mädchen von Anzio". Unter den Sarkophagen sind besonders der Musensarkophag aus der Zeit Diokletians, der Sarkophag aus Acilia mit Prozession zur Amtseinsetzung eines Konsuls (um 270 n. Chr.) und der Sarkophag mit einer Germanenschlacht (um 180 n. Chr.) hervorzuheben. Glanzpunkt des Museums ist aber die Freskenabteilung im zweiten Stock, die in nachgebauten Räumen die Dekoration römischer Landvillen zeigt. Gartenlandschaften, Scheinarchitektur und Schlafzimmerszenen aus Frauengemächern geben einen Einblick in das Gestaltungskönnen vom 1. Jh. v. Chr. bis in die Zeit der Spätantike. Die Säle beherbergen u. a. auch Paneele in geschnittenem Stein (Opus sectile), die den Mythos des von den Nymphen entführten Knaben Hylas erzählen (beide 4. Jh. n. Chr.).

Palazzo Massimo

Terme di Diocleziano

Das Museo Nazionale Romano Terme di Diocleziano (Viale De Nicola 79; geöffnet Di. – So. 9⁰⁰ – 19⁴⁵ Uhr), untergebracht in den Sälen der Diokletians-Thermen selbst und den daraus umgebauten Räumen eines ehemaligen Kartäuserklosters, stellt Funde zur Vor- und Frühgeschichte Roms und Latiums vom 10. bis 7. Jh. v. Chr. aus.

Aula Ottagona

Eine ausgezeichnete Vorstellung von einem der Kuppelräume der weitläufigen Diokletians-Thermen vermittelt die 1928 als Planetarium eingerichtete Aula Ottagona. Sie bildete ursprünglich die Sala della Minerva der Palaestra in den Thermen. Heute sind hier griechisch-römische Bronze- und Marmorplastiken zu sehen (Via Romita 8; geöffnet Di. – Sa. 9⁰⁰ – 14⁰⁰, So. nur bis 13⁰⁰ Uhr). Eine weitere Museums-Dependance befindet sich im Palazzo Altemps (▶ S. 284).

274

Die Kirche Santa Maria della Vittoria wurde 1608–1620 von Carlo Maderno im Auftrag von Kardinal Scipione Borghese errichtet und war zunächst dem hl. Paulus geweiht. Nachdem Kaiser Ferdinand II. im Dreißigjährigen Krieg 1620 in der Schlacht am Weißen Berg bei Prag dank des Beistands Mariens siegreich geblieben war, wurde ein wundertätiges Marienbild in die Kirche gebracht und diese in Santa Maria della Vittoria umgeweiht. Berühmt ist die vierte Seitenkapelle links mit dem Altar der hl. Theresa von Avila. Mit der ekstatischen "Verzückung der hl. Theresa" schuf Bernini (1647) ein Hauptwerk des Hochbarocks.

Santa Maria della Vittoria

Von Kaiser Konstantin gegründet, ist San Lorenzo fuori le Mura eine der sieben Pilgerkirchen Roms. Im 6. und 13. Jh. wurde das konstantinische Aussehen völlig verändert, der Zweite Weltkrieg brachte starke Beschädigungen. Der Fußboden im Langhaus und im Chor stammt noch aus dem 12./13. Jh., der Baldachin über dem Hochaltar von 1148 und die Mosaiken des Triumphbogens aus dem 6. Jahrhundert. Einen Besuch lohnt auch der malerische romanische Kreuzgang. An die Kirche grenzt der Friedhof Campo Verano.

San Lorenzo fuori le Mura

Baedeker TIPP) Trendviertel S. Lorenzo

Die heißesten Dancefloors, verrückte Bars und Szenetreffs findet man im angrenzenden Arbeiter- und Studentenviertel S. Lorenzo, wo sich hinter den abgeblätterten Fassaden aus der Zeit um 1900 Kreativschmieden, junge Firmen und Designerläden eingerichtet haben. Tagsüber wirkt das Viertel eher provinziell, dafür pulsiert am Abend das Leben im Quartiere. Kunstfreaks empfehlen das "Zoe Spazio Arte" in der Via del Falisci, Jazzfans das "Drome" in der Via dei Latini, wer Salsa liebt, geht in die "Locanca Atlantide" in der Via dei Lucani.

Città Universitaria
Zwischen Stazione Termini und San Lorenzo wurde 1932 bis 1935 die Universitätsstadt errichtet. Heute ist sie freilich längst zu klein geworden, und zahlreiche Fakultäten sind in andere Stadtteile ausgelagert.

Quirinal und Villa Borghese

Das Zentrum der Piazza del Quirinale beherrscht der berühmte Dioskurenbrunnen mit dem 14 m hohen ägyptischen Obelisken, der einst zusammen mit demjenigen hinter Santa Maria Maggiore den Eingang des Augustus-Mausoleums flankierte. Die monumentalen Marmorfiguren der Rossebändiger, die Dioskuren Kastor und Pollus, stammen aus der römischen Kaiserzeit. Papst Gregor XIII. ließ 1574 den Palazzo del Quirinale als Sommerresidenz der Päpste erbauen. Seit 1946 ist er Sitz des italienischen Staatspräsidenten. Als Juwel unter den kleinen Kirchen Roms erhebt sich die von Bernini 1658–1671 geschaffene Kirche Sant'Andrea al Quirinale über einem Oval, das durch acht Seitenkapellen erweitert wird. Von 1870 bis 1946 diente Sant'Andrea als Hofkapelle des Königshauses.

Piazza del Quirinale

Palazzo del Quirinale, Sant'Andrea al Quirinale

Für den baufreudigen Papst Urban VIII. Barberini begann Carlo Maderno 1626 mit dem Bau des Palazzo Barberini, der schließlich von den beiden Kontrahenten Borromini und Bernini im Jahre 1633 vollendet wurde. Die Mitte des Palastes bildet der zwei Stockwerke hohe Salon mit dem illusionistischen Deckengemälde "Triumph der göttlichen Vorsehung" von Pietro da Cortona, einer Verherrli-

Palazzo Barberini

Der Borgo in Rom

Unter den 14 Stadtvierteln des alten Roms, den "rioni", steht der Borgo offiziell an letzter Stelle. Unauffällig liegt er eingezwängt zwischen Vatikan, Engelsburg und dem Tiber. Kein Stadtviertel in Rom hat eine so leidvolle Geschichte wie der Borgo, die "Burg" der mittelalterlichen Päpste. Für den Bau der Via della Conciliazione ließ Mussolini 1936 fast die Hälfte des alten Viertels dem Erdboden gleichmachen.

Jeder Besucher Roms war schon im Borgo. Wer den Petersdom sehen will, kommt meistens über die Via della Conciliazione, die schon am Beginn den Blick auf die gewaltige Kuppel Michelangelos freigibt. Sie ist aus Rom nicht mehr wegzudenken. Eine 50 m breite Paradestraße, gesäumt von prunkvollen Gebäudefassaden und 16 schneeweißen Obelisken, "Mussolini-Pappeln" nennen sie die Römer.

Straße der Macht

Die Via della Conciliazione ist eine Straße der Macht, ein politisches und architektonisches Manifest des italienischen Faschismus. Es sollte an die in den Lateranverträgen von 1929 festgeschriebene "Versöhnung" zwischen dem italienischen Staat und der katholischen Kirche erinnern. Mit diesen Verträgen gewann der 1870 gegründete Staat seine Anerkennung durch das Papsttum und Mussolini viel Sympathie unter den Katholiken. Im Gegenzug wurde dem Heiligen Stuhl der Status eines souveränen Staates zugestanden und die katholische Religion Staatsreligion. In Wahrheit jedoch war die "Straße der Versöhnung" Symbol für die "grandezza" des von Mussolini proklamierten, wieder erstandenen Imperium Romanum. *"In fünfzig Jahren"*, so wollte es Mussolini bereits 1925, *"muss Rom allen Menschen der Welt als herrlich erscheinen: weitläufig, geordnet und mächtig wie zu Zeiten des Augustus."* Alles *"Schmutzige und Pittoreske"*, also alles Mittelalterliche, sollte dafür aus dem Stadtbild weichen.

Aktion Spitzhacke

Die Folgen waren fatal: Ohne Rücksicht auf das geschichtliche Erbe wurden zwischen 1922 und 1937 in Rom Bauten von insgesamt 2 000 000 Kubikmetern zerstört. Die Bauarbeiten für die Via della Conciliazione begannen im Oktober 1936 – Mussolini griff medienwirksam selbst zur Spitzhacke –, sie konzentrierten sich auf das alte Zentrum um die heute verschwundene Piazza Scossacavalli. Nur wenige Stichstraßen und die das Viertel nach außen hin abschließenden Befestigungsmauern aus dem 9. Jh. blieben verschont; ebenso der berühmte "Passetto", der Fluchtweg der Päpste. In zwölf Monaten wurden insgesamt 43 000 m² des mittelalterlichen Borgo dem Erdboden gleichgemacht, Gebäude und Plätze zerstört. Der "intervento immediato del piccone", frei übersetzt die "Aktion Spitzhacke", stürzte mehr als 5000 Bewohner ins Unglück. Die meisten von ihnen wurden enteignet und in eilig errichtete Trabantenviertel an den äußersten Rändern Roms umgesiedelt. Die Stadt stellte lediglich Pferdekarren für den Umzug bereit. Das Verlassen ihrer vertrauten Umgebung brachte die "borghigiani" in eine ausweglose Situation. Die Bevölkerung be-

telpunkt der Piazza Scossacavalli, wurde gerettet. Er steht heute im Zentrum der Stadt gegenüber der Kirche Sant'Andrea della Valle. In der römischen wie vatikanischen Presse erhielt der Kompromiss Zustimmung.

"Das alte Problem erhält eine würdige Lösung", schrieb am 25. April 1936 die päpstliche Zeitung "Osservatore Romano". Heute überwiegen die Stimmen der Kritiker, zu denen vor allem die Römer selbst gehören. Sie lieben die Via della Conciliazione nicht. Sie ist eine der lautesten und verkehrsreichsten Straßen der Stadt, und sie hat den römischen Alltag in einige wenige Nebenstraßen verbannt. Vor allem aber hat der Abriss der "spina" den Überraschungsmoment unwiederbringlich zerstört, der sich bei den Besuchern einstellte, die aus den engen Gassen des Borgo traten und plötzlich die gewaltige Basilika vor sich aufragen sahen. Dieses Manko versuchte man 1950 zu korrigieren, indem am Ende der Straße zwei Gebäudeflügel errichtet wurden, die den Eingang zum Petersplatz etwas verengen. So fand der Bau der Via della Conciliazione im Heiligen Jahr 1950 seinen Abschluss. Ob sie Rom schöner gemacht hat, das mag der Besucher selbst entscheiden.

Zwischen Vatikan, Engelsburg und Tiber wurden 43 000 m² dem Erdboden gleichgemacht. Über 5000 Römer verloren ihre Bleibe, oft auch den Arbeitsplatz, und Rom ein traditionelles Stadtviertel.

stand fast ausschließlich aus Dienstleistern, die entweder direkt beim Heiligen Stuhl angestellt waren oder von den Pilgern und Besuchern lebten, die den Alltag im Borgo bestimmten: Souvenirhändler, Restaurant- und Ladenbesitzer und vor allem spezialisierte Handwerker wie Glockengießer, Goldschmiede, Schneider und Wachshersteller. Einige kleine Stichstraßen nördlich der Via della Conciliazione wie der Vicolo dei tre pupazzi (Weg der drei Puppen) oder die Via dei ombrellari (Straße der Schirmmacher) erinnern noch an diese Handwerkstradition.

Erfreuter Vatikan

Der Vatikan protestierte nicht gegen den Bau der Straße. Im Gegenteil:

Mit dem Abriss der sog. "spina", des zentralen Häuserkeils des Borgo, erfüllte Mussolini den Päpsten den jahrhundertealten Wunsch nach einer freien Sicht auf Sankt Peter und einem Prozessionsweg, auf dem sich Gläubige wie Nichtgläubige auf das Machtzentrum der Kirche einstimmen konnten. Frühere derartige Pläne, die bis in die Zeit Berninis zurückgingen, waren stets am Respekt vor der Geschichte des Borgo gescheitert, mitunter auch schlicht am Geld. Einwände kamen eher von wissenschaftlicher Seite. Streitpunkt waren ästhetische Überlegungen, etwa ob Gebäude von kunsthistorischem Wert zu retten seien. Man verständigte sich darauf, einige Gebäudefassaden in ihre Einzelteile zu zerlegen, um sie andernorts wieder aufzubauen. So kommt es, dass einige der größten Gebäude auf der Via della Conciliazione wie der Palazzo Torlonia heute an anderer Stelle stehen als noch vor 100 Jahren. Auch der Brunnen, bis 1936 Mit-

277

Galleria Nazionale d'Arte Antica

chung des Papstes und der gesamten Familie Barberini. Der Palazzo beherbergt die Galleria Nazionale d'Arte Antica mit Werken italienischer und ausländischer Maler des 13.–16. Jh.s; berühmt ist die "Fornarina" von Raffael, das Bildnis einer jungen Bäckerin, bei dem wahrscheinlich seine Geliebte aus Trastevere Modell stand, die Gemälde "Narziss" und "Judith enthauptet Holofernes" von Caravaggio und Hans Holbeins Porträt von Heinrich VIII.

Fontana del Tritone

Einziger Schmuck der Piazza Barberini ist der Tritonenbrunnen, ein Meisterwerk Berninis für Urban VIII. Barberini (1632–1637), auf dessen Wappen drei Bienen vier Delphine halten.

Via Veneto

Santa Maria della Concezione

An der Piazza Barberini beginnt die berühmte Via Veneto. Gleich im unteren Teil bieten die Totenkapellen der Kapuzinerkirche Santa Maria della Concezione (1626) ein etwas makabres Schauspiel. Begleitet von der Inschrift über dem Eingang: "Wir waren, was ihr seid. Wir sind, was ihr werdet", tritt man in die Totenkapellen, in der die Gebeine der verstorbenen Mitbrüder säuberlich geordnet zu dekorativen Mustern an Wänden und Decken zusammengefügt wurden. In der Kirche selbst verdienen Guido Renis Altargemälde "Kampf des Erzengels Michael mit dem Satan" und Domenichinos Altarbild "Franziskus und der Engel" Beachtung.

Die Via Veneto ist vor allem durch Fellinis Film "La dolce vita" zum Inbegriff römischer Schickeria geworden. Im Café de Paris nahmen Liz Taylor, Richard Burton, Marcello Mastroianni und Anita Ekberg ihren Cappuccino. Doch die Stars sind gegangen und mit ihnen ein Teil des Flairs. Bars wie das Doney oder Harry's Bar sollen mit luxuriösen Modegeschäften und Edelherbergen wie dem Excelsior oder Eden wieder Besucherströme in die Via Veneto locken.

Bernini: "Raub der Proserpina"

*Villa Borghese · Parco dei Musei

Die wohlhabenden römischen Familien besaßen meistens einen Stadtpalast, Palazzo, und einen Landsitz mit Gartenanlage, die so genannte Villa. Die Familie Borghese, der Papst Paul V. und mehrere Kardinäle entstammten, ließ von 1613 bis 1616 unter Kardinal Scipio Borghese die Villa Borghese anlegen. In der weitläufigen Anlage gibt es zwischen Kastanien, Steineichen und Schirmpinien Brunnen, künstliche Seen, Gartenhäuser und Denkmäler. Angeboten werden Bootsfahrten, Ponyreiten und Fahrradverleih. Zur Villa Borghese zählen außer der Galleria Borghese ein kleiner Zoo (Giardino zoologico am Nordrand des Parks) und die Galopprennbahn (Galoppatoio).

**Museo e Galleria Borghese

Das Casino Borghese (1613–1615) beherbergt heute die Antiken- und Gemäldesammlung des Kardinals Scipione Borghese, eines Neffen von Camillo Borghese, dem späteren Papst Paul V. (seit 1605). Das Museum besticht vor allem durch seine einzigartige Skulpturensammlung (geöffnet Di.–Sa. 9⁰⁰–19³⁰, So. bis 20⁰⁰ Uhr; Besichtigung nur nach Voranmeldung, ☎ 06 32 8101).

Antonio Canova verdanken wir die bezaubernde "Ruhende Venus" (1805). Vorbild für die auf einem Diwan hingestreckte Göttin war wahrscheinlich das Porträt der Fürstin Paolina Borghese, Schwester Napoleons. Vom großen Barockkünstler Gian Lorenzo Bernini findet man den jugendlichen "David" (1623 – 1624), der beim Ausholen mit der Schleuder dargestellt ist und Berninis eigene Gesichtszüge trägt, sowie die von Ovids "Metamorphosen" inspirierten "Apoll und Daphne". In der Gemäldegalerie sammeln sich die Besucher vor Raffaels "Grablegung" (1507). In Caravaggios "Knaben mit dem Fruchtkorb" (um 1594) glaubt man ein frühes Selbstporträt des Künstlers zu erkennen. Berühmt ist auch seine wirklichkeitsgetreue Darstellung des "Hl. Hieronymus beim Schreiben" (1605). Die "Madonna dei Palafrenieri" (1605 – 1606), ebenfalls von Caravaggio, entstand als Altargemälde für die Bruderschaft der Palafrenieri.

Galleria Borghese (Fortsetzung)

Als größte Sammlung moderner Kunst in Italien präsentiert sich die Galleria Nazionale d'Arte Moderna an der Viale delle Belle Arti. Ihr Bestand umfasst Werke italienischer Neoklassizisten und Neoimpressionisten, nichtitalienischer Impressionisten und Expressionisten sowie Künstler der neuesten Zeit. Beachtenswert sind ferner die Gemälde der Macchiaioli, einer Gruppe von Freilichtmalern aus der Toskana, und die Bilder von Galileo Chini. Gezeigt werden auch Plastiken von Marino Marini und Giacomo Manzù sowie Werke des Malers Giorgio de Chirico. Neben den Italienern findet man vor allem Degas, Cézanne, Monet, Mondrian und van Gogh.

Galleria Nazionale d'Arte Moderna

Papst Julius III. ließ 1551 – 1553 vom Architekten Vignola die Villa Giulia erbauen. Sie liegt an der Nordwestecke der Villa Borghese. Seit 1889 beherbergt sie die etruskischen Sammlungen, das größte Etruskermuseum Italien (geöffnet Di. – So. 9 00 – 19 00, Sa. bis 20 00 Uhr). Viele "Errungenschaften" der Römer sind in Wirklichkeit den Etruskern zu verdanken. Selbst das römische Wappentier, die Wölfin, ist ein etruskisches Bronzewerk. Gezeigt werden Keramik etruskischer Herkunft oder griechische Importware, Urnen, Bronzespiegel, Terrakotten und Bronzestatuetten. Berühmt ist der Terrakottasarkophag eines liegenden Ehepaars (530 v. Chr.) aus Cerveteri, der mit großer Liebe zum Detail die Eheleute beim rituellen Opfermahl auf einer Kline darstellt. Nicht minder bekannt die große Terrakottastatue des Apoll von Veji (spätes 6. Jh. v. Chr.). Wahrscheinlich stammt er aus derselben Werkstatt wie die römische Wölfin. Herausragend sind außerdem ein vollständiger etruskischer Kampfwagen, viele Zeugnisse der Goldschmiedekunst und im Garten die Nachbildung eines etruskischen Tempels.

**Museo Nazionale Etrusco di Villa Giulia

Von der Piazza di Spagna führt die wohl bekannteste Treppe Roms, die Spanische Treppe, hinauf zur 1502 vom französischen König Ludwig XII. gestifteten Kirche Santissima Trinità dei Monti auf dem Pincio. Die Spanische Treppe wurde von Francesco de Sanctis 1723 – 1726 geschaffen und verdankt ihren Namen der nahen Spanischen Gesandtschaft beim Heiligen Stuhl. Der Barcaccia-Brunnen (1627 bis 1629) zu ihren Füßen wurde von Pietro Bernini, dem Vater des großen Gian Lorenzo, in Form eines Lastkahns gestaltet und erinnert an ein gewaltiges Tiberhochwasser Ende des 16. Jahrhunderts. Die Via dei Condotti bietet nicht nur den besten Blick auf die Spanische Treppe, sondern auch in die teuersten Auslagen der Stadt. Zwischen weltbekannten Schmuckgeschäften und edlen Modeboutiquen lockt das berühmte Antico Caffè Greco, in dem schon Goethe,

**Piazza di Spagna

Scalinata della Trinità dei Monti

Via dei Condotti

Caffè Greco (Fortsetzung)

Schopenhauer, Stendhal oder Wagner ihren Kaffee tranken. In den samtenen Sesseln kann man bei einem sündhaft teuren Cappuccino vom Glanz vergangener Tage träumen.

Rechts und links der Via del Corso

Die Via del Corso verbindet als eine der Hauptachsen der Stadt die beiden großen Plätze Piazza Venezia und Piazza del Popolo. An den fast autofreien Samstagnachmittagen und Sonntagen verwandelt sie sich zur Einkaufs- und Flaniermeile.

*Galleria Doria Pamphili

Der Palazzo Doria, einer der größten römischen Stadtpaläste, beherbergt die Galleria Doria Pamphili, die im Wesentlichen auf die Gemäldesammlungen der Familien Pamphili und Doria zurückgeht. Das berühmte Gemälde von Velázquez von Papst Innozenz X. Pamphili (1650) gilt als das Hauptwerk der Kunstsammlung. Daneben verdienen Bilder von Tizian, Raffael, Tintoretto, Correggio, Caravaggio und Claude Lorrain Beachtung.

*Santa Maria sopra Minerva

Als einzige gotische Kirche Roms erhebt sich die Dominikanerkirche Santa Maria sopra Minerva über den Resten eines Minerva-Heiligtums aus der Zeit des Kaisers Domitian (1. Jh.). Das Standbild des auferstandenen Christus mit dem Kreuz links vor dem Hauptaltar lehnte Michelangelo (1521) nach dem Empfinden zahlreicher Zeitgenossen zu sehr an das Aussehen heidnischer Heroen an, weshalb man später ein Lendentuch hinzufügte. Die Grabkapelle für Kardinal Oliviero Carafa zeigt Fresken des Renaissancemalers Filippino Lippi (1489). Im Hauptaltar ruhen die Gebeine der hl. Katharina von Siena (1347–1380), die die Päpste dazu bewog, von Avignon nach Rom zurückzukehren; links vom Chor die Grabplatte des malenden Dominikanermönchs Fra Giovanni Angelico (1387 bis 1455).

**Pantheon

Als besterhaltenes Bauwerk der römischen Antike begeistert an der Piazza della Rotonda das Pantheon (geöffnet Mo. bis Sa. 9⁰⁰–19³⁰, So. nur bis 18⁰⁰ Uhr). Marcus Agrippa, der Schwiegersohn von Kaiser Augustus, hatte es 27 v. Chr. für die sieben planetarischen Götter erbauen lassen. Das heutige Aussehen geht auf Kaiser Hadrian (120–125 n. Chr.) zurück. Den nach Erlöschen des antiken Kultes geschlossenen Bau überließ der oströmische Kaiser Phokas Papst Bonifaz IV., der ihn 609 n. Chr. zur Kirche Sancta Maria ad Martyres weihte, vom Volk Santa Maria Rotonda genannt.

Besterhaltenes Bauwerk der Antike: das Pantheon

Die Vorhalle tragen 16 antike Granitsäulen, den Eingang bilden zwei mächtige antike Bronzetürflügel. Der gewaltige Kuppelraum der Rotunde, der nur von oben durch die 9 m weite, runde Öffnung Licht erhält, gilt als eine der höchsten Leistungen römischer Baukunst. Die überwältigende Wirkung des Innenraums beruht auf der vollendeten Harmonie seiner mächtigen Ausmaße: Die Gesamthöhe (43,30 m) entspricht dem Durchmesser, die Höhe der halbkugelförmigen Kuppelrundung entspricht der Höhe der senkrecht aufsteigenden Wand. Von der einstigen Ausschmückung sowie den Kultstatuen der planetarischen Götter blieb nichts erhalten. Heute sind in der rechten Hauptnische das Grabmal des ersten italienischen Königs Vittorio Emanuele II. († 1878) und gegenüber das von König Umberto I. zu sehen. Rechts neben Letzterem das Grabmal des 1520 verstorbenen großen Renaissancekünstlers Raffael. Das eintretende Regenwasser fließt durch Bodenöffnungen ab.

Pantheon
(Fortsetzung)

Über die Via del Seminario gelangt man zur Piazza di Sant'Ignazio mit der gleichnamigen Barockkirche. Sie wurde 1626–1650 in Anlehnung an Il Gesú zu Ehren des 1622 heilig gesprochenen Gründers des Jesuitenordens, Ignatius von Loyola, vom Ordensbruder Orazio Grassi erbaut. Andrea Pozzo schuf in der Wölbung des Hauptschiffs sowie in der Kuppel ein illusionistisches Meisterwerk, dessen Wirkung sich am besten entfaltet, wenn man sich genau in der Mitte des Mittelschiffs bewegt.

Sant'Ignazio

In unmittelbarer Nachbarschaft erstreckt sich auch die Piazza di Pietra mit den elf korinthischen Säulen des Hadrianstempels, heute Sitz der römischen Industrie- und Handelskammer.

Piazza di Pietra

Die Piazza Colonna wird beherrscht von der 29,5 m hohen Marc-Aurel-Säule (176 n. Chr.), auf der Kaiser Marc Aurel seine Kämpfe gegen die Markomannen und andere germanische Stämme festhalten ließ. Die heutige Bekrönung mit dem Apostel Paulus geht auf Papst Sixtus V. zurück. Die Nordseite des Platzes bildet der Palazzo Chigi, Sitz des italienischen Ministerpräsidenten.

Piazza Colonna

Piazza di Montecitorio
Fast übergangslos gelangt man zur Piazza di Montecitorio, in deren Mitte ein 26 m hoher ägyptischer Obelisk (6. Jh. v. Chr.) steht, der in Rom den Zeiger einer Sonnenuhr bildete. Der Palazzo Montecitorio wurde 1650 von Bernini im Auftrag von Papst Innocenz X. Pamphili begonnen und 1694 von Carlo Fontana fertig gestellt. Seit 1871 tagt hier das italienische Parlament.

Baedeker TIPP) Heiß auf Eis

sind die Römer ebenso wie Touristen. Bis zu 500 Kilo Eis gehen jeden Tag in der Antica Gelateria Pasticceria Giolitti, unweit des Palazzo di Montecitorio, über die Theke. Zur Auswahl stehen 50 Sorten, u. a. Soya-, Champagner- oder zuckerfreies Eis, doch die Renner sind Schoko und Vanille. Es gibt auch Torten und kleinere Gerichte (Via degli Uffici del Vicario 40).

Inmitten der kleinen Piazza di Trevi liegt Roms bekanntester Brunnen, die Fontana di Trevi. Papst Clemens XII. gab Nicolò Salvi den Auftrag zum Brunnenbau, der 1732–1751 sein Meisterwerk schuf. Der Brunnen, 20 m breit und 26 m hoch, an die Rückseite des Palazzo Poli angebaut, zeigt Oceanus, den Herrscher über das Wasser, mit zwei Rossen, das eine wild, das andere friedlich, umringt von Tritonen und Muscheln. Bekannt wurde die Fontana di Trevi durch Fellinis Film "La dolce vita" – Anita Ekberg badete im Brunnen –

**Fontana di Trevi

Der Meeresgott Oceanus herrscht über die Fontana di Trevi, Roms bekanntesten Brunnen.

Fontana di Trevi (Fortsetzung)

und durch den Brauch des Münzwurfs: Eine über die linke Schulter ins Brunnenbecken geworfene Münze sichert die glückliche Wiederkehr nach Rom. Diese alte Tradition bringt jährlich an die 120 000 Euro in die städtischen Kassen (die für wohltätige Zwecke verwendet werden).

*Mausoleo di Augusto

Im Zentrum der Piazza Augusto Imperatore liegt das Mausoleum von Kaiser Augustus. Der erste römische Imperator ließ 28 v. Chr. das Grabmal, einen riesigen 44 m hohen Bau mit einem Durchmesser von 89 m, für sich und seine Familie errichten. Die Tatenberichte des Augustus, die "Res Gestae", Bronzetafeln, die neben dem Eingangstor angebracht waren, sind heute in den Sockel der angrenzenden Ara Pacis Augustae eingemeißelt. Der Friedensaltar des Augustus wurde 13 – 9 v. Chr. anlässlich seiner Rückkehr aus Spanien und Gallien errichtet. Zahlreiche mythologische Darstellungen sowie ein Prozessionszug der Senatoren und der kaiserlichen Familie zieren die Reliefplatten.

Piazza del Popolo

Innerhalb der Porta del Popolo (1565 – 1655), des nördlichen Eingangstors ins antike Rom, liegt die Piazza del Popolo. Der einzige klassizistische Platz Roms wurde 1809 – 1820 von dem Architekten Valadier gestaltet. Im 16. Jh. war er bereits unter Sixtus V. erweitert worden, der den 24 m hohen ägyptischen Obelisken aufstellen ließ. Den Beginn der Via del Corso flankieren die 1662 begonnenen Zwillingskirchen Santa Maria dei Miracoli und Santa Maria in Monte Santo. Das Leben auf dem autofreien Platz lässt sich gut von den beiden traditionsreichen Straßencafés Rosati und Canova aus ver-

folgen oder man genießt den Blick vom Pincio oberhalb der Piazza. **Pincio**
Der Park wurde 1809–1814 auf dem gleichnamigen Hügel angelegt
und bietet einen herrlichen Ausblick in Richtung Vatikan.

Neben der Porta del Popolo wurde die Augustinerkirche Santa Ma- ***Santa Maria**
ria del Popolo 1472–1477 erbaut und um 1505–1509 von Bramante **del Popolo**
mit einem neuen Chor versehen. Die Gemälde "Bekehrung des hl.
Paulus" und "Kreuzigung des hl. Petrus" in der Kapelle links des
Chors sind zwei Meisterwerke von Caravaggio.

Rechts und links des Corso Vittorio Emanuele II

Den Anstoß zum Bau der Kirche Il Gesù (1568–1575; westlich der ***Il Gesù**
Piazza Venezia) gab Ignatius von Loyola, der 1540 die Gesellschaft
Jesu gegründet hatte. Kardinal Alessandro Farnese, der spätere Papst
Paul III., dessen Wappenlilie man an der Kirche häufig begegnet,
beauftragte den Architekten Vignola mit Planung und Ausführung.
Il Gesù ist die Hauptkirche der Jesuiten, Vorbild für alle weiteren
Jesuitenkirchen und gilt als erster barocker Kirchenbau. Charakteri-
stisch ist das hohe einschiffige Langhaus mit zu Kapellen umgewan-
delten Seitenschiffen. Im linken Querschiff steht der um 1700 ausge-
führte Altar des hl. Ignatius, darunter ruht in einem Sarkophag aus
Goldbronze der Leichnam des Ignatius von Loyola (1491–1556).

Tief unter dem heutigen Straßenniveau des Platzes Largo di Torre **Largo di Torre**
Argentina liegen die Überreste von vier republikanischen Tempeln **Argentina**
aus dem 3. Jh. v. Chr., die im Unterschied zu den antiken Bauten
auf dem Forum Romanum viel von ihrem ursprünglichen Aussehen bewahren konnten.

Den Schildkrötenbrunnen auf der Piazza Mattei schuf der Florenti- **Fontana delle**
ner Bildhauer Taddeo Landini 1584 nach Zeichnungen von Giaco- **Tartarughe**
mo della Porta. Den Namen verdankt der Brunnen den steinernen
Schildkröten, die sich im 17. Jh. zu den vier Jünglingen gesellten.

Die Kuppelkirche Sant'Andrea della Valle mit ihrer zweigeschossi- **Sant'Andrea**
gen Travertinfassade und dem prunkvollen Innenraum wurde 1591 **della Valle**
von Francesco Grimaldi und Giacomo della Porta begonnen und
1625 von Carlo Maderno vollendet. Meisterhafte Fresken von Domenichino (1624–1628) schmücken das Gewölbe der Apsis und die
Kuppel, die nach Sankt Peter die zweitgrößte Roms ist. Berühmt ist
die Kirche als Schauplatz des ersten Akts von Puccinis "Tosca".

Baldassare Peruzzi schuf 1532–1536 den Palazzo Massimo alle Co- **Palazzo**
lonne. Die Krümmung der Fassade, die den alten Straßenverlauf **Massimo alle**
nachzeichnet, und die eigenwilligen Fensterrahmungen machen **Colonne**
den Palast zu einem Musterbeispiel manieristischer Architektur.

Einer der beliebtesten Treffpunkte der Römer und Anziehungs- ****Piazza**
punkt vieler Besucher bis spät in die Nacht hinein ist die Piazza **Navona**
Navona. Die lang gestreckte Form des Platzes (240 × 65 m) folgt den
antiken Begrenzungen des darunter liegenden Stadions des Domitian (1. Jh.). Drei Brunnen schmücken den Platz – allerdings können Fontana del Moro (Mohrenbrunnen) und Fontana del Nettuno
(Neptunbrunnen), beide 1575/1576 von Giacomo della Porta errich-

Piazza Navona
(Fortsetzung)

tet, der zentralen Fontana dei Fiumi nicht das Wasser reichen. Bernini komponierte die bewegte Wasserlandschaft im Auftrag von Papst Innozenz X. für das Heilige Jahr 1650. Aus einem großen Becken wachsen Felsen empor, die einen Obelisken tragen. Auf den vier Ecken sitzen Männergestalten, Personifikationen von Nil, Ganges, Donau und Rio de la Plata, die wiederum für die vier damals bekannten Erdteile Afrika, Asien, Europa und Amerika stehen.

Sant'Agnese
in Agone

Über den entsetzten Augen des Rio de la Plata erhebt sich die architektonisch bewegte Fassade der von Berninis Widersacher Borromini errichteten Kirche Sant'Agnese in Agone; an diese schließt der Palazzo Pamphili an, ebenfalls nach Plänen von Borromini im 17. Jh. erbaut. In unmittelbarer Nähe liegt die Kirche Santa Maria dell'Anima, die Gemeindekirche der deutschen Katholiken in Rom, in der Papst Hadrian VI. (1522 – 1523) aus Utrecht begraben ist, der letzte nichtitalienische Papst vor Johannes Paul II.

Piazza Navona – eine der beliebtesten Bühnen der Stadt

*Palazzo
Altemps /
Museo
Nazionale
Romano

Zusammen mit dem Palazzo Massimo alle Terme (▶ S. 274) bildet der Palazzo Altemps das Museo Nazionale Romano. In dem vorbildlich restaurierten Palazzo des 15. / 16. Jh.s präsentieren sich in 33 Sälen mit teils noch original erhaltenen Decken oder Fresken Meisterwerke der Antike. Glanzstück ist die weltberühmte Sammlung Ludovisi; dazu zählen die Athena Parthenos (Kopie der Statue von Phidias für den Parthenon), ein nachdenklicher Ares (Ares Ludovisi), die Statuen von Orest und Elektra (griechisches Original aus dem 1. Jh. n. Chr.), der sog. Ludovisische Thron (5. Jh. v. Chr.), der die Geburt der schaumgeborenen Göttin Aphrodite zeigt, sowie die dramatischen Skulpturen "Gallierpaar, das Selbstmord begeht" und der "Sterbende Gallier" (3. Jh. v. Chr.).

Der Anfang des 16. Jh.s für Kardinal Giulio de' Medici, den späteren Papst Clemens VII., erbaute Palazzo am Corso del Rinascimento verdankt seinen Namen Margherita, einer Tochter von Karl V., die mit Alessandro de' Medici verheiratet war und einige Monate hier gewohnt hatte. Seit 1871 ist der Palast Sitz des italienischen Senats.

Palazzo Madama

Bereits 1518 unter Kardinal Giulio de' Medici begonnen, wurde die Kirche San Luigi dei Francesi erst 1589 vollendet. Die Nationalkirche der Franzosen ist Ludwig dem Heiligen, König von Frankreich, geweiht. Die monumentale Renaissancefassade schuf vermutlich Giacomo della Porta. Von Caravaggio stammen die Gemälde mit den drei Stationen aus dem Leben des hl. Matthäus (Ende 16. Jh.).

*San Luigi dei Francesi

Den Grundstock für den Palazzo della Cancelleria bildete ein Spielgewinn. Raffaele Riario, der Neffe von Papst Sixtus IV., nahm dem Neffen des späteren Papstes Innozenz VIII. beim Würfelspiel 60 000 Scudi ab und begann damit 1483 den Bau des Palastes, wozu u. a. Travertinsteine des Kolosseums verwendet wurden. Als Architekten werden Andrea Bregno (Montecavallo) und auch Bramante genannt. Es war der aufwendigste Palast seit der Antike und ein Hauptwerk der Architektur der Frührenaissance. Allerdings konnte sich Kardinal Raffaele Riario nicht lange daran erfreuen, denn als man seine Beteiligung an einer Verschwörung gegen Papst Leo X. entdeckte, wurde der Palast konfisziert. Seitdem ist er Sitz der Apostolischen Kanzlei mit der Sacra Rota, dem päpstlichen Ehegericht.

Palazzo della Cancelleria

Wohl nirgends im Zentrum ist Rom so typisch wie hier. Jeden Morgen werden auf dem Campo dei Fiori die Stände aufgebaut, und bis Mittag wird dann von frischen Kräutern, Gemüse und Obst bis Fisch und Fleisch alles angeboten. Im Zentrum des Platzes erinnert das Denkmal für den Dominikanermönch Giordano Bruno an dunkle Zeiten des Campo dei Fiori, als hier der Hinrichtungsplatz der Inquisition war. Bruno wurde im Heiligen Jahr 1600 am 17. Februar verbrannt.

*Campo dei Fiori

Über der von zwei Brunnen aus antiken Badewannen der Caracalla-Thermen geschmückten Piazza Farnese erhebt sich der Palazzo Farnese, heute Sitz der französischen Botschaft. Der Palast wurde 1514 für Kardinal Alessandro Farnese, den späteren Papst Paul III., von Antonio da Sangallo d. J. begonnen und 1546 von Michelangelo fertig gestellt. Mit seinen einfachen und majestätischen Linien gilt er als Inbegriff des römischen Palastbaus im 16. Jahrhundert.

*Palazzo Farnese

Der Palazzo Spada wurde 1540 – 1550 von Caravaggio im Auftrag des Kardinals Girolamo Capo di Ferro errichtet und ging später in den Besitz des Kardinals Spada über. Heute ist er Sitz des italienischen Staatsrats und der Galleria Spada, die Gemälde der bischöflichen Sammlung zeigt. Berühmt ist der Palazzo für seine 1635 von Borromini geschaffene "perspektivische Kolonnade", mit der er zwei Höfe verband. Um den geringen Abstand zu kaschieren, schuf er ein kassettiertes Tonnengewölbe mit zwei Säulenreihen, die nach hinten viel kleiner werden und damit Tiefe vortäuschen. Die Statuette eines Kriegers am Ende der Kolonnade erscheint kolossal, obwohl sie nur 80 cm groß ist.

Palazzo Spada

Chiesa Nuova

Die Kirche Chiesa Nuova am Corso Vittorio Emanuele II wurde um 1600 für die vom hl. Filippo Neri gegründete Gemeinschaft der Oratorianer erbaut. Das Oratorium links neben der Kirche stellt eines der Hauptwerke von Borromini dar (1637–1650). Der Name der "Oratorianer" und der religiösen Musikdramen (Oratorium) geht auf die geistlichen Übungen und musikalischen Aufführungen zurück, die in den Oratorien regelmäßig veranstaltet wurden.

Sehenswertes im Südwesten

Teatro di Marcello

Dieses von Kaiser Augustus erbaute Theater (17–13 v. Chr.) trägt den Namen seines früh verstorbenen Neffen Marcellus. Die äußere Rundung des Zuschauerraums, der bis zu 14 000 Personen fasste, hatte drei Bogengeschosse, von denen das dritte im Mittelalter abgetragen wurde, als man den Bau in eine Festung und Wohngebäude umwandelte. Die drei Säulen rechts vor dem Marcellus-Theater sind die Reste eines Tempels für Apollo Sosianus. Die angrenzende Kirche San Nicola in Carcere wurde in einen antiken Tempel hineingebaut, dessen Überreste noch deutlich zu erkennen sind.

San Nicola in Carcere

*Piazza della Bocca della Verità

Auf der heutigen Piazza della Bocca della Verità befand sich in alter Zeit das Forum Boarium, der Rindermarkt. So konnten die Tierabfälle bequem über die Cloaca Maxima, den Abfluss des altrömischen Kanalisationssystems, direkt in den Tiber gespült werden. Von hier aus bietet sich ein wunderbarer Rundblick, der Bauwerke des antiken und christlichen Roms umfasst: die Kirche Santa Maria in Cosmedin mit Vorhalle und zierlichem Kampanile, den Janus-Bogen, dahinter die würdige Kirche San Giorgio in Velabro mit dem Arco degli Argentari, dem Bogen der Händler und Geldwechsler aus dem 2. Jh. n. Chr., die Kirche San Giovanni Decollato, die Casa dei Crescenzi, das Haus der mächtigsten Familie Roms im frühen Mittelalter, und zwei Tempel aus dem 2. Jh. v. Chr., der Rundtempel der Vesta und der rechteckige Podiumstempel des Portunus, häufig fälschlich als Fortuna-Tempel bezeichnet, sowie der Barockbrunnen der zwei Tritonen.

*Santa Maria in Cosmedin

Die Kirche Santa Maria in Cosmedin wurde im 6. Jh. auf den Resten einer flavischen Säulenhalle errichtet, von der noch die Marmorsäulen an der Eingangswand stammen. Bemerkenswert sind im Innern der wunderbare Cosmatenfußboden, die Marmorschranken der Schola cantorum (der für die Kleriker abgegrenzte Bezirk) mit seitlichen Kanzeln und Osterleuchtern sowie der Altar aus einer antiken Wanne aus rotem Granit. Ein Gang in die Krypta führt zu Gräbern von Christen und zu den Fundamenten eines heidnischen Tempels.

In der Vorhalle befindet sich an der Wand eine große Steinmaske, die "Bocca della Verità", der Mund der Wahrheit. Eigentlich ein Schachtdeckel der Cloaca Maxima mit dem Antlitz einer Flussgottheit, glaubte man im Mittelalter, dass man beim Schwören die rechte Hand in diesen Mund legen musste – Meineidige würden von überirdischen Kräften festgehalten. In Zweifelsfällen soll bisweilen ein Beamter mit scharfer Klin-

Bocca della Verità

286

ge hinter der Maske gelauert haben, um dem "Gottesurteil" auf die Sprünge zu helfen.

Bocca della Verità (Fts.)

Unmittelbar neben dem Ponte Palatino steht im Tiber noch ein Pfeiler des Pons Aemilius. Mit seinem Bau war 179 v. Chr. in Holz begonnen worden, 142 v. Chr. wurde er als erste römische Steinbrücke eingeweiht. Immer wieder wurde die Brücke durch Überschwemmungen beschädigt und seit 1598 nicht wieder erneuert.

Ponte Rotto

Über die Tiber-Niederung erhebt sich der Monte Aventino (46 m), auf dem in der Antike die einfachen Leute (Plebejer) wohnten. Ein ganz anderes Bild bietet sich heute: gepflegte Gärten hinter dichten Hecken, prunkvolle Palazzi und ruhige Klosteranlagen.

Aventin

Oberhalb des Lungotevere Aventino liegt die beliebte Hochzeitskirche Santa Sabina, die 423–435 von Petrus von Illyrien erbaut wurde. 1222 schenkte Papst Honorius III. die Kirche den Dominikanern, die hier 1215 ihren Orden gegründet hatten. Das Mittelportal in der Vorhalle birgt die älteste holzgeschnitzte Türe der christlichen Kunst. Unbekannte Künstler schufen um 432 aus afrikanischem Zedernholz die ehemals 28 (heute noch 18) Tafeln mit Szenen aus dem Alten und Neuen Testament. Die ausdrucksstarke Kreuzigung ist eine der ältesten bekannten Darstellungen dieses Themas. Der schlichte Innenraum bewahrt von allen Basiliken am ehesten das frühchristliche Aussehen. Der angrenzende Orangengarten bietet einen schönen Ausblick auf das Rom jenseits des Tibers.

*Santa Sabina

Baedeker TIPP) Das Schlüsselloch

Roms bekanntestes Schlüsselloch öffnet sich im Eingangsportal des Malteserpriorats an der Piazza Cavalieri di Malta 3. Der Blick durch den Buco di Roma gehört zu den schönsten Ansichten der Ewigen Stadt. Über den Garten hinweg erfasst das Auge die Kuppel des Petersdoms.

Die Aurelianische Stadtmauer wurde ab 272 unter Kaiser Aurelian gebaut und ist auch heute noch auf weiten Abschnitten sehr gut erhalten. Neben der Porta San Paolo, der antiken Porta Ostiensis, steht die 27 m hohe Pyramide des Cestius, erbaut um 12 v. Chr. als Grabmal für Gaius Cestius Epulonius, Volkstribun und Mitglied des für die religiösen Festbankette verantwortlichen Siebenerrates.

Rund um die Pyramide di Caio Cestio

Auf der Höhe der Pyramide, aber innerhalb der Aurelianischen Stadtmauer, erstreckt sich der Friedhof der Nichtkatholiken. Goethes einziger Sohn August (1789–1830) ruht hier ebenso wie der Architekt Gottfried Semper (1803–1879) und die englischen Dichter Shelley (1792–1822) und Keats (1795–1821).

Cimitero degli Stranieri acattolico

In der Antike befand sich in diesem Bereich der Flusshafen. Die Amphoren, die beim Entladen zerbrachen, warf man auf einen Haufen, so dass im Lauf der Zeit ein 35 m hoher Scherbenhügel entstand, der Monte Testaccio. Noch vor Jahren ein sehr einfaches Viertel, haben sich besonders um das ehemalige Schlachthofviertel immer mehr Kneipen und Jazzlokale niedergelassen und den Testaccio zu einem Szeneviertel werden lassen.

*Monte Testaccio

Rund 2 km außerhalb der Aurelianischen Stadtmauer liegt die Kirche San Paolo fuori le Mura ("außerhalb der Mauern"), eine der vier Patriarchalbasiliken (Basilicae maiores) Roms. Kaiser Konstantin ließ sie im Jahre 324 als Gedächtniskapelle über dem Grab des

*San Paolo fuori le Mura

S. Paolo fuori le Mura (Fortsetzung)

Apostels Paulus errichten, der um 67 n. Chr. mit dem Schwert enthauptet und vor den Mauern Roms beigesetzt worden war. Bereits 386 wurde die Kirche dann in eine mehrschiffige Basilika umgebaut und war bis zum Neubau von Sankt Peter die größte Kirche der Welt. Nach einem Brand im Juli 1823 wurde sie innerhalb von 30 Jahren nach dem alten Plan wieder aufgebaut. Über einen von gedeckten Säulenhallen umschlossenen Vorhof betritt man den großartigen, fünfschiffigen Innenraum (120 m lang, 60 m breit und 23 m hoch). An der Innenseite der Heiligen Pforte im rechten Seitenschiff hängt noch die durch den Brand beschädigte Kirchentür, die 1070 in Konstantinopel gegossen und unlängst restauriert wurde. Achtzig Granitsäulen trennen die Kirchenschiffe voneinander. Über den Säulen zeugen die Porträtmedaillons aller 265 Päpste von Petrus bis Johannes Paul II. von der ungebrochenen Kontinuität der Kirche. Das Triumphbogenmosaik (5. Jh.) zeigt Christus umgeben von den Evangelistensymbolen sowie die Heiligen Petrus und Paulus. Das beim Brand erheblich beschädigte Apsismosaik (13. Jh.) wurde beim Wiederaufbau restauriert. Zu Füßen des thronenden Christus liegt klein und unscheinbar der Auftraggeber Papst Honorius III. Das gotische Ziborium über dem Papstaltar wurde 1285 von Arnolfo di Cambio gestaltet. Der 5,60 m hohe romanische Osterleuchter stammt aus dem 12. Jh. und geht auf Nicolò di Angelo und Pietro Vassalletti zurück.

*Kreuzgang

Der Kreuzgang wurde im 13. Jh. von Mosaikkünstlern der Familie Vassalletti geschaffen und ist ein Juwel der Cosmatenkunst. Der Wechsel der Säulenformen – Säulen mit kannellierten oder glatten Schäften, seilartig gedrehte Säulen – und die bunten Steinmuster machen ihn zum schönsten von ganz Rom.

Trastevere, Gianicolo und Engelsburg

Isola Tiberina

Die zwischen Kapitolinischem Hügel und dem Stadtteil Trastevere im Fluss gelegene Insel erreicht man von der linken Tiber-Seite über den Pons Fabricio, die älteste noch bestehende Römerbrücke (62 v. Chr.). Auf ihr befand sich in der Antike ein Heiligtum für den Heilgott Äskulap. Während einer großen Epidemie holte man auf Geheiß der Sybillinischen Bücher eine heilige Schlange als Abgesandte des Gottes aus Epidauros nach Rom. Der Legende nach entwich sie vom Schiff und schwamm zur Tiber-Insel, wo man daraufhin einen Tempel für Äskulap erbaute. Die Kirche San Bartolomeo (10. Jh., im 17. Jh. erhielt sie ihr heutiges Aussehen) steht wahrscheinlich an dieser Stelle.

*Trastevere

Der Ponte Cestio führt zum rechten Tiber-Ufer ins malerische Stadtviertel Trastevere. Unter Augustus noch eine Villenvorstadt, wurde es durch die Aurelianische Stadtmauer (3. Jh.) in das Stadtgebiet einbezogen und später das Viertel der freigelassenen Sklaven und Freudenmädchen. Im 19. und 20. Jh. war es ein einfaches Arbeiterviertel. Um 1970 begann man mit der "Sanierung" von Trastevere, das heute das Viertel mit der höchsten Kneipen- und Ristoranti-Dichte Roms ist. Besonders am Abend entfaltet sich eine stimmungsvolle Atmosphäre entlang des Viale Trastevere und den an die Piazza Santa Maria in Trastevere angrenzenden Gassen, wo man zwischen einfachen Trattorien und Spitzenlokalen wählen kann.

**Die Engelsburg, einst Grabmal für Kaiser Hadrian,
ist das stärkste Festungswerk der Tibermetropole.**

Santa Cecilia in Trastevere markiert der Legende nach den Ort des Hauses der hl. Cäcilia, die ca. 230 n. Chr. als Märtyrerin starb. Für die Schutzpatronin der Musik wurde erstmals um 500 eine Kirche errichtet. Der Hochaltar trägt eien schönen Tabernakel von 1283, die Apsismosaiken wurden unter Papst Paschalis I. im 9. Jh. geschaffen. In der Krypta befindet sich die Grabkapelle der Heiligen.

Santa Cecilia in Trastevere

Die Kirche Santa Maria in Trastevere, eine der ältesten Kirchen Roms (3. Jh.), wurde der Legende nach über einer Ölquelle errichtet, die schon 38 v. Chr. auf die Geburt Christi hinwies. Im Auftrag von Papst Innozenz II. (1130–1143), der aus Trastevere stammte, wurde die Kirche erneuert. Die antiken Säulen des Mittelschiffs und die teils vergoldete Holzdecke (1617) von Domenichino verdienen besondere Aufmerksamkeit. Ein Meisterwerk der mittelalterlichen Kunst sind die Mosaiken der Apsis. In der Halbkuppel (um 1140) sind über einem Lämmerfries Christus, Maria und Heilige zu sehen, darunter Marienszenen aus dem späten 13. Jh. von Pietro Cavallini.

Santa Maria in Trastevere

*Villa Farnesina

Jenseits der Porta Settimiana erwartet einen mit der Villa Farnesina an der Via della Lungara ein Kleinod der Kunstgeschichte. Der Sieneser Bankier der Kurie Agostino Chigi hatte sich von Baldassare Peruzzi 1509–1511 inmitten eines großartigen Parks eine Renaissancevilla bauen lassen, in die er Künstler, Fürsten, Kardinäle, ja sogar Päpste zu rauschenden Festen, Lesungen, Diskussionen, vor allem aber zu großen Gastmählern lud. Um seine Gäste zu ehren, ließ Chigi deren Wappen auf die goldenen Teller prägen und nach dem Mahl das Geschirr kurzerhand in den angrenzenden Tiber werfen – Chigi wäre aber ein schlechter Bankier gewesen, hätte er nicht zuvor auf dem Grund des Tibers Netze aufspannen lassen.
Von 1580 bis 1731 war die Villa im Besitz der Familie Farnese. Die Ausschmückung übernahmen berühmte Künstler wie Raffael, Giulio Romano, Sebastiano del Piombo, Peruzzi und Sodoma. In der Sala di Galatea schuf Raffael das Gemälde "Triumph der Nymphe Galathea" (1511). Die Fresken des Deckengewölbes stammen von Baldassare Peruzzi und verherrlichen in Sternbildern und mythologischen Szenen die Geburtsstunde des Auftraggebers Chigi. In der Loggia der Psyche malte Raffael mit seinen Schülern Romano und Penni die Liebesgeschichte von Amor und Psyche. Ein Hauptwerk Sodomas schmückt das Schlafzimmer des Bankiers: "Die Hochzeit Alexanders des Großen mit Roxana" (1511–1512).

Gianicolo, San Pietro in Montorio

An den Ausläufern des Gianicolo entstand im 15. Jh. die Kirche San Pietro in Montorio. Ihre Gründung verdankt sie der mittelalterlichen Legende, dass der Apostel Petrus hier den Kreuzestod erlitten habe. Im angrenzenden Klosterhof schuf Bramante (1502) den Tempietto, einen berühmten runden Säulentempel.

Passeggiata del Gianicolo

Bei der Acqua Paola, einem von Papst Paul V. 1612 angelegten Prachtbrunnen, beginnen hinter einem Gittertor die Anlagen der Passeggiata del Gianicolo, die sich auf der Höhe des Gianicolo hinziehen. Die Piazzale Garibaldi zieren die Denkmäler für den italienischen Freiheitskämpfer Giuseppe Garibaldi (1807–1882) und seine erste Gattin Anita. Aus der nahen Kanone wird um 12⁰⁰ Uhr ein

**Ausblick

Schuss abgefeuert. Von hier bietet sich auch ein fantastischer Ausblick auf Rom, die Campagna und die umliegenden Berge.

*Castel Sant'Angelo
Abb. S. 289

Auf der Engelsbrücke gelangt man über den Tiber zur Engelsburg. Sie wurde 136 n. Chr. von Kaiser Hadrian erbaut und war früher der einzige Übergang zum Vatikan. 1668 wurde sie nach einem Entwurf Berninis mit zehn kolossalen Engelsstatuen geschmückt.
Die gewaltige Engelsburg war von Hadrian 130 n. Chr. als Mausoleum für sich und seine Nachfolger erbaut und von Antoninus Pius 139 vollendet worden. Der Rundbau auf quadratischem Unterbau war einst mit Marmor verkleidet. In den Grabkammern wurden die römischen Kaiser bis Caracalla († 217) beigesetzt. Mit dem Bau der Aurelianischen Stadtmauer wurde das Hadriansmausoleum in die Befestigung einbezogen und dank seiner strategischen Lage zur stärksten Festung Roms ausgebaut. In bedrohlichen Situationen konnte sich der Papst durch einen 800 m langen, heute wieder zugänglichen Tunnel (Passetto) aus dem Vatikan in die Engelsburg flüchten. Papst Clemens VII. rettete sich 1527 so vor den Landsknechten von Kaiser Karl V., Papst Pius VII. floh vor den Truppen Napoleons hierher. Zeitweise wurden auch die päpstliche Schatzkammer

und das Geheimarchiv hier in Sicherheit gebracht. Von 1870 bis 1901 diente die Engelsburg als Kaserne und Gefängnis, dann wurde sie restauriert und als Museum eingerichtet.

Von den Papstgemächern verdienen vor allem der mit Grotesken ausgemalte Apollinische Saal Papst Pauls III. und der feierliche Paolinische Saal mit prachtvollen Fresken von Perin del Vaga Beachtung. Die weiteren Räume enthalten heute eine Waffensammlung, Modelle zur Baugeschichte, Möbel sowie Bilder und Skulpturen.

Von den umlaufenden Terrassen genießt man einen herrlichen Rundblick über Rom. Am spektakulärsten ist aber der Blick von der obersten Terrasse, wo eine Bronzestatue des Erzengels Michael (1753) steht. Sie erinnert an eine Vision Papst Gregors des Großen (590), der auf dem Hadriansmausoleum den Erzengel Michael gesehen hatte, wie er sein Schwert in die Scheide zurücksteckte und damit das Ende einer Pestepidemie anzeigte.

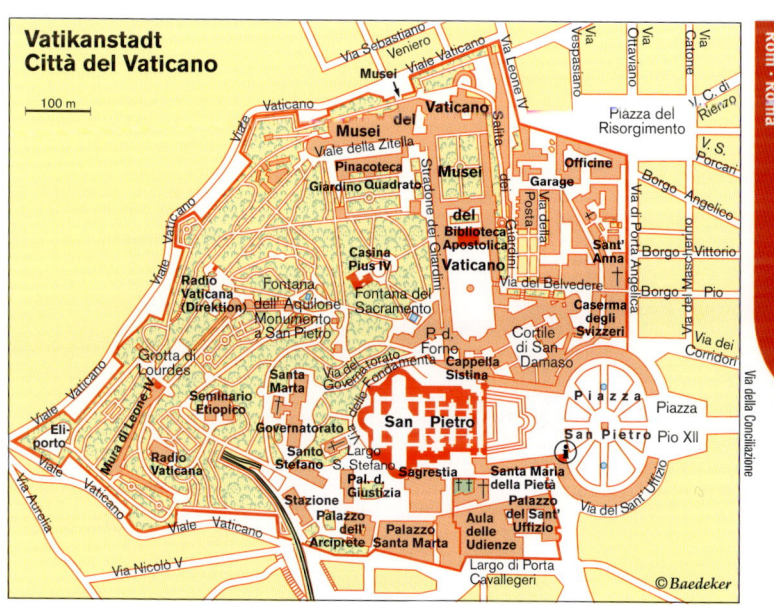

**Città del Vaticano · Vatikanstadt

Die Vatikanstadt, italienisch Stato della Città del Vaticano (SCV, auch Autokennzeichen), liegt am rechten Ufer des Tibers. Sie umfasst das als Ersatz für den 1870 bei der Einigung Italiens aufgehobenen Kirchenstaat geschaffene souveräne Staatsgebiet des Papstes innerhalb der Stadt Rom. Am 11. Februar 1929 schloss Mussolini mit dem Heiligen Stuhl den Lateranvertrag, in dem der italienische Staat die Souveränität des Papstes und die Vatikanstadt als sein ausschließliches Hoheitsgebiet anerkennt. Zur Vatikanstadt gehören der Petersplatz, die Peterskirche, der Vatikan und die päpstlichen

Stato della Città del Vaticano

Vatikan

Der Grundstock seiner Existenz geht auf eine der berühmtesten Täuschungen in der europäischen Geschichte zurück: Die Konstantinische Schenkung, die beweisen sollte, dass der Papst von dem römischen Kaiser Konstantin die Stadt Rom sowie die Westhälfte des Imperiums geschenkt bekommen habe, erwies sich später als Fälschung.

Die Urkunde, die päpstliche Schriftgelehrte erst zwischen 750 und 760 n. Chr. angefertigt hatten, erfüllte ihren Zweck jedoch bestens, und noch um 1850 umfasste der Kirchenstaat große Teile Mittelitaliens mit Latium, Umbrien, Marken und Romagna. Heute kann man den weitgehend von seinen mittelalterlichen Mauern umgebenen Stato della Città del Vaticano, den Kirchenstaat, leicht von der Kuppel der Peterskirche aus überschauen. Mit 44 ha ist er nicht größer als ein mittlerer Bauernhof.

Geschichte

Abgesehen von kurzen Unterbrechungen befindet er sich seit rund 2000 Jahren auf dem am rechten Tiberufer gelegenen Monte Vaticano in Rom. Der Überlieferung nach war hier der Apostel Petrus, der erste Bischof Roms, nach seinem Märtyrertod beerdigt worden, und hier entstand im 4. Jh.

unter dem bereits erwähnten Kaiser Konstantin dem Großen ein erster Kirchenbau und eine Papstresidenz, aus denen sich über Jahrhunderte der Kirchenstaat entwickelte. Sein Ende kam im Jahr 1870. Zehn Jahre zuvor war das Königreich Italien proklamiert worden. Da der Vatikan sich jedoch vehement weigerte, dem neuen unabhängigen italienischen Staat beizutreten, durchbrachen am 20. September 1870 Truppen der italienischen Einigungsbewegung die Porta Pia, eroberten die Stadt und machten Rom zur Hauptstadt des vereinigten Königreichs Italien. Der damalige Papst Pius IX. erklärte sich zum Gefangenen im Vatikan, schloss alle Eroberer aus der Kirche aus und verbot den Katholiken Italiens, in ihrem neuen Staat mitzuarbeiten. Erst Benito Mussolini gelang es 1929 durch die sog. Lateranverträge, zwischen dem Heiligen Stuhl und dem italienischen Staat Frieden zu schließen.

Dem Kirchenstaat wurde in seinen heutigen Grenzen die staatliche Souveränität garantiert, die katholische Religion wurde Staatsreligion. Gegen eine Zahlung von knapp 2 Mrd. Lire verzichtete der Vatikan darüber hinaus auf alle anderen ehemaligen päpstlichen Territorien bis auf die außerhalb der Vatikanstadt gelegenen Kirchen Santa Maria Maggiore, San Giovanni in Laterano und San Paolo fuori le Mura sowie die päpstliche Sommerresidenz bei Castel Gandolfo am Albaner See, etwa 20 km südöstlich von Rom. Im Gegenzug gewann der italienische Staat erstmals seine Anerkennung durch das Papsttum und Mussolini viel Sympathie unter den Katholiken. Erst 1984 wurden die Verträge revidiert, u. a. der Passus über die Staatsreligion abgeschafft.

Hierarchie

Der Vatikan ist ein absolutistischer Staat. Sein auf Lebenszeit gewähltes Staatsoberhaupt, der Papst, ist der alleinige Inhaber der gesetzgebenden, der ausführenden und der Recht sprechenden Gewalt, die er mithilfe einer

Kommission von fünf Kardinälen, einem ernannten Gouverneur und einem Rat ausübt. Derzeit amtiert Johannes Paul II., er wurde 1978 zum 264. Papst gewählt. Das alleinige Wahlrecht besitzen seit 1049 die Kardinäle, und zwar nur die, die zum Zeitpunkt der Wahl noch nicht achtzig Jahre alt sind (die übrigen sind seit 1971 vom Konklave ausgeschlossen). Amtssprachen sind Latein und Italienisch.

Status Quo

Seit fast 500 Jahren im Einsatz: die hundert Mann starke Päpstliche Schweizergarde

Der Kirchenstaat zählt rund 1000 Einwohner, von denen nur die Hälfte Staatsbürger und von diesen wiederum lediglich etwa 25 Frauen sind. Hinzu kommen an die 3000 Angestellte. Damit ist der Vatikan zwar der kleinste Staat der Welt, er ist aber auch das Zentrum und die Regierung der katholischen Kirche, der rund eine Milliarde Menschen aus allen Kontinenten angehören, d. h. ein Sechstel der Erdbevölkerung. Als geistige Weltmacht unterhält er zu rund 170 der etwa 200 Staaten diplomatische Beziehungen.

An staatlichen Attributen hat er außerdem eine weiß-gelbe Flagge, ein Wappen mit den Schlüsseln Petri und der Tiara, ein Autokennzeichen mit der Aufschrift SCV (von manchen spöttisch als "Se Cristo Vedesse", "Wenn Christus das sehen würde" übersetzt) und ein Militärkorps, die Schweizergarde. Die hundert, in Paradeuniformen des 16. Jh.s gekleideten Svizzeri sind für den Schutz des Papstes und seines Palastes verantwortlich.

Der Stadtstaat verfügt über ein eigenes Telefonnetz, Postamt und Bankwesen, darunter die in internationalen Geschäften aktive Handelsbank L'Instituto per le Opere di Religione. Darüber hinaus besitzt der Vatikan einen (nur wenig genutzten) Bahnhof, eine eigene Müllabfuhr, eine Druckerei und ein eigenes Gesundheitswesen. Er produziert selbst keinerlei Güter, auch alle Dienstleistungen sowie die Energieversorgung werden importiert. Er unterhält aber einen eigenen Radiosender (Radio Vaticano) und zwei offizielle Presseorgane, die Acta Apostolicae Sedis und die weltweit vertriebene Tageszeitung Osservatore Romano (Auflage etwa 70 000 Exemplare).

Der Stadtstaat, der keiner Steuerpflicht unterliegt, lebt von Spenden, vom Münzen- und Briefmarkenverkauf, von den Einnahmen aus Handels- und Gewerbemonopolen sowie von allerlei Industriebeteiligungen. Auch der Tourismus spielt eine wichtige Rolle, da die Peterskirche und die Vatikanischen Museen mit ihren berühmten Kunstwerken Besucher aus aller Welt anziehen.

Ungeachtet der geschichtlichen Bedeutung des Papsttums und der Faszination, die es bis heute ausübt, war und ist es eine umstrittene Institution. Hauptkritikpunkte sind die Haltung der Kirche zu Fragen der Sexualmoral, des Zölibats und zur Forderung nach freiem Zugang zu allen kirchlichen Ämtern vor allem für Frauen, zumal es weltweit fast doppelt so viel Nonnen wie Priester und Mönche zusammen gibt (260 000 Priester und 200 000 Mönche gegenüber 820 000 Nonnen).

Weitere interessante Details erfährt man in Klaus Brills "Beim Papst im Zimmer brennt noch Licht. Recherchen im Vatikan" (Picus Lesereisen).

Die offizielle Homepage des Vatikan liefert dagegen nur wenige Informationen (www.vatikan.va). Aktuelles wie Eintrittspreise findet man bei www.roma-online.de/besichtigung-vatikan.html.

Sehr ausführlich über den Vatikan, seine Architekturgeschichte und Sammlungen referiert die Catholic Encyclopedia (www.newadvent.org/cathen/15276b.htm; in englischer Sprache).

Vatikan

Vatikanstadt (Fortsetzung) Gärten, die zum größten Teil von der vatikanischen Mauer eingefasst sind. Zum kleinsten Staat der Welt – 0,44 km² Fläche und ca.
750 Einwohner – zählen außerdem die Patriarchalbasiliken Santa
Maria Maggiore, S. Paolo fuori le Mura und S. Giovanni in Laterano
sowie die päpstlichen Verwaltungsgebäude und die Sommerresidenz in Castel Gandolfo. Der Vatikan besitzt eigene Münzhoheit,
eine eigene Post, eigene Zeitschriften und Zeitungen (v. a. "Osservatore Romano"), eine Rundfunkstation (Radio Vaticana), einen
Bahnhof und Hubschrauberlandeplatz, einen Fuhrpark mit dem
Kennzeichen SCV und eine eigene Staatsflagge (gelb-weiß mit den
Schlüsseln Petri und der Tiara).

Der Papst, das Oberhaupt der römisch-katholischen Kirche, ist Inhaber der gesetzgebenden, vollziehenden und richterlichen Gewalt.
In auswärtigen Angelegenheiten wird er vom Kardinalstaatssekre-
tär vertreten. Die päpstliche Leibgarde besteht aus der 100 Mann
starken Schweizergarde; ihre Mitglieder sind katholische, zwischen
19 und 25 Jahre alte, ledige Bürger der Schweiz, die mindestens
1,78 m groß sind. Ihre Dienstzeit beträgt zwei bis zwanzig Jahre.

Piazza San Pietro mit dem Petersdom

**Piazza di San Pietro Am imposantesten zeigt sich der Petersplatz über die Via della Conciliazione. Bernini schuf 1656 – 1667 mit dem 340 m langen und bis
zu 240 m breiten Platz eine Kulisse für die Gläubigen aller Welt. Er
wird von vierfachen, halbkreisförmigen Kolonnaden aus 284 Säulen und 88 Travertinpfeilern mit 140 Heiligenfiguren auf der Balus-
trade gesäumt. Zwei Scheiben im Pflaster geben die Brennpunkte
der Ellipse (Centri del Colonnato) an, von denen aus die jeweils vier
hintereinander stehenden Säulen der Kolonnaden wie eine einzige
erscheinen. Im Zentrum erhebt sich ein 25,5 m hoher ägyptischer
Obelisk, der einst im Circus des Nero stand, wo Petrus sein Martyri-
um erlitten haben soll. Papst Sixtus V. ließ den 322 t schweren Pfeiler 1586 auf den Petersplatz schaffen. Die beiden 14 m hohen Brunnen daneben wurden 1613 und 1675 aufgestellt.

Rom • Peterskirche
San Pietro in Vaticano

50 m

1 Hauptportal
2 Heilige Pforte
3 Pietà von Michelangelo
4 Denkmal für Christine
  von Schweden
5 Kapelle des hl. Sebastian
6 Denkmal für die Markgräfin
  Mathilde von Tuszien
7 Sakramentskapelle
8 Gregorianische Kapelle
9 Altar des hl. Hieronymus
10 Sitzstatue des hl. Petrus
11 Eingang zu den
   Sacre Grotte Vaticane
12 Aufgang zur Grotte
13 Altar des Erzengels Michael
14 Altar des hl. Petrus, die
   Tabitha vom Tode erweckend
15 Grabmal Papst Urbans VIII.
16 Cathedra Petri (von Bernini)

17 Grabmal Papst Pauls III.
18 Kapelle der Madonna
   della Colonna
19 Altar des hl. Petrus,
   einen Lahmen heilend
20 Grabmal Papst Alexanders VII.
21 Statue der hl. Veronika
22 Statue der hl. Helena
23 Statue des hl. Andreas
24 Altar der Kreuzigung
   des hl. Petrus
25 Grabmal Papst Pius' VIII.
26 Altar Papst Gregors des Großen
27 Klementinische Kapelle

28 Grabmal für Papst Pius VII.
29 Chorkapelle
30 Grabmal Papst Innozenz' VIII.
31 Grabmal Papst Pius' X.
32 Gedenkrelief für
   Papst Johannes XXIII.
33 Capella della Presentazione
34 Gedenkstatue für
   Papst Benedikt XV.
35 Denkmal für Maria Sobieska
   und Stuart-Denkmal
36 Baptisterium (Taufkapelle)
37 Sakristei
38 Sakristei der Kanoniker

San Pietro in Vaticano

Über dem Petersplatz erhebt sich als berühmteste Kirche der Christenheit die Peterskirche. Sie ist dem Apostel Petrus gewidmet, dem ersten Bischof Roms, als dessen Nachfolger jeder Papst gilt. Bis zum Beginn der 1990er-Jahre, als man im afrikanischen Staat Elfenbeinküste eine noch gewaltigere Kirche einweihte, war die Peterskirche der größte christliche Sakralbau.

Die erste Peterskirche wurde unter Kaiser Konstantin als fünfschiffige Basilika mit Säulenvorhof über dem Petrusgrab erbaut und 326 geweiht. Während des Exils der Päpste in Avignon im 14. Jh. verfiel diese Kirche zusehends. Unter Papst Julius II. begann 1506 nach Bramantes Entwürfen – Zentralbau über griechischem Kreuz

Peterskirche (Fortsetzung)	– der Kirchenneubau. Nach dessen Tod übernahmen u. a. Raffael (1515 – 1520) und Antonio da Sangallo (1520 – 1546) die Bauleitung, die ab 1547 Michelangelo weiterführte. Auf ihn geht auch die 132 m hohe Kuppel zurück, deren Fertigstellung (1586 – 1593) er allerdings nicht mehr erlebte. Bramantes Plan wurde 1605 zugunsten eines Grundrisses in Form des lateinischen Kreuzes aufgegeben. Das Langhaus und die Barockfassade (1614) führte Carlo Maderno aus. Von der Loggia über dem mittleren Eingang der Säulenfassade erteilt der Papst an Ostern und Weihnachten seinen Segen "Urbi et orbi" ("Für Stadt und Erdkreis").
Vorhalle	Durch fünf Eingänge betritt man die 71 m breite, 13,5 m tiefe und 20 m hohe Vorhalle. Die Bronzetürflügel des großen Hauptportals sind das Werk des Florentiner Bildhauers Antonio Filarete (1433 bis 1445); links die "Pforte des Todes" mit Bronzereliefs von Giacomo Manzù (1964), rechts der Mitte "Die Sieben Sakramente" von F. Messina (1965), rechts daneben die Heilige Pforte (Porta Santa), die nur in "Heiligen Jahren" geöffnet wird und von innen zugemauert ist.
Inneres	Das Innere der Peterskirche (Eintritt nur in langen Hosen oder Röcken und mit bedeckten Schultern!) überwältigt durch seine Ausmaße: 186 m Länge, Höhe im Hauptschiff 45 m, in der Kuppel 119 m. Bei einer Grundfläche von 15 160 m^2 finden hier ca. 60 000 Menschen Platz. Die Längenangaben bedeutender Kathedralen der Welt in der Mitte des Mittelschiffs verdeutlichen die Größenverhältnisse. Auf der roten Porphyrscheibe beim Hauptportal, im Alt Sankt Peter der Altarbereich, wurde an Weihnachten des Jahres 800 Karl der Große von Papst Leo III. zum römischen Kaiser gekrönt. Vor dem vierten Pfeiler rechts die Bronzesitzstatue des hl. Petrus aus dem späten 13. Jh., deren rechter Fuß durch die Küsse der Gläubigen blank geworden ist. Die zweischalige, 42,2 m weite Kuppel über dem Papstaltar stützen vier mächtige Pfeiler, in deren Nischen die Heiligen Helena, Veronika, Longinus und Andreas stehen. Der Kuppelring verkündet: "Tu es Petrus …" – "Du bist Petrus und auf diesen Fels werde ich meine Kirche bauen, und Dir gebe ich die Schlüssel des Himmelreichs." Über eine Galerie im Innern des Tambours führen Treppen zwischen den Kuppelschalen bis zur Laterne, wo sich ein grandioser Blick auf den Petersplatz, den Vatikan und Rom öffnet (Eingang im linken Seitenschiff oder rechts der Vorhalle).
Papstaltar	Über dem Papstaltar (Altare Papale) erhebt sich der 29 m hohe Bronzebaldachin auf vier gedrehten und vergoldeten Säulen, 1633 von Bernini im Auftrag Papst Urbans VIII. geschaffen. Vor dem Altar führt eine doppelte Marmortreppe (nicht allgemein zugänglich) hinab in die Confessio über dem vermutlichen Grab von Petrus. Nach zweijähriger Restaurierung kann es wieder besichtigt werden (Anmeldung bei der Dombauhütte des Vatikans, Fabbrica di San Pietro 9 – 12, ☎ 06 69 88 53 18).
Apsis	Mit der Cathedra Petri (1657 – 1666) in der Apsis hatte Papst Alexander VII. wiederum Bernini beauftragt. Vier Kirchenlehrer stützen den Bischofsstuhl des Petrus, über dessen Rückenlehne zwei Putten Schlüssel und Tiara als päpstliche Symbole emporhalten. Darüber befindet sich ein Alabasterfenster mit der Taube des Heiligen Geistes.
Pietà	In der ersten Kapelle des rechten Seitenschiffs steht die ausdrucksvolle "Pietà" von Michelangelo, 1498 – 1499 von dem damals 24-Jäh-

rigen als Grabstatue für den französischen Kardinal Jean de Bilhères geschaffen. Die sehr jugendliche Madonna hat auf ihrem Schoß den vom Kreuz genommenen Christus. Auf dem Band über ihrer Brust signierte der junge Michelangelo sein Werk.

Peterskirche (Fortsetzung)

Von den zahlreichen Papstgrabmälern in den Seitenschiffen beeindruckt besonders das barocke Grabmal Alexanders VII., in dem die Theatralik Berninis ihren Höhepunkt erreicht (1672 – 1678). Umgeben von vier Tugenden sieht der Papst dem Tod entgegen.

Bei den Vatikanischen Grotten (Sacre Grotte Vaticane; Eingang bei den Vierungspfeilern) handelt es sich um eine Krypta, die beim Neubau der Basilka entstand, als man das Fußbodenniveau im Vergleich zu Alt Sankt Peter um 3,5 m erhöhte. Bei einem Rundgang sieht man das Reliquiar unter dem Hauptaltar und passiert u. a. die Gräber für Pius XII. († 1958), Johannes XXIII. († 1963), Paul VI. († 1978) und Johannes Paul I. († 1978).

Vatikanische Grotten

Durch den Arco delle Campane gelangt man links der Peterskirche zum deutschen Friedhof im Vatikan (nur bis 12⁰⁰ Uhr geöffnet). Er ging aus der bereits 799 erwähnten Schola Francorum hervor.

Camposanto Teutonico

Der weitläufige Vatikanische Palast wurde im 6. Jh. begonnen, aber erst im 14. Jh. nach der Rückkehr aus Avignon anstelle des Laterans zum ständigen Wohnsitz der Päpste. Die päpstlichen Wohn- und Arbeitsräume befinden sich in den oberen Stockwerken oberhalb der Bernini-Kolonnaden. Von dort spricht der Papst jeden Sonntag das Angelusgebet. Im Palast befinden sich u. a. die Stanzen des Raffael, die Sixtinische Kapelle mit den erst unlängst restaurierten Fresken Michelangelos, die Loggia von Raffael, das ehemalige Gartenhaus Belvedere, die Vatikanische Bibliothek, die Vatikanischen Sammlungen und eine Gemäldegalerie. Im Ganzen sind es etwa 1400 Säle, Kapellen und Zimmer.

*Palazzi Vaticani

**Musei Vaticani

Die Vatikanischen Museen, die einen großen Teil des Vatikanischen Palastes einnehmen, gehören zu den bedeutendsten Kunstsammlungen der Welt (geöffnet tägl. 8⁴⁵ – 15⁴⁵, Sa. nur bis 12⁴⁵ Uhr, letzter So. im Monat freier Eintritt). Vom Eingang am Viale Vaticano gelangt man in die Vorhalle. Der Rundgang durch die Museen verläuft im Einbahnsystem, wobei man die Wahl zwischen vier unterschiedlich langen, mit verschiedenen Farben markierten Strecken hat.

Die Vatikanischen Museen besitzen die umfangreichste Sammlung antiker Skulpturen der Welt, deren Anfänge bis in die Renaissance zurückgehen. Ein verstärkter Aufbau setzte dann unter den Päpsten Clemens XIV. (1769 – 1774) und Pius VI. (1775 – 1799) ein, deren Namen der Hauptteil der Sammlung (Museo Pio Clementino) trägt. Pius VII. fügte das Museo Chiaramonti und den Braccio Nuovo hinzu. Die meisten Ausstellungsstücke wurden in Rom und seiner Umgebung gefunden, meist römische Kopien griechischer Originale oder römische Neuschöpfungen. Im Folgenden sind einige herausragende Stücke genannt.

**Museo Pio Clementino, Museo Chiaramonti, Braccio Nuovo

Vatikanische Museen (Fortsetzung)

Braccio Nuovo: Der Augustus von Prima Porta zeigt den um 19 v. Chr. geschaffenen Prototyp einer Kaiserstatue mit klar herausgearbeiteten Gesichtszügen und Reliefschmuck des Panzers.

Gabinetto dell'Apoxyomenos: Die römische Marmorkopie des Athleten von Lysipp (4. Jh. v. Chr.) stellt einen siegreichen Athleten dar, der sich mit dem Schabeisen vom Öl reinigt, mit dem er sich vor dem Wettkampf eingerieben hat.

Cortile Ottagono: Der Apoll von Belvedere ist die römische Kopie eines Originals aus dem 4. Jh. v. Chr., das Leochares zugeschrieben wird. Winckelmann erhob sie zu einer Symbolfigur der Antike. Die Laokoongruppe ist die wohl berühmteste Skulpturengruppe der Antike (1. Jh. v. Chr.). Sie zeigt den trojanischen Priester Laokoon und seine beiden Söhne im verzweifelten Kampf gegen zwei Schlangen – ein Hauptwerk des Hellenismus.

Sala delle Muse: Der Torso von Belvedere ist laut Inschrift ein Werk des Apollonius aus Athen (1. Jh. v. Chr.). Wegen seiner genauen anatomischen Darstellung diente er Michelangelo als Vorbild für seine Männergestalten an der Sixtinischen Decke.

Sala Rotonda: Inmitten der Mosaikböden aus den Thermen von Orticoli beeindruckt die riesige Porphyrschale von 13 m Umfang. Die Zeusbüste aus Otricoli entstand nach einem Original des Bryaxis (4. Jh. v. Chr.); eine Bacchusfigur zeigt den Liebling des Kaisers Hadrian, Antinoos, der tragisch im Nil ertrank.

Laokoon und seine Söhne im Kampf mit zwei Schlangen

Museo Gregoriano Egizio

Das von Papst Gregor XVI. 1839 gegründete Museum zeigt in zehn Sälen ägyptische Kunstwerke, die in Rom und Umgebung gefunden wurden und zumeist Beutestücke der Kaiserzeit waren.

Museo Gregoriano Etrusco

Das ebenfalls von Gregor XVI. gegründete Museum gibt einen guten Einblick in das alltägliche Leben und in die Vorstellungen vom Tod in der Kunst und Kultur der Etrusker.

**Stanze di Raffaello

Die Wohnräume (ital. "stanze") des Papstes gestalteten Raffael, sein Lehrer Perugino und einige Schüler Raffaels von 1507 bis 1520 zunächst im Auftrag von Papst Julius II., später von Leo X. Die Sala di Constantino wurde erst nach dem Tod von Raffael freskiert. Anhand seiner Vorlagen schufen Francesco Penni und Giulio Romano die Fresken mit Stationen aus dem Leben von Kaiser Konstantin. In der Stanza d'Eliodoro, die das wunderbare Eingreifen Gottes zum Schutz des Papsttums, der Religion, der Apostel und der Kirche zeigt, beeindruckt die "Befreiung Petri", die erste Nachtszene Raffaels. Die Fresken der Stanza della Segnatura mit den Darstellungen der Poesie, Theologie, Philosophie und Gerechtigkeit gelten als Höhepunkt der Hochrenaissancemalerei. In der "Schule von Athen" treffen sich die berühmtesten Philosophen der griechischen Antike: Aristoteles und Plato im Zentrum, der grün gewandete Sokrates, Pythagoras, dessen Harmonielehre auf einer Schiefertafel aufgezeichnet ist, Euklid mit einem Zirkel in der Hand, der bekrönte Geograf Ptolemaios sowie der bärtige Astronom Zoroaster mit einem Himmelsglobus. Auf den Stufen lagert Diogenes und auf einen Marmorblock gelehnt Heraklit. Raffael hat sich hier als Zweiter von rechts außen selbst verewigt. In der Stanza dell'Incendio di Borgo zeigt der "Brand des Borgo", wie Papst Leo IV. durch das Schlagen des Kreuzzeichens 847 einen Brand im Wohnviertel von St. Peter löscht.

Vatikanische Museen (Fortsetzung)

Durch das Vorzimmer rechts neben dem Konstantinsaal gelangt man in die Kapelle Nikolaus V., die Fra Angelico ca. 1447 – 1550 mit Szenen aus dem Leben der hll. Laurentius und Stephanus freskierte.

Kapelle Nikolaus V.

Unter Pinturicchios Leitung wurden 1492 – 1495 sechs von Papst Alexander VI. Borgia bewohnte Säle mit Wandgemälden geschmückt. Sie beherbergen Teile der Sammlung moderner religiöser Kunst, in der alle Richtungen des 20. Jh.s vertreten sind. Der größere Teil befindet sich in den Räumen unter der Sixtinischen Kapelle.

Appartamento Borgia

Die Sixtinische Kapelle, deren Restaurierung 1994 abgeschlossen wurde, wurde im Auftrag von Papst Sixtus IV. (1474 – 1481) als päpstliche Hauskapelle erbaut. Hier findet das Konklave zur Papstwahl statt. Den Kamin, in dem die Stimmzettel verbrannt werden, wird

**Cappella Sistina

man vergeblich suchen: Er wird nur anlässlich einer Papstwahl aufgestellt. Ihren Ruhm verdankt die Kapelle den herausragenden Fresken von Michelangelo an Decke und Altarwand. Die Fresken an den 40 m langen Seitenwänden stammen noch aus der Entstehungszeit unter Papst Sixtus IV. Berühmte toskanische und umbrische Künstler wie Botticelli, Ghirlandaio, Perugino, Pinturicchio, Rosselli und Signorelli schufen den Moses- und Christus-Freskenzyklus, der Szenen des Alten Testaments dem Neuen Testament gegenüberstellt. Im Auftrag von Julius II. begann Michelangelo 1508 mit der Neugestaltung der Decke, die sich bis 1512 hinzog. Eingebunden in eine großartige Scheinarchitektur und umgeben von plastisch hervortretenden Sibyllen und Propheten erzählt Michelangelo in leuchtenden Farben Szenen aus der Schöpfungsgeschichte und dem Sündenfall. Weltbekannt ist der

Christus als Weltenrichter beim Jüngsten Gericht in der Cappella Sistina

299

Sixtinische Kapelle (Fortsetzung)	Fingerzeig, mit dem ein energischer Gott einem eher passiven Adam den Atem des Lebens einhaucht. 1534, Michelangelo war inzwischen fast 60 Jahre alt, holte ihn Paul III. noch einmal in die Sixtinische Kapelle, um die großflächige Altarwand neu zu gestalten. Mit dem "Jüngsten Gericht" schuf Michelangelo eine der bewegendsten und dramatischsten Darstellungen dieses Themas. Im Zentrum der fast 400 Figuren thront Jesus Christus als Weltenrichter, umgeben von Maria und Heiligen mit ihren Marterwerkzeugen. Vor einem blauen Lapislazulihimmel fahren links die Seligen zum Himmel auf, rechts ziehen Teufel die Verdammten zur Hölle. Doch weniger die körperlichen Qualen der Verdammten stehen im Vordergrund als vielmehr ihr Erschrecken und ihre inneren Qualen. Der nachfolgende Papst Paul IV. sah das anders. Er ließ das "Babel der Nackten" mit Hosen und Schleiern bedecken, die bei der Restaurierung zum Teil wieder entfernt wurden. (Der rechte Ausgang führt auf den Petersplatz.)
*Biblioteca Apostolica Vaticana	Die Vatikanische Bibliothek, um 1450 von Nikolaus V. gegründet, besitzt über 800 000 Bücher, 60 000 Manuskripte, 7000 Wiegendrucke und mehr als 800 000 Drucke. Im von Domenico Fontana gestalteten Salone Sistino kann man in den Vitrinen Bibelcodices, illustrierte Evangelien, kostbare Pergamente und alte Papyri bewundern.
**Pinacoteca	Die Vatikanische Pinakothek wurde von Pius VI. im 18. Jh. gegründet und schon wenig später durch Napoleon wertvoller Gemälde beraubt. Dennoch geben die 16 Säle einen ausgezeichneten Überblick über die Entwicklung der religiösen Malerei vom Mittelalter bis heute. Herausragend ist das "Stefaneschi-Triptychon" von Giotto (um 1300), das ehemals am Hochaltar von Alt Sankt Peter stand. Die Florentiner Schule des 15. Jh.s ist vertreten durch Fra Angelico, Filippo Lippi und Benozzo Gozzoli. Vom Lehrer Raffaels, Perugino, stammt die "Madonna mit Heiligen" (1483 – 1495). Ein eigener Saal ist Raffael gewidmet, darunter die "Madonna von Foligno" (um 1512) und die berühmte "Verklärung Christi" (1520). Die Gobelins mit Szenen aus der Apostelgeschichte, geschaffen nach Kartons Raffaels, schmückten früher während der Osterwoche die Sixtinische Kapelle. Von Leonardo da Vinci stammt das unvollendete Bildnis des hl. Hieronymus (um 1480). Scharfe Hell-Dunkel-Kontraste und eine kräftige Farbgebung unterstreichen die Dramatik in der "Grablegung" von Caravaggio (um 1604).

Weitere Sehenswürdigkeiten in Rom

Esposizione Universale di Roma (EUR)	Für die 1942 geplante Weltausstellung ließ Mussolini ab 1938 unter der Leitung von Marcello Piacentini im Süden der Stadt auf 420 ha ein gigantisches Ausstellungsgelände errichten. In bewusster Anlehnung an die kaiserzeitlichen Bauten ließ er zwischen breit angelegten Straßen und großzügigen Plätzen monumentale Gebäude errichten, die die Macht und Größe des Faschismus demonstrieren sollten. Nachdem die Weltausstel-

Baedeker TIPP **Nicht nur für die Kleinen**

Wer im EUR mit Kindern unterwegs ist, sollte Zeit für das bezaubernde Puppentheater Mongiovino an der Via Giovanni Genocchi 15 einplanen (Auskunft: ☎ 06 513 94 05).

lung wegen des Zweiten Weltkriegs nicht stattgefunden hatte, wurde das Gelände in der Nachkriegszeit vollendet. Heute ist es ein modernes Stadtviertel mit vielen Grünflächen und wichtiges Verwaltungs- und Wirtschaftszentrum. Kern der Anlage ist der von La Padula, Guerrini und Romano entworfene Palazzo Civiltà del Lavoro, der wegen seiner Rundbogenarkaden, die an das Kolosseum anknüpfen, auch Colosseo quadrato genannt wird. De Chirico hat ihn in vielen seiner Bilder festgehalten. Der kuppelbekrönte Kongresspalast stammt von Adalberto Libera. Die Sportstätten wie der eindrucksvolle Rundbau des Palazzo dello Sport von Marcello Piacentini und Pier Luigi Nervi entstanden anlässlich der XVII. Olympischen Sommerspiele 1960. Heute finden hier neben Sportveranstaltungen auch Rock- und Popkonzerte statt.

EUR-Viertel
(Fortsetzung)

EUR kann sich außerdem eines der interessantesten Museen zur römischen Stadtgeschichte rühmen. Das weitläufige Museum für Römische Kultur veranschaulicht die Entstehung und Bedeutung des römischen Imperiums sowie die baulichen Veränderungen in der Stadt. Glanzstücke sind das von Italo Gismondi 1937 begonnene und 1970 fertig gestellte Modell der Stadt Rom zur Zeit Konstantins des Großen und die Gipsabgüsse der Reliefs der Trajanssäule, die Napoleon III. 1861 herstellen ließ.

Museo della Civiltà Romana

Hinter dem Stadttor S. Sebastiano beginnt die Via Appia Antica, eine der berühmtesten Ausfallstraßen des antiken Roms. (Man erreicht sie mit dem Bus 218 ab Piazza S. Giovanni in Laterano bzw. 613 ab Arco di Travertino.) Die "Königin der Straßen" wurde um 312 v. Chr. vom Censor Appius Claudius Caecus angelegt und führte über Terracina zunächst bis nach Capua. Anfang des 2. Jh.s v. Chr. wurde sie dann über Benevent bis nach Brindisi verlängert. Links und rechts der Via Appia bauten sich die vornehmen römischen Familien ihre Grabstätten. Diese antiken Grabmäler und Gedenksteine charakterisieren heute zusammen mit den Pinien und Zypressen die Via Appia. Der größte Teil der Straße ist asphaltiert und daher bei Inlineskatern recht beliebt. Einige Abschnitte

***Via Appia**

Baedeker TIPP) **Via Appia – Fußgängerzone**

Besonders am Sonntagmorgen, wenn die Via Appia für den Autoverkehr gesperrt ist, lohnt ein Spaziergang oder eine Radtour entlang der von Pinien und Zypressen gesäumten Gräberstraße (Via Appia, So. und Fei. 9 00 – 16 00, während der Sommerzeit bis 18 00 für Autos gesperrt). Eine bequeme Alternative ist die Fahrt mit dem umweltfreundlichen Archeobus. Er hält an 20 geschichtsträchtigen Haltestellen, und man kann beliebig oft die Fahrt unterbrechen. Abfahrt: stündlich zwischen 9 00 und 17 00 Uhr ab Piazza Venezia (☎ 06 46 95 46 95; www.romavision.it).

der antiken Straßenpflasterung sind erhalten geblieben. Man sieht – z. B. hinter der Abzweigung der Via Cecilia Metella – große, unregelmäßige, schwarze Basaltplatten mit tiefen Wagenspuren.

Zwischen der Porta San Sebastiano und den Katakomben des hl. Kallixtus liegt die kleine Kirche Domine quo vadis. Nach der Legende soll Petrus auf der Flucht vor dem Märtyrertod hier Christus begegnet sein, der ihm auf die Frage "Domine quo vadis?" ("Herr, wohin gehst du?") mit "Venio iterum crucifigi ("Ich komme, mich nochmals kreuzigen zu lassen") antwortete. Petrus kehrte darauf-

Domine quo vadis

Domine quo vadis (Fortsetzung)	hin beschämt nach Rom zurück und nahm den Kreuzigungstod auf sich. Die Kirche besitzt eine Nachbildung der Fußspur Christi. Tatsächlich handelt es sich um ein Votivbild für den glücklichen Ausgang einer Reise.
Katakomben	Die Katakomben waren die gesetzlich anerkannten, "coemeteriae" genannten Begräbnisstätten der Christen und genossen bis zum Anfang des 9. Jh.s zusammen mit den Märtyrergräbern allgemeine Verehrung. Dann verfielen die Grabstätten, und sogar der alte Namen ging verloren. Die jetzige Bezeichnung geht auf eine Grabstätte bei San Sebastiano zurück, die "ad catacumbas" ("in der Senke liegend") genannt wurde. Sie dienten lediglich als Begräbnisstätte und zu Totenmessen und nicht, wie oft in Monumentalfilmen dargestellt, als Zufluchtsstätte der Christen. Die Anlage ist sehr einfach: schmale Gänge, in deren Wänden Längsnischen zur Aufnahme der Leichen eingelassen waren. Die Ausschmückung, mit Malereien und wenigen Skulpturen, lehnt sich im Stil an die zeitgenössische heidnische Kunst an. Es überwiegen symbolische Motive: das Opferlamm, der Fisch, bei dem das griechische Wort "Ichthys" die griechischen Anfangsbuchstaben von "Jesus Christus, Gottes Sohn, der Retter" darstellte. Eindrucksvoll sind ferner frühe Bilder des Abendmahls und der Jungfrau Maria. Die älteren Inschriften nennen lediglich den Namen des Verstorbenen.
*Catacombe di San Callisto	Die Katakomben des hl. Kallixtus an der Via Appia Antica erstrecken sich unter einer grünen Oase der Ruhe. Über Zypressenalleen erreicht man den Eingang zu dem mehrstöckigen, höchst weitläufigen Katakombensystem. Während der geführten Rundgänge besucht man u.a. die Grablegen zahlreicher Päpste des 3. Jh.s und das Grab der hl. Cäcilia.
San Sebastiano ad Catacumbas	Direkt an der Via Appia Antica liegt mit der Kirche San Sebastiano eine der sieben Pilgerkirchen Roms. Der Überlieferung nach sollen hier zeitweilig die Gebeine von Petrus und Paulus aufbewahrt worden sein. Bereits Mitte des 3. Jh.s befand sich hier ein christlicher Versammlungsraum, der unter Konstantin mit einer Basilika überbaut wurde. Im 8. Jh. wurde die Kirche dem unter Diokletian hingerichteten christlichen Soldaten Sebastian geweiht. Anfang des 17. Jh.s wurde die Kirche im barocken Stil neu errichtet. Hinter der Apsis führt eine Treppe hinab zur sog. Platonia, der Gruft des Märtyrers Quirinus; links davon liegt die Zelle Domus Petri mit Wandmalereien aus dem 4. Jahrhundert. Während des Neubaus entdeckte man unter der Kirche neben drei heidnischen Grabstätten und christlichen Katakomben auch einen Versammlungsraum (Triclia) für Gedächtnisfeiern, an dessen Wänden sich Inschriften mit Anrufungen der Apostel Petrus und Paulus befinden.
Fosse Ardeatine	Im März 1944 wurden in den Ardeatinischen Höhlen als Vergeltung für einen Bombenanschlag auf deutsche Soldaten 335 italienische Geiseln erschossen. Ein Mausoleum mit einer eindrucksvollen Skulptur erinnert an die Toten.
Catacombe di Domitilla	Die Domitilla-Katakomben an der Via delle Sette Chiese sind die größten der zahlreichen Katakomben. In diesen unterirdischen Grablegen wurden neben christlichen auch heidnische Römer be-

302

stattet. Domitilla, eine entfernte Nachfahrin von Kaiser Vespasian, die sich zum christlichen Glauben bekehrt hatte, gewährte auch Glaubensgefährten die Bestattung in der Familiengruft.

Rom
(Fortsetzung)

Direkt neben der Via Appia Antica erstreckt sich der im Jahre 311 erbaute Zirkus des Maxentius. Sein im Vergleich zum Cirkus Maximus guter Erhaltungszustand vermittelt einen guten Eindruck vom Aussehen antiker Pferderennbahnen.

Circo di Massenzio

Als bekannteste Ruine der römischen Campagna ragt das Grabmal der Caecilia Metella heraus. Der Rundbau mit einem Durchmesser von 20 m war ursprünglich mit Travertinplatten verkleidet. Im 13. Jh. wurde er als Burg der Familie Caetani mit Zinnen versehen. Jenseits des Grabmals tritt an vielen Stellen noch das antike Pflaster der Via Appia hervor. Neben zahlreichen Resten unterschiedlichster Grabmonumente erkennt man die Bögen der römischen Wasserleitungen Aqua Marcia und Aqua Claudia.

Tomba di Cecilia Metella

Das Foro Italico (auch Campo della Farnesina genannt; Eingang an der Piazza De Bosis) ist das römische Sportzentrum. Baubeginn war kurz vor dem Zweiten Weltkrieg, zum größten Teil wurden die Anlagen jedoch erst zu den XVII. Olympischen Sommerspielen 1960 fertig gestellt. Dazu gehören das Schwimmstadion (Stadio del Nuoto), das Marmorstadion (dei Marmi), das von 60 heroischen Athletenstatuen aus Carrara-Marmor geschmückt ist, und das Olympiastadion (Olimpico), wo 1990 das Finale der Fußballweltmeisterschaft ausgetragen wurde.

Foro Italico

Salerno

Salerno   J 14

Region: Kampanien · Campania
Provinz: Salerno
Höhe: Meereshöhe
Einwohnerzahl: 143 000

Das von einem mittelalterlichen Kastell überragte Salerno liegt am Nordende des gleichnamigen Golfs zwischen den grünen Hügeln der Monti Picentini und dem Meer. Es ist die Hauptstadt der größten Provinz Kampaniens und nach Neapel das bedeutendste Industrie- und Handelszentrum der Region.

Allgemeines

Sein modernes Stadtviertel liegt in Meeresnähe, die Altstadt zieht sich den Hang empor. Ihre Blüte erlebte die von Griechen gegründete Stadt unter den Normannen, Robert Guiscard ernannte sie 1077 zur Hauptstadt seines Reichs, das den gesamten Süden Italiens sowie Sizilien umfasste, und anschließend unter der Staufer Friedrich II. Seine im 11. Jh. gegründete und damit älteste medizinische Hochschule Europas war weit über Italiens

Baedeker TIPP **Empfehlungen**

In der jüngst renovierten, besuchenswerten Altstadt isst man gut und nicht allzu teuer z. B. im Ristorante S. Lucia, Via Roma (☎ 089 22 58 28) oder in der Pizzeria Vicolo della Neve 24, die nach der Gasse, in der sie liegt, benannt ist (☎ 089 22 57 05). Wer mit dem Fahrzeug unterwegs ist und eine richtig gute Pizza essen möchte, dem sei die Pizzeria Roxy Club in Pontecagnano Faiano empfohlen (etwa 18 km südöstlich von Salerno; ☎ 089 84 81 85).

**Allgemeines
(Fortsetzung)**

Grenzen hinaus berühmt (1812 wurde sie von Murat, dem Schwager Napoleons, geschlossen). Am 8. September 1943 landeten hier die Alliierten nach tagelangen Bombardements erstmals auf dem europäischen Festland. Überschwemmungen, das schwere Erdbeben von 1980 sowie ein skrupelloser Bauboom setzten die Zerstörung des Stadtbildes fort. Das Jahr 1990 markierte einen Wendepunkt. Seither wird die Altstadt saniert und Salerno nach Plänen des Katalanen Oriol Bohigas behutsam umgebaut, mit großem Erfolg.

Sehenswertes in Salerno

**Hafen und
Innenstadt**

Der Hafen dient in erster Linie dem Nahverkehr (Schiffe nach Capri, Amalfi und Positano). Entlang des Hafens verläuft die von stattlichen modernen Gebäuden gesäumte Uferstraße Lungomare Trieste. Parallel zu diesem verläuft die Via Roma, die zusammen mit ihrer Fortsetzung Corso Giuseppe Garibaldi den Hauptstraßenzug der Stadt bildet. Etwa in der Mitte der Via Roma steht der Palazzo di Provincia. Von hier gelangt man nördlich durch die Via del Duomo,

Via Mercanti

auf der man nach etwa 100 m die hübsche Via Mercanti kreuzt, zum Dom S. Matteo.

***Dom
S. Matteo**

Hauptsehenswürdigkeit von Salerno ist der Dom San Matteo mit seinem 56 m hohen Kampanile. Er wurde um 1080 unter Robert Guiscard im arabisch-normannischen Stil erbaut und gilt als einer der schönsten Kathedralen Süditaliens. Durch das romanische Löwenportal (11. Jh.) betritt man einen weiten Vorhof, dessen Arkaden von 28 antiken Säulen aus Paestum getragen werden. Das Mittelportal mit einer 1099 in Konstantinopel gegossenen Bronzetüre

Ein Kleinod italienischer Marmorintarsienkunst: die barocke Krypta des Doms S. Matteo

führt in den Innenraum. Im Mittelschiff des Doms sieht man über der Eingangstür ein großes Mosaikbrustbild des hl. Matthäus, eine Arbeit aus normannischer Zeit; Beachtung verdienen ferner zwei reich mit Mosaiken verzierte Ambons (Lesepulte), die wie der Osterleuchter aus dem 12./13. Jh. stammen. In der Kapelle rechts vom Hochaltar befindet sich das Grab des 1085 in Salerno im Exil gestorbenen Papstes Gregor VII. In der barockisierten Krypta sind die Gebeine des Evangelisten Matthäus aufbewahrt.

S. Matteo (Fortsetzung)

Im benachbarten Dommuseum sind u. a. wertvolle Elfenbeindiptychen aus dem 12. und 13. Jh., Altarbilder und Mosaiken aus verschiedenen Kirchen der Provinz Salerno zu sehen.

Museo Diocesano

Im Nordosten der Stadt sind entlang der Via Arce noch Reste des Aquädukts erhalten. Die oberirdische Wasserleitung aus zwei Arkadenreihen aus dem 8. und 11. Jh. sicherte die Wasserversorgung.

Acquedotto

Im Archäologischen Museum (hinter dem Dom, Via San Benedetto 28; geöffnet Mo.–Sa. 9⁰⁰–13⁰⁰, 14³⁰–19⁰⁰ Uhr, So. nur vormittags) sind Funde aus dem dem 9. Jh. v. Chr. bis 6. Jh. n. Chr. ausgestellt.

Museo Archeologico

Vom Dom gelangt man in einem 45-minütigen Fußmarsch zu dem nordwestlich über der Stadt gelegenen, wuchtigen langobardischen Castello di Arechi hinauf (263 m). Es verkehrt auch ein Stadtbus; mit dem Pkw erreicht man die Zufahrtstraße von einer Abzweigung unmittelbar vor der Mautstelle der Autostrada. Es beherbergt ein kleines stadtgeschichtliches Museum (geöffnet Di.–Sa. 9⁰⁰ bis 14⁰⁰ Uhr). Von hier oben bietet sich ein großartiger Blick über Salerno und den Golf.

Castello di Arechi

Weitere Sehens- würdigkeiten	An der Via dei Mercanti liegen die romanische Crocifisso-Kirche und die ehemalige Kirche S. Gregorio (11./12. Jh.); Letztere birgt das Museo della Scuola Medica, das die Geschichte der im Mittelalter berühmten medizinischen Hochschule dokumentiert (Öffnungs-zeiten wie Archäologisches Museum).
Area archeologi- ca di Fratte	Im archäologischen Park am Ende des Stadtteils Fratte sind die Ne-kropolen einer in der frühen Antike existierenden etruskisch-sam-nitischen Siedlung zu sehen.

Umgebung von Salerno

Amalfitana	▶ dort
Pontecagnano	Mehr über die vorrömische Besiedlung der Region erfährt man im Museo Nazionale dell'Agro Picentino in Pontecagnano (15 km öst-lich von Salerno; Piazza Risorgimento 14; geöffnet tägl. 9^{00} – 14^{00} Uhr). Beim Bau der Autobahn war man u. a. auf eine große Nekro-pole gestoßen, die Fundstücke stammen von 900 – 300 v. Chr.
Avellino	Die moderne, freundliche Provinzhauptstadt Avellino (56 000 Einw.; 38 km nördlich von Salerno) liegt am Ostrand der Hügelland-schaft Irpinia; sie war Zentrum eines heftigen Erdbebens im Jahr 1980. Sie wird von einem langobardischen Kastell überragt, in das im 18. Jh. ein barocker Palast eingebaut wurde. Hauptsehenswürdig-keit ist das Museo Provinciale Irpino (Corso Europa), ein archäolo-gisch-historisches Museum, in dem die Funde aus der Provinz aus-gestellt sind.
Montevergine	Über eine kurvenreiche Straße erreicht man nach ca. 5 km den 1270 m hoch gelegenen Wallfahrtsort Montevergine, den man auch mit der Schwebebahn von Mercogliano erreicht. Das Kloster war Anfang des 12. Jh.s gegründet und auf den Fundamenten eines Ky-bele-Tempels erbaut worden, im 18. Jh. wurde es weitgehend baro-ckisiert. Das als wundertätig verehrte Marienbild (13. Jh.) in der Kir-che ist vor allem an Pfingsten und am 7./8. September ein viel be-suchtes Pilgerziel. Etwa 45 Minuten oberhalb des Klosters ragt der Gipfel des 1493 m hohen Montevergine auf, von dem sich eine herr-liche Aussicht auf den Golf von Neapel und Salerno sowie über die Irpinia bietet.
San Guglielmo al Goleto	Von Montevergine geht es auf der SS 400 über Sant'Angelo dei Lom-bardi mit einem Langobarden-Kastell nach San Guglielmo al Gole-to, einem 1133 gegründeten Kloster, das zuletzt beim Erdbeben 1980 schwer beschädigt, in der Zwischenzeit aber wieder restau-riert wurde.

Golf von Salerno · *Cilento

Landschaftsbild	Zwischen dem Golf von Salerno und dem Golf von Policastro er-streckt sich zwischen Agropoli und Sapri der Cilento, ein mächti-ges Felsmassiv mit einer höchst abwechslungsreichen Küsten- und Berglandschaft. Im Norden wird er durch die Flüsse Calore und Ta-nagro begrenzt (entsprechend dem Verlauf der A 3). Eine Steilküste

Cilento-Küste im Südosten von Salerno: bizarre Felsformationen, dazwischen traumhaft schöne Sandbuchten

mit vielen Grotten wechselt hier mit kleinen, dann auch längeren weißen Sandbuchten ab. Vor allem im Juli und August sind die Orte an der etwa 100 km langen Küste ein Ferienziel ersten Ranges. Das gilt besonders für das schön auf einem Hügel gelegene Santa Maria di Castellabate, für Acciaroli, wo sich Ernest Hemingway 1953 für drei Monate einquartierte, sowie für Palinuro, Policastro und Sapri. Unmittelbar hinter der Küste durchziehen sanfte, mit Olivenhainen bewachsene Hügelketten das Gebiet, landeinwärts wird es bergiger, im Monte Centaurino, Monte Cervati und Monte Mòtola erreicht der Cilento 1433, 1898 und 1700 m Höhe. Ein großer Teil des Gebiets (180 000 ha) steht im Parco Nazionale del Cilento e Vallo di Diano unter Naturschutz und ist UNESCO-Welterbe.

Das auf einem Felskap zusammengedrängte Fischer- und Ferienstädtchen Agropoli (ca. 60 km südlich von Salerno; 20 000 Einw.) ist zugleich die größte Stadt des Cilento. Die hübsche verwinkelte Altstadt wird von der Ruine einer Burg aus dem 8. Jh. überragt. Torri saraceni, die die nun folgende ca. 80 km lange Küstenstraße säumen (▶ S. 90), erinnern an die unruhige Vergangenheit, als die Bewohner immer wieder unter den Überfällen von Seeräubern zu leiden hatten und daher ihre Siedlungen ins unwegsame Hinterland verlegten. Die heutigen Ortschaften am Wasser sind wiederum häufig deren jüngere Ableger, was schon die Namen (Marina di ...) anzeigen.

An einem Hang oberhalb des Badeorts Marina di Ascea, ca. 35 km südlich von Agrópoli, liegen die weitläufigen Reste der griechisch-

Landschaftsbild
(Fortsetzung)

Küstenorte

*Parco Nazionale del Cilento e Vallo di Diano

Agropoli

Velia

Velia
(Fortsetzung)

römischen Stadt Elea/Velia. Sie wurde im 6. Jh. v. Chr. von den Phokäern, ionischen Flüchtlingen, nach ihrer Vertreibung aus Alalia (Korsika) gegründet. In die Geistesgeschichte ging sie als Ort einer der ganz großen frühen Philosophenschulen ein. Um 540 – 460 blühte hier die Eleatische Schule unter den Philosophen Xenophanes, Parmenides und Zenon. Bis heute ist kaum ein Fünftel der Stadt ausgegraben. In der sog. Unterstadt befinden sich Reste des Hafenviertels, ein Stück Stadtmauer, das Hafentor Porta Marina sowie spätantike Gräber. Hangaufwärts passiert man die (überdachten) Reste der Thermen (3./4. Jh. n. Chr.). Auf der antiken Fahrstraße gelangt man zum nördlichen Stadttor Porta Rosa hinauf, einem herrlichen Bogentor aus dem 4. Jh. v. Chr., vermutlich einst ein Viadukt für einen Fahrweg.

Oberhalb der Stadt befand sich die Akropolis aus dem 5. Jh. v. Chr. Bei Ausgrabungen wurden Fundamente eines Tempels aus dem 5. Jh. v. Chr. entdeckt, seine Reste bilden die Standfläche des mittelalterlichen Wehrturms und der kleinen Burg. In einer kleinen Kapelle im Osten der Akropolis sind einige Fundstücke ausgestellt.

Palinuro

Rund 2,5 km südwestlich von Velia erreicht man den lebhaften Ferienort Palinuro. Laut Vergil soll hier, an dem gleichnamigen, 203 m hohen Kap, Palinurus, der Steuermann des Aeneas, auf der Flucht aus dem zerstörten Troja Schiffbruch erlitten haben. Südöstlich des Kaps schließt sich ein ununterbrochener Sandstrand bis fast nach Marina di Camerota an. Aus dem tiefblauen Wasser steigen schroffe, zerklüftete Felsen mit vielen Höhlen, die meist nur vom Meer her zugänglich sind. Im Hafen von Palinuro kann man Boote zur Besichtigung der Höhlen mieten.

> **Baedeker TIPP** ▶ **Buondormire**
>
> Südöstlich des Capo Palinuro öffnet sich sanft in einer Bucht der "Strand des schönen Schlafens". Das paradiesische Plätzchen erreicht man mit kleinen Booten vom Hafen in Palinuro oder – als Gast des luxuriösen Hotels King's Residence – über eine Treppe im Hotelgarten.

Weiterfahrt
***Golfo di**
Policastro

Auf der malerischen Küstenstraße geht es nach Marina di Camerota, einem netten Badeort 12 km südwestlich, am so genannten Golf von Policastro, der zu den schönsten Küstenabschnitten der Region gehört. Im weiteren Verlauf führt die Straße zunächst etwas landeinwärts, um in Scario, dem letzten hübschen Fischerort des Cilento, wieder die Küste zu berühren. Kurz hinter dem großen Sapri schließt die Küste der ▶ Basilikata und ▶ Kalabriens an.

Im Binnenland
des Cilento

***Grotta di**
Pertosa

Das Innere des Cilento gehört zu den ältesten besiedelten Gebieten Italiens. Davon zeugen verschiedene Grotten, von denen zwei gut erschlossen sind. Am Nordfuß der Monti Alburni erstreckt sich die Grotta di Pertosa, ein 2250 m langes Tropfsteinhöhlensystem, das schon am Ende der Jungsteinzeit (5000 v. Chr.) bewohnt war. Die Höhlen erreicht man mit dem Boot über einen kleinen See (Anfahrt über die SS 19; Besichtigung Apr. – Sept. 8.00 – 19.00 Uhr, Okt. bis März 9.00 – 16.00 Uhr). Weitere hochinteressante Höhlen sind die Grotta di Castelcivita, ein fast 5000 m langes Labyrinth beim gleichnamigen, malerisch gelegenen Ort am Südwestrand des Bergmassivs, und die dem Erzengel Michael geweihte Grotta di San Michele bei Sant'Angelo a Fasanella am Südrand der Alburni. Letztere diente im Mittelalter als Höhlenkirche.

Bei Padula (nahe der A 3), im Vallo di Diano genannten Tanagro-Tal, befindet sich die 1308 gegründete, 1866 profanierte Certosa di San Lorenzo, eine der größten barocken Klosteranlagen Süditaliens. Der Bau nach dem Vorbild des Escorial bei Madrid zog sich bis ins 19. Jh. hin. Beachtenswert sind die prachtvoll ausgestattete Kirche und der aus zweigeschossigen Arkaden bestehende Große Kreuzgang. Ein weiterer Glanzpunkt ist die große Freitreppe von Vanvitelli. Seit Ende der 1960er-Jahre ist die Kartause ein Kulturzentrum. Im angeschlossenen Museo Archeologico di Lucania Occidentale werden Funde aus den Nekropolen von Sala Consilina (10. – 5. Jh. v. Chr.) und aus anderen Gräbern der Umgebung ausgestellt.

Salerno (Fts.) ***Certosa di San Lorenzo**

Von hier lohnt noch ein Abstecher nach Teggiano. Die kleine, auf einem Felsplateau gelegene Stadt hat ihr mittelalterliches Stadtbild bewahrt.

Teggiano

Sardinien · Sardegna

Region: Sardinien · Sardegna
Provinzen: Cagliari, Nuoro, Oristano, Sassari
Fläche: 24 090 km²
Höhe: Meereshöhe bis 1834 m ü. d. M.
Einwohnerzahl: 1 666 000

Die vielen kleinen Urlaubsorte mit ihren herrlichen Badebuchten, allen voran die weißen Sandstrände an der weltberühmten Costa Smeralda, und das raue, sehr ursprünglich gebliebene Hinterland mit alten Dörfern und Städten locken jedes Jahr Hunderttausende Urlauber auf die attraktive Mittelmeerinsel. Vom Tourismus entdeckt wurde die mit 270 km Länge und 145 km Breite zweitgrößte Insel im Mittelmeer allerdings erst verhältnismäßig spät, Anfang der 1960er-Jahre. Die Distanz zum Festland prägte die Entwicklung Sardiniens entscheidend – da die Insel lange Zeit im Abseits lag, haben die Sarden viel von ihrer Volkskunst, ihrem Handwerk und vor allem ihre Sprache bewahrt. Das Sardische ist auch kein Dialekt des Italienischen, sondern ein romanischer Sprachzweig, der eine große Nähe zum Lateinischen aufweist. Nördlich von Sardinien liegt, nur durch einen schmalen Wasserweg getrennt, die französische Insel Korsika.

Detaillierte Darstellung im Baedeker Allianz Reiseführer "Sardinien"

Wer sich für die Kultur und das Leben auf der Insel interessiert, der kann sich von der herben Schönheit einsamer Landstriche im Hinterland mit seinen zahlreichen prähistorischen Zeugnissen faszinieren lassen. Die beeindruckendsten Reste der langen Besiedlungsgeschichte der Insel sind die sagenumwobenen Giganten- bzw. Steinkreisgräber aus der Zeit um 3000 v. Chr. und die Nuraghen, die als Wahrzeichen der Insel gelten. Es handelt sich dabei um Rundtürme aus grob behauenen Felsblöcken ohne Mörtel, die bis zu 20 m hoch sind. Sie dienten vermutlich als Festungen, Wachtürme und Grabstätten und stammen aus der Zeit zwischen 1800 und 300 v. Chr. Heute gibt es von ihnen noch ca. 7000 auf Sardinien.

Nuraghen und Gigantengräber

Man kann von verschiedenen Häfen Italiens und anderer Mittelmeerländer mit Fährschiffen nach Sardinien übersetzen. Von Deutschland aus ist der nächstgelegene Fährhafen Genua, die Über-

Anreise

Anreise
(Fortsetzung)

fahrt ist allerdings auch die teuerste. Regelmäßig verkehrende Schiffslinien nach Sardinien bestehen außerdem von Civitavecchia, Savona, Livorno und Neapel. Im Sommer werden die Flughäfen von Cagliari und Olbia von München, Frankfurt, Genf und Zürich ohne Zwischenlandung angeflogen, im Winter bestehen tägliche Verbindungen mit Rom, Mailand und anderen italienischen Städten.

Ein wichtiger Erwerbszweig im Gebiet der Gallura: Korkverarbeitung

Sardinien · Sardegna

Wirtschaft

Ähnlich wie Süditalien kämpft Sardinien mit Problemen der wirtschaftlichen Rückständigkeit. Die größten Hoffnungen setzt man seit einigen Jahrzehnten auf den Tourismus und auf den Aufbau eines Netzes von mittleren und kleineren Industriebetrieben. Allen Bemühungen zum Trotz hat die Region Sardinien bis heute eines der niedrigsten Pro-Kopf-Einkommen Italiens. Bis in die 1960er-Jahre war die Landwirtschaft der wichtigste Erwerbszweig der Insel, der rund die Hälfte der Bevölkerung beschäftigte – heute leben davon gerade noch 14 % der Erwerbstätigen. In den fruchtbaren Ebenen und den trocken gelegten Sumpfgebieten werden vor allem Getreide, Gemüse und Tabak angebaut, im Hügelland und in den Bergen dominiert neben dem Anbau von Wein, Oliven und Mandeln die Weidewirtschaft: Mehrere Millionen Schafe, Ziegen und Rinder grasen auf den kargen Böden Sardiniens und bilden die Lebensgrundlage für die immer noch entbehrungsreich lebenden Hirten. Im Gebiet der Gallura liegt der wirtschaftliche Schwerpunkt bei der Korkgewinnung aus der Rinde der Korkeiche.
Im Gegensatz zum Bergbau und zur petrochemischen Industrie, die seit Jahrzehnten in der Krise stecken, konnte die Bauindustrie dank der touristischen Entwicklung einen Aufschwung verzeichnen. Der Tourismus brachte auch eine Aufwertung der kunsthandwerklichen Produkte mit sich, insbesondere der Handweberei und der Korbflechterei.

Von den ersten Bewohnern der Insel zeugen noch heute zahlreiche
Reste prähistorischer Siedlungen, darunter vor allem die sog. Gigantengräber und die Nuraghen (s. oben). Seit dem 9. Jh. v. Chr. siedelten die Phönizier und später die Karthager an der Küste Sardiniens. Die Römer annektierten die Insel im Jahre 238 v. Chr., wohl
vor allem wegen der dortigen Erzvorkommen. Vom 6. bis 8. Jh.
stand Sardinien unter dem Einfluss des Byzantinischen Reichs. Mit
der zunehmenden Loslösung von Byzanz bildeten sich im 9. Jh. die
vier Herrschaftsbezirke Torres, Gallura, Arborea und Cagliari, die
von Adeligen, den sog. Iudices (Richtern), regiert wurden und bis
ins 13. Jh. bestanden. Pisa und Genua, im 11. Jh. zur Abwehr der
Araber herbeigerufen, dehnten im 12. und 13. Jh. ihre Herrschafts-
ansprüche auf die Mittelmeerinsel aus. Als Lehen des Papstes wurde Sardinien im Jahre 1297 an die Krone Aragons vergeben. Unter
der Herrschaft Spaniens, die bis zum Beginn des 18. Jh.s dauerte,
verarmte das Land immer mehr. Durch den Frieden von Utrecht,
der den Spanischen Erbfolgekrieg beendete, kam Sardinien 1713 zu
Österreich, das die Insel 1718 im Tausch gegen Sizilien an die Herzöge von Savoyen abtrat. Das sardisch-piemontesische Königreich Sardinien bestand bis zur Einigung Italiens 1861. Seit 1948 ist die Insel
eine Autonome Region der Republik Italien wie Sizilien, Trentino-
Südtirol, Friaul-Julisch Venetien und das Aostatal.

Nordküste von Olbia nach Westen

Die Nordküste, zu der im Folgenden auch die Gegend nördlich von
Olbia gezählt wird, ist die beliebteste Region bei den Sardinien-Ur-
laubern. Wer hat noch nicht von der Costa Smeralda gehört, der
"Smaragdküste", die einst das Refugium der Highsociety war? Doch
die Nordküste hat noch weit mehr zu bieten als nur ein kleines
Strandparadies – es gibt viele hübsche Ortschaften mit alten, verwinkelten Stadtkernen, die über eine gute touristische Infrastruktur verfügen, und wildromantische Landschaften mit bizarren Granitfelsen und dunkler Macchia im Hinterland.

Olbia (36 600 Einw.) ist für die meisten Urlauber nur Durchgangs- **Olbia**
station, denn die moderne Stadt ist mit ihrem Flug- und Fährhafen
ein wichtiger Verkehrsknotenpunkt. Die Promeniermeile Olbias
mit vielen Geschäften, Bars und Restaurants ist der Corso Umberto.
Ein 1,5 km langer Straßen- und Eisenbahndamm verbindet die
Stadt mit der kleinen Isola Bianca, wo die von Civitavecchia kom-
menden Schiffe anlegen.

Nur 15 km nördlich von Olbia beginnnt die traumhafte Costa Sme- ****Costa**
ralda, die "Smaragdküste", berühmt für ihre herrlich feinsandigen **Smeralda**
Badestrände, ihr türkisfarben leuchtendes Meer und ihre bizarren
Granitfelsen. Der stark zerklüftete Küstenabschnitt erstreckt sich
längs einer großen Halbinsel. Zu Beginn der 1960er-Jahre schuf
hier Prinz Aga Khan eines der exklusivsten Feriengebiete des Mittelmeers mit mondänen, oft nur vom Meer aus zugänglichen Ferien-
villen im Stil der traditionellen Inselarchitektur. Mittlerweile gibt
es hier aber auch Ferienwohnungen und Hotels zu erschwinglichen
Preisen. Schmale Stichstraßen führen von der SS 125, die etwas
landeinwärts verläuft, hinunter zu den kleinen Badeorten.

*Porto Cervo	Am nördlichen Ende der Costa Smeralda liegt in einer schmalen Bucht der bekannteste Ort, Porto Cervo, mit einem der größten und luxuriösesten Jachthäfen des Mittelmeers. In der kleinen Kirche Stella Maris, deren Kirchturm der Form einer Nuraghe nachempfunden ist, beeindruckt die berühmte Mater dolorosa von El Greco. Etwa 3 km nordwestlich von Porto Cervo, jenseits des Capo Ferro, öffnet sich die Bucht Liscia di Vacca. Nach weiteren 5 km kommt man in das Dorf Baia Sardinia, einen der begehrtesten Ferienplätze der Insel mit einem 200 m langen Sandstrand.
Arzachena, Gigantengräber	Arzachena, ursprünglich ein Hirtendorf, ist heute die "Hauptstadt" der Costa Smeralda. Von Porto Cervo folgt man der Küstenstraße gut 20 km nach Südwesten, bis man auf die stufenförmig am Hang eines Hügels angelegte Kleinstadt stößt. In der Umgebung sind einige interessante frühgeschichtliche Zeugnisse zu besichtigen, beispielsweise die 8 km südwestlich von Arzachena an der Straße nach Luogosanto gelegene Nekropole Li Muri. Sie ist ein typisches Beispiel für die Steinkreisgräber, die die Kultur von Arzachena kennzeichnen. Nur 500 m entfernt thront auf einer Anhöhe das eindrucksvolle Gigantengrab Li Lolghi, ein kollektives Grabmal aus nuraghischer Zeit (1800 – 1200 v. Chr.). Aus dieser Zeit stammt auch das ebenso sehenswerte Gigantengrab Coddu Vecchio, ebenfalls von der Straße nach Luogosanto aus zu erreichen.
Palau *La Maddalena	Vom Fischerhafen und kleinen Ferienort Palau setzen täglich Schiffe zu der herb-schönen Insel La Maddalena über (30 Min.). Sie ist mit rund 20 km² die größte Insel des Archipels vor der sardischen Nordküste. Der am Meer gelegene, gleichnamige Hauptort besitzt eine hübsche Altstadt. Wer die Eindrücke dieser von kargen Granitfelsen und kleinen Buchten geprägten Küste noch etwas intensivieren will, der sollte die Insel auf der "Strada panoramica" umfahren. Über einen gut 500 m langen Damm gelangt man auf die Nachbarinsel Caprera, die zweitgrößte Insel des Archipels. Im Gegensatz zu La

*Caprera	Maddalena ist die kleine Insel bewaldet und besitzt schöne Sand- und Kiesstrände im Süden. Caprera ist eng mit dem italienischen Freiheitskämpfer und Politiker Garibaldi verbunden, der von 1856 bis 1882 mit Unterbrechungen auf der "Ziegeninsel" lebte. Im Olivenhain hinter seinem Wohnhaus, das als Gedenkstätte eingerichtet wurde und als bekanntestes Museum Sardiniens gilt (geöffnet tägl. 9⁰⁰ – 13⁰⁰ Uhr), liegt der Nationalheld begraben.
Santa Teresa di Gallura *Capo Testa	Folgt man der Küste 25 km weiter nach Westen, trifft man an der Nordspitze Sardiniens auf den bekannten Badeort Santa Teresa di Gallura. Mehrmals täglich pendeln von hier aus Fähren nach Korsika. Ein Damm führt 5 km westlich von Santa Teresa zur herrlichen bizarren Felslandschaft des Capo Testa. Die kleine Halbinsel ist von strahlend weißen, wild übereinander getürmten Granitfelsen und schönen Sandstränden geprägt.

Capo d'Orso, ca. 5 km östlich von Palau: riesige, durch Wind und Wetter stark verwitterte Granitformationen, darunter auch der berühmte "Bär"

Den Reiz des Küstenabschnitts, der von Santa Teresa bis Castelsardo verläuft (ca. 70 km), machen die schönen Ausblicke aufs Meer, die versteckten Buchten und kleinen Feriensiedlungen in der Macchia- und Felsenlandschaft aus. Das hübsche alte Hafenstädtchen Castelsardo (5500 Einw.) breitet sich auf einem hohen Felsmassiv aus, das weit in den Golfo dell'Asinara hineinragt. Obgleich vom Tourismus geprägt, hat das Städtchen im Kern mit seinen zahlreichen Kunsthandwerksläden seinen Charme nicht verloren. Der steile Aufstieg zum Kastell auf der Spitze des Felsens wird mit einer schönen Fernsicht belohnt. Überall in der verwinkelten Altstadt sieht man Frauen vor den Häusern sitzen und Körbe flechten – Castelsardo ist das traditionelle Zentrum der sardischen Korbflechterei. Die Pfarrkirche bewahrt eine schöne Madonna (15. Jh.) auf, ein Hauptwerk der spanisch-sardischen Malschule.
Castelsardo

Einen guten Eindruck von dem von Macchia und rauen Felslandschaften geprägten Hinterland gewinnt man auf der Fahrt zu dem Ferien- und Kurort Tempio Pausania (13 700 Einw.), der Hauptstadt der Gallura. Sie breitet sich 55 km südöstlich von Castelsardo, auf einem niedrigen Mittelgebirgsmassiv aus, umgeben von Weinbergen, Eichen- und Kastanienwäldern. Die Korkindustrie spielt eine wichtige Rolle in der städtischen Wirtschaft. Sehr zu empfehlen ist ein Ausflug zum 16 km südöstlich aufragenden Monte Limbara, dessen schlanke Granitspitzen das Panorama bestimmen.
Abstecher nach Tempio Pausania

Die industriell geprägte Hafenstadt Porto Torres (22 000 Einw.) liegt 35 km westlich von Castelsardo am Golfo dell'Asinara. Am östlichen Ortsrand steht die Ende des 11. Jh.s von pisanischen Baumeistern
Porto Torres

Porto Torres (Fortsetzung)	errichtete Basilika San Gavino, eines der bedeutendsten romanischen Baudenkmäler auf Sardinien. Das seitliche Doppelportal ist ein schönes Beispiel für die katalanische Gotik des 15. Jh.s. In der Krypta befinden sich mehrere römische Sarkophage. Die Reste der römischen Kolonie kann man westlich des Bahnhofs besichtigen. Östlich von Porto Torres führen Stichstraßen von der SS 200 zu Feriensiedlungen und einem kilometerlangen Sandstrand.
Stintino	Um eine hübsche kleine Hafenbucht herum gruppieren sich die bunten Häuser des Fischerdorfs und Fremdenverkehrsorts Stintino (1200 Einw.), 30 km nordwestlich von Porto Torres. Beliebt sind die langen weißen Sandstrände im Norden und Süden des Örtchens. Von Stintino gelangt man nach 5 km zur Punta del Falcone, dem nordwestlichen Kap Sardiniens mit zwei schönen Aussichtspunkten. Nördlich davor liegen die kleine Isola Piana und die buchtenreiche Isola Asinara, die nicht betreten werden darf.

Sassari

Sassari ist eine moderne und zugleich historisch geprägte Stadt – mit Universität, Museen, Kirchen und schönen Palazzi, die die netten kleinen Plätze in der verwinkelten Altstadt einrahmen, und guten Einkaufsmöglichkeiten. Die Hauptstadt der gleichnamigen Provinz und zweitgrößte Stadt auf Sardinien (225 m; 117 000 Einw.) liegt im Nordwesten der Insel auf einem weiten Plateau, 20 km südöstlich von Porto Torres. Als kleine Ortschaft existierte Sassari schon im 12. Jh., im 13. Jh. wuchs sie als Handelszentrum zwischen Genua und Festlanditalien zu einer bedeutenden Stadt heran. Bis heute ist Sassari ein wichtiges Handels- und Verwaltungszentrum. Zwei bekannte Feste werden hier gefeiert, die "Cavalcata Sarda" (Reiterwettspiele und ein Umzug mit historischen Trachten) am vorletzten Maisonntag und die "Festa dei Candelieri" (Prozession der Zünfte, ausgestattet mit 5 m hohen, dekorierten Holzkerzen) am 14. August.

***Corso Vittorio Emanuele II**	Quer durch die reizvolle Altstadt führt die Promeniermeile Sassaris, der Corso Vittorio Emanuele II, der bereits im 13. Jh. existierte und heute von vielen Läden gesäumt ist. Sehenswerte Gebäude am Corso sind die Barockkirche Sant'Andrea (1648) und das 1829 errichtete klassizistische Teatro Civico. Zu beiden Seiten des Corso lohnen sich Abstecher ins Gassengewirr der Altstadt.
Dom San Nicola **Palazzo Ducale**	Die Umgebung des Doms bildet den ältesten Teil von Sassari. Der mächtige Sakralbau wurde im Wesentlichen im 15. Jh. im Stil der katalanischen Gotik erbaut. Um 1700 erhielt er seine Barockfassade und eine Ausstattung nach Art spanischer Barockkirchen. Ältester Bauteil ist der Kampanile aus dem 13. Jh., der im 18. Jh. aufgestockt wurde. Dem Dom angeschlossen ist ein Dommuseum. Hinter dem Dom, an der Piazza del Comune, steht der Palazzo Ducale aus dem 18. Jh., der heute zum Teil als Rathaus dient.
Piazza d'Italia	Folgt man dem Corso Vittorio Emanuele II in südöstlicher Richtung, trifft man auf die Piazza Castello, wo der vorwiegend im 19. Jh. entstandene Teil der Innenstadt beginnt. Auf die Piazza Ca-

stello folgt die weitläufige Piazza d'Italia, seit 1872 der neue Mittelpunkt der Stadt mit dem Denkmal von Vittorio Emanuele II (1899) und dem Palazzo della Provincia (1880), der zu besichtigen ist.

Sassari (Fortsetzung)

Von der Piazza d'Italia führt die baumbestandene Via Roma südöstlich zu dem sehenswerten Museum (Museo Archeologico ed Etnografico G. A. Sanna) mit einer kleinen Gemäldesammlung (insbesondere sardische Kunst des 14.–19. Jh.s), vor allem aber mit hervorragend präsentierten Beständen zur Archäologie und Volkskunde Sardiniens.

*Museo Archeologico

Am westlichen Altstadtrand befindet sich an der weiten Piazza Santa Maria die 1106 gegründete Kirche S. Maria di Betlem. Während die Fassade die romanische Gestaltung aus der Zeit der Pisaner Herrschaft bewahrt hat, wurde das Innere im gotischen Stil erneuert.

Santa Maria di Betlem

An der nördlichen Peripherie des Zentrums sieht man die hübsche Fonte Rosello mit barockem Brunnenhaus von 1605.

Fonte Rosello

Mit seinen Granithäusern besitzt das auf einer Anhöhe gelegene Osilo (6000 Einw.; 14 km östlich von Sassari) noch das typische Erscheinungsbild eines sardischen Dorfes. Von der Burgruine der Malaspina, die eindrucksvoll über dem Ort aufragt, sowie von der nahen Cappella di Bonaria bietet sich eine schöne Aussicht.

Umgebung von Sassari
Osilo

In herrlicher Landschaft steht die Abteikirche Santissima Trinità di Saccargia, die mit ihrem schwarz-weiß gestreiften Mauerwerk, dem hohen Kampanile und den Fresken aus dem 13. Jh. ein besonders anmutiger Kirchenbau der pisanischen Romanik ist (Anfahrt: von Sassari 10 km auf der SS 131, dann zweigt man auf die SS 597 Richtung Codrongiano ab, von wo aus man sie nach 2 km sehen kann).

*Santissima Trinità di Saccargia

Fährt man auf der SS 131 noch weitere 20 km ins Landesinnere und biegt dann Richtung Bonnanaro ab, kann man mehrere nahe beieinander gelegene Sehenswürdigkeiten besuchen. Bei Bonnanaro erreicht man die Abzweigung zu der 4 km südwestlich gelegenen, reich ornamentierten Kirche San Pietro di Sorres aus pisanischer Zeit (13. Jh.). Wenige Kilometer weiter südlich kommt man nach Torralba, wo man sich im Museo della Valle dei Nuraghi auf den Besuch des 3 km weiter südlich gelegenen, beeindruckenden Nuraghenkomplexes Santu Antine vorbereiten kann.

San Pietro di Sorres

*Nuraghe Santu Antine
Abb. S. 316

Folgt man der SS 131 weiter und biegt Richtung Bonorva ab, lohnt es sich, durch das kleine, sehr malerische Dorf Rebeccu zu schlendern, das sich zu einem beliebten Ferienort entwickelt hat. In der Nähe gibt es die bedeutende Nekropole von Sant'Andrea Priu zu sehen, eine Reihe von Höhlengräbern aus der Jungstein- und Kupferzeit.

Rebeccu

Nekropole Sant'Andrea Priu

Die Ostküste von Olbia nach Süden

Auf der Beliebtheitsskala der Sardinienurlauber nimmt die Ostküste Platz zwei ein. Vor allem im nördlichen Teil dieses Küstenabschnitts bis Dorgali reihen sich zahlreiche nette Ferienorte mit langen Sandstränden aneinander. Etwa in der Mitte der Ostküste lohnt

Sardinien · Sardegna

Nuraghe Santu Antine

Ostküste
(Fortsetzung)

ein Abstecher in das hoch aufragende Gebirgsmassiv des Supramonte und in die dort eingebetteten Dörfer und Kleinstädte. Die Fahrt entlang der Küste folgt mit kleineren und größeren Abstechern der gut ausgebauten, aber dennoch kurvenreichen SS 125.

Zwischen Olbia
und Siniscola

Auf den ersten 55 km hinter Olbia sind die beliebtesten Ferien- und Badeorte mit schönen Stränden San Teodoro und Budoni. Sehr malerisch ist das an einen Hügel gebaute Posada mit seiner hübschen Altstadt. Nur 7 km nordöstlich von Siniscola erfreut sich der Badeort La Caletta, der auch einen kleinen Sporthafen besitzt, großer Beliebtheit, wenig weiter südlich stößt man auf den Ferienort Santa Lucia, ein ehemaliges Fischerdorf.

Siniscola,
Monte Albo

Siniscola (9800 Einw.), 55 km von Olbia und 7 km von der Küste entfernt, ist sowohl als Standpunkt für Badeurlauber als auch für Ausflüge in die waldreiche Bergwelt des Monte Albo beliebt. Von Siniscola führt eine kurvige Panoramastraße am felsigen Kamm des Monte Albo (1127 m) entlang nach Bitti.

Orosei

Die einstige Bedeutung des 3 km von der Küste entfernten, am rechten Ufer des Cedrino gelegenen Städtchens (5000 Einw.) als Hauptort der Baronia di Orosei spiegelt sich heute noch in den mittelalterlichen und barocken Bauten und den hübschen Plätzen wider. Der Küstenabschnitt bei Orosei ist durch steile Felsen bestimmt, die mit kleinen, hübschen Badebuchten abwechseln.

Abstecher nach
Nuoro

Etwa 40 km landeinwärts von Orosei, über die SS 129 gut zu erreichen, breitet sich inmitten einer beinahe schon alpinen Berglandschaft am Hang des Monte Ortobene die Provinzhauptstadt Nuoro aus (546 m; 37 500 Einw.). Am letzten Sonntag im August feiert Nuoro das viel besuchte Erlöserfest, Sagra del Redentore, zu dem sich Trachtengruppen aus allen Teilen Sardiniens in der Stadt treffen.

Nuoro ist die Heimat der italienischen Schriftstellerin Grazia Deledda (1871 – 1936), die 1926 mit dem Nobelpreis für Literatur ausgezeichnet wurde. Ihr Geburtshaus in der nach ihr benannten Straße ist heute ein Museum. Das liebevoll gestaltete "Museo della vita e delle tradizioni populari sardi" verdient als interessanteste und umfangreichste volkskundliche Sammlung Sardiniens unbedingt einen Besuch. Eine herrliche Aussicht auf die Umgebung von Nuoro genießt man vom 955 m hohen Gipfel des Monte Ortobene, der östlich der Stadt aufragt.

Baedeker TIPP) **Sardisch essen**

Am Supramonte, am Hang des Monte Maccione, liegt die Cooperative Enis. Die aus einer Initiative junger Arbeitsloser hervorgegangene Kooperative hat hier oben ein mittlerweile recht bekanntes Restaurant mit sardischer Küche zu günstigen Preisen eröffnet – den Kaffee nimmt man auf der Terrasse mit Blick ins Tal zu sich. Neben dem Restaurant führt die Kooperative hier auch ein Hotel und einen Campingplatz (☎ 07 84 28 83 63, FAX 07 84 28 84 73, www.coopenis.it,).

An den Fuß des lang gezogenen Kalksteinmassivs des Supramonte schmiegt sich das Städtchen Oliena (388 m, 7500 Einw.), 8 km südöstlich von Nuoro. Wenige Kilometer von Oliena entfernt liegt im kleinen, aber sehr schönen Massiv des Supramonte von Dorgali die Quelle Su Gologone, die in einer natürlichen Spalte des Kalkgesteins entspringt.

Oliena
*Supramonte

Das 23 km südlich von Nuoro gelegene Dorf ist bekannt für die Murales genannten Wandbilder, die seit den 1970er-Jahren zahlreiche Mauern und Hauswände des Ortes schmücken. Die mittlerweile berühmt gewordenen Murales wurden von den Bewohnern gemalt, die damit ihre politischen und sozialen Forderungen zum Ausdruck brachten.

Abstecher nach Orgosolo

Von Nuoro empfiehlt sich die Fahrt südlich über das Dorf Mamoiada nach Fonni (1000 m; 4500 Einw.), dem höchstgelegenen Ort der Insel, der wegen seiner angenehmen Lage am Nordhang des Gennargentu-Massivs als Ferienort, Wintersportort und Ausgangspunkt für Bergwanderungen beliebt ist. Zu Fuß oder mit der Seilbahn kann man von Fonni aus den Bruncu Spina, den mit 1829 m zweithöchsten Gipfel Sardiniens, erklimmen. Für den Aufstieg zur wenige Meter höheren Punta la Marmora (1834 m) eignet sich auch der weiter südlich inmitten herrlicher Kastanienwälder am steilen Hang gelegene Ort Desulo.

Abstecher nach Fonni,
*Gennargentu-Massiv

Dorgali (387 m; 8000 Einw.), ein am Hang des 882 m hohen Monte Bardia gelegenes Städtchen mit berühmter Kunsthandwerks- und Weintradition, besitzt ein hübsches Ortsbild mit vielen Gebäuden aus dunklem Basalt. Das Museo Civico Archeologico zeigt Funde aus der Frühgeschichte Sardiniens. Die Ortschaft liegt 23 km südlich von Orosei und 35 östlich von Nuoro.

Dorgali

Eine kurvenreiche Panoramastraße führt von Dorgali zur Küste (8 km), die man bei dem beliebten Badeort Cala Gonone erreicht.

Cala Gonone

Cala Gonone
(Fortsetzung)

*Grotta del Bue
Marino
*Grotta
Ispinigoli

Versteckt zwischen den felsigen Partien liegen kleine, zum Teil nur vom Meer aus erreichbare Sandbuchten und tief eingeschnittene, bewaldete Schluchten. Eine Besonderheit dieses überaus reizvollen Küstenabschnitts sind die eindrucksvollen Tropfsteinhöhlen, so vor allem die Grotta del Bue Marino und die Grotta Ispinigoli, die man im Rahmen einer Führung besichtigen kann. Ausflugsboote bieten täglich Trips zu den herrlichen Stränden und zur Grotta del Bue Marino an. Sehenswert ist ferner das rund 11 km nordwestlich von Dorgali gelegene Nuraghendorf Serra Orrios.

*Gola su
Gorruppu

Die herrliche Schlucht su Gorruppu, die bekannteste auf Sardinien, ist auf einer anderthalbstündigen Wanderung – empfehlenswert ist eine sachkundige Führung – zu durchqueren. Die 200 m hohen, senkrecht aufsteigenden Felswände lassen teilweise einen nur wenige Meter breiten Durchgang offen. Von Dorgali folgt man der Straße bis zur Kirche Nostra Signora del Buon Cammino; von dort führt eine Schotterpiste bis zur Brücke Ponte Barva, wo der Fußweg beginnt.

Die berühmten Porphyrfelsen an der Küste von Arbatax

**Santa Maria
Navarrese**

Arbatax

Erst 55 km südlich von Dorgali gibt es wieder eine Möglichkeit, ans Meer zu kommen: bei dem freundlichen Dorf Santa Maria Navarrese. Ein Abstecher lohnt nach Arbatax, einem kleinen Hafenort, der etwa 8 km weiter im Süden hinter der Stadt Tortoli liegt. Arbatax ist geprägt von seinem Fährhafen, der neben Olbia der bedeutendste an der sardischen Ostküste ist; berühmt sind aber die roten Porphyrfelsen, die man vom Hafen aus gut sehen kann.
Die Rundfahrt folgt hinter Tortoli der SS 125 durch die südöstliche Ogliastra. In Bari Sardo, 10 km südlich von Tortoli, bietet sich ein weiter Blick auf das Massiv des Gennargentu. In zahlreichen Win-

dungen schlängelt sich die Straße durch raues, unberührtes Bergland.

Villaputzu bis Villasimius

Zahlreich sind die Urlaubsorte im Süden der Ostküste nicht – erst Villaputzu, das ca. 75 km südlich von Tortoli liegt, kann wieder mit einigen Sandstränden aufwarten. Etwa 30 km weiter südlich beginnt die touristisch kaum erschlossene Costa Rei mit endlosen Stränden, die zum Einzugsgebiet des weitere 30 km südlich gelegenen, beliebten Ferienortes Villasimius gehört.

Baedeker TIPP **La linea più bella del mondo**

Die Eisenbahnstrecke von Arbatax nach Mandas (159 km) ist eine der längsten historisch-nostalgischen Verbindungen der Welt. Morgens um 8:00 Uhr verlässt der Zug während der Sommermonate Arbatax in Richtung Mandas. Dort hat man mittags einige Zeit für ein Besichtigungsprogramm und um 15:00 Uhr geht es wieder zurück an die Ostküste. Die Fahrt führt durch die reizvolle Bergwelt der Ogliastra und der Barbagia. Schon D. H. Lawrence war von der Schmalspurbahn angetan, allerdings fuhr er die Strecke von Cagliari über Mandas nach Sorgono.

Cagliari

Cagliari hat sich in den letzten Jahren stark gewandelt. Die mittlerweile recht attraktive Hauptstadt (168 000 Einw., 400 000 im Großraum) verkörpert den sardischen Alltag mit tosendem Verkehr, einer Vielzahl von Restaurants und der Stein gewordenen Geschichte einer noch mittelalterlich geprägten Altstadt. Cagliari liegt an der Südküste Sardiniens, etwa 40 km von der Südostspitze der Insel entfernt. Die von den Phöniziern gegründete und von den Römern Karalis genannte Stadt lehnt sich mit ihrem ältesten Teil, dem Castello (sardisch "su Casteddu") an eine steile Anhöhe, zu deren Füßen sich die neuen Stadtteile und Vorstädte ausbreiten. Zum Flanieren geeignet sind vor allem das Hafenviertel Marina und die Altstadt su Casteddu. Seit jeher ist die durch ihre Lage an der Mündung des Flusses Mannu begünstigte Stadt der wichtigste Hafen Sardiniens und ein bedeutender Handelsplatz. Die ökologisch wertvollen, aber schon stark bedrohten Feuchtgebiete im Westen und Osten – Strandseen, Lagunen und Salinen – sind bereits in die ständig wachsende Stadt integriert. Bademöglichkeiten gibt es im Osten der Stadt bei Poetto.

Hafen

Der Hafen von Cagliari ist Güterumschlagplatz, Passagier- und Fährhafen. Im Osten schließt sich ein kleiner Jachthafen an. Parallel zum Hafenkai verläuft die breite Via Roma, der "Corso" von Cagliari. Ein beliebter Treffpunkt sind die Cafés unter den hohen Arkaden klassizistischer Palazzi aus dem 19. Jh.; am Nordwestende der Via Roma liegen der Bahnhof und der neogotische Palazzo Comunale (Rathaus).

Via Roma

Marina-Viertel

Die meisten Trattorien und Restaurants findet man im verwinkelten Marina-Viertel, das sich zwischen Via Roma und der Einkaufsstraße Via Manno erstreckt. Die Kirche Sant'Agostino in der Via Baylle ist die einzige Renaissancekirche Sardiniens (um 1580).

Largo Carlo Felice

Vom Rathaus an der Via Roma führt der baumbestandene, in den 1860er-Jahren angelegte Largo Carlo Felice nordostwärts leicht bergan zur Piazza Yenne, in die von Nordwesten der belebte Corso

Largo Carlo Felice (Fortsetzung)	Vittorio Emanuele mündet. An der Via Tigello, einer Seitenstraße des Corso Vittorio Emanuele, befinden sich die Reste von drei römischen Häusern der Kaiserzeit.
Piazza della Costituzione	Von der Piazza Yenne verläuft die Geschäftsstraße Via G. Manno südöstlich zu der etwas tiefer gelegenen Piazza della Costituzione. Von dem Platz gehen mehrere Straßen aus, u. a. die Via Garibaldi; etwas abseits dieser Straße steht die Kirche San Domenico, die einen hübschen Kreuzgang besitzt.
*Viale Regina Elena	An der Piazza della Costituzione beginnt der prächtige Viale Regina Elena, eine schöne Ausblicke gewährende Promenadenstraße, die sich unter dem schroffen Ostabhang des Castello-Hügels nach Norden zieht. An ihrem Nordende liegt der Giardino Pubblico.
*Bastione di San Remy	Von der Piazza della Costituzione führt eine steile Marmortreppe hinauf zur Bastione di San Remy, die zu Beginn des 20. Jh.s über den z. T. erhaltenen mittelalterlichen Bastionen entstand. Am Ende des großzügigen Treppenaufgangs erreicht man eine Aussichtsterrasse, die den schönen Blick auf den Hafen, den Golfo degli Angeli und weite Teile des dicht bebauten Cagliari freigibt. Nördlich oberhalb erhebt sich die Bastione Santa Caterina, von der sich ebenfalls eine weite Sicht bietet.
Castello	Von der letztgenannten Bastion zieht die Via dell'Università nordwestlich zur Università und zur wuchtigen Torre dell'Elefante (1307), die ein bemerkenswertes Zeugnis mittelalterlicher sardischer Architektur darstellt. Hinter den ehemaligen Befestigungsanlagen erstreckt sich das Altstadtviertel Castello. Von der St.-Remy-Bastion gelangt man durch die alte Torre dell'Aquila in die enge Via Lamarmora, die Hauptstraße der Altstadt, die sich auf der Anhöhe nach Norden zieht und durch steile Gässchen und dunkle Gewölbegänge mit mehreren Parallelstraßen verbunden ist. Etwa auf halber Höhe weitet sich die Straße zur terrassenartig angelegten Piazza Palazzo, die von der Fassade des Doms und mehreren Palästen umrahmt wird.
Cattedrale Santa Maria	Die im 13. Jh. erbaute Bischofskirche wurde im Laufe der Jahrhunderte mehrfach umgebaut. Aus der Gründungszeit stammen nur noch der Glockenturm und die Portale der Seitenschiffe, der Rest der Fassade ist neoromanisch (Anfang 20. Jh.). Im barockisierten Inneren werden einige Kunstwerke aufbewahrt. Ein Hauptwerk der pisanischen Plastik des 12. Jh.s ist die marmorne Kanzel von Guglielmo, die 1311 hierher kam. Die Löwen des Kanzelfußes stehen am Choraufgang, die anderen zwei Teile der Doppelkanzel sind auf beiden Seiten des Haupteingangs postiert.
*Cittadella dei Musei	Am Dom vorbei weiter nach Norden stößt man auf einen modernen Museumskomplex, in den Reste der ehemaligen spanischen Zitadelle einbezogen wurden. Hier sind das Museo Archeologico Nazionale, ein Wachsfigurenkabinett, das Museo Siamese S. Cardu, das eine reichhaltige Sammlung orientalischer Waffen und Gebrauchsgegenstände aus China und Thailand zeigt, und eine Pinakothek untergebracht. Die Pinacoteca Nazionale stellt Werke der größten sardischen und katalanischen Maler (14. und 17. Jh.) und Gemälde der "Schule von Stampace" (sardische Renaissance) aus.
*Museo Archeologico Nazionale	

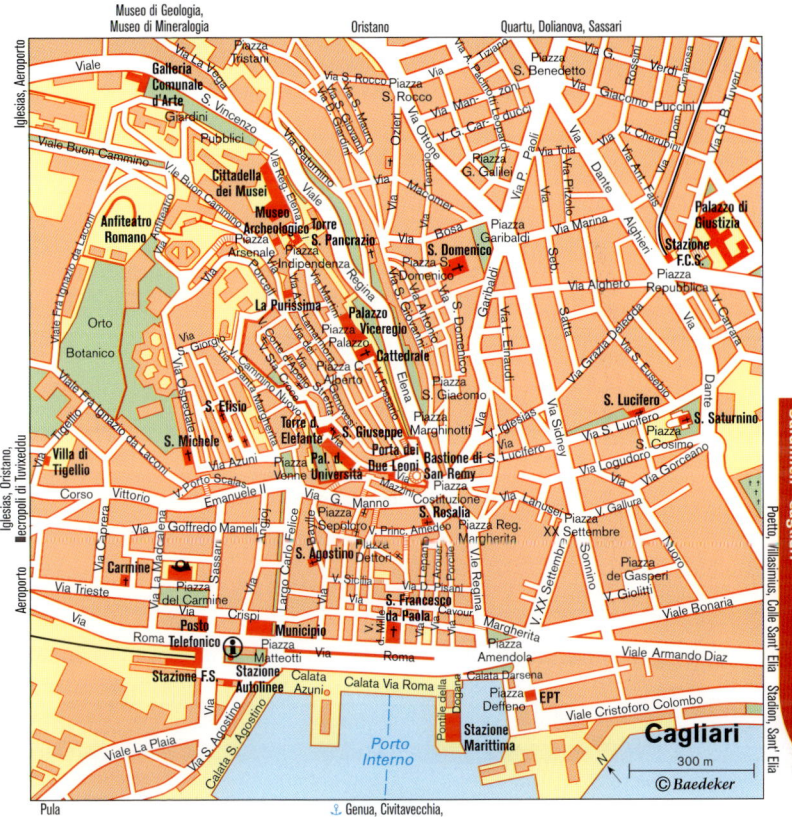

Das Archäologische Museum besitzt neben dem in Sassari die bedeutendste Sammlung Sardiniens mit Zeugnissen aller Kulturen von der Vorgeschichte bis ins frühe Mittelalter. Schwerpunkte bilden die Funde aus vornuraghischen, nuraghischen, phönizisch-punischen und römischen Grabungsstätten. Besonders interessant ist die Sammlung nuraghischer Bronzestatuetten.

Cittadella dei Musei (Fortsetzung)

Hinter der Citadella dei Musei verläuft der Viale Buon Cammino auf einem Hügelrücken nach Norden. Nach 500 m führt links ein Weg hinab zum Amphitheater, das im 2. Jh. n. Chr. in elliptischer Form angelegt wurde. Noch gut erhalten sind die in den Felsen gehauenen Gänge, der Tiergraben und der Zuschauerraum mit ca. 20 000 Sitzplätzen. Heute wird das Areal häufig als Freilichttheater genutzt. Südwestlich des Amphitheaters erstreckt sich der Botanische Garten mit heimischen und exotischen Pflanzen.

*Amphitheater

Orto Botanico

Östlich der Innenstadt, an der Piazza San Cosimo, steht die frühchristliche Kirche San Saturno, der älteste Sakralbau Sardiniens. Das im 5./6. Jh. errichtete, im 11./12. Jh. erweiterte Gotteshaus ist

San Saturno

321

Cagliari
(Fortsetzung)

dem hl. Saturnus geweiht. Er stammte aus Cagliari und wird heute als Schutzpatron der Stadt verehrt. Den weiten kubischen Zentralbau krönt als Kuppel eine Halbkugel aus dem 5. Jahrhundert.

Santuario di Bonario

Weiter südlich, an der Viale Bonaria, befindet sich der Klosterkomplex Bonaria mit einer mächtigen Basilika und der Wallfahrtskirche Santuario di Bonario. Dort wird das als wundertätig verehrte Bild der "Madonna di Bonario" aufbewahrt.

Umgebung von Cagliari
Uta

Das Dorf Uta, 23 km nordwestlich von Cagliari, unweit der Straße nach Iglesias, verdient wegen der romanischen Kirche S. Maria (1135 – 1145), der schönsten Landkirche Sardiniens, einen Besuch.

San Sperate

Fährt man die SS 131 20 km Richtung Norden, erreicht man 5 km südwestlich von Monastir, einem am Abhang vulkanischer Hügel gelegenen Dorf, San Sperate, das der sardische Künstler Pinuccio Sciola mit seinen vielfältigen Aktivitäten in eine Art Freilichtmuseum moderner Kunst verwandelte. Als Freund und Anhänger der mexikanischen Muralisten hatte Sciola die Kunstform der Murales in den 1970er-Jahren nach Sardinien gebracht, wo bald in vielen Dörfern diese Protestbilder an den Hauswänden prangten.

Costa del Sud – Traumbuchten mit herrlichen Sandstränden

Die Südküste

Poetto

Lohnend ist eine Fahrt von Cagliari entlang der Südostküste von Sardinien. Zunächst geht es von der Innenstadt Cagliaris in südlicher Richtung zum Aussichtsberg Monte Sant'Elia, vorbei am 500 ha großen Feuchtgebiet Stagna di Molentargius, wo man gelegentlich Flamingos entdecken kann. Von dort geht es weiter zum viel besuchten Badestrand Poetto, der sich 8 km am Golfo di Quartu hinzieht. Die Straße zur äußersten Südostspitze der Insel, dem aussichtsreichen Cap Carbonara, verläuft nach ein paar Kilometern an der Küste entlang. An dieser Strecke liegen einige alte Wachtürme und Nuraghen.

Südküste
(Fortsetzung)
Capo Carbonara

20 km südwestlich von Cagliari sieht man bei dem Dorf Sarroch eine schöne Nuraghe. Nach weiteren 7 km, beim netten Urlaubsort Pula, zweigt die Straße zu den 4 km südlich auf einer schmalen Halbinsel gelegenen Resten der phönizischen, später römischen Stadt Nora ab. Zu sehen sind noch ein Forum, ein Theater, Thermen, Tempelreste, Grundmauern von Villen und Bodenmosaike.

*Nora

Die Straße verlässt nach einiger Zeit die Küste und zieht landeinwärts weiter, erklimmt 38 km hinter Pula eine Passhöhe (301 m) und erreicht nach 14 km das hübsch gelegene Städtchen Teulada, den Hauptort des Sulcis, wie man den südlichen Teil des Iglesiente nennt.

Teulada

Die Westküste

Vor allem der südliche Teil der Westküste hat bis auf die zwei vorgelagerten Inseln Sant'Antioco und San Pietro und die Stadt Iglesias wenig für Urlauber zu bieten. Im Norden lohnen die Stadt Oristano nahe der bedeutenden Ausgrabungsstätte Tharros sowie die Städte Bosa und Alghero einen Besuch.

Rund 36 km hinter Teulada trifft die SS 195 bei San Giovanni Suergiu auf die SS 126. Von San Giovanni Suergiu lohnt ein Abstecher 11 km südwestlich zur großen Insel von Sant'Antioco mit dem Ferienstädtchen Sant'Antioco (12 600 Einw.). Beiderseits des Kastells kann man eine gut erhaltene phönizische Nekropole (5.–3. Jh. v. Chr.) besichtigen. Nordwestlich der Stadt liegt das ehemalige Fischerdorf Calasetta, das heute stark vom Tourismus geprägt ist. Einsamer ist es am schönen Capo Sperone, der Südspitze der Insel.

*Isola di
Sant'Antioco

Von San Giovanni Suergiu fährt man auf der SS 126 in nördlicher Richtung 12 km weiter, wo man 4 km nordwestlich der Stadt Carbonia zum Tafelberg Monte Sirai kommt. Hier wurden die Grundmauern einer großen phönizisch-punischen Festung ergraben. Weitere 11 km hinter Carbonia zweigt man linker Hand zu den Hafenorten Portoscuso und Portovesme ab. Von Letzterem setzen die Fähren zur Isola di San Pietro mit dem hübschen Hauptort Carloforte (6700 Einw.) über.

Portoscuso und
Portovesme

Isola di
San Pietro

Inmitten des Iglesiente trifft man auf eine freundliche alte Bergbaustadt, deren reizvolle Altstadt z. T. noch von mittelalterlichen Mauern umgeben ist. Man erreicht Iglesias (30 300 Einw.) rund 13 km hinter der Abzweigung nach Portoscuso und Portovesme. Die Stadt ist Sitz einer Bergbauschule mit angeschlossenem Museum. Im Herzen der Altstadt sind an der Piazza Municipio die wichtigsten Bauwerke der Stadt versammelt: die Bischofskirche Santa Chiara mit romanisch-gotischer Fassade (13. Jh.), der Bischofspalast aus dem 18. Jh. und der Palazzo Comunale aus dem 19. Jahrhundert.

Iglesias

Sardinien · Sardegna

Costa Verde	Über eine sehr kurvenreiche Straße geht es von Iglesias über 80 km zum bewaldeten Küstengebiet der Costa Verde, das wegen der schönen Sanddünenstrände als Ferienregion erschlossen wurde.
Sanluri	Bis Guspini sind es gut 30 km ins Landesinnere; nach weiteren 24 km auf der SS 197 in östlicher Richtung erreicht man Sanluri (8600 Einw.). Die Kleinstadt am Ostrand der Campidano-Ebene besitzt die einzige gut erhaltene Festung der Insel: ein Castello aus dem 14. Jh., heute ein sehenswertes Museum zum Risorgimento.
**Su Nuraxi	Die bedeutendste Nuraghenfestung Sardiniens, Su Nuraxi, ist einen Abstecher von Sanluri aus wert. Von dort fährt man 24 km zu dem nordöstlich gelegenen Dorf Barumini, in dessen Nähe (1 km westlich, an der Straße nach Tuili) sich die archäologische Stätte befindet. Die mehr als 1000 m^2 große Anlage besteht aus einer rautenförmigen Bastion mit einem zentralen Turm und vier großen Ecktürmen sowie den Resten einer Siedlung mit über 200 Hütten (geöffnet im Sommer 8^{30} – 19^{30}, im Winter 9^{00} – 17^{00} Uhr).
Sardara	In Sardara, 9 km nördlich von Sanluri, kann man unter der kleinen Kirche Santa Anastasia ein unterirdisches nuraghisches Brunnenheiligtum aus dem 10. Jh. v.Chr. besichtigen. Rund 3 km westlich außerhalb des Ortes sprudeln die 50 und 68 °C warmen Heilquellen von Sardara, die schon in römischer Zeit zu Heilzwecken dienten und heute in einer modernen Kuranstalt genutzt werden.
Santa Giusta	Santa Giusta, ein Dorf nahe der Provinzhauptstadt Oristano, 35 km nördlich von Sardara, besitzt eine der schönsten Kirchen im Stil der pisanischen Romanik. Sie wurde vor 1145 errichtet.
Oristano	Oristano (30 800 Einw.) ist die kleinste der vier Provinzhauptstädte Sardiniens und auch heute noch sehr ländlich geprägt. Von den mittelalterlichen Befestigungsanlagen sind einige Türme erhalten, die die kleine, ruhige Altstadt einrahmen. Sehenswert sind der im 13. Jh. begonnene, später mehrfach umgestaltete Dom und das Museum Antiquarium Arborense (geöffnet tägl. 9^{00} – 20^{00} Uhr), das Fundstücke von der antiken Stadt Tharros (s. unten) zeigt. An Markttagen sieht man in Oristano noch vielfach schöne Trachten. Eine viel besuchte Attraktion in Oristano ist die Sartiglia, ein auf das 16. Jh. zurückgehendes Reitturnier in historischen Kostümen, das alljährlich am Faschingssonntag und -dienstag ausgetragen wird.
**Tharros	Der große touristische Anziehungspunkt in der Region um Oristano sind die bedeutenden Ruinen der antiken Stadt Tharros etwa 20 km westlich von Oristano. Auf der Halbinsel Sinis, die in den Golf von Oristano ragt, lag die Stadt, die von den Puniern gegründet wurde und auch in römischer Zeit noch besiedelt war. Auf der Fahrt dorthin kommt man am Stagno di Cabras und Stagno di Mistras vorbei, die zu den größten Feuchtgebieten Sardiniens zählen und Brutplätze für viele seltene Vogelarten sind.
Macomer	Macomer (11 500 Einw.) erhebt sich am Südrand der Hochebene Campeda 55 km nördlich von Oristano. Vom Ort bietet sich eine weite Rundsicht. In der Umgebung und an der Strecke von Maco-

Große Vergangenheit: die phönizisch-römische Hafenstadt Tharros

mer nach Sassari (SS 131) kann man zahlreiche, zum Teil bestens erhaltene Nuraghen bestaunen. Ein besonders eindrucksvolles Beispiel für diese frühe Wehrarchitektur ist die 3 km südlich von Torralba an der Provinzstraße nach Bono gelegene Nuraghe Santu Antine, deren Mittelturm ursprünglich eine Höhe von 21 m erreichte.

Etwa 3 km hinter Macomer zweigt die SS 129 bis ab, die 23 km westlich zu dem aussichtsreich gelegenen Dorf Suni und 6 km weiter zu dem alten Hafenstädtchen Bosa (8900 Einw.) führt. Bosa, das nur 2 km von Meer und Strand entfernt ist, ist ins grüne Tal des Flusses Temo gebettet, der die Stadt durchfließt. Kleine bunte Fischerboote säumen die palmenbestandene Uferpromenade. Die Gassen der hübschen Altstadt ziehen sich steil einen Hang hinauf zu einem im 12. – 14. Jh. erbauten Kastell. Der Ferienort Bosa Marina an der Mündung des Temo ins Meer versorgt die Strandurlauber.

Sehr zu empfehlen ist der Besuch des Städtchens und Badeorts Alghero (41000 Einw.), dessen Bewohner noch einen katalanischen Dialekt sprechen. Seine außerordentliche Lage auf einer kleinen Landzunge 45 km nördlich von Bosa, und die gut erhaltene, von einer mächtigen Befestigung geschützte Altstadt machen Alghero zu etwas Besonderem. Sehenswert sind im Gassengewirr der Altstadt die gotische Kathedrale (1562 – 1579) mit einem Portal im aragonesischen Stil sowie die Kirche San Francesco mit ihrem romanischen Kreuzgang und die spanischen Bastionen. Im Süden der Altstadt kann man im Mare Nostrum das einzige Aquarium Sardiniens besuchen. Viele kommen auch wegen der guten Einkaufsmöglichkeiten in die Stadt: Es gibt vor allem zahlreiche Souvenir-

Macomer
(Fortsetzung)

Nuraghe Santu
Antine

Bosa

*Alghero

Sardinien (Fortsetzung)	und Schmuckläden sowie exklusive Boutiquen. Lange Sandstrände und viele Unterkünfte für Urlauber gibt es im Norden und Süden Algheros.
*Capo Caccia *Grotta di Nettuno	Die schroffen Kalksteinfelsen des Capo Caccia ragen rund 25 km westlich von Alghero ins Meer. An der Westseite des Kaps, das die weite Bucht von Porto Conte abschließt, öffnet sich die Grotta di Nettuno (Neptunsgrotte), eine der schönsten Tropfsteinhöhlen Sardiniens. Empfehlenswert ist eine Fahrt mit einem Ausflugsboot von Alghero aus.

Sizilien · Sicilia `G– K 19 – 22`

Sizilien · Sicilia

Region: Sizilien · Sicilia
Provinzen: Agrigent, Caltanissetta, Catania, Enna, Messina, Palermo, Ragusa, Syrakus und Trapani
Fläche: 25 708 km²
Höhe: Meereshöhe bis 3340 m ü. d. M.
Einwohnerzahl: 5,1 Mio.

Detaillierte Darstellung im Baedeker Allianz Reiseführer "Sizilien"	Sizilien, die größte Insel des Mittelmeers, liegt nur wenige Kilometer südwestlich der italienischen Halbinsel und 140 km von Nordafrika entfernt. Seit 1946 bildet sie wie Friaul, Südtirol, das Aostatal und Sardinien eine Autonome Region mit der Hauptstadt Palermo. In der Antike nannte man die von drei Meeren umspülte, von drei Gebirgsstöcken durchzogene, dreieckige Insel Trinacria, "die drei Vorgebirge", das dazugehörige Symbol war ein von Schlangen, Flügeln und drei abgewinkelten Beinen umrahmter Mädchenkopf.
Landschaftsbild	Sizilien, geologisch die Fortsetzung der Apenninhalbinsel, wird vor allem von Hügeln und Bergen gebildet, die in drei Gebirgsstöcken – Peloritani, Nebrodi und Madonie – die Insel von Ost nach West durchziehen. Das Inselinnere ist bis 1000 m ansteigendes Hügelland, das von zahlreichen Tälern durchschnitten ist und gegen Süden in Stufen abfällt. Die Ostseite Siziliens ist stark vulkanisch geprägt, der Ätna, das Wahrzeichen Siziliens, ist mit 3369 m der höchste Gipfel des außeralpinen Italiens und der größte Vulkan Europas. Zu Sizilien gehören insgesamt 37 kleinere Inseln. Die bewohnbaren sind allesamt beliebte Ferienziele.
Wirtschaft	Von den rund 5,1 Mio. Einwohnern sind knapp 1,2 Mio. als regulär beschäftigt registriert. Auf der fruchtbaren Insel spielt die Landwirtschaft seit der Antike die wichtigste Rolle, drei Viertel der Insel werden landwirtschaftlich genützt, und noch heute sind über 10 % der Bevölkerung in diesem Bereich tätig. Darin spiegelt sich auch – trotz der Bodenreformen 1948 und 1950 – das seit der Antike bestehende Feudalsystem mit einigen wenigen großen Latifundien und einem Heer an armen Landarbeitern bis heute wider (2 % der Betriebe verfügen über 50 % des Agrarlandes). Hauptsächlich werden Weizen und Zitrusfrüchte angebaut. Industrie (9 %) hat sich vor allem in Palermo und Catania entwickelt, Schwerpunkte sind Maschinen- und Schiffbau sowie Petrochemie. Nicht unerheblich ist der Anteil der Fischerei, rund 20 % der gesamten Ausbeute Italiens kommt aus den Gewässern rings um Sizilien. An Bodenschät-

Lo Zingaro, der Naturpark im Nordwesten Siziliens, lädt zu Wanderungen und an der Küste zu Badefreuden ein.

zen ist die Insel nicht reich, es gibt Erdöl und Erdgas u. a. in der Region von Ragusa, daneben wird um Trapani Salz gewonnen. Zugenommen hat in jüngerer Zeit einzig der Dienstleistungssektor, vor allem dank des Aufschwungs im Fremdenverkehr. Schöne Landschaften und Strände, vor allem an der Nord- und Ostküste, zahlreiche großartige Denkmäler aus Antike und Normannenzeit machen Sizilien zu einem höchst anziehenden Reiseziel.

Wirtschaft (Fortsetzung) Fremdenverkehr

Von Villa San Giovanni und Reggio di Calabria überqueren regelmäßig Fährschiffe der italienischen Staatsbahnen und privater Linien die Straße von Messina, die Meerenge zwischen Kalabrien und der Insel. Die bedeutendsten Flughäfen sind Catania und Palermo; in

Anreise

Anreise (Fortsetzung)	den Hauptreisezeiten werden sie von Chartermaschinen direkt angeflogen. Alitalia fliegt darüber hinaus regelmäßig von Rom und Mailand nach Catania, Palermo und Trapani. Die von der italienischen Regierung beschlossene Brücke zwischen dem Capo Peloro im Nordosten der Insel und Torre Cavallo auf der äußersten Spitze des italienischen Stiefels soll voraussichtlich Ende 2010/Anfang 2011 fertig gestellt sein.

Inselrundfahrt (ca. 1100 km)

Die Rundfahrt beginnt in Messina, führt nach Palermo und weiter entgegen dem Uhrzeigersinn um die Insel. Da das Straßennetz in Sizilien gut ausgebaut ist, lässt es sich auf der Insel angenehm fahren, eine besondere Herausforderung sind allerdings die verkehrsreichen Innenstädte.

Messina	Messina, die drittgrößte Stadt Siziliens (262 000 Einw.), liegt an der Nordostspitze der Insel, nur 3 km vom italienischen Festland entfernt. Seit ihrer Gründung durch Griechen um 730 v. Chr. wurde die Stadt häufig zerstört, zuletzt bei einem furchtbaren Erdbeben im Jahr 1908, bei dem 60 000 Menschen ums Leben kamen, und 1943 durch alliierte Luftangriffe. Daher präsentiert sie sich heute überwiegend modern. Sehenswert sind der stadthistorisch bedeutsame Domplatz sowie die etwas südlich gelegene Piazza Cairoli, Verkehrsmittelpunkt und Ausgangspunkt der Viale San Martino, an dem Kaufhäuser, elegante Boutiquen und Cafés liegen.
*Piazza del Duomo	Die Piazza del Duomo ist das historische Zentrum der Stadt. Der reich geschmückte Orion-Brunnen, ein Werk des Michelangelo-Schülers Giovanni Angelo Montorsoli (1547), bildet einen starken Kontrast zum eher strengen Dom. Mit seinem Bau war 1160 unter dem Normannen Roger II. begonnen worden. 1919/1920 wurde er unter Verwendung der alten Architekturteile, darunter die skulptierten Portale des 15. Jh.s, wieder aufgebaut. Der 60 m hohe Kampanile enthält eine der größten astronomischen Uhren der Welt (1943). Die Apsismosaiken sind ebenso wie die Apostelaltäre der Seitenschiffe Rekonstruktionen. Die den Täufer darstellende Skulptur am ersten Altar rechts stammt von A. Gagini (1525).
**SS. Annunziata dei Catalani	Die etwas südöstlich des Doms gelegene Kirche Santissima Annunziata dei Catalani aus der 2. Hälfte des 12. Jh.s überstand als einzige das Erdbeben 1908.
*Museo Regionale	Nun führt der Weg am schönen Stadtpark Villa Mazzini und am Neptun-Brunnen (1557; Montorsoli) vorbei, hier beginnt die Via della Libertà, an der das Regionalmuseum liegt (Nr. 465). Ausgestellt sind archäologische Funde, Kunstwerke aus verschiedenen Epochen sowie alles, was die Katastrophen des 20. Jh.s überstanden hat. Zu den Hauptsehenswürdigkeiten gehören das Polyptychon des hl. Gregorius, ein Hauptwerk von Antonello da Messina (1479), und zwei Werke von Caravaggio ("Die Anbetung der Hirten" und "Die Auferweckung des Lazarus"; 1608/1609).
Tindari	Über Milazzo und hinter Falcone geht es in Serpentinen nach Tindari, das sowohl wegen seiner Zona Archeologica mit sehenswerten Resten der antiken Stadt Tyndaris (vom 4. Jh. v. Chr. bis 1. Jh. n. Chr.) als auch wegen seiner neuzeitlichen Wallfahrtskirche der

Messina

400 m

© *Baedeker*

Mare Ionio

Porto

Stretto di Messina

Sizilien · Sicilia

Cappuccini

Via Palermo

Margherita

Regina

Lago Cailler

Giostra

Piazza Castronuovo

Viale

Garibaldi

Via della Libertà

Fiera di Messina

Santa Maria La Nuova

La Maria

Via Lucia

P.za Casa Pia

Fata Morgana

Santa Maria dei Angeli

P.za S. Vincenzo

Via S. Placida

San Giuliano

Maria Santissima di Pompei

Osservatorio Meteorologico

Viale

San Giovanni di Malta

Via S. Giovanni di Malta

Prefettura

Fontana del Nettuno

P.za Unità d'Italia

San Francesco d'Assisi

Aquario

Villa Mazzini

Bocchetta

Forte San Salvatore

Colonna Votiva

Cristo Re

Monte Vergine

Teatro Vittorio Emanuele

P.za Basico

Monte di Pietà

Annunziata

Via S. Camillo

Municipio

P.za Antonello

Santuario di Montalto

Duomo

Fontana di Orione

Santissima Annunziata dei Catalani

Via Garibaldi

Via Vitt. Emanuele II

Orto Botanico

Via Frumentario

SS Salvatore

Via Cesare Battisti

Via XXIV Maggio

Principe Umberto

Via Cardines

Corso Cavour

P.za Università

Università

Mazzuccio

P.za Maurolico

Museo Zoologico

Santa Maria Alemanna

Laterna Raineri

Carmine

Palazzo di Giustizia

Santa Caterina Valverde

Sant' Elia

Zoll

P.za Cavallotti

Via L. Rizzo

Citadella

Santo Spirito

P.za d'Popolo Lo Sardo

San Paolino

Piazza Cairoli

Via Maddalena

Via I Settembre

Via Garibaldi

Via Cannizzaro

Piazza Repubblica

Stazione Marittima

Stazione Centrale

Sant' Antonio

Palazzo Gallo

Via Gerace

Via Trieste

Viale Europa

Via San Martino

Via Torrente Boccetta

Via La Farina

Via Cecilia

Via Giuseppe La Farina

Via S. Raineri

Palermo, Taormina, Catania

Tindari
(Fortsetzung)

Schwarzen Madonna viel besucht wird. Zunehmender Beliebtheit erfreut sich auch das Mare secco, ein weit ins Meer hinausreichender schöner Sandstrand unterhalb von Tindari.

Baedeker TIPP Moderne Kunst

Castel di Tusa (8 km westlich von S. Stefano) ist ein kleiner Badeort. 1986 gründete hier Antonio Presti das Land-Art-Freilichtmuseum Fiumara d'Arte, für das namhafte Künstler Skulpturen schufen. Dazu gehört auch ein Hotel, in dem zeitgenössische Künstler ihre Ideen verwirklichen konnten: ***Atelier sul Mare, Via Cesare Battisti 4, 40 Z.; ☎ 09 21 33 42 95, FAX 09 21 33 42 83; www.ateliersulmare.com.

Patti

Nächste Station ist das hoch gelegene Patti (12 000 Einw.), bei dem eine spätrömische Villa freigelegt wurde. Nun werden einige Badeorte passiert, darunter auch Sant'Agata di Militello, von wo man einen Abstecher zur 1505 m hohen Portella della Miraglia in den Monti Nebrodi unternehmen kann. Die Küstenstraße geht weiter nach Santo Stefano di Camastra, einem der Zentren der traditionellen Keramikproduktion.

Cefalù

Die kleine Hafenstadt (14 000 Einw.) liegt im mittleren Teil der Nordküste Siziliens. Ihre malerische Altstadt mit dem berühmten Normannendom drängt sich zwischen Meer und dem rund 270 m hoch aufragenden Felsen Rocca di Cefalù. Im Westen erstreckt sich ein kilometerlanger Sandstrand, im Hinterland beginnen die Berge der Madonie – so wundert es nicht, dass Cefalù nach Taormina der beliebteste Ferienort der Insel ist.

**Cattedrale

Der Corso Ruggero, die Hauptachse der Altstadt, führt direkt zur Kathedrale. Sie entstand ab 1131 im Auftrag Rogers II. als Grablege der Normannen-Dynastie. Allerdings war der Bau bei seinem Tod 1154 noch unvollendet, der König fand sein Grab in Palermo. Dennoch gehört der Bau zu den schönsten normannischen Bauten Siziliens. Im Innern sind der offene Dachstuhl mit reich bemalten Balken sowie die Säulenkapitelle im sizilianisch-normannischen Stil beachtenswert, ferner das schöne Taufbecken (12. Jh.) und eine Statue der Mutter Gottes von A. Gagini (1533). Zunächst ziehen jedoch die herrlichen Mosaiken alle Blicke an, das Werk byzantinischer Künstler aus der Mitte des 12. Jh.s, dominierend ist der segnende Christus als Weltherrscher (Pantokrator), darunter Maria zwischen den Erzengeln und Petrus und Paulus zwischen den vier Evangelisten und weiteren Aposteln.

Museo Mandralisca

Nicht weit entfernt liegt das kleine Museo Mandralisca mit der Privatsammlung eines Kunstliebhabers. Zu sehen sind u. a. griechische Vasen, Münzen und eine Muschelsammlung. Höhepunkt ist das berühmte "Porträt eines Unbekannten" von Antonello da Messina (1470).

Himera

Bei Buonfornello führt die Straße unter der Autobahn Catania-Palermo durch. Hier liegt die Ausgrabungsstätte der westlichsten Griechenstadt Himera (Imera), die 409 v. Chr. von Karthagern zerstört wurde.

Termini Imerese

Nur 16 km sind es von hier bis zur Thermal- und Industriestadt Termini Imerese (27 000 Einw.) am Fuß des 1326 m hohen Monte San Calogero. Zentrum der ruhigeren Altstadt oben ist der Dom San Nicola (15./16. Jh.), im gegenüber gelegenen Stadtmuseum sind Funde aus der griechischen Stadt Himera ausgestellt. Die seit der Antike besuchten Thermen sind in der Unterstadt. Ein Abstecher führt zu dem hübschen Bergstädtchen Caccamo (10 km

Im kleinen Fischerhafen von Cefalù

südlich), das von einem mächtigen Kastell aus dem 12. Jh. dominiert wird.

Ein Abstecher führt zur Ausgrabungsstätte Solunto (Solunt) mit
den Überresten der einst punischen (8./7. Jh. v. Chr.) und ab dem 3.
Jh. römischen Stadt, die auf einem Felssporn oberhalb des Kap Zaf-
ferano liegt. Zu sehen sind u. a. der wiederaufgerichtete Teil des
Peristyls eines Gymnasiums, ferner die Reste eines Theaters. Von
der Höhe des Berges bietet sich ein schöner Blick auf den Golf von
Palermo und an klaren Tagen bis zum Ätna.

Die Straße passiert nun Bagheria (70 000 Einw.), heute eine Vorstadt
Palermos, wo sich der palermitanische Adel im 17. und 18. Jh. stan-
desgemäße Villen errichten ließ, die bekanntesten sind die Villa
Palagonia (1715), deren Mauern und Portale von – laut Goethe –
"phantastisch aberwitzigen" Steinskulpturen bevölkert werden,
und die Villa Valguarnera (1721).

Caccamo

Solunto

Bagheria

Palermo

Das an einem schönen Golf der sizilianischen Nordküste, eingebettet zwischen zwei Vorgebirge gelegene Palermo (730 000 Einw.) ist
der kulturelle, wirtschaftliche und politische Mittelpunkt Siziliens.
Gleichzeitig ist Palermo eine Stadt der Superlative und der Kon-
traste mit reichen Zeugnissen einer wechselvollen Kultur. Der mys-
tische Glanz byzantinischer Mosaiken, arabische Kuppeln, normannische Königs- und deutsche Kaisergräber in der Kathedrale, barocke Kirchen und Paläste auf der einen Seite, das niedrigste Pro-
Kopf-Einkommen, die höchste Arbeitslosigkeit ganz Italiens, ge-

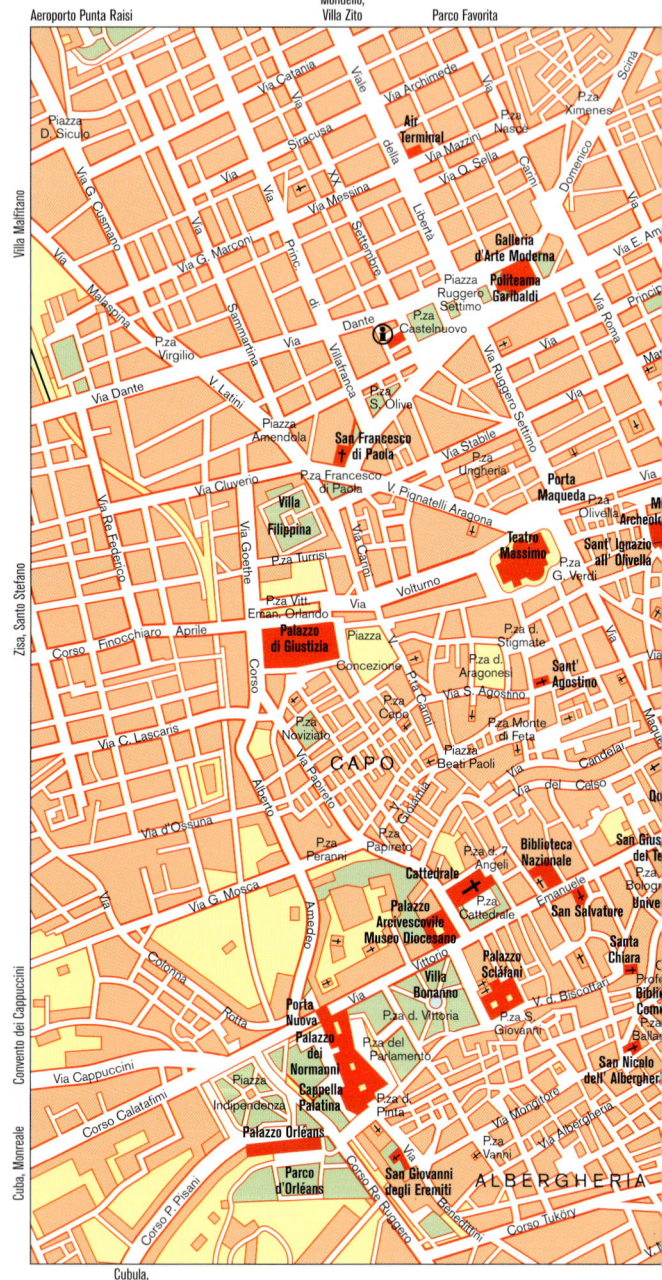

Aeroporto Punta Raisi

Mondello,
Villa Zito

Parco Favorita

Villa Malfitano

Zisa, Santo Stefano

Convento dei Cappuccini

Cuba, Monreale

Piazza
D. Siculo

Via Catania

Viale

Via Archimede

Scine

P.za
Ximenes

Air
Terminal

Via Mazzini

Via O. Sella

P.za
Nasce

della

Siracusa

Via Messina

XX

Via Mariano

Domenico

Settembre

Libertà

Galleria
d'Arte Moderna

Via E. Am

Via G. Cusmano

Via G. Marconi

Princ

Piazza
Ruggero
Settimo

Politeama
Garibaldi

Via Roma

Via Ruggero Settimo

Principe

Via

P.za
Virgilio

Via

Sammartino

Dante

Villafranca

P.za
Castelnuovo

Mar

Via Dante

V. Latini

P.za
S. Olive

Via

Piazza
Amendola

San Francesco
di Paola

Via Stabile

P.za
Ungheria

Porta
Maqueda

P.za
Olivella

M
Archeold

Via Cluverio

P.za Francesco
di Paola

V. Pignatelli Aragona

Villa
Filippina

Via Carini

Teatro
Massimo

Sant' Ignazio
all' Olivella

P.za
G. Verdi

P.za Turristi

P.za Vitt.
Eman. Orlando

Via

Volturno

Via Re Federico

Via Goethe

Corso

Finocchiaro

Aprile

Palazzo
di Giustizia

Piazza

P.za d.
Stigmate

Sant'
Agostino

Corso

Piazza
Concezione

P.za d.
Aragonesi

Via S. Agostino

Via C. Lascaris

P.za
Capo

P.za
Noviziato

P.za Monte
di Feta

Via

del

Celso

Candela

Via d'Ossuna

C A P O

Piazza
Beati Paoli

Co

Alberto

Via

P.za
Peranni

P.za
Papireto

P.za d.
Angeli

Biblioteca
Nazionale

San Nicolo
del Te

P.za
Bolog

Via G. Mosca

Cattedrale

P.za
Cattedrale

Emanuele

San Salvatore

Univer

Colonna

Rotta

Amedeo

Palazzo
Arcivescovile
Museo Diocesano

Vittorio

Villa
Bonanno

Palazzo
Sclafani

Santa
Chiara

V. di Biscottari

Profe

Bibli

Com

Porta
Nuova

P.za d. Vittoria

P.za S.
Giovanni

Via Cappuccini

Palazzo
dei
Normanni

P.za del
Parlamento

Via Montelitore

San Nicolo
dell' Albergher

Palazzo Orléans

Cappella
Palatina

P.za d.
Pinta

Via Alberghe

Piazza
Indipendenza

Corso Calatafimi

P.za
Vanni

P.za
Ball

Parco
d'Orléans

San Giovanni
degli Eremiti

A L B E R G H E R I A

Corso Re Ruggero

Corso

Corso P. Pisani

Corso Tukóry

Cubula,
Monreale, Piana degli Albanesi

rino

Porto

Banchina Francesco Crispi

Pontile Piave

Stazione
Marittima

Molo Vittorio Veneto

Capitaneria
di Porto

Banchina Sammuzzo

Banchina Trapezoidale

Molo Sud

Palermo

300 m
© Baedeker

P.za S.
Giorgio

P.za XIII
Vittime

Via Cavour

refettura

San Giorgio
dei Genovesi

Cavour

torio di
nta Zita

Santa Zita

La Cala

Porta
Felice

torio
Filippo

Oratorio
del Rosario

Santa Maria
della Catena

Archivio
di Stato

P.za
S. Spirito

P.za S.
Domenico

San
Domenico

Santa Maria
la Nuova

Museo delle
Marionette

ratagliata

Santa Maria
di Porto Salvo

Cala

Sant' Eulalia
dei Catalani

P.za
Garraffello

Corso Vittorio Emanuele

Palazzo
Chiaramonte

Villa
a Mare

Sant' Antonio
Abate

Oratorio
San Lorenzo

Piazza
Giardino
Garibaldi

Marina

La Pieta

Matteo

P.za Cassa
di Risparmio

San Francesco
d'Assisi

Santa Maria
dei Miracoli

Palazzo Abatellis
Galleria Nazionale

P.za
d. Kalsa

oria Santa

Sant'
Anna

La
Gancia

Santa Teresa

Via Spasimo

Caterina

P.za Croce
d. Vespri

Municipio

La Martorana

K A L S A

ataldo

P.za d.
Rivoluzione

Santa Maria
dell' Spasimo

Via Lincoln

Villa
Giulia

San Nicolò
da Tolentino

La Magione

esa

Via Roma

Divisi

P.za
Magione

Gesù
lazzo
mitini

Palazzo
Santa Croce

Palazzo
Aiutamicristo

Via Garibaldi

Giardino
Tropicale

Orto
Botanico

d.
imne

V. Milano

Via Lincoln

sa
rmine

Porta
Sant' Antonino

Piazza
Giulio Cesare

V. Torino

Corso dei Mille

Via Archirafi

orso Tukòry

Sant' Antonino

Stazione
Centrale

Via Oreto

Via Lincoln

Pisacane

Via Tiro a Segno Nazionale

Santo Spirito,
Santa Maria di Gesù

Ponte dell' Ammiraglio,
San Giovanni dei Lebbrosi

Ùstica, Cagliari, Livorno,
Napoli, Genova, Tunisi

Solunt, Bagheria

Palermo
(Fortsetzung)

sichtslose Wohnblockgürtel rings um die Stadt, Elendsviertel und Ruinen mitten in der Altstadt auf der anderen Seite; der "Liebestunnel" hier und das Heiligtum der heiligen Rosalie dort, die Stille der Museen und die Betriebsamkeit von Markt und Hafen, die großartigen Konturen am Rand der Conca d'Oro, der Goldenen Muschel, und der überschwappende Verkehr in den Straßen der Stadt ... Für den ausländischen Besucher bietet Palermo die Begegnung mit einer Welt, die in Jahrtausenden aus der Mischung unterschiedlicher geschichtlicher und kultureller Kräfte entstanden ist, voller Widersprüche, voller Faszination – und gleichzeitig ist jedem Besucher zu raten, sich nicht zu sorglos dem Staunen hinzugeben, sondern auf sein Hab und Gut zu achten.

Geschichte

Die von den Phöniziern im 7. Jh. v. Chr. gegründete, von den Griechen Panormos (Allhafen) genannte Stadt war Hauptstützpunkt der Karthager auf Sizilien, bis sie 254 v. Chr. von den Römern erobert wurde. Nach dem Niedergang des Römischen Reichs wurde die von Griechen, Karthagern und Römern bewohnte Hafenstadt im 5. Jh. n. Chr. von Vandalen und anschließend von den Ostgoten beherrscht, bis sie 535 der oströmische Feldherr Belisar für das Byzantinische Reich in Besitz nahm. Die große Zeit Palermos setzte 831 ein, als die Sarazenen die Stadt einnahmen. Reiseberichte stellen sie ihrer zahlreichen Moscheen und Paläste wie ihrer Bewässerungsanlagen wegen Städten wie Bagdad und Córdoba gleich, die Einwohnerzahl stieg auf 300 000 an. Den Sarazenen folgten 1072 die Normannen, 1194 die Staufer und 1266 die französischen Anjou, deren Herrschaft durch den Volksaufstand von 1282, die "Sizianische Vesper", beendet wurde. Palermo kam mit ganz Sizilien an die Könige von Aragón, die die Insel mit Vizekönigen verwalteten. Schließlich verlor Palermo seine Rolle als Hauptstadt des Königreiches beider Sizilien an Neapel. Im 18. Jh. folgten noch die Bourbonen, bis Garibaldi mit seinem "Zug der Tausend" im Mai 1860 Palermo einnahm und der Anschluss an Italien folgte.

Baedeker TIPP **Opera dei Pupi**

Die Puppenspieler der Familie Cuticchio sind unübertroffene Fadenzieher im Kampf zwischen den gottlosen Sarazenen und den christlichen Rittern Orlando und Rinaldo. Opera dei Pupi Cuticchio, Via Bara all'Olivella 95 bzw. Vicolo Ragusi 6, ☎ 09132 34 00.

Sehenswertes

Da die meisten Sizilienreisenden nur ein, maximal zwei Tage für Palermo veranschlagen, werden im Folgenden nur die wichtigsten Sehenswürdigkeiten beschrieben.

Quattro Canti

Ausgangspunkt ist der 1609 angelegte Platz Quattro Canti (vier Ecken), auch Piazza Vigliena genannt. Hier kreuzen sich die beiden Hauptstraßenachsen Via Maqueda und Via Vittorio Emanuele, die vom Hafen zum Normannenpalast führt. An der südlichen Ecke der Quattro Canti steht die Barockkirche San Giuseppe dei Teatini (1612–1645).

*Kathedrale

Von den Quattro Canti gelangt man südwestlich durch die Via Vittorio Emanuele zur Piazza mit der Cattedrale mit der Kathedrale. Baubeginn war 1185; aus dieser Zeit stammen noch ihre drei Apsiden, die im normannisch-sizilischen Stil durch verschränkte Rundbögen gegliedert sind. Die dem Platz zugewandte Schauseite mit der Vorhalle stammt aus dem 15. Jh., die Kuppel folgte im 18. Jh., damals wurde auch der Innenraum im klassizistischen Sinn umgestaltet. Hauptsehenswürdigkeit sind die sechs Königs- und Kaisergräber im rechten Seitenschiff. Unter tempelförmigen Baldachinen stehen die majestätischen Porphyrsarkophage für Kaiser Friedrich II. († 1250; links) und seinen Vater Heinrich VI. († 1197; rechts); dahinter links das Grabmal für König Roger II. († 1154), rechts das für seine Tochter, die Kaiserin Konstanze; in einer Wandnische zur Linken das Grabmal für Wilhelm I. († 1339), den Sohn Friedrichs II. von Aragón, an der Wand zur Rechten das für Konstanze von Aragón, die Gemahlin Kaiser Friedrichs II. In der Kapelle rechts vom Chor wird ein silberner Schrein mit der Reliquie der hl. Rosalie, der Schutzheiligen der Stadt und Patronin Siziliens, aufbewahrt. Besuchenswert sind außerdem die Krypta sowie der reiche Domschatz mit der Krone der Konstanze von Aragón.

Das Diözesanmuseum im Erzbischöflichen Palais (15. und 18. Jh.; gegenüber der Kathedrale und mit dieser durch einen Rundbogen verbunden) zeigt u. a. Gemälde des 13.–18. Jh.s.

Juwel des Normannenpalastes: die Cappella Palatina mit ihren goldglänzenden Mosaiken

Der Normannenpalast ist seit dem 9. Jh. das politische Machtzentrum der Insel, heute tagt hier das sizilianische Regionalparlament. Die Araber errichteten ihn als Palast ihrer Emire. Ihnen folgten die normannischen Herrscher und der Staufer Friedrich II., unter dem die Residenz ihren höchsten Glanz entfaltete. Dann folgte eine Phase des Niedergangs, bis die spanischen Vizekönige ihn von 1555 an auf- und ausbauten. Man betritt den Komplex vom Corso Re Ruggero (an der Südwestecke des Palastes) und gelangt zunächst in den von schönen Renaissancearkaden gesäumten Schlosshof

335

Normannen-palast (Fortsetzung)	Cortile Maqueda. Das Treppenhaus führt zum Herzstück des Palastes, der Cappella Palatina im ersten und zu den Appartamenti Reali im zweiten Obergeschoss (geöffnet Mo.–Fr. 9⁰⁰–12⁰⁰, 15⁰⁰–17⁰⁰, Sa. 9⁰⁰–12⁰⁰, So. u. Fei. 9⁰⁰–10⁰⁰, 12⁰⁰–13⁰⁰ Uhr).
**Cappella Palatina	Die Hofkapelle wurde von Roger II. 1130 in Auftrag gegeben. Ungeachtet aller Veränderungen – u. a. stammt die Darstellung von Christus zwischen Petrus und Paulus an der Westwand von 1350 – ist die Harmonie des Innenraums erhalten geblieben, ein einzigartiges Gesamtkunstwerk aus der Verschmelzung von lateinischer Basilika, byzantinischem Kuppelbau und Mosaikschmuck sowie arabischer Stalaktitendecke. Die Mosaiken bedecken alle Innenwände, sie schildern Szenen aus dem Alten Testament (Mittelschiff) und dem Neuen Testament (Seitenschiffe). Die Holzdecke des Mittelschiffs ist nach arabischer Art mit Stalaktiten gearbeitet, die mit zahllosen kleinen Szenen bemalt sind.
	Unter den königlichen Privaträumen verdient die ganz mit Mosaiken verkleidete Sala di Ruggiero besondere Aufmerksamkeit.
Porta Nuova	Im Norden schließt sich an den Palazzo dei Normanni die Porta Nuova an; sie wurde 1535 als südlicher Abschluss der ursprünglich Cassaro genannten, zum Hafen führenden Straße erbaut.
*San Giovanni degli Eremiti	Schon von weitem locken die leuchtend roten maurischen Kuppeln der ehemaligen Klosteranlage San Giovanni degli Eremiti südlich des Normannenpalastes. Seit dem 6. Jh. stand hier ein Benediktinerkloster, dann folgte eine arabische Moschee, von der noch eine fünfbogige Halle südlich der christlichen Kirche erhalten ist. Unter den Normannen erfolgte die Rechristianisierung; Roger II. ließ 1132 den kubischen, von fünf Kuppeln bekrönten Kirchenbau ausführen. Besonders stimmungsvoll ist der kleine Kreuzgang, dessen spitzbogige Arkaden auf schlanken Zwillingssäulen ruhen; im Hof die Reste einer arabischen Zisterne.
*Piazza Pretoria	Der Platz in unmittelbarer Nähe der Quattro Canti, von der Via Maqueda aus über einige Stufen zugänglich, wird beherrscht von der monumentalen Fontana Pretoria (133 m Umfang, 12 m Höhe). Der Brunnen wurde 1544 ursprünglich für Florenz geschaffen, 1573 erwarb ihn die Stadt Palermo. Allerdings stießen seine nackten Männer- und Frauengestalten lange auf Ablehnung. Die Südseite des Platzes wird vom Senatorenpalast (Municipio) eingenommen.
**La Martorana	Gleich nebenan liegt die Piazza Bellini, an der drei Kirchen zu sehen sind, die barocke Chiesa Santa Caterina sowie La Martorana, auch Santa Maria dell'Ammiraglio genannt, die Georg von Antiochien, Großadmiral unter Roger II., 1143 gestiftet hat. Trotz vielfacher Veränderungen blieb das Kostbarste der Kirche erhalten, der Zyklus von Goldgrundmosaiken, der älteste in Sizilien (um 1150). Im Vorraum des Narthex hat sich rechts der Stifter der Kirche abbilden lassen, links sieht man, wie Christus Roger II. zum König krönt.
*San Cataldo	Unmittelbar neben der Martorana die Kirche San Cataldo mit ihren leuchtend roten Kuppeln über dem zierlichen Zinnenkranz. Sie wurde ebenfalls im 12. Jh. im arabisch-normannischen Stil errichtet und ist im Innern, bis auf die schön ornamentierten Intarsien des Fußbodens und die Kapitelle der vier antiken Säulen, völlig schmucklos.

336

Von dem Platz Quattro Canti gelangt man nordwestlich durch die Via Maqueda zu der an der Grenze von Alt- und Neustadt gelegenen verkehrsreichen Piazza Giuseppe Verdi. Hier steht das 1875–1897 errichtete Teatro Massimo, mit 3200 Plätzen eines der größten Theater Italiens. 23 Jahre war es wegen Sicherheitsmängeln geschlossen, ein trauriges Symbol für sizilianische Misswirtschaft. Seine Wiedereröffnung im Jahr 1998 steht für die politische und kulturelle Auferstehung Palermos, die eng mit dem 1993 zum (inzwischen ehemaligen) Bürgermeister gewählten Leoluca Orlando zusammenhängt. Kartenvorverkauf: online (www.teatromassimo.it), an der Konzertkasse (Di. – So. 10^{00} – 16^{00} Uhr) oder telefonisch (☎ in Italien 800 65 58 58). Etwas weiter geht die Via Maqueda in die Via Ruggero Settimo über, mit ihren vielen eleganten Läden und Geschäftshäusern Mittelpunkt des städtischen Lebens.

*Teatro Massimo

Weiter nördlich erreicht man das Politeama Garibaldi (19. Jh.). Im Obergeschoss ist die Galleria d'Arte Moderna untergebracht mit Bildern italienischer Künstler aus dem 19. und 20. Jh.
Hinter dem Politeama befindet sich das Puppenspieltheater Opera dei Pupi. Die Hauptfiguren des volkstümlichen Puppentheaters werden in vielen Läden zum Kauf angeboten.

Galleria d'Arte Moderna

Das in einem ehemaligen Kloster aus dem 16. Jh. untergebrachte Archäologische Museum (geöffnet Mo. – Fr. 9^{00}–13^{45}, 15^{00}–18^{45}, Sa., So. 9^{00}–13^{45} Uhr, im Sommer abends länger) zeigt vorgeschichtliche und etruskische Funde sowie bedeutende Objekte aus dem klassischen Altertum, darunter v. a. die berühmten Metopen der Tempel von Selinunt (um 550 – 450 v.Chr.). Beachtenswert sind ferner die Löwenkopf-Wasserspeier aus Himera (5. Jh. v. Chr.) und griechische Bronzen, darunter Herakles, der einen Hirsch bezwingt, Teil eines 1805 in Pompeji ausgegrabenen Brunnens.

**Museo Archeologico

Über die Via Roma gelangt man zur Piazza San Domenico mit der gleichnamigen Kirche. Sie geht auf das 13. Jh. zurück, erhielt ihre endgültige Barockgestalt aber erst ab 1636. Im Innern die Gräber einiger berühmter Sizilianer.
Nur ein paar Schritte sind es von hier zum Oratorio del Rosario di Santa Zita, das reich mit Stuckarbeiten von Giacomo Serpotta und seiner Schule ausgestattet ist (17. Jh.). Auch das Oratorio del Rosario di San Domenico (links hinter S. Domenico) ist mit Stuck geschmückt; unter den Gemälden eine Rosenkranzmadonna mit dem hl. Dominikus von Anthonis van Dyck (1628).

Piazza San Domenico

*Vuccirìa

Etwas südlich verläuft die Vuccirìa, sicher die traditionsreichste Marktstraße der Stadt. Sie war lange eines der verrufensten Altstadtviertel Palermos; das ist zwar längst nicht mehr so, trotzdem empfiehlt es sich, im Gedränge auf die Wertsachen zu achten.

Baedeker TIPP ▸ **Bunt und lautstark**

Farbenprächtige und stimmungsvolle Lebensmittelmärkte durchziehen die Gassen der Altstadt von Palermo. Der bekannteste Markt ist sicher der auf der Vuccirìa, der jeden Vormittag (außer sonntags) entlang der Straßen Via Cassari – Argenteria und Umgebung abgehalten wird. Frischer Fisch, Obst, Gemüse und Fleisch werden auch im Ballarò an der Piazza del Carmine lautstark angepriesen. Am ursprünglichsten ist der Markt im Capo-Viertel rund um die Piazza dei Beati Paoli, wo man sich an Garküchen mit Milzbrötchen, gebackenen Kichererbsenfladen oder knusprig ausgebackenen Arancine (Reisbällchen) stärken kann.

Santa Maria della Catena	Die ostwärts führende Via Vittorio Emanuele kreuzt etwa 200 m hinter den Quattro Canti die belebte Via Roma, die von Norden nach Süden die Altstadt durchquert. Am Bootshafen entlang gelangt man auf der Via Cala zur Kirche S. Maria della Catena (1500); früher war hier der Hafen mit einer Kette (Catena) gesperrt.
Museo delle Marionette	Im Marionettenmuseum ist eine Sammlung sizilianischer Marionetten sowie fernöstlicher Figuren ausgestellt (Via Butera 1).
Piazza Marina	Südlich von S. Maria della Catena, gegenüber dem tropisch anmutenden Garten Giardino Garibaldi, erhebt sich der im 14. Jh. erbaute Palazzo Chiaramonte, gewöhnlich "Lo Steri" (von "Hosterium") genannt. Später diente er als Residenz der Vizekönige, als Sitz der Inquisition und als Gericht, heute ist er Teil der Architekturfakultät.
Palazzo Abatellis ***Galleria Regionale della Sicilia**	Südöstlich vom Palazzo Chiaramonte liegt am Ostende der Via Alloro der Palazzo Abatellis (1495) mit Zinnenturm und gotischem Portal. Er beherbergt die Galleria Regionale della Sicilia mit Werken des Mittelalters bis zur Neuzeit (geöffnet Mo. – Sa. 9^{00} – 14^{00}, Di. und Do. auch 15^{00} – 19^{30}, So. 8^{00} – 12^{30} Uhr). Die Innenarchitektur schuf Carlo Scarpa in den 1950er-Jahren neu. Besondere Beachtung verdienen das großartige Wandgemälde "Triumph des Todes" (um 1400), ein von Francesco Laurana geschaffenes Idealporträt der Eleonora von Aragón, und eine "Annunziata" Antonello da Messinas.
Weitere Sehenswürdigkeiten	Der Stadtpark Villa Giulia sowie der unmittelbar anschließende Botanische Garten (Orto Botanico) sind so recht Orte zum Verweilen.
Villa Giulia, Convento dei Cappuccini	Rund 1,5 km westlich der Porta Nuova liegt am Stadtrand der Convento dei Cappuccini (1621), ein Kapuzinerkloster, das durch seine Katakomben bekannt ist. Diese unterirdischen Gänge wurden ab 1599 in den Tuffstein gehauen und bis 1881 offiziell für Beisetzungen verwendet (die letzte Bestattung fand allerdings 1920 statt). Rund 8000 mumifizierte, nach Geschlecht und Stand geordnete Leichen stehen, liegen oder hängen in den Gängen. Bis ins vorige Jahrhundert wurden viele Mumien von ihren Angehörigen noch regelmäßig frisch eingekleidet.
La Zisa	Etwa 500 m nördlich vom Kapuzinerkloster steht der normannische Palast La Zisa, ein 1154–1166 von Wilhelm I. und seinem Sohn Wilhelm II. nach arabischen Vorbildern errichtetes Lustschloss. Im Erdgeschoss ein quadratischer, von einer Brunnenanlage durchzogener Gartensaal mit byzantinischen Mosaiken und hohem Stalaktitengewölbe.

Umgebung von Palermo

*Monte Pellegrino	Das "schönste Vorgebirge der Welt" (Goethe) steigt im Norden Palermos, dicht am Meer, auf 609 m Höhe an. Seit frühester Zeit haben hier Menschen gelebt, wie die Funde in der (nicht zugänglichen) Addaura-Grotte belegen.
Mondello	Das einstige Fischerdorf Mondello liegt 12 km nördlich vom Zentrum Palermos in einer malerischen Bucht zwischen Monte Gallo (581 m) und Monte Pellegrino. Anfang des 20. Jh.s war es von wohlhabenden Palermitanern "entdeckt" worden, in der Zwischenzeit hat es sich, auch dank seines 2 km langen Sandstrandes, zu einem Seebad mit Gärten, Villen und vielen Hotels gemausert.

Dom und Kreuzgang in Monreale verkörpern normannisch-arabische Baukunst in Vollendung.

Das Städtchen Monreale (25 000 Einw.) liegt 300 m hoch über der Conca d'Oro, 8 km südwestlich von Palermo. Es entstand um das von Wilhelm II. im 12. Jh. gestiftete Benediktinerkloster. Die ehemalige Abteikirche mit ihrem Zyklus von Goldgrundmosaiken und ihrem Kreuzgang ist das bedeutendste Denkmal der Normannenkunst auf Sizilien und eines der Meisterwerke der europäischen Kunstgeschichte (geöffnet tägl. 8³⁰ – 18³⁰ Uhr).

Monreale

Der prächtige, 102 m lange und 40 m breite, von zwei mächtigen Türmen flankierte Dom war 1185 weitgehend vollendet. Den stärksten Eindruck am Außenbau vermittelt die noch ursprüngliche Ostseite mit ihren drei Apsiden, den verschränkten Spitzbogen-Blendarkaden und ihrer kontrastreichen Dekoration aus hellem Kalktuff und schwarzer Lava.

**Dom

Bemerkenswert sind auch die beiden Bronzeportale. Das Westportal von Bonnano Pisano (1186) schildert auf 42 Bildfeldern biblische Szenen, das kleinere Nordportal (Barisanus von Trani, 1179) stellt Heilige und Evangelisten dar.

Der Eindruck, den der Dom auf jeden Besucher macht, geht einerseits von der klaren Raumdisposition aus, in der sich die Idee der einfachen Basilika nach dem Vorbild von Montecassino gegen östlich-byzantinische Raumvorstellungen durchgesetzt hat. Andererseits aber ist der Geist byzantinischer Kultur in den überaus kostbaren Mosaiken gegenwärtig. Sie überziehen sämtliche Wände, nicht weniger als 6340 m². Was Künstler aus Konstantinopel zusammen mit einheimischen Mosaizisten hier zwischen 1179 und 1182 geschaffen haben ist überwältigend. Aus dem mystisch schimmernden Goldgrund treten die biblischen Gestalten und Szenen hervor. Das Mittelschiff behandelt alttestamentarische Szenen, die Seitenschiffe zeigen Wunder Jesu. Das Querhaus ist dem Leben und der

**Mosaiken

339

Monreale (Fortsetzung)	Passion Jesu sowie dem Auferstandenen gewidmet, ferner den Aposteln Paulus und Petrus. Den Chor beherrscht die Gestalt des Pantokrators Christus, des Weltenherrschers, der seinen Platz oberhalb seiner Mutter Maria hat. Über dem Bischofsthron ist im Altarraum der Stifter Wilhelm II. dargestellt, wie er die Kirche der Jungfrau Maria übergibt, gegenüber erhält Wilhelm II. seine Krone aus den Händen Christi.
**Chiostro	Gleich neben dem Dom befindet sich der Eingang zum berühmten Kreuzgang des ehemaligen Benediktinerklosters. Je 26 Arkaden öffnen sich an den vier Seiten zum bunt bewachsenen Garten. Sie werden jeweils von Doppelsäulen (insgesamt 228) mit Doppelkapitellen getragen. Diese zeigen Pflanzen, Tiere, Menschen, darunter Akrobaten und Bogenschützen, Greife und andere Fantasiewesen sowie biblische Themen. In der Südwestecke ist eine Brunnenkapelle mit besonders reich ornamentierten Säulen eingefügt. Vom Belvedere (Zugang gleich nach Verlassen des Kreuzgangs links an der Hausfront) hat man einen schönen Blick ins Oreto-Tal und auf die gegenüber liegenden Berge.
Partinico **Alcamo**	Über Partinico geht es nach Alcamo und weiter nach Segesta. Partinico (27 000 Einw.) war vor allem in den Jahren nach dem Zweiten Weltkrieg ein Zentrum der Mafia und Hauptstützpunkt des Banditen Salvatore Giuliano; hier lebte aber auch längere Zeit der aus Triest stammende Danilo Dolci (geb. 1924), der als Sozialreformer gegen Armut, Analphabetentum sowie gegen den Terror der Mafia anschrieb. Alcamo (44 000 Einw.) ist eine für ihre ausgezeichneten Weine bekannte Landwirtschafts- und Industriestadt. Sie liegt nahe der Nordküste am Fuß des 826 m hohen Monte Bonifato.
Segesta ****Tempel**	In einsamer Hügellandschaft am Rande eines weiten Tals liegen die Ruinen der bislang noch nicht ausgegrabenen antiken Stadt Segesta mit ihrem unvollendeten Tempel und dem Theater. Sie ist eine der ältesten Städte auf Sizilien, die in ständigem Kampf mit den Griechen stand, später karthagisch, dann römisch war und schließlich von den Sarazenen zerstört wurde (Bahnstation in Segesta ca. 2,5 km vom Tempel entfernt). Der großartige Tempel liegt unterhalb des antiken Stadtgebietes. Der dorische Bau (61 m lang, 26 m breit) wurde wahrscheinlich um 426 v. Chr. begonnen. Obwohl er nicht vollendet wurde – so blieben die 36 Säulen ohne Kanneluren und die Kapitelle sind nur roh ausgearbeitet – ist er einer der besterhaltenen Tempel Siziliens.

Baedeker TIPP) Zwischen Trapani und Marsala

Wer mehr über die Salzgewinnung erfahren möchte, sollte die vor Mozia gelegene Saline "Ettore e Infersa" besuchen, in der jeden Mittwoch und Samstag von 16⁰⁰ bis 18⁰⁰ Uhr die traditionelle Windmühle in Betrieb gesetzt wird (Öffnungszeiten: Mo. – So. 9⁰⁰ bis 19⁰⁰ Uhr).
In der Saline "culcasi" (Ortschaft Nubia) sind in einem kleinen Salzmuseum (Museo del Sale) typische Gerätschaften ausgestellt. Im angrenzenden ehemaligen Lagerhaus kann man nach Vorbestellung auch ausgezeichnet essen (☎ 09 23 86 74 42).

Der berühmte dorische Tempel von Segesta

Östlich des Tempels erhebt sich der 431 m hohe Monte Barbaro. Ein Fußweg (es besteht auch eine Busverbindung) führt zu dem 415 m hoch gelegenen, eine natürliche Mulde ausnutzenden Theater hinauf. Es wurde im 3./2. Jh. v. Chr. erbaut und um 100 v. Chr. von den Römern verändert. Von den Zuschauersitzen bietet sich ein herrlicher Blick bis zum Monte Erice und bis Castellammare del Golfo, dem einstigen Hafen von Segesta.

Segesta (Fortsetzung)

Die Hafen- und Handelsstadt Trapani (72 000 Einw.) liegt schön auf einer sichelförmigen Landzunge im Nordwesten Sizliens, gegenüber den Ägadischen Inseln. Die verwinkelte Altstadt mit vielen großteils barocken Palazzi und Kirchen nimmt die nach Westen vorspringende schmale Halbinsel ein, die beiden Hauptflanierstraßen sind der Corso Italia sowie der Corso Vittorio Emanuele. Beachtenswert sind u. a. der Palazzo Giudecca im ehemaligen Ghetto (16. Jh.; Via della Giudecca), dessen Turm mit Diamantquaderung und Zinnenkranz auffällt. Auch die ehemalige Franziskanerkirche Santa Maria del Gesù ist aus dem 16. Jh., aus dem 17. Jh. stammen die Chiesa del Collegio und die Kathedrale San Lorenzo. Das bedeutendste Bauwerk von Trapani, das Santuario dell' Annunziata, befindet sich im Ostteil der Stadt (Via Conte A. Pepoli), im modernen Viertel, das sich fast bis zum Fuß des Monte Erice hinzieht. Die Marien-Wallfahrtskirche stammt bis auf ihre Fassade (14. Jh.) aus dem 18. Jh. Im Innern verdienen die Cappella dei Marinai (Fischerkapelle) und die hinter dem Hochaltar gelegene Cappella della Madonna Beachtung. Ihre hoch verehrte Marmorstatue der Madonna von Trapani wurde um 1350 von Nino Pisano oder seiner Schule gefertigt. Das angeschlossene ehemalige Karmeliterkloster ist heute Sitz des Museo Regionale Pepoli. Zu sehen sind archäologische Funde, Architekturfragmente und Skulpturen aus dem Mittelalter, Gemälde und schöne Beispiele der Korallenverarbeitung.

Trapani

Salinenfelder	Im Süden der Stadt breiten sich riesige Salinenfelder aus. Ein paar Windmühlen erinnern daran, dass seit dem 15. Jh. die Salzgewinnung durch Verdunstung der bedeutendste Wirtschaftszweig der Gegend war, heute ist die Produktion allerdings recht gering.
**Erice	Auf dem 751 m hohen Berg Erice, dem Mons Eryx des Altertums, liegt das von den Phöniziern gegründete Bergstädtchen Erice (1450 Einw.; 15 km von Trapani), mit seinem mittelalterlichen Stadtbild einer der hübschesten Orte Siziliens. In der Antike war er ein wichtiges Heiligtum, das wohl zuerst einer phönikischen "Göttin von Eryx", der Astarte der Karthager, der Aphrodite der Griechen und schließlich der Venus der Römer geweiht war. Die Serpentinenstraße endet an der Porta Trapani, einem der drei normannischen Stadttore. Gleich links die Chiesa Matrice mit ihrem frei stehenden Kampanile, die 1341 aus Steinen antiker Bauten errichtet wurde. Auf der Via Vittorio Emanuele gelangt man zur Piazza Umberto I mit dem sehenswerten Museo A. Cordici; ausgestellt sind u. a. archäologische Funde und einige Skulpturen aus dem 16./17. Jh. Das mittelalterliche Castello Pepoli nimmt im Südosten von Erice den Platz der antiken Akropolis ein. Rechts dahinter erhebt sich, am Platz des Aphroditetempels, das Castello di Venere, Venusschloss, aus dem 12./13. Jh. Von hier hat man einen herrlichen Ausblick auf Trapani und die Ägadischen Inseln.
*Mozia	Mozia, das antike Motya, liegt auf einer kleinen kreisrunden, heute Santa Pantaleo genannten Insel unmittelbar vor der Westküste (vom bewachten Parkplatz ca. 10 km vor Marsala besteht eine regelmäßige Bootsverbindung). Im 8. Jh. v. Chr. bestand hier eine punische Siedlung, die im 4. Jh. v. Chr. von Syrakus zerstört wurde. Heute gehört sie der durch die Produktion und den Handel mit Marsala-Wein reich gewordenen Familie Whitaker. Neben den Überresten der antiken Stadt lohnt auch das kleine Museum mit Ausgrabungsfunden einen Besuch. Hauptsehenswürdigkeit ist eine überlebensgroße Marmorstatue eines jungen Mannes aus dem 5. Jh. vor Christus.
Marsala	Die lebhafte Stadt Marsala verdankt den Karthagern ihre Gründung (Lilybaion, 4. Jh. v. Chr.), den Arabern ihren Namen (Mars-al-Allah, 9. Jh. n. Chr.), dem Engländer John Woodhouse ihren weltberühmten Marsala-Wein (1773) und Garibaldi ihren patriotischen Ruhm (1860 begann hier der berühmte Siegeszug der Tausend gegen die bourbonischen Truppen). 1943 brachten Luftangriffe verheerende Schäden. Mittelpunkt der Stadt ist die Piazza della Repubblica, wo sich auch der dem hl. Thomas von Canterbury geweihte Dom San Tomaso erhebt. Er wurde im 18. Jh. auf den Überresten einer normannischen Basilika errichtet und birgt einige Werke der Künstlerfamilie Gagini. In dem hinter der Kirche gelegenen Museo degli Arazzi sind acht flämische Bildteppiche aus dem 16. Jh. ausgestellt. Das Lilybäische Nationalmuseum (Museo Lilibeo) liegt an der Uferstraße unmittelbar am Kap Boeo. Unter den archäologischen Funden aus Lilybaeum, Motya und Umgebung befindet sich ein 35 m langes punisches Schiff aus dem 3. Jh. v. Chr., das im Meer bei Mozia gefunden und rekonstruiert wurde. Südlich des Museums steht die Kirche San Giovanni, die 1555 über einer frühchristlichen Kirche aus dem 5. Jh. erbaut wurde, aus der noch das Taufbecken stammt.

Der Marsala, ein kühl zu trinkender, trockener bis süßer Dessertwein, wird aus weißen Catarratto-, Grillo- und Inzolia-Trauben bereitet. Die Weiterverarbeitung geschieht nach alten Traditionen, wobei den Naturweinen oft Sifone (süßer Wein und Weingeist) oder Cotto (eingekochter Most) zugesetzt wird. Die bekanntesten Firmen sind Florio, Vecchio Samperi, Mineo, Rallo und Spano. Man unterscheidet mehrere Qualitätsgrade, u. a. Marsala Fine (viermonatige Lagerung in Steineichenfässern), Marsala Superiore (zwei Jahre Lagerung) und Marsala Vergine oder Soleras, der erst nach fünf Jahren in den Handel kommt. Die Kellereien (Baglio) liegen zwischen Kap Boeo und Hafen und sind zur Besichtigung sowie zur Weinprobe für Besucher offen (Informationen beim Fremdenverkehrsamt).

Selinunt ist mit seinen acht griechischen Tempeln des 6. und 5. Jh.s v. Chr. und dem nahe gelegenen Demeter-Heiligtum eine der bedeutendsten antiken Stätten Siziliens. Es liegt an der Südwestküste zwischen zwei kleinen Flüssen, an deren Mündungen die längst verlandeten Häfen lagen. Restaurants, Badestrand und Übernachtungsmöglichkeiten finden sich unmittelbar östlich des archäologischen Gebiets in dem kleinen Ferien- und Fischerdorf Marinella.

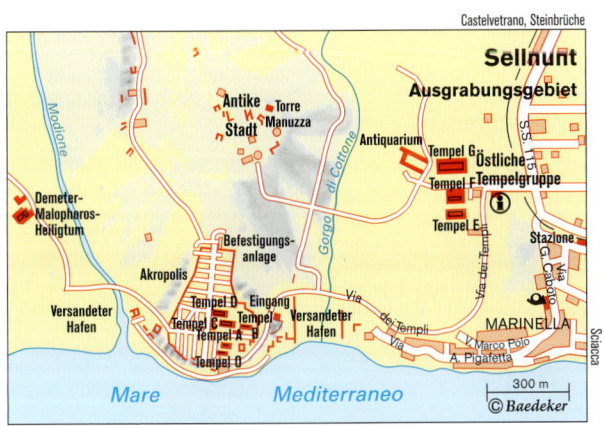

Die Stadt Selinus wurde im 7. Jh. gegründet und war eines der großen Zentren der Magna Graecia, dem Teil Süditaliens, der von den Griechen kolonisiert war. 409 v. Chr. zerstörten die Karthager unter Hannibal die Stadt. Bis 1551 war Selinunt vergessen; erst im 19. Jh. setzten dann Ausgrabungen ein.

Das gesamte Ausgrabungsgelände wurde zu einem Archäologischen Park zusammengefasst (Parco Archeologico, geöffnet tägl. von 9⁰⁰ Uhr bis 1 Std. vor Sonnenuntergang).

Die Stadt selber ist fast völlig verschwunden, dagegen ragen in der Nähe des Eingangs die so genannte Östliche Tempelgruppe mit den Tempeln E, F und G empor. Im Norden liegt der Tempel G, heute ein riesiger Trümmerhaufen, mit dessen Bau um 520 v. Chr. begonnen worden war. Er war vermutlich Apollon geweiht und maß rund 50 × 110 m. Der mittlere Tempel F, 24 × 62 m groß, ist wohl der älteste, er entstand um 530 v. Chr. Der südlichste, vermutlich Hera

343

Selinunt
(Fortsetzung)
*Akropolis

geweihte Tempel E wurde 465 v. Chr. beendet und misst 28 × 60 m. Ende der 1950er-Jahre wurde er wiederaufgerichtet.

Die früher vollständig ummauerte, 400 × 350 m große Akropolis erstreckt sich auf einem Hügel westlich der Tempelgruppe. Sie wird von zwei sich rechtwinklig schneidenden Hauptstraßen durchzogen. Im südöstlichen Sektor befinden sich die Reste des kleinen Tempels A und das Fundament des Tempels O, gleich nördlich der Ost-West-Straße der winzige Tempel B ohne Säulenkranz; nördlich daneben sieht man, auf der Höhe des Hügels, den Tempel C, den größten (24 × 64 m) und ältesten der Akropolis (um 550 v. Chr.), der mit seinen 1925 und 1929 wiederaufgerichteten 14 Säulen neben dem bereits erwähnten Tempel E den Blick auf sich zieht. Nördlich daneben die Ruinen des etwas jüngeren Tempels D (um 540 v. Chr.). Folgt man von hier aus der Nord-Süd-Achse in nördlicher Richtung, gelangt man zwischen den Resten von Wohnquartieren aus der Zeit nach 409 v. Chr. zum Haupttor der Akropolis, vor dem wohl im 3. Jh. v. Chr. mächtige Befestigungsanlagen errichtet wurden.

Im Westen der Akropolis lag auf dem Weg zur großen Nekropole von Manicalunga das Heiligtum der Demeter Malophoros, der Herrin von Fruchtbarkeit und Vergehen, Leben und Tod.

Caltabellotta

Ein möglicher Abstecher führt über das fantastisch gelegene Bergstädtchen Caltabellotta (20 km nordöstlich; 849 m hoch gelegen; 6000 Einw.), dessen Pfarrkirche noch aus der Normannenzeit stammt.

Baedeker TIPP **Castello Incantato**

Tausende gemeißelte Köpfe – Teufel, Paladine, Gesichter von Gottheiten und aus der Geschichte – bevölkern die Mauern und Wege eines Olivenhains etwa 2 km östlich der Kleinstadt Sciacca. Sie sind das Lebenswerk von Filippo Bentivegna, der Anfang des 20. Jh.s nach einer unglücklichen Liebesbeziehung aus den Vereinigten Staaten in seine Heimat auf Sizilien zurückgekehrt war und sich fortan als Einsiedler der Bildhauerei widmete. Die Steine fand er hinter seinem Haus, das ein kleines Museum wurde.

Auf der Weiterfahrt in Richtung Agrigent zweigt 30 km hinter Sciacca eine Seitenstraße zum Ausgrabungsgebiet der antiken Stadt Eraclea Minoa ab. Sie war im 6. Jh. v. Chr. am Capo Bianco, auf einem hoch gelegenen Kalkplateau, gegründet und im 1. Jh. v. Chr. zerstört worden. Zu sehen sind Teile der Stadtmauer und ein Theater (3. Jh. v. Chr.); am Fuß des Felsens einer der schönsten Sandstrände Siziliens.

Agrigent · Agrigento

Agrigent (55 000 Einw.) liegt auf einem Hügel mit Blick aufs Meer. Wegen seiner großartigen Tempelruinen ist es eine der sehenswertesten Städte Siziliens. Die antiken Bauten stehen in lebhaftem Kontrast zu den modernen Hochhäusern, die teils den Blick auf die hoch gelegene, malerische Altstadt verstellen.

Kolonisten aus Gela gründeten hier 581 v. Chr. die Stadt Akragas, die im 5. Jh. v. Chr. ihre Blütezeit erlebte, von der noch heute die Tempelbauten Zeugnis ablegen. Der griechische Dichter Pindar pries das auf 200 000 Einwohner angewachsene Akragas als "die schönste der sterblichen Städte". Diese glanzvolle Epoche endete mit dem 409 v. Chr. beginnenden karthagischen Angriff, von dem sich Akragas nicht mehr erholte. Im 3. Jh. v. Chr. fiel die Stadt an

die Römer, die sie fortan Agrigentum nannten. In normannischer Zeit war Agrigent ein wohlhabender Bischofssitz; auch dank des Hafens in Porto Empédocle (17 000 Einw.; 7 km südwestlich), wo der Schriftsteller Luigi Pirandello zur Welt kam (1867–1936; im Ortsteil Caos ein kleines Museum), ist sie heute ein lebhafter Handelsplatz.

Allgemeines (Fortsetzung)

Das so genannte Tal der Tempel erstreckt sich auf einem Hügelrücken, westlich und östlich der Via dei Templi (geöffnet tägl. von 9⁰⁰ bis 1 Std. vor Sonnenuntergang). Die folgende Beschreibung be-

**Valle dei Templi

345

Tal der Tempel
(Fortsetzung)

ginnt mit der östlichen Tempelgruppe. Vorbei an der südlichen Stadtmauer, die sich mit der natürlichen Fels-"Befestigung" verbindet, reihen sich die Tempel, die wie alle Kultbauten in Akragas der dorischen Ordnung folgen. Der erste wird als Herakles-Tempel bezeichnet (Tempio di Ercole; etwa 25 × 67 m), er wurde um 500 v. Chr. errichtet. Acht seiner Säulen wurden inmitten der eindrucksvollen Ruine wieder aufgerichtet. Dem Spazierweg aufwärts folgend, passiert man die Villa Aurea in ihrem üppigen Garten mit Überresten von Nekropolen aus römischer und christlicher Zeit. Dann zieht der so genannte Concordia-Tempel (Tempio di Concordia) den Blick auf sich. Er wurde um 425 v. Chr. erbaut und zählt zu den besterhaltenen Tempeln der griechischen Welt (ca. 17 × 40 m). Die gute Erhaltung verdankt er der Tatsache, dass er im 6. Jh. in eine Kirche umgewandelt und erst im 18. Jh. restauriert wurde. Der höchstgelegene Tempel der Hera Lakinia (oder lateinisch der Juno Lacinia) hat fast dieselben Fundamentmaße wie der Concordia-Tempel. Er wurde Mitte des 5. Jh.s v. Chr. errichtet, 25 seiner Säulen stehen noch aufrecht.

Concordia-Tempel, als Kirche der Nachwelt erhalten geblieben

Tempio di Giove Olimpico

Die zweite Tempelgruppe liegt westlich der Straße. Der Tempel des Olympischen Zeus ist heute eine ungeheure Trümmermasse von Steinblöcken und Säulentrommeln, die ein Erdbeben über eine Fläche von 6000 m² hingeworfen hat. Erbaut wurde er 480 v. Chr. als ein Siegesmonument, der den Tempel G von Selinunt übertreffen sollte, allerdings war er unvollendet, als die Karthager Akragas eroberten. Sein Fundament nimmt ein Rechteck von über 56 × 113 m ein. Die Säulen hatten eine (errechnete) Höhe von über 18 m und einen unteren Durchmesser von 4 m. Goethe hat 1787 bei seiner italienischen Reise notiert: *"Von der Cannelirung der Säule kann dies einen Begriff geben, daß ich, darin stehend, dieselbe als eine kleine Nische ausfüllte, mit beiden Schultern anstoßend. Zweiundzwanzig Männer, im*

Kreise nebeneinander gestellt, würden ungefähr die Peripherie einer solchen Säule bilden." Zwischen den Säulen standen vollplastische, 7,65 m hohe Atlanten (eine Kopie liegt im Tempelgelände, ein Original im Archäologischen Museum).

Agrigent
(Fortsetzung)

Westlich des Olympieions erstreckt sich das Heiligtum der chthonischen Gottheiten, Santuario delle Divinita Ctonie (6. und 5. Jh.). Zu ihm gehört der so genannte Dioskurentempel (Tempio di Castore e Polluce), dessen wiederaufgerichtete Nordwestecke (vier Säulen und ein Stück von Gebälk und Giebel) zu einem Wahrzeichen Agrigents geworden ist. Weiter nordwestlich stand jenseits der Bahnlinie der um 430 v. Chr. errichtete Vulkan-Tempel (Tempio di Vulcano), von dem Fundamentreste und zwei Säulen erhalten sind.

Das Archäologische Museum ist eines der modernsten Museen Siziliens. Gezeigt werden Funde, die von prähistorischer bis in die römische Zeit reichen, u. a. antike Sarkophage, griechische und römische Vasen, Skulpturen, Architekturfragmente und archäologische Pläne der antiken Stadt Agrigent. Die klassische Zeit ist durch die Marmorstatue eines Epheben (um 490 v. Chr.) vertreten (geöffnet tägl. 8 30–12 30 Uhr; Contrada S. Nicola).

****Museo
Archeologico
Regionale**

Zisterzienser erbauten im 13. Jh. neben dem Museum die Kirche San Nicola. In einer Seitenkapelle befindet sich der so genannte Phädra-Sarkophag (2. Jh. n. Chr.) mit Reliefdarstellungen aus der Sage um Phädra, der Gemahlin von Theseus, und ihren Stiefsohn Hippolytos. Links hinter der Kirche stößt man auf eine Anlage, die im 1. Jh. v. Chr. als Versammlungsplatz (Comitium) angelegt und später zu einem kleinen Theater umgebaut wurde. Der kleine Tempel am Rande (Oratorium des Phalaris) ist aus dem 2. Jh. n. Chr. Die Gebäudereste etwas nordöstlich, zu Seiten der Passeggiata Archeologica, entstanden in hellenistischer und römischer Zeit (4. Jh. v. Chr. bis 5. Jh. n. Chr.).

San Nicola

**Quartiere
Ellenistico
Romano**

Die verwinkelte Oberstadt mit ihren Gebäuden aus Mittelalter und Barock ist ebenfalls einen Besuch wert. Ausgangspunkt ist die Piazzale Aldo Moro, an der die schmucke Via Atenea, die Hauptgeschäftsstraße, beginnt. Beachtenswert sind u. a. die barocke Chiesa del Purgatorio und die Kirche Santo Spirito, die zu einem ehemaligen Zisterzienserkloster gehörte. Im Innern dominiert die reiche Stuckdekoration von Giacomo Serpotta (um 1695). Rechts der Kirche finden sich Reste des Kreuzgangs, der Kapitelsaal und das Refektorium, das heute als Stadtbibliothek genutzt wird. Der die Altstadt überragende Dom wurde im 11. Jh. von den Normannen auf der höchsten Stelle der antiken Akropolis erbaut, über den Fundamenten eines Jupitertempels (6. Jh. v. Chr.). Später wurde er mehrfach erweitert und barockisiert.

Oberstadt

Der Weg nach Syrakus führt nun über das Bergstädtchen Palma di Montechiaro (22 000 Einw.), das 1637 von dem Fürsten Carlo Tomasi di Lampedusa gegründet wurde, einem Vorfahren des Schriftstellers Giuseppe Tomasi di Lampedusa (1896 – 1957; "Der Leopard", 1962 von Visconti verfilmt). Die Hauptkirche S. Maria del Rosario entstand 1666 nach Plänen des Jesuitenarchitekten Angelo Italia.

**Palma
di Montechiaro**

Agrigent ist ein guter Ausgangspunkt für einen Abstecher ins Landesinnere. Über Caltanissetta, Zentrum des Schwefelbergbaus, er-

Enna

Enna	reicht man das in der Mitte Siziliens, 931 m hoch in den Monti Erei gelegene Enna, den "Balkon Siziliens" (30 000 Einw.). Von der Stadt, einer der ältesten Siedlungen Siziliens überhaupt, ging 136 v. Chr. der große Sklavenkrieg aus. Ortsmittelpunkt ist die Piazza Vittorio Emanuele. Von hier gelangt man auf der Via Roma allmählich bergan. Der 1307 gegründete Dom erhielt sein heutiges Aussehen im 17. Jh.; der Kirchenschatz ist im benachbarten Museo Alessi ausgestellt. Die Via Roma endet am Castello di Lombardia, einem der größten sizilischen Kastelle, das aus byzantinischen, normannischen und staufischen Elementen besteht. Von den einst 20 Türmen sind sechs erhalten, vom höchsten, der Torre Pisana (96 Stufen) hat man einen einzigartigen Ausblick. An seinem Fuß erinnert ein modernes Denkmal an Eunus, den Führer im erwähnten Sklavenaufstand. Nördlich vom Kastell erhebt sich die Rocca di Cerere, auf der sich einst ein berühmtes Heiligtum der Demeter (der Korngöttin, lateinisch Ceres) befand. Südwestlich der Stadt erhebt sich der Torre di Federico. Der 26 m hohe, achteckige Turm aus der Zeit Kaiser Friedrichs II. war einst durch einen 1 km langen unterirdischen Gang mit dem Kastell verbunden.
Calascibetta	Nördlich gegenüber von Enna liegt das malerische Bergstädtchen Calascibetta (7000 Einw.). Nun geht es wieder in Richtung Süden, am See von Pergusa vorbei, an dem der antike Mythos die Entführung der Persephone durch den Unterweltgott Hades lokalisiert – und die Gegenwart eine Autorennstrecke installiert hat (9 km).
Piazza Armerina ****Villa Romana del Casale**	Auf einer reizvollen Gebirgsstrecke gelangt man in das auf drei Hügeln gelegene Garnisonsstädtchen Piazza Armerina (25 000 Einw.), das von dem Dom Santissima Assunta (17. Jh.) beherrscht wird. Die Hauptsehenswürdigkeit, die Villa Romana del Casale aus dem 3./4. Jh. n. Chr. (6 km südwestlich außerhalb des Stadtzentrums; geöffnet: tägl. von 9⁰⁰ Uhr bis 1 Std. vor Sonnenuntergang); ist ein glänzendes Beispiel eines römischen Landsitzes aus der späten Kaiserzeit, wobei die Frage nach dem Bauherrn nicht eindeutig geklärt ist. Die Villa war noch bis ins 5. Jh. bewohnt, später verfiel sie. Die Gebäude sind nicht so gut erhalten, einzigartig sind jedoch die schönen Mosaiken, die eine Fläche von 3500 m² bedecken und eine Fülle von Themen aus dem täglichen und höfischen Leben, aus der Mythologie und immer wieder aus den Bereichen Jagd und Tierhetzen in der Arena. Gerade in solchen Szenen liegt der Zusammenhang mit Mosaiken des römischen Nordafrika auf der Hand, und es gilt als sicher, dass hier Künstler aus dieser Region gearbeitet haben.

Baedeker TIPP) **Palio dei Normanni**

Im August lockt der Palio dei Normanni, ein beliebtes Volksfest zur Erinnerung an die Befreiung von der arabischen Herrschaft, viele Besucher nach Piazza Armerina.

Weiterfahrt	Über Caltagirone, eine Hochburg der Keramik- und Terrakottaindustrie, geht es südwärts zur Hafen- und Industriestadt Gela, einst eine der bedeutendsten griechischen Kolonien auf Sizilien. 1956 wurden hier Erdölquellen gefunden, und heute bestimmen Erdölraffinerien und Neubausiedlungen das Stadtbild. Im Museo Archeologico Funde aus der Bronzezeit bis zum Mittelalter mit anschließendem Parco Archeologico.

242 Stufen trennen die Neustadt Ragusa Superiore von der malerischen Unterstadt Ragusa Ibla.

Ragusa (65 000 Einw.) liegt auf einem Felsrücken zwischen zwei tief eingeschnittenen Tälern. Im Westen erstreckt sich die im 18. Jh. auf schachbrettförmigem Grundriss angelegte Oberstadt Ragusa Superiore (mit u. a. der Kathedrale und dem besuchenswerten Museo Archeologico Ibleo, Via Natalelli). Im Osten schließt sich das tiefer gelegene Ragusa Ibla an mit malerischen verwinkelten Gassen und schönen Barockbauten. Man erreicht es u. a. über die 242-stufige Scala. An der Piazza del Duomo erhebt sich die Kirche San Giorgio, die im 18. Jh. nach Plänen von Rosario Gagliardi erbaut wurde. Sie ist eines seiner Hauptwerke und ein besonders schönes Beispiel der sizilischen Barockbaukunst.

Das 24 km südlich gelegene ehemalige Fischerdorf Marina di Ragusa (3000 Einw.) hat sich zu einem Seebad mit Hotels, Pensionen und Unterhaltungsmöglichkeiten gewandelt.

Ragusa

Das alte, einst von den Sikulern gegründete Noto (24 000 Einw.) wurde nach dem Erdbeben 1693 aufgegeben und 16 km entfernt am heutigen Standort unter Beteiligung zahlreicher namhafter Baumeister, u. a. Gagliardi, Sinatra, Labisi und Mazza, neu erbaut. Dank des als Baumaterial verwendeten hellen Kalktuffs aus der Umgebung wirkt die Stadt festlich und heiter. Sie ist eine der schönsten sizilianischen Barockstädte und UNESCO-Weltkulturerbe.

An dem die Stadt von Westen nach Osten als belebte Hauptstraße durchziehenden Corso Vittorio Emanuele liegen drei monumentale Plätze: An der Piazza Ercole (amtlich Piazza XVI Maggio) stehen die barocke Kirche San Domenico (18. Jh.) und der Herkulesbrunnen; an der folgenden Piazza del Municipio der Dom Santi Nicola

*Noto

Noto
(Fortsetzung)

di Mira e Corrado mit seiner prächtigen Barockfassade, der Palazzo Ducezio (Rathaus) und die Kirche Santissimo Salvatore. Der östlichste Platz ist die Piazza Immacolata mit der Kirche der Immacolata (oder San Francesco) und dem Kloster Santissimo Salvatore. Nördlich steht die Chiesa del Crocifisso (Madonna von F. Laurana; 1471). Nicht versäumen sollte man auch einen Bummel durch die Seitenstraße Via Corrado Nicolaci, Aufmerksamkeit verdient hier u. a. der Palazzo Villadorata wegen seiner aufwändig skulptierten Balkonstützen.

> **Baedeker TIPP) Paradies**
>
> Ein Schnorchel- und Vogelparadies ist das Naturschutzgebiet von Vendicari südlich von Noto. Entlang ausgeschilderter Wege kann man Vögel beobachten und die Ruinen der antiken Stadt Eloro besichtigen, oder man schwimmt durch fischreiche Gewässer zur nahen Isola di Vendicari.

Palazzolo Acreide

Auf der Fahrt nach Syrakus lohnt ein Halt in der Barockstadt Palazzolo Acreide (9000 Einw.), die 670 m hoch in den Monti Iblei liegt. Sie löste das antike Akrai ab, das in Teilen südwestlich der Stadt ausgegraben wurde. In der Zona Archeologica, die einst den nahen Hügel Acremonte einnahm, sind u. a. das spätgriechische Theater (3. Jh. v. Chr.; 6000 Plätze) und südlich davon die Überreste des Buleuterions (Ratssaal) zu sehen. Wohnhöhlen und Gräber aus byzantinischer Zeit sind in den beiden antiken Steinbrüchen Intagliata und Intagliatella (südlich des Theaters) erhalten. Außerhalb des Grabungsbezirkes befanden sich ein Aphrodite-Tempel aus dem 6. Jh. v. Chr., die Templi Ferali (Totentempel) sowie eine hellenistische Nekropole.

*Necropoli di Pantalica

Pantalica, die berühmte Nekropole der Sikuler mit rund 5000 Gräbern vom 13. bis 8. Jh. v. Chr., liegt 33 km nordöstlich von hier in einer grandiosen Landschaft (Anfahrt über Ferla). Gut angelegte und beschilderte Pfade führen zu den Grabhöhlen, die in frühchristlicher Zeit z. T. als Wohnstätten benutzt bzw. zu Kapellen umgewandelt wurden. Die Funde aus der Nekropole sind heute im Archäologischen Museum von Syrakus ausgestellt.

Ein schöner Wanderweg führt durch die Anapo-Schlucht; der Zugang liegt an der Straße nach Sortino und ist ausgeschildert.

****Syrakus · Siracusa**

Die geschäftige Handelsstadt Syrakus (120 000 Einw.) liegt an der Südostküste Siziliens. Die vorgelagerte und durch einen schmalen Kanal vom sizilischen Festland getrennte Insel Ortigia nimmt die Altstadt ein, die übrigen Stadtteile Acradina, Tyche, Neapoli und Epipolai auf dem Festland sind seit 480 v. Chr. bewohnt. Die Meeresbucht Porto Grande ist einer der besten und größten Naturhäfen Italiens. Die Lage und die großartige Landschaft sowie die Denkmäler, die an eine glanzvolle Vergangenheit erinnern, machen Syrakus zu einem der sehenswertesten Reiseziele auf Sizilien.

In der Antike war die 734 v. Chr. von Korinther Kolonisten gegründete Stadt Syrakusa durch Jahrhunderte hindurch die größte und mächtigste Stadt der Insel, deren Gesamtumfang nach Strabo 180 Stadien (33 km) maß und die rund 500 000 Einwohner zählte. Im Ersten Punischen Krieg stand Syrakus auf Seiten der Römer, fiel aber dann von ihnen ab. Daher wurde die Stadt 212 v. Chr. von Rö-

Syrakus
Siracusa

1 Catacombe di
   Vigna Cassia
2 Villa Landolina
3 Cappella del Sepolcro
4 Sacrario ai Caduti
5 San Giovanni Battista

6 Santa Maria dei Miracoli
7 San Tommaso
8 Chiesa del Collegio
9 Palazzo Montalto
10 San Francesco
11 Palazzo Beneventano

500 m

© Baedeker

Catania, Malta   Fonte Ciane

mern eingenommen, dabei starb auch der 287 v. Chr. in Syrakus geborene Mathematiker Archimedes. Seither teilte Syrakus das Schicksal der Insel Sizilien.

Syrakus (Fortsetzung)

Über den Ponte Nuovo gelangt man auf die Insel Ortigia. Nach wenigen Schritten hat man die Reste des um 570 v. Chr. erbauten Apollo-Tempels vor sich. Er ist der älteste dorische Tempel Siziliens und war in nachantiker Zeit byzantinische Kirche, islamische Moschee, Normannenkirche und spanische Kaserne. Der Corso Matteotti führt zur Piazza Archimede mit ihren Palästen aus dem 14. und 15. Jh. und dem Artemisbrunnen in der Mitte, Fontana di Artemide.

Altstadt Ortigia

351

Im imposanten Dom ist ein berühmter antiker Tempel versteckt.

*Duomo

Südwestlich der Piazza Archimede liegt die schöne Piazza del Duomo, die von eleganten Gebäuden aus dem 17. und 18. Jh. gesäumt wird. Hauptanziehungspunkt ist der Dom. Dieser wurde im 7. Jh. in den in der Antike berühmten Athena-Tempel hineingebaut. Da dessen Säulen immer sichtbar waren, erhielt er den Namen Santa Maria delle Colonne. Der 22 × 55 m große Athena-Tempel wurde nach dem Sieg über die Karthager bei Himera 480 v. Chr. erbaut. Seine Freitreppe mit den Statuen der Apostel Petrus und Paulus sowie die bewegte Barockfassade erhielt der Dom nach dem Erdbeben 1693 nach Plänen von A. Palma. Im Innern verdienen ein normannisches Taufbecken, in der Kruzifixkapelle ein Antonello da Messina zugeschriebenes Gemälde von San Zosimo sowie Skulpturen der Gagini-Familie Beachtung.

Der Dom wird flankiert vom Rathaus (Municipio, links; 1633; Vermexio) und vom erzbischöflichen Palais (rechts; 1618; Vermexio); dem Rathaus gegenüber steht der Palazzo Beneventano del Bosco (1788).

Fonte Aretusa

Vom Domplatz geht es in südlicher Richtung an der Kirche Santa Lucia alla Badia (1695; Caracciolo) vorbei und durch die Via Picherali abwärts zur Arethusa-Quelle, dem gefassten, von Papyrusstauden umstandenen Teich einer Süßwasserquelle. Die Nymphe Arethusa floh vor dem griechischen Flussgott Alpheios, stürzte sich an der Ostküste der Peloponnes ins Meer und tauchte auf Ortygia im alten Syrakus wieder auf – so erzählt ein antiker Mythos, den u. a. Vergil überliefert hat.

Altstadt (Fortsetzung)

Im schönen Palazzo Bellomo (13. und 15. Jh.) ist die Galleria Regionale untergebracht. Zu den Exponaten gehören Kunstwerke aus Mittelalter und Renaissance, Hauptwerke der Gemäldesammlung sind die "Verkündigung" von Antonello da Messina (1474) und das "Begräbnis der hl. Lucia" von Caravaggio.

Galleria Regionale

Die Südspitze der Inselstadt nimmt die um 1239 erbaute Stauferburg Castello Maniace ein (Militärgelände; kein Zutritt).

Castello Maniace

Das Archäologische Museum Paolo Orsi, eines der bedeutendsten archäologischen Museen Italiens, befindet sich im Stadtteil Tyche, im Norden von Syrakus, im Park der Villa Landolina (geöffnet Di. bis So. 9⁰⁰–14⁰⁰, Mi., Fr. auch 15³⁰–19³⁰ Uhr). Seine Sammlungen reichen von der Vor- und Frühgeschichte bis zur frühchristlichen byzantinischen Zeit, darunter so berühmte Stücke wie der Augustus-Kopf von Centuripe und der Adelphia-Sarkophag (4. Jh. n. Chr.) aus den Katakomben von San Giovanni, verziert mit Reliefdarstellungen aus dem Alten und dem Neuen Testament, ferner die so genannte Venus Landolina (Venere Anadiomene) mit einem Delphin zur Seite (Kopie aus dem 2. Jh. n. Chr., nach einem hellenistischen Werk geschaffen). Die erste Abteilung widmet sich der Geologie und der Vor- und Frühgeschichte, die zweite der im 8. Jh. v. Chr. beginnenden Kolonisierung Siziliens anhand von Fundstücken aus Megara Hyblaea und Syrakus. In der dritten Abteilung werden die Kolonien von Syrakus dargestellt, u. a. Akrai, Kasmenai (Monte Casale) und Camarina sowie andere hellenisierte Orte wie Agrigent und Gela. Im Garten der Villa befindet sich das Grab des hier verstorbenen deutschen Dichters August Graf von Platen (1796–1835).

**Museo Archeologico

Gegenüber vom Museum ragt die 1994 geweihte monströse "Wallfahrtskirche der weinenden Madonna" in den Himmel.

Baedeker TIPP Papyrus – ältestes Papier der Welt

Vor rund 5000 Jahren fanden die Ägypter heraus, dass sich aus dem Mark der Papyrusstauden Bogen herstellen ließen, die man beschreiben, bemalen und in Rollen- oder Buchform bringen konnte. Darüber hinaus war Papyrus ein billiges Nahrungsmittel und aus den Schafthüllen wurden Boote, Körbe, Segel, Matten und Netze geflochten. Im 6. Jh. v. Chr. kam das Papyruspapier wahrscheinlich nach Griechenland und über die griechische Literatur auch nach Rom und Italien. In Europa wachsen die zur Familie der Riedgräser gehörenden Pflanzen nur auf Sizilien. Das neben dem Archäologischen Museum gelegene Papyrusmuseum (Istituto di Papiri) unterrichtet mit originalem Material, Fotos und Filmen über die Verwendung von Papyrus.

Im Stadtviertel nördlich des Viale Paolo Orsi und westlich des Viale Teracati, in dem einst Neapolis, die Neustadt lag, zieht der Parco Archeologico mit seinen antiken Anlagen die Besucher an (geöffnet tägl. von 9⁰⁰ Uhr bis 1 Std. vor Sonnenuntergang). Einen schönen Überblick hat man von dem höher gelegenen Viale Rizzo.

*Parco Archeologico della Neapoli

Links vom Viale Paradiso liegt der über 180 m lange und 22,5 m breite, teils aus dem Felsen herausgearbeitete Altar des Hieron II., auf dem laut Diodor jedes Jahr 450 Stiere zunächst geopfert und später von den Bürgern in einem Festmahl verspeist wurden.

Ara di Ierone II

Das griechische Theater entstand um 470 v. Chr. Hier erlebte die Tragödie "Die Perser" von Aischylos († 456 v. Chr.) ihre sizilische Erst-

**Teatro Greco

Syrakus (Fortsetzung)	aufführung. Mit 138 m Durchmesser (Athen 100 m) und 61 Sitzreihen, auf denen rund 15 000 Zuschauer Platz hatten, ist es eines der größten Theater der griechischen Antike. Unter dem Zuschauerraum führten zwei Tunnel zur Orchestra (Durchmesser wie in Athen 24 m). Auch heute werden hier wieder alle zwei Jahre (gerade Jahreszahlen) im Frühsommer griechische Dramatiker in italienischer Sprache aufgeführt.
	Oberhalb des Theaters gab es auf einer Terrasse einen Säulengang und in der dahinter liegenden Felswand ein den Musen geweihtes Nymphäum; aus einer der Nischen strömt noch immer das Quellwasser und fließt durch antike Kanäle ab.
Via dei Sepolcri	Nach links kommt man zu einer in die Felsen eingetieften Gräberstraße mit Grabnischen aus byzantinischer Zeit.
**Latomia del Paradiso	Latomien sind antike Steinbrüche, die seit dem 6. Jh. v. Chr. von Zwangsarbeitern und Kriegsgefangenen ausgebeutet wurden. Einst waren sie nicht zum Himmel hin offen, sondern unterirdisch, Pfeiler stützten ihre Gewölbe. Der größte und berühmteste dieser Steinbrüche ist die Latomia del Paradiso (der Zugang liegt gegenüber dem Hieron-Altar). Hier gibt es zwei Stollen, der eine ist 60 m lang, 5 bis 11 m breit und 23 m hoch und wird wegen seiner Akustik "Ohr des Dionysos" (Orecchio di Dionisio) genannt. Laut der Überlieferung konnte der Tyrann Dionysios vom einen Ende aus noch die leisesten Gespräche seiner Gefangenen belauschen. Der zweite Gang ist die Grotta dei Cordari, in der die Seiler jahrhundertelang ihr Handwerk betrieben.
	Auf der Via Paradiso geht es nun aufwärts zum römischen Amphitheater. Es wurde im 3. Jh. n. Chr. teilweise aus dem Felsen herausgehauen. Heute finden hier gelegentlich Konzerte statt.
*Catacombe di San Giovanni	Etwa 500 m nordöstlich vom Amphitheater liegt die kleine Kirche San Giovanni alle Catacombe, die ursprünglich auf frühchristliche Zeit zurückgeht. Eine Treppe führt hinab zur kreuzförmigen Krypta des hl. Marcian. Ursprünglich war sie vermutlich ein römisches Hypogäum, das im 3. oder 5. Jh. seine heutige Form erhielt. An diese schließen sich die Katakomben von San Giovanni an, eine ausgedehnte unterirdische Nekropole des 4. bis 6. Jh.s, durchzogen von einem unübersichtlichen Netz von Haupt- und Nebengängen, an deren Kreuzungspunkten gelegentlich runde Plätze angelegt sind. An einem dieser Plätze fand man den Adelphia-Sarkophag, eines der Hauptwerke des Archäologischen Museums (s. oben).
Latomia dei Cappuccini	Von den Katakomben gelangt man nordöstlich durch die Via Augusto von Platen (Eingang zu den Katakomben von Vigna Cassia), anschließend 500 m östlich durch die Via Bassa Acradina und am Cimitero di Vigna Cassi (Friedhof) vorbei zur Latomia dei Cappuccini, einem weiten, malerisch bewachsenen Steinbruch mit bizarren Felsgebilden. Die üppige Vegetation mildert die Erinnerung daran, dass 414 v. Chr. hier rund 7000 gefangene Athener nach ihrer Niederlage dahinvegetierten und verdursteten.
*Fort Euryelos	Epipolai (rund 8 km nordwestlich vom Stadtzentrum), heute so gut wie unbewohnt, war der nördlichste und zugleich größte Stadtteil der antiken Großstadt. Er wurde gegen 400 v. Chr. im Auftrag von Dionysios mit einem Kastell und einer 6 km langen Mauer befestigt. Hier soll bei der Belagerung durch die Römer 213/212 v. Chr.

der Brennspiegel des Mathematikers Archimedes gestanden haben, um die Segel der feindlichen Flotte in Brand zu setzen.

Syrakus (Fortsetzung)

Lohnend ist auch eine Bootsfahrt (3–4 Std. hin und zurück) vom Hafen von Syrakus auf dem Flüsschen Ciane aufwärts (links auf einem Hügel zwei Säulen des Olympieions, eines Zeustempels des 6. Jh.s v.Chr.) zwischen hohen Papyrusstauden hindurch zur Quelle Kyane (Fonte Ciane oder Testa della Pisma), in welche die gleichnamige Nymphe verwandelt wurde, weil sie sich Pluto, der die Proserpina zur Unterwelt hinabführte, entgegenwarf.

*Fonte Ciane

Catania

Das quirlige bunte Catania, nach Palermo zweitgrößte Stadt Siziliens (400 000 Einw.), liegt in der Mitte der hier flachen Ostküste. Die uralte Griechenstadt wurde immer wieder von Naturkatastrophen heimgesucht, zuletzt zerstörte ein Lavastrom 1669 ihren Westteil, der Rest ging beim großen Erdbeben von 1693 zugrunde. Wie Phönix aus der Asche erfolgte dann im 18. Jh. der großartige Wiederaufbau – häufig aus dem etwas düster wirkenden Lavagestein – nach dem Motto "Melior de cinere surgo" ("Blühender stehe ich aus der Asche wieder auf", dieses Motto wurde 1768 am Triumphbogen im Westen der Stadt, der heutigen Porta Garibaldi, eingemeißelt). Einer der wichtigsten Baumeister war Giovanni Battista Vaccarini. So entstand eine Stadt mit axialen breiten Hauptstraßen, rechteckigen Platzanlagen und fantasievollen Barockbauten. Dies und einige Denkmäler aus Altertum und neuerer Zeit, ihre Lage in der fruchtbaren Ebene Piana di Catania, zwischen dem Vulkan Ätna, der als imposante Kulisse über der Stadt aufragt, und dem Meer, sowie viele interessante Ausflugsziele in der näheren Umgebung machen Catania auch für den Ferienreisenden interessant – trotz hässlicher Außenbezirke, hoher Kriminalitätsrate in einigen düsteren Ecken und dauerhaftem Verkehrschaos. Aus der Stadt stammte der Komponist Vincenzo Bellini (1801–1835), an den u.a. ein Museum und das 1890 mit der Oper "Norma" eingeweihte Teatro Bellini erinnern.

"Schwarze Tochter des Ätna"

Die schnurgerade, 3 km lange Via Etnea, mit ihren eleganten Läden und Restaurants die Prachtstraße der Stadt, mündet in die Piazza del Duomo, den Mittelpunkt der Stadt. In ihrer Mitte die Fontana dell'Elefante. Der Elefantenbrunnen ist das Wahrzeichen der Stadt (1736; Vaccarini): Ein Elefant aus schwarzem Lavastein trägt einen kleinen ägyptischen Obelisken. Der Domplatz wird von schönen Barockbauten gesäumt, u.a. Porta Uzeda, 1696; Sant'Agata, 1735; Municipio, 1741, sämtlich Schöpfungen von Vaccarini.

*Piazza del Duomo

Der Dom Sant'Agata entstand im 11. Jh. im Auftrag des Normannenkönigs Roger I. über den Fundamenten einer römischen Therme. Nach dem Erdbeben 1693 war eine völlige Erneuerung erforderlich. Vom Ursprungsbau sind noch der gesamte Ostteil, das Querschiff und die drei Apsiden, erhalten. Die Pläne für die schwingende Fassade sind von Vaccarini (1736), wobei die sechs verwendeten Säulen von dem zerstörten Normannendom bzw. aus antiken Bauten stammen. Im Innern befindet sich am zweiten Pfeiler rechts das Grabmal Bellinis; Hauptsehenswürdigkeit ist die Cappella di Sant'Agata

Duomo

Catania

Mare Ionio

300 m

1 Piazza del Duomo mit der Fontana dell' Elefante
2 Palazzo Municipio
3 Porta Uzeda
4 Badia Sant'Agata
5 Chiesa di San Placido
6 Collegio Cutelli
7 Palazzo Zappalà
8 Palazzo Sanmartino Pardo
9 Chiesa e Convento di Santa Maria dell' Indirizzo
10 San Francesco d'Assisi all' Immacolata
11 Museo Belliniano
12 Università
13 Palazzo San Giuliano
14 Palazzo Gioieni d'Angiò

© Baedeker

Aeroporto   Siracusa

⚓ Napoli, Malta, Reggio di Calabria

Dom (Fortsetzung)	im rechten Querhausarm mit ihrem schönen schmiedeeisernen Gitter. Das Leben der Stadtpatronin Catanias, die wiederholt die Stadt vor noch schlimmeren Katastrophen gerettet haben soll, ist das Hauptthema am reich geschnitzten Chorgestühl (1588).
Sant'Agata	Nördlich gegenüber vom Dom die Kirche des Nonnenklosters Sant'Agata, mit ihrer achteckigen Kuppel und der prächtigen Fassade ist sie ein Hauptwerk Vaccarinis (1767).
	Ein besonderes Erlebnis ist ein Besuch des Fischmarktes um die Piazza Curro (über Treppen an der Südwestecke des Domplatzes zu erreichen).
Castello Ursino	Etwa 500 m südwestlich vom Domplatz erhebt sich an der Piazza Federico di Svevia das Kastell Ursino. Der strenge, schmucklose Bau

aus Lavagestein wurde um 1240 für Friedrich II. erbaut. Er hat einen quadratischen Grundriss und mächtige Ecktürme und erinnert an die Stauferkastelle in Syrakus und Augusta. Ursprünglich stand das Kastell unmittelbar am Hafen, doch der große, an seiner Westseite entlangfließende Lavastrom von 1669 schob die Küstenlinie nach Osten vor. Es beherbergt das Stadtmuseum mit lokalen Funden, u. a. hellenistische und römische Skulpturen, Porzellan und Kunstwerke vom Mittelalter bis heute.

Catania
(Fortsetzung)

Museo Civico

Nördlich des Kastells folgt man der Via Auteri bis zur Piazza Mazzini, die als eine der großen barocken Platzanlagen den Lauf der am Domplatz beginnenden und im Westen an der Porta Garibaldi (1768) endenden Via Garibaldi unterbricht. Für den rings um die Piazza laufenden Portikus fanden 32 antike Säulen Verwendung.

Piazza Mazzini

Etwas nördlich stößt man auf die Via Vittorio Emanuele im Bereich der antiken Stadt. Am Südhang der einstigen Akropolis befindet sich das römische Theater (Eingang Via Vittorio Emanuele 266). Es wurde im 2. Jh. v. Chr. an der Stelle eines griechischen Vorgängerbaus errichtet und fasste 7000 Besucher. Westlich schließt das Odeon an, ein kleines Theater, ganz aus Lava erbaut.

Teatro Romano

Im Geburtshaus des Komponisten Bellini (Ecke V. Vittorio Emanuele/ V. Crociferi) wurde ein kleines Museum eingerichtet. Nun folgt man der Via Crociferi in Richtung Norden, mit ihren prachtvollen Palazzi und Kirchen zählt sie zu den schönsten Straßen Catanias. Über die Via Gesuiti gelangt man zur Piazza Dante hinauf. Hier, an der Stelle der griechischen Akropolis, begannen die Benediktiner 1702 mit dem Bau der Kirche San Nicolo und der dazugehörigen Klosteranlage, die zu den größten in Europa gehört. Die Arbeiten an der Kirche zogen sich bis Ende des 18. Jh.s hin, die Fassade mit ihren vorgesetzten mächtigen Säulenstümpfen blieb unvollendet.

Weitere Sehenswürdigkeiten

Nun geht es in östlicher Richtung zur Via Etnea, die in ihrem südlichen Teil von der Piazza dell'Università (Vaccarini) und etwas nördlich der Piazza Stesicoro unterbrochen wird. Hier steht rechts ein Bellini-Denkmal (1882), während links Reste des seinerzeit 16 000 Zuschauer fassenden römischen Amphitheaters zu sehen sind. Es wurde im 2.–3. Jh. am Nordosthang des Akropolis-Hügels angelegt und steht mit seinen Maßen (Arena: 70 × 50 m) denen des Kolosseums in Rom (86 × 54 m) nur wenig nach.

Anfiteatro

Ätna · Etna

Der Ätna ist der größte und höchste Vulkan Europas. Mit seinem Umfang von 140 km bedeckt er eine elliptische Fläche von annähernd 1400 km². Über einer schwach geneigten Hochfläche, die 2900 m erreicht, steigt der Gipfelkegel auf, dessen Höhe infolge der vulkanischen Tätigkeit wechselt; derzeit wird sie mit 3369 m angegeben. Seit dem Altquartär hat er sich über tektonischen Bruchlinien aufgebaut, die von den Liparischen Linseln über die sizilianische Ostküste bis zu den Hybläischen Bergen verlaufen, und gewaltige Lava- und Tuffsteinmassen aufgetürmt. Daher erfolgen die neueren Ausbrüche meist an den Flanken aus Spalten und Nebenkratern, von denen etwa 300 bekannt sind.

**Vulkan der Vulkane

Sizilien · Ätna

Wenn die Erde bebt ...

Ätna

Der südliche Flair, die Zeugnisse der Antike und das schöne Wetter ziehen alljährlich Tausende Touristen nach Sizilien. Zu den Anziehungspunkten gehört auch der Ätna, der Gigant unter den Vulkanen, er ist nicht nur der größte tätige Vulkan in Europa, sondern einer der größten der Welt.

Seine Ausbrüche haben zu allen Zeiten die Menschen in diesem Gebiet beunruhigt und bedroht. Sorgsam und sorgenvoll beobachtet man heute wie früher den Berg der Berge, den die Sizilianer, das italienische und das arabische Wort für Berg (Monte und Djebel) zusammenziehend, Mongibello nennen. Ebenso sorgsam werden seit alten Zeiten die großen Ausbrüche registriert, seit die griechischen Dichter Pindar und Aischylos von einem solchen Ereignis um 478/474 v. Chr. berichtet haben.
Bei einem der jüngsten Ausbrüche, 1983, hat man erstmals versucht, die vulkanischen Kräfte durch gezielte Sprengungen abzuschwächen – allerdings ohne den erwünschten Erfolg. Die Gewalt der Natur war stärker.
Eine Fahrt in die Ätna-Region zeigt dem Besucher die Spuren der Verwüstung: ältere und neuere Lavaströme, die sich durchs Gelände ziehen. Und in Catania ist das Naturelement noch im Stadtgebiet selbst zu beobachten: erstarrte Lava beim Stauferkastell (Castello Ursino), das ursprünglich unmittelbar am Meer gestanden hat; beim gewaltigen Ausbruch von 1669 drang der Lavastrom bis zum Meer, floss am Kastell entlang, zerstörte außer zahlreichen Dörfern auch den Westteil von Catania und den Hafen. Seit dieser Katastrophe, der nicht weniger als 20 000 Menschen zum Opfer fielen, ist das Meer rund 500 m vom Kastell entfernt.
Auf der anderen Seite bringt die Verwitterung des vulkanischen Materials dem Land eine enorme Fruchtbarkeit, und daraus erklärt sich auch, dass die Menschen an diesem Land hängen und ihre Siedlungen im unteren Bereich der Ätnaflanken allen Launen und Unbilden der Natur zum Trotz zäh behaupten. Der berühmte Ätnawein gedeiht ebenso wie Zitrusfrüchte, Oliven, Feigen und Obstbäume bis in eine Höhe von 1000 m.

Wenigstens bis in diese Höhe kann man von einer Kulturlandschaft sprechen. Kastanien gibt es bis 1600 m. Die nächste Vegetationszone ist dann allerdings bescheideneren Pflanzen vorbehalten; Akazien, Ginster, Berberitze, Farne findet man in der Region zwischen 1500 und 2500 m, ehe dann die vegetationslose Zone beginnt.

Enorme Kräfte

Der Vulkanismus Süditaliens steht im direkten Zusammenhang mit der Auffaltung des Apennins, der Italien von Norden nach Süden durchläuft und zu dem auch der Vulkan Ätna gehört. Seit dem Altquartär hat sich der Ätna über tektonischen Bruchlinien aufgebaut, die von den Liparischen Inseln entlang der Ostküste Siziliens südwestwärts verlaufen, und gewaltige Lava- und Tuffsteinmassen aufgetürmt. Daher erfolgen die neueren Ausbrüche meist an den Flanken aus Spalten und Nebenkratern, von denen zur Zeit etwa 300 bekannt sind. Gegenwärtig ist er 3369 m hoch, seine Basis hat einen Durchmesser von etwa 35 km und er überdeckt eine Fläche von rund 1400 km². Mit der Tektonik hängt auch das häufige Auftreten von Erdbeben zusammen, die wie die Vulkanausbrüche vom Altertum an bis in jüngste Zeit die Menschen heimgesucht und zahllose Opfer gefordert haben. Ein schweres Erdbeben hat im 6. Jh. die antiken Tempel von Selinunt, im Südwesten der Insel, zum Einsturz gebracht. Die meisten Beben allerdings ereigneten sich im Bereich der tektonischen Bruchzone südlich des Ätna, das folgenreichste verwüstete im Jahre 1693 den gesamten Südosten.

Neues Leben aus den Ruinen

Nun hatte auch dieses verheerende Geschehen positive Folgen – auf andere Weise als die Ausbrüche des Ätna. Die Zerstörungen des Erdbebens von 1693 waren nämlich der Anlaß für eine Wiederaufbautätigkeit, die einfach grandios war. Sie hat – denn "neues Leben blüht aus den Ruinen" – dem gesamten Südosten Siziliens ein neues Gesicht gegeben, das des Barocks. So entstand, in anderer Weise als in den landwirtschaftlich geprägten unteren Regionen am Ätna, auch hier eine Kulturlandschaft, und zwar eine Kulturlandschaft von großen Dimensionen. Dabei verband sich die Not-

wendigkeit, neue Behausungen zu schaffen, mit dem barocken Repräsentationsbedürfnis. Auch sollten wir höchst praktische politische Erwägungen der Grundherren nicht übersehen: Für eine dörfliche oder städtische Siedlung von wenigstens 80 Familien erhielt der adlige Besitzer eine Stimme im Baronalparlament!

Geben und Nehmen des Vulkans im Regionalpark um den Ätna: Einmal erkaltet, wächst und blüht es auf dem fruchtbaren Lavaboden.

Schon 1607, also lange vor dem genannten Erdbeben, hatte der spanische Vizekönig Marcantonio Colonna eine neue Stadt in der heutigen Provinz Ragusa gegründet und sie nach seiner Tochter benannt: Vittoria. Barocker Vorliebe für regelmäßige Anlagen folgend, ist diese gegründete, nicht gewachsene Stadt in einem Schachbrettmuster angelegt. Nach 1693 baute man zerstörte Städte in der Regel am alten Platz wieder auf, von Caltagirone und Niscemi im Westen bis Augusta

und Syrakus an der Ostküste, von Palagonia und Acireale im Norden bis Ispica, Módica und Scicli im Süden, dazu in großem Stil auch Catania. In manchen Fällen war die Zerstörung so groß, daß man vorzog, die Stadt an einen anderen Platz zu verlegen, etwa bei Ávola, Francofonte, Giarratana, Grammichele und nicht zuletzt Noto. Dabei wirkte sich immer wieder die Liebe zur Geometrie aus – man wählte gern regelmäßige Muster für das Straßennetz. Für Ávola und Grammichele z. B. wurde ein kunstvoller Sechseck-Grundriß bevorzugt. Ein Sonderfall ist Ragusa. Hier baute man nicht nur die zerstörte alte Stadt Ragusa Ibla wieder auf mit ihrem geländebedingt unregelmäßigen Gassengewirr, aus dem Rosario Gagliardis großartige Kirche San Giorgio herausragt; daneben entstand zudem auf höherem Terrain die Neustadt Ragusa Superiore mit einem Schachbrett-Straßensystem (wie schon vorher Vittoria). All dies trug – neben der Errichtung von zahllosen Kirchen und Palästen überall in Sizilien – dazu bei, dass das Barockzeitalter das architektonische Gesicht Siziliens ganz erheblich verändert hat. Zu den Relikten aus der Antike und dem Mittelalter trat nun im 18. Jh. das Barock als dritte große Epoche der Kunst-, speziell der Architekturgeschichte der Insel.

Der Ätna, der "Berg der Berge", wie die Sizilianer ihn mit dem klang-vollen italienisch-arabischen Mischwort Mongibello nennen.

Ätna
(Fortsetzung)

Der mineralhaltige Boden ist äußerst fruchtbar, verschiedene Vegetationszonen liegen ringartig um den Bergkegel. Bis in etwa 500 m Höhe werden Orangen und Zitronen, bis in 1300 m Höhe Ölbäume und Weinstöcke angebaut. Darüber stehen bis in 2100 m Höhe Wald und Macchia, gelegentlich von neueren Lavaströmen durchschnitten. Die Gipfelregion erreicht die Schneegrenze und ist eine schwarze, matt glänzende Wüste. 1981 wurde das Gebiet zu einem

Parco Naturale
dell'Etna

Naturpark erklärt. Mit rund 60 000 ha gehört er zu den größten Regionalparks Italiens. Die menschlichen Siedlungen sind weit hinauf vorgedrungen. Reste eines antiken Gebäudes haben sich in 2917 m Höhe erhalten, der Torre del Filosofo. Die heutigen Siedlungen sind ungeachtet der Gefahren erstaunlich weit vorgeschoben – im Westen und Norden bis auf 15 km vom Hauptkrater.

Ausbrüche

Immer wieder hat der Ätna seine Umgebung mit seinen Eruptionen gefährdet, die Geschichtsschreibung erwähnt rund 140 gewaltige Ausbrüche. Verheerende Ausbrüche fanden statt in den Jahren 479, 425, 396 (bis zum Meer), 141, 135, 126, 122 (Katane wird zerstört), 50, 44, 38, 32 v.Chr. sowie 40 n.Chr. Dann war der Vulkan bis zum Ende des Altertums ruhiger. In neuerer Zeit fanden starke Ausbrüche u.a. 1669 (Zerstörung von Catania), 1893 (Entstehung der Silvestri-Krater), 1910, 1911 (Entstehung des Nordostkraters), 1923, 1928, 1971, 1981, 1983 und 1986 statt. 1989 entstanden zwei neue Krater, 1992 kam der Lavastrom erst kurz vor Zafferana Etnea zum Stehen. Zuletzt brach der Ätna 1999, 2001 – damals kam der Lavastrom erst kurz vor Nicolosi zum Stehen – und 2002 aus.

Ätna-Rundfahrt
Ferrovia
Circumetnea

Am bequemsten lernt man die Landschaft rings um den Berg bei einer Fahrt mit der Lokalbahn Circumetnea kennen. In rund dreieinhalb Stunden legt man 110 km zurück. Ausgangspunkt der Schmalspurbahn ist der Bahnhof F.C.E. in Catania (Corso delle Province, Ecke Viale Vittorio Veneto). Die Strecke endet in Giarre (von dort Rückfahrt nach Catania mit normalem Zug oder Bus). Der Ätna lässt sich auch mit dem Auto umfahren. Die Staatsstraßen 120, 184 und 121 verlaufen fast parallel zur Bahnlinie.

Ätna
(Fortsetzung)

Eine Besteigung des Ätnas gehört sicherlich zu den stärksten Eindrücken einer Sizilienreise; sie ist relativ einfach, setzt allerdings voraus, dass man selbst im Sommer Schutz gegen Kälte, Wind und Regen bei sich hat.

Auf den Vulkan

Von Catania aus fährt man auf der Strada Etnea über Gravina (8 km, rechts Ausbruchsspalte von 1381) und am Lavastrom von 1669 vorbei nach Nicolosi. Weiter geht die gut ausgebaute Straße, vorbei an der Abzweigung zum Grande Albergo Etna (1715 m), der gute Wintersportmöglichkeiten bietet, bis zum Rifugio Sapienza. Das Plateau in 1935 m Höhe, das von Restaurants und Souvenirbuden beherrscht wurde, hat durch den Ausbruch 2001 viel von seiner Fläche verloren. Hier übernehmen Allradfahrzeuge die letzte Etappe; die Seilbahn ist seit dem Ausbruch im Juli 2001 zerstört. Über die Bergstation La Montagnola (2500 m) geht es zum Piano del Lago (2915 m) mit dem 1971 verschütteten Observatorium und zuletzt – sofern der Vulkan es erlaubt – bis zum Turm des Philosophen (Torre del Filosofo, 2918 m) knapp unterhalb des Kraterrandes.

Etna-Süd

Rifugio Sapienza

> ### Baedeker TIPP ❯ Weineinkauf
>
> In Castiglione di Sicilia, genauer im Ortsteil Solicchiata, stellt die junge Weinkooperative Patria eine Palette überaus reizvoller Weine her, die vor Ort probiert und gekauft werden können (Cooperativa Agricola Patria, Via Naz. Passopisciaro km 194,5, Ortsteil Solicchiata, ☎ 09 42 98 31 33).

Linguaglossa ist der Ausgangspunkt für eine Ätna-Befahrung von der Nordseite aus. Hier beginnt die 20 km lange Panoramastraße Mareneve nach Piano Provenzana (1800 m). Im Sommer ist es Ausgangspunkt für Gipfelbesteigungen (entweder im Geländefahrzeug oder zu Fuß), im Winter ist es Wintersportgebiet. Die Autostraße führt weiter nach Zafferana Etnea.

Etna-Nord

Von Catania bis Messina berührt die SS 114 bei der Weiterfahrt zunächst die "Riviera dei Ciclopi" mit Urlaubsorten wie das von einer Burgruine überragte Aci Castello (15 000 Einw.), Aci Trezza (12 000 Einw.) und Acireale (50 000 Einw.), dessen Thermen schon die Römer nutzten. Weiter geht es über Giarre und Fiumefreddo zum Kap Schiso mit den Ruinen von Naxos, der ältesten griechischen Kolonie auf Sizilien, und nach Giardini (10 000 Einw.), dem Badeort und Bahnhof des beliebten Ferienortes Taormina. Im Archäologischen Park sind noch Reste der 734 von Kolonisten aus Euböa gegründeten Stadt zu sehen.

Aci Castello

Acireale

Naxos

Taormina

Taormina, die 396 v. Chr. von Karthagern gegründete Stadt Tauromenion, liegt an der Ostküste Siziliens, 200 m hoch über dem Ionischen Meer auf einer Felsenterrasse mit Blick auf den meist schneebedeckten Ätnagipfel. Diese Lage, eine üppige Vegetation und ein mildes Klima im Winter sowie ein Stadtbild, in dem sich Urbanität und Historie mischen – all das hat Taormina schon im 19. Jh. zum

Taormina (Fortsetzung)	beliebtesten Ferienort Siziliens werden lassen. Ein Hauch davon hat sich ungeachtet der Folgen des Massentourismus bis heute erhalten.

Von der Küstenstraße am Kap Taormina zieht sich die Via Pirandello in vielen Serpentinen bergan. Sie endet vor der Porta Messina, die zusammen mit der anschließenden Piazza Vittorio Emanuele das Entree zur eigentlichen Stadt (11 000 Einw.) ist. Hier beginnt die von Souvenirshops, Boutiquen und Bars gesäumte Hauptstraße, der Corso Umberto, der sich quer durch die Stadt zieht, am Dom vorbei führt und an der Porta Catania endet.

Sehenswertes

Auf der Piazza Vittorio Emanuele, dem antiken Forum, erhebt sich rechts der Palazzo Corvaia mit seiner strengen, zinnenbekrönten Fassade und Zwillingsfenstern. In den 1410 erbauten Palazzo ist ein Turm aus arabischer Zeit (10. Jh.) verbaut. Heute finden hier Kulturveranstaltungen statt. Links neben dem Palast steht die Chiesa Santa Caterina aus dem 17. Jh., hinter der Reste eines kleinen Odeons aus römischer Zeit zu sehen sind sowie die Marmorstufen vom Unterbau eines griechischen Tempels.

*Teatro Greco

Die Via del Teatro Greco endet bei Taorminas berühmtester Sehenswürdigkeit: dem griechischen Theater. Es wurde im 3. Jh. v. Chr. angelegt, in römischer Zeit, im 2. Jh. n. Chr., jedoch von Grund auf neu erbaut. Der Blick von den oberen Sitzreihen durch die nur noch teilweise erhaltene Bühnenrückwand in die Landschaft und hinüber zum Ätna ist tausendfach beschrieben und gemalt, zehntausendfach fotografiert und trotzdem unbeschreiblich schön. Im Sommer finden hier Kulturveranstaltungen statt.

Duomo

Auf dem von schönen alten Häusern gesäumten Corso Umberto gelangt man zur Piazza IX Aprile (Aussichtsterrasse). Rechts oberhalb einer Treppengasse erscheint der Palazzo Ciampoli (1412), gleich darauf passiert man das Rathaus. Gegenüber weitet sich die Straße zum Domplatz mit dem Dom San Nicola (13.–15. Jh.). Das unverputzte Äußere mit seinen Zinnen gehört in die Ursprungszeit, das barocke Hauptportal wurde 1636 eingefügt und korrespondiert mit dem Barockbrunnen (1635) in der Mitte des Platzes. Im Innern des Doms sind zahlreiche Werke aus dem 15. und 16. Jh. zu sehen, u. a. die "Heimsuchung Mariä" von Antonio Giuffre (15. Jh.).
Nördlich vom Domplatz sieht man am Hang die gotische Badia Vecchia (14. Jh.). Südlich vom Dom das prächtige, am Terrassenrand gelegene ehemalige Dominikanerkloster (jetzt Hotel San Domenico Palace; Kreuzgang).

Weitere Sehenswürdigkeiten

Unterhalb des ehemaligen Dominikanerklosters führt die prächtige Ausblicke bietende Via Roma östlich zum Stadtgarten (Villa Comunale). Dann geht man weiter auf der Via Bagnoli Croce zum Belvedere (großartige Aussicht), von dem man auf der Via Luigi Pirandello, unterhalb vom Griechischen Theater, wieder zur Porta Messina gelangt.
Ein schöner Ausflug beginnt im Westen der Stadt bei der Badia Vecchia. Der kurvenreiche Weg führt in Windungen bergauf zu der 2 km oberhalb – rechts abseits der Straße – gelegenen Kapelle Madonna della Rocca. Von dort kann man in wenigen Minuten zum Castello di Taormina auf dem Monte Tauro (398 m) hinaufsteigen.

Taormina, auf einer Felsenterrasse hoch über dem Ionischen Meer

Lohnend ist auch die Weiterfahrt (3 km) in das kleine Bergdorf Castelmola (529 m), das von seinen verschiedenen Aussichtsterrassen, besonders aber von der Burgruine, eine weite Rundsicht bietet.
Ein besonderes Erlebnis ist auch der Ausflug in die Alcantara-Schlucht (Gola dell'Allcantara; 14 km nordwestlich), eine wildromantische Schlucht mit fantastischen Felsgebilden, die man ab Ende Mai und im Hochsommer durchwaten kann.

Castelmola

▶ S. 328

Messina

Inseln vor Sizilien

Die Liparischen Inseln liegen vor der Nordküste Siziliens. Sie werden auch Äolische Inseln genannt, da nach der griechischen Mythologie hier Äolos, der Gott der Winde, lebte. (Schiffsverbindungen von Milazzo, aber u. a. auch von Messina und Neapel.) Sie sind vul-

*Liparische
Inseln ·
Isole Eolie

Inseln vor Sizilien (Fortsetzung)	kanischen Ursprungs, wie v. a. der noch tätige Stromboli-Vulkan zeigt. Wegen ihrer landschaftlichen Schönheit mit zerklüfteten Küsten, kleinen Badebuchten, teils gebirgigem Innern, dem milden Klima und dem kristallklaren Wasser sind sie vor allem für Naturliebhaber, Wanderer und Unterwassersportler beliebte Ferienziele. Der sich aus 4000 m Tiefe erhebende Archipel besteht aus den sieben Hauptinseln Lipari, Vulcano, Alicudi, Salina, Filicudi, Stromboli und Panarea, auf denen insgesamt etwa 16 000 Menschen leben. Die Inselgrößen schwanken zwischen 3,4 km² mit 270 Einwohnern (Panarea) und 37,6 km² mit 11 000 Einwohnern (Lipari), die Berghöhen zwischen 420 (Panarea) und 962 m (Salina). Die Bevölkerung lebt von der Landwirtschaft (Weine wie der Malvasia di Lipari, Oliven, Kapern, Mandeln), der Gewinnung von Bimsstein, der Fischerei und zunehmend vom Fremdenverkehr.

*Lipari

Lipari ist die meistbesuchte Insel. Kern der gleichnamigen Hauptstadt ist der Burgberg, der nördlich und südlich von den Buchten Marina Lunga und Marina Corta eingefasst wird. Hier lag die antike Akropolis, die von einer mittelalterlichen Burg und einer im 16. Jh. erbauten Festung abgelöst wurde. Heute beherbergt sie ein besuchenswertes Archäologisches Museum. Die Schönheit der Insel erfährt man bei einer Bootsfahrt oder einer Inselrundfahrt. Canneto ist das Zentrum der Bimssteingewinnung. Den schönsten Ausblick hat man vom Belvedere di Quattrocchi.

Vulcano

Vulcano, die 21 km² große, südlichste und Sizilien nächstgelegene Liparische Insel, galt als Lieblingssitz von Aiolos, dem Herrn der Winde. Heute ist sie vor allem wegen ihrer vulkanischen Erscheinungen ein beliebter Ferien- und Thermalort (500 Einw.). Die beiden Hauptorte sind Porto di Ponente und Porto di Levante. Zwar fand die letzte Eruption 1889/1890 statt, aber Schwefeldämpfe und Schwefelausblühungen sowie heiße Schlammbäder erinnern daran, dass der Vulkan keinesfalls erloschen ist. Lohnend ist ein Aufstieg zum 391 m hohen Gran Cratere.

**Stromboli

Stromboli (12,6 km²; 650 Einw.) besitzt dagegen den einzigen noch aktiven Vulkan des Archipels. Der Berg gipfelt in der Serra Vancura (924 m), die letzten größeren Ausbrüche ereigneten sich 1930 und 1971. Kleinere Eruptionen erfolgen mehrmals stündlich und sind ein unvergessliches Schauspiel. Die Ostseite der Insel weist eine üppige Vegetation auf.

Salina

Salina (26,8 km²; 2200 Einw.), die zweitgrößte der Liparischen Inseln, besteht aus sechs erloschenen Vulkanen, von denen zwei Hauptgipfel (Monte Fossa delle Felci, 962 m, und Monte dei Porri, 850 m) ihr typisches Profil bewahrt haben. Dank seiner Wasservorkommen ist Salina besonders fruchtbar.

Ägadische Inseln · Isole Egadi

Die bereits in der Vorgeschichte besiedelten Ägadischen Inseln liegen vor der Westküste Siziliens, gegenüber von Trapani. Dank der schönen Landschaft und Küsten, einiger vorgeschichtlicher Höhlen und der hervorragenden Unterwassersportmöglichkeiten sind sie vor allem im August beliebte Ferienziele (regelmäßige Schiffsverbindung von Trapani). Größte Insel ist das 6 km von der Küste entfernte Favignana (19 km²), das im Monte S. Caterina im gebirgigen

Ostteil 302 m Höhe erreicht. Der Hauptort Favignana (3500 Einw.) liegt in einer tiefen Bucht an der Nordküste, überragt vom Castello Florio. Hauptsehenswürdigkeit der Insel Levanzo (12 km von Trapani; 278 m hoch; 5,8 km²) ist die Grotta del Genovese mit steinzeitlichen Ritzzeichnungen. Marettimo (12 km²; 800 Einw.) ist die westlichste Insel (30 km von Trapani). Das gebirgige Innere steigt im Monte Falcono auf 686 m. Die Küste ist reich an Buchten und Grotten, die man am besten mit dem Schiff entdeckt. Die 8,6 km² große Insel Ustica (1200 Einw.), ein Paradies für Taucher, liegt nördlich von Palermo. Sie ist eine ehemals vulkanische Insel und gehört geologisch zu den Liparischen Inseln.

Die Insel Pantelleria (83 km²; 10 000 Einw.) ist vulkanischen Ursprungs und liegt völlig isoliert südwestlich der Westküste Siziliens, 102 km von diesem und nur 84 km von Tunesien entfernt (Schiffsverbindung von Trapani). Beherrscht wird sie von der 836 m hohen Montagna Grande, deren erloschener Krater von zahlreichen Nebenkratern umgeben wird. Vulkanischen Ursprungs sind auch die Fumarolen und Thermalquellen. Pantelleria, Hauptort der Insel (5000 Einw.), wird von dem mittelalterlichen Castello Barbacane beherrscht; Zeugen der Geschichte sind die Sesi, niedrige Gräbertürme bei der jungsteinzeitlichen befestigten Siedlung von Mursia. Auf dem fruchtbaren Boden werden Trauben, aus denen der bekannte Moscato di Pantelleria gewonnen wird, sowie Feigen, Kapern und Gemüse angebaut.

Die recht einsamen Pelagischen Inseln, bestehend aus Lampedusa (21 km²; 5000 Einw.), Linosa (5,4 km²; 500 Einw.) und dem unbewohnten Lampione (180 m breit, 200 m lang), sind die südlichste Inselgruppe Siziliens, 200 bzw. 160 km von der Südwestküste Siziliens und nur 110 km von Tunis entfernt (Schiffsverbindungen von Porto Empedocle bei Agrigent; Flugverbindung von Trapani). Die Küste ist weitgehend felsig mit vielen Schluchten und Grotten, die Vegetation spärlich. Ruhe Suchende und Unterwassersportler kommen hier auf ihre Kosten.

Sorrent · Sorrento   J 14

Region: Kampanien · Campania
Provinz: Napoli
Höhe: 50 m ü. d. M.
Einwohnerzahl: 17 000

Schon den legendären Odysseus hatte die Schönheit der Halbinsel von Sorrent verzaubert. Eingebettet in Parks und inmitten üppiger Zitronen- und Orangengärten liegt der Badeort auf einem etwa 50 m hohen und vom Meer unterspülten Felsen, nur 8 km von der Insel Capri entfernt. Gegründet wurde er von den Griechen. Schon in der Antike ließen sich hier reiche Römer Villen und Tempel erbauen. Im 18. Jh. entdeckten dann Künstler und Reisende die Reize von Sorrento wieder. Und für die andauernde Beliebtheit des Badeorts sprechen viele Villen und Hotels aus der Belle Epoque – allesamt in blumenreichen Gärten versteckt – sowie gepflegte Uferpromenaden. Nach ▶ Neapel verkehren Schnellfähren und die Circumvesuviana.

Männer unter sich in der Loggia des Sedile Dominova

Sehenswertes in Sorrent

Viel befahrene Hauptstraße Sorrents ist der Corso Italia. Mittelpunkt des Altstadt ist die Piazza Torquato Tasso, eine Marmorstatue erinnert hier an den in Sorrent geborenen Renaissancedichter
(1544–1595). Etwas westlich folgt der Dom SS. Filippo e Giacomo,
der zwar romanischen Ursprungs ist, im 20. Jh. jedoch seine heutige Fassade erhielt. Innen sind alte und neue Intarsien zu sehen. Im
Übrigen ist Sorrent für die Herstellung von Holzintarsien berühmt.
Mitten im Centro storico, an der Ecke Via Giuliani/Via Cesareo,
steht die mit Fresken ausgemalte Loggia, in dem sog. Sedile Dominova tagten im 16. Jh. die adligen Stadträte. Heute gehört der Palazzo einem Arbeiterverein.

Villa Comunale
∗Ausblick

Von der Villa Comunale, einem oberhalb der Marina Grande gelegenen schönen Stadtpark, hat man einen herrlichen Blick über den
Golf, den man z. B. bei einem Getränk im Gartencafé des
Foreigner's Club genießt. Ursprünglich war die Villa der Klostergarten des Franziskanerkonvents S. Francesco. Von diesem lohnt die
Barockkirche sowie der benachbarte orientalisch anmutende Kreuzgang aus dem 13. Jh. einen Besuch.

Am östlichen Ortsrand befindet sich das besuchenswerte Museo Correale in der Villa des Conte Alfredo di Terranova. Ausgestellt sind eine archäologische und eine kunsthandwerkliche Sammlung, Gemälde vom 16. bis 19. Jh. sowie Erinnerungsstücke an Torquato Tasso (Via Correale 50).

Baedeker TIPP **Ausblick**

Nach einem Museumsbesuch sollte man unbedingt den Garten hinter dem Museum mit seinem Belvedere, einer hochgelegenen Terrasse, besuchen.

An der Steilküste liegen die beiden Häfen Marina Grande und Marina Piccola (Letztere direkt unterhalb der Villa Comunale). Hier gibt es auch schmale Sandstrände. Schönere und saubere Strände gibt es z. B. westlich von Sorrent.

Marina Grande, Marina Piccola

*Halbinsel von Sorrent · Penisola Sorrentina

Gleich hinter Castellammare di Stabia (▶ Vesuv) beginnt die Sorrentinische Halbinsel, die man auf der Küstenstraße SS 145, die immer wieder wunderschöne Ausblicke auf das Meer und die mit Oliven-, Wein oder Zitruskulturen bepflanzten Hügel bietet, umfährt. Der erste Badeort ist das kleine Vico Equense, das zugleich Ausgangsort ist für einen Abstecher in das hoch gelegene Santa Maria del Castello, dem Ausgangspunkt schöner Wanderungen ins Lattari-Gebirge.

Vico Equense

Massa Lubrense, südlich von Sorrent, ist ein weiterer viel besuchter Ferienort mit einem mittelalterlichen Stadtkern. Das hoch gelegene hübsche Dorf Termini ist Ausgangspunkt eines schönen, rund 3-stündigen Spaziergangs an die äußerste Spitze der Penisula Sorrentina, der Punta della Campanella mit Überresten eines Wachturms aus der Anjou-Zeit.

Massa Lubrense

Punta della Campanella

Der kleine Ort Sant'Agata sui due Golfi liegt rund 400 m hoch auf einem Bergkamm oberhalb der beiden Golfe von Neapel und Salerno. Den schönsten Blick hat man vom sog. Deserto. Gourmets ist der Ort wegen seines Restaurants Don Alfonso bekannt (▶ S. 426). Von hier gelangt man entweder auf der SS 145 wieder hinunter nach Sorrent oder auf der SS 163, der berühmten Amalfitana (▶ Amalfi), nach Salerno. Eine Alternative ist die Weiterfahrt zum Piano di Sorrento, wie die fruchtbare und als Wohn- und Feriensitz beliebte Hochebene heißt.

Sant'Agata sui due Golfi

*Piano di Sorrento

Sulmona   **H 11**

Sulmona

Region: Abruzzen · Abruzzo
Provinz: L'Aquila
Höhe: 403 m ü. d. M.
Einwohnerzahl: 25 000

Im Ostteil der Region Abruzzen liegt Sulmona in bukolischer Landschaft, umgeben von den bis weit ins Frühjahr verschneiten Bergmassiven Morrone (2061 m), Maiella (Monte Amaro, 2793 m) und Marsica (Monte Genzana, 2170 m). Schon Ovid (43 v. Chr. – 17 n. Chr.), der große Sohn der Stadt, hat den Liebreiz seiner "kühlen, wasserreichen Heimat" besungen, was man ihm mit seiner virtuellen Allgegenwart dankt. Berühmt sind die "confetti" (▶ Baedeker Tipp)

Allgemeines

Eine Statue erinnert an Ovid, den großen Sohn der Stadt Sulmona

**Allgemeines
(Fortsetzung)**

und die Feiern der Karwoche: Am Karfreitag findet eine Prozession in schleifendem Schritt statt, und am Ostersonntag eilt die Muttergottes (d. h. ihre Statue) freudig über die Piazza Garibaldi ihrem auferstandenen Sohn entgegen. Zum angenehmen Charakter der Stadt tragen auch ihre Kaffeehäuser und Confiserien bei.

Sehenswertes in Sulmona

Duomo

Am Nordrand der Stadt begrüßt die Kathedrale S. Panfilo, die trotz ständiger Bautätigkeit vom 11. bis zum 17. Jh. außen romanisch-gotische Formen zeigt (Portal 1391). Das Innere wurde 1726 barockisiert. In der Krypta (1075) ein byzantinisches Madonnenrelief.

**＊Palazzo
dell'Annunziata,
Museo Civico**

Am Stadtpark entlang gelangt man zum Corso Ovidio, der Hauptachse der Stadt. Weiter südlich liegen Palazzo und Kirche S. Maria Annunziata, die aus einem Hospital des 14. Jh.s hervorgingen. Die Barockkirche, nach mehreren Erdbeben ab 1710 neu errichtet, enthält ein Chorgestühl von 1579. Der Palast verfügt über eine herrliche Gotik-Renaissance-Fassade (1415–1522) und beherbergt das Museo Civico (Archäologie und mittelalterliche Kunst).

**Piazza del
Carmine**

Der Corso Ovidio stößt auf die Piazza del Carmine und hier auf die Fontana del Vecchio, einen Renaissance-Brunnen (1474). Er wird

368

über den Aquädukt von 1256 mit 21 Bögen gespeist, der die Stadt mit Wasser vom Fluss Gizio versorgte. Wenige Schritte weiter steht ein monumentales, ungewöhnlich tief gestaffeltes romanisches Portal, der Rest der alten Kirche S. Francesco della Scarpa, die durch ein Erdbeben zerstört wurde. Durch die Bögen des Aquädukts geht man hinunter auf die weite Piazza Garibaldi, auf der vormittags Markt gehalten wird; den Hintergrund der Szenerie bildet der Monte Torrone.

Sulmona (Fortsetzung)

Baedeker TIPP) Confetti aus Sulmona

Sulmona ist berühmt für die "confetti", Zuckermandeln, die zu bunten Blüten und ganzen Sträußen gebunden werden; seit dem 15. Jh. sind Rezepte dokumentiert. Sehenswert ist der alte Laden der 1783 gegründeten Fabrik Mario Pelino (Via Introdacqua 55), in ihrem Museum zeigt sie alte und moderne Produktionsverfahren.

Einen Blick wert ist auch diese Kirche an der Piazza del Plebiscito westlich des Corso, die über einem Jupiter-Tempel erbaut sein soll und seit 1241 dokumentiert ist (Fassade um 1400). Der Corso endet an der Porta Napoli, dem mächtigsten der zwölf Stadttore (14. Jh.).

S. Maria della Tomba

Sehr lohnend sind die 5 Std. Fußmarsch auf den Monte Morrone (2061 m) nördlich der Stadt, von dem man fast über die ganzen Abruzzen blickt (Informationen bei der IAT, Corso Ovidio 208).

*Montagna del Morrone

▶ Abruzzen

Umgebung

Tarent · Taranto

M 14 – 15

Region: Apulien · Puglia
Provinz: Taranto
Höhe: 15 m ü. d. M.
Einwohnerzahl: 233 000

In der Antike war Tarent, die an der Südküste Apuliens im Golf von Tarent gelegene Provinzhauptstadt und zweitgrößte Stadt der Region, berühmt für Luxus und leichte Lebensart, heute ist sie von riesigen Stahlwerken, Zementfabriken und Raffinerien umgeben, die die Luft verpesten und mit ihren Abwässern das Meer belasten. Die staatlich finanzierte Industrieansiedlung nach dem Zweiten Weltkrieg schuf zwar viele Arbeitsplätze, inzwischen schlägt die Rezession aber auch hier mit hoher Arbeitslosigkeit und Kriminalitätsrate hart zu. Beim Besuch der Stadt sollte man sehr vorsichtig sein; manche halten sogar einen Stadtrundgang für zu gefährlich, aber das ist denn doch übertrieben.
Tarent ist dreigeteilt: Auf einer flachen Felseninsel zwischen dem Mar Grande und dem weit ins Land reichenden Mar Piccolo mit dem Marinehafen erstreckt sich die eigentlich reizvoll angelegte, jedoch dem gänzlichen Verfall entgegengehende Altstadt, östlich die Neustadt und nordwestlich der Borgo.

Allgemeines

Stazione, Autostrada

Via Duca d'Aosta
Via Cagliari

Ponte di
Porta Napoli

Piazza
Fontana   Mercato

Via Cesare

Via Garibaldi

Via Cava

Mare Piccolo

San Domenico
Maggiore   CENTRO

Via Garibaldi

Cattedrale
San Cataldo

STORICO

Via di Mezzo

Corso Vittorio Emanuele II

Tempio di
Poseidone

Via Duomo

Canale Navigabile

Dreh-
brücke

Piazza
Municipio

Mare Grande

Castello
Aragonese

Museo
Oceanografico

Via Roma

Museo
Archeologico
Nazionale

Piazza
Garibaldi

Giardini
Comunali
Villa
Peripato

Via Pitagora

Corso Umberto I

Corso Due Mari

Via Regina Margherita

Via Cavour

Via Anfiteatro

Via d'Aquino Piazza Maria
Immacolata

Prefettura

Lungomare Vittorio Emanuele III

Via Principe Amedeo

Via Mazzini

Anfiteatro

Manduria

Tarent

300 m

© Baedeker

Geschichte
Auswanderer aus Sparta – der Sage nach die illegitimen Sprösslinge von Frauen, deren Männer sich auf dem Kriegspfad befanden, und Sklaven – gründeten 708 v. Chr. den Ort Taras, der sich bis zum 4. Jh. v. Chr. zur reichsten und mächtigsten Stadt der Magna Graecia mit ca. 300 000 Einwohnern entwickelte. Grundlage des Reichtums waren die Purpurschnecken, die einen begehrten Farbstoff lieferten. Noch in Augusteischer Zeit hatte Tarentum eine überwiegend griechische Bevölkerung. Bis ins 10. Jh. lösten sich Ostgoten, Langobarden, Byzantiner und Sarazenen (803 – 842 war die Stadt muslimisch) in der Herrschaft ab. 967 eroberte der byzantinische Kaiser Nikephoros II. Phokas Tarent und baute es auf der Insel wieder auf, 1063 verleibte Robert Guiscard es dem Normannenreich ein. Dann kamen die Staufer, die Anjou, Aragonier, Spanier, Franzosen ... An die Zeit als französischer Kriegshafen 1801 – 1815 schloss die Einrichtung des Arsenale an, die Tarent zur wichtigsten italienischen Marinebasis nach La Spezia machte und die Entwicklung der Neustadt initiierte. 1943 wurde die Stadt durch die Bomben der Alliierten schwer beschädigt.

Baedeker TIPP ▶ Trauerprozessionen

Von Gründonnerstagmitternacht bis Ostersamstagmorgen finden in der Altstadt und am Lungomare Vittorio Emanuele eigenartig-beeindruckende Trauerprozessionen statt: die Processione dell'Addolorata und die Processione dei Misteri, die sich über viele Stunden unendlich langsam vorwärts bewegen.

Sehenswertes in Tarent

Man steuert am besten die palmenbestandene Piazza Garibaldi in der Città Nuova an, denn vor dem mächtigen, nicht mehr genutzten Palazzo degli Uffici (1896) gibt es einen zeitweise bewachten Park-

platz. An der Nordseite des Platzes liegt die einzige echte Sehenswürdigkeit Tarents, das seit 1887 bestehende Archäologische Nationalmuseum (tägl. geöffnet, im Sommer 9⁰⁰ – 13³⁰, 14³⁰ – 19⁰⁰ Uhr,
sonst bis 14⁰⁰ Uhr). Unter den Beständen, die einen guten Überblick
über die Schätze der Magna Graecia geben, ragen der berühmte
"Goldschmuck von Tarent" – filigranste Kunstwerke des 4. bis 1.
Jh.s v. Chr. – und die zauberhaften kleinen Terrakottafiguren heraus, die die Kultur des antiken Tarent lebhaft vor Augen führen.
Am verkehrsberuhigten Corso Umberto kann man sich anschließend Modegeschäfte ansehen. Nördlich des Museums liegt am Mar
Piccolo das Istituto Talassografico (Meereskundliches Institut, mit
Museum). Östlich schließt sich der Stadtpark (Villa Comunale Peri-
pato) an, mit Blick auf Marinehafen und Stahlwerk. Im Süden der
Neustadt verläuft am Mar Grande der palmengesäumte Lungomare
Vittorio Emanuele III mit seinen großspurigen Bauten aus 19. Jh.
und Mussolini-Ära, darunter Präfektur und Hauptpost. Weiter
stadtauswärts steht die "neogotische" Concattedrale, erbaut 1971
von Gio Ponti.

Tarents Altstadt ist reizvoll angelegt, jedoch ganz dem Verfall überlassen.

Città Vecchia

Von der Neustadt gelangt man auf einer Drehbrücke über den Canale Navigabile, an dem man wie kaum sonst am Mittelmeer Ebbe
und Flut beobachten kann, in die Altstadt mit ihren engen, dunklen Gassen ("pittaggi"). Im Kastell S. Angelo (1492/1577) residiert das
Marinekommando. Die Via del Duomo – linker Hand das Geburtshaus des Opernkomponisten Giovanni Paisiello (1740 – 1816) – führt
zum Dom S. Cataldo, der um 1072 am Platz der antiken Akropolis
entstand und im 17./18. Jh. barock ausgestattet wurde (Fassade 1713).
Innen sind die 16 Marmorsäulen mit antiken und frühmittelalter-

Tarent
(Fortsetzung)

lichen Kapitellen zu beachten, außerdem die herrliche Kassetten-decke (17. Jh.), Reste von Bodenmosaiken und die grandios mit Marmorintarsien und Statuen gestaltete Kapelle des hl. Cataldo. Die Unterkirche weist byzantinische Fresken auf. Am Ende der Via Duomo steht S. Domenico Maggiore (11. Jh./1302). Zurück auf der palmenstandenen Via Garibaldi entlang dem Mar Piccolo.

Die kuriosen "bärtigen Bräute" sind eine Keramik-Spezialität in Grottaglie.

Umgebung von Tarent

Küste

Die Küste östlich von Tarent ist flach und bietet meist recht schöne, kinderfreundliche Strände (mit Sand aus winzigen Muschelscha-len-Bruchstücken), die durch felsige Vorsprünge unterbrochen werden. Kristallklares Wasser zieht im Sommer viele Urlauber an, die einige Villensiedlungen und wenig attraktive Badeorte bevölkern.

Grottaglie

Liebhaber von Keramik – ob schlichter Gebrauchsgegenstände oder einer skurrilen "bärtigen Braut" – werden in Grottaglie (20 km nordöstlich von Tarent, 31000 Einw.) fündig, seit Jahrhunderten Zentrum des apulischen Töpferhandwerks. Es gibt hier ein ganzes Töpferviertel und auch ein Majolika-Museum. Die Mitte des Orts markiert das Kastell der Bischöfe von Tarent (14. Jh.). Einen Blick wert sind die romanische Chiesa Madre (11. Jh., Fassade 1379) mit der barocken Capella di S. Ciro sowie die steinerne Krippe von Stefano da Putignano (1530) in der Chiesa del Carmine.

**Francavilla
Fontana**

Im hübschen Stadtbild von Francavilla Fontana (15 km östlich von Grottaglie, 34 000 Einw.) ragen die prächtige Chiesa Matrice, nach dem Erdbeben von 1743 zwischen 1744 und 1759 wieder aufgebaut, und der nicht weniger eindrucksvolle Palazzo Imperiali heraus (1450, im 16. und 18. Jh. erweitert; heute Rathaus, zugänglich). In Letzterem schmückt ein Taufbecken aus dem 14. Jh. den Arkadeninnenhof. Bemerkenswert ist auch die riesige neobarocke Kirche S. Alfonso, die nicht zufällig auch "Chiesa d'Oro" heißt. 8 km außerhalb in Richtung Ceglie Messapica ist rechts der Straße ein rätselhaftes Bauwerk der Messapier zu sehen, die Specchia Miano, vermutlich ein Grabmonument (vor dem 3. Jh. v. Chr.).

Oria, 6 km südöstlich von Francavilla, ist für sein dreieckiges Kastell berühmt, das Friedrich II. 1227 in Auftrag gab; darin die winzige Basilika SS. Crisante e Daria, die ins 9. Jh. zurückgeht und Freskenreste aus dem 12. Jh. besitzt, sowie die archäologische Sammlung Martini Carissimo. Im hübschen Ort mit seinen steilen Treppengassen und einem gut erhaltenen jüdischen Viertel (Giudea) findet am 1. Augustwochenende ein großes mittelalterliches Spektakel mit Ritterturnier statt, in Erinnerung an die Hochzeit von Friedrich II. und Jolanda von Brienne im Jahr 1225.

Oria

Auch der für seinen körperreichen Rotwein aus der Rebsorte "Primitivo" bekannte Weinort Mandúria (21 km südöstlich von Francavilla, 31 500 Einw.) ist einen Umweg wert. Im Zentrum steht der mächtige spätbarocke Palazzo Imperiali (1719) mit langem schmiedeeisernem Balkon und prächtigem Portal. Die romanische Hauptkirche S. Gregorio Magno wurde in der Renaissance umgestaltet (Portale, Apsis, Kanzel). Gegenüber der Fassade führt ein Tor ins jüdische Viertel. Nordwestlich des Zentrums liegen die Fonte Pliniano, ein unterirdisches Quellheiligtum der Messapier, und noch weiter stadtauswärts die eindrucksvollen Reste des dreifachen messapischen Mauerrings (5. – 3. Jh. v. Chr.).

Manduria

Massafra (17 km nordwestlich von Tarent, 31 000 Einw.) wird von einer Burg aus dem 16. Jh. überragt und durch die Gravina S. Marco geteilt. Einige der vielen Höhlenwohnungen und -kirchen, die von Bauern und Schäfern sowie zwischen dem 9. und 13. Jh. von griechischen Basilianermönchen angelegt wurden, können bei einer Führung besichtigt werden (Pro Loco, Via Vittorio Veneto, ☎ & FAX 09 98 80 46 95).

Massafra

Mottola (10 km nordwestlich von Massafra, 17 000 Einw.), das auf seinem Hügel die Ebene beherrscht, ist für über 30 Höhlenkirchen mit hervorragenden byzantinischen Fresken bekannt, ganze unterirdische Gemäldegalerien; die Kirche S. Nicola (12. Jh.) gilt gar als "Sixtinische Kapelle" der Höhlenkirchen. Die Kathedrale (12. Jh.) bekam im 16. Jh. eine neue Fassade, eine einfache Version derjenigen in Ostuni.

Mottola

Das westlich benachbarte Castellaneta (17 300 Einw.) bietet ein dramatisches Bild: Es liegt im Bogen einer 150 m tief eingeschnittenen Schlucht, der größten in Apulien. Mit einem lebensgroßen, bunten Scheich aus Keramik und einem Museum ehrt der Ort seinen weltberühmten Sohn, den Filmschauspieler Rodolfo Valentino, in den 1920er-Jahren der Inbegriff des schönen Mannes (mit bürgerlichem Namen Rodolfo Guglielmi, 1895 – 1926).

Castellaneta
*Lage

Region: Latium · Lazio
Provinz: Roma
Höhe: 225 m ü. d. M.
Einwohnerzahl: 53 000

Allgemeines

Die kleine, 32 km östlich von Rom in den Monti Tiburtini gelegene Stadt Tivoli war schon in der Kaiserzeit und auch während der Renaissance ein beliebter Sommersitz. Bewohner der Hauptstadt wie Horaz, Catull, Maecenas, Sallust und Kaiser wie Augustus und Hadrian besaßen hier stattliche Villen, die teils heute noch die Besucher anziehen. Man erreicht den Ort von Rom aus mit dem Zug ab Roma-Termini, mit dem Bus von der Stazione Ponte Mammolo oder Rebibbia der U-Bahn-Linie B; Weiterfahrt mit Bussen zur Villa d'Este und zur Villa Adriana.

Sehenswertes in Tivoli

**Villa d'Este

Die Villa d'Este gilt als die "Königin der Villen" und als eine der schönsten Renaisanceschöpfungen ihrer Art, seit Ende 2001 gehört sie zum Unesco-Weltkulturerbe (geöffnet tägl. von 9⁰⁰ bis 1 Stunde vor Sonnenuntergang, im Sommer an einigen Tagen bis 23⁰⁰ Uhr).
Der Landsitz entstand ab dem Jahr 1550 auf dem Gelände eines Benediktinerklosters, die Pläne stammten von dem Architekten Pirro Ligorio. Auftraggeber war der reiche und vornehme Kardinal Ippolito d'Este, ein Mitglied der aus Ferrara stammenden Familie. Bis zum Beginn des Ersten Weltkriegs war die Villa im Besitz des Erzherzogs Franz Ferdinand von Österreich-Este, der 1914 in Sarajewo ermordet wurde.
Vom Palast mit seinen freskengeschmückten Sälen gelangt man über Terrassen und Treppen in die auf steilen Terrassen angelegten Gärten mit ihren unzähligen Brunnen, Wasserspielen und Skulpturen. Besonders interessant sind der Viale delle Cento Fontane (Allee der 100 Brunnen) und die Fontana dell'Organo, deren Wasserspiele einst eine Orgel erklingen ließen.

374

Villa Gregoriana

Baedeker TIPP **Gute Adressen**

Im Schatten von Palmen und Zypressen bietet das komfortable Hotel Villa Adriana Ausblick auf die berühmte Nachbarin. Und im eleganten Restaurant zaubert Gabriella köstliche Gerichte (Via di Villa Adriana 194, ☎ 07 74 38 22 35 oder 07 74 53 51 22).

Und noch ein Tipp: Üppige, bodenständige Küche zu moderaten Preisen gibt es im Restaurant Antiche Terme di Diana (Via dei Sosii 6, ☎ 06 74 33 52 39, Mo. geschl.).

Die Villa Gregoriana liegt im Nordosten der Stadt, wo der wilde Anio (Aniene) über einen Felsabbruch der Monti Tiburtini in eine tiefe Schlucht stürzt. Nach wiederholten Überschwemmungen wurde der Fluss im 19. Jh. in zwei Stollen umgeleitet. In dem weitläufigen Park fallen nun die gebändigten Wassermassen in immer noch eindrucksvollen Kaskaden herab, u. a. in der 108 m hohen Grande Cascata. Im Park liegen ferner die Grotta della Sirena und die Grotta dei Nettuno, durch die einst der Hauptarm des Aniene verlief. Außerhalb der Villa liegen noch der kleine Rundtempel der Vesta und der Tempel der Sibylle (Tempio di Vesta e di Sibilla; 2. Jh. n. Chr.).

Das sog. Teatro Marittimo war eine kleine, in sich geschlossene Villa, eingefasst von einem runden Wasserbecken und einer Ringmauer.

**Villa Adriana

Rund 6 km südwestlich von Tivoli liegt abseits der Via Tiburtina die prachtvolle, zum Weltkulturerbe erhobene Villa des Hadrian (geöffnet tägl. von 9⁰⁰ bis 1 Std. vor Sonnenuntergang).

Sie entstand in den letzten Lebensjahren des weit gereisten Kaisers Hadrian (76–138), der auf dem 0,75 km² großen Gelände in kleinerem Maßstab die Orte und Bauwerke nachbauen ließ, die ihn bei seinen ausgedehnten Reisen durch das Römische Reich besonders beeindruckt hatten. Allerdings starb Hadrian bereits vier Jahre nach Fertigstellung des Landsitzes. Später war er kaiserliche Som-

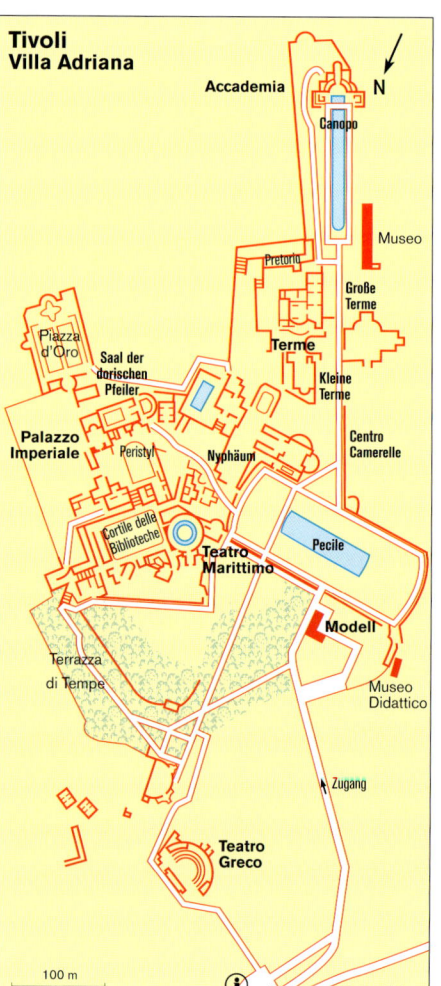

Tivoli
Villa Adriana

Accademia
N
Canopo
Museo
Pretoria
Große
Terme
Piazza
d'Oro
Saal der
dorischen
Pfeiler
Terme
Kleine
Terme
Palazzo
Imperiale
Peristyl
Nymphäum
Centro
Camerelle
Cortile delle
Biblioteche
Teatro
Marittimo
Pecile
Modell
Terrazza
di Tempe
Museo
Didattico
Zugang
Teatro
Greco
100 m
ⓘ
©Baedeker

merresidenz, verfiel jedoch, nachdem Konstantin im 4. Jh. nach Byzanz übergesiedelt war. Im Mittelalter diente die Hadriansvilla als Steinbruch. Erste Ausgrabungen begannen bereits im 15. Jh.; 1870, nachdem das Gelände in Staatsbesitz übergegangen war, wurde die Anlage systematisch ausgegraben. Vor dem eigentlichen Rundgang sollte man sich unbedingt das Modell der Residenz ansehen, die vermutlich die größte ihrer Art in der Antike war (in einem Gebäude kurz hinter dem Eingang).

Am Ende der Zypressenallee kommt man zunächst zum Pecile, einst ein Säulengang um ein in der Mitte gelegenes rechteckiges Wasserbecken, das an die Kolonnaden der Stoiker in Athen erinnerte.
Das vielleicht eigenwilligste Gebäude der Anlage ist das kreisrunde Teatro Marittimo, kein Theater, sondern eine kleine, auf einer künstlichen Insel gelegene Villa, in die sich der Kaiser angeblich gerne zurückzog. Östlich folgt der Hof der Bibliotheken, Cortile delle Biblioteche, um den die Bibliotheken für griechische und lateinische Autoren lagen. An den Palazzo Imperiale, den Kaiserlichen Palast, schließt sich die Piazza d'Oro an. Dieser rechteckige Platz war von einer offenen Säulenhalle umgeben.
Im Südwesten lagen die Kleinen und Großen Thermen, heute ein verwirrendes Labyrinth mit mächtigen Gewölben, die höchst anschaulich den hohen Stand römischer Baukunst demonstrieren.
Südlich folgt das nach der ägyptischen Stadt Kanopos benannte Canopo. Es erinnert an das Serapis-Heiligtum in Alexandria, ein über 240 m langes Wasserbecken, das von säulengetragenen Bögen umgeben war. Bergseits mündet es in den halbkreisförmigen Serapis-Tempel. Von hier lohnt noch ein Besuch des kleinen Museums, in dem vor allem die im Canopo gefundenen Skulpturen und andere Fundstücke ausgestellt werden, und ein Blick auf die Cento camerelle, die Kaserne der Wachen.

Tivoli

Region: Kampanien · Campania
Provinz: Napoli
Höhe: 1281 m ü. d. M.

Am bequemsten erreicht man den Feuerberg mit der Circumvesuvi- **Allgemeines**
ana, die regelmäßig zwischen Neapel und Sorrent verkehrt. Vom
Platz vor dem Bahnhof in Herkulaneum (Ercolano) fahren mehrmals am Tag Busse zum Vesuv. Mit dem Auto bis nach Ercolano und
dann den Schildern "Vesuvio" folgen. Auf einer guten Straße geht
es in vielen Kehren bis zu einem unterhalb des Kraters gelegenen
großen Parkplatz, von wo man in einem 45-minütigen Fußmarsch
den Kraterrand erreicht (festes Schuhwerk!). Etwa einmal pro Stunde bieten Führer am Kraterrand kostenlose Führungen an.

Seit 1944 "schläft" der Vesuv. Doch in seinem Innern steigt der Druck.
Wie lange hält er noch still?

Der nur rund 15 km von Neapel entfernte Vesuv, Vesuvio, ist der ****Bedeutung**
einzige zeitweise noch tätige Vulkan auf dem europäischen Festland.
Sein Alter beträgt rund 12 000 Jahre, damit ist er recht jung.
Seit seinem Ausbruch im August 79 n. Chr. besitzt er zwei Gipfel,
den etwas niedrigeren Monte Somma (1132 m) und den eigentlichen Vesuvio mit 1281 m, dessen Krater einen Durchmesser von etwa 600 m und eine Tiefe von 216 m hat. Das Gelände ist heute Nationalpark.
In der Antike galt er als erloschen, bis am 24. August des Jahres
79 n. Chr. ein gewaltiger Ausbruch erfolgte, der ▶ Pompeji und
▶ Herkulaneum, Stabiae und einige weitere kleinere Orte vernich-
tete. Eine sehr eindrückliche Beschreibung der Ereignisse stammt
von Plinius d. J. Er hielt sich zur Zeit des Ausbruchs bei seinem On-

| Vesuv (Fortsetzung) | kel Plinius d. Ä. auf, der Oberbefehlshaber der in Misenum stationierten tyrrhenischen Flotte war und nach dem Ausbruch eine Rettungsaktion unternahm, während dieser Aktion allerdings in Stabiae an den frei werdenden Gasen erstickte. |

In der Folgezeit zählte man bis zum Jahre 1139 fünfzehn weitere Ausbrüche, dann wuchs auf dem fast ruhenden Berg bis heran an den Krater ein dichter Buschwald. Im Jahre 1631 und zuletzt im März 1944 kam es erneut zu Ausbrüchen. Seither herrscht Ruhe. Der Vesuv ist aber nicht erloschen, ein 3 km tiefer Pfropfen "verstopft" den Schlot, darunter, in 5 bis 7 km Tiefe, brodelt das Magma weiter. Die rund 600 000 Menschen in der unmittelbaren Umgebung des Vulkans leben mit der Gefahr. Im Unterschied zu früher registrieren heute jedoch seismografische Geräte alle Veränderungen, die in dem 1845 in 608 m Höhe am Westhang erbauten Osservatorio Vesuviano ausgewertet werden. Der Aschenkegel und die jüngsten Lavaschichten sind nahezu vegetationslos; dagegen wachsen auf der fruchtbaren lavagefütterten Erde in mittlerer Höhe Eichen und Kastanien; in Lagen unter 500 m findet man Obst-, Oliven- und Weinpflanzungen, u. a. kommt der berühmte Dessertwein Lacryma Christi von hier.

Sehenswertes an den Hängen des Vesuvs

Weiterfahrt	Für die Weiterfahrt in Richtung Salerno nimmt man am einfachsten die Autobahn A 3 (Neapel-Salerno), die man in Castellammare di Stabia verlässt. Alternativ bietet sich die SS 18 an, auf der man
Torre del Greco	zunächst Torre del Greco (96 000 Einw.) passiert, das im Laufe der Geschichte wiederholt von Lava verschüttet oder durch Erdbeben zerstört wurde. Der Ort ist für seine Korallenverarbeitung bekannt, im Museo del Corallo sind einige Beispiele ausgestellt.
Torre Annunziata	Auch Torre Annunziata (60 000 Einw.) wurde mehrfach von Vesuvausbrüchen heimgesucht. Sehenswert ist die im Südosten der Stadt gelegene römische Villa Oplontis, seit 1997 mit Pompeji und Herkulaneum Weltkulturerbe der UNESCO. Sie gehörte vermutlich der Familie der Poppaea Sabina (30–65 n. Chr.), der dritten Ehefrau Neros. Die vorzüglich erhaltene Villa, die seit 1967 ausgegraben wird, besteht ähnlich wie die Palladio-Villen im Veneto aus einem großen Wirtschaftstrakt (von dem aus wohl die zur Villa gehörenden Ländereien verwaltet wurden) und einem luxuriösen Wohntrakt. Ihre Bauzeit erstreckte sich von ca. 80 v. Chr. bis 62 n. Chr. Im Wohntrakt weist sie qualitätvolle Wandmalereien des zweiten pompejanischen Stils auf. Feinste Stuckaturen, Architekturreliefs, Heizungs- und Badeanlagen sowie ein großes Schwimmbecken (60×25 m) belegen den ungeheuren Luxus. Die Villa ist gut mit öffentlichen Verkehrsmitteln zu erreichen (Via Sepolcri; geöffnet tägl. 8^{30} bis 19^{30} Uhr, im Winter nur bis 17^{00} Uhr. Vom Bahnhof der Circumvesuviana Torre Annunziata sind es weniger als 10 Min. zu Fuß, der Weg ist beschildert).
Boscoreale	▶ Pompeji
Castellammare di Stabia	Die wegen ihrer Lage als Hafen und Standort für Werften und Schwerindustrie bekannte Stadt Castellammare di Stabia (70 000

Einw.) liegt unterhalb des 1131 m hohen Monte Faito, auf den eine Seilbahn hinaufführt (kein Winterbetrieb). Seit der Antike ist sie auch wegen ihrer Thermalquellen bekannt. Erbaut wurde sie auf den Trümmern der römischen Stadt Stabiae, die 79 n. Chr. ebenfalls beim Vesuvausbruch untergegangen war. Im Antiquario Stabiano (Via Marco Mario 2, in der Nähe des Rathauses) sind zahlreiche Ausgrabungsfunde ausgestellt, die zum großen Teil aus den beiden römischen Villen Arianna und San Marco stammen. Die Scavi di Castellammare di Stabia sind zu besichtigen (Via Passeggiata archeologica; geöffnet tägl. 8^{30} – 19^{30}, im Winter nur bis 17^{00} Uhr). Das namengebende Kastell stammt aus dem 9. Jahrhundert.

Am schnellsten und schönsten umfährt man jedoch die Stadt auf der Strada Panoramica, die am Park der Villa Quisiana vorbeiführt, einem im 14. Jh. erbauten Schloss, das im 19. Jh. zu einem Hotel umgebaut wurde.

Hinter Castellammare erstreckt sich die Halbinsel von ▶ Sorrent.

Das Städtchen Nola (34 000 Einw; 35 km nordöstlich von Neapel) war in der Antike die wichtigste Stadt der Vesuvregion. Im 5. Jh. soll hier der hl. Paulinus (354–431), ein gelehrter Dichter aus Bordeaux, die Kirchenglocken (lat. campana, wahrscheinlich von Campania) erfunden haben. Am letzten Sonntag im Juni wird sein Fest (Festa dei Gigli, Lilienfest) mit großer Pracht gefeiert. Mittelpunkt der Stadt ist die Piazza Duomo, hier erstreckte sich einst das Forum. Ein Bronzestandbild erinnert an Kaiser Augustus, der im Jahre 14 n. Chr. in Nola verstarb.

Der Dom wurde Ende des 19. Jh.s neu erbaut. Von dem bei einem Brand zerstörten Vorgängerbau ist lediglich die Krypta erhalten, sie ruht auf den Grundmauern eines antiken Tempels. Auf einer benachbarten Piazza steht ein Denkmal für den Philosophen Giordano Bruno, der 1548 in Nola geboren und 1600 als Häretiker in Rom verbrannt wurde.

Viterbo   G 11

Region: Latium · Lazio
Provinz: Viterbo
Höhe: 327 m ü. d. M.
Einwohnerzahl: 58 300

Viterbo, die Hauptstadt der gleichnamigen Provinz, liegt ca. 80 km nördlich von Rom am Fuß der Monti Cimini zwischen dem Lago di Bolsena und dem Lago di Bracciano. Sie ist neben Civitavecchia die einzige größere Stadt im dünn besiedelten, landwirtschaftlich geprägten Norden Latiums, und trotz der Entwicklung einer gewissen Industrie ist Viterbo auf Rom ausgerichtet, ein Gutteil der Bewohner pendelt in die Hauptstadt. Im Mittelalter war die Stadt jedoch größer als Rom, und trotz großer Rivalität war sie ab 1146 wiederholt Zufluchtsort der Päpste, von 1257 bis 1281 sogar ständige Residenz. Heute präsentiert sich Viterbo, das noch heute von einer mächtigen, 5 km langen Stadtmauer umgeben ist, mit einem großartigen, stimmungsvollen mittelalterlichen Stadtbild, das vom dunkelgrauen Peperino-Stein geprägt ist; charakteristisch sind die vielen Brunnen und die "profferli", außen an der Hauswand gelegene Treppen.

*Stadt der Päpste

Sehenswertes in Viterbo

Stadtzentrum

Weltlicher Mittelpunkt ist die von prächtigen Palästen umgebene Piazza del Plebiscito, darunter der Palazzo dei Priori (um 1460, Rathaus), Palazzo del Podestà (1264/18. Jh.) und die Präfektur von 1771; der 44 m hohe Turm ist von 1487. Vom Hof des Rathauses hat man eine schöne Sicht auf den Westteil der Stadt. Durch die Via di S. Lorenzo gelangt man südlich zur Piazza della Morte, dem einstigen Richtplatz, mit der Fontana a Fuso, und weiter – am Palazzo Farnese vorbei – zur Piazza S. Lorenzo, dem geistlichen Zentrum der Stadt mit der romanischen Kathedrale S. Lorenzo (12. Jh., Fassade 1570, nach Zerstörungen 1944 restauriert) und dem eindrucksvollen Papstpalast (erbaut 1255 –1267); seine schöne gotische Loggia ist schon seit dem 14. Jh. Ruine. Im Palast residierten acht Päpste, vier wurden hier gewählt. Heute beherbergt er das Museo di Arte Sacra, das vor allem Malerei des 17./18. Jh.s und Skulpturen zeigt.

**Piazza S. Lorenzo

*S. Pellegrino

Südöstlich der Piazza della Morte liegt das besonders malerische alte Stadtviertel San Pellegrino, einst das Handwerkerviertel. Es lohnt sich, die Via S. Pellegrino zur gleichnamigen Piazza hinunterzugehen, den der Palazzo degli Alessandri (13. Jh.) umgibt. An der Via S. Pellegrino (Haus Nr. 60) liegt das sehr sehenswerte Museo della Macchina di S. Rosa (s. u.).

Von der Piazza del Plebiscito ist ein Gang durch die Oststadt interessant. Durch die Via Cavour zunächst südöstlich zur Piazza Fontana Grande mit der Fontana Grande (1206–1279), dem größten und schönsten Brunnen der Stadt, 1206 von Bertoldo und Pietro di Giovanni begonnen, 1279 fertig gestellt und 1424 verändert, dann weiter zur barocken Porta Romana, einem der sieben Tore der Stadtmauer. Links des Tors steht die Kirche S. Sisto, ein lombardischer Bau des 9. Jh.s (im 12./13. Jh. erweitert, nach Teilzerstörung 1944 rekonstruiert); bemerkenswert sind der deutlich erhöhte Altarraum und die ungewöhnlichen Kapitelle. Außen an der Stadtmauer entlang nach Norden geht es zum Kloster S. Maria della Verità (12. Jh.); in ihrer Cappella

Oststadt

Baedeker TIPP) **Viterbo in Farben**

Zum Fest "San Pellegrino in Fiore" Anfang Mai schmückt sich das recht graue Viterbo mit einem großen bunten Blumenmarkt. Daneben kann man – wie an jedem Wochenende, ausgenommen Juli/August – in Trödel und echten Antiquitäten stöbern.

Viterbo

Mazzatosta sind Fresken von Lorenzo da Viterbo (1469) zu sehen, im Konvent die Exponate des beachtlichen Museo Civico (etruskische Archäologie, Münzen, Keramik, Gemälde insbesondere Viterbeser Maler des 15.-18. Jh.s).

Nun geht es durch die Porta Verità und die Via Mazzini – vorbei an S. Giovanni in Zoccoli (11. Jh.) mit einem Polyptychon des Balletta (1441) – zur Kirche S. Rosa, die 1632 zerstört und zwischen 1839 und 1849 rekonstruiert wurde. Hier ruht die Mumie der hl. Rosa, der Stadtheiligen, die von 1233 bis 1252 lebte. Zu ihren Ehren wird alljährlich am 3. September abends ihr Bild auf einem 30 m hohen, mehrere Tonnen schweren Turm aus Pappmaché ("macchina di S. Rosa") von 90 Männern von S. Sisto hierher getragen.

**Fest der hl. Rosa

Von S. Rosa westlich zur Piazza Verdi. Hier stehen die interessante Zisterzienserkirche S. Marco (1198), der Palazzo Santoro (1466, Bibliotheken) und das neoklassizistische Teatro dell' Unione (1855). Beim Rückweg zur Piazza del Plebiscito durch den Corso d'Italia kommt man am 1818 gegründeten Caffè Schenardi vorbei, einst eines der schönsten Kaffeehäuser Italiens, heute McDonald's.

Im Nordwesten der Stadt liegt an der Piazza della Rocca – mit einem Brunnen von Vignola (1575) – die Burg, 1354 vom päpstlichen Feldherrn Albornoz errichtet, mehrfach erweitert und restauriert, heute Sitz des Museo Archeologico Nazionale mit Funden aus Ferento, S. Giovenale, Musarna und Acquarossa. Östlich von ihr ist die gotische Kirche S. Francesco (13. Jh.) mit mehreren Grabmälern sehenswert, u. a. von Papst Clemens IV. († 1268) und Papst Hadrian V. († 1276). Außerhalb der Porta Fiorentina von 1768 erstreckt sich der schöne Giardino Pubblico.

Nordstadt

Ca. 5 km westlich von Viterbo ist das kleine Thermalbad Bagni di Viterbo zu finden, 1 km nordöstlich davon auf einem Hügel aus Travertinablagerungen die Schwefelquelle Bullicame ("Sprudel"), ein durch Gasblasen in Wallung gehaltener blauer, 61 °C warmer Teich, in dem man heute noch bei jedem Wetter sein Bad nimmt. Die Quelle wird schon von Dante im "Inferno" erwähnt. Vom Hügel bietet sich ein schöner Blick auf Viterbo und die Monti Cimini.

Bagni di Viterbo

▶ Latium

Umgebung

Praktische Informationen

Praktische Informationen von A bis Z

Agriturismo · Ferien auf dem Land

"Agriturismo" lässt sich am besten mit "Ferien auf dem Land" übersetzen. Die Auswahl der Unterkünfte reicht von Zeltplätzen und Zimmern auf einem Bauernhof bis zu gut ausgestatteten Appartements in Villen oder Weingütern in ländlicher Umgebung. Informationen erhält man bei den lokalen Fremdenverkehrsämtern (▶ Auskunft) und über den Interessenverband Agriturist in Rom, der jährlich einen Führer herausgibt.

Agriturist	**Weitere Informationen**
Corso Vittorio Emanuele 101	www.turismoverde.it
I-00186 Roma	www.terranostra.it
☎ 00 39 / 06 6852342	www.agriturismo.it
FAX 00 39 / 06 6852424	www.agritour.net
www.agriturist.it	www.bauernhofurlaub.com

Anreise

Mit dem Auto

Zwischen Juni und September, vor allem aber an den ersten Tagen im August – dem Beginn der italienischen Ferien – muss mit zähflüssigem Verkehr auf den Autobahnen nach Süden gerechnet werden. Aktuelle Auskunft über Autoverkehr, günstige Reisezeiten, Alpenpässe (inkl. Öffnungszeiten), Baustellen sowie günstige Routen erteilt der ADAC.

Über Österreich

Aus dem Osten Deutschlands führt die wichtigste Route über Innsbruck, den ganzjährig geöffneten Brenner, Bozen und Verona in Richtung Süden. Eine schöne, aber zeitintensive Alternative ist die Fahrt über Landeck, Reschenpass, Meran und Bozen. Die Route aus dem Osten Österreichs führt über Klagenfurt, Villach, Tarvisio und Udine nach Venedig.

Über die Schweiz

Die Anreise aus dem Westen Deutschlands führt über Zürich, den St. Gotthard oder San Bernardino, Bellinzona, Chiasso und Como nach Mailand. Je nach zur Verfügung stehender Zeit kann man unter weiteren landschaftlich sehr reizvollen, jedoch längeren Strecken wählen, etwa über den Lukmanier- oder den Maloja-Pass.

◀ **Gut gekühlt trotzen die Büffel Kampaniens Hitze. Ihre Vorfahren stammen vermutlich aus Kleinasien. Sicher ist, dass aus ihrer Milch der beste Mozzarella gemacht wird.**

Die Benutzung der Autobahnen ist in Österreich, der Schweiz und in Italien meist gebührenpflichtig. Die erforderlichen Vignetten sind in Deutschland beim ADAC, bei den Postämtern sowie an Grenzübergängen und Tankstellen erhältlich. Zwischen Innsbruck und Brenner muss man außerdem Mautgebühren für die Brennerautobahn bezahlen. **Autobahn-gebühren**

Die Autobahngebühren in Italien bezahlt man entweder in bar, mit Kreditkarte oder mit der so genannten Viacard, die man bei den Automobilclubs, an wichtige Mautstellen ("Punto Blu"), an Tankstellen und Raststätten erhält.

Verschiedene Veranstalter bieten Busreisen nach Italien an, u. a. die Deutsche Bahn über ihr Tochterunternehmen Touring Bus (☎ 0 18 05 / 25 02 54) oder die Deutsche Touring GmbH (Am Römerhof 17, D-60486 Frankfurt am Main, ☎ 0 69 / 79 03 53, FAX 70 60 59, Internet: www.deutsche-touring.com). **Mit dem Bus**

Von allen wichtigen Städten Deutschlands, Österreichs und der Schweiz gibt es Direktverbindungen nach Mailand, Rom oder Neapel und von dort Verbindungen zu vielen Städten in Süditalien. Für Intercity, Eurocity, Eurostar und Pendolino, einen Hochgeschwindigkeitszug der Luxusklasse, benötigt man Platzkarten; außerdem muss ein Zuschlag (supplemento) entrichtet werden. Es gibt einfache (andata) und Rückfahrkarten (andata e ritorno) für erste (prima) und zweite (seconda) Klasse (classe). Internationale Fahrkarten sind ab dem Ausstellungsdatum zwei Monate lang gültig, wobei die Fahrt beliebig oft unterbrochen werden kann. In Italien gelöste Fahrkarten sind bei Entfernungen bis zu 200 km 6 Stunden, über 200 km Fahrtstrecke 24 bis 48 Stunden gültig. **Mit der Bahn**

Fahrkarten müssen am Abfahrtsbahnhof in orangefarbenen Automaten abgestempelt werden. Besondere Ermäßigungen gelten für Gruppenreisende, Senioren über 60 Jahre, Jugendliche unter 26 Jahren und Familien.

Eine Zeit und Nerven schonende Alternative ist die Fahrt mit dem Autozug der Deutschen Bahn. Von Anfang Mai bis Anfang Oktober gibt es einmal in der Woche eine Verbindung München – Neapel. **Mit Bahn und Auto**

Auskunft

In Deutschland
Der Reiseservice der Deutschen Bahn erteilt auch Auskunft über inneritalienische Bahnverbindungen.
☎ 0800 / 1 50 70 90
Fahrplanauskünfte
☎ 118 61
(persönliche Beratung, 0,60 € / Min.)
www.bahn.de

Vertretung der FS:
Wasteels Reisen GmbH

Arnulfstr. 1
(Hauptbahnhof)
D-85335 München
☎ 0 89 / 55 32 01
info@wasteels.de

In Italien
☎ 84 88 880 88
(gebührenfrei)
www.fs-on-line.com

Autoreisezüge

DB Auto Zug GmbH
☎ 018 05 / 24 12 24
www.dbautozug.de

Anreise
(Fortsetzung)
Mit dem
Flugzeug

Von allen größeren internationalen Flughäfen in Deutschland, Österreich und der Schweiz gibt es Linien- und Charterflüge nach Italien. Die wichtigsten internationalen Flughäfen neben Mailand-Malpensa und Rom-Fiumicino sind Mailand-Linate, Rom-Ciampino, Neapel, Bari und Palermo. Linienflüge nach Süditalien, v. a. nach Olbia und Cagliari, Pescara, Brindisi, Lamezia Terme, Palermo und Catania, führen meist über Mailand oder Rom. Die Alitalia, ihre Inlandstochter ATI und einige private Fluggesellschaften stellen die Verbindung zwischen zahlreichen italienischen Städten her.

Fluggesellschaften

www.lufthansa.com

Alitalia
☎ 0180 / 5074747
☎ 0180 / 107 07 07
FAX 0 69 / 69 50 52 57
www.alitalia.com

Lufthansa
☎ 0 18 03 / 80 38 03
FAX 02 21 / 826 39 69

Swiss
☎ 0180 / 300 03 37
FAX 0180 / 300 04 40
www.swiss.com

Austrian Airlines
☎ 0180 / 300 05 20
FAX 0180 / 300 05 23
www.aua.com

Ärztliche Hilfe

Notarzt

Tel. 113

Medizinische
Versorgung

Vielerorts steht die Guardia Medica für die medizinische Versorgung zur Verfügung. Den ärztlichen Bereitschaftsdienst in der Nacht (20⁰⁰ – 8⁰⁰ Uhr) und an Feiertagen stellt die Guardia Medica notturna e festiva. Ärztlichen Notdienst bzw. Erste Hilfe (Pronto soccorso) leisten außer Krankenhäusern (Ospedali) u. a. das Weiße Kreuz (Croce Bianca), das Grüne Kreuz (Croce Verde) und das Rote Kreuz (Croce Rossa Italiana), deren Adressen auf den ersten Seiten des Telefonbuchs (Avantielenco) zu finden sind. Zahnärzte stehen im Telefonbuch unter dem Stichwort "Medici dentisti".

Kranken-
versicherung

Versicherte deutscher Krankenkassen haben im Krankheitsfall Anspruch auf eine Behandlung. Voraussetzung ist, dass man sich vor Reiseantritt eine Anspruchsbescheinigung (Vordruck E 111) besorgt. Gegen Vorlage dieses Formulars erhält man von der staatlichen Krankenversicherung (Unità Sanitaria Locale, U.S.L.) ein Gutscheinheft mit Krankenscheinen, mit denen man sich bei Vertragsärzten und -krankenhäusern behandeln lassen kann. Im Allgemeinen muss ein Teil der Kosten für ärztliche Behandlung und verordnete Arzneimittel bezahlt werden (Quittungen zur Vorlage bei der Krankenkasse aufbewahren). Weitere Informationen sind den Merkblättern der Krankenkassen zu entnehmen. Österreichische Reisende verfahren genauso (Formular SE 100 -07). Nicht-EU-Bürger müssen medizinische Behandlungen und Medikamente selbst bezahlen. Privatversicherte legen zur Kostenerstattung bei ihrer Krankenversicherung die Arzt- und Apothekenrechnungen vor.

Apotheken (farmacia) haben in der Regel Mo.–Fr. 9⁰⁰–12³⁰ Uhr **Apotheken**
und 16⁰⁰–19³⁰ Uhr geöffnet. Sie schließen wechselweise mittwochs
oder samstags. Ein Verzeichnis mit den nachts und feiertags geöffneten Apotheken (Farmacie di turno) hängt in den Schaufens-
tern oder an den Türen aller Apotheken aus.

▶ Sprache   **Sprachhilfe**

Auskunft

ENIT
Ente Nazionale Italiano
per il Turismo
Via Marghera 2
I-00185 Roma
☎ 06 4 97 11; www.enit.it

Fragen zur Sicherheit, zum
Gesundheitswesen, zu Sehenswürdigkeiten, Straßenverkehr
etc. beantworten die Mitarbei
ter des italienischen Call Cen-
ters auch in Deutsch (tägl. von
18⁰⁰ bis 23⁰⁰ Uhr, Weihnachten
und Ostern bis 18⁰⁰ Uhr).

☎ in Italien: 800 11 77 00
(gebührenfrei)
aus dem Ausland
00 39 / 06 87 41 90 07
(gebührenpflichtig)

In Deutschland

**Staatliches Italienisches
Fremdenverkehrsamt ENIT**
Zentrale: Kaiserstraße 65
D-60329 Frankfurt a. M.
☎ 0 69 / 23 74 34
FAX 23 28 94

Weitere Büros:
Goethestraße 20
D-80336 München
☎ 0 89 / 53 13 17
FAX 53 45 27
Friedrichstr. 187
D-10117 Berlin
☎ 0 30 / 247 83 97
FAX 247 83 99
Prospektversand
☎ 00 800 00 48 25 42
(gebührenfrei)

In Österreich

ENIT
Kärntner Ring 4, A-1010 Wien
☎ 01 / 505 16 39
FAX 505 02 48
Prospektversand s. oben

In der Schweiz

ENIT
Uraniastr. 32, CH-8001 Zürich
☎ 01 / 211 30 31
FAX 211 38 85
Prospektversand s. oben

In Italien · Regionen

Abruzzo
Viale Bovio 425, I-65124 Pescara
☎ 085 76 71
FAX 085 76 72 067
www.regione.abruzzo.it

Apulien ▶ Puglia

Basilicata
Via Anzio 44, I-85100 Potenza
☎ 09 71 44 44 86 14
FAX 09 71 44 86 630
www.regione.basilicata.it

Calabria
Via S. Nicola 8, I-88100 Catanzaro
☎ 09 61 85 11
FAX 09 61 72 68 30
www.regione.calabria.it

Campania
Via Santa Lucia 81, I-80132 Napoli
☎ 0817 96 11 11
FAX 0817 96 20 27
www.regione.campania.it

Lazio
Via Rosa Raimondi Garibaldi 7
I-00145 Roma
☎ 06 516 81, FAX 06 51 68 40 59
www.regione.lazio.it

Molise
Via Mazzini 94
I-86100 Campobasso
☎ 08 74 42 95 13
FAX 0874 42 95 23
www.regione.molise.it

Puglia
Corso Sonino 177
I-70100 Bari
☎ 080 540 11 11
FAX 080 540 47 84
www.regione.puglia.it

Sardegna
Via Trieste 105
I-09124 Cagliari
☎ 070 60 61, FAX 070 606 72 55
www.regione.sardegna.it

Sicilia
Via Emanuele Notarbartolo 9
I-90141 Palermo
☎ 091 696 82 01
FAX 091 696 81 23
www.regione.sicilia.it
www.ars.sicilia.it

In Italien · Einzelne Orte

Die Adressen von Fremdenverkehrsämtern in Italien (EPT, AAST, APT, IAT, Pro Loco u. a.) erhält man bei den ENIT-Vertretungen (▶ S. 387). Im Folgenden die wichtigsten.

Amalfi
AST, Corso delle Repubbliche
   Marinare 19
I-84011 Amalfi
☎ 089 87 11 07
FAX 089 87 26 19

Bari
APT, Piazza Moro 33 / A
I-70122 Bari
☎ 080 5 24 242 61
FAX 080 5 24 23 29

Benevent
EPT, Via Nicola Sala 31
I-82100 Benevento
☎ 08 24 31 99 11
FAX 08 24 31 23 09

Bolsena
ASCOTUR
Piazza Matteotti 9
I-10123 Bolsena
☎ FAX 07 61 79 99 23

Brindisi
APT, Lungomare Regina
   Margherita 44
I-72100 Brindisi
☎ 08 31 56 21 26
FAX 08 31 56 21 49

Cagliari
EPT, Piazza Deffenu 9
I-09125 Cagliari
☎ 070 65 16 98
FAX 070 66 32 07

Campobasso
EPT, Piazza della Vittoria
I-86100 Campobasso
☎ 0874 41 56 62
FAX 0874 56 21 49

Capri
AACST, Piazzetta Cerio 11
I-80073 Capri
☎ 081 837 04 24
FAX 081 837 09 18

Caserta
EPT, Palazzo Reale
I-81100 Caserta
☎ 08 23 32 22 33
FAX 08 23 32 63 00

Catanzaro
APT, Galleria Mancuso
I-88100 Catanzaro
☎ 09 61 74 17 64
FAX 09 61 72 79 73

Cosenza
APT
Corso Mazzini 92
I-87100 Cosenza
☎ 09 84 27485
FAX 09 84 27 304

Crotone
APT, Via Torino 148
I-88900 Crotone
☎ 09 62 23 185
FAX 09 62 26 700

Foggia
APT, Via Perrone 17
I-71100 Foggia
☎ 0881 72 31 41
FAX 0881 72 55 36

Frascati
IAT, Piazza Marconi 1
I-00044 Frascati
☎ 06 94 20 331
FAX 06 94 25 498

Ischia
AACST, Corso Colonna 108
I-80077 Ischia
☎ 081 50742 11
FAX 081 50742 30

L'Aquila
IAT, Piazza S. Maria
di Paganica 5
I-67100 L'Aquila
☎ 08 62 41 08 08
FAX 08 62 654 42

Latina
APT, Via Duca del Mare 19
I-04100 Latina
☎ 07 33 69 54 04
FAX 07 33 66 12 66

Lecce
EPT / AST
Corso Vittorio Emanuele 24
I-73100 Lecce
☎ 08 32 24 80 92
FAX 08 32 3102 38

Maratea
APT, Piazza del Gesù 40
I-85046 Maratea
☎ 0973 87 69 08
FAX 0973 87 74 54

Matera
APT, Via De Viti de Marco 9
I-75100 Matera
☎ 0835 33 19 83
FAX 0835 33 34 52

Neapel
EPT, Piazza dei Martiri 58
I-80121 Napoli
☎ 081 40 53 11
FAX 081 40 19 61

Olbia
APT, Via Catello Piro 1
I-07026 Olbia
☎ 07 89 214 53
FAX 07 89 222 21

Paestum
AACST, Via Magna Grecia 165
I-84063 Paestum
☎ 0828 81 10 16
FAX 0828 72 23 22

Palermo
IAT, Piazza Castelnuovo 34
I-90141 Palermo
☎ 091 58 38 47
FAX 091 58 63 38

Pantelleria
www.viverepantelleria.it

Pescara
IAT, Piazza 1 Maggio
I-65122 Pescara
☎ 085 4210188
FAX 085 421 03 60

Pompeji
EPT, Via Sacra 1
I-80045 Pompei
☎ 081 850 72 55
FAX 081 863 24 01

Positano
Via del Saracino 4
I-84017 Positano
☎ 089 87 50 67
FAX 089 87 57 60

Potenza
IAT, Via Alianelli 4
I-88100 Potenza
☎ 097 12 18 12

Pozzuoli
IAT, Largo Matteotti 1 / A
I-80078 Pozzuoli
☎ 081 52 66 639
FAX 081 52 65 068

Auskunft

Ravello
AACST, Piazza Duomo 10
I-84010 Ravello
☎ 089 85 70 96
FAX 089 85 79 77

Reggio di Calabria
APT, Via Roma 3
I-89100 Reggio di
    Calabria
☎ 09 65 21 171
FAX 09 65 89 09 47

Rom
APT, Via Parigi 11
I-00185 Roma
☎ 06 48 89 91
FAX 06 481 93 16
Call Center 06 36 00 43 99

Salerno
EPT, Via Velia 15
I-84125 Salerno
☎ 089 23 04 11
FAX 089 25 18 44

Sorrento
EOT, Viale de Maio 35
I-80067 Sorrento
☎ 081 80 740 33
FAX 081 877 33 97

Sulmona
IAT, Corso Ovidio 208
I-67039 Sulmona
☎ FAX 08 64 53 276

Taormina
AAST, Piazza S. Caterina
Palazzo Corvaja
I-98039 Taormina
☎ 09 42 232 43
FAX 09 42 249 41

Tarent
EPT, Corso Umberto I 113
I-74100 Taranto
☎ 0994 53 23 92
FAX 0994 52 04 17

Tarquinia
IAT, Piazza Cavour 1
I-01016 Tarquinia
☎ 0766 85 63 84
FAX 0766 84 04 79

Terracina
IAT, Via Leopardi
I-04019 Terracina
☎ 07 73 72 77 59
FAX 07 73 72 79 64

Tivoli
IAT, Largo Garibaldi
I-00019 Tivoli
☎ 07 74 33 45 22
FAX 07 74 33 12 94

Tropea
Pro Loco, Piazza Galluppi
I-89861 Tropea
☎ 0963 61475, FAX 0963 605928

Vieste
IAT, Piazza Kennedy, I-71019 Vieste
☎ 08 84 70 88 06
FAX 08 84 70 74 96

Viterbo
IAT, Piazza S. Carluccio 5
I-01100 Viterbo
☎ 07 61 30 47 95
FAX 07 61 22 09 57

Im Internet

www.italianita.de
www.italien.onlinehome.de
www.ratgeber-italien.de
Hunderte von Verweisen zu allen Themen, von der Reisevorbereitung über Museen, Parteien, Fußball, Mode, Sprachschulen bis zu Veranstaltungs- und Streikkalender (!).

www.tuttitalia.com
Viele Hinweise zu Hotels, Ferienbauernhöfen, Campingplätzen und regionalen Fremdenverkehrsämtern.

www.emmeti.it
Beschreibungen von Museen und Unterkünften.

www.beniculturali.it
www.museionline.it
Viele Informationen zu Museen, kulturellen Veranstaltungen und Ausstellungen.

www.esperia.de
Auf Süditalien spezialisiert.

www.parks.it
Portal der italienischen Natur-
parks (in Ital., Engl.).

www.comuni.it
Fast jede Stadt oder Gemein-
de hat eine Website mit Infor-
mationen, zu einem großen
Teil auch auf Englisch oder
Deutsch.

Auskunft
(Fortsetzung)

Badeurlaub

Italien ist auch wegen seiner Badestrände ein beliebtes Urlaubsziel. **Wissenswertes**
Viele sind jedoch nicht frei zugänglich, sondern von privaten Badeanstalten (bagno, stabilimento balneare) oder Hotels belegt, die für
ihre Dienstleistungen (Umkleidekabinen, Liegestühle, Sonnen-
schirme etc.) Gebühren erheben, dafür aber für einen sauberen
Strand sorgen.

Zwar sind viele Kilometer Küste von Hotels, Campingplätzen und **Gut zu wissen**
Badeanstalten okkupiert, aber nicht ganz: Der Strand selbst ist All-
gemeingut und darf auch von "Nicht-Gästen" betreten werden. Im
Fall des Falles kann man also durchaus mit Aussicht auf Erfolg um
Durchlass zum Strand bitten.
An felsigen Küsten wie in Apulien oder Kalabrien sind Badeschuhe
ein Segen – auf dem scharfgratigen Kalkstein kann man sonst
kaum gehen, und die Seeigel sind ein weiteres Argument. Als Un-
terlage zum Sich-Sonnen empfiehlt sich eine Iso- oder Bastmatte.
Tauchbrille, Schnorchel und Flossen erschließen die prächtige Unterwasserwelt.

Informationen über die wichtigsten Touristenstrände und die Was- **Wasserqualität**
serqualität gibt u. a. der ADAC, ☎ 0180 / 523 22 21 (auch für Nicht-
mitglieder) oder im Internet (www.adac.de, nur für Mitglieder).
Der Bericht zur Badegewässergüte der Europäischen Kommission
kann übers Internet abgefragt werden (www.europa.eu.int/water/
water-bathing/report.html); er ist allerdings auf Englisch und sehr
wissenschaftlich gehalten.
Die Stiftung für Umwelterziehung in Europa vergibt Blaue Flaggen.
Diese garantieren nicht nur die Einhaltung der Grenzwerte für saubere Strände und Wasser, sondern auch der strengeren Richtwerte.
Außerdem verlangt sie aufwändige Infrastruktureinrichtungen.

Die Badesaison reicht in Süditalien von Mai / Juni bis Oktober. Zu **Wasser-**
Beginn hat man Wassertemperaturen von 18 – 20 °C, bis zum Au- **temperaturen**
gust steigen sie auf 24 – 25 °C, im Oktober ist das Wasser noch 20
bis 22 °C warm.

Bereits die Etrusker nutzten die vielen Heilquellen der Apennin- **Thermalquellen**
halbinsel. Die bei der ENIT (▶ Auskunft) erhältliche Broschüre
"Thermalorte Italia" stellt sie alle vor und informiert auch über die
Indikationen der Heilquellen.

Das beliebteste Ziel Apuliens für einen Strandurlaub ist der Garga- **Baderegionen**
no, die in die Adria ragende Felsnase im Südosten Italiens mit klei- **Apulien**
nen Sand- und Kiesbuchten und ein paar langen Sandstränden wie

391

Baderegionen Apulien (Fortsetzung)	bei Vieste und Rodi Garganico. Sehr schön sind außerdem die Küste zwischen Torre Canne und Brindisi sowie die Salento-Küste mit teils dünengeschützten Sandstränden wie bei Torre Chianca oberhalb von Casino dei Turchi (nahe Otranto), fjordähnliche Küsteneinschnitte bei Porto Badisco und Aquaviva (südlich von Otranto), die Dünenbucht Baia Verde südlich von Gallipoli sowie die Felsküste mit kleinen Sandbuchten nördlich von Gallipoli.
Kampanien	Das Baden in der Nähe Neapels ist wegen der Wasserverschmutzung nicht zu empfehlen. Schöne Strände gibt es auf den Inseln Ischia und Capri. Auch die Halbinsel von Sorrent, an einigen Abschnitten der Amalfiküste und vor allem die Strände des Cilento zwischen Agropoli und Palinuro bieten gute Bademöglichkeiten.
Basilikata	Eine schöne Felsenküste mit klarem Wasser und kleinen Buchten hat die Basilikata am Tyrrhenischen Meer um Maratea.
Kalabrien	Im Süden Kalabriens liegen am Tyrrhenischen Meer lange weiße Sandstrände, da und dort durch felsige Abschnitte unterbrochen. Der attraktivste Platz ist die felsige Küste des Capo Vaticano. An der Ostküste (Ionisches Meer) dehnen sich zwar schier endlose Sandstrände, sie sind aber mit wenigen Ausnahmen wie Crotone und Capo Rizzuto sowie einigen kleinen, wenig anziehenden Badeorten meist völlig "naturbelassen".
Sardinien	Sardinien besitzt an vielen Stellen herrliche Sandstrände. Die bekanntesten Küsten sind die Costa Smeralda im Nordosten der Insel mit vielen kleinen Buchten, die teilweise nur vom Wasser aus zugänglich sind, die Costa Rei im Südosten mit einem schönen, fast 10 km langen Sandstrand, die Costa del Sud südwestlich von Cagliari und die noch wenig bekannte Costa Verde an der Westküste.

Eine Perle Siziliens: die Lagune von Tindari

Sizilien

Siziliens Küste ist zum Teil aus natürlichen Gründen (Steilküste), zum Teil aus Gründen des versäumten Umweltschutzes zum Baden ungeeignet. Schöne felsenreiche Strände befinden sich an der Nordküste der Insel bei Scopello und dem angrenzenden Naturpark Zingaro sowie zwischen Cefalù und Tíndari (Sandstrand).

An der Südküste zwischen Sciacca und Eraclea Minoa sowie östlich von Marinella di Selinunte bis zur Mündung des Bélice-Flusses erstrecken sich weitere Sandstrände.

An der Ostküste sind das Naturschutzgebiet Vendicari südlich von Marina di Noto sowie der feine Kieselstrand von Mazzarò in der Nähe von Taormina und schließlich der Abschnitt zwischen Taormina und Aci Castello zu empfehlen.

Behindertenhilfe

Über Bahn- und Flugreisen (behindertengerechte Einrichtungen, Vergünstigungen etc.) informieren viele Reisebüros, die Deutsche Bahn sowie die Bundesarbeitsgemeinschaft der Clubs Behinderter und ihrer Freunde.

BSK-Reise-Service
Postfach 20
D-74236 Krautheim/Jagst
☎ 0 62 94 / 683 03
www.bsk-ev.de

BAG der Clubs Behinderter und ihrer Freunde e. V.
Eupener Str. 5
D-55131 Mainz
☎ 0 61 31 / 22 55 14

Verband aller Körperbehinderten Österreichs
Lützowgasse 24–28
A-1014 Wien
☎ 01 / 911 32 25, 914 55 62

Mobility International Schweiz
Frohbergstr. 4
CH-4600 Olten
☎ 062 / 206 88 35
FAX 206 88 30

Camping und Caravaning

Die italienischen Campingplätze sind je nach Komfort klassifiziert (1 Stern bis 4 Sterne). Für die Hochsaison von Mitte Juli bis Mitte September empfiehlt sich eine rechtzeitige Anmeldung. Camping-platzverzeichnisse werden von der ENIT (▶ Auskunft) sowie vom italienischen Camping-Verband herausgegeben. Eine große Auswahl an geprüften Campingplätzen bietet der jährlich erscheinende ADAC Camping-Führer (Band 1: Südeuropa).

Federazione Italiana del Campeggio e del Caravaning
Via Vittorio Emanuele 11
I-50041 Calenzano

☎ 0 55 88 23 91
FAX 0 55 882 59 18
www.federcampeggio.it
www.camping.it

Wer mit dem Wohnmobil oder Wohnwagen reist, kann eine Nacht auf einem Park- oder Rastplatz bzw. am Straßenrand verbleiben, wenn dies nicht ausdrücklich verboten ist. Wildes Zelten ist generell nicht erlaubt.

Caravaning, wildes Zelten

Diplomatische Vertretungen

Deutsche Botschaft
Via San Martino della Battaglia 4
I-00185 Roma
☎ 06 492131
FAX 06 4452672
www.ambgermania.it

Österreichische Botschaft
Via Pergolesi 3
I-00100 Roma
☎ 06 8440141
FAX 06 8543286
www.austria.it

| Diplomatische Vertretungen (Fortsetzung) | **Schweizer Botschaft** Via Barnaba Oriani 61 I-00197 Roma, ☎ 06 809571 | FAX 06 8088510 Vertretung@Rom.Rep. admin.ch |

Einkaufen und Souvenirs

Einkaufs-paradies

Ob Schuhe, Kleider, Haushalts- oder Designerwaren, Kulinarisches, ob auf Märkten, in Boutiquen oder im Fabrikverkauf (Vendita diretta) – Italien ist ein großes Einkaufsparadies.

Kunsthandwerk

Jede Region hat typische kunsthandwerkliche Erzeugnisse. Der ganze Süden ist bekannt für Eisen- und Kupferschmiedearbeiten, Korallenschmuck (v. a. Sardinien und Kampanien), Porzellan und Kleinmöbel sowie für Keramik und Terrakotta, Stoffe, Stickereien und Teppiche. Eine Besonderheit Neapels sind die Krippenfiguren sowie die nach Personen des öffentlichen Lebens gestalteten Figuren. Auf Sizilien gibt es die berühmten Marionetten. In den Abruzzen, im Molise, in Kalabrien und Apulien findet man Klöppelspitzen und Gesticktes. Im nördlichen Latium, an der amalfitanischen Küste, in Apulien und Kalabrien ist das Angebot an Keramik und Majoliken sehr groß. Sorrent ist berühmt für seine Intarsienkunst.

> *Baedeker* TIPP **Gerardo Sacco**
>
> In Crotone (Kalabrien) hat die Goldschmiedekunst Tradition, und ihr berühmtester Vertreter ist Gerardo Sacco, dessen filigrane Schmuckstücke an byzantinische Vorbilder, an Renaissance und Barock oder auch an das Art déco anknüpfen (Via Vittorio Veneto 33).

Kulinarische Souvenirs

Beliebt sind auch kulinarische Mitbringsel. In den zahllosen Delikatessenläden ist das Angebot schier unendlich: z. B. Süßigkeiten wie Panettone, kandierte Früchte, Mandelgebäck oder ausgefallene Nudelsorten. In den Weinanbaugebieten warten die Ortschaften mit Önotheken (Weinstuben und -handlungen) auf, die Wein und Spirituosen anbieten. Der berühmte Limoncello (Zitronenlikör), feinstes Olivenöl, getrocknete Steinpilze, Balsamessig, diverse Peperoncino-Zubereitungen und allerlei (vakuumverpackte) Wurst- oder Käsesorten schmecken auch zu Hause ausgezeichnet.

Wein

▶ Essen und Trinken

Hinweis

Wenn Sie in Italien etwas kaufen oder in einer Bar, einem Restaurants etwas konsumieren: Man sollte stets den Kassenbon (scontrino) verlangen und noch eine Weile nach dem Verlassen des Lokals aufbewahren. Die Polizei führt im Kampf gegen die Steuerhinterziehung immer wieder Kontrollen durch. Wer ohne Kassenbon erwischt wird, muss saftige Strafen gewärtigen.

Elektrizität

Das Stromnetz führt 220 Volt Wechselstrom. Im Allgemeinen, auf jeden Fall aber für Schukostecker ist ein Adapter (riduzione) nötig. Europanorm-Gerätestecker sind verwendbar, wenn sie dünne Kontaktstifte besitzen.

Aufgrund ihrer Vielseitigkeit genießt die italienische Küche einen außerordentlich guten Ruf. In puncto Essgewohnheiten sind einige Besonderheiten zu beachten. Das italienische Frühstück (colazione) beschränkt sich häufig auf einen Cappuccino (Espresso mit aufgeschäumter Milch) oder einen Caffè (Espresso) mit Gebäck, etwa einem frischen Hörnchen (cornetto). Die Hotels sind jedoch meist auf die Gewohnheiten ihrer ausländischen Gäste eingestellt und bieten ein mehr oder weniger reichhaltiges Frühstücksbuffet an. Zu empfehlen ist aber immer noch das Frühstück in einer ganz normalen Bar: am Tresen mit einem Tramezzino, einer Focaccia oder Ähnlichem mit Schinken, Salami, Käse, Thunfisch mit Ei oder gar einer Insalata Russa. Wer dann noch Lust auf etwas Süßes hat, kann unter göttlichen Dolci wählen. Das Mittagessen (pranzo) besteht meist aus einem antipasto (Vorspeise), primo (Pasta, Risotto oder Suppe), secondo (Fleisch oder Fisch) mit Gemüse (contorno) oder Salat (insalata). Anschließend kann man zwischen Käse (formaggio), dolce (Dessert), gelato (Eis) oder frutta (Obst) wählen. Der Espresso beschließt das Mahl (nur Ausländer trinken einen Cappuccino). Manche bestellen ihn "corretto" (mit Grappa, Cognac, Amaro oder Sambuca "korrigiert"). Das Abendessen (cena), bei dem sich die Speisenfolge des Mittagessens wiederholt, wird selten vor 19^{30} Uhr serviert.

Essgewohnheiten

▶ Sprache

Speisekarte

Cucina italiana

Laut dem Larousse Gastronomique, der Bibel der französischen Küche, ist "die italienische Küche für alle Länder des westlichen Europas der wahre Ursprung aller Kochkunst". Ihre Begründer waren die Römer, die sich nicht nur die Fülle der im eigenen Land wachsenden Zutaten zu Nutze machten, sondern viele – u. a. kulinarische – Einfälle aus allen möglichen anderen Ländern verarbeiteten. Auch heute ist die kulinarische Palette Italiens sehr groß. Das liegt zu einem großen Teil daran, dass es *die* italienische Küche gar nicht gibt. Vielmehr ist die Cucina italiana eine Küche der Regionen und Symbol für die vielfältigen regionalen Traditionen. Deren Besonderheiten haben viel mit den charakteristischen Produkten der wechselnden Landschaften zu tun, denn die dort lebenden Menschen sind mit ihrem Speisezettel vom Selbsterzeugten abhängig

Geschichte

In der Küche in Abruzzen und Molise regiert der Peperoncino, die scharfe Chilischote. Viele Gerichte sind rot eingefärbt. Man spricht von einer diabolischen, aber fröhlichen Küche, d. h., man benutzt viel Feuer: Feuer im Kamin, Feuer im Essen und sogar in den Getränken. Der Grund für so viel Feuer liegt in der Kälte, denn es gibt lange Winter mit viel Schnee. Eine besondere Raffinesse sind die maccheroni alla chitarra. Die maccheroni – hier schmale Bandnudeln – werden mit einer Sauce aus Tomaten, geräuchertem Bauchspeck, Kräutern und etwas Pecorino (Schafskäse) oder auch mit einem Ragout aus Schaf- oder Hammelfleisch serviert. Da die Schafzucht in dieser Region eine wichtige Rolle spielt, gibt es hier auch viele gute Käsesorten.

Abruzzen und Molise

Cucina italiana (Fortsetzung) Latium

Die Küche Latiums ist besonders auf Rom konzentriert. Wenn es auch eigentlich keine typische römische Küche gibt, so haben die Römer es doch verstanden, traditionelle Gerichte zu bewahren. Die Küche ist einfach und unkompliziert. Besonders zu empfehlen ist das abbacchio alla romana (Milchlamm mit Knoblauchsauce), das die römische Bevölkerung bereits im Mittelalter schätzte. Man isst gerne Innereien, Fisch ist fast unbekannt in der römischen Küche, außer den ciriole (kleine Aale aus dem Tiber) oder Tintenfischen. Dafür findet man hervorragendes Gemüse, darunter Artischocken, Brokkoli, Erbsen und dicke Bohnen (fave), die in Rom mehr als in jeder anderen Region gegessen werden.

Kampanien

Ihre Nachbarn in Kampanien hingegen lieben das Leben im Freien. Die Küche ist, wie die Kampanier selbst, offen und ohne Geheimnisse. Alle wissen, wie die Dinge zubereitet werden. Das Nationalgericht ist die immer knusprig Pizza in vielen Varianten. Eine besondere Bedeutung hat die Pizza Margherita (Pizza mit Tomaten, Mozzarella und Basilikum), die 1889 zu Ehren der ersten italienischen Königin in den italienischen Nationalfarben aus grünem Basilikum, weißem Mozzarella und roten Tomaten kreiert wurde. Die Zahl der Gerichte und Nudelsorten ist fast unüberschaubar. So gibt es fusilli alla napolitana (Nudeln mit Tomatensauce), spaghetti alle vongole (Spaghetti mit Muscheln), penne alla puttanesca (kurze Röhrennudeln mit Oliven und Kapern), vermicelli col pomodoro (dünne Spaghetti mit Tomatensauce). Nie fehlen Gemüse und Käse. Fisch wird ebenfalls groß geschrieben. Anscheinend schmeckt Fisch aus dem Golf von Neapel besser, weil es besondere Algen gibt, die einen Jodgeschmack vermitteln.

> **Baedeker TIPP** **Limoncello**
>
> das Traditionsgetränk an der amalfitanischen Küste, schmeckt, gut gekühlt, auch zu Hause. Hier ein Rezept zum Selbermachen: Die hauchdünn gehobelten Schalen von 1 kg unbehandelter Zitronen werden 20 Tage lang in 1 l Alkohol eingelegt. Dann kocht man 1 l Wasser auf, lässt es wieder abkühlen und löst darin 700 g Zucker auf. Der sirupähnliche Saft wird mit dem Alkohol-Zitronenschalen-Gemisch gut vermengt und in einem luftdichten Gefäß aufbewahrt. Nach zwei Tagen werden zunächst die Schalen herausgenommen und dann die Flüssigkeit durch ein Tuch gesiebt – fertig ist der hausgemachte Limoncello.

Apulien

Auch in Apulien sind Fisch und Meeresfrüchte ein kulinarischer Hochgenuss, so beispielsweise cozze ripiene (gefüllte Muscheln), orata alla pugliese (überbackene Goldbrasse) oder apulische Fischsuppe. Austern und große Miesmuscheln kommen aus Taranto. Das eigentliche Markenzeichen sind die getrockneten Tomaten, die in jedem Haushalt hergestellt werden. Überhaupt wird Gemüse gerne getrocknet und dann in Öl eingelegt, etwa Auberginen, Paprika, Pilze, Tomaten, Zwiebeln und natürlich Oliven. Das apulische Olivenöl ist hoch geschätzt und äußerst schmackhaft. Auf jeder Speisekarte in der Region findet man orecchiette, Nudeln, die wie kleine Öhrchen geformt sind und oft mit einer Sauce aus Rübensprossen (cime di rapa) oder Brokkoliröschen serviert werden.

Basilikata

Im Nachbarland Basilikata geht es etwas spartanischer zu. Dies ist eine raue Region, in der man den Duft vieler Kräutern kennt. Das Schwein spielt eine zentrale Rolle, vor allem die Herstellung von Würsten, die zuweilen einen starken und pikanten Geschmack haben. Der Verbrauch von peperoncino ist enorm. Secondi piatti (Hauptgänge) bestehen hauptsächlich aus Gemüse, die meist im Ofen zubereitet werden, z. B. Auberginen mit Oliven, Sardellen, Kapern und Tomaten oder ein piatto d'erba mit Zwiebeln, Auberginen, Paprika, Tomaten, Petersilie, Basilikum und Knoblauch. Die Basilikata ist wie viele andere Regionen mit sehr guten Käsesorten gesegnet, u. a. scamorza, caciocavallo, provolone und ricotta.

Kalabrien

In Kalabrien ist die Küche ebenfalls eher ärmlich. Die Gerichte werden einfach zubereitet, am Grill, am Spieß oder im Ofen. Schwein bildet auch hier die Grundlage der Küche; Schweinefleisch wird zu delikaten Wurstarten wie Salame oder Leberwurst verarbeitet. Ebenfalls bodenständig und ohne Schnörkel ist die Gemüsezubereitung. Auberginen, Tomaten und Paprika werden gegrillt oder gekocht und nur mit einem guten Olio extra vergine verfeinert. Auch hier spielen die roten Chilischoten eine große Rolle. Die Süßspeisen gehören mit zum

Mozzarella-Macher bei der Arbeit

Besten, was die kalabrische Küche zu bieten hat. Sie werden meistens aus Hefeteig in lustigen Formen gemacht.

Sizilien

Die sizilianische Küche könnte man fast als barock beschreiben, alles wird reichhaltig, bunt und luxuriös serviert, selbst Nudelgerichte. Außerdem ist der arabische Einfluss deutlich zu spüren, vor allem in den sehr süßen Dolci und in der Kombination von pikanten und süßen Zutaten (etwa Rosinen zum Fleisch). Pasta ist die Königin der Speisen. Man muss mindestens einmal die berühmten 'ncasciata (Nudelspezialität aus Ragusa) probiert haben, um die Passion der Sizilianer für die Pasta zu begreifen. Ebenfalls empfehlenswert sind pasta con le sarde (Nudeln mit Sardinen), pasta alla norma (Nudeln mit Auberginen) oder cannelloni alla siciliana (gefüllte Nudelröllchen). Genauso populär ist das arabische Überbleibsel cùscusu (Couscous). Die sizilianische Variante dieses Gerichtes ist mit Fisch und Meeresfrüchten angereichert und wird vor allem in der Nähe von Trapani sowie den nahe gelegenen Inseln angeboten. Süßspeisen haben, wie gesagt, einen hohen Stellenwert in Sizilien; sie basieren hauptsächlich auf Marzipan, Mandeln und kandierten Früchten. Schön bunt und fantasievoll sehen sie aus – eben ein bisschen barock.

Sardinien

Sardinien ist eine kleine Welt für sich, in der alles wächst, blüht und gedeiht; hier hat man Fisch und Wild, Gemüse und Wein, rotes Fleisch, weißes Ziegenfleisch, Käse, und alles nur von bester Qualität. Jedes Dorf hat seine eigenen Traditionen, auch bezüglich der Zutaten. Eine absolute Gaumenfreude für Schweinefleischlieb-

Cucina italiana (Fortsetzung)	haber ist das berühmte porceddu, Spanferkel am Holzspieß aus duftendem Holz gegrillt, was dem Fleisch einen besonderen Geschmack verleiht. Ebenso zu empfehlen ist der Fisch, von Goldbrassen (orata) über Streifenbrasse (mormora) bis zum Flussaal, oder die köstlichen Langusten. Sardinien besitzt auch eine riesige Auswahl an hervorragenden Käsesorten. Der bekannteste ist der pecorino (Schafskäse), den es in verschiedenen Reifegraden gibt, von weich und mild bis ganz hart und scharf. Ein Markenzeichen der Insel ist das "Notenpapier" (carta da musica), ein hauchdünnes Fladenbrot, das die Hirten bei ihren Wanderungen mitnahmen.
Getränke	Standardgetränke zu allen Mahlzeiten sind Wein (vino) und Mineralwasser (acqua minerale; gassata mit Kohlensäure). Überall gibt es auch Bier (birra), in der Regel sowohl das leichte italienische als auch ausländisches (birra estera), neben deutschem sehr oft auch dänische und holländische Marken. Gängige Erfrischungsgetränke sind Orangenlimonade (aranciata), Zitronenlimonade (limonata) und Fruchtsäfte (succo di ...). Der Tischwein (vino da pasto, vino da tavola) wird offen serviert, entweder in einer Karaffe zu 1 Liter (un litro), 0,5 Liter (un mezzo litro) oder 0,25 Liter (un quarto litro), oder im Glas (un bicchiere). Die älteren Jahrgänge und Weine höherer Qualität werden wie üblich in der verschlossenen Flasche aufgetragen.

Vino italiano

Allgemeines	Die Vielfalt der italienischen Weine macht die Orientierung etwas schwierig, aber auch spannend. Der in der Pizzeria oder Trattoria offen ausgeschenkte Wein vermittelt nur in qualitätsbewussten Betrieben echtes Trinkvergnügen. Weniger romantisch, dafür eine Nummer sicherer ist der Griff zur etikettierten Flasche. Die aufmerksame Lektüre des Etiketts lohnt sich, denn das italienische Gesetz klassifiziert Weine in verschiedene Kategorien und schreibt bei einigen strenge Kontrollen vor. Nur: Auch die höchste Bezeichnung des italienischen Weingesetzes, die DOCG, ist keine Garantie für echte Qualität. Wie überall bleiben die Kenntnisse, die Zuverlässigkeit und die "Philosophie" des Winzers entscheidend.
VdT	Seit 1992 werden folgende Qualitätsstufen unterschieden. Die einfachsten Weine sind die so genannten Vini da tavola (VdT). Sie heißen nur Rosso oder Bianco und dürfen keine Herkunfts-, Sorten- oder Jahrgangsangabe aufweisen. Zu beachten ist jedoch, dass einige herausragende und entsprechend teure Kreszenzen diese Bezeichnung tragen, weil sie den Richtlinien für höhere Bezeichnungen nicht entsprechen.
IGT	Weine mit typischer Herkunfts- oder Rebsortenbezeichnung sind so genannte IGT-Weine (Indicazione geografica tipica). Diese Kategorie ist für Landweine gedacht, z. B. Calabria Bianco, kann aber auch recht respektable oder sogar Weltklasse-Weine bezeichnen.
DOC	Die Oberklasse sind die DOC-Weine (Denominazione di origine controllata), Weine mit kontrollierter Herkunftsbezeichnung, z. B. Barbera d'Asti DOC, und die Weine mit kontrollierter und garantierter Herkunftsbezeichnung (DOCG, Denominazione di origine controllata e
DOCG	garantita), z. B. Chianti Classico DOCG. Zusätzlich zu den Bestimmun-

gen für die DOC gibt es für DOCG-Weine eine zweite Prüfung im Laufe des Ausbaus. Am Flaschenhals garantiert ein nummerierter staatlicher Kontrollstreifen die Einhaltung der Richtlinien.

Baedeker TIPP) Weinführer

Für alle Weinfreunde ist das im Hallwag-Verlag erschienene, außerordentlich handliche Buch "Italiens Weine" ein unverzichtbarer Ratgeber. Burton Anderson und Andreas März stellen über 2000 Weine und Produzenten vor, übersichtlich nach Regionen gegliedert.

VSQ, VSQPRD
Schaumweine haben weitere Bezeichnungen: Vino spumante di qualità, Schaumwein ohne Ursprungsbezeichnung, sowie Vino spumante di qualità prodotta in regioni determinate, Schaumwein mit kontrollierter Ursprungsbezeichnung. Letzterer unterliegt den Bestimmungen der DOC-Weine.

Vino italiano
(Fortsetzung)

Weinbauregionen und die wichtigsten DOC-Weine

Verdicchio dei Castelli de Jesi und *Verdicchio di Matelica* (Rebsorte Verdicchio): vollmundige, fruchtige, geschmeidige Weißweine mit feiner Säure.
Rosso Conero (Rebsorte Montepulciano): dunkler, kräftiger, voller Rotwein.
Montepulciano d'Abruzzo (Rebsorte Montepulciano): dunkler, fester, meist einfacher Rotwein. (Achtung: Er hat mit dem berühmten Vino Nobile di Montepulciano aus der Toskana nichts zu tun.)

Abruzzen

Aglianico del Vulture (Rebsorte Aglianico): großer, nobel strukturierter, lagerfähiger Rotwein.

Basilikata

Kampanien verfügt über ein erstaunliches Potenzial für Weißweine. Hervorragend können sein:
Greco di Tufo (Rebsorte Greco), *Fiano di Avellino* (Rebsorte Fiano) und diverse Weißweine aus der Falanghina-Traube.
Taurasi (Rebsorte Aglianico): großer, kräftiger, ausgewogener Rotwein.
Vesuvio / Lacryma Christi del Vesuvio, wobei *Vesuvio* für einfache Weiß-, Rot- und Roséweine, *Lacryma Christi del Vesuvio* dagegen für vier Varianten, u. a. Schaumwein und eine gespritete Version, steht.

Kampanien

Apulien gehört zu den größten Weinerzeugern Italiens, doch obwohl es 25 DOC-Zonen hat, erreichen nur 2 % seiner Produktion DOC-Qualität. Empfehlenswerte DOC-Weine sind u. a. *Castel del Monte*, Apuliens bekannteste DOC, die Weine aus einer ganzen Reihe von Rebsorten umfasst, darunter Aglianico, Bombino, Chardonnay, Pinot Bianco, Pinot Nero, Sauvignon und Uva di Troia.
Aleatico di Puglia: weicher, karminroter Wein von Aleatico-Trauben.
Locorotondo, aus Verdeca- und Bianco-d'Alessano-Trauben, gehört zu den besten Weißweinen Apuliens (auch der Spumante genießt einen guten Ruf).
Die Weine der DOC *Martina Franca* entsprechen denen der DOC Locorotondo.
Salice Salentino, *Copertino*, *Brindisi* (Rebsorte Negroamaro): warme, alkoholreiche, weiche Rotweine mit guter Säure.
Moscato di Trani: Rarer, voller, goldener Dessertwein von Moscato-Reale-Trauben.

Apulien

Essen und Trinken (Fts.) Kalabrien	*Cirò* (Rebsorte Gaglioppo): dunkler, starker Rotwein von manchmal beeindruckender Größe. *Savuto*: Rotweine aus Gaglioppo, Greco Nero und anderen Sorten in unterschiedlichen Varianten, vom rubinroten robusten Wein bis zu einer leichten kirschroten Version.
Sardinien	*Alghero*: Lange Liste von Weinen einschließlich Spumante und Liquoroso. Haupterzeuger ist Sella & Mosca. *Vermentino di Gallura* (Rebsorte Vermentino): kräftiger, duftreicher Weißwein. *Cannonau di Sardegna* (Rebsorte Cannonau): kraftvoller, warmer Rotwein. *Vernaccia di Oristano*: Sardischer Prachtwein aus Vernaccia-Trauben.
Sizilien	Siziliens moderne Weine gelten als die zuverlässigsten Süditaliens. Hervorragend – kraftvoll, dennoch elegant – sind die Weißweine. *Marsala* (weiße und rote Rebsorten): verschiedene Dessert- und Aperitifweine, von trocken bis süß, von alt bis jung, manchmal gespritet. *Alcamo* oder *Bianco Alcamo*: trockener Weißwein von Catarratto-Bianco-Trauben. *Cerasuolo di Vittoria*: kirschroter Wein aus Calabrese- und Frappato-Trauben. *Malvasia delle Lipari*: ein ganz besonderer Süßwein. *Moscato di Pantelleria*: der meistgerühmte Moscato Siziliens aus der abgelegensten DOC-Zone (auch in konzentrierter passito-Form).

Fähren

Italien verfügt über ein großes Netz von Fährlinien zu den vielen Inseln, zum restlichen Europa und nach Nordafrika. Vor allem für die Hauptreisezeit sollte man frühzeitig buchen.

Fähren zu den Inseln	Nach **Capri, Ischia, Procida**: Fähren u. a. von Neapel/Molo Beverollo, Pozzuoli und Sorrent, Tragflügelboote ab Neapel/Mergellina **Pontinische Inseln**: Fähren ab Terracina, Fähren und Tragflügelboote ab Anzio und Formia. **Sardinien**: Fähren ab Genua, Livorno, Civitavecchia, Fiumicino, Neapel, Palermo, Trapani. Von Civitavecchia auch Zugverschiffung. **Sizilien**: ab Genua, Livorno, Neapel, Cagliari. Häufigste Verbindungen von Villa San Giovanni und Reggio di Calabria; von Villa San Giovanni auch Zugverschiffung. Ägadische Inseln: Fähren von Trapani. Äolische (Liparische) Inseln: Fähren und Tragflügelboote ab Milazzo und Neapel. Pantelleria: von Trapani und Marsala. Lampedusa: von Agrigent. Ustica: von Palermo. **Tremiti-Inseln**: Fähren von Termoli und Orten des Gargano.

Auskunft

Ausführliche Informationen über Routen, Fahrpläne, Fahrpreise und Buchungsmöglichkeiten erhält man in den Reisebüros, bei den Verkehrsämtern (▶ Auskunft), den Reedereien und über das Internet, etwa bei:
www.ferryconsult.de
www.faehre-online.de
www.traghettionline.it
www.fun.informare.it

Reedereien

Moby Lines Europe GmbH
Fähren nach Sardinien, Elba und anderen Zielen
Vertretung Deutschland:
Wilhelmstraße 36–38
65183 Wiesbaden
☎ 06 11 / 140 20, FAX 140 22 44
www.mobylines.it

Tirrenia
Fähren, Schnellboote nach Sardinien, Sizilien, Tunis
Vertretung Deutschland:
Armando Farina GmbH
Postfach 73 03 09
Schwarzwaldstr. 82
60505 Frankfurt a. M.
☎ 069 / 666 84 91, FAX 666 84 77
www.tirrenia.it

Linea dei Golfi
Fähren nach Sardinien
Vertretung Deutschland:
Turisarda
Richardstr. 28
40231 Düsseldorf
☎ 02 11 / 22 94 00 15
FAX 22 94 00 29
www.forti.it

Grandi Navi Veloci
Fähren nach Sardinien und Sizilien
Vertretung Deutschland:
Seetours International
Frankfurter Straße 233
63263 Neu Isenburg
☎ 061 02 / 81 10 04
FAX 81 19 13
www.gnv.it

Fähren
(Fortsetzung)

Geld

Feiertage

1. Januar (Neujahr, Capodanno)
6. Januar (Hl. Drei Könige, Epifania)
Ostersonntag und -montag (Pasqua, Lunedì dell'Angelo)
25. April (Tag der Befreiung 1945, Festa della Liberazione)
1. Mai (Tag der Arbeit: Festa del Lavoro)
15. August (Mariä Himmelfahrt, Assunzione; Ferragosto, Höhepunkt der italienischen Ferienreisezeit)
1. November (Allerheiligen, Ognissanti)
8. Dezember (Mariä Empfängnis, Immacolata Concezione)
25. und 26. Dezember (Weihnachten, Natale)
Die Festa Nazionale della Repubblica (Nationalfeier der Republik) findet am 1. Sonntag nach dem 2. Juni statt, die Festa dell'Unità Nazionale (Tag der Einheit) am 1. Sonntag im November.

Gesetzliche
Feiertage

Geld

Seit dem 1. Januar 2002 ist der Euro in Italien – wie in Deutschland, Österreich und den meisten anderen Ländern der Europäischen Union – das offizielle Zahlungsmittel.
1 sfr entspricht etwa 0,66 €, für 1 € bekommt man 1,43 sfr.

Euro

Bürger aus EU-Mitgliedsländern dürfen EU-Währungen in beliebiger Höhe nach Italien ein- und ausführen.

Devisen-
bestimmungen

Die Banken sind mit geringen Abweichungen Mo.– Fr. 8^{30} – 13^{00} Uhr geöffnet; nachmittags variieren die Öffnungszeiten (ca. 14^{30} – 15^{30} Uhr). An Tagen vor Feiertagen (prefestivi) schließen die Banken um 11^{20} Uhr.

Banken

Geld **(Fortsetzung)** **Geldautomaten,** **Scheckkarten**	An Geldautomaten kann man mit Kredit-, ec- und Postbank-Karten rund um die Uhr Geld abheben. Mit der ec-Karte erhält man maximal 500 € pro Tag und Konto, mit der Postbank SparCard pro Kalendermonat maximal 1500 €. Kreditkarten unterliegen höheren Grenzen. Beim Verlust der Karte sollte man umgehend den Zentralen Annahmedienst für Verlustmeldungen von Eurocheque-Karten anrufen (☎ von Italien aus: 00 49/18 05/02 10 21; Tag und Nacht); beim Verlust der Postbank SparCard ☎ 00 49/180/304 06 00.
Andere Zahlungsmittel, Kreditkarten	Eurochecks sind nicht mehr gültig. Die meisten internationalen Kreditkarten werden von Banken, Hotels, Restaurants, Autovermietern und vielen Einzelhandelsgeschäften akzeptiert. Verbreitet sind Visa, Eurocard, American Express und Diners Club. Auch bei Verlust von Kreditkarten benachrichtige man unverzüglich die jeweilige Zentralstelle.

Hotels

Allgemeines	Neben Hotels, Pensionen, Ferienwohnungen und Ferienhäusern gibt es auch Unterkünfte auf dem Land (▶ Agriturismo). Hotelverzeichnisse erhält man von den ENIT-Vertretungen sowie von den regionalen und örtlichen Fremdenverkehrsämtern (▶ Auskunft).
Reservierungszentralen	Internet-Adressen von Reservierungszentralen: www.cphi.it, www.initalia.it, www.italypass.com
Hotelkategorien	Die Hotels in Italien sind amtlich in fünf Kategorien eingeteilt, vom Luxushotel mit fünf Sternen + L bis zur einfachen Unterkunft mit einem Stern. Zudem findet man auch kleinere, nicht klassifizierte Betriebe, die durchaus akzeptabel sind. Viele Hotels haben keine eigene Garage, kümmern sich aber darum, wo man sicher parken kann. Meist muss man für einen Stellplatz auf dem Hotelgelände extra bezahlen.
Bed & Breakfast	Eine empfehlenswerte Alternative zum Hotelaufenthalt bietet Bed & Breakfast Italia. Das Angebot reicht von Zimmern mit Badmitbenutzung (2 Corone) bis zu Unterkünften in bedeutenden historischen Gebäuden mit eigenem Bad etc. (4 Corone). Information: B & B Italia, Corso Vittorio Emanuele II 282, I-00186 Roma, ☎ 06 6878618, FAX 06 6878619; im Internet: www.bbitalia.it, www.caffelletto.it.
Preiskategorien	Die Hotelpreise variieren je nach Jahreszeit, auch sind sie in den Großstädten generell höher. Die folgenden Angaben beziehen sich auf ein Doppelzimmer mit Frühstück. Für ein Einzelzimmer bezahlt man 20 bis 25 % weniger.

Kategorie	Preis
*****L	über 250 €
*****	150 – 600 €
****	80 – 250 €
***	50 – 200 €
**	40 – 100 €

Agrigent

****Della Valle
Via dei Templi 04
☎ 09 22 26 966
FAX 09 22 26 412; 90 Z.
Ruhiges, freundliches Haus auf halber Höhe zwischen Altstadt und dem Tal der Tempel.

**Belvedere
Via San Vito 20
☎ FAX 09 22 20 051; 30 Z.
Im oberen Teil der Stadt in Bahnhofsnähe gelegen. Einige Zimmer haben Meeresblick.

Albano Laziale

**Miralago
Via dei Cappuccini 12
☎ & FAX 06 93 21 018; 44 Z.
Schlichte Einrichtung, aber schöner Blick auf den See und ruhige Umgebung. Mit Restaurant; im Sommer speist man auf der Terrasse.

Alberobello

*****Hotel dei Truli
Via Cadore 32
☎ 08 04 32 35 55
FAX 08 04 32 35 60; 47 Z.
www.inmedia.it/hoteldeitrulli

In ruhiger, grüner Umgebung am Rand der Altstadt (Rione Monti) wurden echte Trulli – bestehend aus kleinem Wohnraum mit Kamin, Schlafzimmer und Bad – mit modernem Komfort ausgestattet. Die Zahl der Sterne ist übertrieben. Gute regionale Küche, nette Betreuung durch einen Deutschland- und Schweiz-erfahrenen Kellner.

Altomonte

***Hotel Barbieri
Via S. Nicola, 30
☎ 09 81 94 80 72
FAX 09 81 94 80 73
www.casabarbieri.it
30 Z.
▶ Baedeker Tipp S. 166
In der Altstadt führt das Hotel schöne Appartements (2–4 P.) in restaurierten alten Häusern. Geboten werden auch Stadtführungen, MTB-Verleih und Physiotherapie.

Amalfi

*****Luna Convento
Via P. Comte 33
☎ 089 87 10 02
FAX 089 87 10 84
info@lunahotel.it
45 Z.
Aus den Zellen des auf einem Felsen thronenden einstigen Klosters entstanden gemütliche, liebevoll mit Antiquäten eingerichtete Hotelzimmer.

***Lidomare
Largo Ducchi Piccolomini 9
☎ 089 87 13 32
FAX 089 87 13 32
13 Z.
Familiäre Atmosphäre. Leider etwas umständlich zu erreichen, kein eigener Parkplatz.

Anagni

****Villa La Floridiana
Via Casilina (SS 6) km 63,7
☎ 07 75 76 99 60
FAX 07 75 77 45 27
11 Z.
Betriebsferien: August
Ein rot gestrichenes Bauernhaus aus dem 19. Jahrhundert, Gewölbe, Terrakottaboden, alte Möbel, Garten ... ein geschmackvolles ländliches Refugium. Das Restaurant bietet eine modernisierte lokale Küche.

Avellino

****De la Ville
Via Palatucci 20
☎ 08 25 78 09 11
FAX 08 25 78 09 21
info@hdv.av.it; 63 Z.
Gutes, zentral gelegenes Mittelklassehotel.

Bari

**Orchidea
Via Giulio Petroni 11
☎ 080 54 21 937
FAX 080 54 26 943, 27 Z.
Freundliche, familiengeführte
Pension in Bahnhofsnähe.

****Palace Hotel
Via Lombardi 13
☎ 080 52 16 551
FAX 080 52 11 499
palaceh@tin.it, 204 Z.
Seit langem die erste Adresse
in Bari, westlich der Prefettura am Rand der Altstadt gelegen. Luxuriöses modernes Interieur, kombiniert mit alten
Stücken. Ganz oben das sehr
gute Restaurant "Murat" (im
August geschl.) mit Terrasse
und herrlichem Ausblick.

Benevent

***President
Via Perasso 1
☎ 08 24 316715
FAX 08 24 316716; 76 Z.
Mittelklassehotel am Rand
der Altstadt gegenüber der
Rocca dei Rettori.

Bolsena

***Hotel Zodiaco
Via IV Novembre 8
☎ 07 6179 87 91
FAX 07 6179 62 10
www.touring.it/zodiaco; 12 Z.
Im Jahr 2000 eröffnetes, hübsches Hotel wenige Schritte
südlich von S. Cristina. Ebenso
angenehm sind die Preise.

Brindisi

******Grande Albergo
Internazionale**
Lungomare Reg. Margherita 23
☎ 08 31 52 34 73
FAX 08 31 52 347, 67 Z.
▶ Baedeker Tipp S. 123

Caltanissetta

****San Michele
Via dei Fasci Siciliani
☎ 09 43 59 87 91
FAX 09 43 59 87 91; 122 Z.
Anonymer Hotelklotz, ruhig
gelegen mit guter Aussicht.
Eignet sich gut als Standort.

Camigliatello Silano

***Aquila & Edelweiss
Via Stazione 11
☎ 09 84 57 80 44
FAX 09 84 57 87 53; 39 Z.
Ein guter Standort in der Sila,
in 1300 m Höhe östlich von
Cosenza, ist das Aquila mit
seinem ältlichen Charme.
Das Restaurant ist für seine
gute regionale Küche bekannt.

Campo Imperatore

***Albergo Campo Imperatore
Fonte Cerreto / Gran Sasso
☎ 08 62 40 00 00
FAX 08 62 40 00 04; 45 Z.
Spektakulär liegt der ästhetisch eigenwillige Bau des alten Stützpunktes am Gran
Sasso d'Italia. Ordentlicher
Komfort, Doppelzimmer mit
französischen Betten.

Cannizzaro

*****Grand Hotel Baia Verde
Via Angelo Musco 8
☎ 095 49 15 22
wwwbaiaverde.it
158 Z.
Luxuriös und mit traumhaftem Blick auf die Küste.

***Azienda Trinità
Mascalucia
☎ 095 72 72 156
www.agritour.net
Einfach eingerichtete Ferienwohnungen im Garten des Barons Bonaiuto, 450 m über dem Meer an den Hängen des Ätna gelegen.

Capri

*****Europa Place
Via Capodimonte 2
☎ 08197 80 111
FAX 08183 73 191; 85 Z.
info@capri-palace.com
Luxushotel im hoch gelegenen Anacapri.

***Villa Krupp
Via Matteotti
☎ 08183 70 362
Ältere Villa oberhalb des Giardino Augusto mit wunderbarer Aussicht.

Castel di Tusa

****Atelier sul Mare
Via Cesare Battisti 4
☎ 09 21 33 42 95
FAX 09 21 33 42 83
40 Z.
www.ateliersulmare.com
▶ Baedeker Tipp S. 330

Castellabate

****Palazzo Belmonte
☎ 09 74 96 02 11
FAX 09 74 96 11 50
www.palazzobelmonte.it
Ein Jagdschloss aus dem frühen 17. Jh. oberhalb eines der schönsten Strände der Amalfiküste. Die Atmosphäre ist gepflegt leger. Vom Restaurant im eindrucksvollen Garten traumhafte Aussicht über die Küste und Capri.

Castrovillari

▶ Restaurants

Catania

***Signonella Inn
SS 192 / Contrada da Fontanazza, im Nato-Village südlich von Catania
☎ 095 7130002
FAX 095 71 30 040; 87 Z.
Frisch renovierter Bau der 1970er-Jahre. Große, helle Zimmer. Ideal für Mietwagenkunden, die vormittags am Flughafen (15 Min.) sein müssen. 30 Minuten in die Innenstadt.

Cava de'Tirreni

****Hotel Scapolatiello
Piazza Risorgimento 1
84010 Badia di Cava
☎ 089 44 36 11
FAX 089 44 36 11; 50 Z.

Wer den Trubel der amalfitanischen Küste erleben, aber ruhig schlafen möchte, wird sich hier wohl fühlen, mit großem, gepflegtem Garten, wenige Minuten von Vietri sul Mare landeinwärts. Freier Blick ins bewaldete Umland.

Cefalù

***Baia del Capitano
Contrada Mazzaforno
☎ 09 21 20 005
FAX 09 21 20 163
Neubau in schöner Anlage, 5 km östlich von Cefalù gelegen. Alle Zimmer verfügen über eine Terrasse.

**Riva del Sole
Viale Lungomare 25
☎ 09 21 42 12 30
FAX 09 21 42 19 84; 28 Z.

Von außen recht unscheinbar. Große Zimmer mit Blick aufs Meer. Zentrale Lage, daher laut.

Cetraro

****Grand Hotel San Michele
Loc. Bosco, SS 18
☎ 09 82 91 012
FAX 09 82 91 430
sanmichele@antares.it; 65 Z.
Ein Juwel an der kalabrischen Westküste: eine prächtige alte Villa mit Park und kleinem See. Lift zum Strand mit kleinen Felsbuchten. Und dies alles zu moderatem Preis.

Cosenza

**Grisaro
Viale Trieste 38
☎ & FAX 09 84 27 838; 26 Z.
Schlichte, renovierte Pension in der Neustadt nahe dem Corso Mazzini.

Crotone

***Helios
Via per Capo Colonna
☎ 09 62 90 12 91
FAX 09 62 27 997, 38 Z.
Südlich der Stadt in Strandnähe gelegenes modernes Haus, nicht weltbewegend, aber angenehm und relativ preiswert.

Dragoni

**Villa de Pertis
Via Ponti 30
☎ 0823 866619
FAX 0823 866619
info@villadepertis.it; 5 Z.
Das hübsche Landhotel 30 km nordwestlich von Caserta ist ein guter Ausgangspunkt für Ausflüge in die Umgebung.

Farfa

Convento di S. Brigida
Via del Monastero 12
☎ 0765 27 70 87

Dem Ort angemessen kann man bei den Schwestern der hl. Brigitta nächtigen und essen (Vollpension).

Fiuggi

**** Villa Igea
Corso Nuova Italia 32
☎ 07 75 51 54 35
FAX 07 75 51 54 38
65 Z.
Bei gutem Preis-Leistungs-Verhältnis im Jugendstil schwelgen, ohne auf modernen Komfort zu verzichten. Ruhig in einem großen Park gelegen.

Francavilla Fontana

Tredecina (Agriturismo)
Strada Provinciale 27
☎ 08 31 81 09 18
Eine Masseria aus dem 16. Jh., 3 km außerhalb von Francavilla in einem Meer von Olivenbäumen gelegen. Geöffnet Juni bis Oktober.

Gaeta

***Serapo
Via Firenze 11
☎ 07 71 45 00 37
FAX 07 71 31 10 03
168 Z.
Wenig aufregendes, aber unmittelbar am gleichnamigen schönen, langen Strand gelegenes modernes Haus, Zimmer mit Meeresblick.

****Villa Irlanda
Lungomare Caboto 6
☎ 07 71 71 25 81
FAX 07 71 71 21 72
40 Z.
Komplex aus vier Gebäuden, darunter ein Konvent irischer Mönche und eine Villa von 1912, nördlich der Stadt am Meer, mit Pools und Parkplatz. Ein Teil der Zimmer bietet einen herrlichen Blick auf Meer und Altstadt.

Gerace

****La Casa di Gianna
Via P. Frascà 4
☎ 09 64 35 50 24
FAX 09 64 35 50 81
9 Z.
casadigianna@yahoo.it
Antiker Palazzo mitten in der Altstadt – ein kleines, luxuriöses Haus mit Restaurant. Vertragsbadeanstalt in Locri.

Gambarie

***Miramonti
Via degli Sci 10
☎ 09 65 74 31 90
FAX 09 65 74 30 48, 42 Z.
www.gambarie.it/miramonti.htm
Modernes Hotel in rustikalem Stil mit gutem Komfort und Restaurant. Geführte Ausflüge; ganzjährig geöffnet.

Ladíspoli

*****L La Posta Vecchia
Loc. Palo (3 km)
☎ 06 99 49 501
FAX 06 99 49 507; 17 Z.
postavec@caere.net
Fast grenzenloser Luxus zu entsprechendem Preis: J. Paul Getty hatte diesen großartigen Palazzo – Relaisstation für Post und reiche Kaufleute – aus dem Jahr 1640 für sich umbauen lassen. Eigener Strand und im Keller die Reste einer römischen Villa. Geöffnet Ende März bis Mitte November.

L'Aquila

***Duca degli Abruzzi
Viale Giovanni XXIII 10
☎ 08 62 28 341
FAX 08 62 615 88; 120 Z.
Ordentliches Haus mit großen, ruhigen Zimmern. Schöne Aussicht vom Restaurant, das eine gute regionale Küche bietet.

Lipari

****Villa Meligunis
Via Marte 7
☎ 090 98 12 426
FAX 090 98 80 149; 32 Z.
Das schönste Haus auf Lipari, in der Nähe des Hafens Marina Corta gelegen.

Lecce

*****L Patria Palace
Piazzetta Riccardi 13
☎ 08 32 24 51 11
FAX 08 32 24 50 02; 68 Z.
www.pregiohotel.com
Erstes Haus am Platz in einem prächtigen Palazzo gegenüber S.Croce, 1997 renoviert. Gutes Preis-Leistungs-Verhältnis.

***Grand Hotel
Viale Oronzo Quarta 28
☎ 0832 309405
FAX 0832 309891; 70 Z.
Haus von nostalgischer Eleganz mit Stuck, Jugendstildekor und Dachrestaurant. Nahe dem Bahnhof gelegen.

Maiori

****Casa Raffaele Conforti
Via Casa Mannini 10
☎ 089 85 35 47
FAX 089 85 20 48; 11 Z.
casaconforti@amalfinet.it
Liebevoll und stilecht eingerichtetes Hotel in einem Palazzo aus dem 17. Jahrhundert.

Maratea

****La Locanda delle Donne Monache
Via Carlo Mazzei 4
☎ 09 73 87 74 87
FAX 09 73 87 81 35; 30 Z.
locdonnemonache@cross-winds.net
In der Altstadt neben der Kirche zu finden ist das ehemalige Kloster aus dem 17. Jahrhundert. Geschmackvoll eingerichtete Zimmer, Pool mit Aussicht.

****Villa Cheta Elite
Acquafredda, Via Timpone 46
☎ 09 73 87 81 34
FAX 09 73 87 81 35
villacheta@labnet.it; 20 Z.
Hübsche Jugendstilvilla mit Terrasse, Garten und wunderbarer Atmosphäre, wenige Minuten zu Fuß zum Strand entfernt. Sehr gutes Preis-Leistungs-Verhältnis.

Marino (Albaner See)

****Grand Hotel Helio Cabala
Via Spinabella 13/15
☎ 06 93 66 12 35
FAX 06 93 66 11 25; 42 Z.
Edles, komfortables Haus im Villenstil mit Park, Pool und Restaurant. Fabelhafter Ausblick auf die Ewige Stadt.

Martina Franca

***Dell'Erba
Viale dei Cedri 1
☎ 080 43 01055
FAX 080 43 01639; 51 Z.
In einem großen Park gelegenes, besonders angenehmes Haus mit vielen Sport- und Freizeitangeboten.

Villaggio In
Largo Magli 6
☎ 08 04 80 59 11
FAX 08 04 80 50 17
Ein "Hotel ohne Hotel": 48 geschmackvoll eingerichtete Appartements, die über die Altstadt verstreut sind.

Matera

***Sassi Hotel
Via S. Giovanni Vecchio 89
☎ 08 35 33 10 09
FAX 08 35 33 37 33; 14 Z.
Nicht ganz "stilecht", weil eher luxuriös wohnt man in diesem Palazzo von Anfang des 18. Jh.s mit einigen Höhlen mitten im ruhigen Sasso Barisano.

Melito Porto Salvo

**Casina dei Mille
Annà, an der SS 106
☎ 09 65 78 74 34

Restaurant So. abend geschl. Oberhalb der SS 106 gelegen.
▶ Baedeker Tipp S. 175

Monopoli

*****Melograno
Contrada Torricella 345
☎ 080 69 09 030
FAX 080 74 79 08; 37 Z.
Eine apulische Masseria aus dem 17. Jh. hat der Antiquitätenhändler Camillo Guerra zu einer noblen Oase umgestaltet. Mit Restaurant, Pools, Tennisplätzen und Privatstrand in der Nähe.

Morgantina

**Morgantina
Via Adelasia 42
☎ 09 35 88 088
FAX 09 35 87 941; 27 Z.
Einfaches, freundlich geführtes Hotel am Rand des historischen Zentrums. Gute Alternative zu den Hotels in Enna und Piazza Armerina.

Neapel

*****Grand Hotel Parker's
Corso Vittorio Emanuele 135
☎ 08176 12 474
FAX 08166 35 27
ghparker@tin.it; 83 Z.
Das schönste Hotel in Neapel, etwa 200 m über dem Golf mit herrlichem Blick auf Castel dell'Ovo und Vesuv gelegen.

Der Clou ist die Dachterrasse (hier frühstückt man auch) mit dem Restaurant "George's". Geboten werden traditionelle Gerichte in französischer Präsentation; für abends unbedingt reservieren.

****Jolly Ambassador's
Via Medina 70, ☎ 081 41 60 00, FAX 081 55 18 010
www.jollyhotels.it; 250 Z.
Empfehlenswertes Großhotel im einzigen Wolkenkratzer im Stadtzentrum Neapels.

****Mediterraneo
Via Ponte di Tappia 25
☎ 081 55 12 240
FAX 081 55 25 868; 246 Z.
Das moderne Hotel liegt mitten im Stadtzentrum, in einer Nebenstraße der Via Toledo.

***Rex
Via Paleopoli 12
☎ 081 76 49 389
FAX 081 76 49 227; 35 Z.
Einfaches Hotel in einem älteren Palazzo in einer Seitenstraße der Uferstraße Via Nazario Sauro. Kein Restaurant.

Nuoro

****Costa Dorada
Lungomare Palmasera 45
Cala Gonone, Nuoro
☎ 07 84 93 333
FAX 07 84 93 445; 60 Z.
Das sehr schön begrünte Haus liegt am Ende der Uferpromenade. Geräumige, im sardischen Stil eingerichtete Zimmer; besonders schön ist der Ausblick aus den Zimmern

zum Garten hin. Im Restaurant werden typisch sardische Gerichte serviert.

Ostuni

Lo Spagnulo (Agriturismo)
Contrada Spagnulo
☎ 08 31 35 02 09
FAX 08 31 33 37 56; 40 Z.
Ein spanisches Kastell des 17. Jh.s mit rustikalen Zimmern, Restaurant mit guter apulischer Küche. Das 50 ha große Gut verfügt über Tennisplatz, Pool und Reitstall. Juli/August nur wochenweise.

Il Frantoio (Agriturismo)
5 km Richtung Fasano
☎ & FAX 08 31 33 02 76; 8 Z.
Eine weitere prächtige Masseria aus dem 16. Jh., wunderbares Ambiente mit ausgezeichnetem Restaurant, Musikzimmer und Bibliothek.

Otranto

Torre Pinta (Agriturismo)
Via Memorie
☎ & FAX 08 36 42 83 58; 8 Z.
Preiswert und angenehm wohnen in einer Masseria aus dem 13. Jh.; landestypische Küche mit eigenen Produkten.

Paestum

***Esplanade
Via Poseidonia
☎ 08 28 85 10 433
FAX 08 28 85 16 00; 28 Z.
esplanade@paestum.it
In der Nähe des Meeres gelegen. Hell und bequem eingerichtete Zimmer mit Balkon.

***Villa Rita
Zona Archeologica
☎ 08 28 81 10 81
FAX 08 28 72 25 55; 14 Z.
In der Nähe der Tempel gelegener Familienbetrieb mit einfachen Zimmern.

Hotels

Tenuta Seliano
Via Seliano
☎ 08 28 72 36 34
FAX 08 28 72 45 44; 15 Z.
seliano@amalfinet.it
Komfortabler Agriturismo-Betrieb, nur 1 km vom Meer.

Palermo

***Mediterraneo
Via R. Pilo 43
☎ 091 58 11 33
FAX 091 58 69 74; 106 Z.
Zentrumsnah, jedoch in einer ruhigen Nebenstraße gelegen; große Zimmer; kein Restaurant, aber Garage.

**Sausele
Via Vincenzo Errante 12
☎ 0916161308
FAX 0916167 525; 36 Z.
Das Hotel unter Schweizer Leitung liegt in einer Nebenstraße nahe des Bahnhofs.

Palinuro

****King's Residence
Baia del Buondormire, ☎ 09 74 93 13 24, FAX 09 74 93 14 18
hotelking@com.it; 60 Z.
Elegantes Hotel mit Park, Privatstrand und vielem mehr. Alle Zimmer mit Meeresblick.

****La Torre
Via Porto 5
☎ 09 74 93 11 07
FAX 09 74 93 12 64; 40 Z.
latorre@xcom.it
Besonders familien- und kinderfreundliches Haus.

Pescara

***Bellariva
Viale Riviera 213
☎ 085 47 12 641
FAX 085 73 628; 33 Z.
Freundliches, preiswertes Hotel direkt am Meer, ca. 2 km nördlich des Stadtzentrums; schlichte Ausstattung.

****Esplanade
Piazza 1 Maggio 46
☎ 085 292141, FAX 085 4217540
hotel@esplanade.net; 150 Z.
Traditionelles, modern ausgestattetes Grand Hotel in privilegierter Lage. Das Restaurant bietet italienische und internationale Küche sowie einen schönen Blick auf Meer und Berge.

Pescocostanzo

**Albergo dell'Oca
Via Sant'Angelo in Piazza 16
☎ & FAX 08 64 64 26 00; 6 Z.
Familiäres Hotel in den Abruzzen, in einer Patriziervilla von 1550. Geführte Wanderungen.

Pompeji

***Forum
Via Roma 99
☎ 08185 01170
FAX 081 85 06 132; 24 Z.
pompei@hotelside.it
Komfortables Haus in der Nähe des Ausgrabungsgeländes.

Ponza (Ponza-Inseln)

**Mari
Corso Pisacane 19
☎ 07 71 80 101
FAX 07 71 80 239; 16 Z.
hotel.mari@tiscalinet.it
Am Hafen liegt dieses preiswerte kleine Haus, das mehr als zwei Sterne verdient.

Positano

*****Palazzo Murat
Via dei Mulini 23
☎ 089 87 5177
FAX 089 81 14 19; 30 Z.
hpm@starnet.it
In einem Palazzo aus dem 18. Jh. mit allem Komfort.

****Conca d'Oro
Via Boscariello 16
☎ 089 81 14 94
FAX 089 87 51 11; 38 Z.

Aussichtsreich gelegen mit hellen, ruhigen Zimmern, alle haben Blick auf das Meer.

Pozzuoli

***Solfatara
Via Solfatara 163, ☎
08152 666, FAX 08152 63 365
hotelsofatara@getnet.it; 31 Z.
Modernes Haus in toller Lage.

Ravello

****Rufolo
Via S. Francesco 1
☎ 089 85 71 33
FAX 089 85 79 35
www.hotel-rufolo.it; 30 Z.
Zwischen der Villa Rufolo und der Kirche S. Francesco gelegen. Traumhafter Blick auf die Amalfitanische Küste.

***Villa Amore
Via del Fusco 5
☎ 089 85 71 35
FAX 089 85 71 35; 12 Z.
Wunderschön gelegenes Haus mit einfachen Zimmern.

Reggio di Calabria

****Miramare
Via Fata Morgana 1
☎ 09 65 81 24 44
FAX 09 65 81 24 50; 96 Z.; miramare@reggiocalabriahotels.it
Am Lungomare nahe dem Rathaus gelegener Belle-Époque-Palazzo mit gediegener Atmosphäre. Restaurant.

***Fata Morgana
Gallico Marina, Via Quarnaro 2
☎ 09 65 37 00 08
FAX 09 65 37 00 00; 32 Z.
Freundliches Haus 10 km nördlich von Reggio am Meer. Toller Blick hinüber nach Sizilien.

Rieti

****Miramonti
Piazza Oberdan 5

☎ 0746 20 13 33
FAX 0746 20 57 90; 30 Z.
Modernisiertes altes Haus im Nordteil der Altstadt, Zimmer mit Blick über die Stadt und auf den Monte Terminillo. Im traditionsreichen Restaurant Checco - Al Calice d'Oro bekommt man noch den Bollito misto vom Wagen.

Rom

****Hotel Forum
Via Tor de Conti 28
☎ 06 67 92 446
FAX 06 67 86 479; 76 Z.
Ruhige und komfortable Zimmer in zentraler Lage. Von der Dachterrasse (mit Restaurant) erscheint das Forum zum Greifen nah.

****Raphael
Largo Febo 2
☎ 06 68 28 31
FAX 06 68 78 993; 73 Z.
Das Hotel besitzt den Charme eines alten, verwunschenen Adelspalastes. Stilmöbel und eine Kunstsammlung mit Werken von Picasso, Mirò und de Chirico schmücken die Räume. Auch die Zimmer sind liebevoll eingerichtet.

***Columbus
Via della Conciliazione 33
☎ 06 68 65 435
FAX 06 68 64 874; 92 Z.
Direkt an der Straße zum Petersplatz liegt der ehemalige Patrizierpalast aus dem 16. Jh. mit Freskendekoration. Die Zimmer zum Innenhof sind besonders ruhig.

***Sant'Anselmo
Piazza Sant'Anselmo 2
☎ 06 5745 174
FAX 06 57 83 604; 45 Z.
In der klösterlichen Ruhe des Aventins liegt das idyllische Hotel. Schöner Garten, erlesene Einrichtung.

**Campo de' Fiori
Via Biscione 6
☎ 06 67 84 886
FAX 06 68 80 68 65; 27 Z.
Kleines sechsstöckiges Hotel ohne Aufzug, aber mit einer schönen Dachterrasse, die auf den stimmungsvollen Campo de' Fiori blickt. Nicht alle Zimmer haben Bad oder Dusche.

**Casa Kolbe
Via San Teodoro 44
☎ 06 67 94 974
FAX 06 69 94 15 50; 69 Z.
In traumhaft zentraler und ruhiger Lage am Fuße des Palatin strahlt der Bau die asketische Strenge eines Priesterseminars aus. Im Innern großer Garten und eine Bar.

Casa del Pellegrino
Via Ardeatina km 12
☎ 06 71353390 / 2 / 3
FAX 06 71 35 33 94; 79 Z.
Die Herberge (Doppelzimmer ca. 60 €) liegt beim Santuario della Madonna del Divino Amore, ca. 20 km südlich von Rom (gute Busverbindungen: Nr. 218 ab San Giovanni in Laterano, Nr. 702 ab Piazzale Ostiense, Pyramide).

Klosterherbergen
Eine Liste mit Adressen verschickt das deutschsprachige Pilgerbüro:
Via della Conciliazione 51
☎ 06 68 97 197
FAX 06 68 69 490
pilgerzentrum@libero.it

Salina

****Signum
Malfa, Via Scalo 15
☎ 090 98 44 222
FAX 090 98 44 102; 30 Z.
www.netnet.it/salina/signum
Wem der Film "Il Postino" gefallen hat, ist hier glücklich: Die ganze Crew war es während der Filmarbeiten. Die im lokalen Stil erbauten und liebevoll eingerichteten Hotelzimmer liegen um ein Gehöft mit Rezeption, Bar und Speisesaal. Zum Strand führt ein Pfad zwischen steil abfallenden Klippen.

Salerno

***Plaza
Piazza Ferrovia / Vitt. Veneto
☎ 089 22 44 77
FAX 089 23 73 11; 42 Z.
info@plazasalerno.it
Einfaches Hotel in einem Palazzo nahe dem Bahnhof.

San Felice Circeo

****Punta Rossa
Via delle Batterie 37
☎ 07 73 54 80 85
FAX 07 73 54 80 75; 33 Z.
punta_rossa@iol.it
Mediterranes, elegantes Haus mit schönem Park, überdachtem Meerwasserpool, Fitness-Zentrum usw., 5 km westlich von S. Felice an der Steilküste des Monte Circeo gelegen. Im Sommer gibt es eine Disco.

Sepino

La Taverna (Agriturismo)
Contrada Piana d'Olmo
☎ 08 74 79 626
FAX 08 74 79 01 18; 14 Z.
In der ehemaligen Poststation aus dem 17. Jh. kann man preiswert nächtigen. Das Restaurant stützt sich auf eigene Produkte.

Sperlonga

**Marconi
Via S. Rocco 24
☎ & FAX 07 71 54 006
albmarconi@tiscali.net, 16 Z.
Am Fuß des Orts gelegenes familiäres, preiswertes Haus mit Strandzugang und Restaurant, Zimmer mit Meerblick.

Sorrent

*****Imperial Tramontano
Via Vittorio Veneto 1
☎ 08187 82 588
[FAX] 081 80 72 344; 106 Z.
imperial@tramontano.com
Das Geburtshaus von Torquato Tasso ist heute ein luxuriöses Hotel in der Nähe der Villa
Comunale.

***La Minervetta
Via Capo 25
☎ 08187 73 033
[FAX] 081 80 73 069; 12 Z.
An der Straße nach Massa Lubrense gelegen. Alle Zimmer
mit Blick auf das Meer.

Sulmona

ΛΛΛArmando's
Via Montenero 15
☎ 08 64 21 07 83
[FAX] 08 64 21 07 86; 21 Z.
Ein ehemaliges Herrenhaus,
zentral und ruhig gelegen. Im
Sommer frühstückt man im
Garten.

Taormina

*****Grand Hotel Timeo
Via Teatro Greco 59, ☎
09 42 23 801, [FAX] 09 42 62 85 01
www.framon-hotels.com; 56 Z.
Sicher das schönste Hotel Siziliens mit allem Komfort.

**Villa Schuler
Piazzetta Bastione 16

☎ 09 42 23 481
[FAX] 09 42 23 522
www.tao.it/schuler; 26 Z.
Liebevoll geführtes Hotel in einem parkähnlichen Garten,
durch den man ins Stadtzentrum gelangt.

Tarquinia

***Velcamare
Via degli Argonauti 1
☎ 07 66 86 43 80
[FAX] 07 66 86 40 24
pompei@mail.etruria.net; 20 Z.
Nahe dem Strand in einem
großen Park (mit Pool) gelegenes Haus, große, modern
eingerichtete Zimmer mit Balkon. Gutes Restaurant.

Tivoli

***Torre Sant'Angelo
Via Quintilio Varo
☎ & [FAX] 07 74 33 25 33; 31 Z.
Kleines Hotel in einem mittel-
alterlichen Schloss in der Nä-
he der Villa Gregoriana. Mit
Schwimmbad sowie schönem
Blick auf Tivoli und die Ebene.

Torre di Ruggiero

I Basiliani (Agriturismo)
SS 182 km 65,5
☎ & [FAX] 09 67 93 80 00; 10 Z.
Ein altes griechisches Kloster
als ländliches Domizil 20 km
nördlich von Serra S. Bruno.
Man kann auch reiten oder ei-
nen Kochkurs machen.

Trani

****Hotel Regia
Piazza Mons. Addazi, 2
☎ 08 83 58 44 44
[FAX] 08 83 50 65 95; 10 Z.
▶ Baedeker Tipp S. 99

Tropea

****La Pineta
Via Marina Vesovado 150

☎ 09 63 61 700
FAX 09 63 62 265; 43 Z.
In der Nähe des Jachthafens gelegen, angenehmes modernes Haus. Geöffnet von Mai bis September.

Tuscania

***Al Gallo
Via del Gallo 22
☎ 07 61 44 33 88
FAX 07 61 44 36 28
gallotus@tin.it; 15 Z.
In der Altstadt in einem mittelalterlichen Haus wohnen: mit antiken Möbeln und Marmor im Bad. Gutes Preis-Leistungs-Verhältnis; ausgezeichnetes elegantes Restaurant im gleichen Haus.

Valderice

***Baglio Santacroce
☎ 09 23 89 11 11
FAX 09 23 89 11 92; 25 Z.
Ein restauriertes sizilianisches Bauernhaus, zu dem auch ein Schwimmbad mit Garten und Panoramablick gehört; mit Restaurant.

Vasto

*****Villa Vignola
Marina di Vasto, SS 16
☎ 08 73 31 00 50
FAX 08 73 31 00 60; 8 Z.
Elegantes Ambiente bietet die kleine Villa am Meer. Entsprechend das Restaurant mit guter Fischküche. Beides nicht billig, aber seinen Preis wert.

Venosa

** Orazio
Corso Vittorio Emanuele II 142
☎ 09 72 31 135
FAX 09 72 35 081; 14 Z.
Charmantes, nostalgisches Hotel in einem Palazzo aus dem 17. Jh., sehr preiswert; schöner Blick von der Terrasse.

Vieste

*** Svevo
Via Fratelli Bandiera 10
☎ 08 84 70 88 30
FAX 08 84 70 8749; 30 Z.
Unterhalb der Burg und 100 m über dem Meer gelegenes, modern eingerichtetes Hotel.

** Al Centro Storico
Via Mafrolla 32
☎ FAX 08 84 70 70 30; 13 Z.
www.viesteonline.it/cstorico
Familiäre Pension in der Altstadt. Zimmer z. T. mit Blick aufs Meer. Empfehlenswert auch das Ristorante im Haus.

***** Pizzomunno Vieste Palace
Spiaggia di Pizzomunno
☎ 08 84 70 8741
FAX 08 84 70 73 25; 184 Z.
www.pizzomunno.it
Moderner Komplex am Strand mit allen Angeboten eines Luxus-Ferienhotels.

*** Degli Ulivi
Loc. Pugnochiuso
☎ 08 84 70 90 61
An der herrlichen Baia del Pugnochiuso gelegenes, preiswertes Hotel.

Villa S. Giovanni

****De la Ville
Via U. Zanetti Bianco 44
☎ 09 65 79 56 00
FAX 09 65 79 56 40; 56 Z.
Einwandfreies Haus der Best-Western-Kette als guter Stützpunkt für die Fähre von / nach Sizilien.

Villaggio Mancuso

***Grande Albergo dell Fate
Taverna Villaggio Mancuso
☎ & FAX 09 61 92 20 57; 60 Z.
Viel Atmosphäre hat der 1933 im Stil amerikanischer Nationalparkhotels errichtete Holzbau in der Sila Piccola.

Viterbo

Farinella (Locanda)
La Quercia, Via Capodistria 14
☎ 07 61 30 47 84
FAX 07 61 30 47 84; 4 Z.
Ein ganz persönliches Quartier ist diese Villa aus dem 18. Jahrhundert im Vorort La Quercia.

*** Tuscia
Via Cairoli 41
☎ 07 61 34 44 00

FAX 07 61 34 59 76; 39 Z.
Gutes Mittelklassehotel nördlich der Piazza dei Caduti gelegen.

**** Niccolò V Terme dei Papi
Strada da Bagni 12
☎ 07 61 35 01
FAX 07 61 35 24 51
23 Z.
Modernes, angenehmes Thermenhotel in Bagni di Viterbo, hübscher Park mit Pool, Kur- und Fitnesseinrichtungen.

Jugendherbergen

Die italienischen Jugendherbergen (Alberghi per la gioventù) sind dem Internationalen Jugendherbergsverband angeschlossen. Für die Übernachtung benötigt man einen internationalen Jugendherbergsausweis, der u. a. beim Deutschen Jugendherbergswerk in Detmold erhältlich ist. Die Preise schwanken abhängig von Lage und Ortsgröße; in der Regel liegen sie zwischen ca. 8 und 15 € pro Person und Tag. Eine frühzeitige Anmeldung ist in der Saison ratsam. Ein Verzeichnis mit Adressen der italienischen Jugendherbergen kann man beim Deutschen Jugendherbergswerk anfordern.

Auskunft weltweit
www.iyhf.org

Auskunft in Italien
Associazione Italiana Alberghi
per la Gioventù
Via Cavour 44
I-00184 Roma
☎ 06 487 11 52
FAX 06 488 04 92
aig@uni.net
www.travel.it/hostels
www.ostellionline.com

Auskunft in Deutschland
Deutsches Jugendherbergswerk
Postfach 1455
D-32704 Detmold
☎ (0 52 31) 9 93 60
FAX 99 36 66
www.djh.de

DJH Reiseservice
Bismarckstr. 8
32756 Detmold
☎ (0 52 31) 740 10
FAX 74 01 49

Landkarten

Neben der zu diesem Reiseführer gehörenden Übersichtskarte gibt es die empfehlenswerten Generalkarten Italien 1 – 12 aus Mairs Geographischem Verlag im Maßstab 1 : 200 000 (7: Rom, Latium, Abruzzen; 8: Neapel, Kampanien, Gargano; 9: Sardinien; 10: Sizilien; 11: Kalabrien, Cosenza, Reggio di Calabria; 12: Bari, Apulien, Basilikata). Gut sind auch die Karten des Touring Club Italiano (TCI).

Belletristik

Carlo Fruttero & Franco Lucentini: sehr erfolgreiches Krimiautoren-Duo, zahlreiche Titel (Piper Verlag).

Andrea Camilleri: mehrere Kriminalromane (Lübbe), die alle auf Sizilien spielen. Hauptperson ist der gutmütige, launische und kluge Comissario Montalbano aus Vigatà, einer fiktiven Kleinstadt auf Sizilien.

F. Magnani, Mein Italien (Kiepenheuer & Witsch). Reportagen der bekannten Journalistin, die 1964–1996 für die ARD aus Italien berichtete. Sehr lesenswert ist auch ihr Buch über Rom: Rom. Zwischen Chaos und Wunder (ebenfalls Kiepenheuer & Witsch).

M. Niola, Totem und Ragù – Neapolitanische Spaziergänge (Luchterhand). Der Autor stellt spannende Fragen und liefert kompetente Antworten.

A. Vollenweider (Hrsg.), Italienische Reise. Literarischer Reiseführer durch das heutige Italien. Außerdem aus der Feder der Italien-Kennerin und Übersetzerin: Italiens Provinzen und ihre Küche. Eine Reise und 88 Rezepte (beides Wagenbach).

G. Tomasi di Lampedusa, Der Leopard (Artemis & Winkler). In seinem Welterfolg schildert der Autor den Untergang eines sizilianischen Adelsgeschlechts zur Zeit Garibaldis.

Tommaso Di Ciaula, Das Bittere und das Süße (Wagenbach) sowie Der Fabrikkaffe und die Bäume (dtv). Der zeitgenössische Autor aus Apulien schildert den schwierigen Übergang des bäuerlichen archaischen Apuliens in die Moderne.

Sachbücher

Die Etrusker und Europa, Florenz / Berlin 1993 (Wissen Media Verlag). Ausgezeichneter Ausstellungskatalog u. a. des Alten Museums in Berlin mit umfangreichem Material über Geschichte und Kultur der Etrusker.

Horst Stern, Der Mann aus Apulien (Droemer Knaur). Fiktive Autobiographie Friedrichs II.

Luciano Bellosi u. a., Italienische Kunst (Wagenbach)

Peter Burke, Die Renaissance in Italien. Sozialgeschichte einer Kultur zwischen Tradition und Erfindung (dtv)

K. Rother, F. Tichy, Länderkunde Italien (Wissenschaftliche Buchgesellschaft). Eine umfassende Darstellung Italiens in geografischer, wirtschaftlicher und politischer Hinsicht.

H. Bengtson, Römische Geschichte (C. H. Beck)

P. O. Chotjewitz, Rom – Spaziergänge auf der Antike (Rotbuch). Der Autor führt die Leser an jeden Ort in der Stadt, der eine unmittelbare Berührung mit der Antike verspricht.

S. Gershman, Shopping in Italien (Ullstein)

B. Anderson, Italiens Weine (Hallwag; ▶ Tipp S. 399).

Weinreise Italien (Hallwag). Deutsche Ausgabe des detaillierten "Guida al turismo del vino in Italia" des Touring Club Italiano. Vorgestellt werden rund 750 Kellereien in 324 Weinstädten.

Luigi Veronelli, Restaurants in Italien (Heyne). Der Altmeister unter Italiens Gourmetjournalisten stellt seine persönliche Restaurantauswahl vor.

Osterie d'Italia. Italiens schönste Gasthäuser (Hallwag). Dieser Führer hat sich ganz der italienischen Landküche verschrieben. Daneben gibt er zahlreiche Einkaufstipps, von der kleinen Kaffeerösterei bis zur außergewöhnlichen Eisdiele.

Mietwagen

Um in Italien ein Auto mieten zu können, muss man mindestens 21 Jahre alt sein, eine Kreditkarte und seit mindestens einem Jahr einen nationalen Führerschein besitzen. Bei den internationalen Autovermietern, die in allen größeren Städten Niederlassungen haben, kann man bereits von zu Hause aus buchen – das kommt in der Regel billiger. Die örtlichen Autovermieter findet man im Telefonbuch unter "Noleggio".

Allgemeines

Reservierung in Deutschland

Avis ☎ 018 05 / 55 77 55
www.avis.com

Budget ☎ 018 05 / 24 43 88
www.budget.de

Europcar ☎ 01 80 / 580 00
www.europcar.de

Hertz ☎ 018 05 / 33 35 35
www.hertz.de

Sixt ☎ 01 80 / 525 25 25
www.e-sixt.de

Notrufe

Auf den ersten Seiten der Telefonbücher (elenco telefonico) findet man unter dem Stichwort "avantielenco" die Notrufnummern der jeweiligen Orte.

Allgemeiner Notruf
☎ 113 (landesweit)

Polizeinotruf
(carabinieri, soccorso pubblico)
☎ 112 (landesweit)

Feuerwehr
(vigili fuoco)
☎ 115 (landesweit)

Unfall und Krankendienst
☎ 118 (landesweit)

Pannenhilfe des ACI
(soccorso stradale)
☎ 800 116 800 (gebührenfrei)

**ADAC Pannenhilfe und Notruf
in Italien (deutschsprachig)**
☎ 02 66 15 91

Notrufe (Fortsetzung)	**ACE-Notrufzentrale Stuttgart** Kranken- und Fahrzeug- rückholdienst ☎ 00 49 / 18 02 / 34 35 36	**DRK-Flugdienst Bonn** ☎ 00 49 / 228 / 23 00 23
		Deutsche Rettungsflugwacht Stuttgart ☎ 00 49 / 711 / 70 10 70
	ADAC-Ambulanzdienst München ☎ 00 49 / 89 / 76 76 76	

Ärztliche Hilfe ▶ dort

Öffnungszeiten

Apotheken ▶ Ärztliche Hilfe
Banken ▶ Geld
Post ▶ dort

Einzelhandels-geschäfte Die Öffnungszeiten der Einzelhandelsgeschäfte sind sehr unterschiedlich. Die meisten Händler haben ihre Läden 9 00 – 12 30 und 16 00 – 19 00 Uhr geöffnet. Am Samstagnachmittag und Sonntag sind normalerweise alle Geschäfte geschlossen, viele auch am Montagvormittag. In stark besuchten Touristenorten sind die Geschäfte auch samstags und sonntags geöffnet.

Kirchen Viele Kirchen sind nur zu Gottesdienstzeiten offen, mit einem gewissen Zeitraum davor und danach. Andere sind zwischen 7 00 und 12 30 Uhr sowie zwischen 16 00 und 19 00 Uhr geöffnet.

Museen Die Öffnungszeiten der Museen, insbesondere der kleinen, variieren sehr stark und ändern sich leider auch häufig. Wer ganz sichergehen will, sollte vorher bei der lokalen Touristeninformation anrufen.
Im Allgemeinen gilt: Die meisten Museen sind zwischen 9 00 und 19 00 Uhr geöffnet, in der Regel mit einer Mittagspause zwischen 13 00 und 15 00 bzw. 16 00 Uhr. Eine ganze Reihe von Museen hat montags geschlossen. In den Sommermonaten gelten oft abends längere Öffnungszeiten. Letzter Einlass ist in vielen Fällen eine halbe Stunde vor dem Schließen.

Ausgrabungen Archäologische Sehenswürdigkeiten sind meist Di.– So. von 9 00 Uhr bis eine Stunde vor Sonnenuntergang zugänglich.

Post

Die italienischen Postämter sind nur für den Post- und Paketdienst sowie für die Geschäfte der Postbank zuständig. Sie sind Mo.– Fr. 8 25 – 13 45 und Sa. 8 25 – 12 00 Uhr geöffnet. Am Monatsletzten schließen alle Postämter um 12 00 Uhr.
Briefmarken (francobolli) kauft man in Postämtern oder – schneller – in Tabakwarengeschäften, die durch ein "T"-Schild (Tabacchi) gekennzeichnet sind. Das Porto für einen Brief oder eine Postkarte kostet 41 Cent, als "posta prioritaria" (beschleunigt) 62 Cent.

Reisedokumente

Personalpapiere

Obwohl es für EU-Bürger keine Passkontrollen mehr gibt, reist man natürlich nicht ohne Personalpapiere nach Italien. Für Deutsche, Österreicher und Schweizer genügt der Personalausweis. Kinder unter 16 Jahren müssen einen Kinderausweis besitzen oder im Elternpass eingetragen sein.

Fahrzeugpapiere

Mitzuführen sind der Führerschein, der Kraftfahrzeugschein und die Internationale Grüne Versicherungskarte. Kraftfahrzeuge müssen das ovale Nationalitätskennzeichen tragen, sofern sie kein Euro-Kennzeichen haben.

Haustiere

Wer Haustiere (Hund, Katze) nach Italien mitnehmen will, benötigt für diese ein amtstierärztliches Gesundheitszeugnis (höchstens 30 Tage alt), ferner ein mindestens 20 Tage und höchstens elf Monate vor der Einreise ausgestelltes Tollwut-Impfzeugnis. Maulkorb und Leine sind mitzuführen.

Restaurants, Bars, Cafés

Große Auswahl

Neben Restaurants (ristorante) gibt es Trattorien (trattoria), Osterien (osteria) und die als "tavola calda" (warme Küche) bezeichneten Lokale. In den Städten findet man auch Pizzerie und Selbstbedienungsrestaurants. Für einen Snack oder eine Tasse Kaffee zwischendurch setzt man sich in ein Café oder stellt sich an den Tresen einer Bar. Eine Besonderheit Italiens ist die "enoteca", die Weinstube, in der man meist auch landestypisch essen und die Weine der Region probieren (und kaufen) kann.

Wissenswertes

In italienischen Restaurants ist es unüblich, sich seinen Tisch selbst auszusuchen. Man wartet, bis der Kellner den Platz zuweist. Zum normalen Preis für das Essen werden zum Teil Bedienung (servizio) und / oder Gedeck (coperto) zusätzlich berechnet. Das Trinkgeld legt man gesondert vom Rechnungsbetrag auf das Wechselgeldtellerchen. Wichtig: Im August haben – außer in Ferienorten – viele Betriebe geschlossen. In der folgenden Liste sind die Hotelrestaurants nicht genannt; also unbedingt auch unter ▶ Hotels nachsehen.

Amalfi

Da Gemma
Via Fra Gerardo Sasso 10
☎ 089 87 13 45; Mi. geschl.
Typische Trattoria mit schönstem Ausblick auf den Dom.

La Perla
Via dei Pastai 5
☎ 089 87 14 40; Di. geschl.
Große Auswahl an Pizza und fangfrischem Fisch. Gutes Preis-Leistungs-Verhältnis.

Andria

Antichi Sapori
Montegrosso
Via S. Isidoro 9
☎ 08 83 56 95 29
Mo. sowie ca. Mitte Juli – Mitte Aug. geschl.
Ein winziges Dörfchen 20 km nordwestlich des Castel del Monte als kulinarischer Stützpunkt. Der Name des Lokals ("Köstliches aus alten Zeiten") ist Programm. Mittlere Preise.

De la Poste Locanda
Via Bovio 49
☎ 08 83 55 86 55
Auch Andria selbst wartet mit mehreren guten Restaurants auf. Dieses noch recht junge verwöhnt mit vielfältiger, feiner apulischer Küche.

Antica Trattoria Martella
Via Chiesa Conservatorio 10
☎ 08 25 31 117
So. abend und Mo. geschl.
In der gepflegten Trattoria im Herzen der Altstadt wird die echte Küche Avellinos serviert. Große Auswahl an Weinen, vorwiegend aus der Irpinia und Kampanien.

Valleverde
Atripalda
V. Pianodardine 112
☎ 08 25 62 61 15
So. und August geschl.
In der familiären Trattoria 4 km östlich von Avellino gibt es gute Hausmannskost und ein großes Weinangebot. In der Enoteca kann man einen Fiano, Greco, Taurasi usw. gleich mitnehmen.

Alberosole
Corso Vittorio Emanuele II 13
☎ 080 52 35 446
Mo. sowie 15.7.–15.8. geschl.
Exzellente mediterrane Küche "mare e monti" und bestens bestückter Weinkeller, am Corso zwischen Alt- und Neustadt. Gehobene Preise.

Taverna Verde
Largo Adua 18
☎ 080 55 40 870
So. geschl.
In einem schönen Palazzo der östlichen Neustadt wird gute maritime und typische Bareser Küche gepflegt.

Traiano
Via Manciotti 48
☎ 08 24 25 013
Di. und August geschl.
Die gemütliche Trattoria-Pizzeria liegt direkt neben dem Arco di Traiano (daher auch der Name). Angeboten werden heimische Gerichte, auch die Pizza ist vorzüglich.

Pascalucci
Via Iannassi
S. Nicola Manfredi
☎ 08 24 77 8100
Familiäre Trattoria 10 km südöstlich der Stadt mit hervorragenden traditionellen Gerichten. Vor allem Paste und Dolci sind unschlagbar.

Da Picchietto
Via Porta Fiorentina 15
☎ 07 61 79 91 58; Mo. geschl.
Echte Hausfrauenküche mit großem Anteil an Fischgerichten, in einem gepflegten Haus aus dem 14. Jahrhundert.

Pantagruele
Salita di Ripa 1
☎ 08 31 56 06 05
Juli/Aug. Sa. und So. geschl., sonst Mo.
Sehr bekannte, familiäre Trattoria mit guter Fischküche, mittleres Preisniveau.

Da Tonino
Via Dentecala 12
Piazzetta delle Noci
☎ 081 83 76 718
Einfaches Lokal, freundliche Atmosphäre, köstliche Gerichte, z. B. alici ripiene fritte (mit Semmelbröseln und Petersilie gefüllte Sardellen).

Belsito
Via Matermania 11
☎ 081 83 70 969
Exquisite Küche in einem Gast-
haus aus der Zeit um 1900; es gibt
auch ein paar einfache Zimmer.

Caserta

Le Colonne
Via Nazionale Appia 7–13
☎ 08 23 46 74 94
Di. und August geschl.
In dem kleinen, im Jugendstil
eingerichteten Lokal direkt
neben der Reggia gibt es feine
Regionalküche.

Castrovillari

La Locanda di Alìa
Via Jetticelle 55
☎ 09 81 46 370
FAX 09 81 46 522; So. geschl.
Die exquisite Küche von Gaetano Alìa basiert auf der "cucina povera" Kalabriens und
gilt als eine der besten in Süditalien. Reservierung ist uner-
lässlich. Nächtigen kann man
im zugehörigen kleinen, luxuriösen Landhaus-Hotel.

Catania

Poggio Ducale
Via Paolo Gaifami 7
☎ 095 33 00 16
So.abend, Mo., August geschl.
Erste Adresse für Gourmets,
klassische regionale Küche. 2
km von der Autobahnausfahrt
Catania Est entfernt.

Casalinga
Via Biondi 19
☎ 095 31 13 19, nur mittags
Gemütliche Trattoria mit
Hausmannskost.

Cetara

San Pietro
Piazza San Francesco 2
☎ 089 26 10 91; Di. geschl.

In der freundlichen Trattoria
(mit einigen Zimmern) an der
amalfitanischen Küste gibt es
ein breites Angebot an lecke-
rem fangfrischem Fisch. Zu
trinken gibt es Weine aus
Kampanien (und auch aus anderen Regionen).

Cirò

L'Aquila d'Oro
Via Sant'Elia 7
☎ 09 62 38 550; Mo. geschl.
▶ Baedeker Tipp S. 171

Cosenza

Da Giocondo
Via Piave 53; ☎ 09 84 29 810;
So. abend. geschl.
Familiäre Trattoria mit guter
Küche der Sila.

Crotone

Da Ercole
Viale Gramsci 122
☎ 09 62 90 14 25; Mi. geschl.
Gehobenes Restaurant am Südrand der Stadt an der Ausfallstraße zum Capo Colonna,
mit Schwerpunkt auf Fisch
und Meeresfrüchten.

Frascati

▶ Baedeker Tipp S. 140

Gallipoli

Paranza
Largo Dogana
☎ 08 33 26 66 39, Mi. geschl.
Unmittelbar beim Fischmarkt
nördlich des Kastells gibt es –
natürlich – exzellenten, fri-
schesten Fisch.

Gerace

Lo Sparviero
Via Luigi Cadorna 3
☎ 09 64 35 68 26
Mo. geschl. (nicht im Sommer)

Überhaupt nicht "arm" (trotz der moderaten Preise) erscheint die kalabrische Küche dieser Trattoria in herrlichen alten Gewölben.

Gaeta

Antico Vico
Vico II del Cavallo 2/4
☎ 07 71 46 51 16; Mi. geschl.
In der Altstadt gelegenes, vor allem für seine Fischküche bekanntes angenehmes Lokal.

Grottaferrata

La Briciola
Via G. D'Annunzio 12
☎ 06 94 59 338; So. abend und Mo. sowie August geschl.
Handfeste und dennoch feine traditionelle Küche genießt man bei Adriana Montellanico. Gute Weine aus Latium.

Herkulaneum

Casa Rossa al Vesuvio
Via Vesuvio 30
☎ 08 17 77 97 63; Di. geschl.
Das Restaurant mit Pizzeria liegt an der Straße auf den Vesuv – der Blick über Neapel und den Golf ist herrlich. Die Speisekarte verbindet den Geschmack von Meer und Bergen, der Weinkeller ist bestens bestückt.

L'Aquila

Tre Marie
Via Tre Marie 3
☎ 08 62 41 31 91
So. abend, Mo. geschl.
Il Grifo
Via Goriano Valle 16
☎ 08 62 41 39 26, Mi. geschl.
Le Fiaccole
Via degli Ortolani 10
☎ 08 62 41 42 21, Mi. geschl.
Rigoletto
Via Fortebraccio 49
☎ 08 62 28 763, So. geschl.
▶ Baedeker Tipp S. 176

Lecce

Fratelli Valente
Via S. Trinchese 10
☎ 08 32 30 08 02
Do. geschl.
Schmackhafte Bauernküche des Salento.

Barbablù
Via Umberto I 7
☎ 08 32 24 11 83
So./Mo. geschl.
Restaurant von schlichter Eleganz, salentinische Küche nach alten Rezepten.

Lipari

Trattoria Pizzeria Bartolo
Via Garibaldi, Lipari
Sehr solide Küche.

Il Filippino
Piazza Mazzini
☎ 090 98 11 002
Mo. geschl.
In dem Traditionslokal genießt man eine tolle Küche und die Atmosphäre – besonders wenn man einen Terrassenplatz ergattert hat.

Locorotondo

Centro Storico
Via Eroi di Dogali 6
☎ 09 73 87 64 88
Mi. geschl.
Einfaches, preiswertes Lokal mit bester apulischer Küche. Kenner probieren die lokale Spezialität Involtini di interiora d'agnello (kleine Rouladen mit Lamminnereien).

Lucera

Alhambra
Via de Nicastri 14
☎ 08 81 54 70 66
So.abend und 25.8.–10.9 geschl.
Feine Fischküche, aber auch gutes Lamm und Dolci gibt es in diesem gehobenen Lokal.

Maratea

Taverna Rovito
Via Rovito 13; ☎ 09 73 87 64 88
kein Ruhetag
Trotz der Touri-Folklore in der Altstadt beste lukanisch-kalabrische Küche (Peperoncini!) mit maritimem Einschlag.

Martina Franca

Il Ritrovo degli Amici
Corso Messapia 8
☎ 08 04 83 92 49; im Winter So. abend und Mi. geschl.
Delikate, vielfältige apulische Küche, mitten in der Altstadt.

Matera

Le Botteghe
Piazza S. Pietro Barisano 22
☎ 08 35 34 40 72; Mi. geschl.
Herzhafte lukanische Küche, serviert in typischem matereser Ambiente oder auf der Terrasse. Wenn auf der Karte, sollte man die "lampascioni" probieren, die leicht bitteren Wildzwiebeln.

Melfi

Novecento
Contrada Incoronata
☎ 09 72 23 74 70, Mo. und letzte Juliwoche geschl.
Vor den Mauern der Stadt fällt dieses Lokal ins Auge, das eine feine ländliche Küche bietet. Gut bestückter Weinkeller.

Messina

Al Padrino
Via Santa Cecilia 56
☎ 090 29 21 000
Sa. abend und So. geschl.
Sympathische Trattoria mit einfache, typischen Speisen.

Giardino d'Estate
Castanea, Vico IV Novembre
☎ 090 31 71 16

nur abends, Mo. geschl.
Beste Pizza, große Auswahl.

Monte Sant'Angelo

Taverna Li Jalantuùmene
Oiazza De Galganis 5
☎ 08 84 56 54 84
Di. geschl. (nicht im Sommer)
Das ländliche, waldreiche Inere des Gargano prägt die gepflegte Speisekarte des (hochitalienisch) "Galantuomo". Im Sommer kann man draußen auf der schönen Piazza sitzen.

Neapel

Osteria della Mattonella
Via Nicotera 13
☎ 081 41 65 41
So. abend und August geschl.
In der klassischen Osteria mit großen Tischen, langen Bänken und Hockern gibt es traditionelle schlichte Gerichte, die Zutaten liefern lokale Erzeuger.

Brandi
▶ Baedeker Tipp S. 210

Olevano Romano

Sora Maria e Arcangelo
Via Roma 42
☎ 06 95 64 043; Mo. abend, Mi. und 10.–31. Juli geschl.
Eine ungewöhnliche, feine ländliche Gerichte – etwa mit Lamm, Wildschwein, Wachteln – genießt man in diesem gemütlichen Lokal.

Ostuni

Osteria del Tempo Perso
Via Tanzarella 47
☎ 08 31 30 33 20; außer Sa./So. nur abends, Mo. geschl.
Eine Bäckerei nahe der Kathedrale wurde zu einem der beliebtesten Restaurants der Stadt, der vielfältigen bodenständigen Küche wegen.

Otranto

Vecchio Otranto
Corso Garibaldi 96
☎ 08 36 80 15 75
Do. geschl. (nicht im Sommer)
Gehobenes Restaurant in der
Altstadt. In alten Gewölben
genießt man sorgfältig zube-
reitete apulische Gerichte.

Paestum

Nonna Sceppa
Via Laura 53
☎ & FAX 08 28 85 10 64; außerhalb der Saison Do. geschl.
In dem riesigen und trotzdem
meist rappelvollen Lokal zaubert die ganze Familie die regionalen Besonderheiten auf
den Tisch. Und auch der Weinkeller steht der Kochkunst in
nichts nach.

Palermo

Il crudo e il cotto
Piazza Marina 45 a
☎ 09161 69 261, Di. geschl.
Bodenständige Trattoria an einem der schönsten Plätze Palermos.

Gigi Mangia
Via Principe Belmonte 104
☎ 091 587651; So. geschl.
Kleines Restaurant für neugie-
rige Gourmets in einer der
ältesten Fußgängerzonen der
Stadt. Große Auswahl an Weinen, die Gigi Mangia auch verkauft.

Palinuro

Carmelo
Isca, an der SS 562 (2 km östl.)
☎ 09 74 93 11 98
sergiose@tiscalinet.it
Familienbetrieb mit ausgezeichneter Kochtradition.

Sant'Agata
☎ 09 74 93 17 16

Restaurant auf dem Bauernhof (mit 7 Gästezimmern) nahe der Mündung des Flusses
Mingardo; von der SS 562 geht
es in die Hügel nach S. Agata.
Federvieh und Gemüse für die
herrliche traditionelle Küche
kommen aus eigener Produktion; es gibt aber auch köstli-
chen Fisch. Der Hausherr or-
ganisiert Ausflüge und Bootsfahrten.

Peschici

Locanda Al Castello
Via Castello 29
☎ 08 84 96 40 38
Zuverlässig gute apulische Küche, hoch über dem Meer in
der Altstadt nahe dem Castello. Auch die Pension ist empfehlenswert.

Pescara

La Lumaca
Via delle Caserme 51
☎ 085 45 10 880; Di. geschl.
Alte Rezepte der Abruzzen,
verfeinert und modernisiert,
wie Dinkelrisotto, Zicklein
und Stockfisch mit Paprika.
Ausgezeichnete Weinkarte.

Osteria dei Miracoli
Corso Manthonè 57
☎ 085 66 986, Di. geschl.
Beliebter Treffpunkt (reservie-
ren!) in der Altstadt, große
Auswahl an vorzüglichen Pri-
mi, ebenso gutes Preis-Lei-
stungs-Verhältnis. Kleine, or-
dentliche Weinkarte.
Empfehlenswert am Corso
Manthonè sind auch Locanda
Manthonè und Taverna 58.

Pisciotta

Perbacco
Contrada Marina Campagna 5
☎ 09 74 97 38 49
Sympatische Osteria-Enoteca,
die vor allem Zutaten aus dem

Cilento verwendet. Die Fischer aus Pisciotta, Camerota und Acciaroli versorgen das Lokal mit frischem Fisch.

Polignano a Mare

▶ Baedeker Tipp S. 84

Pompeji

Il Principe
Piazza Longo 8
☎ 08 18 50 55 66
So. abends und Mo. geschl.
Das raffinierte Lokal serviert mediterrane kulinarische Genüsse. Die Inhaber veranstalten gastronomische Abende zu Thema "Altes Rom".

La Locanda di Anna Grazia
Via Colle S. Bartolomeo 10
☎ 08 18 63 25 05
So. abend und Mo. geschl.
Einfache, gute kampanische Küche.

Positano

Le Tre Sorelle
Via del Brigantino 23/25
☎ 089 81 19 22
Bekanntes typisches Lokal mit sehr guten Fischgerichten

'O Caporale
Via Regina Giovanna 12
☎ 089 81 11 88
Trattoria mit lokalen Gerichten, gutes Preis-Leistungs-Verhältnis.

Pozzuoli

La Cucina Flegrea
Via Monterusciello 20
☎ 08 15 24 74 81
Mo. und August geschl.
Die Spezialität dieses Restaurants ist Pizza, aber auch die Gemüse-Antipasti und Fischgerichte sind vorzüglich. Ab und zu gibt es Abende mit neapolitanischen Liedern.

Reggio Calabria

Bonaccorso
Via N. Bixio 5
☎ 09 65 89 60 48; So. und zwei Wochen im August geschl.
Nostalgisch-elegantes Restaurant nördlich des Bahnhofs; traditionelle italienische Küche (Fischspezialitäten).

La Baita
Bocale, Viale P. Renosto 5
☎ 09 65 67 60 17; nur abends geöffnet, Di. geschl. (nicht im Sommer)
Eine schöne Veranda und einen eigenen Strand hat dieses (äußerlich ungewöhnliche) Lokal am Meer 14 km südlich der Stadt. Im Sommer wird Fisch groß geschrieben, daneben gibt es auch Gerichte aus den Bergen.

Rom

L'Orso
80 Via dell Orso 33
☎ 06 68 64 904, Mo geschl.
Sehr gut frequentierte Trattoria mit gigantischer Antipasti-Auswahl. Gute Fleisch- und Fischgerichte, Holzofenpizza.

Eau Vive
Via Monterone 85
☎ 06 68 69 432
In der Nähe des Pantheons servieren katholische Missionsschwestern aus aller Welt landestypische Spezialitäten – mit einer kleinen Unterbrechung gegen 21^{00} Uhr, wenn das Ave Maria gebetet wird.

Il Dito e la Luna
Via dei Sabelli 51
☎ 06 49 40 726; So. geschl.
Pastafreunde haben in dieser Osteria die Qual der Wahl, z. B. Pasta alla trapanese: mit Auberginen, Tomaten, Minze, Basilikum, Mandeln und Schafskäse. Unwiderstehlich die sizilianischen Dolci.

Restaurants, Bars, Cafés

Perilli
Via Marmorata 39
☎ 06 5742 415; Mi. geschl.
Unverfälschte römische Küche in einer der ältesten Trattorien des Testaccio, z. B. Rigatoni alla pajata (kurze Pasta mit Kalbsgekröse) oder Coda alla vaccinara (Ochsenschwanz). Dazu heimischer Wein aus den Castelli Romani.

Antico Bottaro
Passeggiata di Ripetta 15
☎ 06 32 36 812; So. geschl.
Exzellente vegetarische Küche und Weine aus biologischem Anbau nahe der Piazza del Popolo.

Da Giovanni
Via della Lungara 41 a
☎ 06 68 61 514; So. geschl.
Einfache römische Hausmannskost in der fast nur von Römern besuchten Osteria. Wer abends einen Platz ergattern will, muss früh kommen.

Sora Margherita
Piazza delle Cinque Scole 30
☎ 06 68 64 002
nur mittags, So. u. Mo. geschl. Herzhafte Saisonküche und großzügige Portionen im Herzen des Ghettos. Neben den klassischen Pasta- und Fleischgerichten kann man hier die legendäre Pasta e fagioli (mit Bohnenkernen) genießen.

Le Lanterne
Via della Pilotta 21 A
☎ 06 69 92 44 58
Das schöne Restaurant liegt 500 m oberhalb des Vittorio-Emanuele-Denkmals in einer ruhigen Nebenstraße. Breites Angebot von guter einfacher (z. B. Pizza) bis anspruchsvoller Küche (z. B. Hummer). Einige Sitzplätze draußen.

Enoteca
In Rom gibt es auch viele Weinstuben (enoteche):

Cul de Sac, Piazza Pasquino 73, ☎ 06 68 80 10 94, Mo. mittags geschl.
Il Goccetto, Via dei Banchi Vecchi 14, ☎ 06 68 64 268, So. geschl.
Cantiniere di S. Dorotea, Via S. Dorotea 9, ☎ 06 58 190 25, Di. geschl.

Rossano

I Tre Moschettieri
Contrada Santa Caterina 4
☎ 09 83 51 58 38; Mo. geschl. Interessante Speisekarte, in der sich Meer und Berge treffen.

Sant'Agata sui Due Golfi

Don Alfonso 1890
☎ 081 87 80 026
FAX 081 53 30 226
donalfonso@syrene.it
Mo. und Di. geschl.

Eine kurvige Straße führt von Sorrent nach S. Agata. In dem überregional bekannten Lokal mit fröhlich-mediterraner Atmosphäre zelebriert Alfonso Iaccarino die große Küche Süditaliens. Ein Großteil der Zutaten stammt sogar aus der eigenen Landwirtschaft. Bei frühzeitiger Anmeldung kann man in einem der fünf Zimmer übernachten.

Sapri

A Cantina i Mustazzo
Piazza Plebiscito 27
☎ 09 73 60 40 10
In diesem Lokal, dessen einstiger Gründer einen eindrucksvollen Schnurrbart trug (daher der Name), wird die cilentanische Küche gepflegt. Das Aushängeschild sind die hausgemachten Paste. Insgesamt sollen es 27 verschiedene Nudelgerichte geben, die Saison bestimmt das Angebot.

Scilla

Glauco
Chianalea, Via Annunziata 95
☎ 09 65 75 40 26
Di. geschl. (nicht Juli/August)
Im alten Viertel Chianalea den grandiosen Blick von Terrasse genießen, dazu eine vorzügliche (Fisch-)Küche. Probieren sollte man Zackenbarsch "a gghiotta" oder Schwertfisch mit Bergamotte. Hausgemachtes Eis.

Sperlonga

Amyclae
Via Colombo 77
☎ 07 71 54 85 45; Mi. geschl.
Fisch und Meeresfrüchte dominieren in der vorzüglichen Küche: nicht billig, aber ihren Preis absolut wert. Kleine, sehr gute Weinauswahl. Nicht mit dem gleichnamigen Hotelrestaurant verwechseln.

Sulmona

Gino
Piazza Plebiscito 12
☎ 08 64 52 289; So. geschl.
Bodenständige Küche der Abruzzen, serviert im Palazzo Sebastiani im "centro storico". Gourmets lassen sich die "coratella" (Innereien) und weitere Lammgerichte nicht entgehen. Nur mittags geöffnet.

Italia

Piazza XX Settembre 26
☎ 08 64 33 070; Mo. geschl.
Familiäres Restaurant mit guter regionaler Küche, beheimatet in einem Renaissance-Palazzo.

Syrakus

Arlecchino
Via dei Tolomei 5
☎ 09 32 66 386, Mo. geschl.
Elegantes Lokal mit schönem Blick aufs Meer.

Tarent

Il Caffè
Via D'Aquino 8
☎ 099 45 25 097; Di. geschl.
Wer in Tarent nobel speisen will, ist hier – nahe der Drehbrücke – richtig. Neben Meeresgetier gibt es aber auch Pizza. Relativ moderate Preise.

Gesù Cristo
Via C. Battisti 10
☎ 099 47 77 253
So. abend und Mo. geschl.
Einfache, lebhafte Trattoria mit sehr kleiner, guter Speisekarte, vor allem Fischgerichte. Sehr angenehme Preise

Le Vecchie Cantine
Loc. Lama, Via Girasoli 23
☎ 099 77 72 589
nur abends, Mo. geschl.
Im Keller einer Masseria aus dem 19. Jh., im Sommer sitzt man im Garten. Vor allem Fischgerichte.

Terracina

Il Caminetto
Via Cavour 19 –21
☎ 07 73 70 26 23; Mo. geschl.
Großes, besuchtes Lokal mit interessanter, v. a. auf frischem Fisch basierender Küche. Freundlicher, effizienter Service und gute Weinkarte.

Sport

Tropea

Pimm's
Corso Vittorio Emanuele 2
☎ 09 63 66 61 05
Mo. geschl. (nicht im Sommer)
Sehr edles Lokal in altem Palazzo, wunderbarer Blick von der Terrasse. Die Küche konzentriert sich auf Fisch und kalabrische Rezepte. Mittags günstiges Festpreismenü.

Osteria del Pescatore
Via del Monte 7
☎ 09 63 60 30 18
Mi. geschl. (nicht im Sommer)
Bei der Kathedrale – auch draußen – genießt man hervorragende Fisch- und Gemüsegerichte, z. B. die berühmten roten Zwiebeln der Gegend.

Vasto

Hostaria del Vignola
Via Lago 5
☎ 08 73 69 399; Di. geschl.
Das Lokal in der Altstadt kehrt der Küste den Rücken: Kulinarisch ist man schon in den Abruzzen, hervorragend sind außer den hausgemachten Paste und Minestre Fleischgerichte wie Bistecca. Große Weinauswahl.

Vibo Valentia Marina

L'Approdo
Via Roma 22
☎ 09 63 57 26 40; kein Ruhetag
Frischen Thunfisch auf roten Zwiebeln und andere kalabrische Köstlichkeiten kredenzt das bekannte Lokal am Hafen. Gehobene Preise.

Vieste

Degli Archi
Via Ripe 2
☎ 08 84 70 51 99; Mo. geschl.
Rustikales Lokal mit guter, vielfältiger apulischer Küche, mittlere Preise.

Viterbo

Enoteca La Torre
Via della Torre 5
☎ 07 61 22 64 67; So. geschl.
Auf der großen Weinkarte findet sich immer etwas Interessantes für ein modern variiertes Gericht aus der traditionellen Küche. Schlicht-elegantes Ambiente.

Il Richiastro
Via della Marocca 16 – 18
☎ 07 61 22 80 09
So.abend und Mo.– Mi. sowie Juli / August geschl.
Trotz der ungastlichen Betriebszeiten sehr zu empfehlen: ungewöhnliche Gerichte nach alten Rezepten, serviert in einem mittelalterlichen Palazzo. Und dies zu sehr angenehmen Preisen.

Vulcano

Maria Tindara
Piano Via Provinciale 38
☎ 090 98 53 004
Gute Hausmannskost. Maria Tindara vermietet auch Zimmer.

Da Maurizio
Ostern – Oktober geöffnet
Das Lokal liegt in unmittelbarer Nähe des Porto di Levante in einem großen Garten und ist für seine – auch vegetarischen – Gerichte bekannt.

Sport

Italien ist eine sportbegeisterte, vor allem ballverliebte Nation. Überall gibt es Sportstätten wie Fußball-, Volleyball- und Eislaufstadien, Tennis- und Golfplätze sowie Reit- und Rennbahnen. An den Küsten werden vielerlei Wassersportarten angeboten. In den letzten Jahren vergrößerte sich auch das Netz an Wander- und Radsportwegen erheblich. Im Buchhandel und bei der ENIT (▶ Auskunft) gibt es eine breite Palette von Ratgebern. Golfer, Radfahrer, Wanderer, Tauchbegeisterte, Skifahrer etc. können sich natürlich auch an diverse Spezialreiseveranstalter wenden.

Für Radfahrer gibt es ein breites Spektrum, von geruhsamen Radtouren in der Ebene bis zu Bergtouren. Informationen und Literaturtipps erteilen u. a. der Allgemeine Deutsche Fahrrad-Club (ADFC, Postfach 10 77 47, 28077 Bremen, ☎ 04 21/346 39 25), der Touring Club Italiano (TCI, Corso Italia 10, I-20122 Milano, ☎ 02 85 261) sowie die regionalen und örtlichen Fremdenverkehrsämter (▶ Auskunft). Bei Stadtbesichtigungen wird das Fahrrad als Fortbewegungsmittel immer beliebter. In den allermeisten Urlaubsorten kann man ein Fahrrad oder ein Mountainbike leihen. Auf Radsportler eingerichtete Hotels sind unter www.italybikehotels.it im Internet vertreten, allgemeine Informationen findet man unter www.cycling.it.

Radfahren

Das Wandern ist in Italien noch wenig verbreitet. Allerdings sind die Bedingungen besser geworden, so hat die Zahl der ausgeschilderten Wege zugenommen, und fast alle APT-Büros geben kostenlose Wanderkarten für ihre Urlaubsgäste heraus. Informationen erhält man bei den örtlichen Fremdenverkehrsstellen sowie bei der

Wandern

Sport

Eine Kraterwanderung am Ätna, Europas größtem und aktivstem Vulkan. Zur eigenen Sicherheit sollte sie nur mit einem kundigen Führer unternommen werden.

Sport, Wandern (Fortsetzung)	ENIT (▶ Auskunft). Informationen über größere Wandertouren, in Italien "Trekking" genannt, sind beim Club Alpino Italiano zu erhalten (CAI, Via del Studio 5, I-50100 Firenze, ☎ 055 29 85 80).
Reiten	Fast überall in Italien findet man Reitschulen und Reiterhöfe (maneggi). Auskunft geben die unter ▶ Agriturismo genannten Adressen sowie die örtlichen Fremdenverkehrsämter, außerdem die Website www.cavalloweb.it.
Golf	Die Federazione Italiana Golf (FIG) veröffentlicht alljährlich ein Verzeichnis aller italienischen Golfplätze mit dem Veranstaltungsprogramm der Turniere (Viale Tiziano 74, I-00196 Roma, ☎ 06 36 851, www.federgolf.it, www.golfitaly.com, www.golf.it).
Segeln, Surfen, Tauchen	An den Seen und vor allem an der Küste gibt es Segel-, Surf- und Tauchschulen. Als Tauchparadiese gelten die Tremiti-Inseln und die sizilianische Insel Ustica nördlich von Palermo. Außerdem kann man an vielen Orten Boote mieten, wofür man einen Segel- bzw. Motorbootführerschein benötigt. Für Boote mit Motoren über 3 PS ist eine Haftpflichtversicherung vorgeschrieben. Auch Kanu- und Kajakfahren erfreut sich zunehmender Beliebtheit. Informationen für Segler hält www.velanet.it bereit.
Angeln	Zum Angeln im Meer braucht man keine Genehmigung. Für Flüsse und Seen benötigt man einen Berechtigungsschein, den man gegen Gebühr bei der zuständigen Verwaltung (in den Verkehrsbüros zu erfragen) sowie bei der Federazione Italiana Pesca Sportiva (☎ 02 7 74 01) erhält.
Wintersport	Wintersportmöglichkeiten gibt es im Apennin (vor allem im Gran-Sasso- und im Maiella-Massiv), in Kalabrien (Sila) und am Ätna.

Sprache

Allgemeines	Das Italienische hat sich aus dem Lateinischen entwickelt und steht diesem von allen romanischen Sprachen am nächsten. Nicht zuletzt infolge der früheren politischen Zerrissenheit des Landes entstanden zahlreiche Mundarten, unter denen sich im Verlauf des 13. und 14. Jh.s das Toskanische durchsetzte und sich zur heutigen Schriftsprache entwickelte.
Betonung	Die Betonung liegt bei den meisten mehrsilbigen Wörtern auf der vorletzten Silbe; liegt sie auf der letzten Silbe, ist die Verwendung eine Akzents (Gravis, z. B. città) üblich. Wird auf der drittletzten Silbe betont, kann zur Verdeutlichung ein Akzent gesetzt werden; in diesem Reiseführer wird dies bei der ersten Nennung eines Ortsnamens so gehandhabt.

Kleiner Italienisch-Sprachführer

Das Wichtigste	Ja. / Nein.	Sì. / No.
	Vielleicht.	Forse.
	Bitte. / Danke.	Per favore. / Grazie.

Vielen Dank!	Tante grazie!	**Das Wichtigste**
Gern geschehen.	Non c'è di che.	(Fortsetzung)
Entschuldigen Sie / Entschuldige!	Scusi! / Scusa!	
Wie bitte?	Come dice?	
Ich verstehe Sie / dich nicht.	Non La / ti capisco.	
Ich spreche nur wenig ...	Parlo solo un po' di ...	
Können Sie mir bitte helfen?	Mi può aiutare, per favore?	
Ich möchte ...	Vorrei ...	
Das gefällt mir (nicht).	(Non) mi piace.	
Haben Sie ...?	Ha ...?	
Wie viel kostet es?	Quanto costa?	
Wie viel Uhr ist es?	Che ore sono? / Che ora è?	

Guten Morgen!/Tag!	Buon giorno!	**Grüße**
Guten Abend!	Buona sera!	
Gute Nacht!	Buona notte!	
Hallo! / Grüß dich!	Ciao!	
Wie geht es Ihnen / dir?	Come sta? / Come stai?	
Gut, danke. Und Ihnen / dir?	Bene, grazie. E Lei / tu?	
Auf Wiedersehen!	Arrivederci!	
Tschüs!	Ciao!	
Bis bald!	A presto!	
Bis morgen!	A domani!	

links / rechts	a sinistra / a destra	**Unterwegs**
geradeaus	diritto	
nah / weit	vicino / lontano	
Wie weit ist das?	Quanti chilometri sono?	
Ich möchte ... mieten.	Vorrei noleggiare ...	
... ein Auto	... una macchina.	
... ein Fahrrad	... una bicicletta.	
... ein Boot	... una barca.	
Bitte, wo ist ...?	Scusi, dov'è ...?	
der Hauptbahnhof	la stazione centrale	
die U-Bahn	la metro(politana)	
der Flughafen	l'aëroporto	
Zum Hotel	All'albergo	

Ich habe eine Panne.	Ho un guasto.	**Panne**
Würden Sie mir einen Abschleppwagen schicken?	Mi potrebbe mandare un carro-attrezzi?	
Gibt es hier in der Nähe eine Werkstatt?	C'è un'officina qui vicino?	
Würden Sie mir mit Benzin aushelfen?	Mi potrebbe dare un po' di benzina, per favore?	

Wo ist bitte die nächste Tankstelle?	Dov'è la prossima stazione di servizio, per favore?	**Tankstelle**
Ich möchte ... Liter ...	Vorrei ... litri di ...	
... Normalbenzin.	... benzina normale.	
... Super. / ... Diesel.	... super. / ... gasolio.	
... bleifrei	... senza piombo (verde)	
... verbleit.	... con piombo.	
... mit ... Oktan.	... a ... ottani.	

431

Tankstelle (Fts.)	Volltanken, bitte.	Pieno, per favore.
Straßenverkehr	Umleitung	deviazione
	Einbahnstraße	senso unico
	gesperrt	sbarrato
	langsam fahren	rallentare
	alle Richtungen	tutti direzioni
	rechts fahren	tenere la destra
	Hupverbot	Zona di silenzio
	Beginn der Parkverbotszone	Zona tutelata INIZIO
Unfall	Hilfe!	Aiuto!
	Achtung! / Vorsicht!	Attenzione!
	Rufen Sie bitte schnell ...	Chiami subito ...
	... einen Krankenwagen.	... un'autoambulanza.
	... die Polizei.	... la polizia.
	... die Feuerwehr.	... i vigili del fuoco.
	Haben Sie Verbandszeug?	Ha materiale di pronto soccorso?
	Es war meine Schuld.	È stata colpa mia.
	Es war Ihre Schuld.	È stata colpa Sua.
	Geben Sie mir bitte Ihren Namen und Ihre Anschrift.	Mi dia il Suo nome e indirizzo, per favore.
Essen	Wo gibt es hier ...	Mi potrebbe indicare ...
	... ein gutes Restaurant?	... un buon ristorante?
	... ein typisches Restaurant?	... un locale tipico?
	Gibt es in der Nähe eine Eisdiele?	C'è una gelateria qui vicino?
	Reservieren Sie uns bitte für heute abend einen Tisch für 4 Personen.	Può riservarci per stasera un tavolo per quattro persone?
	Auf Ihr Wohl!	Alla Sua salute!
	Bezahlen, bitte.	Il conto, per favore.
	Hat es geschmeckt?	Andava bene?
	Das Essen war ausgezeichnet.	Il mangiare era eccellente.
	Haben Sie einen Veranstaltungskalender?	Ha un programma delle manifestazioni?
Einkaufen	Wo finde ich ...?	Dov'è ... / Dove si può trovare ...?
	... eine Apotheke	... una farmacia
	... eine Bäckerei	... un panificio
	... ein Fotogeschäft	... un negozio di articoli fotografici
	... ein Kaufhaus	... un grande magazzino
	... ein Lebensmittelgeschäft	... un negozio di generi alimentari
	... den Markt	... il mercato
	... einen Supermarkt	... un supermercato
	... einen Tabakladen	... un tabaccaio
	... einen Zeitungshändler	... un giornalaio
Übernachtung	Können Sie mir bitte ... empfehlen?	Potrebbe consigliarmi ...?
	... ein Hotel	... un albergo
	... eine Pension	... una pensione

Sprache

Ich habe ein Zimmer reserviert.	Ho prenotato una camera.	Übernachtung (Fortsetzung)
Haben Sie noch ...?	È libera ...?	
... ein Einzelzimmer	... una singola	
... ein Zweibettzimmer	... una doppia	
... mit Dusche / Bad	... con doccia / bagno	
... für eine Nacht	... per una notte	
... für eine Woche	... per una settimana	
... mit Blick aufs Meer	... con vista sul mare	
Was kostet das Zimmer ...	Quanto costa la camera ...	
... mit Frühstück?	... con prima colazione?	
... mit Halbpension?	... a mezza pensione?	

Können Sie mir einen guten Arzt empfehlen?	Mi può consigliare un buon medico?	Arzt / Apotheke
Geben Sie mir bitte ein Medikament gegen ...	Mi può dare una medicina per ...	
Ich habe Durchfall.	Soffro di diarrea.	
Ich habe Bauchschmerzen.	Ho mal di pancia.	
... Kopfschmerzen	... mal di testa	
... Halsschmerzen	... mal di gola	
... Zahnschmerzen	... mal di denti	
... Grippe	... influenza	
... Husten	... tosse	
... Fieber	... la febbre	
... Sonnenbrand	... scottatura solare	
... Verstopfung	... costipazione	
Pflaster	cerotto	
Fieberthermometer	un termometro	

Wo ist bitte ...	Scusi, dove posso trovare ...	Bank
... eine Bank?	... una banca?	
... ein Geldautomat?	... un bancomat?	

Was kostet ...	Quanto costa ...	Post
... ein Brief ...	... una lettera ...	
... eine Postkarte ...	... una cartolina ...	
... nach Deutschland?	... per la Germania?	

0	zero	10	dieci	20	venti	101	cento uno	Zahlen
1	uno	11	undici	21	ventuno	200	duecento	
2	due	12	dodici	30	trenta	1000	mille	
3	tre	13	tredici	40	quaranta	2000	duemila	
4	quattro	14	quattordici	50	cinquanta	10 000	diecimila	
5	cinque	15	quindici	60	sessanta			
6	sei	16	sedici	70	settanta	1/2	un mezzo	
7	sette	17	diciassette	80	ottanta	1/4	un quarto	
8	otto	18	diciotto	90	novanta			
9	nove	19	diciannove	100	cento			

Carta · Speisekarte

caffè	kleiner, starker Kaffee ohne Milch (Espresso)	prima colazione – Frühstück

prima colazione – Frühstück (Fortsetzung)	caffè macchiato	kleiner, starker Kaffee mit wenig Milch
	caffelatte	Kaffee mit Milch
	caffè decaffeinato	koffeinfreier Kaffee
	cappuccino	Kaffee mit aufgeschäumter Milch
	tè al latte / al limone	Tee mit Milch / Zitrone
	tè alla menta / alla frutta	Pfefferminz- / Früchtetee
	tisana	Kräutertee
	cioccolata	Schokolade
	spremuta	frisch gepresster Fruchtsaft
	succo di frutta	Fruchtsaft
	frittata	Omelett / Pfannkuchen
	uovo alla coque	weiches Ei
	uova al tegame	Spiegeleier
	uova sode	harte Eier
	uova strapazzate	Rühreier
	pane / panino / pane tostato	Brot / Brötchen / Toast
	cornetto	Hörnchen
	burro	Butter
	formaggio	Käse
	salame	Wurst
	prosciutto	Schinken
	miele	Honig
	marmellata	Marmelade
	iogurt	Joghurt
	frutta	Obst
antipasti e minestre – Vorspeisen und Suppen	acciughe	Sardellen
	affettato misto	gemischter Aufschnitt
	anguilla affumicata	Räucheraal
	carciofini sott'olio	Artischockenherzen in Öl
	funghi sott'olio	Pilze in Öl
	melone e prosciutto	Melone mit Schinken
	minestrone	dicke Gemüsesuppe
	pastina in brodo	Fleischbrühe mit feinen Nudeln
	vitello tonnato	kalter Kalbsbraten mit Thunfischmayonnaise
	zuppa di pesce	Fischsuppe
primi piatti – Nudel- und Reisgerichte	pasta	Nudeln
	... al burro / in bianco	... mit Butter
	... alla napoletana / al pomodoro	... mit Tomatensauce (ohne Fleisch)
	... alla bolognese / al ragù	... mit Tomatensauce (mit Fleisch)
	... alle vongole	... mit kleinen Muscheln
	... alla carbonara	... mit Ei und Speck
	... alla panna	... mit Sahne
	... aglio e olio	... mit Knoblauch und Öl
	... alla puttanesca	... mit Tomatensoße, Oliven und sehr scharfen Gewürzen
	fettuccine / tagliatelle	Bandnudeln
	gnocchi	kleine Kartoffelklößchen
	polenta (alla valdostana)	Maisbrei (mit Käse)
	agnolotti / ravioli / tortellini	gefüllte Teigtaschen
	vermicelli	Fadennudeln

risotto alla milanese	Risotto mit Safran	primi piatti (Fts.)
agnello	Lamm	carni e pesce –
ai ferri / alla griglia / alla brace	vom Grill	Fleisch und Fisch
anitra	Ente	
aragosta	Languste	
brasato	Braten	
coda di rospo	Seeteufel	
coniglio	Kaninchen	
cozze / vongole	Miesmuscheln / Herzmuscheln	
fegato	Leber	
fritto di pesce	gebackene Fischchen	
gambero, granchio	Krebs, Krabbe	
maiale	Schweinefleisch	
manzo / bue	Rind- / Ochsenfleisch	
ossobuco	geschmorte Kalbshaxe mit Sauce	
pesce spada	Schwertfisch	
platessa	Scholle	
pollo	Huhn	
rognoni	Nieren	
salmone	Lachs	
scampi fritti	gebackene kleine Garnelen	
sogliola	Seezunge	
spezzatino	Ragout, Gulasch	
tonno	Thunfisch	
trota	Forelle	
vitello	Kalbfleisch	
asparagi	Spargel	verdura e
carciofi	Artischocken	insalate –
carote	Möhren, Karotten	Gemüse und
cavolfiore	Blumenkohl	Salate
cavolo	Kohl	
cicoria belga	Chicorée	
cipolle	Zwiebeln	
fagioli	weiße Bohnen	
fagiolini	grüne Bohnen	
finocchio	Fenchel	
funghi	Pilze	
insalata mista	gemischter Salat	
insalata verde	grüner Salat	
lenticchie	Linsen	
melanzane	Auberginen	
patate	Kartoffeln	
patatine fritte	Pommes frites	
peperoncini	Chilischoten	
peperoni	Paprikaschoten	
piselli	Erbsen	
pomodori	Tomaten	
sedano	Sellerie	
spinaci	Spinat	
zucca	Kürbis	
parmigiano	Parmigiano	formaggi –
pecorino	Schafskäse	Käse

formaggi (Fts.)	ricotta	quarkähnlicher Frischkäse
dolci e frutta – Nachspeisen und Obst	albicocca	Aprikose
	anguria / cocomero	Wassermelone
	arancia	Orange
	cassata	Cremeschichtspeise mit kandierten Früchten
	ciliegie	Kirschen
	coppa assortita	gemischter Eisbecher
	coppa con panna	Eisbecher mit Sahne
	fichi	Feigen
	fragole	Erdbeeren
	gelato	Eis (Speiseeis)
	lamponi	Himbeeren
	macedonia	Obstsalat
	mela	Apfel
	melone / popone	Melone
	nocciola	Haselnuss
	pera	Birne
	pesca	Pfirsich
	prugna / susina	Pflaume
	tirami su	mit Espresso getränkter Biskuit mit Mascarpone-Creme
	uva	Trauben
	vaniglia	Vanille
	zabaione	Eierschaumcreme
	zuppa inglese	likörgetränkter Biskuit mit Vanillecreme
lista delle bevande – Getränkekarte	bevande	Getränke
	acqua minerale	Mineralwasser
	amabile	lieblich
	amaro	Magenbitter
	aranciata	Orangenlimonade
	bibita	Erfrischungsgetränk
	bicchiere	Glas
	birra scura / chiara	dunkles / helles Bier
	birra alla spina	Bier vom Fass
	birra senza alcool	alkoholfreies Bier
	bottiglia	Flasche
	con / senza ghiaccio	mit / ohne Eis
	digestivo	Digestif
	frappé / frullato	Milchmixgetränk (oft mit Eis)
	gassata / con gas	mit Kohlensäure
	limonata	Limonade
	liscia / senza gas	ohne Kohlensäure
	secco	trocken
	spremuta di arancia	frisch gepresster Orangensaft
	spumante	Schaumwein, Sekt
	succo di frutta / di mele	Frucht- / Apfelsaft
	succo di pomodoro	Tomatensaft
	vino bianco / rosato / rosso	Weiß- / Rosé- / Rotwein
	vino della casa	Hauswein
	vino frizzante	Perlwein, moussierender Wein
	vino sfuso / aperto	offener Wein

Fast alle Autobahnen (autostrada) in Italien sind gebührenpflichtig (pedaggio); für 100 km muss man etwa 5 € rechnen. Die Autobahngebühr kann bar, mit der Kreditkarte oder mit der Viacard bezahlt werden. Man erhält sie in Italien bei den Automobilclubs, bei den ACI-Büros an den Grenzübergängen, an Autobahneinfahrten, in Raststätten ("Punto blu"), in Tabakgeschäften sowie an Tankstellen. Weitere Informationen unter www.autostrade.it.

Autobahn

Die Einfuhr und der Transport von Benzin in Kanistern sind verboten. Es gibt bleifreies Benzin (95 Oktan, benzina senza piombo / benzina verde), Superbenzin (97 Oktan) und Diesel (gasolio). Die Tankstellen sind in der Regel 7⁰⁰ – 12⁰⁰ Uhr und 14⁰⁰ – 20⁰⁰ Uhr geöffnet. An den Autobahnen gibt es meist einen 24-Stunden-Service. An den Wochenenden, zunehmend auch mittags und nachts, kann an vielen Tankstellen nur an Zapfsäulen mit Automat getankt werden.

Tankstellen

Alle Entfernungsangaben in Kilometer. Sie entsprechen nicht immer dem kürzesten Weg, sondern folgen normalerweise Hauptverkehrsstraßen.	Bari	Brindisi	Catanzaro	Messina	Mailand	Neapel	Palermo	Rom
Bari	•	115	351	445	875	255	675	413
Brindisi	115	•	355	450	922	368	669	529
Campobasso	220	335	450	545	739	120	760	220
Catanzaro	351	355	•	165	1115	370	381	570
Cosenza	260	263	97	195	1060	1057	410	518
Foggia	136	248	410	510	760	170	724	331
L'Aquila	405	520	585	680	600	230	895	120
Messina	445	450	165	•	1211	465	222	665
Mailand	875	992	1115	1211	•	766	1429	562
Neapel	255	368	370	465	766	•	683	218
Palermo	675	669	381	222	1429	683	•	884
Pescara	300	412	600	698	575	236	910	210
Rom	413	529	570	665	562	218	884	•
Taranto	95	72	290	384	961	311	604	500
Venedig	752	870	1075	172	270	725	1388	520

Seit Sommer 2002 gelten in Italien einige neue Verkehrsregeln. So wurde die Promillegrenze von 0,8 auf 0,5 ‰ gesenkt. Außerdem muss man auf Autobahnen tagsüber mit Abblendlicht fahren, bei Regen sind auf der Autobahn maximal 110 km/h anstatt 130 km/h erlaubt. Ansonsten gelten folgende Tempogrenzen: Pkws, Motorräder und Wohnmobile bis 3,5 t innerorts 50 km/h, außerorts 90 km/h, auf Schnellstraßen (2 Fahrstreifen in jeder Richtung) 110 km/h, auf Autobahnen (Autostrada) 130 km/h; Pkws und Wohnmobile über 3,5 t außerorts 80 km/h, auf Schnellstraßen 80 km/h und auf Autobahnen 100 km/h. Wer zu schnell fährt und erwischt wird, muss mit hohen Geldstrafen rechnen.

Verkehrsvorschriften

Straßenverkehr (Fortsetzung) Parken

Die meisten italienischen Städte haben heute verkehrsberuhigte Zentren, die nur für Anlieger zugänglich sind. Fast überall sind vor den Toren der Innenstädte Parkplätze ausgewiesen. Von dort gelangt man in der Regel in wenigen Minuten zu Fuß oder – seltener – per Bus ins Zentrum. Aber auch dort, wo man in den Ort hineinfahren darf, sind Parkplätze Mangelware. Am sichersten ist das Auto in Parkgaragen und auf bewachten Parkplätzen. Parkverbotsschilder (Zona tutelata INIZIO, Beginn der Parkverbotszone) sollte man unbedingt beachten. An gelb gekennzeichneten (z. B. für Taxis und Busse reservierten) Parkflächen, entlang von schwarz-gelb markierten Randsteinen sowie in Landschaftsschutzgebieten ist das Parken ebenfalls verboten.

Automobilclubs

Automobile Club d'Italia (ACI)
Via Marsala 8
I-00185 Roma
☎ 06 49 115
www.aci.it

Pannendienst des ACI
☎ 800 11 68 00 (gebührenfrei)

Touring-Club Italiano (TCI)
Corso Italia 10
I-20100 Milano
☎ 02 85 261
www.touringclub.it

ADAC in Italien
Via Comune Antico 43
I-20125 Milano
☎ 02 66 15 91

Einige weitere Vorschriften

Privates Abschleppen auf Autobahnen ist verboten. Im Falle einer Panne werden ausländische Auto- oder Motorradreisende vom Pannendienst des italienischen Automobilclubs kostenlos zur nächsten Werkstatt abgeschleppt. Auf Motorrädern über 50 cm^3 besteht Helmpflicht. Bei Totalschaden ist der Zoll zu verständigen, da sonst u. U. für das Schadensfahrzeug Einfuhrzoll bezahlt werden muss.

Autodiebstahl

Kleinbusse, teure oder ziemlich neue Autos werden häufiger aufgebrochen oder gar gestohlen. Wichtigste Regel beim Abstellen des Fahrzeugs: Nichts, aber auch gar nichts im Auto liegen lassen, Handschuhfach leeren und offen lassen, Autoradio wenn möglich ausbauen. Wer kann, sollte das Fahrzeug über Nacht auf einem abgeschlossenen Parkplatz oder in einer Garage parken. Ist das Malheur dennoch passiert, den Schaden in jedem Fall der Polizei melden. Das bringt das Verlorene zwar meist nicht zurück, ist aber wichtig für die Schadensmeldung bei der Versicherung.

Notrufe ▶ dort
Anreise ▶ dort

Telefon

Ländervorwahlen
nach Italien 00 39

von Italien
nach Deutschland 00 49
nach Österreich 00 43

in die Schweiz 00 41

Telefonauskunft
Inland ☎ 12
Ausland ☎ 176

Orts- und Ferngespräche kann man von den Ämtern der Telecom sowie von öffentlichen Fernsprechern mit orangerotem Telefonhörersymbol führen. Sie funktionieren mit Münzen (nur noch selten) oder mit Telefonkarten (carta / scheda telefonica, zu 2,50 und 5 €), die es in Bars, an Zeitungskiosken oder in Tabakgeschäften gibt. Die Ortsvorwahl ist Bestandteil der italienischen Rufnummer; sie muss auch bei Ortsgesprächen sowie bei Anrufen aus dem Ausland (einschließlich der führenden 0) mitgewählt werden. Ein Billigtarif gilt von 22^{00} bis 8^{00} Uhr sowie an den Wochenenden.

Telefon (Fortsetzung) Wie und wo

Mit der CallingCard der Deutschen Telekom kann man bargeldlos und ohne Karte telefonieren. Informationen erteilt die Telekom (www.telekom.de).

CallingCard

Die Benutzung von Mobiltelefonen ist im D 1- und D 2-Netz möglich. Die dichtesten Mobilfunknetze unterhalten die Telefongesellschaften Telecom Italia Mobile (Zugangsnummer 2 22 01) und Omnitel Pronto Italia (Zugangsnummer 2 22 10).

Handys

Veranstaltungen

Trinkgeld

In Hotels und Restaurants ist die Bedienung inbegriffen, jedoch werden meistens 5 – 10 % des Rechnungsbetrags als Trinkgeld (mancia) erwartet. In Bars und Cafés ist die Bedienung häufig nicht eingeschlossen, in diesem Fall werden 10 – 15 % Trinkgeld gegeben. Bei Taxifahrten rundet man den zu zahlenden Betrag auf.

Veranstaltungen

Italien, vor allem aber Süditalien hat einen reichen Schatz von Volksfesten meist religiöser Art: insbesondere die Hochfeste der katholischen Kirche wie Weihnachten und Ostern, dazu die Feste des Stadt- oder Kirchenpatrons und die Marienfeste (z. B. Mariä Himmelfahrt). Das sind häufig große Ereignisse mit Prozessionen, Musik und Tanz, Essen und Trinken, die man einmal erleben sollte.

Volksfeste

In den Sommermonaten finden in fast allen größeren Städten Veranstaltungsreihen mit klassischen Konzerten, Opern, Rock- und Pop-Konzerten, Jazz-Festivals, Ballett- oder Theateraufführungen etc. statt. Über die aktuellen Veranstaltungen informieren die Tagespresse und die jeweiligen Auskunftsstellen (▶ Auskunft). Ein zentraler Ticketverkauf ist unter www.boxoffice.it zu erreichen. Die folgende Liste soll als kleine Übersicht dienen; wichtige Ereignisse sind mit ihren Terminen bei den Reisezielen erwähnt.

Festspiele

Januar – Februar

Viele Orte
feiern Winterende / Frühlingsanfang, u. a. Acireale (Umzug mit prächtigen Wagen), Agrigent mit dem Festival del mandorlo in fiore (Mandelblütenfest) mit Musik und Volkstanz, Catania mit der Festa di Sant'Agata, einer Prozession (Anfang Febr.).
Karneval wird in vielen Orten gefeiert, u. a. in Amalfi, Manfre-

donia, Putignano bei Bari, Trapani, Taormina und Caltanissetta, Oristano auf Sardinien.

März – April

In vielen Städten
gibt es während der "Settimana Santa" (Karwoche) Passionsspiele und Passionsprozessionen, etwa in L'Aquila (mit besonders bewegendem Auferstehungsfest) und Chieti, in Tarent, S. Marco in Lamis, Ruvo di Puglia, auf Procida, in Trapani und Caltanissetta (Sizilien), in Cagliari und Castelsardo (Sardinien). In den albanischen Gemeinden Kalabriens und der Basilikata kann man griechisch-orthodoxe Feiern erleben. Am Ostersonntag spricht der Papst von der Loggia der Peterskirche in Rom den Segen "Urbi et Orbi".

Rom
Festa della primavera: Die Spanische Treppe wird ein Meer aus Azaleen. Am 21. April Fest der Gründung Roms.

Mai

Corpus Christi (Fronleichnam)
In Latium – etwa in Genzano und Bolsena – verwandeln sich die Straßen in prächtige Blütenteppiche (Infiorata). In Campobasso (Molise) Sagra dei Misteri.

Brescia – Rom
Mille Miglia (Mitte Mai): berühmtes Oldtimerrennen auf schöner Strecke.

Bari
Sagra di S. Nicola: großes Fest des hl. Nikolaus mit Bootsprozession.

Bucchianico (Abruzzen)
Sagra dei Banderesi mit einem Festzug der Bauern.

Marta am Bolsena-See
La Barabbata, ein altes Frühlingsfest mit farbenfrohem Umzug und großem Gelage.

Neapel
Festa di San Gennaro: Fest zu Ehren des Schutzpatrons mit Blutwunder im Dom.

Positano
Festa di San Vito mit einem Feuerwerk.

Sassari
Cavalcata Sarda mit Ritterspielen und Umzügen.

Syrakus
in geraden Jahren: klassische griechische Dramen im griechischen Theater.

Juni

Ischia
In Buonopane wird am Fest des hl. Johannes des Täufers (24. Juni) die 'ndrezzata aufgeführt, ein Schwertertanz.

Nola
I Gigli am letzten Junisonntag: traditioneller Umzug alter Handwerksgilden.

Ponza
Bootsprozession zu Ehren des Schutzpatrons S. Silverio.

Potenza
Die Sfilata dei Turchi erinnert an die wunderbare Rettung der Stadt vor den Türken.

Juni – September

Amalfi
Alle vier Jahre erinnert Amalfi mit einer Ruderregatta an die einstige Bedeutung der vier Seerepubliken Amalfi, Pisa, Genua und Venedig (nächster Termin: 2005).

Veranstaltungen

Sessa Aurunca
Estate Sessana: Konzerte und Turnier in historischen Kostümen.

Ardia in Sedilo (Sardinien)
Am 6. und 7. Juli abenteuerliches Wettreiten um die Kirche S. Antine.

Cava de'Tirreni
Disfida dei Trombonieri: Folklorefest am letzten Wochenende im Juli.

Marsala
Marsala Jazz Festival.

Matera
Madonna della Bruna mit großer Prozession und Feuerwerk.

Neapel
Madonna del Carmine am 16. Juli mit traditioneller Musik und symbolischer Verbrennung des Kirchturms.

Palermo
Festa di Santa Rosalia: Auf einem Triumphwagen werden die Gebeine der hl. Rosalie durch Palermo gefahren.

San Severino Lucano
Am 1. Julisonntag pilgert man zur Madonna del Pollino.

Sorrent
Bootsprozession.

Martina Franca
Festival della Valle d'Itria in Martina Franca mit Oper, Ballett und klassischer Musik.

Matera / Tarent
Festival della Terra delle Gravine an verschiedenen Orten zwischen Matera und Tarent.

Pompeji
Im Teatro Grande gibt es von Juli bis September klassische Musik.

Ravello
Festival Musicale, u. a. Wagner-Konzerte im Park der Villa Rufolo.

Segesta
in geraden Jahren: klassische griechische Dramen im griechischen Theater

Taormina
Festival Taormina Arte von Juli bis September.

Viele Städte
feiern am 14./15. August Mariä Himmelfahrt, die Ferienorte den Höhepunkt der italienischen Ferien (Ferragosto) mit Folklore, Feuerwerk und kulinarischen Genüssen.

Oria
Torneo dei Rioni: Großes Mittelalterfest mit gepanzerten Rittern, Burgfräulein etc.

Palmi
Büßerprozession des S. Rocco, sowie alle vier Jahre die Prozession mit der "Varia", einer 15 m hohen "Kinderpyramide" (wieder 2004).

Piazza Armerina
Am 14. August Palio dei Normanni, ein Reiterwettkampf in historischen Kostümen.

Terlizzi
Festa della Madonna di Sovereto: Marienfest mit Umzug, in dem ein riesiger Prachtkarren mitgeführt wird.

Torre Paduli (Apulien)
Festa di S. Rocco: Prozession mit alten Tanzritualen ("pizzica taranta").

Veranstaltungen
(Fortsetzung)

September

Caserta Vecchia
Theater- und Ballettfestival

Molfetta
Festa della Vergine mit Bootsprozession, eines der bedeutendsten Feste Apuliens.

Neapel
Festa di San Gennaro: Geburts-
tag des Schutzpatrons mit
dem "Blutwunder" im Dom.

Viterbo
Festa di S. Rosa, eines der faszinierendsten Feste in Latium.

September – Oktober

In vielen Orten
finden Weinfeste (Festa dell'

uva) statt mit Ausstellungen,
Umzügen und Gelagen. In Latium ist Marino am Albaner
See für seinen Brunnen bekannt, der Wein spendet.

November – Dezember

Neapel und viele andere Städte
Krippenspiele und Krippen-
ausstellungen.

Galdo (bei Benevent).
Wurst- und Polenta-Festival zu
Ehren von S. Bartolomeo.

Rom
Am 25. Dezember Segen des
Papstes "Urbi et Orbi" in zahl-
reichen Sprachen.

Syrakus
Fest zu Ehren von Santa Lucia.

Zeit

In Italien gilt die Mitteleuropäische Zeit (MEZ). Für die Sommermonate (Ende März bis Ende Oktober) wurde die Mitteleuropäische
Sommerzeit (MESZ = MEZ + 1 Std.) eingeführt.

Zeitungen

Die in Florenz erscheinende "La Repubblica" ist Italiens größte Tageszeitung, zweitgrößte nationale Zeitung ist der "Corriere della
Sera". Bedeutende überregionale Zeitungen sind außerdem die Tu-
riner "La Stampa" und "Il Secolo XIX". Wichtige regionale Zeitungen Süditaliens sind "Il Quotidiano", "Corriere del Giorno" und "La
Gazzetta del Mezzogiorno". In den meisten größeren Städten sowie
in den bedeutenden Ferienorten sind deutsche Zeitungen und Zeitschriften erhältlich.

Zollbestimmungen

EU

Innerhalb der Europäischen Union ist der Warenverkehr für private Zwecke weitgehend zollfrei. Zur Abgrenzung zwischen privater
und gewerblicher Verwendung gelten folgende Höchstmengen: 800
Zigaretten, 400 Zigarillos, 200 Zigarren, 1 kg Rauchtabak; 10 l Spirituosen, 20 l Zwischenerzeugnisse, 90 l Wein (davon max. 60 l
Schaumwein) und 110 l Bier. Bei einer Kontrolle ist glaubhaft zu machen, dass die Waren tatsächlich nur für den privaten Verbrauch
bestimmt sind.

Für Reisende aus Nicht-EU-Ländern (u. a. Schweizer Staatsbürger) liegen die Freigrenzen für Personen über 17 Jahre bei 200 Zigaretten oder 100 Zigarillos oder 50 Zigarren oder 250 g Rauchtabak, ferner bei 2 l Wein und 2 l Schaumwein oder 1 l Spirituosen mit mehr als 22 Vol.-% Alkoholgehalt oder 2 l Spirituosen mit weniger als 22 Vol.-% Alkoholgehalt, 500 g Kaffee oder 200 g Kaffeeauszüge, 100 g Tee oder 40 g Tee-Extrakt, 50 g Parfüm oder 0,25 l Eau de Toilette. Zollfrei sind außerdem Geschenke bis zu einem Wert von 170 €.

Einreise aus Nicht-EU-Ländern

Abgabenfrei für Personen ab 17 Jahren sind 200 Zigaretten oder 50 Zigarren oder 250 g Rauchtabak, an alkoholischen Getränken 2 l mit bis zu 15 Vol.-% Alkoholgehalt und 1 l mit mehr als 15 Vol.-% Alkoholgehalt als Höchstmenge; ferner Geschenke im Wert bis 100 sfr bzw. 50 sfr für Personen unter 17 Jahren. Nähere Auskünfte erteilt die Eidgenössische Oberzolldirektion, Monbijoustr. 40, CH-3000 Bern, ☎ (031) 322 61 11.

Wiedereinreise in die Schweiz

Register

448

Verzeichnis der Karten und grafischen Darstellungen

Bildnachweis

Impressum

Ausstattung:
173 Abbildungen
41 Karten und grafische Darstellungen, 1 große Reisekarte

Text: Dr. Bernhard Abend und Anja Schliebitz
mit Beiträgen von Barbara Branscheid, Achim Bourmer, Jutta Buness, Marlies
Burget, Astrid Feltes-Peter, Gregor Papsch, Helmut Linde, Caterina Mesina und
Nikolaus Groß, Michael Marsch, Thomas Migge, Dr. Madeleine Reincke und
Reinhard Strüber.

Bearbeitung: Baedeker-Redaktion (Anja Schliebitz)

Kartografie: Christoph Gallus, Hohberg; Franz Huber, München; Mairs Geographischer Verlag, Ostfildern (Reisekarte)

Chefredaktion: Rainer Eisenschmid, Baedeker Ostfildern

1. Auflage 2003

Urheberschaft: Karl Baedeker GmbH, Ostfildern
Nutzungsrecht: Mairs Geographischer Verlag GmbH & Co., Ostfildern

Sprachführer: In Zusammenarbeit mit der Ernst Klett Verlag GmbH,
Redaktion PONS Wörterbücher

Printed in Germany
ISBN 3-8297-1014-3   Gedruckt auf 100% chlorfreiem Papier